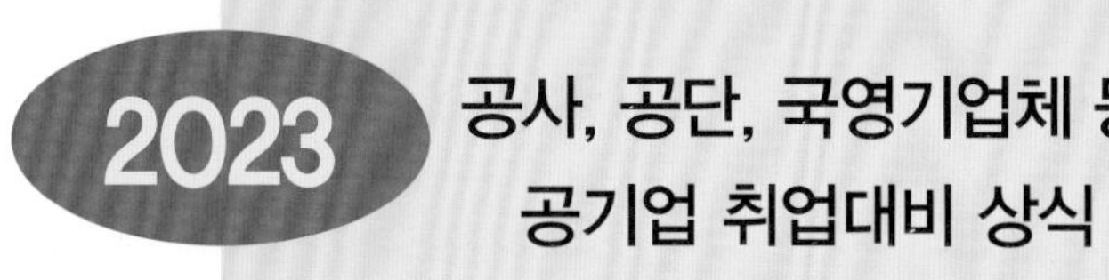

인사이드

공사공단상식

2023
인사이드
공사공단상식

인쇄일 2023년 3월 1일 초판 1쇄 인쇄
발행일 2023년 3월 5일 초판 1쇄 발행
등 록 제17-269호
판 권 시스컴2023

ISBN 979-11-6941-095-3 13300
정 가 17,000원

발행처 시스컴 출판사
발행인 송인식
지은이 시사상식연구회

주소 서울시 금천구 가산디지털1로 225, 514호(가산포휴) | 홈페이지 www.siscom.co.kr
E-mail siscombooks@naver.com | 전화 02)866-9311 | Fax 02)866-9312

발간 이후 발견된 정오사항은 시스컴 홈페이지 도서 정오표에서 알려드립니다(시스컴홈페이지 → 자격증 → 도서 정오표).

머리말

21세기를 지식정보화 사회라고 합니다. 그 이름에 걸맞게 매일매일 엄청난 분량의 지식이 만들어지고 있습니다. 이러한 정보의 홍수 속에서 취업을 준비하고 있는 취업준비생들에게 학점 관리나 어학 시험 준비 못지않게 중요한 것이 풍부한 상식을 갖추는 것입니다. 특히 학력 및 연령 제한이 없는 공사 · 공단 취업에서 필기시험은 굉장히 중요합니다. 필기전형은 보통 전공과목, 일반상식, 인적성검사 등으로 구성되어 있는데, 이 중에서 일반상식은 우리 생활과 가장 밀접하면서도 깊이 있고 폭넓은 지식을 갖추기가 어려운 분야이기도 합니다.

"인사이드 공사공단상식"은 여러 가지 상식 분야를 총 일곱 가지 카테고리로 묶어서 단기간에 기본적인 상식을 쌓을 수 있도록 구성하였으며 지식정보화 시대에 걸맞은 최신 상식들을 수록하였습니다. 이 책의 특징을 정리하면 다음과 같습니다.

첫째, 최근까지 공사 · 공단, 국영 기업체 등에서 출제된 기출문제를 분석하여 각 분야별로 필요한 내용을 정리할 수 있도록 하였습니다.

둘째, 이론을 개념별로 충실히 정리하였고, 함께 알아 두면 도움이 될 만한 내용들도 꼼꼼히 정리하였습니다.

셋째, 공부한 내용이 시험에서는 어떤 유형으로 출제되는지 실전에 적응하고, 공부한 내용을 점검할 수 있도록 확인문제를 실었습니다.

넷째, 상식시험의 출제유형에 따른 객관식 문제, 단답형 문제를 명쾌한 해설과 함께 수록하였습니다.

'마부작침(磨斧作針)'이라는 사자성어가 있습니다. '도끼를 갈아서 바늘을 만든다.'는 뜻으로, 높은 연봉과 높은 고용 안전성 및 우수한 복지혜택을 누릴 수 있는 공사 · 공단의 취업 관문을 통과하기가 날로 치열해지고 있지만 성실하게, 끈기 있게 준비한다면 도끼를 바늘로 만들듯이 원하는 꿈을 반드시 이룰 수 있을 것입니다.

"인사이드 공사공단상식"이 여러분들의 꿈을 이루는 데 일조하여 합격의 영광을 함께 나누길 바랍니다.

공사공단기관 채용 내용

※ 본서에 수록된 채용 내용은 추후 변경 가능성이 있으므로 반드시 응시 기관의 채용 홈페이지를 참고하시기 바랍니다.

한국토지주택공사(공채)

구 분	내 용
지원자격	• 연령, 학력, 전공 제한 없음(6급은 고교졸업예정자 및 최종학력이 고졸인 자) • 어학성적 제한 없음 • 5급 기술직은 해당 모집분야 지원자격 자격증 보유자 • 병역 : 남자의 경우, 병역필 또는 면제자 (전역예정자로서 전형절차에 응시 가능자 지원 가능) • 기타 : 공사 사원채용 결격사유에 해당되지 않는 자
전형절차	서류전형 → 필기전형(직무능력검사, 인성검사) →1차 면접전형 → 2차 면접전형 → 최종합격
우대사항	• 특별우대 가산점 : 취업지원대상자(국가유공자), 장애인, 국민기초생활수급자, 이전지역(경남)인재 등 해당자에게 전형별 만점의 5~10% 가산점 부여 ※ 모집분야별 선발인원이 3명 이하일 경우 관계법령에 따라 특별우대 가산점 미부여 일반우대, 청년인턴 가산점 : 우대자격증 소지자, 수상경력 보유자, LH 우수인턴 및 탁월인턴 등 해당자에게 전형별 만점의 3~10% 가산점 부여 또는 서류전형 면제

한국지역난방공사

구 분	내 용
지원자격	• 연령 제한 없음(단 입사예정일 현재 공사정년인 만 60세 미만인 자) • 병역필 또는 면제자(고졸인재 전형은 병역미필자 응시가능) • 공사 인사규정 제11조에 따른 결격사유가 없는 자 • 최종합격자 발표 후 임용발령일로부터 근무 가능한 자
전형절차	입사지원 → 필기전형(직업기초능력, 직무수행능력) → 면접전형(인성검사, 인성면접, 직무역량면접)
필기시험	직업기초능력 50점(50분 내외), 직무수행능력 45점(한국사 포함 70분 내외)
우대사항	• 취업지원대상자 : 전형별 만점의 5~10% 가점 • 「장애인복지법」 제32조에 의거 등록된 장애인 : 전형별 만점의 5% 가점 • 「국민기초생활법」 제2조에 의한 수급자 본인 또는 미성년 자녀 : 전형별 만점의 2% ※ 우대가점 2개 이상 보유 시 높은 가점 순으로 1개만 인정

한국공항공사

구분	내용
지원자격	연령, 성별, 학력 제한 없음, 기타자격은 채용공고시 별도 지정
전형절차	서류전형 → 필기전형 → 1차 면접전형 → 2차 면접전형 → 신체검사 및 신원조사
필기시험	• 5급 채용분야별 전공 1과목 • 직업기초 능력평가, 인성검사
우대사항	• 취업보호(지원)대상자 : 채용시험 단계별로 법률에서 정하는 가점 가산(만점의 5~10%) • 장애인 : 채용시험 단계별 만점의 10% 가산 • 행정 관련 특수 자격증, 기술사, 건축사 자격증 : 필기시험 만점의 5~10% 가산 • 한국공항공사에 1년 이상 재직 중인 자(계약직 포함) : 필기전형 만점의 10% 가산

해양환경관리공단

구분	내용
지원자격	• 분야별 중복지원 불가 • 정년(만 60세)을 초과한 자는 지원 불가 • 성별 무관(남자는 병역필 또는 면제자, 일반직 7급은 병역사항 무관) • 인사규정에 따른 채용결격사유가 없는 자 • 최종합격 후 즉시 임용이 가능한 자
전형절차	서류전형 → 필기시험(NCS 기반) → AI 면접시험/인성검사 → 면접시험
우대사항	• 장애인, 국민기초생활보장법에 따른 수급자 : 만점의 5% 가점 부여 • 보훈대상자 : 만점의 5~10% 가점부여

한국전력공사

구분		내용
채용분야		대졸수준 일반공채[4(나)직급], 고졸수준 채용형 인턴[4(나)직급], 특정업무 담당원(NDIS)[5직급], R&D(연구직), 체험형 청년인턴
지원자격	학력	• 사무 : 학력 및 전공제한 없음 • 전기/ICT/토목/건축/기계 : 해당분야 전공자 또는 기사 이상 자격증 보유자(단 전기분야는 산업기사 이상)
	연령	제한 없음(단, 공사정년에 도달한 자는 지원 불가)
	병역	병역 기피사실이 없는 자
	외국어	• 대상 : 영어 등 8개 외국어 • 자격기준 : TOEIC 기준 700점 이상 • 유효성적 : 최근 2년 이내에 응시하고 접수마감일까지 발표한 국내 정기시험 성적만 인정 ※ 고급자격증 보유자는 외국어 성적 면제(해외학위자도 외국어 성적을 보유해야 지원 가능)
	기타	• 당사 인사관리규정 제11조 신규채용자의 결격사유가 없는 자 • 채용 즉시 근무가 가능한 자 • 광주 · 전남지역 지원 시 해당권역 내 소재 학교(대학까지의 최종학력 기준, 대학원 이상 제외) 졸업(예정), 중퇴한 자 또는 재학, 휴학중인 자만 지원 가능
전형절차		1차 서류전형 → 2차 직무능력검사 · 인성검사 → 3차 직무면접 → 4차 종합면접 → 5차 신체 및 신원검사
우대사항		• 고급자격 · 면허증 보유자 : 1차 서류전형 면제, 2차 전형 10% 가점 – 변호사, 변리사, 감정평가사, 공인노무사, 공인회계사, 세무사, 동시통역사, AICPA, 국제FRM, CFA, 기술사, 건축사 • 비수도권 및 본사이전지역 인재 – 비수도권 : 서류전형 2% 가점 – 이전지역(광주 · 전남지역) : 서류전형 3% 가점 • 기타 우대사항 – 취업지원대상자(국가보훈) : 단계별 10% 또는 5% 가점, 서류전형 면제 – 장애인 : 단계별 10% 가점, 서류전형 면제 – 한전 체험형 청년인턴 : 서류전형 5%/10% 가점 – 한전 발명특허대전 입상자 : 서류전형 면제 또는 10% 가점 – 한전 전기공학 장학생 : 서류전형 면제(전기분야에 한함)

한국석유공사

구 분	내 용
지원자격	• 학력, 연령, 성별 제한 없음 ※ 본사 이전지역인재채용의 경우 관련 법령에 의거 울산소재 대학교 및 고등학교 졸업 또는 졸업예정자 • 선발 분야별 중복지원 불가 • 남자의 경우 병역필 또는 면제자, 채용일 이전 전역예정자(신입직 8급, 지원직 제외) • 공사 인사규정 제9조의 결격사유에 해당되지 아니한 자 • 최종합격 발표일 이후 즉시근무 가능한 자 • 최종합격자가 입사를 포기하거나 채용 결격사유가 있어 채용이 불가할 경우에는 불합격 기준에 해당하지 아니한 자 중에서 차순위자 선발 가능
전형절차	원서접수 → 직무수행 능력시험, 어학심사 → 직업기초능력 및 공통역량(인성) → 직무면접 및 종합면접 → 신체검사, 신원조회 등 결격사유 조회 → 최종합격자 결정
우대사항	• 장애인 : 「장애인고용촉진 및 직업재활법 및 동법 시행령」 해당자는 10% 가점, 매 단계별로 가점 적용(신입직 6/8급) • 기술자격증 : 지원분야 관련 '기사' 자격증 소지자는 5% 가점, '기능장' 또는 '기술자' 또는 '박사' 학위 소지자는 10% 가점(신입직 6/8급) • 사무자격증 : 지원분야 관련 공인노무사, 감정평가사, 영미변호사 자격증 소지자는 5% 가점, 변호사, 공인중개사, 세무사, 소지자 또는 모집분야 유관 '박사'학위 소지자는 10% 가점(신입직 6급) • 취업지원대상자 : 「국가유공자 등 예우 및 지원에 관한 법률」에 따른 취업지원대상자는 5% 또는 10% 가점

공무원연금공단

구 분	내 용
지원자격	• 성별, 연령, 학력제한 없음 • 남성의 경우 병역필 또는 면제자 • 체험형 청년인턴 : 만 18세 이상 34세 이하인 자(필기시험 제외)
전형절차	서류전형 → 필기시험(3~5배수 선발) → 서류확인 → 면접(총 3단계) → 합격자 발표(신원조회, 신체검사)
필기시험	• 사무 : 경영/경제(경영학원론, 경제학원론), 행정/법학(행정학개론, 법학개론), 인문/사회(사회복지학개론, 커뮤니케이션이론) • 전산 : JAVA 프로그램, 프로그래밍 언어, D/B, 알고리즘, S/W 공학, N/T, Web 프로그래밍 등 전산학 전반 • 건축 : 건축계획, 건축시공, 건축구조, 건축설비, 건축관계법규 등 건축학 전반 • 기계 : 건축설비, 공조냉동, 소방설비, 재료 · 유체 · 열역학 등
우대사항	• 우리공단 우수청년인턴 : 서류전형 면제(3년 이내 1회에 한함) • 취업지원대상자(국가유공자) : 전형단계별 10% 또는 5% 가점부여(단, 3명 이하 채용분야의 경우 미적용) • 장애인 : 서류전형 및 필기시험 5% 가점부여(7급은 서류, 필기전형별 10% 가점 부여) • 비수도권 : 서류전형 3% 가점부여(제주포함) • 국민기초생활수급자 :서류전형 2% 가점부여

국민체육진흥공단

<table>
<tr><th colspan="3">구분</th><th>내용</th></tr>
<tr><td rowspan="13">지원자격</td><td colspan="2">공통</td><td>• 학력, 연령제한 없음(단, 만 60세 미만인 자)
• 공단 인사규정 20조 각 호에 해당하지 않는 사람
• 채용 즉시 근무 가능한 자</td></tr>
<tr><td rowspan="4">사무</td><td>경 영</td><td rowspan="2">공인 영어성적 기준 점수 이상인 자</td></tr>
<tr><td>행 정</td></tr>
<tr><td>체 육</td><td>체육 관련학과 졸업(예정)자 또는 학위취득(예정)자 또는 중퇴한 자 또는 재학 · 휴학중인 자
* 복수전공, 체육고 포함/ 부전공, 대학원 제외</td></tr>
<tr><td>회계 · 세무</td><td>한국공인회계사 또는 세무사 자격증 소지자</td></tr>
<tr><td rowspan="3">기술</td><td>건 축</td><td>건축기사, 건설안전기사 자격증 소지자(동시 소지)</td></tr>
<tr><td>전 기</td><td>전기기사, 전기공사기사 자격증 중 1개 이상 소지자</td></tr>
<tr><td>기 계</td><td>건축설비기사, 일반기계기사, 기계설계기사 자격증 중 1개 이상 소지자</td></tr>
<tr><td rowspan="2">전산</td><td>정보기획</td><td>정보처리기사, 전자계산기기사, 전자계산기조직응용기사, 정보보안기사 자격증 중 1개 이상 소지자</td></tr>
<tr><td>전산방송
운영</td><td>방송통신기사, 정보통신기사, 무선설비기사 자격증 중 1개 이상 소지자</td></tr>
<tr><td>학예</td><td>전시기획</td><td>준학예사 이상 자격증 소지자</td></tr>
<tr><td>전형절차</td><td colspan="3">서류전형 → 필기전형(직업기초능력평가, 직무지식평가) → 인성검사(온라인) → 면접전형(1차 · 2차) → 최종합격</td></tr>
<tr><td>필기시험</td><td colspan="3">직업기초능력평가 : 총 80문항(4개 영역, 객관식)
※ 사무(회계 · 세무), 전산직, 기술직은 직무지식평가 미시행</td></tr>
<tr><td>우대사항</td><td colspan="3">• 장애인 : 전형단계별 5% 가점
• 저소득층 : 전형단계별 3% 가점
• 비수도권 지역인재 : 전형단계별 3% 가점
※ 서울 · 경기 · 인천을 제외한 비수도권 지방학교를 졸업(예정) · 중퇴한 자
• 공단 청년인턴 우수 수료자 : 서류전형 면제, 필기전형 1.5% 또는 3% 가점
• 공단 재직직원, 청년인턴 수료자 : 서류전형 면제</td></tr>
</table>

국민연금공단

구 분		내 용
지원자격	공통	• 성별, 연령, 학력 제한 없음(공단 정년(만 60세) 이상자는 제외) • 남성의 경우 군필 또는 면제자(군 복무중일 경우 임용일 이전 전역자) • 공단 인사규정 제11조(결격사유)에 해당하지 않는 자 ※ 공단이 정한 임용일부터 교육입소 및 근무가 가능한 자
	취업지원 대상자	공통 자격요건을 충족하고 「국가유공자 등 예우 및 지원에 관한 법률」 등 관련 법률에 따라 취업지원대상자에 해당하는 자
	시간 선택제	공통 자격요건을 충족하고 지역본부 권역별 모집, 지원 및 최종합격 후 지원한 지역본부 권역 내 지사에서 근무 가능한 자(해당지역 지사위치는 공단 홈페이지 참고)
서류전형		• NCS 기반 직무역량 중심 자기소개서(10점) : 각 항목별 반드시 800자(1,600바이트) 이상 구체적으로 성실하게 작성(최대 1,000자, 2,000바이트) • 직무 관련 교육 사항 : ① 경제, 경영 ② 법, 행정 ③ 사회복지 ④ 인문, 사회 등 기타 직무 관련 각 3개 분야별로 5개 과정까지 기재 • 전공제한 없으며, 직무와 관련된 교육사항 제출 • 학교교육은 대학 학부까지의 교육사항만 인정하며, 직업교육은 고용노동부 HRD-Net에 등록된 직업훈련과정만 인정(학교교육 중 고등학교 과정은 최종학력이 고등학교 졸업(대학 중퇴자 포함)인 경우에만 인정) • 교육사항 기재내역을 확인할 수 있는 성적증명서 등 증빙은 인성검사 시 온라인을 통하여 제출
전형절차		서류전형 → 필기시험 → 인성검사, 증빙서류 등록 → 면접전형 → 최종합격자 선발 → 수습 임용
우대사항		• 취업지원대상자 • 장애인(장애인고용촉진 및 직업재활법 시행령 제3조에 따른 장애인) • 저소득층 • 북한이탈주민, 다문화가족, 경력단절여성 • 6개월 이상 1년 미만, 1년 이상 우리공단 시간선택제 근로자 • 공단 인사규정 시행규칙 제19조 해당자

중소벤처기업진흥공단

구분	내용
모집부문	• 행정직 : 일반행정, 정책연구, 채권관리, 투자운용, 해외사업 등 • 기술직 : 기계, 금속, IT, 화공, 전기 · 전자 등
지원자격	• 학력, 전공, 연령제한 없음(공고일 기준 만 60세 이상인 자는 지원불가) • 해외여행에 결격 사유가 없는 자 • 병역필, 면제자 • 국가공무원법 제33조(결격사유) 및 중진공인사규정 상 결격사유가 없는 자 ※ 해외사업은 응시마감일 기준 2년 이내 TOEIC 850점, TEPS 695점(뉴탭스 382점), TOEFL-IBT 98점, OPIC IM3, TOEIC Speaking 140점, TEPS Speaking 61점 이상
채용조건	• 신입직원 수습기간은 5개월 내외로 해당기간 중의 급여는 내부규정에 근거하여 수습사원 보수 지급, 수습해제 이후 보수규정에 따름 • 근무지역 : 본부 및 전국 지역 본부, 청년창업사관학교 등 ※ 최종 합격자는 모집분야 구분에도 불구하고 인사운영 원칙에 따라 본부 및 전국 지역 본부, 지부 등으로 배치 가능(순환 근무)
전형절차	서류전형 → 필기전형 → 1차 면접 → 2차 면접 → 합격자 발표 → 예비 소집 → 임용
우대사항	• 채용직무와 관련된 (정규)교육사항과 직업훈련과목, 과정의 이수 결과(고용노동부 HRD-Net 등록 과정으로 제한) • 「공공기관 운영에 관한 법률」에 따른 공공기관의 청년인턴으로 3개월 이상인 경우 비계량평가 우대 • 사회적 배려대상자 • 「혁신도시 조성에 관한 특별법 시행령」 제29조 2에 의한 이전지역인재(최종졸업, 졸업예정인 학교(대학원 제외)가 경남 소재(부산, 울산 제외)) • 「청년고용촉진 특별법 시행령」 제2조에 의해 만 15세 이상이고 만 34세 이하 청년 • 이전 지역인재 및 장애인, 보훈대상자(목표 미달 시 추가합격)

이 책의 구성과 특징

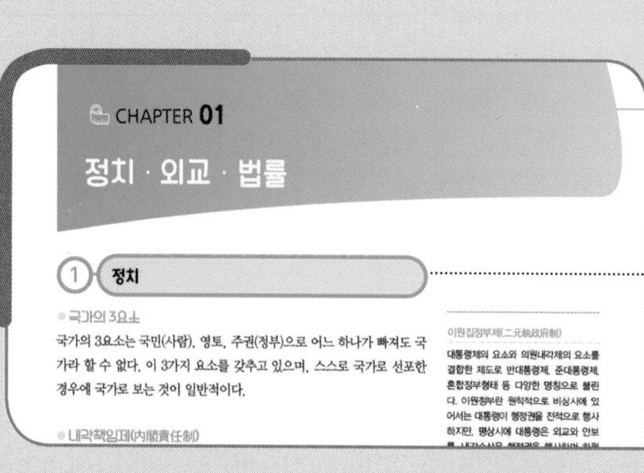

CHAPTER 01

정치 · 외교 · 법률

1 정치

국가의 3요소

국가의 3요소는 국민(사람), 영토, 주권(정부)으로 어느 하나가 빠져도 국가라 할 수 없다. 이 3가지 요소를 갖추고 있으며, 스스로 국가로 선포한 경우에 국가로 보는 것이 일반적이다.

내각책임제(內閣責任制)

이원집정부제(二元執政府制)

대통령제의 요소와 의원내각제의 요소를 결합한 제도로 반대통령제, 준대통령제, 혼합정부형태 등 다양한 명칭으로 불린다. 이원집정부란 원칙적으로 비상시에 있어서는 대통령이 행정권을 전적으로 행사하지만, 평상시에 대통령은 외교와 안보

주요상식

각 장마다 알아두어야 할 기본 개념들을 체계적으로 정리하였습니다.

임제는 의회와 행정부의 권력분립을 전제로 한 의회의 신임을 행정부의 존립 요건으로 하며, 의회의 내각불신임권과 행정부의 의회해산권이 서로를 견제하는 정부형태를 의미한다. 우리나라에서는 제2공화국 시절 의원내각제를 실시한 바 있다.

대통령중심제(大統領中心制)

민주주의적 정부 형태의 한 가지인데, 행정에 관하여는 대통령에게 실권을 부여하고 대통령이 국회로부터 가능한 한 독립하여 그 권한을 발휘할 수 있게 함으로써 명실상부한 행정수반으로 하는 체제이다. 행정부와 입법부를 엄격히 분립시켜 상호 간의 대등한 관계를 유지하는, 견제와 균형의 원리에 충실한 제도로 대통령은 보통 국민이 선출하며 임기 동안 행정권을 담당한다. 대통령과 정부는 의회에 대하여 책임을 지지 않는 것이 일반적으로 의회는 정부를 불신임할 수 없고, 정부도 의회를 해산할 수 없으나 대통령은 법률안에 대한 거부권을 행사하여 의회를 견제할 수 있다. 대통령의 임기 동안 정국이 안정되는 장점이 있으나, 정부와 의회의 조화가 잘 안 되는 단점도 있다.

드, 이집트, 알제리 등이 있다.

섀도 캐비닛(Shadow Cabinet)

야당에서 정권을 잡을 경우를 예상하여 각료 후보로 조직한 내각으로 '예비내각'이라고 한다. 섀도 캐비닛을 실시하는 목적은 지도자 한 사람만을 보고 표를 선택하는 것이 아니라 지도자가 어떤 팀과 일을 할 것인지를 총체적으로 보고 지도자를 선택하기 위한 것이라고 할 수 있다. 하지만 섀도 캐비닛이 정착되지 못한 나라에서 시행될 경우 국민들이 자칫 '권력 나눠먹기'라고 생각할 우려가 있으며, 섀도 캐비닛을 짜는 과정에서 주요 장관직을 놓고 당내 갈등을 야기할 수도 있다.

확인문제 [국민체육진흥공단]

1. 섀도 캐비닛(Shadow Cabinet)이란 무엇인가?
① 예비내각 ② 후보내각
③ 각외대신 ④ 각내대신

관련상식

기본 개념과 함께 알아두면 좋을 관련 상식이나 참고 사항들을 보충, 정리하였습니다.

말한다. 경제정책면에서는 중상주의를 취하여 국부의 증대를 꾀하였고, 국가가 국민생활의 모든 분야에 걸쳐 무제한 간섭하는 것을 당연하게 생각하였다. 17~18세기 유럽에서의 절대 군주정치의 국가를 가리키며, 법치국가론의 등장으로 물러나게 되었다. 제2차 세계대전의 일본을 비롯한 독일, 이탈리아 등을 비난할 때 다시 경찰국가라는 말이 사용되었다.

야경국가(夜警國家)

독일의 사회주의자 F. 라살이 처음 사용한 용어로, 복지국가와 대조적인 개념이다. 치안유지를 국가의 제1의 역할로 보는 작은 정부, 소극적 정부, 최소의 정부로서 시민의 자유와 권리가 최대한 보장되므로 국가는 개인의 일에 간섭할 수 없고 오로지 질서유지만 수행한다는 논리이다.

전체주의(全體主義)

개인의 자유와 권리보다는 국가와 민족을 우선하는 정치체제를 말한다. 전체주의 국가는 대부분 자본주의의 발달이 늦은 후기 자본주의 국가들이다. 전체주의의 특징은 공산주의를 배격하고 일당독재를 추구하며, 민

로, 미국의 7대 대통령인 앤드루 잭슨(Andrew Jackson)이 식당에서 당시 참모진들과의 불화로 각료회의를 중단하고 행정부 밖에서 지인들과 식사를 함께하면서 자문을 구한 데서 생겨난 말이다.

확인문제 [국민연금공단]

2. '값싼 정부', '최소의 정치가 최고의 정치'는 다음 중 어떤 국가와 관계있는 표현인가?
① 복지국가 ② 입헌국가
③ 경찰국가 ④ 야경국가

나치즘과 파시즘

나치즘은 독일의 나치당 당수 아돌프 히틀러가 이끈 전체주의 운동으로, 1920년대부터 제2차 세계대전이 종결될 때까지 독일 민족운동을 지도하고 1933년 이후에는 정권을 차지했던 '국민사회주의 독일 노동자당(나치스)'의 사상원리이다. 파시즘은 좁은 의미로는 이탈리아 파시스트당의 운동 또는 권력을 잡고 있던 시기를 말하며, 넓은 의미로는 제1차 세계대전 이후

확인문제

기본 개념 및 관련 내용을 바탕으로 해결할 수 있는 문제들을 실어, 좀 더 정확한 내용 확인을 돕고자 하였습니다.

CHAPTER 01 객관식 문제

[국민연금공단]

01 정부형태에서 의원내각제와 대통령제에 대한 설명으로 틀린 것은?

① 대통령제는 대통령 임기 동안 정국이 비교적 안정된다.
② 의원내각제는 책임정치를 구현할 수 있다.
③ 의원내각제는 의회와 내각의 대립을 신속하게 해결하지 못한다.
④ 대통령제에서는 행정부가 법률안 제출권을 갖지 못한다.

해 ③은 대통령제의 단점이다.

04 중국 주도의 세계평화를 의미하는 용어는?

① 팍스 시니카(Pax Sinica)
② G2
③ 골드윙(Gold Wing)
④ 에콜데보자르

해 라틴어로 평화를 의미하는 'Pax'와 중국을 의미하는 'Sinica'를 합성한 용어로 팍스 시니카(Pax Sinica)는 중국 중심의 평화질서를 의미하는 용어이다.

객관식 문제

기출 · 예상문제를 실어 실제시험에 가까운 내용으로 학습효과를 높일 수 있도록 하였습니다.

CHAPTER 01 단답형 문제

다음 질문에 답하시오. (기업체 직무적성검사 대비 문제)

01 국회에서 소속 정당의 당론과 상관없이 의원 개인의 판단에 따라 투표하는 것을 무엇이라 하는가?

02 정치선거 때가 되면 연구 · 학문을 하지 않고 정치조언을 하는 사람은?

03 대통령중심제와 내각책임제의 절충형태로 행정부의 권한을 대통령과 내각수반이 나누어 행사하는 제도는?

Answer

01 교차투표(Cross Voting)
02 폴리페서
03 이원집정부제

단답형 문제

보기를 통해 정답을 유추하지 않고 해당 문제를 풀어봄으로써 각 장의 주제에 대한 이해도를 최종적으로 확인할 수 있도록 하였습니다.

목차

7DAYS STUDY PLAN

1 Day	CHAPTER 1	정치 · 외교 · 법률	
2 Day	CHAPTER 2	경제 · 경영 무역 · 산업	
3 Day	CHAPTER 3	환경 · 기후 사회 · 노동	
4 Day	CHAPTER 4	과학 · 컴퓨터 정보통신 · 매스컴	
5 Day	CHAPTER 5	역사 · 교육 · 철학	
6 Day	CHAPTER 6	문화 · 예술 · 스포츠	
7 Day	CHAPTER 7	국문학 세계문학 · 한자	

Preface

최신 공사공단상식

챗GPT

챗지피티(ChatGPT)는 OpenAI가 개발한 대화형 인공지능 챗봇으로, 사용자와 주고받는 대화에서 질문에 답하도록 설계된 언어 모델이다. ChatGPT는 대형 언어 모델 GPT-3의 개선판인 GPT-3.5를 기반으로 만들어졌으며, 지도학습과 강화학습을 모두 사용해 파인 튜닝되었다. ChatGPT는 Generative Pre-trained Transformer(GPT)와 Chat의 합성어이다. ChatGPT는 2022년 11월 프로토타입으로 시작되었으며, 다양한 지식 분야에서 상세한 응답과 정교한 답변으로 인해 집중 받았다.

오픈씨(OpenSea)

오픈씨는 현재 세계 최대의 종합 NFT(대체 불가능한 토큰) 거래 플랫폼으로 사용자는 플랫폼에서 NFT를 발행 · 전시 · 거래 및 경매할 수 있다. 오픈씨에서는 모든 유형의 NFT를 사고 팔 수 있다. 사람들은 오픈시 플랫폼에서 예술을 사고 팔 수 있을 뿐만 아니라 오픈마켓에서 그들의 개인 창작물이 어떻게 사고 팔리는지를 볼 수 있다. 오픈씨은 글로벌 플랫폼이라 전 세계의 투자자(아트 컬렉터)들이 모여 있기 때문에 NFT 거래에 입문하는 판매자들에게 추천하는 플랫폼이다. '열린 바다'라는 이름처럼 누구나 제한 없이 NFT를 발행 및 거래할 수 있어서 NFT 계의 이베이로 불리기도 한다.

> *NFT
> '대체 불가능한 토큰(Non-Fungible Token)'이라는 뜻으로, 희소성을 갖는 디지털 자산을 대표하는 토큰을 말한다. NFT는 블록체인 기술을 활용하지만, 기존의 가상자산과 달리 디지털 자산에 별도의 고유한 인식 값을 부여하고 있어 상호교환이 불가능하다는 특징이 있다.

스플린터넷

파편이라는 뜻의 '스플린터(splinter)'와 '인터넷(internet)'의 합성어로 인터넷 속 세상이 쪼개지는 현상을 의미한다. 즉, 전 세계를 연결하는 인터넷을 정부가 국가 차원의 인터넷 망으로 한정하려는 움직임을 가리킨다. 이는 중국이 별도의 인터넷 체계를 유지하기 위해 이른바 '만리방화벽(Great Firewall)'을 수립하면서 회자되기 시작한 개념이다.

디지털 시장법

유럽연합(EU)이 아마존, 메타, 애플 등 빅테크 기업의 반경쟁 행위를 규제하기 위해 2022년 3월 24일 도입에 합의한 법이다. 이 법은 일정 규모 이상의 빅테크 기업을 게이트키퍼로 지정해 사이드로딩 허용, 인앱결제 강제 금지, 자사 우대 금지, 상호운용성 확보 등의 의무를 이행하도록 규정하고 있다.

그리드플레이션

탐욕(greed)과 물가 상승(inflation)의 합성어로, 대기업들이 탐욕으로 상품 · 서비스 가격을 과도하게 올려 물가 상승을 가중시킨다는 의미이다. 2022년 미국의 물가가 40여 년 만에 최악의 수준으로 치솟자 집권 여당인 민주당 일각에서 대기업의 탐욕이 인플레이션에 큰 영향을 미쳤다고 지적하며 해당 용어가 거론되고 있다.

● 콘플레이션

옥수수를 뜻하는 '콘(Corn)'과 '인플레이션(Inflation)'의 합성어로, 옥수수 가격이 최고치로 치솟는 현상을 가리킨다. 콘플레이션의 원인에는 2022년 2월 러시아의 우크라이나 침공이 가장 큰 이유로 거론되며, 화물운송 가격의 상승과 미국 중부 지역의 가뭄 장기화 등도 꼽힌다. 여기에 이와 같은 옥수수 가격 상승이 옥수수를 사용하는 각종 가공식품은 물론 축산물 · 유제품 · 과자 등에까지 가격 상승 도미노를 일으키면서 옥수수로 인한 '애그플레이션(농산물 가격 급등으로 물가가 상승하는 현상)'이 우려되고 있다.

● 이해충돌방지법

공직자가 직무를 수행할 때 자신의 사적 이해관계로 공정하고 청렴한 직무수행을 저해하는 것을 방지하기 위한 내용을 담은 법안이다. 이 법은 2013년 부정청탁금지법(김영란법)의 일부로 국회에 제출됐으나, 공직자의 직무 범위 등이 모호하다는 이유 등으로 8년간 표류해 왔다. 그러다 2021년 3월 한국토지주택공사(LH) 직원들의 부동산 투기 사태를 계기로 법안이 재조명을 받아 2021년 4월 29일 국회 국회를 통과하고 2022년 5월 19일부터 시행되고 있다.

● 다크 이코노미

코로나19 팬데믹 이후 매장에서 손님을 받는 방식의 오프라인 운영보다 온라인 주문에 집중하는 비즈니스 형태가 증가하면서 등장한 신조어이다. 실제로 2020년 초부터 전 세계로 확산된 코로나19로 유례 없는 사회적 거리두기가 시행되면서, 수많은 오프라인 매장들이 불황을 겪었다. 그러나 한편에서는 전자상거래와 배달 인프라를 활용한 유통 방식이 급증하기 시작했는데, 이러한 상황을 반영하며 등장한 말이 '불 꺼진 상점(다크 스토어, dark store)'이나 '불 꺼진 주방(다크 키친, dark kitchen)'과 같은 '다크 이코노미'이다.

● 피터의 법칙

조직의 상위 직급은 무능한 인물로 채워질 수밖에 없다는 이론으로 미 컬럼비아대 로렌스 피터 교수가 1969년 발표했다. 관료제 내의 승진으로 인한 관료의 무능화 현상이 발생할 수도 있다. 유능한 사람을 승진시키다 보면 일을 감당할 수 없는 위치에까지 승진을 시켜 결국은 무능한 지경에 까지 이르게 된다. 이렇게 무능화된 사람도 신분보장으로 인하여 그 자리에 머물게 되며 모든 계층이 무능한 사람으로 채워질 수 있다. 관료제의 병리현상을 지적한 이론이다.

● 다이렉트 인덱싱(Direct Indexing)

인공지능(AI) 등을 활용해 투자자 개개인의 투자 목적, 투자 성향, 생애 주기에 적합한 포트폴리오를 설계하는 것을 말한다. 개인 맞춤형 지수를 만들고 이를 구성하는 개별 주식을 직접 보유하는 것이다. 거래소에 상장된 ETF(상장지수펀드)가 기성품이라면, 다이렉트 인덱싱은 맞춤형 제품, 즉 '나만의 ETF'인 셈이다. 다른 말로 '비스포크 인덱싱(Bespoke Indexing)'이라고도 불린다.

● 미디어 파사드

미디어(media)와 건물의 외벽을 뜻하는 파사드(facade)가 합성된 용어로, 건물의 외벽에 다양한 콘텐츠 영상을 투사하는 것을 이른다. 이는 건물 벽에 LED 등의 디스플레이를 부착하여 영상을 구현하던 방식에서 한층 더 나아가 아예 건물의 벽면을 디스플레이용으로 사용하는 것이다.

● 조각투자

하나의 자산에 대해 여러 투자자들이 함께 투자하고 이익을 공동으로 배분받는 형식의 투자 기법이다. 고가여서 혼자서는 구매가 어려운 미술품, 부동산을 비롯해 음악 저작권, 명품 가방 등 다양한 분야에서 활용되고 있다. 소액으로 큰 규모의 자산에 투자할 수 있는 기회를 얻을 수 있지만 해당 자산에 대한 직접 소유권을 갖는 것은 아니다.

● 펜트업 효과

억눌렸던 수요가 급속도로 살아나는 현상으로, 보통 외부 영향으로 수요가 억제되었다가 그 요인이 해소되면서 발생한다. 특히 2020년 코로나19 확산으로 사회적 거리두기가 추진되며 경제활동이 급격히 위축됐다가, 점차 각국이 봉쇄조치를 해제하고 확진자 발생 상황이 조금씩 나아짐에 따라 펜트업 효과가 일어날 것이라는 예측이 일었다. 실제로 한국은행은 2020년 초 민간소비 등이 코로나19에 따라 위축됐으나 확산이 진정된 이후에는 빠른 회복세로 돌아설 것이라며 펜트업 효과를 전망한 바 있다.

● 오커스

미국, 영국, 호주 등 3개국이 2021년 9월 15일 공식 출범시킨 외교안보 3자 협의체이다. 오커스라는 명칭은 호주(Australia), 영국(UK), 미국(US)의 국호 첫 글자 및 이니셜을 따 지은 것인데, 이들 3개국은 오커스를 통해 정기적인 고위급 협의를 가지면서 국방과 외교정책 등의 교류는 물론 첨단기술과 정보 공유를 하게 되는데, 무엇보다 미영 양국이 호주의 핵추진잠수함 개발을 공동 지원하는 것이 핵심이다.

● 핑크타이드

'분홍 물결'이라는 뜻으로 여러 남미 국가에서 온건한 사회주의를 표방하는 좌파 정당들이 연달아 집권한 기조를 말한다. 1990년 베네수엘라의 우고 차베스 정권의 출범부터 시작된 흐름이다. 핑크타이드는 2015년까지 약 20년 가까이 이어졌으나, 좌파 정권의 경제정책 실패로 극심한 경제불황이 닥치면서 2015년 12월 아르헨티나의 우파 정권 집권을 시작으로 퇴조하기 시작했다. 그러다 2019년 아르헨티나, 2020년 볼리비아, 2021년 온두라스 · 페루 · 칠레, 2022년 콜롬비아 등에서 다시 좌파 정부의 집권이 시작되면서 부활 중에 있다.

● 라게브리오

미국 제약사 머크앤드컴퍼니(MSD)가 개발한 코로나19 알약 치료제로, 미국 식품의약청(FDA)이 2021년 12월 23일 긴급 사용 승인을 내렸다. 라게브리오는 코로나19 감염을 일으키는 SARS-CoV-2를 포함해 여러 RNA 바이러스의 복제를 억제하는 방식으로 치료가 이뤄진다.

● 3%룰

상장사의 감사 또는 감사위원을 선임할 경우 해당 회사의 지배주주가 의결권이 있는 주식의 최대 3%만 행사할 수 있도록 제한한 제도를 말한다. 이는 대주주의 지나친 영향력 행사를 막아 경영의 투명성을 확보하는 것은 물론 소액 주주를 보호하기 위해 1962년 상법 제정 시 도입됐다.

● 제로 트러스트(Zero Trust)

'아무것도 신뢰하지 않는다'를 전제로 한 사이버 보안 모델로, 내부에 접속한 사용자에 대해서도 무조건적으로 신뢰하지 않고 검증하는 것을 기본으로 하는 개념이다. 이는 사이버 보안 전문가이자 포레스터 리서치 수석연구원인 존 킨더버그(John Kindervag)가 2010년 제시한 개념으로, '신뢰가 곧 보안 취약점'이라는 원칙을 내세운 것이다.

● 로코노미(Loconomy)

지역(local)과 경제(Economy)의 합성어로 거대 상권이 아닌 동네 중심으로 소비가 이뤄지는 것을 의미한다. 로코노미는 코로나19로 생활 반경이 좁아지고 국내와 지역, 동네에 대한 관심이 활성화되며 부각되기 시작했다. 소비자들이 지역과 동네 기반으로 뭉치며 지역만의 희소성을 담은 상품과 서비스, 콘텐츠에 관심을 갖게 된 것이다.

● 주크벅스

소셜네트워크서비스 페이스북의 공동설립자이자 최고경영자인 마크 저커버그의 메타(구 페이스북)가 개발하고 있는 디지털 코인이다. 메타는 새로운 사업 모델로 메타버스를 내세우고 있는데, 주크벅스는 이 메타버스 공간에서 각종 서비스와 제품에 대한 결제 수단으로 활용된다. 다만, 주크벅스는 블록체인 기술을 기반으로 한 가상자산은 아니며, 메타버스 게임사 로블록스의 앱에서 사용되는 로벅스(Robux)와 유사한 것으로 알려졌다. 이는 메타가 중앙서버에서 관리하는 인앱 토큰 방식이라는 것을 의미한다. 메타는 자사 플랫폼에서의 공헌도에 따라 사용자에게 레퓨테이션토큰, 소셜토큰 등을 발행하는 방안도 검토 중이다.

● 그린 택소노미

녹색 산업을 뜻하는 그린(green)과 분류학을 뜻하는 택소노미(Taxonomy)의 합성어로, 환경적으로 지속가능한 경제 활동의 범위를 정하는 것이다. 즉, 어떤 산업 분야가 친환경 산업인지를 분류하는 녹색 산업 분류체계로, 녹색 투자를 받을 수 있는 산업 여부를 판별하는 기준으로 활용된다.

● P2E

'Play to Earn'의 약자로, 플레이를 통해 돈을 버는 행위 또는 게임을 가리킨다. 돈벌이는 블록체인을 통한 데이터 자산화, 거래 편의성 및 안전성 확보, 지급되는 코인의 현금화로 이뤄진다. 이 때문에 사업 운영을 위해선 블록체인 기술이나 관련 파트너가 필요하다.

● 전고체 배터리

배터리 양극과 음극 사이의 전해질이 고체로 된 2차전지로, 에너지 밀도가 높으며 대용량 구현이 가능하다. 또 전해질이 불연성 고체이기 때문에 발화 가능성이 낮아 리튬이온 배터리를 대체할 차세대 배터리로 꼽힌다. 현재 가장 많이 사용되는 2차전지인 리튬이온 배터리의 경우 액체 전해질로 에너지 효율이 좋지만, 수명이 상대적으로 짧고 전해질이 가연성 액체여서 고열에 폭발할 위험이 높다. 반면 전고체 배터리는 전해질이 고체이기 때문에 충격에 의한 누액 위험이 없고, 인화성 물질이 포함되지 않아 발화 가능성이 낮아 상대적으로 안전하다. 또 액체 전해질보다 에너지 밀도가 높으며 충전 시간도 리튬이온 배터리보다 짧다. 여기다 대용량이 구현이 가능해 완전 충전할 경우 전기차의 최대 주행거리를 800km로 늘릴 수 있다.

● 제임스 웹 우주망원경

미국 항공우주국(NASA)이 100억달러(약 11조8760억원)를 투입해 개발한 우주 망원경으로, 인류 역사상 가장 고성능이라고 평가되는 허블 우주망원경을 잇는 차세대 우주망원경이다. 가시광선 영역을 관측하는 허블 우주망원경과 달리 적외선 영역을 관측한다.

● 아조우 연대

'아조우 연대'는 2014년 5월 우크라이나 돈바스(루한스크 · 도네츠크)의 친러 반군들이 분리독립을 주장하며 내전을 일으키자 이들에 맞서기 위해 결성한 민병대에서 출발했다. 처음에는 '아조우 대대'로 불렸으나 그 규모가 확대되면서 '아조우 연대'라는 속칭을 얻게 됐고, 2014년 11월 우크라이나 내무부 산하 국가방위군에 합류하며 정규군의 지위를 얻게 됐다. 정식 명칭은 '아조우 특수작전 파견대'로, 이들은 2014년 6월 당시 친러 반군이 점령했던 마리우폴을 탈환하면서 명성을 얻기 시작했다. 아조우 대대는 평소에는 지역 치안을 담당하고 전시에는 전투에 직접 참가한다.

● 멀티모달 인터페이스(Multi-Modal Interface)

사용자 인터페이스들인 키보드와 마우스 이외에 음성 인식, 제스처 인식, 디바이스 펜, 행동 인식, 터치 인식 등 기타 생체 인식을 활용해 특별한 장치 없이 유비쿼터스 컴퓨팅 환경을 구축하여 사용자 중심의 업무 효율을 높이는 기술이다. 인간과 컴퓨터의 접점이 인터페이스이지만, 이것은 매체가 아니라 대화 양식(modality)으로서, 복잡한 정보를 여러 가지 대화 양식의 조합으로 표현함으로써 보다 컴퓨터와 자연스럽게 접하는 것을 목적으로 하는 것이다. 가상 현실도 이것의 하나이다.

● 서비타이제이션(Servitization)

서비타이제이션은 제품과 서비스의 결합, 서비스의 상품화, 기존 서비스와 신규 서비스의 결합 등을 아우르는 개념으로, 앞으로 전 세계 소비 시장에 적용될 '연결'과 '공유' 현상의 가장 임박한 변화 흐름이다. 기업은 제품, 서비스, 지원, 지식 셀프서비스 등을 하나의 묶음으로 고객에게 제공함으로써 부가가치를 높일 수 있다.

● 인앱결제

애플리케이션 유료 콘텐츠를 결제할 때 앱마켓 운영업체가 자체적으로 개발한 시스템을 활용해 결제하는 방식을 일컫는다. 구글, 애플 등의 업체는 인앱 결제를 통해 결제 과정에서 수수료로 최대 30%를 가져가고 있다. 구글은 게임 앱에서만 인앱 결제를 강제하고 서비스나 콘텐츠에 대해서는 제공자가 구글 결제 시스템을 적용할지 선택하도록 해 왔다. 그러나 구글은 2021년부터 구글플레이에서 유통되는 음원, 동영상, 전자책 등 모든 디지털 콘텐츠 앱에 구글의 인앱 결제 방식을 의무화한다고 2020년 9월 29일 발표했다. 이에 따라 새로 등록되는 앱은 2021년 1월 20일, 기존에 등록된 앱은 2021년 10월 1일부터 수수료를 지급하게 됐다.

● CPTPP

기존에 미국과 일본이 주도하던 환태평양경제동반자협정(TPP)에서 미국이 빠지면서 일본 등 아시아 · 태평양 11개국이 새롭게 추진한 경제동맹체로, 2018년 12월 30일 발효됐다. 11개 참여국 중 6개국 이상이 비준 절차를 완료하면 60일 후 발효되는데, 멕시코를 시작으로 일본, 싱가포르, 뉴질랜드, 캐나다에 이어 호주가 2018년 10월 31일 자국 내 승인 절차를 완료하면서 그해 12월 30일 발효됐다.

● 포모도로 기법

'포모도로' 기법은 시간을 잘게 쪼개 효율적으로 쓰는 방법 중 하나로, 여기서 '포모도로'는 '토마토'를 뜻하는 이탈리아어이다. 이는 1980년대 후반 프란체스코 시릴로(Francesco Cirillo)가 제안한 것으로, 토마토

모양의 요리용 타이머를 이용해 이 기법을 실행한 데서 유래됐다. 포모도로 기법은 25분간 집중해서 일이나 공부를 한 뒤 5분간 휴식하는 방식을 4번 반복하는 사이클로 이뤄져 있다. 즉, 업무 시간 전체를 25분 작업과 5분 휴식으로 나누는 방식으로, 25분씩 연속 4번의 작업을 마치면 15~20분 정도의 보다 긴 휴식 시간을 갖게 된다.

● CF100(Carbon Free 100%)

사용 전력의 100%를 풍력, 태양광, 수력, 지열, 원자력발전 등의 무탄소 에너지원으로 공급받는 캠페인으로, 전력의 탈탄소화를 목표로 한다. 공식 명칭에 들어가는 '24/7'은 24시간 일주일(7일) 내내 무탄소 전력을 이용한다는 의미이다. RE100으로는 탄소중립 달성이 어렵다는 지적에 따라 구글(Google)과 유엔 에너지(UN Energy), 지속가능에너지 기구(SE4ALL: Sustainable Energy For All) 등이 발족했다.

> *RE100
>
> RE100은 '재생에너지(Renewable Electricity) 100%'의 약자로, 기업이 사용하는 전력량의 100%를 2050년까지 풍력 · 태양광 등 재생에너지 전력으로 충당하겠다는 목표의 국제 캠페인이다. 2014년 영국 런던의 다국적 비영리기구인 '더 클라이밋 그룹'에서 발족된 것으로, 여기서 재생에너지는 석유화석연료를 대체하는 태양열, 태양광, 바이오, 풍력, 수력, 지열 등에서 발생하는 에너지를 말한다.

● 세계국채지수(WGBI)

블룸버그-버클레이즈 글로벌 종합지수와 JP모던 신흥국 국채지수와 함께 세계 3대 채권지수 중 하나로, 전 세계 투자기관들이 국채를 사들일 때 지표가 되는 지수이다. 영국 런던증권거래소(LSE) 파이낸셜타임스 스톡익스체인지(FTSE) 러셀이 발표하며 미국, 영국, 중국 등 주요 23개국의 국채가 편입돼 있다. 추종 자금은 2021년 말 기준 2조 5000억 달러에 이른다.

● 밈 주식

밈 주식이란 온라인상에서 입소문을 타 개인투자자들이 몰리는 주식을 가리키는 신조어이다. 이는 미국 온라인 커뮤니티인 레딧(Reddit)에 개설된 주식 토론방에서 공매도에 반발하는 개인투자자들이 기관에 대응해 집중 매수하는 종목이 나타난 것이 그 시작이다. 이들은 종목과 관련된 재미있는 사진이나 동영상을 공유했고, 이는 다른 사회관계망서비스(SNS) 등으로 확산되며 해당 종목에 대한 매수를 급증시켰다. 대표적인 밈 주식으로는 게임 유통업체 '게임스톱', 영화관 체인 'AMC', 주방용품 소매업체 '베드 배스 앤드 비욘드' 등이 꼽힌다.

> *밈(Meme)
>
> 영국의 생물학자 리처드 도킨스가 1976년에 '이기적 유전자'란 저서를 출간하며 만들어낸 개념이다. 문화의 전달에도 유전자 같은 중간 매개물이 필요한데 이 역할을 하는 정보의 형식이 밈이다. 모방을 뜻하는 그리스어 '미메메(mimeme)'를 참고해 만든 용어다.

● B3W

B3W는 조 바이든 미국 대통령이 2021년 6월 영국에서 열린 주요 7개국(G7) 정상회의에서 그 구축을 제안

한 것으로, 중국의 '일대일로(一帶一路)'에 대항하는 글로벌 인프라 파트너십을 말한다. 이는 바이든 대통령의 대선 캠페인 '더 나은 건설(Build Back Better)'에서 따온 것으로, 바이든 정부가 추진하는 '국제적 리더십 복원'과도 맞닿아 있다.

● 위드 코로나

강력한 변이 바이러스 출현, 돌파감염 등으로 코로나19 팬데믹이 장기화되면서 대두되고 있는 개념으로, 사회적 거리두기 등을 일부 완화하면서 위중증 환자관리에 집중하는 새로운 방역체계를 뜻한다. 우리 정부는 '위드 코로나(With Corona19)'라는 용어 자체의 정확한 정의가 없음에도 너무 포괄적이고 다양한 의미로 활용된다며 '단계적 일상회복'이라는 용어를 사용하고 있다.

> *제로 코로나
> 코로나19 확진자 발생 시 봉쇄 조치를 진행하는 등 강도 높은 규제로 감염자 수를 '0'로 돌려놓는 중국의 코로나19 정책이다.

● 컨셔스 패션(Conscious Fashion)

'의식 있는'이라는 뜻의 단어 컨셔스(Conscious)와 패션(Fashion)의 합성어로, 소재 선정에서부터 제조 공정까지 친환경적이고 윤리적인 과정에서 생산된 의류 및 그런 의류를 소비하고자 하는 트렌드를 뜻하는 말이다. 이는 환경오염의 주범이 되는 의류 폐기물을 줄이는 데 동참함으로써 지속 가능한 가치를 추구하고, 환경을 보호한다는데 그 의의가 있다.

● 프렌드쇼어링(Friend-shoring)

우호국이나 동맹국들과 공급망을 구축하는 것을 말한다. 코로나19 유행과 러시아의 우크라이나 침공, 코로나19로 인한 중국의 도시 봉쇄 등으로 글로벌 공급망이 위기를 겪자 미국이 중국과 러시아를 공급망에서 배제하고 유럽연합(EU), 아시아 · 태평양 지역 등 동맹국들과의 공급망 구축을 통해 상품을 안정적으로 확보하기 위해 반도체, 주요 광물 등의 분야에서 프렌드쇼어링을 추진하고 있다. 프렌드쇼어링에 대해서는 핵심 재료의 공급이 수월하게 이뤄질 수 있는 반면, 상대적으로 낮은 인건비를 포기하게 돼 생산비용이 증가하고 이것이 소비자 가격에 반영돼 인플레이션을 초래할 수 있다는 우려가 나온다.

> *리쇼어링(reshoring)
> 비용 등을 이유로 해외에 나간 자국 기업이 다시 국내로 돌아오는 현상을 말한다. 리쇼어링이 어려울 경우 인접 국가로 생산시설을 이동하는 것은 니어쇼어링(nearshoring)이라고 한다.

● 도심항공교통(UAM)

도심에서 30~50km의 거리를 플라잉카, 항공택시라고 부르는 전동 수직 이착륙기(eVTOL)로 이동하는 도심 교통 시스템으로, 기체를 비롯해 운항 · 서비스 등을 총칭하는 개념이다. '도심항공모빌리티'라고도 부르는 UAM은 지상과 지하 교통이 한계에 다다르자 이를 극복하기 위해 추진되고 있으며 지상에서 450m 정도의 저고도 공중을 활용한다.

● COP26

영국 글래스고에서 2021년 10월 31일부터 11월 13일까지 열린 제26차 유엔기후변화협약 당사국총회를 말한다. 'COP26'의 'COP'는 당사국총회를 뜻하는 'Conference of the Parties'의 약자이며, 숫자 '26'은 회의의 회차를 가리킨다. COP26에서는 세계 각국이 기후위기 대응을 위해 석탄발전을 단계적으로 감축하고, 선진국은 2025년까지 기후변화 적응기금을 2배로 확대하기로 하는 내용 등이 담긴 '글래스고 기후조약(Glasgow Climate Pact)'이 채택됐다.

● 망고(MANGO)

뱅크오브아메리카(BoA)가 2022년 3월 24일 선정한 반도체 유망주로 마벨 테크놀로지(MRVL; Marvell Technology), 브로드컴(AVGO; Broadcom), 어드밴스트 마이크로 디바이스(AMD; Advanced Micro Devices), 아날로그 디바이스(ADI; Analog Devices), 엔비디아(NVDA; NVIDIA Corporation), 글로벌 파운드리(GFS; GLOBALFOUNDRIES Inc), 온 세미컨덕터(ON; ON Semiconductor Corporation)의 앞 글자를 딴 것이다.

● 빈지워치

폭음, 폭식이라는 뜻의 '빈지(binge)'와 본다는 뜻의 '워치(watch)'를 합쳐 만든 신조어로 휴일이나 주말, 방학 등 단기간에 TV 프로그램을 몰아서 보는 행위를 가리킨다. 이는 콘텐츠 생산과 공급, 유통 방식 등의 변화에 따른 것으로, '빈지 뷰잉(Binge viewing)'이라고도 한다.

● 코뿔소 채권

전 세계 최초의 야생동물 보호를 목적으로 한 채권으로, 세계은행이 2022년 3월 발행했다. 이 채권으로 조달된 자금은 멸종위기에 놓인 검은코뿔소 개체 수 증가를 지원하는 데 활용된다. 만기는 5년이며, 5년간 검은코뿔소 개체가 증가하면 그에 따라 이자를 지급한다.

● 빅스텝·자이언트스텝

국내 언론이나 증권사 리포트 등에서 미국 연방준비제도(Fed)가 물가 조정을 위해 기준금리를 인상하는 정책을 지칭하는 말로 사용하면서 널리 확산된 용어들이다. 빅스텝은 기준금리를 0.5%포인트 인상하는 것을, 자이언트 스텝은 0.75%포인트 인상하는 것을 가리키는 말로 사용되는데, 다만 이는 미국 현지 언론과 경제부처 발표에서는 사용되지 않는 우리나라에서만 통용되는 용어로 알려져 있다.

● 스위프트(SWIFT)

세계 200여 개국 1만1000여 개 금융회사가 돈을 지급하거나 무역대금을 결제하는 데 활용하는 전산망이다. 세계 각국의 송금망은 스위프트를 거친다. 예컨대 미국 기업이 한국에 있는 기업에 돈을 보내기 위해 미국 거래은행에 요청하면, 이 은행은 스위프트망을 통해 한국 기업의 거래은행에 메시지를 보내 결제하는 식이다. 세계 금융을 연결하는 파이프라인 역할을 한다.

● 트래블 룰

자금세탁을 방지하기 위해 기존 금융권에 구축돼 있는 '자금 이동 추적 시스템'으로, 은행들이 해외 송금 시에 국제은행간통신협회(SWIFT)가 요구하는 형식에 따라 송금자의 정보 등을 기록하는 것을 뜻한다. 2019년에는 국제자금세탁방지기구(FATF)가 트래블 룰 대상에 가상자산을 추가해 가상자산 전송 시 수신자 정보를 수집해야 하는 의무를 가상자산사업자(VASP)에 부과하고 있다.

CHAPTER 01

정치 · 외교 · 법률

1. 정치
2. 외교
3. 법률

- 객관식 문제
- 단답형 문제

CHAPTER 01

정치 · 외교 · 법률

1 정치

● 국가의 3요소

국가의 3요소는 국민(사람), 영토, 주권(정부)으로 어느 하나가 빠져도 국가라 할 수 없다. 이 3가지 요소를 갖추고 있으며, 스스로 국가로 선포한 경우에 국가로 보는 것이 일반적이다.

● 내각책임제(內閣責任制)

정부의 성립과 존립이 국회의 신임을 필수조건으로 하는 정부형태로, 의원내각제 또는 의회정부제라고도 한다. 행정부는 의회에서 선출된 내각이 운영하고 그 내각은 의회에 대하여 정치적 책임을 지는 정치제도로, 대통령제와 함께 현대 입헌민주국가의 양대 정부형태를 이룬다. 내각책임제는 의회와 행정부의 권력분립을 전제로 한 의회의 신임을 행정부의 존립 요건으로 하며, 의회의 내각불신임권과 행정부의 의회해산권이 서로를 견제하는 정부형태를 의미한다. 우리나라에서는 제2공화국 시절 의원내각제를 실시한 바 있다.

● 대통령중심제(大統領中心制)

민주주의적 정부 형태의 한 가지로, 행정에 관하여는 대통령에게 실권을 부여하고 대통령이 국회로부터 가능한 한 독립하여 그 권한을 발휘할 수 있게 함으로써 명실상부한 행정수반으로 하는 체제이다. 행정부와 입법부를 엄격히 분립시켜 상호 간의 대등한 관계를 유지하는, 견제와 균형의 원리에 충실한 제도로 대통령은 보통 국민이 선출하며 임기 동안 행정권을 담당한다. 대통령과 정부는 의회에 대하여 책임을 지지 않는 것이 일반적으로 의회는 정부를 불신임할 수 없고, 정부도 의회를 해산할 수 없으나 대통령은 법률안에 대한 거부권을 행사하여 의회를 견제할 수 있다. 대통령의 임기 동안 정국이 안정되는 장점이 있으나, 정부와 의회의 조화가 잘 안 되는 단점도 있다.

● 복지국가(福祉國家)

국민들의 복지향상을 가장 중요한 책임과 의무로 삼는 국가로, 사회 구성

이원집정부제(二元執政府制)

대통령제의 요소와 의원내각제의 요소를 결합한 제도로 반대통령제, 준대통령제, 혼합정부형태 등 다양한 명칭으로 불린다. 이원정부란 원칙적으로 비상시에 있어서는 대통령이 행정권을 전적으로 행사하지만, 평상시에 대통령은 외교와 안보를, 내각수상은 행정권을 행사하며 하원에 대해서 책임을 지는 의원내각제 형식으로 운영되는 것을 말한다. 대통령이 총리를 임명하지만 의회의 동의가 있어야 하기 때문에 여소야대의 현상이 발생하면 동거정부가 만들어지기도 한다. 이원집정부제 실시 국가로는 프랑스, 러시아, 핀란드, 이집트, 알제리 등이 있다.

섀도 캐비닛(Shadow Cabinet)

야당에서 정권을 잡을 경우를 예상하여 각료 후보로 조직한 내각으로 '예비내각'이라고 한다. 섀도 캐비닛을 실시하는 목적은 지도자 한 사람만을 보고 표를 선택하는 것이 아니라 지도자가 어떤 팀과 일을 할 것인지를 총체적으로 보고 지도자를 선택하기 위한 것이라고 할 수 있다. 하지만 섀도 캐비닛이 정착되지 못한 나라에서 시행될 경우 국민들이 자칫 '권력 나눠먹기'라고 생각할 우려가 있으며, 섀도 캐비닛을 짜는 과정에서 주요 장관직을 놓고 당내 갈등을 야기할 수도 있다.

확인문제 [국민체육진흥공단]

1. 섀도 캐비닛(Shadow Cabinet)이란 무엇인가?

① 예비내각 ② 후보내각
③ 각외대신 ④ 각내대신

답 1. ①

원의 복지가 국가에 의해 제공되는 것을 목표로 한다. 현대의 복지국가는 무제한적인 자유방임주의를 버리고, 적극적으로 사회의 경제질서에 개입함과 동시에 경제적 이해관계의 대립을 조정하여, 국민의 생존권을 실질적으로 보장하도록 노력하고 있다. 이를 위해 자본주의 국가에서는 완전고용, 최저임금보장, 사회보장제도 등을 중요한 시책으로 삼고 있다.

● 경찰국가(警察國家)

경찰권이 모든 면을 지배하여 국민의 자유로운 생활을 압박하는 국가를 말한다. 경제정책면에서는 중상주의를 취하여 국부의 증대를 꾀하였고, 국가가 국민생활의 모든 분야에 걸쳐 무제한 간섭하는 것을 당연하게 생각하였다. 17~18세기 유럽에서의 절대 군주정치의 국가를 가리키며, 법치국가론의 등장으로 물러나게 되었다. 제2차 세계대전의 일본을 비롯한 독일, 이탈리아 등을 비난할 때 다시 경찰국가라는 말이 사용되었다.

● 야경국가(夜警國家)

독일의 사회주의자 F. 라살이 처음 사용한 용어로, 복지국가와 대조적인 개념이다. 치안유지를 국가의 제1의 역할로 보는 작은 정부, 소극적 정부, 최소의 정부로서 시민의 자유와 권리가 최대한 보장되므로 국가는 개인의 일에 간섭할 수 없고 오로지 질서유지만 수행한다는 논리이다.

● 전체주의(全體主義)

개인의 자유와 권리보다는 국가와 민족을 우선하는 정치체제를 말한다. 전체주의 국가는 대부분 자본주의의 발달이 늦은 후기 자본주의 국가들이다. 전체주의의 특징은 공산주의를 배격하고 일당독재를 추구하며, 민주주의와 자유주의도 부정하고 국민의 기본권과 언론 · 출판의 자유를 통제하며, 식민지 확대를 위한 침략 전쟁을 벌인다는 것이다. 나라마다 전체주의의 양상은 조금씩 달랐으며 독일의 나치즘, 이탈리아의 파시즘, 일본의 군국주의가 대표적이다.

● 다원주의(多元主義, Pluralism)

사회는 여러 독립적인 이익집단이나 결사체로 이루어져 있으므로 권력엘리트에 의하여 지배되기보다는 집단의 경쟁, 갈등, 협력 등에 의하여 민주주의적으로 운영된다고 보는 사상이다. 다원주의자의 주장은 각양각색이나 공통적으로 국가 지상주의적인 전통적 이론에 반대한다.

이너 캐비닛(Inner cabinet)

정책을 결정할 때 신속한 통일적 조치가 필요한 경우 소수의 주요 각료를 선정하여 구성하는 내각으로, '소수내각'이라고 한다. 전시나 비상사태처럼 신속하고 통일적인 조치가 필요한 경우에 주요 각료를 뽑아서 그들이 최고정책을 심의 · 결정하는 것을 말한다.

키친 캐비닛(Kitchen Cabinet)

대통령의 저녁 식사에 초대될 정도로 가까운 지인이나 친구들을 의미하는 용어로, 미국의 7대 대통령인 앤드루 잭슨(Andrew Jackson)이 식당에서 당시 참모진들과의 불화로 각료회의를 중단하고 행정부 밖에서 지인들과 식사를 함께하면서 자문을 구한 데서 생겨난 말이다.

확인문제 [국민연금공단]

2. '값싼 정부', '최소의 정치가 최고의 정치'는 다음 중 어떤 국가와 관계있는 표현인가?

① 복지국가 ② 입헌국가
③ 경찰국가 ④ 야경국가

나치즘과 파시즘

나치즘은 독일의 나치당 당수 아돌프 히틀러가 이끈 전체주의 운동으로, 1920년대부터 제2차 세계대전이 종결될 때까지 독일 민족운동을 지도하고 1933년 이후에는 정권을 차지했던 '국민사회주의 독일노동자당(나치스)'의 사상원리이다. 파시즘은 좁은 의미로는 이탈리아 파시스트당의 운동 또는 권력을 잡고 있던 시기를 말하며, 넓은 의미로는 제1차 세계대전 이후 고도로 발달한 자본주의와 전반적인 위기단계에서 출연한 테러리즘적 수단에 의한 독재정치를 말한다.

확인문제 [서울메트로]

3. '최소한의 정부가 최선의 정부'라는 말은 어떤 국가관을 바탕으로 하는가?

① 공산주의 국가관
② 전체주의 국가관
③ 다원주의 국가관
④ 권위주의 국가관

답 2. ④ 3. ③

징고이즘(Jingoism)

편협하고 광신적인 애국주의를 말한다. 1877년에서 1878년, 러시아와 터키 간의 전쟁에서 영국이 유럽세계의 국제적 우위를 선점하기 위해 터키를 원조해야 한다면서 전쟁을 주장한 자들을 '징고이스트(Jingoist)'라 부른 것에서 유래하였다. 이후 영미권 문화의 우월성과 이익을 반영하는 맹목적 확신에 의한 행동을 표현하는 용어로 통하게 되었고 자신의 집단인 국가와 민족을 다른 집단보다 우월하다고 여기며, 특히 자신의 집단적 이해를 위해 다른 집단들에 실제적 위협을 가하거나 위협적 행위를 서슴지 않고 행동한다.

매카시즘(McCarthyism)

1950년 2월 미국 위스콘신주 출신의 공화당 상원의원이었던 매카시 의원은 "미국 국무부 안에 205명의 공산주의자가 있다."라는 폭탄연설을 하였다. 당시 공산주의의 급속한 팽창에 위협을 느끼던 미국 국민의 지지를 받아 무차별적인 공산주의자 축출을 단행하였으나, 대부분의 정치인 · 지식인 · 언론인들은 공산주의자로 낙인 찍히는 것을 우려하여 이에 반론을 제기하지 못했다. 이후 매카시즘은 비이성적인 마녀사냥식 여론몰이 등을 지칭하는 말로 사용되고 있다.

레임덕(Lame Duck)

미국 대통령 선거에서 현직 대통령이 패배하는 경우 새 대통령이 취임할 때까지 약 3개월간의 국정 정체 상태를 '기우뚱거리며 걷는 오리'에 비유해 이르는 말이다. 후임 대통령이 중간선거에서 여당의 승리로 이끌지 못했을 경우에도 의회와의 관계에서 불리한 입장에 서게 되고, 지도력이 저하되어 레임덕 현상이 일어나기 쉽다.

삼민주의(三民主義)

쑨원(孫文)이 제창한 중국혁명의 이념적 토대가 된 정치지도 원리로, 신해혁명(1911년)은 이 이론에 따라 수행되었다. 삼민주의는 민족주의, 민권주의, 민생주의로 구성되어 있다.

교도민주주의(Guided Democracy)

인도네시아의 수카르노(Sukarno) 전 대통령이 주장한 것으로, 민주주의

쇼비니즘(Chauvinism)

자기 나라의 이익을 위해서는 수단과 방법을 가리지 않으며, 국제 정의조차도 부정하는 배타적 애국주의를 말한다. 광신적 국수주의의 입장으로, 프랑스의 나폴레옹 1세를 숭배했던 쇼뱅(N. Chaunvin)이라는 병사의 이름에서 유래되었다.

네포티즘(Nepotism)

권력자가 자기의 친족에게 관직, 지위 따위를 주는 족벌주의를 의미한다. 이는 조카를 의미하는 "Nephew"와 편애를 의미하는 "Favoritism"의 합성어로 정계나 재계 유력 인사가 가족 또는 친척들에게 자기 자리를 물려주거나 주변의 핵심 자리를 내주는 행위를 뜻하는 말로 널리 사용된다.

페이비어니즘(Fabianism)

1884년 영국의 페이비언협회가 주장한 점진적 사회주의 사상으로, 영국 노동당의 지도이념이다. 이는 사회 개량의 수단으로서 혁명을 사용하지 않고 의회주의를 통하여 점진적으로 모든 정책을 실현하고 자본주의의 결함을 극복하자는 것이다.

확인문제 [한국토지주택공사]

4. 레임덕(Lame Duck) 현상이란?
① 군소정당의 이합집산 현상
② 선진국과 후진국 사이에 나타나는 경제적 갈등 현상
③ 집권자의 임기 후반에 나타나는 정치력 약화 현상
④ 외채상환이 어렵게 된 후진국의 경제혼란 현상

확인문제 [한국토지주택공사]

5. 쑨원의 삼민주의(三民主義)와 관계없는 것은?
① 민족 ② 민권
③ 민주 ④ 민생

답 4. ③ 5. ③

를 표방한 일종의 강력한 독재체제를 말한다. 인도네시아 특유의 정치 · 경제 · 사회의 후진성, 잡다한 인종 및 계급적 이해의 차이나 지역적 이해의 대립 등 이질적인 여러 가지 요소를 한데 묶어 통일된 민족적 힘을 배양하고 단시일에 민주주의 체제를 확립하는 것을 목적으로 나타내었다.

● 스핀닥터(Spindoctor)

정부 수반이나 각료들의 측근에서 일반 국민을 대상으로 정부의 입장, 정부 정책 따위를 설명하거나 설득하는 일을 전문으로 하는 사람을 의미한다. 이들은 변화구(스핀)처럼 국면을 반전시키는 선거홍보 전문가로서의 역할을 수행한다.

● 스케이프 고트(Scape Goat)

원래 속죄양 · 희생양이라는 뜻으로, 욕구불만으로 발생하는 파괴적인 충동의 발산이 원인으로 향하지 않고, 아무런 까닭 없이 복수와 반격의 가능성이 적은 약자를 비난과 공격의 제물로 삼는 것을 말한다. 예를 들어 국민의 지지를 받지 못하는 정부가 가상의 적을 만들고 국민의 모든 불만을 집중시켜 정치에 동원하는 경우가 이에 해당된다. 정권이 바뀌거나 정치적 변혁이 생기는 경우에 자주 등장하는 말이다.

● 어퍼머티브 액션(Affirmative Action)

1961년 존 F. 케네디 대통령이 '동등고용 기회위원회'를 설립하라는 행정명령을 내리면서 처음 도입된 개념이다. 1964년 모든 종류의 차별을 금지하는 민권법안이 의회에서 통과되었는데, 이 법안의 정신에 따라 시행되는 정책과 조치들을 '어퍼머티브 액션'으로 부르게 되었다. 즉 대학 입학, 취업, 진급, 또는 연방정부 사업에서 소수 인종 및 여성 등 일종의 '사회적 약자'에게 일정한 쿼터를 인정함으로써 기회를 주는 것을 골자로 한다.

● 뉴레프트(New Left)

1960년 이후 완벽한 인종통합, 군비축소, 반전, 타국의 내정불간섭, 급진적 사회개혁 등을 부르짖는 지식인 중심의 사회주의 이론 활동으로, 신좌익이라고도 한다. 신좌익은 국가에 따라서 의미가 약간씩 달라지지만 지

확인문제 [국민연금공단]

6. 수카르노 인도네시아 전 대통령이 주장한 것으로, 민주주의를 표방한 일종의 강력한 독재체제를 가리키는 것은?
① 교도민주주의 ② 신자유주의
③ 패권주의 ④ 사회주의

확인문제

7. 특정 정치인이나 고위 관료의 최측근에서 그들의 대변인 구실을 하는 사람을 뜻하는 말은?
① 발롱데세 ② 스핀닥터
③ 올드가드 ④ 스케이프 고트

확인문제

8. 속죄양 · 희생양이라는 뜻으로, 아무 이유 없이 약자를 비난과 공격의 표적으로 삼는 것은?
①뉴레프트 ②스핀닥터
③미란다 ④스케이프 고트

크레덴다(credenda)

권력의 존재를 피지배자에게 이성적으로 납득시키고 권력의 존속에 동의하게 함으로써 권력을 정당화 · 합리화하는 것을 말한다. 정부에 대한 존경, 복종, 희생, 합법성의 독점에 대한 인정 등을 이끌어내는 것이다.

네오마르크시즘(Neo-Marxism)

1920년 이탈리아의 그람시, 헝가리의 루카치 등으로 대표되는 새로운 마르크스주의 경향으로 이미 루카치, 마르쿠제, 후크 등의 철학적 마르크스주의에 의해 표현되었으나, 스탈린주의자들루부터 이단시된 사상이다. 네오마르크시즘은 뉴레프트에 사상적 영향을 주었다.

답 6. ① 7. ② 8. ④

금까지 혁명의 유일한 추진세력이었던 공산당에 반기를 든다는 점이 공통된 특징이다.

● 패권주의(覇權主義)

패권은 '무력으로 천하를 다스리는 자의 권력'이라는 뜻으로, 강력한 군사력을 통해서 세계를 지배하려는 강대국의 대외정책을 중국이 비방하면서 생긴 말이다. 1968년 8월 중국은 신화사 보도에서 구소련의 체코슬로바키아 침공을 비난하면서 처음으로 이 말을 사용하였다.

● 팍스 아메리카나(Pax Americana)

'Pax'는 라틴어로 '평화'라는 뜻이다. 피정복 민족을 포함한 로마제국 내에서의 평화를 '팍스 로마나(Pax Romana)'라고 하고, 19세기 영국의 지도권 아래서 확립된 평화를 '팍스 브리태니카(Pax Britanica)'라고 하는 것에서 유래되었다. 소련의 붕괴로 미국이 세계 유일의 경찰국가로 등장하면서 미국에 의한 세계질서 유지를 뜻하는 말이다.

● 신중앙집권화

현대국가의 새로운 경향으로, 지방자치제도가 발전했던 국가의 행정국가화 현상과 광역행정으로 인해 중앙정부가 지방정부에 대한 기술적 · 재정적 지원을 증대하거나, 지방기능이 중앙으로 이관되고 사회 · 경제문제 해결을 전국적 · 광역적 규모에서 처리하는 경향을 말한다.

● 오스트라키스모스(Ostracismos)

고대 아테네의 정치적 관습 중 하나로 어떤 세력가가 국가의 안정을 위협할 때 그를 고발하지 않고도 추방할 수 있게 만든 제도로 '도편추방제'라고도 한다. 이 제도에 따라 위험인물을 전체 시민에 의한 비밀투표로 10년간 국외로 추방하였는데 주요 목적은 권력의 편중을 막고 권력을 지키기 위함으로 해석된다. 그러나 추방된 자의 시민권이나 재산 등은 유지되었으며 10년의 기간이 경과하면 귀국할 수 있었다.

● 옴부즈맨 제도

1809년 스웨덴에서 처음 도입된 것으로, 행정이 합법적이고도 합목적적으로 수행되고 있는가를 직권 또는 신청에 따라 조사하여 감찰하는 행정

뉴라이트(New Right)

일반적으로 20세기 중 · 후반 이후 몇몇 국가에서 일어난 다양한 형태의 보수 · 우익 성향 또는 반체제적 저항운동 단체나 운동을 총체적으로 가리키는 말이다. 한국에서는 2000년대 중반부터 진보 세력 독주 견제와 안정적 개혁을 주장하는 이들이 단체를 결성하여, 운동을 펼쳐나가고 있다.

확인문제

9. 패권주의라는 말은 이 나라가 강대한 군사력에 의하여 세계를 지배하려는 구소련의 대외정책을 비난하면서 생긴 말이다. 어느 나라인가?

① 일본　② 쿠바
③ 중국　④ 독일

팍스 시니카(Pax Sinica)

제2차 세계대전 이후 미국 중심의 세계 평화를 뜻하는 팍스 아메리카나(Pax Americana)에서 따온 말로, 중국이 세계를 제패하여 중국 중심의 세계에 평화가 온다는 것을 말한다. 서구 언론들은 세계은행보고서를 근거로 중국이 세계 최대의 경제대국이 될 것으로 내다보면서, 경제대국이 된 중국이 동북아 및 세계 질서를 자기 뜻대로 재편하려고 시도할 것이라 우려하고 있다.

확인문제 [한국전력공사]

10. 신중앙집권(New Centralization)이란?

① 신생국의 중앙집권화를 말한다.
② 전통적으로 지방자치가 견고한 나라에서 일어나고 있는 중앙집권화 경향을 말한다.
③ 20C 초기에 일어난 중앙집권화를 말한다.
④ 1970년대 우리나라에서 일어난 중앙집권화 경향을 말한다.

답 9. ③　10. ②

감찰제도이다. 이러한 직책을 맡은 사람을 옴부즈맨(Ombudsman)이라 고 한다. 이들은 호민관 또는 행정감찰관으로서 공무원의 위법 · 부당한 행위로 말미암아 권리를 침해 받는 시민이 제기하는 민원 · 불평을 조사하여 관계기관에 시정을 권고함으로써 국민의 권리를 구제한다.

● 실적주의제(實績主義制, Merit System)

공직임용에 있어서 당파성이나 정실 · 혈연 · 지연 · 학연 등 직무와 관련이 없는 요인보다는 지식 · 기술 · 능력 등의 요인을 기준으로 하는 것을 말한다. 이 제도는 정권에 따른 공직임용의 부패와 정실주의의 폐단을 보완하기 위해 고안된 것으로, 정당의 부당한 지배로부터 공무원의 독립을 보장하고 행정의 안정성을 확보하기 위해 능력 본위의 공정한 인사 행정을 실시하는 데 목적이 있다.

● 애드호크라시(Adhocracy)

앨빈 토플러(Alvin Toffler)가 《미래의 충격》에서 처음 사용한 개념으로, 1970년대 이후 관료제의 문제점이 들어나면서 탈관료제에 대한 논의로 처음 등장하였다. '반(反)관료제'라고도 하며 빠르게 변화하는 현대의 환경 · 지식 · 정보에 고도화, 전문성 통합의 대두, 인적 자원의 전문화, 불확실성의 증대처럼 융통성과 적응력을 높이는 동태적인 '임시조직모형'이라 볼 수 있다.

● 게리맨더링(Gerrymandering)

1812년 미국 매사추세츠 주지사였던 게리(Gerry)가 자신이 소속된 정당의 의원에게 유리하도록 선거구를 정하자, 한 신문기자가 그 선거구가 그리스의 신화에 나오는 불도마뱀(Salamander)처럼 기묘하다고 한 데서 유래했다. 즉, 게리맨더링은 선거구 당략적 획정이라고도 하는데, 자당의 승리가 확실하도록 가능한 많은 선거구로 분포시켜 유리하게 선거구를 편성하는 것을 말한다.

● 크로스보팅(Crossvoting)

의원들이 의안표결에 있어 소속 정당에 구애받지 않고 자유롭게 투표하는 제도로 자유투표 또는 교차투표라고도 한다. 크로스보팅에 의해 의원은 자기가 소속한 정당과는 관계없이 철저히 유권자의 여론과 자신의 소

확인문제

11. 합법적이고 합목적인 행정이 수행되고 있는가를 조사하여 감찰하는 제도는?
① 옴부즈맨 제도 ② 민원후견제
③ 실적주의제 ④ 주민소환제

블라인드 트러스트(Blind Trust)

정치인의 도덕적 해이(Moral Hazard)를 미연에 방지하기 위한 방편으로, '백지위임 신탁'으로 불리는 이 제도는 주식과 채권 등의 재산을 공직에 종사하는 동안 제3자에게 맡겨 관리하도록 하는 미국의 정치제도이다. 고위관료나 국회의원들이 정치에서 공정성을 기할 수 있도록 일단 제3자에게 명의신탁을 하면 본인 소유의 주식이라 해도 마음대로 사고팔 수 없으며 어떠한 관여도 할 수 없는 것이 특징이다.

엽관제(獵官制, Spoils System)

선거에 의해 정권을 잡은 사람이나 정당이 관직을 지배하는 정치적 관행을 말한다. 이것은 민의(民意)에 충실한다는 것뿐만 아니라, 자기의 지지자들에게 공약을 실현한다는 민주적 성격이 있는 반면, 정실(情實)에 따라 관직이 좌우되어 공정하고 안정된 행정이 능률적으로 이루어지기 어렵다는 비판도 있다.

확인문제

12. 엽관주의(Spoils System)와 관계있는 것은?
① 행정의 전문성 강화
② 정당의 이념 구현
③ 예산 절감
④ 공무원의 신분보장

포크배럴(Pork Barrel)

지역사업에 필요한 예산을 최대한 많이 확보하려는 행위를, 먹이를 먹기 위해 안간힘을 쓰는 돼지에 빗대어 표현한 정치적 용어이다. 미국의 정치권과 언론에서 흔히 사용하는 용어로 포퓰리즘식의 정치 관행으로서 사라져야 하는 것으로 받아들여지고 있다.

답 11. ① 12. ②

신에 근거해 투표를 할 수 있다. 크로스보팅이 본격 도입되면 당 중심에서 의원 중심으로 바뀌게 되며 의원이 단순히 거수기로 전락하는 일은 점차 줄어들게 된다.

● 소선거구제

소선거구제는 1선거구에서 1인의 대표자를 선출하는 것을 의미하며 다수대표자 1인만을 선출하므로 다수대표제도라고도 한다. 투표방법은 1인의 후보자에게만 투표하는 것이며 다수득표자가 당선인이 된다. 현재 우리나라는 지역구 국회의원 및 지방의원 선거 시 선거구별로 1인을 선출하는 소선거구제를 채택하고 있다.

● 주민투표제

주민투표는 스위스나 미국에서 발달한 직접민주제도로서 지방자치단체의 중요사항, 의회에서의 의결된 입법 · 중요안건을 주민에게 물어 승인 · 거부하는 것으로, 행위의 최종결정권을 주민에게 유보하는 것이다. 이는 주민투표에 의한 주민의 의사에 지방자치단체를 구속하는 법적 구속력을 인정하는 것으로, 주민투표는 자치단체 수준의 지역 현안을 지역 주민들에게 의견을 물어 결정한다는 점에서 국가 전체가 시행하는 국민투표와는 다르다.

● 석패율 제도

석패율 제도란 기본적으로 한 후보자가 지역구와 비례대표에 동시 출마하는 것을 허용하고 중복 출마자들 중 가장 높은 득표율로 떨어진 후보를 비례대표로 선출하는 제도이다. 이 제도를 시행할 경우 지역구에서 아깝게 낙선한 후보를 비례대표 의원으로 당선시키면 여야 모두 취약지역에서 당선자를 낼 수 있다. 따라서 우리나라처럼 지역감정의 골이 깊은 곳에서는 이 제도가 지역구도를 무너뜨리는 대안이 될 수 있다. 하지만 소수정당의 입장에서는 덩치가 큰 집권당에만 유리한 제도라고 할 수 있다.

● 보궐선거

선거에 의해 선출된 의원 등이 임기 중 사퇴하거나 사망, 실형 선고 등으로 인해 그 직위를 잃어 공석 상태가 되는 경우 그 직위를 선출하기 위한 선거를 의미한다. 즉, 임기를 마치지 못하고 물러난 경우 남은 임기 동안

확인문제 [국민연금공단]

13. 선거구 법정주의는 다음 중 무엇을 방지하기 위한 것인가?
① Filibuster
② Casting vote
③ Lame duck
④ Gerrymandering

캐스팅 보트(Casting Vote)

의회의 표결에서 찬성 · 반대표가 같을 때 의장이 던지는 결정권 투표, 혹은 2대 정당의 세력이 거의 같을 때 그 승패를 결정하는 제3당의 투표를 말한다. 우리나라 국회에서는 가부동수인 의안은 부결된 것으로 한다.

패스트트랙(Fast Track)

발의된 국회의 법안 처리가 무한정 표류하는 것을 막고, 법안의 신속처리를 위한 제도를 말하며 '안건 신속처리제도'라고도 한다. 2015년 5월 국회법이 개정되면서 국회선진화법의 주요 내용 중 하나로 포함됐다.

필리버스터(Filibuster)

의회에서 소수당이 사용하는 의사진행 방해행위를 일컫는 말이다. 주요 목적은 소수파가 다수파의 독주를 막거나 기타 필요에 따라 의사진행을 견제하는 것으로 장시간 동안의 연설, 여러 개의 수정안 제출, 불신임안 제출 등 합법적인 수단을 동원해 의사진행을 방해한다.

란츠게마인데(Ladsgemeinde)

세계에서 국민투표제가 가장 발달된 스위스의 비교적 작은 몇몇 주에서는 1년에 한 번씩 참정권을 가진 주민이 광장에 모여 주의 중요한 일들을 직접 결정하는데, 이 모임을 이르는 말이다.

확인문제

14. 란츠게마인데란?
① 프랑스의 하원
② 독일의 연방의회
③ 그리스 도시국가의 민회
④ 스위스 일부 주의 주민자치회

13. ④ 14. ④

일할 사람을 다시 뽑는 것이다.

정당명부 비례대표제

2001년 7월 19일 헌법재판소가 현행 선거법 중 '1인 1표에 의한 전국구 의석배분'에 대해 위헌결정을 내림에 따라 도입된 것으로, 사표의 발생을 줄이고 득표율과 의석수 비율을 가능한 비례로 일치시키기 위해 탄생한 선거제도이다. 유권자 1인이 2표를 행사하는데 한 표는 지역구 후보자에게, 다른 한 표는 지지하는 정당에 투표하는 제도로 정당 득표율에 비례하여 각 정당에 의석을 배분하는 제도이다.

주민소송제

주민소송제는 자치단체의 위법 행위에 대한 주민의 손해배상 소송을 보장하는 제도이다. 주로 지방자치단체 또는 지자체 공무원의 위법한 재정지출 행위를 예방 · 금지하고 주민 전체의 이익을 보호하기 위해 주민이 소송을 제기할 수 있도록 하는 일종의 공익 소송이다. 그러나 인사, 인허가, 조직 운영 등은 소송 대상에서 제외되며 2006년 1월 1일부터 시행되었다.

지역대표제(地域代表制)

일정한 지역을 기준으로 선거구를 설정하고, 그 안에서 대표자를 선출하여 의회에 보내는 제도를 말한다. 일반적으로 의회정치를 하는 나라에서는 지역대표제를 채택하고 있으며, 우리나라 국회의원 선거도 지역을 기반으로 하는 지역대표제에 의한 것이다.

폴리페서(Polifessor)

정치를 뜻하는 'Politics'와 교수를 뜻하는 'Professor'의 합성어로 현실정치를 하는 교수를 지칭하는 용어이다. 우리나라의 경우 선거기간 동안 교수직을 유지한 채로 선거에 출마하여 당선되면 장기 휴직을 하고, 낙선되면 다시 강단으로 복귀하는 과정 때문에 부정적인 이미지가 강하지만 버락 오바마(Barack Obama) 미국 대통령은 시카고 대학교 법대 교수 시절 상원의원에 진출하기 직전 교수직을 그만두고 정치에 매진하여 긍정적인 평가를 받은 바가 있다.

확인문제 [한국환경공단]

15. 국민의 여론을 공정하게 반영하고, 소수파에 유리하고 사표를 방지할 수 있으나 방법이 복잡한 제도는?
① 직능대표제 ② 비례대표제
③ 지역대표제 ④ 소수대표제
⑤ 다수대표제

1인 2표제

1인 1표제는 지지하는 후보와 지지하는 정당이 같다는 전제하에 시행되는 제도인데, 1인 2표제는 더욱 세분화된 것으로 투표하는 국민 개개인의 의사를 보다 명확하게 표시할 수 있는 제도이다. 즉, 지지하는 후보에게 한 표를, 지지하는 정당에 한 표를 행사하는 방식이다.

연동형 비례대표제

정당의 득표율에 따라 의석을 배분하는 제도로 총 의석수는 정당득표율로 정해지고, 지역구에서 몇 명이 당선됐느냐에 따라 비례대표 의석수를 조정하는 방식이다. 지역구 후보에게 1표, 정당에게 1표를 던지는 1인 2표 투표방식이지만, 소선거구에서의 당선 숫자와 무관하게 전체 의석을 정당득표율에 따라 배분한다.

다수대표제(多數代表制)

한 선거구에서 투표 결과 최고 득점자를 당선자로 결정하는 제도이다. 이 제도는 절차가 단순 명료하다는 것이 장점이나 다수파에만 유리하고 소수파의 의견이 전혀 반영되지 않는다는 것이 단점이다.

소수대표제(少數代表制)

다수파가 의석을 독점하는 것을 막고 소수파에게도 일정한 의석을 확보할 수 있도록 하는 선거제도이다. 소수의견이 반영된다는 장점이 있지만, 한편으로는 다수파가 패배할 수도 있고 절차가 복잡하다는 단점이 있다.

답 15. ②

● 폴리터(Politer)

정치인(Poilitician)과 트위터(Twitter)의 합성어로 트위터를 통해 정치활동을 하는 정치인을 말한다. 파급효과가 큰 트위터를 자신의 정치행보를 적극적으로 알리는 도구로 삼는다.

● 매니페스토(Manifesto)

선거와 관련하여 유권자에 대한 계약으로서의 공약, 곧 목표의 이행 가능성, 예산 확보의 근거 등을 구체적으로 제시한 공약을 말한다.

● 당3역(黨三役)

한 정당의 중추적인 실력자인 사무총장, 원내대표, 정책위의장이 당3역에 해당한다. 원내대표는 교섭단체 대표로서 국회운영에 관한 책임과 최고 권한을 가지며, 사무총장은 사무처의 업무집행을 통할하고 당무집행 전반에 관하여 당직자의 복무상황을 관리한다. 정책위의장은 정책심의회를 대표하며, 회무를 총괄한다.

● 회기불계속의 원칙

국회의 회기 중에 의결되지 아니한 법률안, 기타 의안은 그 회기 만료와 함께 폐기되고 다음 회기에 계속되지 아니하는 원칙을 말한다. 이 원칙은 의회가 매 회기마다 독립적인 의사를 가지고 있으며, 의원들이 무책임하게 많은 안건을 제출하는 경우 이것을 일시에 폐기시킴으로써 불요불급한 안건의 제출을 방지하는 데 있다.

직능대표제(職能代表制)

여러 가지 직능별 단체, 즉 교육계 · 산업계 · 문화계 등의 단체를 선거의 모체로 하여 일정한 수의 의원을 선출하는 방법을 말한다. 이 제도는 중요한 정치문제에 있어서 전문적 지식을 요구하는 정도가 높아짐에 따라 채용하게 되는데, 민주적으로 선거하기가 곤란하다는 단점이 있다.

플레비사이트(Plebiscite)

영토의 변경 · 병합 또는 새로운 지배자가 그 권력의 정통성을 획득하기 위한 투표 등 정치적 중요사건에 관해 국민투표로 결정하는 제도로, 최고통치자의 권력 유지와 관련하여 신임을 물을 때 채택하는 등 주로 항구적인 정치상태를 창출하는 데 쓰이는 제도이다.

확인문제

16. 한 정당의 중추적인 실력자인 '당3역'이란?
① 원내대표, 사무총장, 당대표
② 사무총장, 정책위의장, 대변인
③ 원내대표, 정책위의장, 사무총장
④ 당대표, 대변인, 원내대표

회기계속의 원칙

우리나라 국회나 지방의회에서는 제출된 의안은 회기 중에 의결되지 못한 이유로 폐기되지 아니한다. 다만 의원의 임기가 만료되는 경우에는 그러하지 아니하다고 규정함으로써 회기계속의 원칙을 채택하고 있다.

답 16. ③

2 외교

국제연합(UN ; United Nations)

1945년 공식 출범한 국제연합은 전쟁을 방지하고 평화를 유지하며, 정치 · 경제 · 사회 · 문화 등 모든 분야에서 국제협력을 증진시키는 역할을 하는 국제기구로, 본부는 뉴욕에 있다.

① **주요기구** : 총회, 안전보장이사회, 경제사회이사회, 신탁통치이사회, 국제사법재판소, 사무국

② **전문기구** : ILO(국제노동기구), FAO(국제연합식량농업기구), UNESCO(국제연합교육과학문화기구), WHO(세계보건기구), IMF(국제통화기금), IBRD(국제부흥개발은행), IFC(국제금융공사), IDA(국제개발협회), ICAO(국제민간항공기구), UPU(만국우편연합), IMO(국제해사기구), WMO(세계기상기구), ITU(국제전기통신연합), WIPO(세계지적재산권기구), IFAD(국제농업개발기금), UNIDO(국제연합공업개발기구) 등

③ **전문기구에 준하는 기구** : IAEA(국제원자력기구), WTO(세계무역기구) 등

④ **보조기구** : 국제연합개발계획, 국제연합환경계획, 국제연합난민고등판무관, 국제연합인권고등판무관, PKO(평화유지활동) 등

유엔안전보장이사회(Security Council)

국제연합의 주요 기구 가운데 하나로, 국제평화와 안전유지에 대해 일차적 책임을 진다. 미국 · 영국 · 러시아 · 중국 · 프랑스의 5개 상임이사국과 10개의 비상임이사국으로 구성된다. 상임이사국은 거부권을 행사할 수 있으며, 기권이나 결석은 거부권 행사로 인정되지 않는다.

유니세프(United Nations Children's Fund)

국제연합아동기금. 어린이를 돕는 유엔기구로 1946년 설립되었으며, 전쟁이나 피폐한 나라의 어린이를 위하여 영양, 보건, 식수공급 및 위생, 기초교육, 긴급구호 등의 사업을 펼치고 있다. 원래 이름은 국제연합국제아동구호기금(United Nations International Children's Emergency Fund)으로, 1953년 현재 이름으로 바뀌었으나 예전 이름 약자인 유니세

국제연합난민고등판무관

1951년 난민보호를 위한 국제연합총회의 결의로 만들어진 유엔의 보조기구로, 난민들이 새로운 체재국(滯在國)의 국적을 획득할 때까지 이들의 정치적 · 법적 보호를 책임진다. 1954년과 1981년에 노벨평화상을 받았으며, 본부는 스위스 제네바에 있다.

유엔세계식량계획(WFP ; World Food Programme)

전 세계 기아 퇴치를 위해 세워진 국제연합(UN) 산하의 식량 원조 기구로 1960년 국제연합식량농업기구(FAO)가 주도해 출범했다. 주요 활동은 굶주리는 사람들에게 식량을 원조하고 재해나 분쟁이 발생한 지역에 구호 작업을 벌이는 일이며 기아 발생을 예방하기 위한 다양한 활동도 병행하는데, 필요한 자금은 세계 각 나라에서 걷은 기부금과 성금을 통해 마련한다.

국제연합경제사회이사회(Economic and Social Council)

경제 · 사회 · 문화 · 교육 · 보건 · 인권 등의 문제를 다루는 유엔의 주요기관이다. 총회의 3분의 2 이상의 다수결로 선출되는 54개의 이사국으로 구성되어 있다. 임기는 3년으로 연임할 수 있으며, 매년 3분의 1이 개선된다. 산하기구로는 위원회, 상임위원회, 임시위원회, 지역경제위원회, 기능위원회가 있다. 지역경제위원회에는 유럽경제위원회(ECE), 아시아태평양경제사회위원회(ESCAP), 라틴아메리카경제위원회(ECLA), 아프리카경제위원회(ECA), 서아시아경제사회위원회(ECWA)의 5개가 있다. 기능위원회에는 통계위원회, 인구 · 개발위원회, 여성지위위원회, 마약위원회 등 8개가 있다.

프(UNICEF)로 널리 알려져 있다. 어린이의 생활개선에 기여한 공로가 인정되어 1965년에 노벨평화상을 수상하기도 했다.

● ASEM(Asia-Europe Meeting, 아시아·유럽정상회의)

세계 경제의 3대 축인 아시아, 북미, 유럽연합(EU) 간의 균형적 관계발전을 모색하기 위해 창설된 지역 간 회의체이다. ASEM은 1994년 10월 싱가포르 고촉통 총리가 제안해 EU, 아세안(ASEAN), 한국, 중국, 일본 등의 지지를 바탕으로 1996년 3월 방콕에서 1차 회의를 열면서 정식 출범했다. ASEM은 2년마다 개최되며, 2000년 서울에서 3차 회의가 개최되었다. 2014년에 이탈리아 밀라노에서 10차 회의가 개최되었다.

● ASEAN(Association of South-East Asian Nations, 동남아시아국가연합)

동남아시아의 공동 안보 및 자주독립 노선의 필요성 인식에 따른 지역 협력 가능성을 모색하기 위해 태국, 미얀마, 베트남 등이 회원국으로 창설한 국제기구로 정치, 사회적 기반을 확립하고 각각의 분야에서 평화적이고 진보된 생활을 누리는 것을 목적으로 한다.

● NGO(Non-Governmental Organization, 비정부기구)

정부기관이나 관련 단체가 아닌 순수한 민간 조직을 모두 지칭한다. UN에 의해 공식적으로 사용되었던 NGO의 개념은 UN에서 국가기구와 관계를 맺고 협의하는 조직, 곧 정부 이외의 기구로서 국가주권의 범위를 벗어나 사회적 연대와 공공목적을 실현하기 위한 자발적인 공식 조직을 의미한다. NGO는 환경, 인권, 문맹퇴치, 부패방지, 빈민운동 등에서 두드러진 활동을 하고 있으며, 본부는 미국 뉴욕에 있다.

● 국제사면위원회(Amnesty International)

고문과 사형제도 및 재판 없는 정치범 억류 등에 반대하는 투쟁을 벌이고 있는 국제단체이다. 1961년 5월 28일 런던에서 피터 베네슨 변호사의 노력으로 설립되었는데, 그는 헝가리, 남아프리카 공화국, 스페인 등지에서 정치범들의 변호를 맡았고 인권신장을 위한 국제기관 창설에 힘써 왔다. 런던에 본부가 있으며, 1977년에 양심수 석방운동의 공적으로 노벨평화상이, 1978년에는 유엔인권상이 수여되었다.

국제사법재판소(ICJ ; International Court of Justice)

본부는 네덜란드 헤이그에 있으며, 국제연합의 주된 사법기관으로 재판소는 국제연합 총회 및 안전보장이사회에서 선출된 15명의 재판관으로 구성된다. 원칙적으로 국제법을 적용하여 심리하며, 판결은 구속력을 가지지만 강제적 관할권은 없다.

신(新)남방정책

문재인 정부가 2017년 11월 공식 발표한 정책으로 아세안 국가들과의 협력 수준을 강화해 한반도 주변 4대 강국(미국, 중국, 일본, 러시아) 수준으로 끌어올린다는 것이 핵심이다.

국제형사재판소(International Criminal Court)

2002년 7월 1일 설립된 국제범죄를 범한 개인을 심리 · 처벌하는 국제재판소이다. 집단살해, 전쟁범죄, 반인도적 범죄 등 중대한 인권침해 행위에 대해 개인의 형사책임을 물을 수 있다.

확인문제 [한국전력공사]

17. 비정부 간 조직(NGO)에 대한 설명으로 잘못된 것은?

① UN헌장에 따라 UN의 사업에 참가하는 민간단체이다.
② 국경을 초월한 시민운동단체로서, 인권 · 반핵분야에서 활동하지만 군축분야는 활동영역에서 제외된다.
③ 입법 · 사법 · 행정 · 언론에 이어 제5부라고 불린다.
④ 이 단체들은 평화 · 환경분야에서 국가의 기능을 보완 또는 협력한다.

FAO(Food and Agriculture Organization, 국제연합식량농업기구)

UN 전문기구의 하나로 1945년에 설립되었다. 세계의 식량 및 농림 · 수산에 관한 문제를 취급하며, 세계 각 국민의 영양 및 생활수준의 향상 등을 위하여 활동한다.

답  17. ②

국경없는 의사회(Medecins Sans Frontieres)

1968년 나이지리아에서 일어난 비아프라 전쟁의 참상을 목격한 프랑스의 젊은 의사들이 1971년 파리에서 결성한 단체로, 스위스 제네바에 본부를 두고 있으며 어떠한 정부나 기관, 정치, 경제, 종교의 간섭도 받지 않고 독자적인 의료구호활동을 펼치고 있다. 지금도 3,000여 명의 의사, 간호사, 행정요원과 1만여 명의 자원봉사자들이 세계 각처에서 전쟁과 질병, 자연재해 피해자들을 위해 봉사활동을 펴고 있으며, 이런 공로를 인정받아 1999년 노벨평화상을 수상했다.

마스트리흐트 조약(Treaty of Maastricht)

유럽공동체(EC) 12개 회원국이 1992년 2월 7일 네덜란드 마스트리흐트에서 공식 조인한 유럽통합조약이다. 주요 내용은 유럽중앙은행 설립 및 유럽 단일통화제 실시와 노동조건통일, 공동방위정책, 유럽시민규정 등이다. 이후 유럽공동체(EC)를 유럽연합(European Union)으로 명칭을 변경하였다.

범인인도협정(Extradition)

범죄를 저지른 사람이 다른 나라에 입국한 경우 그 범죄자를 본국으로 인도해 주는 것을 규정한 국가 간의 조약이다. 일반 국제법상 타국에 대한 범죄인 인도 의무는 없으므로, 일반적으로 당사국 간의 쌍무조약을 체결하여 범인체포에 협력하는 것이다.

GSOMIA(General Security Of Military Information Agreement, 군사정보보호협정)

국가 간에 군사 기밀을 공유할 수 있도록 맺는 협정으로 국가 간 정보 제공 방법, 정보의 보호와 이용 방법은 물론 제공 경로와 제공된 정보의 용도, 보호의무와 파기 등의 내용을 규정하고 있다. 다만 협정을 체결해도 모든 정보가 상대국에 무제한 제공되는 것은 아니며, 상호주의에 따라 사안별로 검토해 선별적인 정보 교환이 이루어진다.

구상서(口上書, Verbal Note)

외교 문제에 있어서 상대방 국가와의 토의를 기록하거나 어떤 문제를 제시하기 위해 상대방 국가에 제출하는 외교문서의 일종이다. 자국과 상대

홍콩 범죄인 인도법 개정안

홍콩의 범죄 용의자를 범죄인 인도협정을 체결한 국가에 인도할 수 있도록 하는 법안. 홍콩은 영국, 미국 등 20개 국가와 범죄인 인도협정을 체결한 상태이지만 중국과 대만 등의 국가와는 체결하지 않았다. 홍콩시민들은 이 법안의 개정안에 협정대상국으로 중국이 포함되어 있고 중국이 현 체제에 반대한 사람들을 정치범으로 몰아 제거하기 위한 수단으로 악용할 수 있다며 반대하고 있다. 이에 중국은 정치범에 대해서는 인도하지 않겠다고 했지만 입법예고에 반발한 시민들은 2019년 6월 100만 명의 반대시위를 시작으로 현재까지 투쟁을 벌이고 있다.

한국의 지소미아 체결 현황(2019년 9월 기준)

- 정부 간 협정(20개국) : 미국, 캐나다, 프랑스, 러시아, 스페인, 호주, 영국, 스웨덴, 폴란드, 불가리아, 우즈베키스탄, 뉴질랜드, 그리스, 인도, 루마니아, 필리핀, 헝가리, 요르단, 사우디아라비아, 일본
- 국방부 간 약정(13개국 + 1개 기구) : 독일, 이탈리아, 네덜란드, 베트남, 말레이시아, 인도네시아, 이스라엘, 파키스탄, 노르웨이, 아랍에미리트, 덴마크, 콜롬비아, NATO(북대서양조약기구)

백색국가

'화이트리스트', '화이트 국가'라고도 하는 각국 정부가 안보상 문제가 없다고 판단한 '안보 우방 국가'로, 자국 제품 수출 시 허가 절차 등에서 우대를 해주는 국가를 말하며 특히 무기 개발 등 안전보장에 위협이 될 수 있는 전략물자 수출과 관련해 허가신청이 면제되는 국가를 가리킨다.

방 국가 모두 삼인칭으로 표기하고, 수신인의 관명과 성명이 기재되지 않으면 서명도 하지 않는 것이 관례이다.

● 의정서(議定書)

외교교섭이나 국제회의의 의사록, 또는 보고서에 관계국이 서명한 것으로, 조약 형식의 일종이다. 절차나 효력에 있어 일반 조약과 다를 바 없으나 내용 면에서 중요성이 적은 경우에 이 형식을 취한다.

● 비준(批准)

조인된 조약에 대하여 당사국이 최종적 · 확정적으로 표명하는 동의를 말한다. 전권위원이 서명한 조약은 당사국의 헌법 규정에 따라 비준권자가 비준한 후 그 비준서를 교환하거나 기탁함으로써 효력이 발생한다. 우리나라에서는 대통령이 국회의 동의를 얻어 비준을 행한다.

● MOA(Memorandom of Agreement, 합의각서)

국가 간에 합의된 내용이나 조약 본문에 사용된 용어의 개념들을 명확히 하기 위하여, 당사국 간의 외교교섭 결과 상호 양해되고 합의된 사항을 확인하고 기록하는 문서를 일컫는 말이다.

● MOU(Memorandom of Understanding, 양해각서)

민간 기업이나 국가 간에 교환하는 합의문서나 합의 그 자체를 의미한다. 민간 기업들 간에서는 본 계약을 이행하기 전 사전에 교섭한 내용을 확인하는 차원에서 작성하며, 국가 간에서는 기존에 맺어진 협정에서 도출된 내용을 명확히 하기 위해 체결한다. 민간 기업과 국가 간에 작성하는 양해각서는 성질이 다르다고 볼 수 있는데, 민간 기업에서 작성하는 양해각서는 법적 강제성을 띠지 않기 때문에 협상 내용에 따라 본 계약과 내용이 달라질 수 있지만 국가 간에 체결하는 양해각서는 일반적으로 조약과 같은 구속력을 갖는다.

● 아그레망(Agrement)

외교사절을 파견하는 데는 상대국의 사전 동의가 필요한데, 이 상대국의 동의를 아그레망이라고 한다. 사절의 임명은 파견국의 권한에 속하나, 외교사절을 받아들이는 접수국은 개인적 이유를 내세워 기피할 수 있다.

코뮈니케(communiqu)

문서에 의한 정부 당국의 공식 성명으로, 외교상의 공식 회의의 경과를 발표하는 성명서나 국제회의에서의 정식 성명서 등을 말한다. 각서와는 달리 코뮈니케에는 법적 구속력이 없다.

조치

외교적 용어로는 상대국의 행동 때문에 문제가 발생하거나 그에 대한 설명이 필요한 경우 상대방 외교관을 외교 당국 사무실로 부르는 것을 의미한다. 이는 사실상 강한 항의의 표시가 담긴 것으로 받아들여진다.

비자(Visa)

외국을 여행하기 위한 여권에는 그 여권의 소지인이 정당한 이유와 자격이 있다는 것을 증명하는 행선국 관헌(대사 · 공사 · 영사 등)의 서명이 필요한데, 이 증명이 비자이다. 사증(査證) 또는 입국사증(入國査證)이라고도 한다.

확인문제

18. 비자(visa)란 무엇인가?
① 입국허가증 ② 입국조사서
③ 외국인등록증 ④ 출국명령서

외교특권(外交特權)

외교사절이 주재국에서 가지는 특권으로, 외교사절의 신체와 명예, 공관, 외교문서와 통신의 불가침을 내용으로 하는 것과 주재국의 재판권, 경찰권, 과세권의 면제를 내용으로 하는 치외법권이 있다. 이러한 특권은 외교사절의 가족, 그 밖의 직원에게도 인정된다.

확인문제

19. 국제관례상 외교사절을 파견하기 전에 상대국의 동의를 구하는 것은?
① 비토 ② 신임장
③ 엠바고 ④ 아그레망

답 18. ① 19. ④

전권위임장(全權委任狀, Full Powers)

조약을 체결할 때 실제로 그 임무를 맡은 사람이 국가를 대표하여, 조약을 교섭 · 채택 · 확정하는 권한을 가진다는 사실을 조약체결권자가 증명하는 문서이다. 교섭에 들어가기 전에 두 나라 사이의 경우에는 전권위임장을 서로 교환하여 유효하고 타당한가를 확인하며, 여러 나라의 경우에는 전권위임장을 특별한 위원회에 제출해 공동심사를 받는다. 국가원수 · 외무부장관 · 외교사절은 전권위임장 없이 국가를 대표할 수 있다.

외교사절의 파견과 접수의 절차

㉠ 파견국은 아그레망을 요청한다.
㉡ 접수국은 이 요청에 대하여 아그레망을 부여한다. → 특정 인물이 비우호적 인물(persona non grata)인 경우 접수국은 아그레망의 부여를 거부할 수 있다.
㉢ 파견국은 접수국으로부터 아그레망을 얻으면 외교사절로 임명하고 신임장을 주어 접수국에 파견한다.
㉣ 외교사절은 접수국에 도착하여 신임장 제정을 한다.

신임장(信任狀)

외교사절 파견국의 원수가 접수국의 원수에게 특정인을 외교사절로 파견한다는 취지를 통고하는 문서이다. 대리공사의 경우에는 파견국의 외무장관이 접수국의 외무장관 앞으로 보낸다. 외교사절이 접수국에 도착하면 신임장을 제출하고, 신임장이 수리됨으로써 비로소 외교사절의 효력이 성립된다.

백서(白書, White Paper)

영국 정부가 보고서 혹은 정부발간물을 백색으로 제본한 데서 유래한 말로, 각국에서 정부 각부가 소관사항에 대해서 제출하는 공식보고서의 명칭으로 삼고 있다.

페르소나 논 그라타(Persona Non Grata)

외교관계를 맺고 있는 나라가 수교국에서 파견된 특정 외교관의 전력 또는 정상적인 외교활동을 벗어난 행위를 문제 삼아 언제든지 이유를 밝히지 않고 '비우호적인 인물' 또는 '기피인물'이라고 선언할 수 있는 것으로, 외교관계에 관한 비엔나협약 제9조에 규정되어 있다. 이 통고를 받으면 파견국은 당해 직원을 소환하거나 해임해야 한다. 파견국이 이를 거부하거나 의무를 이행하지 않으면 접수국은 그 인물을 외교사절로 인정하지 않아도 된다.

전방위외교(全方位外交)

자국의 실리를 위해 이데올로기와 관계없이 모든 나라와 외교관계를 맺는 형태를 말한다. 우리나라의 경우 1989년 북방정책으로 헝가리, 폴란드와 수교하였고, 1990년에는 구소련, 1992년 중국, 베트남과 대사급 외교관계를 맺었다. 이와 반대되는 개념으로 등거리외교가 있는데, 이는 어떤 나라와도 특별한 관계를 원하지 않는 것을 말한다.

외교행낭(外交行囊)

'파우치(pouch)'라고도 하며, 본국의 정부와 재외공관 사이에 문서나 물품을 넣어 운반하는 주머니를 말한다. 통관절차에서 완벽한 특혜를 받아, 가장 신속 · 정확하게 자국의 해외공관에 전달된다. 즉, 국가의 비밀을 요하는 외교문서의 발송을 원칙으로 하고 있기 때문에, 어떠한 경우에도 상대국이 자의적으로 개봉하거나 유치할 수 없다.

달러 외교(Dollar Diplomacy)

미국 제27대 대통령 윌리엄 하워드 태프트와 국무장관 필랜더 체이스 녹스가 추진한 팽창주의적 정책이다. 즉, 탄환 대신 달러를 사용해서 미국의 해외에서의 정치적 · 경제적 이해를 증진시킬 것을 목적으로 하는 정책이다.

고립주의(孤立主義, Isolationism)

자국의 이익이나 안보에 직접적인 관련이 없는 경우 타국과 동맹관계를 맺지 않고 개입을 꺼리는 외교정책으로, 미국이 전통적으로 표방해 온 외교정책상의 원칙이다. 미국은 독립 이후 19세기까지 이 원칙을 내세우면서 유럽의 문제에 개입하지 않았고, 미국이 제2차 세계대전에 참전하면서 이러한 고립주의적 성향은 전 세계적 패권을 추구하는 국제주의로 변화하게 되었다.

● 신고립주의(新孤立主義)

미국이 국제문제에 적극적으로 개입함으로써 베트남 전쟁에서의 고전과 달러 위기를 초래하였음을 비판하고, 대외원조나 대외공약에서 대폭적으로 후퇴해야 한다는 주장으로, 국제사회에 대한 개입은 불필요할 뿐만 아니라 비생산적이며, 국가안보만이 가장 중요한 국익이라고 생각하는 입장이다.

● 브렉시트(Brexit)

영국(Britain)과 탈퇴(Exit)의 합성어로 영국의 유럽연합(EU) 탈퇴를 뜻한다. 영국은 최근 이민자 문제와 남부 유럽 국가들의 경제위기를 지원하는 문제 때문에 탈퇴를 주장하는 여론이 확산되었고 특히 이민자 문제로 인해 영국 내 일자리가 줄어든다는 목소리가 높아졌으며 유럽연합에서 탈퇴함으로써 경제가 활성화 될 것이라고 주장했다. 이후 영국은 찬반 속에서 2016년 6월 23일 국민투표를 진행했고 개표 결과 영국의 EU 탈퇴가 확정되었으나, 협의안의 부결로 2019년 3월 29일이었던 기한이 4월 12일로 한 차례 연기되었고 다시 10월 31일까지로 연기되었다. 여기에 더하여 보리스 존슨 영국 총리는 EU와의 합의 여부와 상관없이 브렉시트를 진행하려 해 의회와 갈등을 빚고 있다.

● 조어도 영유권 분쟁

중국명 댜오위다오, 일본명 센카쿠 열도를 둘러싼 일본과 중국, 대만 간의 영유권 분쟁이다. 조어도(釣魚島)에 대한 중국, 대만 간의 영유권 주장 논리는, 조어도는 역사적으로 중국 영토였으며 청일전쟁에서 처음으로 대만과 함께 일본의 관할 아래 들어갔으나 일본의 태평양전쟁 패전으로 대만이 중국의 일부가 되었으므로 당연히 중국에 반환된 것으로 보아야 한다는 것이다. 그러나 일본은 1969년 미국과 맺은 오키나와 반환협정에 조어도 열도는 일본에 반환된다는 내용이 포함되어 있음을 들어 자국 영

먼로주의(Monroe Doctrine)

미국 대통령 먼로가 주창한 외교상의 중립정책으로, 일종의 고립주의이다. 1823년 의회에 보낸 교서에서 유럽 각국이 미 대륙의 문제에 간섭하는 것을 반대하며, 미국은 유럽 문제에 개입하지 않을 것을 선언하였다. 이후 먼로주의는 오랫동안 미국 외교정책의 기조가 되었으나, 제2차 세계대전 후에는 거의 폐기 상태가 되었다.

확인문제

20. 외교상의 중립정책, 즉 일종의 고립주의를 무엇이라 하는가?

① 티토이즘　② 패권주의
③ 먼로주의　④ 삼민주의

트루먼 독트린(Truman Doctrine)

1947년 3월 12일 트루먼 대통령이 미 의회에서 '그리스 · 터키 원조 법안' 승인을 위해 발표한 것으로, 미국이 침공을 받지 않는 한 중립을 지킨다는 기존의 외교정책을 파기하고 사회주의와의 대결을 중심축으로 잡았다. 한국전쟁이 일어나자 의회의 자문도 구하지 않고 전쟁개입을 선언한 트루먼 대통령의 외교노선은 베트남 전쟁이 끝날 때까지 25년 동안 미국의 대외정책 노선이 되었다.

노란조끼시위

에마뉘엘 마크롱 프랑스 대통령의 유류세 인상 발표에 반대하면서 시작됐다가 점차 반정부 시위로 확산되며 수도인 파리는 물론 프랑스 전역에서 전개된 시위를 말하며 운전자가 사고를 대비해 차에 의무적으로 비치하는 형광 노란 조끼를 집회 참가자들이 입고 나온 것에서 붙여진 명칭이다. 마크롱 정부는 친환경 경제로의 전환과 환경오염 방지 대책의 일환으로 2018년 1년간 유류세를 인상하고 2019년에도 추가로 인상하다는 계획을 발표했다. 이에 많은 시민들은 마크롱 정부가 기업들에게는 세금을 삭감해 주면서 서민들에게만 세부담을 짊어지게 한다며 거세게 반발했고 반정부 시위로까지 확산됐다. 프랑스 정부는 2018년 12월 4일 논란이 된 유류세 추가 인상 계획을 중단한다고 발표했다.

답  20. ③

토라고 주장하고 있다. 분쟁은 일본의 우익단체인 일본청년사가 1996년 7월 조어도의 한 섬인 북소도(北小島)에 태양전지등대를 설치함으로써 가열되었다. 이후 일본과 중국은 각각 이 섬이 포함된 배타적 경제수역을 주장하면서 자원탐사활동을 벌여왔으며, 2004년 5월 중국은 섬 인근의 해양조사를, 일본은 2004년 8월 동중국해 가스전 탐사 조사선을 출항시켰다.

난사군도 분쟁

남중국해 중부에 있는 난하이(南海)제도 중 하나인 난사군도(스프래틀리 군도)는 약 41만km^2의 해역에 퍼져 있는 100~200개의 작은 섬과 산호초로 이루어져 있다. 제2차 세계대전 당시 이곳을 점령하고 있던 일본이 패전하면서 영유권을 포기한 뒤 대만, 중국, 베트남, 필리핀, 말레이시아, 브루나이가 이곳의 전부 혹은 일부에 대하여 영유권을 주장하고 있으며 현재 50여 개의 섬을 분쟁국들이 점유하고 있다. 난사군도는 해저유전, 천연가스가 대량 매장되어 있는 자원의 보고로도 알려져 있는 전략적 요충지이다.

우산혁명(Umbrella Revolution)

2014년 8월 31일 중국 전국인민대표대회가 발표한 2017년 홍콩 행정장관 선거안이 계기가 돼 발발한 시위로 당시 전인대가 친중국계로 구성된 후보 추천위원회의 과반 지지를 얻은 인사 2~3명으로 행정장관 입후보 자격을 제한한 데 대한 반발이 시위로 이어졌다. 서방 언론은 당국의 최루탄을 우산으로 막아낸 시위대의 행동을 우산혁명이라고 명명하며 찬사를 쏟아냈지만 중국 정부의 권위주의적 대응과 홍콩 내에서도 시위 장기화에 따른 경제 악화를 이유로 반대하는 여론이 높아지면서 시위대의 화력은 약해져 갔고 시위의 중심지가 홍콩 당국에 의해 철거되면서 2014년 12월 15일 종료되었다.

7·4 남북공동성명

1972년 7월 4일 남북한이 공동으로 발표한 성명으로, 자주 · 평화 · 민족대단결이라는 3대 통일원칙을 기조로 상호 중상 · 비방 · 무력도발 금지, 남북한 간 제반 교류의 실시, 적십자회담 협조, 남북 직통전화 개설, 남북조절위원회의 구성과 운영, 합의사항의 성실한 이행 등으로 이루어졌다.

비호권(庇護權)

국가는 자국 영역 내에 있는 자국민뿐 아니라 외국인에 대해서도 속지적 관할권을 가짐과 동시에 입국에 대한 재량권을 가지고 있다. 그러므로 특정한 개인이 비호를 바라고 입국을 희망하였을 때 국가가 비호를 허가할 것이냐 아니냐는 원칙적으로 그 국가의 자유이다. 따라서 국가는 원칙적으로 영토적 비호의 권리는 가지고 있으나, 그 의무는 없다고 할 수 있다. 그러나 범죄인 인도에 관한 조약이 체결되어 있는 경우에는 그에 해당되는 범죄인(정치범 제외)에게 비호권을 부여할 수 없다.

일국양제

하나의 국가에 두 개의 체제를 허용한다는 뜻으로, 중국이 하나의 국가 안에 두 개의 체제를 인정한다는 방식을 말한다. 즉 자본주의 체제와 사회주의 체제를 공존시키는 방식으로, 중국의 홍콩과 마카오에 대한 통치원칙이자 중국이 꿈꾸는 대만 통일원칙이며 이 정책은 현재 1997년 중국에 귀속된 홍콩과 1999년 귀속된 마카오에 적용되고 있다.

확인문제 [한국마사회]

21. 1972년 '7 · 4 남북공동성명'에서 천명한 조국통일 3대 원칙이 아닌 것은?

① 통일은 외세에 의존하거나 외세의 간섭을 받음이 없이 '자주적'으로 해결해야 한다.
② 통일은 서로 상대방을 반대하는 무력행사에 의거하지 않고 '평화적' 방법으로 실현해야 한다.
③ 사상과 이념, 제도의 차이를 초월하여 우선 하나의 민족으로서 '민족적' 대단결을 도모해야 한다.
④ 남한과 북한을 각각 하나의 국가로 승인하고 이를 토대로 대화에 의해 통일을 추진한다.

답 21. ④

6·15 남북공동선언

김대중 전 대통령이 2000년 6월 13일부터 15일까지 평양에서 김정일 위원장과 정상회담을 가진 결과 합의된 사항이다. 그 내용은 첫째, 통일문제의 자주적 해결, 둘째, 1국가 2체제의 통일방안 협의, 셋째, 이산가족 문제의 조속한 해결, 넷째, 경제협력 등을 비롯한 남북 간 교류의 활성화 등이다. 또, 합의사항을 조속히 실천에 옮기기 위한 실무회담을 열 것과 북한의 김정일 국방위원장의 서울 방문 등에 관한 합의사항도 포함하고 있다.

7 · 7 선언

1988년 7월 7일 노태우 대통령이 발표한 '민족자존과 통일번영을 위한 특별 선언'으로, 주요 골자는 '남북동포 간의 상호교류 및 해외동포의 자유로운 남북왕래를 위한 문호개방, 이산가족의 서신왕래 및 상호방문 적극 지원, 남북 간 교역을 위한 문호개방, 비군사물자에 대한 한국의 우방과 북한 간의 교역 찬성, 남북 간의 소모적인 경쟁대결외교 지양 및 남북대표 간의 상호협력, 북한과 한국 우방과의 관계 개선 및 사회주의 국가와 한국과의 관계 개선을 위한 상호협조'의 6개항이다.

한반도 비핵화 공동선언

1991년 12월 31일 남북한이 함께 한반도의 비핵화를 약속한 공동선언으로 1992년 2월 제6차 남북고위급회담에서 발표되었다. 주요 내용은 다음과 같다.

① 핵무기의 시험 · 제조 · 생산 · 접수 · 보유 · 저장 · 배비 · 사용의 금지
② 핵 에너지의 평화적 이용
③ 핵 재처리시설 및 우라늄 농축시설 보유 금지
④ 비핵화를 검증하기 위해 상대 측이 선정하고 쌍방이 합의하는 대상에 대한 상호 사찰
⑤ 공동선언 발효 후 1개월 이내에 남북핵통제공동위의 구성

확인문제 [서울특별시도시철도공사]

22. 한반도 비핵화의 5원칙은?
① 핵무기의 제조, 판매, 저장, 배비(配備), 사용 금지
② 핵무기의 제조, 보유, 저장, 배비(配備), 사용 금지
③ 핵무기의 제조, 연구, 저장, 배비(配備), 사용 금지
④ 핵무기의 제조, 실험, 저장, 배비(配備), 사용 금지

전시접수국지원협정

유사시 미국은 한 · 미상호방위조약과 한 · 미연합군사령부 작전계획에 따라 한국에 증원군을 파견하며 한국은 미 증원군에 대해 접수국으로서 군수 병참 등 필요한 지원을 제공할 것을 포괄적으로 규정한 조약이다. 이 협정은 1985년 한 · 미연례안보협의회에서 미국이 제기하고 1991년 7월 양국 당국자가 조인함으로써 6년 만에 마무리되었다.

전시접수국지원협정 내용

한국이 한반도 유사시 미군 전투부대의 군수지원을 일정기간 담당함으로써 미군이 신속하게 전투력을 발휘하게 함과 동시에 기존의 다양한 전시미군지원사항을 체계화 · 조직화하기 위한 이 협정은 전문 9개 조항 2개 부록으로 되어 있다. 그러나 '유사시 미 증원군의 규모와 시기가 명확치 않은 점, 협정이 예측하지 못한 상황의 지원까지 포함한 점, 비용분담에 관한 합리성 부족에서 오는 문제, 협정 관리를 위한 한 · 미연합운영위원회의 운영문제' 등이 주요 문제점으로 지적되고 있다.

프레데터(Predator, 지상목표물 무인정찰기)

미국 공군의 최첨단 무인정찰기 겸 공격기로, 티어(tier) 계획에 따라 미국 국방선진개발연구소의 주도 아래 개발되었다. 프레데터는 중고도 무인정찰기로 행동반경이 약 900km이며 204kg의 화물을 싣고 29시간 정도 비행할 수 있다. 악천후에도 정확한 위치정보를 얻을 수 있는 기상 레이더와 4km 밖에서 교통신호를 식별할 수 있는 2대의 고해상도 컬러 비

답 22. ②

디오카메라, 적외선 탐지장치 및 위성제어장치 등 최첨단 장비를 갖추고 있다.

● 한미연합사령부(ROK-US Combined Forces Command)

한미 양국정부의 합의에 의해 1978년 11월 7일 창설된 한국군과 주한 미군을 통합 · 지휘하는 군사지휘기관. 설치목적은 한미 양국이 주한 미지상군의 작전지휘 체계를 효율화하고, 양국군의 방위노력을 효율적으로 통합함으로써 한국의 방위력을 증진시키는 데 있으며 상위기관인 한미군사위원회를 통하여 양국의 국가통수 및 지휘기구로부터 작전 및 전략지침을 받아 그 기능을 수행한다. 전시에는 한국군과 주한 미군 모든 부대가 소속되며 현재 본부는 서울 용산 미군기지에 있지만 2021년까지 평택 미군기지로 이전할 계획이다.

● SSD(Seoul Defence Dialogue, 서울안보대화)

대한민국 국방부가 주도하는 최고위급 연례 다자안보대화체로 '안보와 평화를 위한 협력'이란 슬로건으로 한반도를 포함한 아시아, 태평양 지역 내 안보환경 개선과 다자간 군사적 신뢰 구축을 위해 각국 국방차관이 참여하며 2012년 11월 14일 처음 개최되었다. 최근에는 개별국가 차원에서 대응하기 어려운 안보위협 증대로 인해 다자간 안보대화가 요구되고 있으며 국가 간 신뢰 증진 및 한반도 긴장완화를 위해 정책 대안 모색이 가능한 실질적인 안보 토론의 장을 열고 있다.

확인문제 [한국토지주택공사]

23. 유사시 미군이 한국에 증파될 때 이들 병력이 효율적으로 투입 · 배치될 수 있도록 한국이 군수병참 지원을 제공하는 것을 골자로 한 협정은?
① 한 · 미협정
② 전시접수국지원협정
③ 팀스피리트훈련
④ 한 · 미상호방위조약

확인문제 [한국환경공단]

24. 미국 공군이 개발한 지상목표물 탐색 무인정찰기를 나타내는 것은?
① 터미네이터(Terminator)
② 와처(Watcher)
③ 프레데터(Predator)
④ 패트리어트(Patriot)
⑤ 옵저버(Observer)

린치핀(Linchpin)

린치핀은 마차나 수레바퀴를 고정하기 위해 축에 꽂는 핀으로 안보, 외교적으로 구심적 역할을 하는 핵심 국가를 일컫는다. 미국은 이 용어를 미일 관계에 주로 쓰다가 2010년 오바마 대통령이 처음으로 한미동맹에서 표현했으며 한미동맹이 미일동맹보다 격상되었다는 평가를 받았다.

답 23. ② 24. ③

3 법률

● 헌법의 기본원리

헌법의 기본원리는 헌법의 이념적 기초인 동시에 헌법을 지배하는 지도원리로서 입법이나 정책 결정의 방향을 제시하며, 모든 국민과 국가기관이 헌법을 존중하고 수호하도록 하는 지침이 된다. 구체적 기본권을 도출하는 근거는 될 수 없으나 기본권 해석 및 기본권 제한 입법의 합법성 심사에 있어 해석기준의 하나로 작용한다.

● 헌법 개정절차

헌법에 규정된 개정절차에 따라 헌법의 기본적 동일성을 유지하면서 헌법 특정조항을 의식적으로 수정 · 삭제 · 추가하는 행위를 말한다.

제안	국회 재적의원 과반수 동의를 얻어 제안, 국무회의의 심의를 거쳐 대통령이 제안
공고	대통령이 20일 이상 공고
의결	헌법개정안이 공고된 날로부터 60일 이내, 국회 재적의원 3분의 2의 찬성
국민투표	국회 의결 후 30일 이내에 국민투표에 붙여 국회의원 선거권자 과반수의 투표와 투표자 과반수의 찬성을 얻으면 통과
공포	대통령이 즉시 공포

● 대통령의 권한

① 행정에 관한 권한

행정 최고결정권	하부 행정기관에 대한 지휘, 감독할 권리
법률행정권	국회가 의결한 법률에 대해 서명, 공포 집행할 권리
외교권	조약을 체결, 비준하고, 외교사절을 신임, 접수, 파견할 권리
국군통수권	국군 최고사령관으로서 국군을 지휘, 통솔할 권리
영전수여권	법률에 의거해 훈장 및 기타 영전을 수여할 권리
정당해산제소권	정당이 목적이나 활동에 있어 민주적 기본질서나 국가 존립에 위배된다고 여길 때 헌법재판소에 해산 제소 가능
재정에 관한 권한	국가운영에 필요한 예산 편성과 집행

확인문제 [한국전력공사]

25. 우리나라 헌법의 기본원리라 할 수 없는 것은?
① 자유민주주의
② 복지국가의 원리
③ 조국의 평화적 통일
④ 복수정당주의

확인문제 [한국전력공사]

26. 헌법개정의 절차로 옳은 것은?
① 제안 → 공고 → 국회의결 → 국민투표 → 공포
② 제안 → 심의 → 공고 → 의결 → 확정 → 공포
③ 제안 → 의결 → 공포 → 효력발생
④ 제안 → 공고 → 국회의결 → 국민투표 → 효력발생

헌법 개정사

- 1차 개헌(1952년 발췌개헌) : 대통령 직선제 도입
- 2차 개헌(1954년 사사오입) : 대통령의 중임을 1차로 제한한 규정을 초대 대통령에 한하여 철폐
- 3차 개헌(1960년 6월) : 4 · 19 혁명 후 내각책임제로 전환
- 4차 개헌(1960년 11월) : 반민주행위자 처벌에 관한 부칙조항 삽입
- 5차 개헌(1962년 12월) : 5 · 16 발생 후 대통령제로 전환
- 6차 개헌(1969년 3선 개헌) : 대통령 3선 금지 조항 철폐
- 7차 개헌(1972년 유신헌법) : 유신체제 전환을 위한 개헌
- 8차 개헌(1980년) : 대통령을 간선으로 뽑고, 임기를 7년 단임으로 전환
- 9차 개헌(1987년 현행헌법) : 대통령 직선제(5년 단임제)

답 25. ④ 26. ①

② 입법에 대한 권한

법률안 제출권	국회에 법률을 제출
법률공포권	국회에서 의결된 법률을 이송된 날부터 15일 이내에 공포
법률안 거부권	국회에서 의결된 법률에 의의가 있을 경우 15일 이내에 이의서를 붙여 국회에 환부
헌법 개정	헌법 개정안은 20일 이상 공고하고, 국민투표로 확정된 법률안은 즉시 공포
임시국회집회요구권	기간과 집회요구 이유를 명시하여 임시국회의 집회요구
명령제정권(발포권)	위임사항과 법률을 집행하기 위해 대통령령을 발할 권리
의견발표권	국회에 출석하여 발언하거나 서한으로 의견을 표할 권리

● 탄핵

탄핵은 공무원의 직무상 위법에 대하여 국회가 소추하고 국회나 다른 국가기관이 심판하여 처벌, 파면하는 제도이다. 우리나라 헌법의 경우에 탄핵소추는 국회의 권한으로, 탄핵 심판은 헌법재판소의 권한으로 하고 있다. 헌법을 기준으로 탄핵 절차와 대상을 정리하면 다음과 같다.

① **탄핵 대상** : 대통령·국무총리·국무위원·행정 각부의 장(長)·헌법재판소 재판관·법관·중앙선거관리위원회 위원·감사원장·감사위원, 기타 법률이 정한 공무원이다.

② **탄핵 사유** : 직무집행에 있어서 헌법이나 법률을 위배하였을 때이다. 여기에서 법률은 형식적 의미의 법률은 물론 법률과 같은 효력을 가지는 조약·긴급명령·긴급재정명령 등을 포함한다. 그러나 직무 외 행위와 단순한 정치적 실책·부당행위는 해임 건의사유는 될 수 있어도 탄핵사유는 아니다.

③ **탄핵 소추** : 일반적인 경우는 국회재적의원 3분의 1 이상의 발의와 국회재적의원 과반수의 찬성으로 결정되나, 대통령 탄핵소추는 국회재적의원 과반수의 발의와 국회재적의원 3분의 2 이상의 찬성으로 결정한다. 탄핵소추의 의결을 받은 자는 탄핵 심판이 있을 때까지 그 권한이 제한된다.

④ **탄핵 심판** : 헌법재판소가 행한다. 국회에서 의결되면 소추위원(국회 법제사법위원회 위원장)이 헌법재판소에 소추의결서의 정본(正本)을 제출, 심판을 청구하면 헌법재판소에서 180일 이내에 심판을 내린다.

국회의 동의·승인이 필요한 사항들

- **국회의 동의(사전)** : 조약의 체결·비준, 선전포고 및 강화, 국군의 해외 파견 및 외국군의 국내 주둔, 일반사면, 대법원장·국무총리·감사원장·대법관·헌법재판소장 임명, 예비비 설치, 예산외 국가 부담이 될 계약 체결, 기채(起債)
- **국회의 승인(사후)** : 예비비 지출, 긴급재정·경제처분 및 명령, 긴급명령
- **국회에 통고** : 계엄선포

확인문제 [한국환경공단]

27. 대통령의 권한 중에서 사전에 국회의 동의를 요하지 않는 것은?
① 일반사면
② 조약의 체결·비준
③ 계엄선포
④ 감사원장의 임명
⑤ 외국군대의 국내 주둔

고위공직자 범죄수사처

고위공직자 및 그 가족의 비리를 중점적으로 수사·기소하는 독립기관으로, '공수처'라고도 불리며 검찰의 정치 권력화를 막고 독립성을 제고하고자 하는 취지로 도입이 추진되고 있다. 2019년 4월 29일 선거제 개혁안, 2개의 공수처 설치 법안, 검경 수사권 조정안 등과 함께 패스트트랙으로 지정되었다.

확인문제 [대구도시철도공사]

28. 국회의 대통령에 대한 탄핵소추의 조건은?
① 국회재적의원 과반수의 발의와 재적의원 2/3 이상의 찬성
② 국회재적의원 과반수의 출석과 출석의원 과반수의 찬성
③ 국회재적의원 과반수의 출석과 출석의원 1/4 이상의 찬성
④ 국회재적의원 1/3 이상의 발의와 재적의원 과반수의 찬성

답 27. ③ 28. ①

탄핵은 재판관 6인 이상의 찬성으로 결정된다.

⑤ **탄핵 효과** : 탄핵은 공직에서 파면되는 데 그치나 민사상 · 형사상의 책임이 면제되는 것은 아니다.

● 국무위원

국무회의를 구성하는 별정직 공무원으로, 국무총리의 제청으로 대통령이 임명하며 그 수는 15인 이상 30인 이하이고, 현역 군인은 국무위원으로 임명될 수 없다. 국무위원은 의장인 대통령, 부의장인 국무총리 외에 행정 각부의 장관과 정무장관 2인으로 구성된다. 국무위원은 국정에 관하여 대통령을 보좌하며 국무회의의 구성원으로서 국정을 심의한다. 또 국무위원은 국무회의의 소집을 요구하고, 국무회의에 의안을 제출하며, 국무회의에 출석 · 발언하고, 그 심의에 참가할 권한과 의무가 있다. 국무총리제와 같이 의원내각제적인 요소를 가진 우리나라의 국무회의는 내각책임제의 의결기관인 국무회의(내각회의)와는 달리 정부의 권한에 속하는 중요한 정책을 심의하는 심의기관이기 때문에 국무위원은 의결권을 가지지 않고 실제에 있어서 의결하는 경우가 있더라도 대통령은 이에 구속되지 않는다.

● 국회의 권한

① **입법에 관한 권한** : 헌법개정 제안 · 의결권, 법률제정 · 개정권, 조약체결 · 비준동의권

② **재정에 관한 권한** : 예산안 심의 · 확정권, 결산심사권, 기금심사권, 재정입법권, 계속비 의결권, 예비비 지출 승인권, 국채동의권, 국가의 부담이 될 계약체결에 대한 동의권

③ **일반 국정에 관한 권한** : 국정감사 · 조사권, 탄핵소추권, 계엄해제 요구권, 일반사면에 대한 동의권, 긴급명령, 긴급재정경제처분 · 명령 승인권, 선전포고 및 국군의 해외파견 · 외국군대 주류에 대한 동의권, 국무총리 · 국무위원 해임 건의권, 국무총리 · 국무위원 · 정부위원 출석요구권 및 질문권, 헌법기관 구성권, 대법원장 · 헌법재판소장 · 국무총리 · 감사원장 · 대법관 임명동의권, 헌법재판소 재판관 3인 · 중앙선거관리위원회 위원 3인 선출권

국무총리

국회의 동의를 얻어 대통령이 임명하는 국무총리는 대통령이 없을 때 그 권한을 대행하는 행정부의 2인자로 대통령을 보좌하는 동시에 행정 각부를 관리하고, 명령(총리령)제정권을 갖는다. 우리나라의 국무총리 또한 의원내각제적 요소를 가미한 제도이다. 군인은 현역을 면한 후가 아니면 국무총리로 임명될 수 없다.

확인문제 [한국전력공사]

29. 국무총리의 권한으로 맞는 것은?
① 국무위원 임명권
② 명령제정권
③ 행정부 지휘감독권
④ 국무회의 구성권

확인문제 [수도권매립지관리공사]

30. 우리나라 국무회의의 성격은?
① 정책심의기관
② 의사결정기관
③ 집행기구
④ 합의제기구

교섭단체

국회는 의장 1명, 부의장 2명, 상임위원회, 특별위원회, 교섭단체로 구성된다. 특히 교섭단체는 국회의원들의 의사를 사전에 통합하고 조정하여 원활한 국회 운영을 도모하는 데 그 목적이 있다. 국회에 20인 이상의 소속의원을 가진 정당은 하나의 교섭단체가 되고 다른 교섭단체에 속하지 않는 20인 이상의 의원으로 따로 교섭단체를 구성할 수 있다.

확인문제 [에너지관리공단, 산업인력공단]

31. 국회법상 원내교섭단체를 구성할 수 있는 의원의 수는?
① 10인 이상 ② 20인 이상
③ 30인 이상 ④ 40인 이상

답 29. ② 30. ① 31. ②

● 헌법소원

정식으로는 헌법소원심판청구라고 하며, 헌법정신에 위배된 법률에 의하여 기본권의 침해를 받은 사람이 직접 헌법재판소에 구제를 청구하는 일을 말한다. 다만, 다른 법률에 구제절차가 있을 경우 그 절차를 모두 거친 것이 아니면 청구할 수 없다. 헌법소원의 청구기간은 그 사건이 발생한 날로부터 1년 이내, 그리고 기본권 침해 사유를 안 날로부터 90일 이내이다.

● 헌법불합치

헌법불합치는 해당 법률이 사실상 위헌이지만 즉각적인 무효화에 따르는 법의 공백과 사회적 혼란을 피하기 위해 법을 개정할 때까지 한시적으로 그 법을 존속시키는 결정이다.

● 법의 분류

법은 크게 입법 절차에 의해 제정된 '실정법'과 자연의 질서 · 인간의 이성 등에 근거한 판단의 기준이 되는 보편적 원리의 '자연법'으로 나뉜다. 실정법은 다시 다음과 같이 분류할 수 있다.

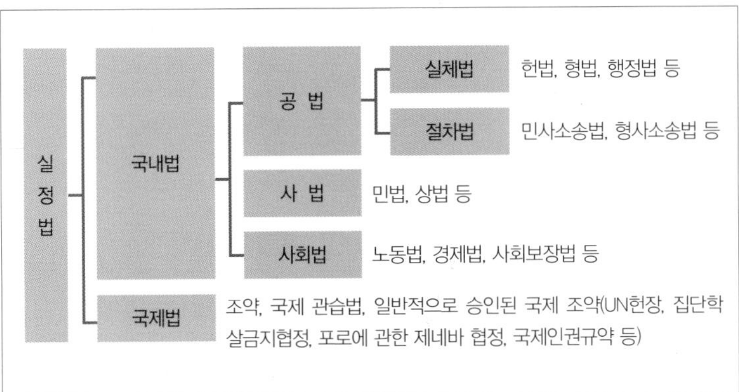

● 법 적용의 원칙

① **상위법 우선의 원칙** : 하위의 법규보다 상위의 법규를 우선 적용한다. 법 적용이 이루어지는 단계는 '헌법 → 법률 → 명령 → 자치법규(조례 · 규칙)'의 순이다.

② **특별법 우선의 원칙** : 일반법보다 특별법을 우선 적용한다. 민법과 상법이 충돌할 경우 일반법인 민법에 대해 특별법인 상법이 우선한다.

확인문제 [한국마사회]

32. 국회의 권한이 아닌 것은?
① 국무총리 해임건의권
② 국정감사 · 조사권
③ 예산안 심의 · 의결권
④ 예비비 지출 승인권
⑤ 탄핵 심판권

확인문제 [한국마사회]

33. 기본권을 침해받았을 때 헌법재판소에 구제를 청구할 수 있는 기간은?
① 사건 발생 1년 이내, 기본침해 사유를 안 날부터 60일 이내
② 사건 발생 1년 이후, 기본침해 사유를 안 날부터 90일 이내
③ 사건 발생 1년 이내, 기본침해 사유를 안 날부터 100일 이내
④ 사건 발생 1년 이내, 기본침해 사유를 안 날부터 90일 이내

법의 해석

- **문리해석** : 법조문 문장의 의미를 문자나 문장 그대로 해석하는 것으로, 법의 1차적인 해석 방법이다.
- **확장해석 · 축소해석** : 법조문에 사용된 언어의 의미를 넓게 해석하는 것은 확장해석, 한정하여 해석하는 것은 축소해석이다.
- **유추해석** : 법조문에 포함되어 있지 않은 사항에 대해 유사 규정을 적용하는 것으로, 자의적으로 확장될 우려가 있어 형법에서는 금지된다.
- **물론해석** : 입법취지로 보아 유사한 사항에 대한 해석이다.
- **반대해석** : 사건에 대한 법조문이 없을 때, 그 사건과 반대의 요건을 규정한 법조문을 골라 규정의 효과와 반대의 효과가 발생하도록 하는 해석이다.

확인문제 [한국전력공사]

34. 법의 1차적 해석방법은?
① 문리해석 ② 논리해석
③ 유추해석 ④ 물론해석

답 32. ⑤ 33. ④ 34. ①

③ **신법 우선의 원칙** : 신법이 기존의 법과 충돌할 때에는 새로 제정된 신법을 우선 적용한다.

④ **법률 불소급의 원칙** : 새롭게 제정 또는 개정된 법률은 그 효력을 가지기 전에 발생한 사실까지 소급하여 적용할 수 없다는 원칙이다.

● 제한능력자

① **미성년자** : 19세 미만이라도 혼인하면 성년이 된다. 미성년자도 의사능력이 있으면 유효하게 법률행위를 할 수 있으나, 법정대리인의 동의를 얻지 않은 행위에 대해서는 미성년자 본인 또는 법정대리인이 이를 취소할 수 있다.

② **피성년후견인(종전의 금치산자)** : 질병, 장애, 노령, 그 밖의 정신적 제약으로 사무를 처리할 능력이 지속적으로 결여되어 성년후견 개시 심판을 받은 사람을 말한다. 원칙적으로 후견인의 대리에 의한 법률 행위를 하며 일상생활에 필요하고 그 대가가 과도하지 않은 행위나 법원이 단독으로 하도록 정한 행위는 단독으로 할 수 있다.

③ **피한정후견인(종전의 한정치산자)** : 질병, 장애, 노령, 그 밖의 정신적 제약으로 사무를 처리할 능력이 부족하여 한정후견 개시 심판을 받은 사람을 말한다.

● 현대 민법의 3원칙

① **소유권 공공의 원칙** : 사회 전체의 이익에 반해서 소유권 행사를 할 수 없다는 원칙으로 소유권의 공공성을 인정하고 있다.

② **계약 공정의 원칙** : 사회질서에 반하거나 공정성을 잃은 계약은 보호받지 못한다는 원칙이다.

③ **무과실 책임의 원칙** : 고의나 과실 없이도 남에게 피해를 주는 경우에는 배상해야 한다는 원칙으로, 과실책임의 원칙이 수정된 것이다.

● 법률행위

법률행위란 일정한 법률효과의 발생이 목적인 하나 또는 여러 개의 의사표시를 불가결의 요소로 하는 '법률요건'이다. 이러한 법률행위가 효력을 발생하기 위해서는 법률행위의 목적이 확정할 수 있는 것(확정), 실현할 수 있는 것(가능), 또 법질서가 허용하는 것(적법, 사회적 타당성)이어야 한다.

확인문제 [국민연금공단]

35. 법률의 적용순서가 틀린 것은?
① 민법은 상법에 우선한다.
② 은행법은 상법에 우선한다.
③ 공장저당법은 민법에 우선한다.
④ 국가배상법은 민법에 우선한다.

확인문제 [수도권매립지공사]

36. 다음 중 보기와 같은 내용을 갖는 원칙은?

> 2013년 1월 1일 제정된 법률은 2013년 1월 1일 이전에 행한 행위에 대하여 적용할 수 없다.

① 특별법 우선의 원칙
② 신법 우선의 원칙
③ 법률 불소급의 원칙
④ 죄형법정주의

확인문제 [한국전력공사]

37. 법의 효력에 관한 원칙이 아닌 것은?
① 상위법은 하위법에 우선
② 국내법은 국제법에 우선
③ 신법은 구법에 우선
④ 특별법은 보통법에 우선

확인문제

38. 행위능력의 제한 중에서 가장 강하며 단독으로는 물론 후견인의 동의를 얻었다 하더라도 법률행위를 할 수 없으며, 그와 같은 행위를 언제나 취소할 수 있는 자를 무엇이라 하는가?
① 미성년자　② 피성년후견인
③ 피한정후견인　④ 피특정후견인

답 35. ① 36. ③ 37. ② 38. ②

법률행위의 무효

일단 성립한 법률행위가 효력요건을 완전히 갖추지 못함으로써 당사자가 원하는 효과가 '당초부터' 발생하지 아니하는 것으로 확정되는 것을 말한다. 법률행위가 무효가 되면, 그 법률행위의 내용에 따른 효과가 발생하지 않으며 당사자 사이에서뿐만 아니라 제3자에 대한 관계에 있어서도 주장할 수 있음이 원칙이다. 다만, '진의 아닌 의사표시가 예외적으로 무효가 되는 경우, 허위표시'는 예외적으로 거래의 안전을 위해 일정한 제3자를 대상으로 무효로서 대항할 수 없는 경우가 있다.

① **절대적 무효** : 누구에 의해서나, 누구에 대해서나 무효임을 주장할 수 있는 것으로, 상대방뿐 아니라 선의의 제3자에게도 주장할 수 있는 무효이다. 의사 무능력자의 행위, 반사회질서의 행위, 원시적 불능인 법률행위, 강행법규에 위반한 행위는 절대적 무효이다.

② **상대적 무효** : 특정인을 대상으로는 무효를 주장할 수 없는 것을 말한다. 비진의표시와 허위표시의 무효는 상대적 무효이다.

권리능력, 의사능력, 행위능력

① **권리능력** : 각 권리와 의무의 주체가 될 수 있는 법률상의 자격으로, 민법상 자연인과 법인이 권리능력을 가진다.

② **의사능력** : 자기 행위의 결과를 인식 · 판단하여 정상적인 의사결정을 할 수 있는 정신능력을 말한다.

③ **행위능력** : 단독으로 확정적이고 유효한 법률행위를 할 수 있는 능력으로, 미성년자 · 피성년후견인 · 피한정후견인을 제외한다.

법률행위 해석의 기준

법률행위의 해석이란 당사자가 의도하는 법률효과를 발생하도록 그 목적 내지 내용을 명확히 하는 것으로, 법률행위의 해석에 있어서 가장 먼저 적용되는 기준은 '당사자의 의도(제1의 해석 기준)'이며, 그 다음으로 사실인 관습, 임의법규, 신의성실의 원칙 순으로 적용된다.

물권법정주의

물권의 종류와 내용은 민법 기타 법률 또는 관습법에 의하여 인정된 것을 제외하고는 당사자가 임의로 창설하거나 변경하지 못한다는 것을 말한다. 즉, 물권의 창설은 법률과 관습법에 의해서만 인정된다는 의미이다.

실종선고

부재자의 생존불명 상태가 보통실종의 경우는 5년, 전쟁실종 · 선박실종 · 항공실종 · 위험실종과 같은 특별실종은 1년이 경과한 후, 이해관계인이나 검사의 청구가 있다면 6개월 이상의 공시기간을 거쳐 가정법원에서 실종선고를 하면 사망으로 간주된다.

확인문제 [한국전력공사]

39. 법률행위의 해석에 있어서 가장 먼저 적용되는 기준은?
① 임의법규 ② 사실인 관습
③ 조리 ④ 당사자의 의도

확인문제 [한국전력공사]

40. 현행 민법에서 정한 무효인 법률행위가 아닌 것은?
① 불공정한 법률행위(폭리행위)
② 강행법규에 위반한 행위
③ 착오에 의한 의사표시
④ 허위표시

확인문제 [한국환경공단]

41. 다음 중 유효한 법률행위는?
① 당사자의 궁박 · 경솔 · 무경험으로 현저하게 공정을 잃은 계약
② 이미 소실된 건물의 매매계약
③ 밀수입을 위한 출자행위
④ 배임행위가 적극 가담된 부동산의 이중매매
⑤ 무허가 음식점의 음식물 판매행위

답 39. ④ 40. ③ 41. ⑤

● 물권의 종류

물권	본권	소유권			법률의 범위에서 소유물을 사용 · 수익 · 처분할 수 있는 권리
		제한물권	용익물권	지상권	타인의 토지에서 건물 기타의 공작물이나 수목을 소유하기 위해 그 토지를 사용할 수 있는 권리
				지역권	설정행위로 정한 일정 목적에 따라 타인의 토지를 자신의 토지의 편익에 이용하는 권리
				전세권	전세금을 지급하고 타인의 부동산을 점유하여 그 부동산의 용도에 좇아 사용 · 수익하며, 그 부동산 전부에 대하여 후순위권리자 기타 채권자보다 전세금의 우선변제를 받을 수 있는 권리
				유치권	타인의 물건이나 유가증권을 점유한 자가 그 물건이나 유가증권에 관하여 생긴 채권을 가지는 경우에 변제를 받을 때까지 그 물건 또는 유가증권을 유치할 수 있는 권리(→ 등기 없이 효력 발생)
			담보물권	질권	채권자가 채무자나 제3자로부터 담보로 받은 목적물을 채무의 변제가 있을 때까지 유치하고, 변제가 없을 때 그 목적물에 대해 우선변제를 받는 권리(부동산에는 질권을 설정할 수 없다.)
				저당권	채권자가 일정한 채권 담보를 위하여 채무자 또는 제3자(물상보증인)가 제공한 부동산 기타 재산을 인도받지 않고, 그 목적을 다만 관념상으로만 지배하여, 채무의 변제가 없는 경우에 그 목적물로부터 우선변제를 받을 수 있는 약정담보물권
	점유권				물건을 사실상 지배하는 물권

● 부동산등기

민법은 '부동산에 관한 법률행위로 인한 물권의 득실 변경은 등기하여야 그 효력이 생긴다(성립요건주의)'고 규정하고 있다. 따라서, 법률행위에 의한 부동산 물권변동은 '물권행위와 등기'의 두 가지 요건을 갖추었을 때 성립되거나 효력을 발생한다. 부동산물권 중 부동산에 대한 소유권 · 지상권 · 지역권 · 전세권 · 저당권 · 권리질권 등은 등기를 요하나, 부동산에 관한 점유권 · 유치권 · 특수지역권은 성질상 등기할 필요가 없다.

대리

대리인이 본인의 이름으로 제3자(상대방)에게 의사표시를 하거나(능동대리), 또는 상대방으로부터 의사표시를 받음으로써(수동대리) 생기는 법률효과를 직접 본인에게 귀속시키는 제도이다.

담보물권의 성질

공통적인 성질로는 부종성, 불가분성, 수반성, 물상대위성, 타물권이 있다. 이중 물상대위성은 우선변제적 효력이 없어 유치권에는 해당되지 않는다.

공신의 원칙

물권의 존재를 추측케 하는 표상, 즉 공시방법을 신뢰해서 거래한 자가 있는 경우에 비록 그 공시방법이 진실한 권리관계에 일치하고 있지 않더라도 마치 그 공시된 대로의 권리가 존재하는 것처럼 다루어서, 그 자의 신뢰를 보호해야 한다는 원칙이다. 공신의 원칙을 인정하면 물권거래의 안전은 보호되지만, 진정한 권리자가 희생되는 경우가 있다.

공시의 원칙

물권 변동관계를 외부에서 알 수 있게 공시방법을 갖추어야 한다는 원칙이다. 공시의 원칙은 물권뿐 아니라 광업권 · 어업권 · 지적 재산권, 채권, 가족법상의 행위에도 인정된다.

공시방법

- 부동산의 공시방법은 '등기', 동산의 공시방법은 '점유'이다.
- 이외에 수목의 집단 · 미분리 과실 등에 관하여, 관습적으로 성립한 공시방법인 '명인방법'을 인정하고 있다.
- 민법은 부동산에 관하여는 '공시의 원칙'을, 동산에 관하여는 '공시의 원칙과 공신의 원칙'을 인정한다.

● 계약의 종류

전형계약 (유명계약)	우리 사회의 일반거래상 가장 빈번하고 중요한 계약의 형태를 선정하여 민법에 규정한 계약(민법 제3편 제2장에 규정된 14종의 계약)
비전형계약 (무명계약)	위 전형계약 이외의 모든 계약으로 민법이나 특별법에 규정되지 않고 관행상 이용되는 계약
쌍무계약	계약의 각 당사자가 서로 대가적 의미를 가지는 채무를 부담하는 계약
편무계약	계약의 일방 당사자만이 채무를 부담하는 계약
낙성계약	양 당사자의 의사표시의 합치, 즉 합의만으로 이루어지는 계약
요물계약	합의 외의 목적물의 인도나 기타 급부를 완료함으로써 성립하는 계약
계속적 계약	계약관계가 장기적으로 계속되는 경우의 계약
일시적 계약	일회적 급부의 이행에 의하여 계약이 종료되는 경우의 계약
유상계약	계약의 당사자가 서로 대가적 의미를 갖는 재판상의 출연을 하는 계약
무상계약	계약 당사자 한쪽만이 출연 의무를 지고, 다른 쪽은 급부를 수령하는 이익을 갖는 계약
유인계약	계약의 효력이 원인된 사실의 유무에 있는 계약
무인계약	계약의 효력이 원인된 사실의 유무에 관계없는 계약
요식계약	계약의 요소인 의사표시의 전부 또는 일부에 대하여 일정한 방식을 요하는 계약
불요식계약	계약의 요소인 의사표시의 전부 또는 일부에 대하여 일정한 방식을 요하지 않는 계약

확인문제 [한국전력공사]

42. 민법이 인정하고 있는 담보물권에 관한 기술 중 공통의 성질이 아닌 것은?
① 물상대위성 ② 불가분성
③ 부종성 ④ 타물권

확인문제 [한국토지주택공사]

43. 다음 중 부동산등기 사항이 아닌 것은?
① 부동산점유권 ② 부동산환매권
③ 저당권 ④ 전세권
⑤ 지상권

확인문제 [한국토지주택공사]

44. 계약의 종류에는 전형계약과 비전형계약이 있는데, 다음 중 비전형계약은?
① 증여 ② 출판계약
③ 현상광고 ④ 임대차

● 범죄 성립의 3요소

① **구성요건 해당성** : 구체적인 사실이 추상적인 범죄구성요건에 해당하면 구성요건 해당성을 갖게 된다. 구성요건 해당성은 행위주체, 행위객체, 사용수단, 보호법익 등 다양한 기준으로 평가한다.

② **위법성** : ①의 행위가 법률상 허용되지 않는 것을 말한다.

③ **책임성** : ①, ②에 해당하는 행위를 한 자에 대한 비난 가능성을 말한다. 형법상 책임능력은 만 14세가 넘어야 한다고 규정하고 있다.

확인문제 [한국전력공사]

45. 범죄의 성립요건이 아닌 것은?
① 구성요건 해당성 ② 책임성
③ 위법성 ④ 처벌조건

● 위법성 조각사유

구성요건에 해당하는 행위의 위법성을 배제한 특별사유를 말한다. 형법에서는 정당행위, 정당방위, 긴급피난, 자구행위, 피해자의 승낙 등을 위

답 42. ① 43. ① 44. ② 45. ④

법성 조각사유로 하고 있고, 노동쟁의행위와 치료행위 등에 대해서는 정당방위에 포함시킬지 여부를 놓고 다툼을 벌이고 있다. 그러나 형법은 형법에 규정된 위법성 조각사유의 유형에 국한하지 않고, 실질적으로 사회적 타당성이 있는 행위는 위법성을 조각한다는 것이 일반적인 견해이다.

● 부작위범

위험 발생을 방지할 의무가 있거나 자기의 행위로 인하여 위험 발생의 원인을 야기한 자가 그 위험 발생을 방지하지 않은 경우 발생하는 범죄를 말한다. 형법에서 부작위란 사회에서 규범적으로 요구하는 일정한 행위를 하지 않는 것으로 아이를 양육해야 하는 엄마가 아이에게 젖을 주지 않아 아사시키는 경우가 이에 해당한다고 볼 수 있다. 부작위범이 성립하기 위해서는 작위의무(적극적 행위를 할 의무 · 산모가 자신의 아이에게 젖을 주어야 하는 의무)가 인정되어야 하며 행위자가 법이 요구하는 적극적인 작위의무를 실현하는 것이 일반인에게 가능해야 한다.

● 미수범

범죄의 실행에 착수했으나 행위를 종료하지 못했거나(착수미수) 결과가 발생하지 않은 경우(실행미수)의 범행 또는 그 범인을 말한다. 미수범이 되기 위해서는 고의가 있어야 하고, 범죄실행의 착수가 있어야 한다.

● 공범

공범은 단독으로 규정되어 있는 구성요건을 여러 사람이 가공(加功) 하는 범죄로, 우리 형법은 공동정범, 교사범, 종범만을 공범으로 인정하고 있다.

① **공동정범** : 2인 이상이 공모하여 죄를 범하는 경우 누가 정범이고 누가 종범인지를 구별할 수 없는 상태의 범죄를 말한다(이때는 각자를 정범으로 처벌한다).

② **교사범** : 범죄 없는 타인으로 하여금 범죄를 결의하여 실행하게 한 자를 말한다(이때는 각자를 정범으로 처벌한다).

③ **종범** : 타인의 범죄를 방조하는 자를 말한다(이때는 정범의 형보다 감경된다).

형법상 규정한 위법성 조각사유

- **정당행위** : 법령에 의한 행위 또는 업무로 인한 행위로, 사회의 일반적인 규칙에 위배되지 않는 행위라면 처벌하지 않는 것을 말한다. 예를 들어 공무원의 직무행위, 친권자 등의 징계행위, 현행범 체포행위, 노동쟁의행위 등이 있다.
- **정당방위** : 자기 또는 타인의 법익에 대한 현재의 부당한 침해를 막기 위한 상당한 이유가 있는 행위를 말한다.
- **긴급피난** : 자기 또는 타인의 법익에 대해 현재의 위난을 피하기 위한 상당한 이유가 있어 취한 피난행위를 말한다.
- **자구행위** : 권리를 침해당한 사람이 자력으로 그 권리를 회복하는 행위를 말한다.
- **피해자의 승낙** : 피해자가 가해자에게 자기의 법익을 침해하는 것을 허락한 경우를 말한다.

진정부작위범과 부진정부작위범

진정부작위범이란 범죄의 실행이 부작위에 의해서만 가능한 범죄로 형법상 '다중불해산죄'나 '퇴거불응죄' 등이 이에 속하며 부진정부작위범이란 형법상 작위의 형식으로 규정된 범죄의 구성요건을 부작위에 의해 실현하는 것을 말한다.

장애미수 · 중지미수 · 불능미수

- **장애미수** : 범인의 의도와는 다르게 외부적인 장애로 결과가 발생하지 않은 경우를 말한다.
- **중지미수** : 범인 본인이 심경의 변화를 일으켜 결과가 발생하지 않은 경우를 말한다.
- **불능미수** : 처음부터 결과가 발생할 수 없어서 결과가 발생하지 않은 경우를 말한다.

형벌의 종류

구분	종류	내용
생명형	사형	사람의 생명을 박탈하는 최고 형벌
자유형	징역	교도소 내에 30일 이상 가두고 노역을 시키는 형벌
	금고	교도소 내에 30일 이상 가두지만 노역은 시키지 않는 형벌
	구류	형무소 내에 1일 이상 30일 미만의 짧은 기간 동안 구금하는 형벌
명예형	자격상실	공적인 자격(공무원이 되는 자격, 선거권, 피선거권 등)을 상실시키는 형벌
	자격정지	자격을 일시적으로 정지시키는 형벌(1년 이상 5년 이하)
재산형	벌금	상당히 무거운 금액의 재산을 징수하는 형벌(5만 원 이상)
	과료	벌금과 비슷하나 그 액수가 적은 형벌(2천 원 이상 5만 원 미만)
	몰수	범죄자가 범죄행위에 사용한 물건 등을 몰수하는 형벌(몰수할 수 없는 경우에는 물건의 가액에 상당하는 금액을 추징)

구속영장

피의자가 죄를 범하였다고 의심할 만한 상당한 이유가 있고, 일정한 주거가 없거나 증거를 인멸할 우려가 있으며, 도망하거나 도망할 염려가 있는 때 피의자를 구속하기 위한 영장이다. 구속을 하기 위해선 판사가 발부한 구속영장이 있어야 하고 사법경찰관 또는 검사의 청구에 의하여 관할 지방법원의 판사가 발부한다.

무고죄

무고죄는 다른 사람을 형사처분 또는 징계처분을 받게 할 목적으로 공무소 또는 공무원에게 허위사실을 신고하는 경우, 허위사실의 신고가 수사기관에 도달한 때 성립하는 범죄로, 타인을 무고한 경우 성립한다. 무고죄에서 신고자는 신고사실이 허위라는 것을 알면서 신고하여야 하기 때문에 객관적 사실에 반하는 것이라도 신고자가 진실이라 확신하고 신고하였을 경우에는 무고죄가 성립하지 않는다.

반의사불벌죄

피해자의 고소가 없어도 수사기관이 수사해서 재판을 받게 하는 등 처벌할 수 있는 죄이지만, 그 과정에서 피해자가 처벌을 원치 않는다는 의사표시를 표명할 경우 처벌을 못하는 것을 말한다. 피해자가 처벌을 원치

확인문제 [한국전력공사]

46. 형법에서 범죄로 규정된 행위, 즉 구성요건에 해당하는 위법하고 책임 있는 행위는 법에서 정한 형벌을 받게 된다. 그러나 특별한 사정이 있는 경우, 위법성이 조각(阻却)되는데, 다음 중 그 사유가 아닌 것은?
① 정당행위 ② 자구행위
③ 긴급피난 ④ 사실의 착오

확인문제 [국민연금공단]

47. 공범에 속하지 않는 것은?
① 공동정범 ② 교사범
③ 간접정범 ④ 방조범

간접정범

어느 행위로 인하여 처벌되지 않는 자나 과실범으로 처벌되는 자를 이용하여 자신의 범죄를 실행하는 자를 의미한다. 즉, 다른 사람을 '의사 없는 도구'로 이용해 범죄를 저지르는 것으로, 예컨대 의사가 환자를 죽이기 위해 간호사에게 환자의 처방을 하면서 치료약 대신 독극물을 주어 이를 모르는 간호사가 환자에게 독극물을 주입하여 살해하는 경우가 간접정범의 형태이다.

공소시효

어떤 범죄에 대하여 일정 기간이 지나면 공소의 제기를 허용하지 않는 제도로, 수사기관이 법원에 재판을 청구하지 않는 불기소처분의 한 유형이다. 즉, 일정 기간이 지나면 범죄 사실에 대한 국가의 형벌권을 완전히 소멸시키는 것으로 공소시효가 지나면 설령 범인을 검거했어도 수사 및 기소 대상이 되지 않는다.

확인문제 [국민연금공단]

48. 다음 중 자유형에 속하는 형벌이 아닌 것은?
① 징역 ② 몰수
③ 구류 ④ 금고

답 46. ④ 47. ③ 48. ②

않는다는 의사표시가 없으면 피해자의 고소 없이도 처벌을 할 수 있으나 피해자가 적극적으로 처벌을 원치 않을 경우에는 형벌권이 없어지므로 '해제조건부 범죄'라고도 하며 기소 후 불처벌 의사 표시를 하면 공소기각 판결을 해야 한다. 폭행죄, 존속폭행죄, 협박죄, 존속협박죄, 명예훼손죄, 출판물 등에 관한 명예훼손죄, 과실상해죄 등이 해당된다.

● 피의사실 공표죄

검찰, 경찰, 기타 범죄수사에 관한 직무를 행하는 자 또는 이를 감독하거나 보조하는 자가 수사과정에서 알게 된 피의 사실을 기소 전에 공표할 경우 성립하는 죄로 3년 이하의 징역 또는 5년 이하 자격정지 등의 처벌을 받을 수 있다. 이는 헌법상 '무죄추정의 원칙'을 실현하기 위한 규정으로, 아직 입증되지 않은 피의사실 공표로 부당한 인권 피해를 입는 것을 방지하기 위한 것이다.

● 선고유예

범정이 경미한 범인에 대하여 개전(改悛)의 정이 현저한 때에 형의 선고를 하지 않고 이를 석방하여 무사히 일정기간을 경과하면 그 죄를 불문에 붙이는 제도이다. 형의 선고유예 요건은 첫째, 1년 이하의 징역이나 금고, 자격정지 또는 벌금의 형을 선고할 경우임을 요한다. 둘째, 형법의 양형 조건을 참작하여 개전의 정이 현저한 때임을 요한다. 셋째, 자격정지 이상의 형을 받은 전과가 없어야 한다. 형의 선고유예를 받은 날로부터 2년을 경과한 때에는 면소(免訴)된 것으로 보지만, 선고유예를 받은 자가 유예기간 중 자격정지 이상의 형에 처한 판결이 확정되거나 자격정지 이상의 형에 처한 전과가 발견된 때에는 유예한 형을 선고한다.

● 집행유예

범죄를 인정한 후 형의 선고에 있어서 정상에 의해 일정기간 그 형의 집행을 유예하고 집행유예기간 중 특별한 사고 없이 그 기간을 경과한 때에는 형의 선고 효력을 상실하게 하여 형의 선고가 없었던 것과 동일한 효력을 발생케 하는 제도이다. 집행유예의 요건으로는 첫째, 선고형이 3년 이하의 징역 · 금고의 형을 선고할 경우임을 요한다. 둘째, 정상에 참작할 만한 사유가 있고, 개전의 정이 현저한 때임을 요한다. 셋째, 금고 이상의 형을 선고받아 집행을 종료하거나 면제된 후 3년을 경과하였어야 한다.

형벌의 단점을 보완하는 제도

- **보호관찰** : 범죄자를 교도소나 소년원에 구금시키지 않고 사회생활을 자유롭게 허용하면서 보호관찰관의 지도와 감독을 받게 하는 것을 말한다.
- **사회봉사명령** : 일정기간 무보수로 복지시설이나 공공시설에서 일을 하게 하는 것을 말한다.
- **수강명령** : 일정시간 동안 강의나 체험학습 등 범죄성을 개선하기 위한 교육을 받게 하는 것을 말한다.

준법서약서

좌익수나 양심수들에게 가석방 결정의 전제조건으로 대한민국 체제와 법을 준수하겠다는 내용을 서약하도록 한 것으로, 1989년 사회안전법이 보안관찰법으로 대체되면서 도입되었는데, 보안관찰법은 보안관찰 처분 면제의 전제 조건으로 준법서약을 요구했다. 이에 준법서약 강요 자체가 헌법에 보장된 양심의 자유에 위배된다는 비판이 계속되자 2003년 가석방 대상자의 준법서약이 먼저 폐지되었고 출소 후 3개월마다 주요 활동 사항을 신고하는 보안관찰 대상자는 적용받지 못하다가 2019년 6월 18일 법무부가 보안관찰처분 면제신청 시 준법 서약서를 내도록 한 규정을 삭제하는 내용의 개정안을 입법예고함에 따라 보안관찰처분 면제 시 요구되었던 준법서약서 역시 폐지될 전망이다.

범죄은닉죄

벌금 이상의 형에 해당하는 죄를 범한 자를 은닉 또는 도피하게 함으로써 성립하는 범죄로 3년 이하의 징역 또는 500만 원 이하의 벌금에 처한다. 단, 친족 · 호주 또는 동거의 가족이 본인을 위하여 이 죄를 범한 때에는 처벌하지 아니한다. 또 범인의 자수나 타인의 고소 또는 고발을 저지한다든지 진범인을 대신하여 범인인 것처럼 신고하는 등의 행위도 이에 포함된다.

배임죄

타인의 사무를 처리하는 사람이 그 임무에 위배하는 행위로서 재산상의 이익을 취득하거나, 제3자로 하여금 이를 취득하게 하여 본인에게 손해를 가하는 죄를 말한다.

집행유예기간은 1년 이상 5년 이하의 기간으로 하며, 집행유예기간 중 금고 이상의 형을 선고받아 그 판결이 확정된 때에는 집행유예의 선고는 효력을 잃는다.

● 국제법의 법원

국제법은 국가 간의 협상이나 합의에 의해 제정되고, 통일된 법 제정기관은 없다. 또 집행에 강제적 절차는 없고, 당사국의 합의를 전제로 국제사법재판소에서 재판을 진행한다. 헌법에 의하면 체결 · 공포된 조약과 일반적으로 승인된 국제법규는 국내법과 같은 효력을 가지며, 외국인은 국제법과 조약이 정하는 바에 의해 그 지위가 보장된다.

● 미란다 원칙

경찰이나 검찰이 범죄 용의자를 연행할 때 그 이유와 변호인의 도움을 받을 수 있는 권리, 진술을 거부할 수 있는 권리 등이 있음을 미리 알려주어야 한다는 원칙이다. 이는 국가 권력이 국민의 기본권을 제한할 때 반드시 적법한 절차를 거치게 하여, 부당하게 국민의 기본권이 침해되는 것을 막기 위한 것이다. 우리 헌법과 형사소송법도 체포 또는 구속의 이유를 알려주도록 규정하고 있고, 대법원도 미란다 원칙을 무시한 체포는 정당한 공무집행이 아니라고 판결하였다.

확인문제 [국민연금공단]

49. 가벼운 범죄에 대해 일정기간 선고를 미루는 것은?

① 선고유예 ② 집행유예
③ 보호관찰 ④ 수강명령

확인문제 [부산교통공사]

50. 형을 선고함과 동시에 정상을 참작하여 형의 집행을 일정기간 유예하고 그 기간이 무사히 경과하면 형의 선고를 실효케 하는 제도는?

① 집행유예 ② 선고유예
③ 기소유예 ④ 공소유예

확인문제 [한국전력공사]

51. 우리 헌법에 있어서 '일반적으로 승인된 국제법규'는 어떤 효력을 갖는가?

① 헌법과 같은 효력을 가진다.
② 국내법과 같은 효력을 가진다.
③ 명령과 같은 효력을 가진다.
④ 국회의 승인을 얻어 국내법과 같은 효력을 가진다.

답 49. ① 50. ① 51. ②

CHAPTER 01 # 객관식 문제

[국민연금공단]

01 **정부형태에서 의원내각제와 대통령제에 대한 설명으로 틀린 것은?**

① 대통령제는 대통령 임기 동안 정국이 비교적 안정된다.
② 의원내각제는 책임정치를 구현할 수 있다.
③ 의원내각제는 의회와 내각의 대립을 신속하게 해결하지 못한다.
④ 대통령제에서는 행정부가 법률안 제출권을 갖지 못한다.

해 ③은 대통령제의 단점이다.

02 **현행 지방자치제에 관한 기술 중 틀린 것은?**

① 지방자치단체장의 선임방법은 따로 법률로 정한다.
② 지방의회의원의 선거는 주민의 직선에 의한다.
③ 지방자치단체는 법령의 범위 내에서 명령의 제정권을 가진다.
④ 지방자치단체는 주민의 복리에 관한 사무와 국가의 위임사무를 처리한다.

해 지방자치단체는 법령의 범위 안에서 그 사무에 관한 조례를 제정할 수 있다.

[한국전력공사]

03 **현재 사용되고 있는 '좌파', '우파'의 용어를 처음 사용한 시기는?**

① 러시아혁명 ② 중국의 문화대혁명
③ 쿠바혁명 ④ 프랑스혁명

해 프랑스혁명 때인 1792년 프랑스 국민의회의 의장석에서 볼 때 왼쪽에 급진파(자코뱅당), 중앙에 중간파, 오른쪽에 온건파(지롱드당)가 의석을 잡은 데서 유래되었다.

04 **중국 주도의 세계평화를 의미하는 용어는?**

① 팍스 시니카(Pax Sinica)
② G2
③ 골드윙(Gold Wing)
④ 에콜데보자르

해 라틴어로 평화를 의미하는 'Pax'와 중국을 의미하는 'Sinica'를 합성한 용어로 팍스 시니카(Pax Sinica)는 중국 중심의 평화질서를 의미하는 용어이다.

[한국전력공사]

05 **'사회계약론'을 저술하였으며, 모든 사람의 정치참여이론을 더욱 발전시킨 사람은?**

① 로크 ② 루소
③ 칸트 ④ 스미스

해 루소는 《사회계약론》에서, 인간의 자유와 평등은 최고의 의사인 일반의사 속에 구현된다고 주장하였다.

[한국전력공사]

06 **근대 민주주의 발전에 사상적 뒷받침이 되었던 이론과 거리가 먼 것은?**

① 사회계약설 ② 자연법론
③ 계몽주의 ④ 실정법론

해 자연법 사상은 모든 인간이 자연법 앞에서 동등한 권리를 갖는다는 것으로, 이 사상은 사회계약설로 발전하여 근대 민주주의의 근본 사상이 되었다.

[한국전력공사]

07 권력분립 제도를 발전시켜 입법, 사법, 행정의 3권 분립을 정식화한 사람은?

① 로크 ② 루소
③ 몽테스키외 ④ 보댕

해 자유주의적 정부조직원리로서 권력분립을 최초로 주장한 사람은 존 로크(John Locke)지만, 이것을 3권 분립론으로 발전시킨 것은 《법의 정신》을 쓴 몽테스키외(Montesquieu)이다.

[한국수자원공사]

08 다음 중 바르게 설명한 것은?

① 게리맨더링(Gerrymandering)이란 자연적인 지역조건에 따라 합리적으로 선거구를 설정하는 것을 말한다.
② 캐스팅 보트(Casting Vote) 제도는 제6공화국 헌법에서 채택하고 있는 제도이다.
③ 세계 최초로 여성에게 선거권을 부여한 나라는 영국이다.
④ 제2차 세계대전 후 아시아, 아프리카의 유색인종만이 처음으로 모였던 국제회의를 반둥회의라고 한다.

해 ① 특정 개인이나 정당에 유리하도록 선거구를 획정하는 것을 말한다.
② 우리나라에서는 가부동수인 의결은 부결된 것으로 본다.
③ 여성의 선거권은 1893년 뉴질랜드에서 최초로 인정되었고, 미국 1920년, 영국 1928년, 프랑스는 1944년에 인정되었다.

[한국전력공사]

09 다음 설명 중 틀린 것은?

① 당3역이란 대변인, 원내총무, 정책위의장을 뜻한다.
② 원내교섭단체란 국회에서의 의사진행에 관한 주요한 안건을 협의하기 위하여 일정한 수 이상의 의원들로 구성된 의원단체로, 20인 이상의 소속의원을 가진 정당은 교섭단체가 된다.
③ 캐스팅 보트란 투표결과 가부동수(可否同數)인 경우 의장이 던지는 결정권을 말한다.
④ 일사부재의(一事不再議)의 원칙이란 의회의 의사(議事)에 있어서 한 번 부결된 안건은 같은 회기 중에는 다시 제출할 수 없다는 원칙을 뜻한다.

해 당3역은 사무총장, 원내대표, 정책위의장이 해당된다.

[인천교통공사]

10 쇼비니즘(Chauvinism)이란 무엇인가?

① 자국의 이익만을 주장하는 극단의 국가주의, 국수주의의 입장을 말한다.
② 호전적, 배타적 애국주의 또는 강경외교정책을 뜻한다.
③ 어느 외국과도 항구적인 동맹을 체결하지 않는다는 뜻이다.
④ 쿠바 수상 카스트로의 이른바 반미 사회주의 노선을 말한다.

해 쇼비니즘은 국가의 이익과 영광을 위해서는 방법과 수단을 가리지 않으며 국제정의도 고려하지 않는 비합리적인 배외주의를 말한다.

01 ③ 02 ③ 03 ④ 04 ① 05 ② 06 ④ 07 ③ 08 ④ 09 ① 10 ① 답

[KT&G]

11 유엔헌장의 초안을 채택했던 국제회의는?

① 얄타 회담

② 샌프란시스코 회담

③ 모스크바 3상 회담

④ 덤버튼 오크스 회담

해 덤버튼 오크스 회담은 유엔헌장이 작성된 국제회의로, 1944년 8~10월에 걸쳐 미 · 영 · 중 · 소 4개국 대표가 덤버튼 오크스에서 회의를 갖고 '일반적 국제기구 설립을 위한 제안'을 채택했다.

[서울특별시도시철도공사]

12 유엔의 정기총회는 언제 개최되는가?

① 매년 9월 1일

② 매년 9월 셋째 화요일

③ 매년 10월 첫째 화요일

④ 매년 10월 1일

해 정기총회는 연 1회로 9월 셋째 화요일에 열리나, 특별한 안건이 있을 경우에는 특별총회 또는 긴급총회가 소집된다. 특별총회는 안전보장이사회의 요청 또는 국제연합회원국의 과반수의 요청이 있을 때 사무총장이 소집한다.

[서울메트로, 한국마사회]

13 UN의 주요 기구에 대한 설명이다. 옳지 않은 것은?

① UN의 최고 기구는 총회이다.

② 국제사법재판소 본부는 헤이그에 소재한다.

③ 사무총장은 안전보장이사회 건의로 총회에서 임명한다.

④ 안전보장이사회는 미국, 영국, 프랑스, 러시아, 중국의 5개국으로 구성되어 있다.

해 미국, 영국, 러시아, 중국, 프랑스의 5개 상임이사국과 10개의 비상임이사국으로 구성된다.

14 UN 상임이사국이면서 G8에 속하는 국가는?

① 독일 ② 러시아

③ 중국 ④ 일본

해 상임이사국은 미국, 영국, 러시아, 중국, 프랑스이며, G8은 프랑스, 미국, 영국, 독일, 일본, 이탈리아, 캐나다, 러시아이다.

[한국환경공단]

15 우리나라 국가인권위원회에 대한 설명으로 적절치 못한 것은?

① 독립된 국가기관이다.

② 국제인권조약에 가입하고 이행하기 위한 방안을 연구하여 제시한다.

③ 인권침해를 받은 당사자만이 진정을 할 수 있다.

④ 우리나라의 인권상황 전반에 대한 조사를 한다.

⑤ 다수인 보호시설이나 구금시설 및 군대 등은 진정이 없더라도 직접 방문하여 인권실태를 조사할 수 있다.

해 국가인권위원회는 2001년 11월 26일 출범한 독립기구로, 모든 개인이 가지는 불가침의 기본적 인권을 보호하고 그 수준을 향상시킴으로써 인간으로서의 존엄과 가치를 구현하며, 궁극적으로는 인권보호 신장을 통한 민주사회를 실현하는 데 목적이 있다.

[한국전력공사]

16 1961년 영국의 변호사 베네슨이 정치적, 종교적 확신으로 투옥된 양심범들을 위해서 만든 단체는?

① Amnesty International

② International Democratic Union

③ International Court of Justice

④ International Labour Organization

해 국제사면위원회(Amnesty International)은 고문과 사형 제도 및 재판 없는 정치범 억류 등에 반대하는 투쟁을 벌이는 국제단체로, 1961년 영국 변호사 베네슨이 만들었다.

[한국석유공사]

17 **러시아, 우크라이나, 벨루루시 등 슬라브계 3개 공화국 정상들이 모여 민스크를 수도로 하는 독립국가연합을 창설키로 합의한 회담은?**

① 브레스트 회담
② 알마아타 정상 회담
③ 민스크 정상 회담
④ 몰타 정상 회담

해 1991년 12월 8일 집권 이전부터 정권을 주도한 옐친 대통령이 우크라이나 공화국 크라프츠크 대통령과 벨로루시 공화국 슈시케비치 대통령 간의 브레스트 회담에서 소련을 해체하고 '외교, 국방, 핵 통제권'을 공동 관장하는 '독립국가연합' 창설을 선언했다.

[부산교통공사]

18 **ASEM에 대한 설명으로 틀린 것은?**

① ASEM이란 'Asia-Europe Meeting'의 줄임말로서 아시아 10개국과 유럽연합(EU) 15개 회원국의 정부 수반과 EU 집행위원장이 모여 2년에 한 번씩 개최한다.
② 고촉통 싱가포르 총리가 1994년 창설을 제의, EU와 아세안(ASEAN), 한 · 중 · 일 동북아 3국이 호응함으로써 성사되었다.
③ 1996년 타이 방콕에서 '아시아유럽의 새로운 포괄적 동반자 관계'라는 주제로 첫 회의가 열렸다.
④ 3차 서울회의에 이어 4차 회의는 스페인 마드리드에서 개최되었다.
⑤ 2차 회의는 1998년 영국 런던에서 개최되었다.

해 아셈의 4차 회의는 2002년 덴마크의 코펜하겐에서 열렸다.

[한국토지주택공사]

19 **제4세계 국가를 바르게 설명한 것은?**

① 냉전시대 종식 이후 새로운 세계질서를 이끌어가는 미국, 영국, 프랑스 등 선진국가를 말한다.
② 경제력을 바탕으로 세계질서를 이끌어가는 일본, 유럽국가들을 말한다.
③ 성장 잠재력을 지닌 개발도상국가들을 말한다.
④ 개발도상국보다 뒤떨어진 후발개발도상국가를 말한다.

해 제1세계는 미 · 러의 초강대국, 제3세계는 중국을 포함한 개발도상국, 그 중간의 일본과 유럽을 제2세계라고 한다. 개발도상국 중에서 자원은 없으나 사회개발이 어느 정도 앞선 나라들을 제4세계 또는 후발개발도상국이라 하며, 제4세계보다 빈곤한 국가를 제5세계 또는 최빈국이라고 한다.

[한국환경공단]

20 **엽관주의(Spoils System)의 단점이라고 할 수 없는 것은?**

① 유능한 인물의 배제로 행정능률이 저하된다.
② 위인설관(爲人設官)
③ 행정의 능률성과 전문성이 향상되기 어렵다.
④ 신분보장이 되지 않아 부정부패의 원인을 제공한다.
⑤ 국민의 요구에 관료적 대응을 향상시킨다.

해 엽관주의는 공직에의 임명을 정당에 대한 공헌도와 충성도에 따라 행하는 것으로, 정권이 바뀔 때마다 공무원들도 따라서 바뀌는 것을 전제로 한 것이다.

11 ④ 12 ② 13 ④ 14 ② 15 ③ 16 ① 17 ① 18 ④ 19 ④ 20 ⑤ 답

[서울특별시도시철도공사]

21 **정부 권력이 국민의 지지나 동의를 얻어 구성되어야 함은 무엇을 뜻하는가?**

① 권력의 능률성 ② 권력의 효율성
③ 권력의 정당성 ④ 권력의 통제성

해 권력의 정당성은 국민들이 자신의 안전과 사회의 안정을 위해 국가에 부여한 정당한 권한이라는 것이다.

[인천국제공항공사]

22 **영국 노동자들이 투표권을 요구해 벌인 민중운동은?**

① 차티스트 ② 아그레망
③ 프로토콜 ④ 클로즈드숍

해 차티스트 운동은 1838~1848년 노동자층을 주체로 하여 전개된 영국의 민중운동으로 1930년대 중반부터 경제, 사회적으로 쌓아온 불만과 함께 선거권 획득을 요구한 운동이다.

[서울특별시도시철도공사]

23 **의원내각제의 특징이 아닌 것은?**

① 정부 수반을 국회에서 선출한다.
② 정부 각료 전원이 집단적으로 국회에 대해 정치적인 책임을 진다.
③ 정부 수반이 국회의 동의를 얻어 장관을 임명한다.
④ 대통령이 국회의 동의를 얻어 정부 수반을 임명한다.

해 의원내각제에서 정부 수반은 국회에서 선출한다.

[KT, 한국전력공사]

24 **국가의 발달 순서를 바르게 나타낸 것은?**

① 야경국가 → 경찰국가 → 복지국가
② 경찰국가 → 야경국가 → 복지국가
③ 복지국가 → 야경국가 → 경찰국가
④ 야경국가 → 복지국가 → 경찰국가

해 초기 자본주의의 정부는 국방 · 치안에 한정된 야경국가 형태였지만, 빈부 격차 · 환경 오염 · 경제 공황 등 여러 가지 사회 문제가 대두되면서 복지국가의 실현을 위한 노력의 필요성이 증대되었다.

[한국전력공사]

25 **백서(白書)란?**

① 형사피고인의 자백서이다.
② 국정감사보고서의 별칭이다.
③ 백지 위임장을 말한다.
④ 일반적으로 정부가 발표하는 행정현황 조사보고서이다.

해 백서는 '경제백서', '노동백서'와 같이 정부 각 부가 소관 사항에 대해서 제출하는 보고서를 말한다.

[서울메트로]

26 **사건을 연대순으로 바르게 나열한 것은?**

> ㉠ 민족자존과 통일번영에 관한 특별선언 (7 · 7선언)
> ㉡ 김일성 남북연방제 제안
> ㉢ 7 · 4 남북 공동성명 발표
> ㉣ 남북한 유엔 동시 가입
> ㉤ 한 · 중 수교

① ㉡–㉢–㉠–㉣–㉤
② ㉡–㉢–㉠–㉤–㉣
③ ㉡–㉣–㉠–㉢–㉤
④ ㉢–㉠–㉤–㉣–㉡

해 ㉡ 1960년 → ㉢ 1972년 7월 4일 → ㉠ 1988년 7월 7일 → ㉣ 1991년 9월 18일 → ㉤ 1992년 8월 24일

[한국전력공사]

27 해방 이후 강대국에 의한 신탁통치를 결정하여 남한에서 미 군정의 토대를 마련한 국제회의는?

① 모스크바 회담 ② 카이로 회담
③ 포츠담 회담 ④ 얄타 회담

해 모스크바 3상회의로 알려진 모스크바 회담에서 미국 · 영국 · 소련 3국의 외상은 한국에 미 · 소 공동위원회를 설치하고 일정기간의 신탁통치에 관하여 협의하였다.

[한국전력공사]

28 대륙 간 탄도유도탄은?

① IRBM ② IADB
③ ICBM ④ BMEWS

해 IRBM은 중거리 탄도탄, IADB은 미주개발은행, BMEWS는 탄도미사일 조기 경보망을 가리킨다.

29 핵병기의 취급 부주의로 일어나기 쉬운 소위 우발전쟁을 방지하기 위해 마련한 것은?

① 핫라인(Hot line)
② 아틀라스(Atlas)
③ 사이드 와인더(Side Winder)
④ 피켓 라인(Piket Line)

해 ② 아틀라스는 미국의 1단식 대형액체연료 로켓이다.
③ 사이드 와인더는 열 추적 미사일이다.
④ 피켓 라인은 피켓 참가 노동자들이 배치되는 장소를 말한다.

[한국토지주택공사]

30 NATO 가맹국들과 한국 · 일본은 미국의 핵우산국이 되는데, 핵우산(Nuclear Umbrella)이란 무엇인가?

① 핵전쟁 시 빛과 낙진을 차단한 특수장비
② 비핵보유국에 대한 핵보유국의 영향력
③ 원자력 발전소에서 핵분열의 속도를 조절하는 장치
④ 핵실험 시 방사선 낙진이 공기 중에 방출되는 것을 막는 장치

해 핵을 보유하지 않는 나라가 핵보유국의 영향권 내에 들어가는 것을 '우산'에 비유하여 핵우산이라 하는데, 이는 안전 보장과 군사적, 정치적, 심리적 위협에 대처하는 효과가 있다.

[한국전력공사]

31 NCND(Neither Confirm Nor Deny)와 관계있는 것은?

① 독일의 통일정책 ② Nuclear Weapon
③ 북한의 국수주의 ④ 중국의 개방정책

해 NCND는 미국이 핵무기 보유와 관련된 제반사항에 대해 확인도 부인도 하지 않는 정책이다.

[SH공사]

32 다음 중 공식적인 핵보유국가로 묶인 것은?

① 미국, 러시아, 프랑스, 독일, 중국
② 미국, 러시아, 인도, 독일, 이라크
③ 미국, 영국, 프랑스, 러시아, 중국
④ 미국, 영국, 프랑스, 파키스탄, 이란

해 미국 · 러시아 · 프랑스 · 중국 · 영국의 5개국은 핵무기 보유의 기득권을 공인받아 핵무기 보유국으로 공식 인정받은 나라로, 모두 유엔안보리 상임이사국이다.

21 ③ 22 ① 23 ④ 24 ② 25 ④ 26 ① 27 ① 28 ③ 29 ① 30 ② 31 ② 32 ③ 답

[한국환경공단]

33 **우리나라에서 제작한 국산 1호 구축함은?**

① 이순신함　② 이종무함
③ 이천함　④ 장보고함
⑤ 광개토대왕함

해 ① 이순신함은 국내기술진에 의해 건조된 리젤 잠수함이다.
② 이종무함은 1995년 5월 18일 진수한 1,200t급 한국산 구축함이다.
③ 이천함은 우리나라에서 처음으로 제작한 1,200t급 잠수함이다.
④ 장보고함은 우리나라 최초의 잠수함이다.

34 **우리 헌법은 '대한민국의 영토는 한반도와 그 부속도서로 한다.'라고 규정하고 있으나 현실적으로는 휴전선 이북에는 대한민국의 통치권이 미치지 못하고 있다. 그 이유는 무엇인가?**

① 헌법의 규범적 성격이 없기 때문이다.
② 헌법의 타당성은 있으나 그 실효성이 없기 때문이다.
③ 헌법의 실효성은 있으나 그 타당성이 없기 때문이다.
④ 헌법의 규범성은 있으나 그 타당성이 없기 때문이다.

해 법이 효력을 갖기 위하여 갖추어야 할 요건은 타당성과 실효성이다. 타당성은 법이 실현될 수 있는 것이며, 실효성은 법이 실현되고 있는 상태를 말한다. 예를 들어 반군이 점령하고 있는 지역의 법은 타당성은 있으나 실효성이 없는 경우이다. 반대로 실효성은 있으나 타당성이 없는 경우는 독재정권에 의해 기본권이 탄압받는 예이다.

[한국전력공사]

35 **현행 형법에서는 동법의 효력이 '대한민국 영역 외에 있는 대한민국의 선박 · 항공기 내에서 죄를 범한 내 · 외국인에게 적용된다.'고 명시되어 있다. 이는 형법의 적용 범위에 관한 기준 중 무엇에 해당하는가?**

① 속지주의　② 속인주의
③ 보호주의　④ 법률주의

해 국가의 영토를 기준으로 하여 그 영토 내의 사람은 국적 여하를 불문하고 자국법을 적용한다는 원칙을 말한다.

[한국전력공사]

36 **다음 법규 중 효력이 가장 낮은 것은?**

① 조약　② 명령
③ 긴급명령　④ 법률

해 ①, ③은 법률과 동일한 효력을 갖는다.

[한국수력원자력]

37 **사실 여하를 불문하고, 일정한 상태를 인정하는 것이며, 이에 대하여는 반증을 가지고 그 효력을 깨뜨리지 못한다. 인정할 수 있는 상태는 아니나 인정할 필요에 의하여 효력을 인정하는 것은 무엇인가?**

① 간주　② 준용
③ 유추　④ 추정

해 간주란 반대 증거의 제출을 허용하지 않고 바로 법률이 정한 효력을 당연히 생기게 하는 것을 말하고, 추정은 일단 법률적인 효과가 발생하나 반대의 증거가 제출되면 적용이 배제되는 것을 말한다.

[한국토지주택공사]

38 상법상 상사에 적용되는 법규의 순서는?

① 상사특별법–상법–상관습법–민법
② 상법–상사특별법–민법
③ 상법–민사특별법–민법–상관습법
④ 상법–민법–상관습법

해 상법 제1조에 의하면 '상사에 관하여 본법에 규정이 없으면 상관습법에 의하고 상관습법이 없으면 민법의 규정에 의한다.'고 되어 있다.

[한국전력공사]

39 다음 중 대통령의 권한에 속하지 않는 것은?

① 대통령은 국가의 원수이며, 외국에 대하여 국가를 대표한다.
② 대통령은 국가의 독립, 영토의 보전, 국가의 계속성과 헌법을 수호할 책무를 진다.
③ 대통령은 조국의 평화적 통일을 위한 성실한 의무를 진다.
④ 대통령은 행정 각부를 직접 관리한다.

해 행정 각부를 관리하는 것은 대통령이 아닌, 행정부의 2인자인 국무총리이다.

[수도권매립지관리공사]

40 사면권에 관한 설명 중 틀린 것은?

① 일반사면은 죄의 종류를 정하여 행하는 사면이다.
② 특별사면은 특정한 자에 대하여 행하는 사면이다.
③ 일반사면은 형의 선고의 효력 또는 공소권을 상실시키지만, 특별사면은 형의 집행을 면제시킨다.
④ 일반사면, 특별사면은 모두 국회의 동의를 요한다.

해 일반사면만 국회의 동의를 요한다.

[한국마사회]

41 국무회의에 대한 설명 중 틀린 것은?

① 국무위원은 국무총리의 제청으로 대통령이 임명한다.
② 국무회의는 정부의 권한에 속하는 중요한 정책을 심의한다.
③ 국무회의는 대통령 · 국무총리와 15인 이상 30인 이하의 국무위원으로 구성한다.
④ 현역군인도 국무위원이 될 수 있다.

해 군인은 현역을 면한 뒤에 국무위원으로 임명될 수 있다.

42 선거 시 자당의 승리가 확실하도록 가능한 많은 선거구로 분포시켜 유리하게 선거구를 편성하는 것을 말하는 것은?

① 크로스보팅　　② 게리맨더링
③ 캐스팅보트　　④ 소선거구제

해 게리맨더링에 대한 설명이다. 게리맨더링은 선거구 당략적 획정이라고도 한다.

43 다음 중 법정대리인의 동의가 있어야 하는 경우는 어느 것인가?

① 18세 근로소년이 사장으로부터 임금을 받았다.
② 혼인을 한 18세의 여자가 결혼반지를 맡기고 돈을 빌렸다.
③ 정신 이상으로 피성년후견인 판정을 받은 20세의 남자이지만 정신이 되돌아와 상쾌한 기분으로 주택매입계약을 체결하였다.
④ 낭비가 심한 20세의 여자가 보석상에서 금목걸이를 샀다.

해 피성년후견인 판정을 받은 경우 일시적으로 정신능력을 회복하더라도 피성년후견인 판정이 취소되기 전까지는 제한능력자이다.

33 ⑤ 34 ② 35 ① 36 ② 37 ① 38 ① 39 ④ 40 ④ 41 ④ 42 ② 43 ③ 답

[서울특별시농수산식품공사]

44 **재해, 대형 참사와 같이 사망의 확률이 높은 사고에 대해서 사체의 확인은 없으나 사망한 것이 거의 확실한 경우 재판을 거치지 않고 조사한 관공서의 보고에 의해 사망을 확인하는 제도는?**

① 추정사망　② 인정사망
③ 동시사망의 추정　④ 실종선고

해 인정사망은 사실상 사망으로 추정될 뿐이므로 반증으로 번복할 수 있다.

45 **헌법 개정절차에 대한 설명으로 틀린 것은?**

① 제안－국회 재적의원 과반수 동의를 얻어 제안, 국무회의의 심의를 거쳐 대통령이 제안한다.
② 공고－대통령이 20일 이상 공고해야한다.
③ 의결－헌법개정안이 공고된 날로부터 60일 이내, 국회 재적의원 3분의 1의 찬성해야한다.
④ 국민투표－국회 의결 후 20일 이내에 국민투표에 붙여 국회의원 선거권자 과반수의 투표와 투표자 과반수의 찬성을 얻으면 통과된다.

해 국회 재적의원 3분의 2의 찬성해야한다.

[한국토지주택공사]

46 **물권에 관한 다음 기술 중 맞는 것은?**

① 물권은 법률 또는 사적 자치의 원칙에 따라서 창설할 수 있다.
② 부동산의 경우에 법률의 규정에 의한 물권의 취득은 등기를 하여야 그 효력이 발생한다.
③ 우리나라는 등기에 공신력을 인정하고 있다.
④ 동산 중에서 등기 · 등록을 공시방법으로 하는 것이 있다.

해 ① 물권은 법률 또는 관습법에 의하는 외에는 임의로 창설하지 못한다.
② 상속 · 공용징수 · 판결 · 경매 기타 법률 규정에 의한 부동산에 관한 물권의 취득은 등기를 요하지 않는다. 그러나 등기하지 않으면 처분하지 못한다.
③ 등기에 공신력을 인정하지 않는다.

[국민체육진흥공단]

47 **죽은 가족을 대신해서 억울함을 밝혀주는 제도는?**

① 신원권　② 공증권
③ 청원권　④ 추징권

해 ① 신원권 : 가족 중 한 사람이 억울한 일을 당했을 때 나머지 가족 구성원이 진상을 밝혀 낼 권리
② 공증권 : 타인의 소유에 관계되는 건물과 구조물의 옥상 이상의 공간을 이용하는 권리
③ 청원권 : 국가가 국가기관에 대하여 문서로서 어떤 희망사항을 청원할 수 있는 기본권

[한국토지주택공사]

48 **기소편의주의란?**

① 범죄가 성립하고 소송조건이 완비된 경우에도 검사가 반드시 기소를 강제하지 않고 기소 · 불기소에 관한 재량권이 인정되는 제도
② 피의자에 대한 구속이 적합한지의 여부를 법원이 심사하는 제도
③ 민사 또는 형사소송에 있어서 제1심 판결이 법령에 위반한 것을 이유로 하여 고등법원에 항소하지 않고 직접 법원에 상소하는 제도
④ 확정 판결 전에 시간의 경과에 의하여 형벌권이 소멸하는 제도

해 ②는 체포 · 구속적부심사제도, ③은 비약상고, ④는 공소시효에 대한 설명이다.

[한국전력공사]

49 허가를 받아야 할 행위를 허가받지 않고 한 행위의 원칙적 효력은?

① 무효 ② 부당
③ 유효 ④ 부존재

해 행위 자체는 유효하나 행정벌이나 강제집행의 대상이 된다.

[서울특별시도시철도공사]

50 법의 절차에 따라 행하여진 도시계획사업에 의해 개인의 사유재산에 손해를 가하였을 경우, 그 손해의 전보에 대해서 구제해 주는 행정구제제도는?

① 손해배상제도 ② 행정심판제도
③ 행정소송제도 ④ 손실보상제도

해 손해배상제도는 위법한 행정작용에 대한 구제이고, 손실보상제도는 적법한 행정작용에 대한 구제이다.

51 민법상 채무불이행 또는 불법행위로 인한 손해가 발생하였거나 피해자의 과실이 손해의 발생 또는 손해의 확대에 기여한 경우 손해의 공평분담을 위하여 피해자와 손해배상금을 산정할 때 피해자의 과실을 참작하는 것은?

① 과실상계 ② 불법행위
③ 대집행 ④ 채무대행
⑤ 채무변제

해 과실상계란 채권자에게도 과실이 있다면 손해배상의 책임과 금액을 책정할 경우 그 과실을 참작해서 정하는 것을 말한다.

52 A가 사업자금을 빌리면서 B에게 사정을 하여 A의 부탁으로 B는 은행에 보증을 서주었다. 하지만 A가 돈을 갚지 못해 보증을 해준 B가 대신 갚았을 경우, B가 A에게 돈을 돌려받을 수 있는 권리를 무엇이라고 하는가?

① 별제권 ② 점유권
③ 구상권 ④ 질권

해 구상권이란 보증채무를 변제한 보증인이 주 채무자에게 그 상환을 요구할 수 있는 권리를 말한다.

53 다음 중 형사소송의 당사자인 검사가 할 수 없는 것은?

① 체포 ② 구속
③ 압수 ④ 검시
⑤ 검찰항고

해 검찰항고란 검사의 '불기소처분'에 불복하여 고소인이나 고발인이 그 검사 소속 고등검찰청 검사장 또는 대검찰청 검찰총장에게 사건을 재고하게 해달라는 취지의 불복제도이다. 따라서 검사는 그 대상이 되는 객체일 뿐 검사가 할 수 있는 성질의 행위가 아니다.

54 형사소송법상 검사가 범인의 연령이나 지능, 환경, 피해자와의 관계, 범행의 동기 및 수단과 결과, 범행 후 정황 등을 이유로 공소 제기에 재량권을 부여하는 것은?

① 기소편의주의 ② 공소장일본주의
③ 기소독점주의 ④ 자백배제법칙주의
⑤ 기소법정주의

해 기소편의주의란 범죄가 성립되어도 검사가 여러 가지 사유를 종합적으로 판단하여 기소여부를 결정하는 제도로, 반드시 기소를 해야 하는 기소법정주의와 반대되는 개념이다.

44 ② 45 ③ 46 ④ 47 ① 48 ① 49 ③ 50 ④ 51 ① 52 ③ 53 ⑤ 54 ① 답

55 **일반적인 형사재판과 달리 검사가 제출한 자료만 조사하여 피고인에게 벌금, 과료, 몰수의 형을 부고하는 재판절차는?**

① 즉결심판 ② 약식명령
③ 비상상고 ④ 재심

해 약식명령은 공판절차가 간소하여 벌금이나 과료와 같은 비교적 가벼운 형이 선고될 경우 청구하게 된다. 약식명령과 비슷한 제도로 즉결심판이 있는데, 이는 청구권자가 검사가 아닌 '경찰서장'이며 20만 원 이하의 벌금과 구류, 과료에 처할 범죄에 대해 공판절차에 의하지 아니하고 판사가 즉결하여 심판하는 제도이다.

56 **2010년부터 성폭력 범죄 재범을 막기 위한 취지로 '특정 범죄자에 대한 위치추적 전자장치 부착 등에 관한 법률'을 도입하여 시행 중이다. 동 법률에 의할 경우 위치추적 전자장치를 부착하기 위한 요건으로 잘못된 것은?**

① 성폭력범죄로 징역형의 실형을 선고받은 사람이 그 집행을 종료한 후 또는 집행이 면제된 후 10년 이내에 성폭력범죄를 저지른 때
② 성폭력범죄로 전자장치를 부착받은 전력이 있는 사람이 다시 성폭력범죄를 저지른 때
③ 16세 미만의 사람에 대해 성폭력범죄를 저지른 때
④ 만 19세 미만의 사람에 대해 부착명령을 선고한 때
⑤ 성폭력범죄를 2회 이상하여 그 습벽이 인정된 때

해 만 19세 미만의 사람에 대해 부착명령을 선고한 때에는 19세에 이르기까지 이 법에 따른 전자장치를 부착할 수 없다(특정 범죄자에 대한 위치추적 전자장치 부착 등에 관한 법률 제4조).

※ 성폭력범죄를 범한 사람이 일정한 요건에 해당하는 경우에는 검사의 청구와 법원의 명령 등에 의해 위치추적 전자장치를 부착하게 되며 이 경우 부착기간 동안 보호관찰을 받아야 하도록 되어 있다(동법 제9조 제3항).

57 **사회적 약자를 위하여 제공하는 법률서비스를 뜻하는 것으로 법률 이외에도 의료, 교육, 경영 등 다양한 분야의 전문가들이 행하는 봉사활동은?**

① 폴리페서 ② 블랙스완
③ 레제드라마 ④ 프로보노

해 프로보노(Pro Bono)에 대한 내용이다. 프로보노란 변호사를 선임할 여력이 없는 개인이나 단체에 공익적 차원에서 보수를 받지 않고 법률 서비스를 제공하는 것을 의미한다. 현재는 법률 외에 마케팅, 경영, 의료, 환경 등 다양한 분야의 전문지식으로 확대되고 있다.

[한국전력공사]

58 **범죄와 형벌에 관한 법에 대한 설명으로 올바르지 못한 것은?**

① 범죄의 성립과 이에 부과되는 형벌의 내용은 법률로써 정하여야 하는 '죄형법정주의'는 이 법의 기본원칙이다.
② 어떤 행위가 범죄로 성립하기 위하여는 반(反)도덕성, 구성요건의 해당성, 위법성, 책임성 등의 4가지 요건을 갖추어야 한다.
③ 이 법의 목적은 범죄예방이나 범죄자의 처벌을 통하여 사회의 안정과 질서를 유지하는 것이다.
④ 형벌의 종류는 일반적으로 생명형, 자유형, 재산형, 명예형으로 구분된다.

해 범죄의 성립요건은 구성요건의 해당성, 위법성, 책임성의 세 가지이다.

[한국전력공사]

59 다음 중 정당행위라고 인정할 수 없는 것은?

① 학생에 대한 교사의 징계행위
② 정신병자에 대한 감호행위
③ 출생 후 양육할 수 없음을 고려한 낙태행위
④ 쟁의행위를 위한 노동조합의 폭력, 파괴 행위

해 헌법에서는 근로자의 단체행동권, 즉 쟁의권을 보장하고 있으므로(헌법 제33조 1항), 정당행위로서 민사, 형사상의 면책이 인정되지만 오로지 사용자를 괴롭히기 위하여 행한 쟁의행위나 단순히 정치적 목적의 달성을 위한 쟁의행위라든지, 무분별한 폭력행사나 파괴적인 쟁의행위(노동조합 및 노동관계조정법 제42조 1항)는 정당행위가 아니다.

[한국환경공단]

60 집행유예에 관한 다음 설명 중 틀린 것은?

① 집행유예기간은 1년 이상 5년 이하의 기간으로 한다.
② 3년 이하의 징역 또는 금고의 형을 선고할 경우에 집행유예를 선고할 수 있다.
③ 집행유예기간을 무사히 경과하면 형의 선고는 효력이 상실된다.
④ 집행유예기간 중 벌금 이상의 형의 선고를 받으면 집행유예의 선고는 효력을 잃는다.

해 벌금 이상의 형의 선고를 받아 판결이 확정되어야 효력을 상실한다.

[수도권매립지관리공사]

61 감치명령에 대한 설명 중 틀린 것은?

① 감치명령은 법정질서 문란자를 재판부가 직권으로 구속시키는 제재조치이다.
② 법원은 법정질서 문란자에 대해 직권으로 20일 이내의 감치명령을 내릴 수 있다.
③ 구속한 때로부터 24시간 이내에 감치명령을 내리는 재판을 열어야 하며, 24시간이 지나도록 재판을 열지 않았을 경우 대상자를 즉시 석방해야 한다.
④ 감치명령에 대하여는 이의신청을 제기할 수 없다.

해 감치명령을 받은 사람은 3일 이내에 감치명령을 내린 재판부 소속의 법원에 이의신청이나 항고 또는 특별항고를 할 수 있다.

[국민체육진흥공단]

62 '인 두비오 프로 레오(in dubio pro leo)'는 무슨 뜻인가?

① 의심스러울 때는 피고인에게 유리하게 판결하라는 법언
② 피해자가 변호사를 선임할 권리와 묵비권을 행사할 권리
③ 법률이 없으면 범죄도 없고 형법도 없다는 형법의 기본 원리
④ 일단 판결이 확정되면 그 사건을 다시 소송으로 심리 · 재판하지 않는다는 원칙

해 ② 미란다 원칙에 대한 설명이다.
③ 죄형법정주의에 대한 설명이다.
④ 일사부재리의 원칙에 대한 설명이다.

답 55 ② 56 ④ 57 ④ 58 ② 59 ④ 60 ④ 61 ④ 62 ①

[한국전력공사]

63 무효인 법률행위가 아닌 것은?

① 반사회질서 행위
② 불공정한 행위
③ 강행법규 위반행위
④ 강박에 의한 행위

해 강박에 의한 행위는 취소할 수 있는 법률행위이다.

[한국전력공사]

64 법률행위로 발생하는 채권은?

① 사무관리 ② 부당이득
③ 계약 ④ 불법행위

해 계약이란 채권의 발생을 목적으로 하는 서로 대립하는 두 개의 의사표시가 합치함으로써 성립하는 법률행위이다.

[한국토지주택공사]

65 다음 중 틀린 것은?

① 미성년자는 민법상 만 19세 미만, 형법상 14세 미만인 자를 말한다.
② 소액심판제도는 2,000만 원 이하의 사건에 대하여 재판받을 수 있게 한 제도이다.
③ 대통령으로 선거될 수 있는 자는 국회의원의 피선거권이 있고 선거일 현재 35세에 달해야 한다.
④ 국회의원이 회기 전에 체포 · 구금된 경우에는 현행범인이 아닌 한 국회의 요구가 있으면 회기 중 석방해야 한다.
⑤ 국회의 대통령에 대한 탄핵소추 의결은 국회재적의원 과반수의 발의와 재적의원 2/3 이상의 찬성이 있어야 한다.

해 선거일 현재 만 40세에 달해야 한다.

[한국환경공단]

66 청원권에 대한 설명으로 적절치 못한 것은?

① 국민이 국가기관이나 지방자치단체에 대해 희망을 진술할 수 있다.
② 공무원의 비위 시정에 대한 징계나 처벌을 요구할 수 있다.
③ 청원을 접수한 국가기관은 청원인에게 그 결과를 회답해 줄 의무가 있다.
④ 국가기관은 반드시 청원의 내용대로 실현시켜 줄 의무가 있다.
⑤ 법률, 명령 또는 규칙의 제정, 개정, 폐지를 청원할 수 있다.

해 반드시 청원의 내용대로 실현시켜 줄 의무는 없다.

[한국환경공단]

67 다음 설명 중 적절치 못한 것은?

① 기소는 검사가 특정한 형사사건에 관하여 법원에 심판을 청구하는 의사표시이다.
② 공탁의 목적물은 동산, 부동산을 가리지 않는다.
③ 묵비권은 형사상 자기에게 불리한 진술을 거부할 수 있는 권리이다.
④ 형법상 위증죄는 처벌을 받는다.
⑤ 선의취득은 도난품과 유실물에 관해서도 인정된다.

해 선의취득이란 거래의 안전을 위하여 동산의 점유에 공신력을 인정하는 제도를 말한다. 민법은 평온 · 공연하게 동산을 양수한 자가 선의이며 과실 없이 그 동산을 점유한 경우에는 양도인이 정당한 소유자가 아닌 때에도 즉시 그 동산의 소유권을 취득한다고 규정하고 있다. 그러나 동산이 도품이나 유실물인 때에는 선의취득의 요건을 갖추었다 하더라도 선의취득이 인정되지 않는다.

[한국환경공단]

68 국가적 공권이 아닌 것은?

① 생존권 ② 행정권
③ 형벌권 ④ 징병권
⑤ 징세권

해 생존권은 개인적 공권이다. 개인적 공권이란 개인 또는 단체가 국가 또는 공공단체에 대해 가지는 공권으로 자유권, 수익권, 참정권 등이 이에 속한다.

[한국환경공단]

69 다음 중 임기가 다른 것은?

① 헌법재판소재판관
② 감사위원
③ 대법관
④ 중앙선거관리위원
⑤ 대법원장

해 감사위원의 임기는 4년이고, 나머지는 6년이다.

[한국환경공단]

70 국회의 회의에 대한 설명으로 잘못된 것은?

① 회의에는 정기회의와 임시회의가 있다.
② 정기회는 연 1회, 9월 1일에 소집되고, 100일 이내이다.
③ 임시회는 2, 4, 6월의 1일에 소집되고, 30일 이내이다.
④ 회기는 일단위로 월요일부터 수요일까지는 위원회 활동을 한다.
⑤ 임시회의 회기 중 1주는 정부에 대하여 질문을 행한다.

해 회기는 주단위로 운영한다.

[부산교통공사]

71 다음 중 헌법재판소의 소관사항으로 볼 수 없는 것은?

① 정당 해산 심판
② 법관 탄핵 심판
③ 선거 소송 심판
④ 지방자치단체 간 권한쟁의 심판
⑤ 헌법 소원에 관한 심판

해 선거 소송 심판은 대법원의 소관사항이다.

72 형벌의 종류와 그 예가 잘못 연결된 것은?

① 생명권 – 사형
② 자유형 – 금고
③ 명예형 – 자격상실
④ 재산형 – 과태료

해 과태료는 벌금이나 과료와 달리 형벌의 성질을 가지지 않는 법령위반에 대하여 과해지는 금전벌이다.

[인천교통공사]

73 민사소송판결의 효력발생 시기는?

① 판결원본작성 시
② 판결선고 시
③ 판결송달 시
④ 판결원본에 법관이 서명한 때
⑤ 판결송달을 받은 날로부터 일정 기간 경과 시

해 판결은 선고로 그 효력이 발생한다.

63 ④ 64 ③ 65 ③ 66 ④ 67 ⑤ 68 ① 69 ② 70 ④ 71 ③ 72 ④ 73 ② 답

[한국전력공사]

74 **역사적으로 기본권이 발전하는 과정이 바르게 표시된 것은?**

① 참정권 → 자유권 → 사회권
② 자유권 → 사회권 → 참정권
③ 참정권 → 사회권 → 자유권
④ 자유권 → 참정권 → 사회권

해 기본권은 시민혁명으로 군주의 억압에서 벗어나면서 '자유권'이 보장되었고, 이후 100여 년간에 걸친 노력 끝에 노동자, 여성이 정치에 참여할 수 있는 권리인 '참정권'을 획득하였다. 이후 인간다운 생활을 보장하는 '사회권'이 1919년 제정된 독일의 바이마르공화국 헌법에 최초로 등장하면서 보장받게 되었다.

75 **법률의 위헌여부에 대한 헌법재판소의 5가지 변형결정 중 하나로 2007년 국내에 주민등록이 되어 있지 않는 '재외국민의 선거권을 제한하는 현행 공직선거법과 국민투표권 관련 조항' 규정 등을 예로 들 수 있는 것은?**

① 헌법불합치　② 한정합헌
③ 일부위헌　④ 각하결정

해 해당 법률이 사실상 위헌이기는 하지만 즉각적인 무효화에 따르는 혼란을 피하기 위해 법을 개정할 때까지 한시적으로 그 법을 존속시키는 결정을 헌법불합치라고 한다.

[한국전력공사]

76 **국회의 의회에 관한 설명 중 틀린 것은?**

① 임시회는 대통령 또는 국회 재적의원 4분의 1 이상의 요구로 집회하며 대통령이 임시회를 요구한 경우에는 기간과 이유를 명시하지 않아도 된다.
② 국회의원 제명에 필요한 의결 정족수는 재적의원 3분의 2 이상의 찬성이 필요하다.
③ 정기회는 매년 1회 집회하며 회기는 100일 이내이다.
④ 캐스팅 보트(casting vote)는 우리나라에서는 인정하지 않는다.

해 대통령이 임시회를 소집한 경우에는 기간과 집회요구의 이유를 명시해야 한다. 그리고 의회에서 국회의장은 발언권이 있으나 표결 결과 가부동수인 경우에 결정권인 캐스팅 보트를 인정하지 않고 있다.

77 **다음 중 국회의 권한이 아닌 것은?**

① 입법권　② 예산편성권
③ 국정조사권　④ 결산승인권

해 예산편성권은 정부가 행사하고, 심의 · 확정은 국회가 한다.

[한국전력공사]

78 **다음 설명 중 옳은 것은?**

① 국회는 재적의원 3분의 1 이상의 발의와 재적의원 과반수의 찬성으로 국무총리와 국무위원을 해임할 수 있다.
② 대통령의 임기가 만료된 때에는 임기만료 60일 내지 40일 전에 후임자를 선거한다.
③ 군인은 현역을 면한 후에도 국무총리나 국무위원에 임명될 수 없다.
④ 검찰총장, 국립대학교 총장의 임명은 국무회의의 심의를 거쳐야 한다.

해 국회는 ①의 정족수로 국무총리와 국무위원의 해임을 대통령에게 건의할 수 있으나 대통령이 이에 반드시 구속되는 것은 아니다.
② 대통령의 임기가 만료된 때에는 임기만료 70일 내지 40일 전에 후임자를 선거한다.
③ 군인이 현역을 면(免)한 후에는 국무총리나 국무위원에 임명될 수 있다.

79 **헌법소원에 관한 내용 중 바르지 않는 것은?**

① 다른 법률의 구제절차 없이 바로 헌법소원 심판을 청구할 수 없다.
② 기본권을 침해받은 사람이 직접 헌법재판소에 구제를 신청할 수 있다.
③ 기간 내 심판을 청구하지 못한 경우에는 기각결정이 내려진다.
④ 청구기간은 사건이 발생한 날로부터 1년 이내, 그리고 기본권 침해 사유를 안 날로부터 90일 이내이다.

해 각하결정은 헌법소원을 위한 여러 가지 요건을 갖추지 못하여 판단 자체를 할 필요가 없을 때 내리는 결정으로, 대리인의 청구나 청구기간을 도과할 경우 등이 이에 속한다. 기각결정은 합헌으로 판단되었을 때 내리는 결정이다.

[한국전력공사]

80 **실종선고의 취소요건이 아닌 것은?**

① 법원의 공시최고
② 실종기간 만료시와 다른 시기에 사망
③ 실종자의 생존 사실
④ 본인의 청구

해 실종선고에 의해 실종자는 사망한 것으로 간주되므로 실종선고의 효과를 뒤집으려면 반드시 실종선고를 취소하여야 한다. 실종선고의 실질적 요건은 ②, ③, ④이고, 형식적 요건으로는 본인 · 이해관계인 또는 검사의 청구가 있어야 한다. 이때 공시최고절차는 요하지 않는다.

[한국마사회]

81 **형사재판에서 원고는 누구인가?**

① 경찰 ② 검사
③ 고발자 ④ 피해자

해 형사재판에서는 유죄판결을 요구하는 검사와 이에 방어하는 피고인이 대립하며, 제3자인 법원이 판단한다. 민사재판에서는 재판을 청구하는 자가 원고이다.

82 **2011년 11월 미국이 성공한 '비행폭탄실험'으로 한 시간 이내에 지구상의 어디든지 공격을 할 수 있게 하는 미국 작전명은?**

① NPT ② NCND
③ 핵우산 ④ SOFA
⑤ 전 세계 신속타격(PGS)

해 ⑤ 전 세계 신속타격(PGS ; Prompt Global Strike)이란 극초음속 비행폭탄으로 대기권 상층까지 날아올라 원격조종으로 목표물 가격시속 6,000km 이상 극초음속으로 타격하는 미사일로 대륙 간 탄도미사일(ICBM)보다 정확하다.
① NPT란 핵확산금지조약(Nuclear Non-Proliferation Treaty)이다.
② NCND(Neither Confirm Nor deny)는 미국의 핵 정책 중에 하나로 특정지역에 핵무기가 존재하는지 여부에 대해 시인도 부인도 하지 않는 것을 말한다.
③ 핵우산이란 핵무기를 보유하지 않은 국가가 핵무기 보유국 전력에 자신의 안전을 보장하는 것을 말한다.
④ SOFA(Status of Forces Agreement in Korea)는 한미 행정협정에 대한 약자이다.

74 ④ 75 ① 76 ① 77 ② 78 ④ 79 ③ 80 ① 81 ② 82 ⑤ 답

83 국제정치에 있어서는 어느 초강대국의 세력권에 들어가 있는지 분명하지 않은 지역을 가리키는 용어는?

① 골드존 ② 블랙존
③ 화이트존 ④ 그레이존

해 그레이존(Gray Zone)에 대한 내용이다. 미국이나 중국, 러시아처럼 강대국의 세력권에 들어가 있는지 분명하지 아니한 지역을 뜻하며 이 지역은 관리가 힘들기 때문에 분쟁이 일어날 가능성이 높다.

84 다음 보기 중 가장 관련이 없는 것은?

① 줄리안 어샌지(Julian Assange)
② 폭로전문 사이트
③ 선샤인 프레스(Sunshine Press)
④ 정보 보안을 위한 폐쇄적 운영
⑤ 위키백과에서 영감을 얻음

해 ①·②·③·⑤는 비리나 부정부패를 폭로하는 사이트인 위키리크스(WikiLeaks)에 대한 내용이다. 위키리크스는 2006년 12월 줄리안 어샌지(Julian Assange)에 의해 설립되었으며 기업의 비윤리적인 행동이나 정부의 불법행위 등 기밀을 알려 국민의 알 권리를 보호하는 일을 한다. 위키리크스는 수많은 익명의 사람들이 참여해 '집단지성'으로 만들어지는 위키백과(Wikipedia)에서 착안하여 만들어졌다. 따라서 원칙상 누구나 정보를 게시할 수 있고 편집할 수 있어 자신이 알고 있는 기밀정보를 익명으로 게재할 수 있다.

85 선거 운동 중에서 상대 후보의 비리를 비난·폭로하는 등 상대방의 부정적인 면을 부각시켜 상대 후보가 지지를 받지 못하도록 하는 것은 무엇인가?

① 후보지지 ② 네거티브 캠페인
③ 포지티브 캠페인 ④ 간접홍보

해 네거티브 캠페인은 상대 후보를 비난하거나 흠집을 찾아내어 폭로하는 방법으로 상대방의 부정적인 면을 부각시켜서 떨어뜨리는 선거 운동이다.

[서울특별시도시철도공사]

86 앨빈 토플러가 《권력이동(Power Shift)》에서 언급한 권력의 세 가지가 아닌 것은?

① 환경 ② 돈
③ 폭력 ④ 정보

해 앨빈 토플러의 《권력이동》은 시대별로 사회에서 행사되는 권력의 내용이 달라졌음을 지적한다. 전 산업사회, 산업사회, 정보사회의 주요 권력은 각각 폭력(물리력), 돈(자본), 정보(지식) 등이다.

83 ④ 84 ④ 85 ② 86 ① 답

단답형 문제

다음 질문에 답하시오. (기업체 직무적성검사 대비 문제)

01 국회에서 소속 정당의 당론과 상관없이 의원 개인의 판단에 따라 투표하는 것을 무엇이라 하는가?

02 정치선거 때가 되면 연구 · 학문을 하지 않고 정치조언을 하는 사람은?

03 대통령중심제와 내각책임제의 절충형태로 행정부의 권한을 대통령과 내각수반이 나누어 행사하는 제도는?

04 대통령 임기말년 정권누수 현상을 뜻하는 말은? [한국토지주택공사]

05 의원내각제에서 중요 소수각료를 이르는 말은? [한국중부발전]

06 우리나라에서 의원내각제가 실시된 때는 어느 공화국인가? [서울특별시도시철도공사]

07 외교사절을 파견할 때 상대국의 동의를 구하는 것은? [국민체육진흥공단]

08 핵을 보유하지 않은 나라가 핵 보유 동맹국가의 핵 전력에 자신의 안전을 의탁하는 경우를 뜻하는 말은? [한국토지주택공사]

09 6자회담의 참가국을 모두 쓰시오.

10 2019년 6월 30일 문재인 대통령과 도널드 트럼프 미국 대통령, 김정은 북한 국무위원장에 의해 사상 처음으로 남북미 정상이 회동을 가졌던 장소는?

Answer

01 교차투표(Cross Voting)

02 폴리페서

03 이원집정부제

04 레임덕

05 이너캐비닛

06 제2공화국

07 아그레망

08 핵우산

09 한국, 북한, 미국, 러시아, 중국, 일본

10 판문점

Answer

11 의회에서 한 번 부결된 안건은 같은 회기 내에 다시 제출할 수 없다는 원칙은?

12 어떤 범죄에 대하여 일정한 기간이 경과한 때에는 공소를 제기할 수 없는 것을 무엇이라고 하는가?

13 범정이 경미한 범인에 대하여 개전의 정이 현저한 때에 형의 선고를 하지 않고 이를 석방하여 무사히 일정기간을 경과하면 그 죄를 불문에 붙이는 제도는?

14 범죄의 피해자 기타 법률이 정한 자의 고소 · 고발이 있어야 공소를 제기할 수 있는 범죄는?

15 공무원의 직무상 위법에 대하여 국회가 소추하고 국회나 다른 국민기관이 심판하여 처벌, 파면하는 제도는?

16 특별한 규정이 없는 한 원칙적으로 법이 시행되기 전에 발생한 사항에 대하여 법을 적용하지 않는 원칙은?

17 우리나라에서 정치자금으로 마련된 기탁금이나 보조금을 최종 분배하는 기관은?

18 정기국회 개회일은?

19 국가를 상대로 민사소송을 제기했을 때 피고는 누가 되는가?

[서울메트로, 한국전력공사]

20 2008년부터 일반국민이 재판에 참여할 수 있게 한 제도는?

11 일사부재의의 원칙

12 공소시효

13 선고유예

14 친고죄

15 탄핵

16 법률불소급의 원칙

17 중앙선거관리위원회

18 9월 1일

19 법무부장관

20 국민사법참여제도

CHAPTER 02

경제 · 경영 · 무역 · 산업

CHAPTER 02

경제 · 경영 · 무역 · 산업

1 경제

● 경제

경제란 인간의 물질적 부와 관련된 모든 것으로서 인간생활에 필요한 재화와 용역을 생산, 교환, 분배, 소비하는 활동 및 이와 관련된 모든 행위와 질서 그리고 사회적 관계를 가리키는 용어로, 경제의 궁극적인 목표는 물질생활의 향상에 있다.

● 경제주체

스스로의 의지나 판단에 따라 경제행위에 관한 의사를 결정하고 경제행위를 독립적으로 수행하는 대상, 또는 경제활동을 담당하는 행위자를 말한다. 독립적으로 경제행위를 결정하고 스스로 경제활동을 할 수 있는 경제주체로 가계, 기업, 정부, 외국이 있다.

① 가계 + 기업 = 민간 경제

② 가계 + 기업 + 정부 = 국민 경제

③ 가계 + 기업 + 정부 + 외국 = 국제 경제

● 경제원칙

최소의 비용(희생)으로 최대의 효과(만족)를 얻으려는 행동원리를 말한다. 경제주의라고도 하며 최대효과원칙, 최소비용(희생)원칙, 최대잉여원칙으로 구분된다.

● 재화의 종류

① **경제재** : 그 존재량이 희소하기 때문에 일정한 대가를 지불해야만 얻을 수 있는 재화로, 일반적인 재화는 경제재를 뜻한다.

② **자유재** : 사용 가치는 있으나 아무런 대가를 지불하지 않고 얻을 수 있는 재화로, 절대적 자유재(햇빛, 공기)와 상대적 자유재(물)로 나뉜다. 희소가치가 없기 때문에 경제행위의 대상이 되지 않는다.

③ **단용재** : 한 번 쓰면 없어지는 재화로 식료품, 연료, 원료 등이 이에 속한다.

④ **내구재** : 비교적 오래 거듭하여 쓸 수 있는 재화로서 주택, 기계 등이

희소성의 원칙

인간의 욕망은 무한한 데 비하여 이를 충족시킬 수 있는 재화나 용역은 제한되어 있는 것을 말한다. 이로 인해 '경제문제'가 발생하며, 부족한 자원을 가장 효율적으로 이용하기 위해서 주어진 비용으로 최대의 효과를 얻거나 최소의 비용이 들도록 해야 하는 '경제원칙'이 필요하게 된다.

경제문제

- 무엇을 얼마나 생산할 것인가?
  → 생산물 선택의 문제
- 어떻게 생산할 것인가?
  → 생산 방법의 문제
- 누구를 위하여 생산할 것인가?
  → 생산물 분배의 문제

경제의 3원칙

- **최대효과원칙** : 일정한 비용으로 최대의 효과를 얻으려는 것을 말한다.
- **최소비용(희생)원칙** : 일정한 효과를 얻는 데 최소의 비용을 지불하려는 것을 말한다.
- **최대잉여원칙** : 비용과 효과의 차(잉여)를 최대로 하려는 것을 말한다.

확인문제

1. 다음 중 재화의 종류가 아닌 것은?

① 하등재 ② 단용재
③ 경제재 ④ 대체재

답 1. ①

이에 속한다.

⑤ **대체재** : 쌀과 빵, 버터와 마가린, 커피와 홍차같이 한쪽을 소비하면 다른 쪽은 그만큼 덜 소비되어, 서로 대체될 수 있는 재화를 말한다. 두 재화를 따로 소비할 때의 효용보다 함께 소비할 때의 효용이 적어지는 경우의 재화이다. 일반적으로 대체 관계에 있는 두 재화는 하나의 가격이 상승하면 그에 따라 다른 하나의 수요가 증가한다.

⑥ **보완재** : 펜과 잉크, 커피와 설탕, 카메라와 필름처럼 상호보완 관계에 있어, 두 재화를 함께 소비할 때의 효용이 큰 재화를 말한다. 보완 관계에 있는 두 재화는 하나의 수요가 증가하면 다른 하나의 수요도 증가하며, 하나의 가격이 오르면 두 재화의 수요가 동시에 감소한다.

⑦ **결합재** : 서로 불가분의 관계에 있는 재화로서 소고기와 소가죽 등을 말한다.

⑧ **관계재** : 물질적 재화와 언제든지 바꿀 수 있는 화폐로 신용증권 등을 말한다.

⑨ **독립재** : 쌀과 시계, 옷과 안경, 빵과 책처럼 두 재화를 별도로 사용하거나 함께 소비할 때, 효용의 크기에 전혀 변화가 없는 경우 두 재화를 독립재라고 한다.

⑩ **기펜재** : 가격이 하락할 때 오히려 수요량이 감소하는 특수한 열등재를 말한다.

● 케인스혁명

1929년 월가의 주가 폭락으로 시작된 대공황과 이어진 장기적 · 만성적 세계 불황은 당시 경제학에 대한 구제책을 요구하였는데, 이에 영국의 경제학자 케인스는 1936년 그의 저서 《고용 · 이자 및 화폐의 일반이론》에서 완전고용을 실현 · 유지하기 위해서는 자유방임주의가 아닌 소비와 투자, 즉 유효수요를 확보하기 위한 정부의 보완책(공공지출)이 필요하다고 주장하였다. 이 이론 및 이에 입각한 정책, 그 기반을 형성하는 사상의 개혁을 '케인스혁명'이라 한다.

● 기펜의 역설(Giffen's Paradox)

한 재화의 가격 하락이 오히려 그 재화의 수요를 감소시키는 현상을 말한다. 보통 한 재화에 대한 가격이 하락하면 소비자의 실질소득이 높아진 것과 같은 효과가 나타나 그 재화의 수요를 증가시킨다. 하지만 마가린과

확인문제

2. 다음 중 일반적으로 하나의 가격이 상승하면 그에 따라 다른 하나의 수요가 증가하는 재화는?
① CD와 CD플레이어
② 구두와 밥
③ 닭과 달걀
④ 맥주와 소주

다보스포럼(Davos Forum)

공식적인 명칭은 세계경제포럼(WEF : World Economic Forum)으로 매년 1월 스위스 휴양지인 다보스(Davos)에 모여 전 세계의 경제와 정치, 환경, IT 등의 현안에 대해 논의하는 포럼이다. 매년 세계 각국의 정상과 장관, 국제기구 수장, 재계 및 금융계 최고 경영자들이 모여 지구촌에 현안과 이슈에 대해 토론하며 다보스포럼의 운영 자금은 대부분 참여하는 글로벌 기업들에 의해 구성된다. 세계경제포럼(WEF)은 지구촌의 싱크 탱크 역할을 수행하고 있으며 우려 사항이나 중요 사항에 초점을 맞춘 다양한 보고서를 발표하고 있다.

풍요 속의 빈곤

충분한 생산 능력에도 불구하고 완전 고용을 유지할 수 있을 정도로 유효수요가 존재하지 않기 때문에, 대량의 실업과 대량의 유휴설비가 발생하여 국민들이 빈곤에 허덕이게 되는 선진국의 경제상태를 비유하여 케인스가 한 말이다.

피구 효과(Pigou Effect)

물가 하락에 따른 자산의 실질가치 상승이 경제주체들의 소비를 증가시키게 되는 효과를 의미하며 1943년 영국의 경제학자인 아서 피구가 주장했다. 그는 총수요 위축에 따른 경기불황이 동반하는 물가 하락으로 인해 자동적으로 자산의 실질가치가 높아지게 되고, 그에 따른 민간소비 증대가 총수요를 회복시키기 때문에 시장경제가 정부의 적극적 개입 없이도 경기불황을 해소할 수 있는 내재적 장치를 갖고 있다고 주장했다.

답 2. ④

같은 열등재 또는 하급재에서는 소비자가 부유해짐에 따라 마가린의 수요는 감소하고, 상대적으로 우등재 또는 상급재라고 할 수 있는 버터로 대체되어 버터의 수요가 증가한다. 이때 마가린의 가격이 하락하면 소득효과가 마이너스로 나타나기 때문에 마가린 수요의 감소를 가져오게 된다. 기펜의 역설은 일반적으로 한 재화의 가격이 하락하면 그 재화의 수요는 증가한다는 수요법칙의 예외 현상이라 할 수 있다. 이 명칭은 이 현상을 가장 먼저 지적한 영국의 경제학자이며 통계학자인 기펜(R. Giffen)의 이름에서 따온 것이며, 마가린과 같은 재화를 기펜재(Giffen's goods)라고 한다.

● 수정자본주의

케인스가 《고용 · 이자 및 화폐의 일반이론》에서 설명한 개념으로, 원칙적으로는 자본주의의 체제를 유지하면서 독점 제한 또는 금지, 부당경쟁 금지, 사회보장제도, 공공투자정책 등을 통해 자본주의의 발달에 의하여 발생한 모순을 극복하려 한 일종의 통제경제정책이다. 제2차 세계대전 후 영국 노동당의 정책이나 1920년대 미국의 뉴딜(New Deal) 정책 등에 이 이론을 적용했다.

● 펀드 자본주의

뮤추얼펀드(Mutual Fund)와 헤지펀드(Hedge Fund), 사모펀드, 연기금 등을 통해 기업 인수합병이나 주요 경영 사안에 영향력을 미치는 새로운 경향의 자본주의를 말한다. 펀드 자본주의는 자본시장의 규모를 키우고 기업 투명성을 개선시키는 긍정적인 효과도 있지만 투기적 성격의 펀드에 의해 단기자금의 유출이 많아질 경우 국내경제에 악영향을 미칠 가능성이 크고 펀드의 경영개입이 도를 넘어설 경우 기업경영의 안정성과 성장성을 저해한다는 부정적인 시각도 있다.

● 거미집이론(Cobweb Theorem)

가격변동에 대해 수요와 공급이 시간차를 가지고 대응하는 과정을 구명한 이론. 가격과 공급량의 주기적 변동을 설명하는 이 이론은 1934년 미국의 계량학자 W.레온티예프 등에 의해 거의 완전한 형태로 정식화되었으며, 가격과 공급량을 나타내는 점을 이은 눈금이 거미집 같다고 하여 거미집 이론이라고 한다.

공급의 탄력성

가격의 변동에 의하여 일어나는 공급변동의 정도를 말한다. 일반적으로 필수품에 가까운 농산물은 탄력성이 작고, 공산품은 탄력성이 크다. 또한 골동품처럼 희소가치가 높은 물건은 완전독점의 경우와 같이 공급의 탄력성이 없다.

$$\text{공급의 탄력성} = \frac{\text{공급변동률}}{\text{가격변동률}} = \frac{\text{공급변동분}}{\text{원래의 공급}} \div \frac{\text{가격변동분}}{\text{원래의 가격}}$$

확인문제 [국민연금공단]

3. 공급의 가격탄력성이 1.2일 때 15% 가격이 인상되면 공급은?

① 18% 증가 ② 18% 감소
③ 15% 증가 ④ 15% 감소

수요의 탄력성

상품의 수요량이 가격변동에 의해 변하는 민감도를 나타내는 지표로, 가격이 1% 변할 때 수요량이 몇 % 변하는가를 나타낸다. 수요의 탄력성이 1보다 크면 탄력적이고, 1보다 작으면 비탄력적이다. 일반적으로 보석 같은 사치품은 수요의 탄력성이 크고, 쌀 같은 생활필수품은 수요의 탄력성이 작다.

$$\text{수요의 탄력성} = \frac{\text{수요변동률}}{\text{가격변동률}} = \frac{\text{수요변동분}}{\text{원래의 수요}} \div \frac{\text{가격변동분}}{\text{원래의 가격}}$$

사모펀드(PEF ; Private Equity Fund)

소수의 투자자로부터 모은 자금을 주식과 채권 등에 운용하는 펀드로, 운용은 비공개로 투자자들을 모집하고 자산가치가 저평가된 기업에 자본참여를 하게 하여 기업 가치를 높인 다음 기업 주식을 되파는 전략을 취한다. 금융기관이 관리하는 일반 펀드와는 달리 '사인 간 계약'의 형태를 띠고 있어 금융감독기관의 감시를 받지 않으며, 공모펀드와는 달리 운용에 제한이 없는 만큼 자유로운 운용이 가능하다.

답 3. ①

● 세이의 법칙(Say's Law)

'공급은 스스로의 수요를 창조한다'는 경제학 법칙으로, 프랑스 경제학자 세이(J. B. Say)가 주장한 이론이다. 재화의 생산은 그것에 참가한 생산 요소 제공자에게 생산된 재화의 가치와 동등한 소득을 가져다 주며 그 소득은 모두 생산물에 대한 수요가 되므로, 재화를 공급하는 것은 그 재화에 대한 수요를 만들어낸다. 따라서 이 법칙에 의하면 경제 전반에 걸쳐서 생산의 불균형에 의한 부분적 과잉생산은 있을 수 있어도, 일반적인 과잉생산은 있을 수 없다고 한다.

● 패리티 가격(Parity Price)

일정한 때의 물가에 맞추어 정부가 결정한 농산물가격을 말한다. 패리티 가격은 패리티 지수를 기준연도의 농산물가격에 곱하여 구하며 농민, 즉 생산자를 보호하는 데 목적이 있다.

● 밴드왜건효과(Band-wagon Effect)

어떤 재화에 대해 수요가 많아지면 다른 사람들도 그 경향에 따라서 그 재화에 대한 수요를 증가시키는 편승효과로, 타인의 사용여부에 따라 구매의도가 증가하는 현상을 말한다. 레이번슈타인(H. Leibenstein)이 '백로효과'와 함께 사용한 용어이다.

● 백로효과(Snob effect)

다수의 소비자가 구매하는 제품을 꺼리는 구매심리 효과로서, 자기가 다른 사람들과는 격이 다르다는 것을 과시하고자 할 때 나타난다.

● 베블렌효과(Veblen effect)

미국의 경제학자 베블렌(T. Veblen)이 《유한 계급론》에서 고소득 유한계급의 과시하고자 하는 소비 행태를 논한 데서 비롯된 것으로, 허영심에 의해 수요가 발생하는 효과를 말한다. 예컨대 다이아몬드는 비싸면 비쌀수록 인간의 허영심을 사로잡게 되는데, 이때 다이아몬드의 가격이 상승하면 수요가 오히려 증가한다. 따라서 보통 수요곡선은 우하향을 나타내는 데 반해 베블렌효과의 경우 우상향의 형태를 나타낸다.

잠재수요

가격이 비싸 당장은 못 사지만 가격이 내리거나 소득이 늘어나면 사겠다거나, 혹은 구매력이 있어도 물자통제로 재화를 사지 못하는 등 어떤 사정으로 표면에 나타나지 않는 수요를 말한다. 잠재수요는 소득증가나 재화의 가격 하락 등의 요인에 의해 유효수요가 된다.

패리티 지수(parity index)

물가상승과 연동하여 농산물가격을 산출하는 방법으로, 기준연도의 농가 총구입 가격을 100으로 산정하여 비교연도의 가격등락률을 지수로 표시한 것이다.

확인문제 [한국방송광고공사]

4. 패리티 가격(parity price)을 실시하는 목적은?
① 생산자 보호 ② 소비자 보호
③ 근로자 보호 ④ 독점의 제한

확인문제 [한국환경공단]

5. 사람들 중에는 평소에 소비하던 물건도 바겐세일을 하면 소비하지 않는 사람이 있다. 이처럼 남이 사기에 자기는 사지 않는 소비현상은?
① demonstration효과
② veblen효과
③ snob효과
④ band-wagon효과
⑤ ratchet효과

확인문제 [한국전력공사]

6. 화장품, 고급양주 등 사치품에 대한 과시적 소비형태에서 발생하는 현상으로, 가격이 오를 때 수요량이 늘어나는 현상을 가리키는 것은?
① 베블렌효과 ② 의존효과
③ 백로효과 ④ 편승효과

답 4. ① 5. ③ 6. ①

● 의존효과(Dependence Effect)

미국의 경제학자 갤브레이스(J. K. Galbraith)가 그의 저서 《풍요로운 사회》에서 전통적 소비자주권과 대립되는 개념으로 사용한 것으로, 소비재에 대한 소비자의 수요가 소비자 자신의 자주적 욕망에 의존하는 것이 아니라 생산자의 광고 · 선전 등에 의존하여 이루어지는 현상을 나타내는 말이다.

● 관성효과(Ratchet Effect)

소득이 높을 때의 소비행동은 소득이 다소 낮아져도 곧 변하기 어렵다. 이처럼 소득이 늘어나지 않아도 그 소득과 균형잡힌 상태로 소비가 곧 줄지 않는 현상을 말한다. 래칫(ratchet)효과라고도 한다.

● 기저효과(Base Effect)

경제지표를 평가하는 과정에서 기준시점과 비교시점의 상대적인 수치에 따라 그 결과에 큰 차이가 나타나는 현상. 통계분석 주체에 의해 인위적으로 의도된 착시라는 점이 그 특징이며 경제정책 당국이 국가경제의 안정 및 선순환을 위해 시장과 벌이는 고도의 심리전술이다.

● 아마존효과(Amazon Effect)

세계 최대의 유통기업인 아마존의 사업 확장으로 업계에 파급되는 효과를 이르는 말로, 아마존이 해당 분야에 진출한다는 소식만 들려도 해당 산업을 주도하는 기업들의 주가가 추락하고 투자자들이 패닉에 빠지는 현상을 뜻하는 말이다.

● 한계효용체감의 법칙

일정한 기간에 소비되는 재화의 수량이 증가함에 따라 그 추가분에서 얻을 수 있는 한계효용이 점차 감소한다는 법칙을 말한다. 즉, 한계효용은 욕망의 강도에 정비례하고 재화의 존재량에 반비례한다는 이론이다. 독일의 경제학자 고센이 처음 밝혀낸 데서 '고센의 제1법칙' 또는 '욕망포화의 법칙'이라고 한다.

● 소비자파산

파산의 주 목적은 총채권자 사이의 평등한 채권만족을 보장하는 것이나,

확인문제 [한국환경공단]

7. 소비자가 생산자의 상품선전 활동에 자극되어 소비를 증대하는 경향은?
① 베블렌효과 ② 의존효과
③ 관성효과 ④ 가격효과

승수이론

경제현상에 있어서 최초 경제량의 변화에 의한 계속적인 파급관계를 분석하여 최종적으로 생겨난 총효과를 규명하는 경제이론을 말한다. 케인스는 이 이론에 의해 투자가 파급효과를 통하여 결국은 같은 액수의 저축을 낳는다고 설명하였다.

트리클 다운(Trickle Down)

정부가 투자증대 등으로 대기업의 성장을 촉진하면 중소기업과 소비자에게도 그 혜택이 돌아가 경기 전체가 부양된다는 것을 뜻한다.

기회비용

한 가지를 선택함으로써 포기하게 되는 것의 가치를 말한다. A를 얻기 위하여 B를 포기했다면 B를 A의 기회비용이라 한다.

확인문제 [한국환경공단]

8. D씨는 5년 전에 총 4억 원을 주고 땅을 1,000평 매입하였는데, 지역의 학교재단에 무상으로 기증하기로 하였다. 현재 이 땅의 시가가 6억 원이라고 한다면 D씨가 행한 증여의 기회비용은 얼마가 되는가?
① 2억 원 ② 4억 원
③ 6억 원 ④ 10억 원

확인문제 [한국환경공단]

9. 욕망의 강도에 정비례하고 재화의 존재량에 반비례한다는 이론은?
① 한계효용체감의 법칙
② 한계효용균등의 법칙
③ 일물일가의 법칙
④ 삼면등가의 법칙

답 7. ② 8. ③ 9. ①

개인파산은 파산절차 종료 후 면책절차를 통해 경제적으로 재기할 수 있는 기회를 주는 것이 목적이다. 채무자가 소비자로서 채무를 과다하게 지게 된 경우를 소비자파산이라 한다. 파산선고를 받은 파산자는 법원이 선임하는 파산관재인의 관리하에 자신의 모든 재산을 돈으로 환산, 채권자에게 나누어주는 파산절차를 거치는데, 소비자파산의 경우 사실상 채무자의 실익 있는 재산이 거의 없으므로 채권자 배당절차 없이 파산선고와 동시에 파산절차가 종결되는 동시폐지결정이 내려진다. 파산자는 신원증명서에 파산 사실이 기재되어 공무원, 변호사, 기업체 이사 등이 될 수 없으며, 금융기관에서 대출이나 신용카드를 발급받지 못하는 등 경제활동에 여러 제약을 받는다.

● 신용불량자 구제책

① **개인워크아웃제도** : 은행이나 신용카드사에서 많은 돈을 빌린 후 갚지 못해 신용불량자가 된 개인이 법원에 파산신청을 내기 전에 채권단협의회를 열어 채무를 일부 탕감해 주고, 만기를 연장해 줌으로써 개인에게 신용 회복의 기회를 주기 위해 도입된 제도이다. 3개월 이상 연체하고 있는 금융채무불이행자로, 총채무액이 15억 원(무담보 5억 원, 담보 10억 원)이하이며, 이 가운데서도 대출금을 갚을 의지와 능력이 있는 사람들에 한한다. 또 정기적이고 일정한 최저생계비 이상의 수입이 있어야 하며, 부도나 휴업 등 부득이하게 일시적으로 돈이 부족해 금융채무 불이행자가 된 경우이다. 상환 기간 연장, 채무 감면 등을 지원해 신용 회복의 기회를 제공한다.

② **개인회생제도** : 재정적 어려움으로 인해 파탄에 직면한 개인채무자의 채무를 법원이 강제로 재조정하여 파산을 구제하는 제도이다. 채무 범위는 무담보채권의 경우 5억 원, 담보부채권의 경우 10억 원 이하이다. 변제 기간은 최하 3년, 최장 5년이며, 이 기간에 일정한 금액을 변제하면 나머지 채무를 면제받을 수 있다. 신청 자격은 일정한 수입이 있는 급여소득자와 영업소득자로서, 과다한 채무로 지급불능의 상태에 빠졌거나, 지급불능의 상태가 발생할 염려가 있는 개인에 한정된다.

③ **배드뱅크** : 배드뱅크는 협약가입 금융기관에 연체 중인 신용불량자의 신청에 따라 신규 대부(대출)로 기존 금융기관의 채무를 갚고 채무자로부터 장기 저리(低利)로 분할 상환받는 대부전문 금융기관을 말한다.

면책제도

면책이란 파산자에 대하여 파산절차에 의해 배당 · 변제되지 않은 잔여채무에 관한 변제책임을 면제하는 것을 말한다. 즉, 면책은 파산자에게 새로운 출발의 기회를 주기 위한 것으로서, 파산절차를 통하여 변제되지 않은 잔여채무에 대한 파산자의 변제 책임을 재판에 의하여 면제시킴으로써 파산자의 경제적 갱생을 도모하는 절차이다. 파산선고 확정 후 1개월 이내에 면책신청을 해야 한다.

시장실패(Market Failure)

시장에서 자원배분이 효율적으로 일어나지 못하거나 형평성을 달성하지 못하는 상태를 말한다. 시장실패에는 여러 가지 원인이 있는데 독과점과 같은 불완전경쟁과 공공재의 존재, 경기의 불안정 등을 원인으로 볼 수 있다. 시장의 기능은 '완전경쟁시장'을 가정하고 있지만 현실에서는 어디에나 진입장벽 등의 '반완전경쟁적 요소'가 있으며, 시장 자체가 이론처럼 완전하지 못하기 때문에 시장실패가 일어난다.

지대추구행위

생산요소의 공급을 인위적으로 제한하여 소득 중에서 경제적 지대의 부분을 증가시키고자 하는 행위로, 의사협회에서 의대생 정원을 제한하고자 정부에 압력을 가하는 행위 등이 이에 해당한다.

디커플링(Decoupling)

한 나라 경제가 세계 경기와 같은 흐름을 보이지 않는 독특한 현상을 말한다. 예를 들어 세계 경제의 중심인 미국의 증시가 하락할 경우 대부분의 국가들은 이에 동조되어 동반 하락하는데, 디커플링이 일어난 경우에는 세계 경기가 하락하더라도 어떤 다른 요인에 의해 동반하락하지 않고 경기가 상승되는 현상이 나타난다.

● GNP(Gross National Product)

국민총생산으로, 한 나라 국민이 일정 기간(보통 1년)에 생산한 재화와 용역을 시장가격으로 평가하고 여기에서 중간생산물을 뺀 최종 생산물의 총액을 말한다.

① **GNP 계산 시 주의사항** : 국내에서 생산된 것이라도 외국인 또는 외국인 소유기업에서 생산된 것은 GNP에서 제외되고, 해외에서 생산된 것이라도 내국인에 의한 것이라면 GNP로 계산된다.

> GNP(국민총생산) = 최종생산량의 총량
> = 총생산물 − 중간생산물
> = 국민순생산(NNP) + 감가상각비
> = GDP + 자국민의 해외 생산 − 외국인의 국내 생산

② **명목경제성장률과 실질경제성장률** : 시장가격으로 평가된 이 GNP가 명목국민총생산인데, 가격은 매년 변동되므로 다른 해와 비교하기 위해 GNP 디플레이터로 수정한 것이 실질국민총생산이며 이 두 가지의 성장률이 각각 명목경제성장률, 실질경제성장률이다.

③ **GNP 디플레이터** : 명목 GNP(국민총생산)를 실질 GNP로 나누어 얻어지는 값을 말한다. 국민소득에 영향을 주는 모든 물가요인(도매 · 소비자 물가지수뿐만 아니라 환율 · 임금지수)까지도 포함하는 종합적인 물가지수로서 GNP를 상품으로 보았을 경우 그 가격을 나타낸다. GNP 디플레이터는 일반물가지수보다 포괄범위가 넓다는 점에서 경제구조를 잘 반영하는 특징이 있다.

● GNI(Gross National Income)

국민총소득으로, 생산활동을 통해 획득한 소득의 실질 구매력을 반영하는 소득지표이다. 경제여건의 변화로 생산을 통해 벌어들인 소득의 구매력도 급변하므로 한 나라의 경제력을 측정하기 위해서는 생산측면뿐만 아니라 교역조건을 감안한 구매력 등을 따로 산정해야 한다는 차원에서 도입되었다. 물가 변동을 고려한 실질 GNI가 주로 쓰인다.

● 실질 GNI

실질국민총소득으로, 실질국민총생산에 교역조건의 변화로 인한 실질무역손익을 반영한 것이다. 국민이 피부로 느끼는 체감경기를 보다 잘 반영

터널효과(Tunnel Effect)

허시먼이 제시한 경제학의 분배이론으로 선진국에 이르는 과정을 '2차 터널'에 비유했으며 것으로, 분배가 균등하지만 성장의 혜택에서 소외된 계층이 정부를 불신하고 위법행동을 하게 되고 성장의 효율성을 떨어뜨려 결국 함께 망한다는 이론이다.

빈곤의 악순환

넉시(R. Nurkse)가 저개발국이 용이하게 지속적인 경제발전 궤도에 오르지 못하는 저해요인으로 지적한 것으로, 저개발국에서는 자본형성의 부족으로 빈곤해지고, 그 빈곤 때문에 자본이 형성되지 않아 가난에서 헤어날 수 없다는 것이다. 빈곤의 악순환을 탈피하려면 낮은 생산성을 높여야 하며, 동시에 낮은 실질소득 수준을 올려야 한다. 다시 말해 열심히 일해 저축을 해야 한다는 이론이다.

확인문제 [국민건강보험공단]

10. 국내총생산(GDP)이 130억 원이고 해외 근로자 수입총액이 20억 원이며, 국내 거주 외국 기술자가 우리나라에서 얻은 소득이 30억 원일 경우, 국민총생산(GNP)을 구하면?

① 180억 원 ② 140억 원
③ 130억 원 ④ 120억 원

실질 GNP

시장가격으로 평가한 명목상의 GNP를 실질적인 가치로 고치기 위하여 기준 연도로부터의 물가상승을 참작한 디플레이터로 수정한 것이다.

GPI(Genuine Progress Indicator)

기존의 국민총생산(GNP)이나 국내총생산(GDP) 개념에 시장가치로 나타낼 수 없는 경제활동을 덧붙여 만든 경제지표이다. 가사노동, 육아 등의 시장가치로 나타낼 수 없는 경제활동의 긍정적 가치와 범죄 · 환경오염 · 자원고갈의 부정적 비용 등 총 26가지 요소의 비용과 편익을 포괄하는 개념이다.

답 10. ④

하는 국민소득의 실질구매력을 나타내는 지표로, 한국은행은 1999년부터 GNP 대신 실질 GNI를 국민소득 지표로 사용하고 있다.

> 실질 GNI = 실질 GDP + 실질 국외순수취 요소소득 + 교역조건 변화에 따른 실질무역손익
> 실질 GNI = 실질 GNP + 교역조건변화에 따른 실질무역손익

경제성장률

경제활동부문이 만들어낸 부가가치가 전년에 비하여 얼마나 증가하였는가를 보기 위해 이용하는 지표이다. 흔히 경제성장률이라 하면 물가요인을 제거한 실질 GDP(또는 GNP) 성장률을 의미한다.

> 경제성장률(%)
> $= \frac{\text{금년도 실질 GDP} - \text{전년도 실질 GDP}}{\text{전년도 실질 GDP}}$
> $\times 100$

● GDP(Gross Domestic Product)

국내총생산으로, 한 나라의 경제규모를 나타내는 지표이다. 일정 기간 동안에 한 국가의 국내에서 생산된 모든 최종생산물(재화 및 용역)을 시장가격으로 평가한 총 가치이다.

> GDP(국내총생산) = GNP + 해외로 지불하는 요소소득 − 해외에서 수취하는 요소소득

소비자물가지수(Consumer Price Index)

도매물가지수와 함께 일상생활에 직접 영향을 주는 물가의 변동을 추적하는 중요한 경제지표의 하나이며 한국에서는 경제기획원 통계청에서 전 도시, 서울 및 주요 도시의 소비자물가지수를 매월 발표하고 있다.

GRDP(Gross Regional Domestic Product)

지역총생산으로 각 시, 도, 지역별로 얼마만큼의 부가가치를 생산했는지 나타내는 지표다. 지역 주민에 의한 것인지에 관계없이 해당 지역에서 발생한 부가가치는 모두 이에 계상되며 지역내총생산이 높다는 것은 그 지역 재정자립도가 높다는 것을 의미하고 반대로 지역내총생산이 낮다는 것은 재정자립도가 낮아 중앙정부의 지원이 필요하다는 것을 의미한다.

● 실질소득(실질임금)

화폐로 지불된 임금의 실질적 구매력을 말한다. 보통 실질소득은 화폐소득을 소비자 물가지수나 생계비 변동지수로 나눈 몫으로 표시되며, 물가가 오르면 실질소득은 떨어지게 된다.

$$\text{실질소득} = \frac{\text{명목소득(임금)}}{\text{소비자물가지수}} \times 100$$

● 로렌츠곡선(Lorenz Curve)

미국의 경제학자인 로렌츠가 소득분포의 불평등도를 측정하기 위하여 인구의 누적비율과 소득의 누적점유율 사이의 관계를 나타낸 곡선으로, 소득분배가 균등할수록 직선에 가깝고 불균등할수록 아래로 늘어지게 그려진다.

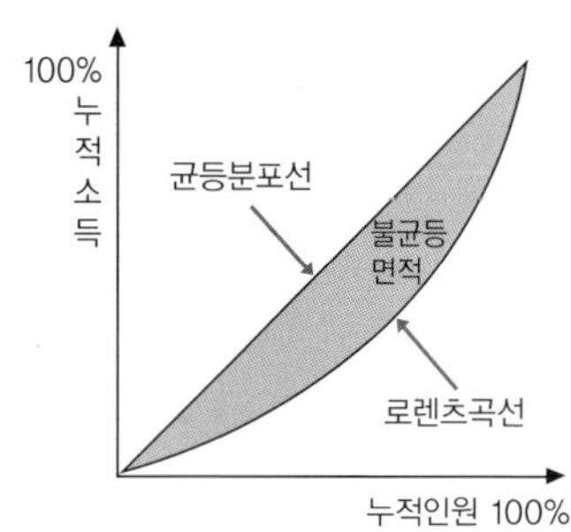

소득불평등도 측정 방법

- **지니계수** : 로렌츠곡선의 단점을 보완하기 위해 로렌츠곡선이 의미하는 바를 수치로 나타낸 것이다. 소득불균등이 클수록 1에 가깝고 균등할수록 0에 가까워진다.
- **소득 5분위 계수(5분위 분배율)** : 상위 20% 계층과 하위 20% 계층 간의 소득비율을 말하는데, 이 계수가 높을수록 소득불균형이 심하다는 것을 의미한다.
- **소득 10분위 계수(10분위 분배율)** : 최하위 40% 계층의 소득이 최상위 20% 계층 소득에 대해 차지하는 비율을 말하는데, 그 값이 클수록 소득분배가 균등하다는 것을 나타낸다.

● 필립스 곡선(Philips Curve)

영국의 통계학자 필립스가 임금상승률과 실업률의 함수관계를 나타낸 곡

선이다. 이 곡선은 세로축을 임금상승률, 가로축을 실업률로 하여 실업률이 높으면 임금상승률이 낮고, 실업률이 낮으면 임금상승률이 높다는 상반관계를 표시하였으나 최근에는 '물가상승률과 실업률'과의 상반관계로 보는 것이 일반적이다. 이 곡선은 실업률 저하를 위해서는 물가상승을, 물가안정을 위해서는 실업률 상승을 감수해야 한다는 완전고용과 물가안정의 2가지 경제정책 목표 사이에 모순이 존재함을 지적하여 경제정책문제 분석에 공헌하였다.

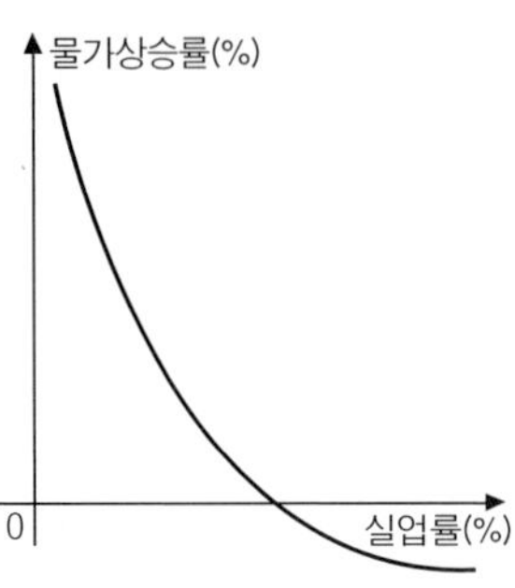

● **엔젤계수(Angel Coefficient)**

가계 총지출에서 자녀를 위한 교육비가 차지하는 비율을 엥겔계수에 빗대어 표현한 것으로 수업료, 과외교습비, 장난감 구입비, 용돈 등을 포함한다. 취학 전 유아를 주 고객으로 하는 각종 서비스 산업을 엔젤비즈니스, 유아부터 초등학교 어린이를 대상으로 하는 산업을 엔젤산업이라 한다.

● **인플레이션(Inflation)**

통화량의 지나친 팽창, 즉 상품거래량에 비하여 통화량이 과잉 증가함으로써 물가가 오르고, 화폐가치는 떨어지는 현상을 말한다. 원인으로는 과잉투자, 적자재정, 과소생산, 화폐남발, 극도의 수출초과, 생산비 증가, 유효수요 확대 등을 들 수 있다. 인플레이션 하에서는 산업자본가, 물건 소지자, 금전채무자, 수입업자 등이 유리하고, 금전채권자, 금융자본가, 은행예금자, 수출업자 등은 불리하다.

● **스태그플레이션(Stagflation)**

스태그네이션(Stagnation)과 인플레이션의 합성어로, 경제활동이 침체되고 있음에도 물가상승이 계속되는 '저성장 고물가' 상태를 말한다.

● **디스인플레이션(Disinflation)**

인플레이션을 극복하기 위해 통화증발을 억제하고 재정 · 금융긴축을 주축으로 하는 경제조정정책을 말한다. 인플레이션을 갑자기 수습하려고

슈바베의 법칙(Schwabe's Law)

독일의 통계학자 슈바베가 베를린에서 가계조사를 통해 발견한 법칙이다. 이는 소득이 증가함에 따라 가계의 소비지출 중 주거비에 대한 절대 지출액은 증가하지만 상대적 지출액, 즉 지출비율은 감소한다는 이론이다.

엥겔의 법칙(Engel's Law)

독일의 통계학자 엥겔이 벨기에 노동자들의 가계조사를 통해 발견한 법칙이다. 지출 총액 중 저소득 가계일수록 식료품비가 차지하는 비율이 높아진다는 사실을 말한다.

엥겔계수(Engel's Coefficient)

식료품비가 가계의 총지출액에서 차지하는 비율로, 소득수준이 높아지면 점차 낮아진다. 이는 국민경제의 생활수준 비교나 노조의 임금인상 요구의 근거로 이용된다.

$$\text{엥겔계수} = \frac{\text{식료품비}}{(\text{총수입액} - \text{저축액})} \times 100$$

확인문제 [한국지역난방공사]

11. 가계지출 중 음식물비가 차지하는 비율을 엥겔계수라고 한다. 그렇다면 가계총지출에서 교육비가 차지하는 비율은?

① 엔젤계수 ② 슈바베지수
③ 텔레콤계수 ④ 에듀계수

확인문제 [서울메트로]

12. 인플레이션일 때 유리한 사람은?

① 채무자 ② 봉급자
③ 채권자 ④ 예금자

확인문제 [국민연금공단]

13. 인플레이션을 극복하기 위해 재정 · 금융을 긴축하는 경제조정정책은?

① 조정 인플레이션
② 재정 인플레이션
③ 디스인플레이션
④ 크리핑 인플레이션

답 11. ① 12. ① 13. ③

하면 반대로 디플레이션이 되어 여러 가지 폐단을 낳게 되므로, 통화량이나 물가수준을 유지하면서 안정을 꾀하고 디플레이션을 초래하지 않는 범위 안에서 인플레이션을 수습하는 것이 목적이다.

● 디플레이션(Deflation)

상품 거래량에 비해 통화량이 지나치게 적어져 물가는 떨어지고 화폐 가치가 올라 경제활동이 침체되는 현상이다. 디플레이션은 광범위한 초과 공급이 존재하는 상태이며, 공급이 수요보다 많으면 물가는 내리고 기업의 수익이 감소하거나 결손을 내기 때문에 불황이 나타나게 된다.

● 본원통화

중앙은행인 한국은행이 지폐와 동전 등 화폐발행의 독점적 권한을 통해 공급한 통화를 말한다. 통화관리 수단의 하나로 이용되고 있다.

● 비트코인(Bitcoin)

지폐나 동전과 달리 물리적인 형태가 없는 온라인 가상화폐(디지털 통화)다. 미국발(發) 금융위기가 한창이던 2008년 나카모토 사토시라는 이름으로 위장한 정체불명의 컴퓨터 프로그래머가 창안했다. 특히 2009년은 Fed가 막대한 양의 달러를 찍어내 시장에 공급하는 양적완화가 시작된 해로, 달러화 가치 하락 우려가 겹치면서 비트코인이 대안 화폐로 주목받기 시작했다.

● 브레튼우즈 회의(Bretton Woods)

1944년 1월 2차 세계대전 말, 미국 뉴햄프셔주 브레튼우즈에서 세계금융질서를 바로 잡기 위해 44개국이 참여한 회의이다. 브레튼우즈 회의의 주요 내용은 미국 달러화를 기축통화로 하는 금본위제를 실시하여 금 1온스를 35달러로 고정시키고, 그 외에 다른 나라의 통화는 달러에 고정하는 것이다. 이를 감독하기 위해 새로운 국제기구가 필요하다는 것에 합의하여 국제통화기금(IMF)과 국제부흥개발은행(IBRD)이 설립되었다.

리플레이션(Reflation)

통화 재팽창을 말하는 것으로, 디플레이션에서 벗어나 심한 인플레이션까지는 이르지 않은 상태를 가리킨다. 불황의 결과 생산이나 이윤이 대폭 저하되어 실업이 증가하는 경우 정상이라 생각되는 수준에 미달되는 물가수준을 어느 정도 인상시켜 인플레이션에 이르지 않을 정도까지 경기를 회복시키기 위해 통화를 팽창시키는 금융정책을 '리플레이션 정책'이라고 한다.

통화량

금융기관 이외의 민간부문이 보유하는 현금통화 · 예금통화의 총칭으로, 통화공급량이라고도 한다. 이때 현금통화는 민간이 지급수단으로 보유하는 화폐를 말하며, 이는 중앙은행이 발행한 화폐발행액에서 중앙은행을 제외한 그 밖의 금융기관이 보유하는 시재금(時在金)을 공제한 잔액이다.

화폐착각

임금이나 소득의 실질가치가 변화하고 있는데도 명목단위에 변화가 없으면 임금이나 소득이 현상 유지되고 있는 것으로 무감각하게 받아들이는 상태를 말한다. 화폐현상, 화폐환각이라고도 한다.

그레셤의 법칙(Greshem's law)

16세기 영국의 금융가 그레셤이 제창한 화폐유통에 관한 법칙으로, 흔히 '악화(惡貨)가 양화(良貨)를 구축한다(Bad money drives out good money).'라는 말로 표현된다. 예를 들어 금화와 은화가 동일한 화폐가치로 유통되면 가치가 작은 은화가 가치가 큰 금화를 유통으로부터 배제시킨다는 뜻이다.

래퍼곡선(Laffer Curve)

미국의 경제학자 래퍼에 의해 제시된 것으로, 세율과 세수(稅收)의 관계를 나타낸 곡선이다. 일반적으로 세율이 높아질수록 세수는 늘어나는데, 래퍼에 의하면 일정 세율(최적세부담률)을 넘으면 반대로 세수가 줄어든다는 것이다. 래퍼곡선은 레이건 경제정책의 기반이었던 공급중시 경제학의 이론적 토대가 되었다.

2 경영

● 경영정보시스템(MIS ; Management Information System)

기업의 경영관리에 필요한 정보를 기업의 각 내부에서 신속 · 정확하게 수집하여 종합적 · 조직적으로 가공, 저축, 제공하는 전체 시스템과 그 네트워크를 이르는 말이다.

● 다운사이징(Downsizing)

기구축소 또는 감원을 뜻하는 경영기법이다. 단기적 비용절감이 아닌 장기적 경영전략으로, 수익성이 없거나 비생산적인 부서 또는 지점을 축소 · 해체하거나 기구를 단순화함으로써 관료주의적 경영체제를 지양하고 의사소통을 원활히 하여 신속한 의사결정을 도모하는 것 등이다. 다운사이징은 벤치마킹 · 리엔지니어링과 함께 21세기의 새로운 경영기법으로 주목된다.

● 주식회사

전형적인 물적(物的) 회사로서 유한책임사원으로 구성되는 자본적 결합체를 말한다. 7인 이상의 발기인이 있어야 하지만, 이것은 성립요건이지 존속요건은 아니므로 1인회사도 성립 가능하다.

● 유한책임회사

우리나라의 대부분의 회사는 주식회사로 되어 있으나 설립요건이 까다롭고 지배구조가 경직되어 있어 창조적인 아이디어를 가진 청년이나 벤처사업을 구상하는 사람들이 쉽게 회사를 설립할 수 없었다. 2012년 개정 상법에서 사원의 유한책임을 인정하면서도 회사의 설립 · 운영과 기관 구성 등에서 사적 자치를 폭넓게 인정하는 유한책임회사를 도입하여 벤처기업과 1인 창조기업과 같은 회사설립이 쉽게 가능하도록 하였다.

● M&A(Mergers and Acquisitions)

다른 회사의 경영권을 확보하기 위해 기업을 사들이거나 합병하는 것으로, 기업합병(merger)과 한 기업이 다른 하나의 자산 또는 주식의 취득을 통해 경영권을 획득하는 기업인수(accquisition)가 결합된 개념이다.

시너지효과(Synergy effect)

'1 + 1'이 2 이상의 효과를 내는 경우를 가리키는 말로 상승효과(相承效果)라고도 한다.

벤치마킹(Benchmarking)

자기 분야에서 가장 우수한 성과를 내고 있는 최고 회사를 모델로 삼아 그들의 독특한 비법을 배우면서 자기 혁신을 꾀하는 것으로, 넓은 의미에서는 리엔지니어링의 개념에 포함시키기도 한다.

리엔지니어링(Re-engineering)

기업의 업무 재구축을 뜻하는 말로 각종 권한이양, 인원 감축, 노동자 재교육, 조직 개편 등의 의미를 함축하고 있다. 비용 · 품질 · 서비스와 같은 핵심 경영요소를 향상시킬 수 있도록 경영과정과 지원시스템을 근본적으로 재설계하는 기법이다. 1990년 마이클 해머가 제창한 기업 체질 및 구조의 근본적인 변혁을 가리킨다.

확인문제

14. 경영에 관련된 정보를 수집 · 보관하였다가 경영의사 결정 시 검색할 수 있도록 도와주는 시스템은?
① M&A ② EDPS
③ MIS ④ OA

확인문제 [한국전력공사, 대구도시철도공사]

15. 업계 선두기업을 표본으로 삼아 이를 능가하려는 노력을 통해 경쟁력을 제고하려는 기업의 혁신방법은?
① reengineering
② restructuring
③ M&A
④ benchmarking

답 14. ③ 15. ④

구분	신규설립	인수합병
장점	• 초기 사업방향 선정 및 계획의 융통성 • 투자금액 결정의 유통성 • 기업 통제가 용이 • 기존 기업이 지닌 문제점 제거	• 사업착수까지의 시간 단축 • 인력, 기술, 경영 노하우 흡수 • 상품, 브랜드, 영업망 확보 • 시너지 효과와 세재상 이점
단점	• 브랜드 및 영업기반 구축에 시간 소요 • 능력 있는 인력 채용이 어려움 • 투자의 안전성 결여와 기존 업체와의 마찰 야기	• 막대한 인수자금 필요 • 이질적인 문화의 조기 해소 어려움 • 절차의 복잡성

● 전략적투자자(SI ; Stretegic Investor)

기업의 M&A 또는 대형 개발과 건설사업으로 대규모의 자금이 필요할 때 경영권 확보와 경영 참여를 목적으로 자금을 지원하는 투자자를 말한다. 보통 인수하는 기업과 업종이 같거나 시너지를 낼 수 있는 기업이 되며 기업의 경영을 통제하고 감시하는 한편 기업의 모든 문제를 공유하면서 공동경영자로 참여하고 개발사업을 공동으로 진행한다.

● 금산분리(Seperation of Banking and Commerce)

금융자본과 산업자본을 분리하는 것을 말하며 금융자본과 산업자본 간에 일정 한도를 두어 대기업들이 금융기관을 소유할 수 없도록 하는 것이다. 금융과 산업의 자본을 분리하자는 입장에서는 금융자본이 산업자본을 지배하거나 산업자본이 금융자본을 소유하게 될 경우 대기업이 금융기관에 예치된 국민의 저축예금 등을 마음대로 운용하기 때문에 시장의 공정성과 기업의 편중으로 금융의 부실화를 초래할 수 있다고 주장한다. 반면 금융의 국제경쟁력을 강화하기 위해 금산분리를 완화해야 한다고 주장하는 입장은 산업자본(대기업)이 금융기관을 소유할 경우 국제시장에서 해외자본의 영향력에서 벗어나 강력한 국가경쟁력을 가질 수 있다고 본다.

● 오제이티(OJT, On the Job Training)

직무를 수행하면서 직무를 통해 실시하는 교육훈련을 말한다. 업무에 필요한 실제적인 지식이나 기능을 몸에 익히게 되며, 교육 · 훈련을 위해 특별히 시간을 할애할 필요가 없어 기업으로서는 비용을 절약할 수 있는 장

합명회사, 합자회사, 유한회사

- **합명회사** : 회사의 채무에 대한 연대, 무한의 책임을 지는 2인 이상의 무한책임사원만으로 조직되는 인적 회사
- **합자회사** : 1인 이상의 무한책임사원과 1인 이상의 유한책임사원으로 구성되는 물적 · 인적 회사
- **유한회사** : 2명 이상 50명 이내의 유한책임사원만으로 구성되는 인적 · 물적 회사

재무적투자자 (FI ; Financial Investor)

사업을 할 때 자금이 필요한 경우 사업의 운영에는 참여하지 않고 수익만을 목적으로 투자자금을 조달해주는 투자자를 말한다. 시중은행이나 보험사, 증권사, 펀드, 국민연금 같은 공적 기관들이 포함되며 사업권의 획득을 목적으로 하지 않고 투자자금에 대한 배당과 원리금 수익을 목적으로 투자한다.

페이퍼 컴퍼니(Paper Company)

서류 형태로만 존재하면서 회사기능을 수행하는 회사를 가리킨다. 주로 사업활동에서 나오는 소득과 기타 합산소득에 대한 세금 및 기업활동 유지를 위해 소요되는 제반경비를 절감하기 위해 설립된다. 케이맨 제도, 버진아일랜드 등 국제적으로 널리 알려진 조세피난처에 주로 설립된다.

지주회사(Holding Company)

자회사의 주식의 일부 또는 전부를 소유함으로써 자회사의 경영권을 지배하는 회사를 말한다. 지주회사는 경영권 지배 외에는 사업내용이 없는 순수지주회사와, 자체적인 수익사업을 행하는 혼합지주회사로 나뉜다. 콘체른의 일부 방법은 M&A의 방법 중 주식취득과 사실상 같다.

점이 있지만, 교육을 담당하는 측에서는 일상업무에 종사하면서 교육과 훈련을 동시에 담당함으로써 부담이 과중되는 단점도 있다.

● 콘체른(Konzern)

동종 또는 이종의 각 기업이 법률상으로는 독립성을 유지하면서 경제적으로 독립성을 상실하고 하나의 중앙 재벌 밑에서 지배를 받는 형태로, 재벌이라고도 한다. 카르텔이나 트러스트에 비하여 전 사업부문에 다각적으로 독점력을 발휘하는 거대한 기업집단이다. 지주회사도 콘체른의 한 형태이다.

● 카르텔(Cartel)

시장통제를 목적으로 동일산업부문의 독립기업들이 협정에 의해 결합하는 것을 말하며, 기업연합이라고도 한다. 참가기업이 서로 독립성을 유지한다는 점에서 트러스트와 구별된다. 즉, 같은 종류의 상품을 생산하는 기업이 서로 가격이나 생산량, 출하량 등을 협정해서 경쟁을 피하고 이윤을 확보하려는 행위로, 대표적인 국제규모의 카르텔로는 석유수출국기구(OPEC)가 있다. 우리나라에서는 독점규제 및 공정거래에 관한 법률에 의해 원칙적으로 금지되어 있다.

● 트러스트(Trust)

수 개의 기업이 시장독점을 위해 공동지배 아래 더 큰 기업으로 합동하는 기업의 한 형태로 기업합동이라고도 한다. 카르텔보다 강력한 기업집중의 형태로서, 시장지배를 목적으로 하는 점은 카르텔과 공통되지만 각 기업이 법률상 · 경제상의 독립성을 잃는 점에서 카르텔과 다르다. 트러스트의 효시는 1875년 미국에서 설립된 스탠더드 석유회사이다.

● 대규모 기업집단

동일 기업집단 소속 국내 회사들의 직전 사업연도 재무상태표상 자산총액 합계액이 5조원 이상인 기업 집단을 말한다. 여기서 기업집단이란 '동일인이 사실상 사업 내용을 지배하는 회사의 집단'으로 최소 2개 이상의 회사로 구성되며 동일인이란 기업집단을 사실상 지배하는 자로서 자연인 혹은 법인을 지칭한다.

Off-JT(Off the Job Training)

직장 외 교육이라고도 하며, 사내 및 사외 전문가를 초빙하여 직무현장이 아닌 교실에서 강의식으로 교육하는 방법을 말한다. OJT와는 달리 실습이 없고 시간적으로 융통성이 없는 반면, 일처리의 원리와 일반 지식을 교육하는 데는 적합하다.

기업집중(기업결합)

복수의 기업이 독점적 이익이나 경영적 이익을 위해 결합하여 기업의 규모가 더 커지는 기업형태를 말한다. 트러스트(기업합동), 카르텔(기업연합), 콘체른의 3가지로 대별된다.

신디케이트(syndicate)

카르텔에 가맹된 기업이 직접 판매하지 않고 공동판매소를 통하여 가입기업의 상품을 일괄판매하는 공동판매 카르텔로, 카르텔 중 가장 강력하다.

화의제도

경영난에 처한 회사와 채권자들이 법원의 감독(중재) 아래 협의를 통해 채무상환방법 등을 정하고 파산을 면하는 제도이다. 화의결정이 내려지면 경영권은 유지하면서 경영정상화를 모색할 수 있다는 점이 법원이 법정관리인을 선정하고 기업경영까지 책임지는 법정관리와 가장 큰 차이점이다.

알고리즘 담합

사업자 간 직접적 의사교환과 합의 없이 경쟁사끼리 동일한 수준으로 가격을 책정하도록 설정하는 묵시적 담합.

● 전사적 품질관리(TQC ; Total Quality Control)

1970년 후반 일본에서 시작된 품질관리운동으로, 소비자 입맛에 꼭 맞는 품질의 제품을 경제적 · 합리적으로 만들어내는 체계를 갖추기 위해 회사 전체가 노력하는 것을 말한다. 설계 · 제조 · 판매 등 상품과 직접 연결되는 단계뿐 아니라 총무 · 인사 등 간접 부문까지 포함하여 총체적으로 제품 질관리에 주력하는 종합적 품질관리운동이다. TQC와 TQM은 전사적으로 품질관리활동을 추진하고 전원이 참가한다는 점은 유사하지만 TQC가 공급사 위주인 반면, TQM은 구매자 위주의 품질관리활동이라는 점에서 차이가 있다.

전사적 품질경영(TQM ; Total Quality Management)

TQC에서 발전한 개념으로 TQC가 통계학적인 방법론에 치중했다면, TQM은 통계학적인 것은 물론 조직적이며 관리론적인 방법론에 많은 비중을 두고 있다. 제품 및 서비스의 품질을 향상시켜 장기적인 경쟁우위를 확보하기 위해 기존의 조직문화와 경영관행을 재구축하는 것을 말한다.

● JIT(Just in Time) 방식

생산공장에서 꼭 필요한 물품을 꼭 필요한 양만큼, 필요한 장소에서 필요한 시간에 생산하는 것으로 일본의 도요타 자동차에서 개발한 생산방식이다. 적시생산시스템이라고도 한다.

JIT-2(Just In Time 2)

발주회사와 공급업체를 하나의 가상기업으로 인식해 각종 중복 업무와 비능률의 제거, 원가절감과 업무처리속도 단축을 꾀하는 경영기법이다. 과거의 JIT는 발주회사의 압력과 납품회사의 희생이 다소 불가피했으나 JIT-2는 발주업체와 공급업체의 파트너십을 바탕으로 양사 간 관련 핵심업무의 재구축을 제안한다.

● ZD(Zero-Defect)운동

QC(품질관리) 기법을 일반 관리사무에까지 확대 적용하여 전사적으로 결점이 없는 일을 하자는 '무결점 운동'을 말한다. 구체적으로는 전 종업원에게 경영참가의식을 갖게 하여 사기를 높임으로써 결점을 없애는 데 협력해 나가도록 하는 것이다. 1960년대 미국기업이 미사일의 납기단축을 위해 '처음부터 완전한 제품'을 만들자는 운동을 벌인 것이 시초이다.

에고노믹스(Egonomics)

자아를 뜻하는 'Ego'와 정책을 뜻하는 'Nomics'의 합성어로 토머스 셸링(Thomas Schelling)이 처음 사용한 용어이다. 즉, '자기 내부의 갈등을 현명하게 해결하는 자아경영정책'으로, 기업을 이끄는 개개인의 에고를 통해 기업의 성공을 제시할 수 있다는 것이다.

● 고객관계관리(CRM ; Customer Relationship Management)

고객과 관련된 기업의 내외부 자료를 분석, 통합하여 고객 특성에 기초한 마케팅 활동을 계획 · 지원 · 평가하는 과정을 말한다. 데이터베이스 마케팅과 비슷하지만, CRM의 경우 고객의 정보를 취할 수 있는 방법이 훨씬 다양하며 전사적으로 행한다는 점이 다르다. CRM은 단순히 제품을 팔기보다는 '고객과 어떤 관계를 형성해 나갈 것인가', '고객들이 어떤 것을 원하는가' 등에 주안점을 둔다.

홀로닉 매니지먼트(Holonic Management)

홀로닉(holonic)이란 생태학에서 나온 말로 '개체와 전체의 유기적 조화'를 뜻한다. 홀로닉 매니지먼트는 조직과 개인을 일체화한 생물학적 경영원리로, 기업의 구성원 각자가 자율적으로 문제 해결이나 사업 구조의 개혁에 참가하고 그것이 개인과 조직 전체의 발전을 위해 서로 조화와 균형을 이루는 경영을 말한다.

● 가치창조경영(VBM ; Value-Based Management)

기업의 의사 결정 기준을 회계상의 매출과 이익 중심에서 벗어나 경제적 이익에 근거한 기업가치에서 중심점을 두는 사업 관리 기법으로, 가치중심경영이라고도 한다. 가치창조경영이 인기가 있는 것은 기존의 근시안적인 관점에서 벗어나 장기적인 수익성을 기준으로 기업활동을 기획, 실행, 통제해 나간다는 장점 때문이다.

● EVA(economic value added)

투하된 자본의 기회비용을 감안하여 기업이 어느 정도의 부가가치(이익)를 창출하였는가를 나타내는 경영지표로, 장기적인 투자자본의 효율성을 중시하는 가치중심경영을 유도하기 위한 성과 측정 수단이다.

● CI(Corporate Identity)

기업 이미지 통합계획으로서 기업의 철학을 대내외적으로 표출하는 경영전략이다. CI전략으로는 기업의 상호변경이나 새로운 마크 제정 등 시각적 수단이 주이지만, 기업 이념이나 사원의 의식변혁도 포함한다.

● 매트릭스 조직(Matrix Organization)

프로젝트 조직과 기능적 조직을 결합시킨 조직 형태로, 종적인 조직을 기본으로 하되 특정 임무를 수행하는 구성원을 횡적으로 묶어 업무 효율을 높이고 업무가 끝나면 종적 조직으로 복귀하도록 하는 특징이 있다.

● 프레스트후스의 성격유형론

성격을 대인적 상황에 반응 또는 적응하는 행동양태로 분류한 것이다.

① **상승형** : 권한, 지위집단 등의 자극에 적극 순응하여 규범을 준수하고 개인의 영달을 도모한다. 권력지향적이고 권한과 지위에 대해 민감한 반응을 보이며 조직 내 최상위 계층까지 진출하려 한다.

② **무관심형** : 직업적 안정성을 선호, 특별한 갈등 없이 조직생활에 순응한다.

③ **애매형** : 권력획득을 희망하지만 역할을 제대로 수행하지 못해 심한 갈등을 경험하며, 독창적인 생각을 하고 전문가적인 역할을 한다. 권한배분과 지위체제에 대한 저항감을 갖는다.

● 팩터링(Factoring) 금융

금융기관들이 기업으로부터 상업어음, 외상매출증서 등 매출채권을 매입한 뒤 이를 바탕으로 자금을 빌려주는 제도를 말한다. 기업들이 상거래

라인스태프조직
(line and staff organization)

직계조직에 스태프조직을 가미한 경영관리조직의 한 형태로, 직계참모조직이라고도 한다. 직계조직과 참모조직의 단점을 보완하고 장점을 살리기 위한 혼합형태로, 한편으로는 직계조직의 지휘·명령 일원화를 유지하고, 다른 한편으로는 수평적 분화에 따른 책임과 권한을 확립하려는 조직형태이다.

프로젝트 조직

특정 프로젝트의 수행을 위해 임시적으로 조직 내의 인적·물적 자원을 결합하는 조직 형태로, 과제의 해결을 위해 형성되는 동태적 조직이다.

확인문제 [한국전력공사]

16. 프레스트후스(Presthus)의 조직구성원의 성격유형이 아닌 것은?

① 상승형 ② 혁신형
③ 무관심형 ④ 애매형

슘페터의 발전론

자본주의 경제발전의 원동력을 혁신으로 보고, 혁신을 수행하는 기업가의 역할을 강조한 슘페터의 이론이다. 즉 기업가는 이윤 획득을 위하여 혁신을 도입하고, 경영자들이 그 혁신을 모방함으로써 경제는 발전하게 된다는 이론이다. 혁신이란 새로운 상품의 제조, 새로운 생산 방법의 채용, 신시장의 개척, 신자원의 획득, 새로운 경영 조직의 형성 등으로 나타난다.

확인문제

17. 자본주의 경제발전 원동력을 혁신(Innovation)으로 보고, 혁신을 수행하는 기업가의 역할을 강조한 경제학자는?

① 슘페터 ② 밀
③ 헤로드 ④ 마셜

답 16. ② 17. ①

대가로 현금 대신 받은 매출채권을 신속히 현금화하여 기업활동을 돕자는 취지로 1920년대 미국에 처음 도입되었고, 우리나라에서는 1980년부터 도입되었다. 취급 금융기관은 산업은행, 수출입은행, 장기신용은행을 제외한 모든 금융기관이지만 주로 단자사들이 활발하게 취급하고 있다.

● 기업금융

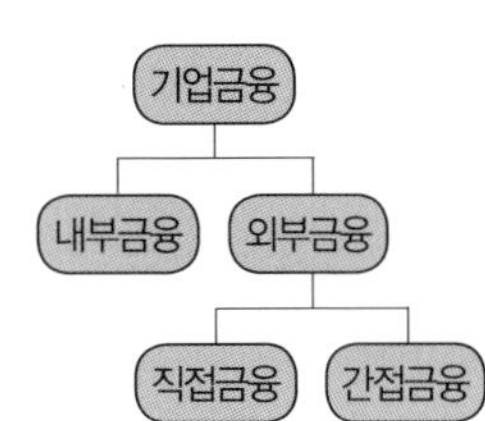

기업금융은 기업의 소요자금이 기업 내부에서 충당되느냐 되지 않느냐 하는 자금조달 방법에 따라 내부 금융과 외부 금융으로 나누어진다. 기업이 필요로 하는 자금 중에서 내부 유보나 감가상각적립금 등 기업저축으로 기업 내부에 축적된 내부 자금에 의하여 충당되는 부분이 내부 금융이고, 투자사업 등에 필요한 자금을 외부에서 차입하여 조달하는 것을 외부 금융이라 한다. 외부 금융은 다시 은행에서 차입하는 간접 금융과 증권시장에서 채권 또는 어음을 발행하여 자금을 조달하는 직접 금융으로 나누어진다.

● 세계 3대 신용평가기관

① **무디스(MOODY'S)** : 1900년 미국의 존 무디(John Moody)에 의하여 설립된 투자자문회사로 투자가들에게 투자에 대한 정보나 조언을 제공하는 국제적인 신용평가기관이다. 정식 명칭은 무디스 인베스터스 서비스(Moody's investors service)이다.

② **스탠더드앤푸어스(S&P)** : 미국에 있는 가장 유력한 신용평가기관으로 신용 및 금융상태만 전문적으로 파악하는 기관이다. 다국적기업뿐 아니라 일반국가들의 신용등급도 처리한다.

③ **피치(Fitch)** : 1997년 영국의 IBCA그룹과 피치 인베스터의 합병으로 피치 IBCA가 되었으나, 2000년 신용평가회사 DCR을 흡수합병하면서 회사명을 피치(Fitch)로 바꾸었다. 금융기관, 기업, 국가에 대한 신용등급을 평가하며 본사는 뉴욕과 런던에 있다.

● 디폴트선언

채무자가 사정에 의하여 계약에 정해진 대로 원리금 지불채무를 이행할 수 없는 상황에 빠지는 것을 디폴트라 하는데, 채권자가 디폴트가 발생했다고 판단하여 채무자나 제3자에게 통보하는 것을 '디폴트선언'이라고

직접금융

기업이 금융기관을 중개하지 않고, 주식 · 채권 등을 발행해서 자금공급자(개인투자가)로부터 자금을 직접 조달하는 것을 말한다. 직접금융이 이루어지는 시장을 증권시장 또는 자본시장이라 한다.

간접금융

기업이 금융기관을 통해 일반으로부터 흡수된 예금을 차입하는 것으로, 간접금융에는 당좌차월, 어음할인, 팩터링 제도, 보험차입, 외화차입, 리스 등이 있다.

확인문제 [한국전력공사]

18. 팩터링(factoring) 금융이란?
① 금융기관이 고객이 맡긴 돈을 채권에 투자하고 계약기간이 만료되면 이자와 함께 돌려주는 금융상품이다.
② 단기자금 조달을 목적으로 도입된 기업어음의 일종이다.
③ 사금융 등의 금융거래를 막기 위해 도입된 제도이다.
④ 외상매출채권을 매수하는 기업금융의 일종이다.

확인문제

19. 3대 신용평가기관에 들지 않는 것은?
① 무디스 ② S&P
③ 피치 ④ 가트너

도미니온 본드 레이팅 서비스

미국 증권거래위원회(SEC)가 4번째 신용평가기관으로 공인한 게니디의 민간 신용평가회사이다.

답 18. ④ 19. ④

한다. 한 나라의 정부가 외국에서 빌려온 빚을 상환기간 내에 갚지 못한 경우도 디폴트에 해당된다.

● 블루칩(Blue Chip)

위험이 적고 가치 하락의 가능성이 매우 낮은 우량 투자종목으로 주로 오랜 기간 안정적인 이익창출과 배당지급을 실행해 온 기업의 주식을 의미한다. 블루칩은 수익성 · 성장성 · 안정성이 높은 종목으로 시장점유율이 높은 업종대표주이기 때문에 비교적 고가(高價)이다.

● 재무제표(Financial Statements)

기업이 일정기간 동안의 경영 현황을 일반적인 회계원칙에 따라 작성한 회계보고서를 말한다. 재무제표에는 재무상태표, 손익계산서, 현금흐름표, 자본변동표 및 주석 등이 있다.

● 재무상태표(Statement of Financial Position)

'일정 시점'에 기업의 자산과 부채 및 자본 상태를 표시하여 기업의 재정상태를 알 수 있게 한 알람표를 말한다. 재무상태표는 정보이용자들에 대한 기업의 수익성, 유동성, 재무적 탄력성 등을 평가하는데 유용한 정보를 제공한다. '자산=부채+자본'으로 나타내는데, 일반적으로 자산을 차변(借邊)에, 부채 및 자본을 대변(貸邊)에 기재한다.

● 손익계산서(income statement)

기업의 경영성과를 밝히기 위하여 일정 기간 내에 발생한 모든 수익과 비용을 대비시켜 당해 기간의 순이익을 계산 · 확정하는 보고서를 말한다. 손익계산서는 기업의 목적달성 정도를 측정하는 기준이며 경영정책의 수립과 방향 설정에 있어 가장 중요한 자료가 된다.

● 감사보고서

'주식회사의 외부감사에 관한 법률'에 따라 외부 공인회계사 또는 감사법인이 감사사무가 완료된 후 감사자료를 정리하여 감사결과를 기재한 보고서를 말한다. 자산총액이 70억 원 이상인 기업은 반드시 회계법인으로부터 외부감사를 받아야 하며 감사결과를 담은 보고서는 전자공시시스템에 공시되므로 기업의 이해관계자는 즉시 인터넷으로 조회할 수 있다.

확인문제 [대구도시철도공사]

20. 기업규모가 크고 경영 실적도 좋아 증권시장을 이끌어간다는 평가를 받는 주식은?
① 블루칩 ② 옐로칩
③ 가치주 ④ 우선주

레드칩(Red Chip)

중국 관련 투자종목을 지칭하는 것으로, 홍콩 증시에 상장된 중국기업의 주식을 말한다.

옐로칩(Yellow Chip)

중저가 실적우량주를 말한다. 블루칩보다는 시가총액이 적지만 재무구조가 안정적이고 업종을 대표하는 우량종목들로 구성된다. 블루칩보다 주가가 낮기 때문에 가격부담이 적고, 유동물량이 많아 블루칩에 이은 실적 장세주도주로 평가받고 있다.

블랙칩(Black Chip)

탄광이나 석유 등과 관련된 종목을 말한다. 최근에는 개념을 확대해 에너지에 관련된 종목들을 통칭하기도 한다.

감사의견의 종류

- **적정의견** : 재무제표가 기업회계기준에 따라 적정하게 기재된 경우 표명한다.
- **한정의견** : 기업회계기준의 위배로 인해 적정의견을 표시하기 힘들지만 부적절하거나 의견을 거절할 정도의 사안이 아닌 경우 표명한다.
- **부적정의견** : 기업회계기준에 전체적으로 위배되는 사안이 있어 한정의견으로 재무제표의 왜곡된 내용을 적절히 공시하기 힘들 경우 표명한다.
- **의견거절** : 감사에 필요한 검사증거를 제한하여 재무제표 전체에 대한 의견을 낼 수 없는 경우 표명한다.

답 
20. ①

● 손익분기점(BEP : Break-Even Point)

비용과 매출액이 동일할 매출액을 의미하는 것으로서 이익과 손실이 나누어지는 구분점(區分點)이 된다. 따라서 손익분기점보다 매출액이 증가하면 이익이 발생하고 감소하면 손실이 발생한다.

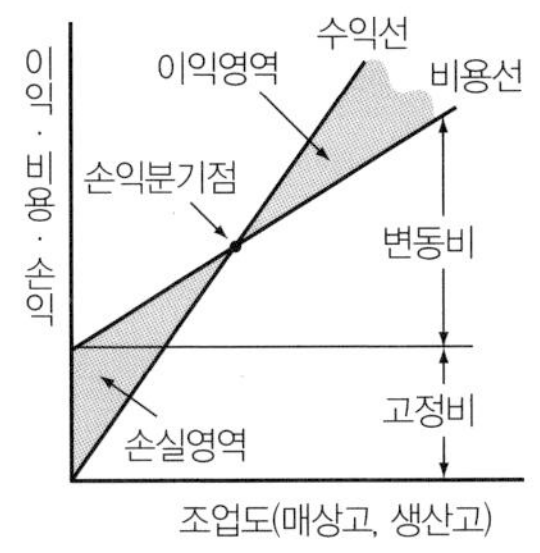

$$\text{손익분기점 매출액} = \text{고정비} \div \left(1 - \frac{\text{변동비}}{\text{매출액}}\right)$$

● 워크아웃(workout, 기업의 재무구조개선작업)

미국 GE 전(前) 회장 잭 웰치에 의해 대중화된 용어로, 구조조정을 통한 경쟁력 강화의 의미로 사용된다. 워크아웃은 문제해결을 위해 계획을 수립하고 실행에 옮기는 일련의 과정을 포괄하는 개념으로, 기업과 관련하여 기업회생을 위한 각종 구조조정과 경영혁신활동을 의미한다. 기업의 회생 가능성 판단 결과 생존 가능성이 있는 기업을 대상으로 채권금융기관과 기업 당사자 간에 긴밀히 협력하여 회생을 모색하는 작업으로 기업에 대한 실사를 바탕으로 이루어진다. 기업개선 작업의 방법으로는 금융기관의 대출금 출자전환, 단기대출의 중장기 전환 등 대출 구조조정과 대상기업의 감자(減資), 자산매각, 주력사업 정비 등이 병행 · 추진된다.

● 6시그마(Six sigma)

수학적으로 100만 개에서 3, 4개의 비율을 가리키는 것으로, 이를 경영에 도입한 사람은 미국의 마이클 해리 박사이다. 초기에는 제조공장에서만 사용되었으나 모든 경영과정을 객관적인 통계수치로 정량화시킨 특성 때문에 경영 전반에 걸쳐 적용되고 있다. 불량품이나 에러발생률을 1백만 개당 3, 4개로 줄이자는 6시그마 운동은 원래 미국의 모토로라에서 시작되었지만, 경영 전반에 걸친 혁신기법으로 발전시킨 것은 GE의 잭 웰치 전 회장으로 잭 웰치는 '6시그마의 완성자'이다.

시드머니(seed money)

종잣돈이라는 뜻의 부실기업을 정리할 때 덧붙여 주는 신규대출을 말한다. 부실기업을 정리할 때 기존 대출을 장기처리로 해줘도 인수하려는 기업이 나서지 않기 때문에 추가로 신규대출을 해주는 것이다. 새로운 열매를 맺기 위해 뿌려지는 씨앗에 비유된다.

어닝시즌(Earning Season)

기업들이 분기별, 또는 반기별 실적을 발표하는 시기를 일컬으며 기업들은 1년에 네 차례 분기별 실적을 발표하고 이를 종합해 반기와 연간결산보고서를 발표한다. 우리나라의 경우, 어닝시즌은 보통 12월 결산법인들의 분기실적이 발표되는 시기를 기준으로 한다.

트리즈(TRIZ)

경영기법의 기준으로 여긴 '6시그마' 이후, 창조성에 기반을 둔 경영기법으로 '트리즈(TRIZ)'가 새롭게 대두되고 있다. 6시그마의 경우 통계적 방법을 통하여 문제를 발견하고 최적화하는 데 큰 가치를 두지만, 트리즈의 경우에는 창조적 문제 해결에 그 중심을 두고 있다.

3 무역

보호무역주의

18세기 말부터 19세기 전반에 영국 고전학파의 자유무역주의에 대항하여 당시 신흥공업국이었던 미국과 독일에서 주장된 것으로, 국가가 무역거래에 대한 관세나 비관세장벽에 제한을 가함으로써 국내산업을 보호 · 육성하려는 사상을 말한다. 보호무역 정책수단 중 수입제한 자체는 개발도상국이 국내산업을 육성하는 경우 국제적으로도 어느 정도 인정되고 있다. 그러나 국제적으로 인정되는 제한조치인가 아닌가에 대해서는 명확한 기준이 없기 때문에 경우에 따라서는 무역전쟁과 같은 심각한 사태를 초래할 우려도 있다.

무역확장법 232조

외국산 수입제품이 미국의 국가 안보에 위협이 된다고 판단될 경우 그 제품의 수입을 긴급히 제한할 수 있는 법을 말한다. 이 법은 1962년 제정된 이후 50여 년 동안 실제 적용된 사례가 2건에 불과할 정도로 사실상 사문화된 법이었지만, 트럼프 미국 대통령이 보호무역주의 수단으로 부활시켰다.

미-중 무역전쟁

2018년부터 2019년까지 이어지고 있는 미국과 중국의 무역전쟁을 말한다. 2018년 3월 도널드 트럼프 미국 대통령이 중국 제품에 고율 관세를 부과할 수 있는 행정명령에 서명하면서 시작되었는데 관세로 시작된 양국의 무역전쟁은 이후 미국의 화웨이 제재조치와 중국의 희토류 수출제한 시사 등으로 기술 문제로까지 확대됐으며, 미국 국방부가 2019년 6월 내놓은 보고서에 대만을 국가로 명시해 '하나의 중국' 원칙을 깨뜨리면서 체제 문제로까지 확산됐다. 그러나 양국의 갈등은 2019년 6월 29일 일본 오사카에서 열린 G20 정상회의에서 미중 정상이 휴전하기로 합의하면서 우선은 일단락됐다.

화웨이

중국 최대의 네트워크, 통신장비 공급업체로 휴대폰, 노트북, 태블릿PC 등이 주력 제품이며 전 세계 170여 개국에 진출하였고 본사는 중국 광둥성에 있다.

신보호무역주의

미국의 만성적 국제수지 적자와 빈번한 국제통화위기, 브레턴우즈 체제 붕괴, 오일 쇼크 등으로 많은 국가들이 무역과 외화에 대한 규제 조치를 강화하여 보호무역주의화되는 경향을 말한다. 특히 1988년 미국 상원 본회의를 통과시킨 종합무역법안은 이러한 결과에서 나온 것이다. 주로 선진국에 의해 자행되는 보호무역주의라는 점에서 후진국의 보호무역주의를 의미하는 전통적인 보호무역주의와 구별된다.

확인문제

21. 주로 선진국에 의해 자행되는 것으로 무역과 외화에 대한 규제 조치를 강화하는 무역주의는?
① 보호무역주의
② 자유무역주의
③ 신보호무역주의
④ 호혜무역주의

답 21. ③

자유무역주의

중상주의적 무역통제정책에 대한 비판으로 영국의 고전학파 경제학자 애덤 스미스(Adam Smith)가 제창한 것으로, 무역거래에 대한 수량제한 · 관세 · 수출보조금 등의 국가 간섭을 폐지하고, 자유롭게 수출입을 하는 행위를 실현하고자 하는 사상을 말한다. 이 자유무역주의 실현을 주도해 온 GATT 체제는 우루과이라운드 타결 후 막을 내리고, 더욱 강력한 WTO가 발족되어 새로운 세계무역의 질서를 담당하고 있다.

공정무역(Fair Trade)

사회윤리학적인 측면에서 시작된 무역운동으로 제3국가나 저개발국가에서 생산된 농산물이나 원료를 수입할 경우 큰 이득을 취하는 중간상의 지배를 배제하고 생산자와 제조업자의 직접 거래를 통해 소외된 생산자들이 가난을 극복하고 자립할 수 있도록 하는 무역방식을 의미한다. 우리나라에서도 사단법인 한국공정무역연합(KFTA)과 '아름다운가게' 등에서 공정무역을 시행하고 있다. 세계공정무역상표기구(FLO)에서는 공정무역 제품의 표준과 규격설정, 생산자 단체 지원, 검열 등의 일을 시작하였으며, 2002년부터 공정무역 인증제도를 시행하고 있다.

녹다운방식(KD ; Knock Down System)

완성품이 아닌 부품 · 반제품 형태로 수출한 것을 현지에서 조립하여 판매하는 방식으로 흔히 자동차 산업에서 볼 수 있다. 완성품을 이용하는 것보다 운임이나 관세가 싸고 현지의 값싼 노동력을 이용할 수 있다는 장점이 있다.

펠리컨 경제(Pelican Economy)

먹이를 부리에 저장했다가 새끼에게 먹이는 펠리컨처럼 국내 대기업과 중소기업이 긴밀한 협력을 통해 한국의 소재 · 부품 · 장비 산업의 발전과 자립도를 높이고 부가가치를 창출해 파급효과를 만들어낸다는 의미이며 성윤모 산업통상자원부 장관은 2019년 8월 5일 소재 · 부품 · 장비 경쟁력 강화 대책을 발표하면서 국내 소재 · 부품 · 장비 산업을 가마우지에서 펠리컨으로 바꿔나가겠다고 밝힌 바 있다.

탄력관세

국내산업보호, 물가안정 등을 위하여 정부가 국회의 위임을 받고 범위 내에서 관세율을 인상 또는 인하할 수 있도록 한 관세제도를 말한다. 우리

인코텀즈(Incoterms)

국제상업회의소(International Chamber of Commerce)가 제정하여 국가 간의 무역거래에서 널리 쓰이고 있는 무역거래조건에 관한 국제 규칙을 말한다. 국제무역 거래 당사자들 간에 법률과 언어, 화폐, 보험에 적용규정이 상이하기 때문에 일어나는 분쟁을 사전에 예방하기 위해 만들어진 것으로 지금은 일곱 번째로 개정되어 인코텀즈 2010이 시행되고 있으며 이는 2011년 1월 1일 발효되었다.

확인문제 [인천교통공사]

22. 무역형태 중 녹다운(Knock Down) 방식이란?
① 해외 진출 시 부분품을 수출하여 현지에서 조립하여 판매하는 것
② 해외에 덤핑하는 행위
③ 경쟁기업을 넘어뜨리기 위하여 품질개선 등의 비가격 경쟁으로 대항하는 것
④ 경쟁기업을 넘어뜨리기 위하여 가격인하 정책을 쓰는 것
⑤ 생산설비, 기술 노하우까지 종합적으로 수출하는 것

가마우지 경제(Cormorant Economy)

핵심 부품과 소재를 일본에서 수입해 다른 나라에 수출하는 우리나라 산업경제의 구조적 특성상 수출하면 할수록 정작 이득은 일본에 돌아간다는 의미를 지닌 용어다. 이 말은 중국이나 일본 일부 지방에서 낚시꾼이 가마우지 새의 목 아래를 끈으로 묶어두었다가 새가 먹이를 잡으면 끈을 당겨 먹이를 삼키지 못하도록 하여 목에 걸린 고기를 가로채는 낚시방법에 빗댄 용어다.

운임보험료부담조건(CIF ; Cost, Insurance and Freight)

무역거래조건의 하나로, 매도자가 상품의 선적에서 목적지까지의 원가와 운임 · 보험료의 일체를 부담할 것을 조건으로 한 무역계약이다.

답 22. ①

나라에서도 덤핑방지관세, 긴급관세, 조정관세, 상계관세, 물가평형관세, 할당관세 등을 채택하고 있다.

● 반덤핑관세(Anti-dumping Duties)

어떤 국가가 특정 상품의 가격을 대폭 인하하여 수출하는 덤핑 행위를 하지 못하도록 부과하는 관세로 덤핑방지세, 또는 부당염매관세라고도 한다. 일반적으로 덤핑 상품에 대해서는 징벌적인 고율의 관세를 붙여, 그 상품이 싼 값으로 국내시장에 나돌지 않도록 한다.

● 보복관세

자국 상품에 대해 불리한 대우를 하는 나라의 상품에 매기는 보복적 성격을 띤 관세를 말한다. 일종의 차별관세 · 탄력관세라고 할 수 있는데 이러한 관세는 관세전쟁이 일어날 위험성이 있으므로 오직 상대방을 위협하는 의의만을 중시하여 채택되며, 실제로 발동되는 일은 드물다.

● 종합인증 우수업체 인증제도(AEO ; Authorized Economic Operator)

관세청에서 정하고 있는 법규준수 여부와 내부통제 시스템, 재무 건전성, 안전관리 기준에 따라 우수업체를 공인하는 제도이다. 9 · 11테러로 미국 세관에서 자국의 안전을 강조하면서 통관절차가 까다로워지고 통관이 지연되자 이는 또 다른 비관세장벽이라는 주장이 대두되면서 '세계관세기구(WCO ; World Customs Organization)'가 이 같은 문제점을 보완하기 위해 도입하였다. 세계관세기구(WCO)가 작성한 '무역안전과 원활화에 관한 규범'의 인증을 받으면 통관절차가 간소해진다. 따라서 AEO의 공인을 받으면 국가로부터 인정받은 기업이 되기 때문에 검사비용 및 무역거래에 소요되는 각종 비용을 절감하는 효과가 있다. 우리나라에서는 2009년 4월부터 시행하고 있다.

● HS코드(Harmonized Commodity Descriptin and Coding System)

HS코드란 관세와 무역통계, 보험과 운송 등에 사용되도록 만들어진 다목적 국제상품분류제도로, 세계관세기구에서 정한 '국제통일상품분류체계협약'에 의해 운영되고 있다. HS코드는 상품의 분류를 통일적으로 하

본선인도조건 (FOB ; Free On Board)

무역거래조건의 하나로, CIF와 더불어 가장 많이 사용된다. 매도인이 약속한 화물을 매수인이 지정한 선박에 적재, 본선상에서 화물의 인도를 마칠 때까지의 일체 비용과 위험을 부담하고, 그 이후에는 매수자의 책임이 된다.

확인문제 [한국토지주택공사]

23. 선적항의 본선에 화물을 적재할 때까지의 모든 비용과 위험은 판매자가 부담하고, 그 이후의 비용과 위험은 구매자가 부담하는 것을 무엇이라 하는가?

① CIF ② FOB
③ 구상무역 ④ 플랜트수출

비관세장벽 (NTB ; Non-tariff Barriers)

관세에 의한 수입억제효과가 크지 않아 정부가 관세 이외의 방법으로 수입을 억제하는 등 세계의 자유무역을 저해하는 것을 말한다.

- **직접적으로 제한하는 비관세장벽**
  - 수입할당제 : 일정액으로 특정 상품의 수입량을 제한하는 제도
  - 수입허가제 : 수입할 때 정부의 허가를 받도록 하는 제도
  - 수입과징금제도 : 수입품에 대해 관세 이외에 추가적으로 일정률의 과징금을 부과하는 제도
- **간접적으로 제한하는 비관세장벽** : 보건위생규정 또는 검사제도 등을 통해 간접적으로 무역제한 효과를 갖는다.

무형무역(Invisible Trade)

비가시적인 서비스나 해상운임, 해상 보험료, 관광, 특허료, 여행비, 투자수익, 대리점 수수료 등의 넓은 뜻의 서비스무역을 의미한다. 화물운임, 관광객의 여비, 대외 투자의 이윤 등은 한 나라의 국제수지에는 포함되지만 세관에서의 통관절차가 필요하지 않아 수출입통계에는 표시되지 않는데 이러한 무역을 형태가 없다 하여 일컫는 말이다.

 답 23. ②

기 때문에 국제무역을 원활히 하고 관세율을 일관성 있게 유지하는 역할을 한다. 6자리까지는 국제적으로 통용되는 코드이며 7자리부터는 각 나라에서 6단위 소호의 범위 안에서 세분화하여 10자리까지 사용할 수 있다. 우리나라에서는 HSK(HS of Korea)를 사용하고 있다.

● 바터무역(Barter Trade)

물자의 수출과 수입을 하나의 교환방법으로 상호 결부시키는 무역방식을 말한다. 대표적인 방법으로는 다음의 3가지가 있다.

① **백투백(back to back)** : 거래하는 양자가 동시에 신용장을 개설한다.

② **에스크로(escrow)** : 먼저 수입한 측이 그 대금을 외환은행에 적립하고, 후에 수입하는 측은 그 계정금액으로 결제에 충당한다.

③ **토머스, 역토머스** : 일방이 수입신용장을 발부하는 데 관하여 상대방은 일정기간 내에 수입한다는 보증장을 발부한다.

● EU(European Union)

유럽의 정치 · 경제 통합을 실현하기 위해 마스트리흐트 조약에 따라 유럽 12개국의 연합기구로 출범하였다. EC와 달리 법률적 실체는 아니며 유럽통합을 추진하는 추상적 주체개념이다. 루마니아와 불가리아가 2007년 1월 1일자로 가입해 27개국으로 확대되었으며, 2013년 7월 크로아티아가 28번째 회원국으로 가입하였다.

● 자유무역협정(FTA : Free Trade Agreement)

FTA는 나라와 나라 간의 제반 무역장벽을 완화하거나 철폐하여 무역자유화를 실현하기 위한 양국 간 또는 지역 간에 체결하는 특혜무역협정으로 유럽연합(EU)이나 북미자유무역협정(NAFTA) 등 인접 국가나 일정 지역을 중심으로 이루어져 흔히 지역무역협정(RTA ; Regional Trade Agreement)이라고 하기도 한다. 자유무역협정은 다양한 형태의 지역무역협정 중 가장 낮은 단계의 경제통합으로, 특징적인 것은 회원국 간의 관세 및 무역장벽을 철폐하되 비회원국에 대해서는 각각 다른 관세율을 적용한다는 것이다. 초기 자유무역협정의 협상 대상은 상품에 대한 관세 및 비관세장벽 철폐였으나 최근에는 협상 대상이 점차 확대되고 있다.

슈퍼 301조(Super 301)

미국 종합무역법안의 조항 중 하나로, 1988년 8월, 불공정한 무역관행을 가지는 국가에 압력을 가하기 위해 교섭기한을 정한 미국무역대표부가 통상법 301조(불공정무역관행에의 보복)를 강화하는 형태로 성립되었다. 주요 규정은 '미국무역대표부(USTR)가 수입장벽을 두는 국가와 관행을 특정하여 그 장벽의 폐지를 요구해 상대국이 3년 이내에 철폐에 응하지 않을 경우는 관세의 인상 등 보복조치를 발동한다.'는 내용이다.

EC(European Community)

유럽공동체. 평화와 경제번영을 위한 유럽통합을 목표로 설립된 국제조직이다. 유럽석탄철강공동체(ECSC), 유럽원자력공동체(Euratom)와 유럽경제공동체(EEC)가 통합조약에 따라 통합되면서 EC라는 명칭이 사용되어 왔다. 한편, 1993년 11월 1일 마스트리흐트 조약이 발효됨에 따라 1994년 1월 1일부터 EU(유럽연합)로 공식 명칭이 바뀌었다.

스파게티볼 효과(Spaghetti Bowl Effect)

여러 나라와 동시에 자유무역협정(FTA)을 체결하면 각 나라마다 다른 원산지 규정 적용, 통관절차, 표준 등을 확인하는데 시간과 인력이 더 들어 거래비용 절감이라는 기대효과가 반감되는 현상으로 이같은 현상이 마치 스파게티 접시 속 국수가닥과 닮았다는 뜻으로 사용했다.

우리나라 FTA 현황 (2017년 12월 기준)

발효된 FTA	칠레, 싱가포르, EFTA, ASEAN, EU, 페루, 미국, 터키, 호주, 캐나다, 중국, 베트남, 뉴질랜드, 콜롬비아
타결된 FTA	콰테말라, 온두라스, 니카라과, 엘살바도르, 코스타리카, 파나마
협상중인 FTA	한-중-일, RCEP, 에콰도르, 이스라엘

● 환태평양경제동반자협정(TPP ; Trans Pacific Partnership)

미국 · 일본 · 호주 · 뉴질랜드 · 베트남 · 말레이시아 · 싱가포르 · 페루 · 칠레 · 브루나이 · 멕시코 · 캐나다 12개국이 참가하는 다자간 자유무역협정(FTA)이다(2015년 1월 기준). 2005년 6월에 뉴질랜드와 싱가포르, 칠레, 브루나이 4개국을 시작으로 출범하였으며 협정 국가 간 상품의 관세 폐지, 지적재산권, 노동규제, 금융, 의료 분야의 비관세장벽 철폐를 목표로 하고 있다.

● 북미자유무역협정(NAFTA ; North America Free Trade Agreements)

1994년 1월에 발효된 멕시코에서 북미에 이르는 세계 최대 무관세자유무역지대 창설에 관한 협정으로, 이에 따라 미국 · 캐나다 · 멕시코 3국을 포함하는 인구 3억 6천만, GNP 6조 달러로 EU를 압도하는 세계 최대시장이 창설되었다.

● 중국 아세안 자유무역협정(CAFTA ; China-ASEAN Free Agreement)

중국과 아세안 10개국 사이에 체결한 자유무역협정을 말하며 2002년 11월 자유무역협정을 체결하기 위한 기본 협정에 서명하였고 2010년 1월 정식 발효되었다. 세계 인구의 3분의 1에 달하는 중국과 아세안 국가들의 19억 인구를 하나의 경제권으로 연결하고 있고 해당 지역의 시장을 선점하기 위한 한, 중, 일 3국 사이의 경쟁 속에서 중국이 그 주도권을 선점하고 있다는 의미를 갖는다.

● G-20(Group of 20)

세계경제체제에 있어 중요한 국가 간에 경제 및 금융정책 현안에 관한 대화를 확대하고 안정적이며 지속 가능한 세계경제 성장을 위한 협력을 증대하기 위해 창설된 세계경제협의기구로, G는 'Group'에서 따온 것이고 20은 참가국의 숫자를 가리킨다. G-20에서는 20개국의 재무장관과 국제기구, 중앙은행의 총재들이 참여해 논의를 한다. 본래 G-7이었으나 기존의 G-7 선진국 이외에 주요 신흥국을 포괄하는 국제논의체제가 필요하다는 합의에 따라 신흥 개발도상국들이 참여하게 되었다. 참여하는 국제기구는 IMF(국제통화기금), IBRD(세계은행), ECB(유럽중앙은행)가 있다.

역내포괄적 경제동반자협정(RCEP ; Regional Comprehensive Economic Parthership)

아세안 10개국과 한 · 중 · 일 3개국, 호주 · 뉴질랜드 · 인도 등 총 16개국의 관세장벽 철폐를 목표로 하는 일종의 자유무역협정으로 2015년 11월 22일 말레이시아 쿠알라룸푸르에서 2016년까지 타결하는 정상 공동선언문을 채택했다. 이는 명목 GDP 기준으로 북미자유무역협정과 유럽연합을 능가하는 세계 최대 규모의 경제블록이다.

G-20 참여국가

분류	국가
G-7	미국, 일본, 영국, 프랑스, 독일, 캐나다, 이탈리아
아시아	한국, 중국, 인도, 인도네시아
중남미	아르헨티나, 브라질, 멕시코
유럽 등	러시아, 터키, 호주, EU 의장국
아프리카, 중동	사우디아라비아, 남아프리카공화국

유엔무역개발회의(UNCTAD ; UN Conference on Trade and Development)

선 · 후진국 간의 무역불균형 시정과 남북문제 해결을 위해 1964년 UN의 결의에 따라 설치된 기구이다. 총회, 무역개발이사회, 7개 상설위원회가 있는데, 총회는 4년을 넘지 않는 간격으로 열리며 무역개발이사회는 연 2회 소집된다. 본부는 제네바에, 연락사무소는 뉴욕에 있다.

SDR(special drawing rights)

국제통화기금(IMF)의 특별인출권으로 국제수지가 악화되었을 때 국제통화기금으로부터 무담보로 외화를 인출할 수 있는 권리, 즉 국제유동성을 인출할 수 있는 권리를 말한다. 당초의 IMF는 기금방식에 의거, 가맹국이 갹출한 기금에 의하여 국제수지 적자국에 단기자금을 공여해왔는데, SDR은 국제유동성 부족에 대처하기 위하여 IMF에 의해 창출된 국제준비통화로 금이나 달러의 뒤를 잇는 제3의 통화로 간주되고 있다.

● 경제협력개발기구(OECD ; Organization for Economic Cooperation and Development)

경제발전과 세계무역 촉진을 위하여 발족한 국제기구로, 주요 선진국이 회원국으로 가입해 있고 다수의 전문위원회가 설치되어 있다. 본부는 파리에 있으며, 우리나라는 1996년 12월에 가입하였다.

● 국제통화기금(IMF ; International Monetary Fund)

1944년 브레턴우즈 협정에 따라 설립된 UN기구의 하나이다. 가맹국의 출자로 공동의 외화기금을 만들어 각국의 외화 자금조달을 원활하게 하고, 경제적 번영을 목적으로 하는 국제기구이다. 1976년 1월 자메이카 킹스턴에서 열린 IMF 잠정위원회에서 협정을 개정하여 1978년부터 발효, 킹스턴 체제를 출범시켰다. 본부는 워싱턴에 있으며, 우리나라는 1955년에 58번째로 가입하였고, 1997년 말 IMF 관리체제에 들어가게 되어 2004년까지 상환하는 것을 조건으로 195억 달러의 차입금을 제공받았으나 3년을 앞당겨 2001년 8월 23일 전액을 조기 상환했다.

● IBRD(International Bank Reconstruction and Development)

국제부흥개발은행 또는 세계은행으로, 1944년 브레턴우즈 협정에 기초하여 1946년 발족한 UN산하의 금융기관이다. 제2차 세계대전 후 각국의 전쟁 피해 복구와 개발을 위해 설립된 기관이었으나, 현재는 주로 개발도상국의 공업화를 위해 융자를 하고 있다. 융자조건이 엄격하며 융자대상은 주로 선진국과 중진국이다. IMF가 대외결제에 곤란을 받고 있는 나라에 단기대부를 주로 하는 반면, IBRD는 장기대부를 하는 것이 특징이다.

● OPEC(Organization of Petroleum Exporting Countries)

석유수출국기구라고 하며, 1960년 사우디아라비아, 이란, 이라크, 쿠웨이트, 베네수엘라 등 5개 산유국이 미국, 영국, 네덜란드 등의 국제석유자본에 대항하기 위하여 결성한 일종의 석유 카르텔 기구이다. 회원국은 아프리카의 알제리 · 앙골라 · 나이지리아 · 리비아, 남아메리카의 베네수엘라 · 에콰도르, 중동의 이란 · 이라크 · 쿠웨이트 · 사우디아라비아 · 카타르 · 아랍에미리트 등 12개국이고 회원국이 임명하는 이사회가 있으며, 본부는 오스트리아 빈에 있다. 의사결정방식은 만장일치 원칙에 따른다.

G-7

미국, 영국, 프랑스, 독일, 이탈리아, 캐나다, 일본을 일컫는 선진 7개 국가 모임을 말하며 2019년 G-7 정상회의는 프랑스 비아리츠에서 열렸다.

국제개발협회(IDA ; International Development Association)

IBRD 자매기구로 1960년 워싱턴에서 설립되었다. 세계은행보다 수월한 조건으로 개발도상국에 융자할 것을 목적으로 설립된 국제금융기관으로 융자 대상은 경제부문뿐만 아니라 지역개발에 대한 공헌도가 큰 기초적 사회부문도 포함된다.

확인문제 [KT&G]

24. IBRD의 자매기관이며 제2의 세계은행으로 불리는 것은?

① ICC ② IMP
③ ADB ④ IDA

OAPEC(Organization of Arab Petroleum Exporting Countries)

아랍석유수출국기구는 아랍산유국의 이익을 보호하기 위하여 1968년에 설립된 기구이다. 11개국이 가입되어 있으며, 본부는 쿠웨이트에 있다.

치앙마이 이니셔티브 (Chiang Mai Initiative)

동남아국가연합(ASEAN)과 한국과 중국, 일본이 함께 외환위기 발생을 방지하기 위해 체결한 통화교환협정을 의미한다. 1997년 아시아 외환위기를 거치면서 역내 국가들은 위기관리를 할 때 IMF에만 의존해서는 안 된다는 판단을 하였고 위기재발방지를 위한 역내 금융협력체제의 구축을 위해 2000년 5월 태국 치앙마이에서 열린 제2차 ASEAN+3 재무장관회의에서 역내 상호자금 지원체계를 수립하는 치앙마이 이니셔티브(CMI)에 합의하였다.

답 24. ④

● WTO(World Trade Organization)

세계무역기구라고 하며, 세계무역질서를 주도해온 GATT를 흡수통합하여 세계무역질서를 세우고 UR협정의 이행을 감시하는 역할을 하는 국제기구를 말한다. 1995년 발족되어 2년마다 회원국 전체 각료회의를 열어 통상문제를 협의한다. WTO의 기구로는 필요할 때 소집하는 총회로 2년마다 1회 개최되는 각료회의와 무역위원회, 사무국 등이 있고, 그 밖에 분쟁해결기구(DSB)와 무역정책검토기구가 있다. 가입국은 164개국(2019년 기준)이며, 본부는 스위스 제네바에 있다.

● APEC(Asia Pacific Economic Cooperation)

세계경제의 지역주의 및 보호주의 등에 효율적으로 대응하고 특히 다자간 무역협상에 공동이익을 추구하기 위해 창설된 아시아 · 태평양지역의 경제협력기구를 말한다. 가입국 수는 21개이며, 2005년 11월 18~19일에는 부산에서 제13회 APEC 정상회의가 열렸다.

● 경제자유구역

대한민국을 동북아 경제의 중심국가로 만들기 위해 정부가 지정하는 경제특별구역으로, 그곳에 입주한 외국인 기업에 대해서는 각종 세제 감면과 영어 민원서류 접수, 외국 전문인력의 출입국제도 개선, 외국 교육기관 · 병원 · 약국의 진출 허용 등 외국인 친화적인 경영 · 생활여건 조성을 위한 행정서비스를 제공한다.

● 경상수지

재화나 서비스를 외국과 사고파는 거래, 즉 경상거래의 결과로 나타나는 수지 차이를 말한다. 경상수지는 자본수지에 비해 상대적으로 안정적인 성격을 지닌 거래들로 이루어져 있기 때문에, 경제발전 및 정책 변화의 효과를 측정하거나 전망하는 데 널리 이용된다.

● 고정환율제도(fixed exchange rate system)

정부가 환율을 일정 수준으로 고정시키는 제도이다. 금본위제도하에서의 환율제도가 그 전형이며, 변동폭을 상하 1% 이내로 한정했던 국제통화기금(IMF) 체제하의 외환율도 이에 해당된다. 이 제도는 무역거래에서 환 리스크를 작게 하기 때문에 무역촉진을 위해 여러 나라가 채택하여 왔으나, 한 나라

21C 경제자유도시

- **인천 경제자유구역** : 송도지구, 청라지구, 영종지구
- **부산 · 진해 경제자유구역** : 신항만지역, 명지지역, 지사지역, 두동지역, 웅동지역
- **광양만권 경제자유구역** : 광양지구, 율촌지구, 신덕지구, 화양지구, 하동지구
- **황해 경제자유구역** : 포승지구, 현덕지구
- **대구 · 경북 경제자유구역** : 대구테크노폴리스지구, 수성의료지구, 신서첨단의료지구 등
- **새만금 · 군산 경제자유구역** : 새만금산업단지, 새만금 관광단지
- **동해안권 경제자유구역** : 국제물류비지니스첨단소재산업단지, 사계절명품해양복합관광도시 등
- **충북 경제자유구역** : 바이오밸리, 청주에어로폴리스, 충주에코폴리스

확인문제 [한국마사회]

25. 우리나라의 경제자유구역으로 지정된 곳이 아닌 곳은?

① 부산 ② 광양
③ 인천 ④ 울산
⑤ 진해

경상수지의 종류

- **상품수지** : 상품 수출로 벌어들인 돈과 상품을 수입하는 데 지출한 돈의 수지 차이를 말한다.
- **서비스수지** : 외국과의 서비스 거래 결과 벌어들인 돈과 지급한 돈의 수지 차이를 말한다.
- **소득수지** : 외국인 노동자에게 지급하거나 내국인 해외 근로자가 수취하는 급료 및 임금과 대외금융자산으로부터 발생하는 배당, 이자수입과 대외금융부채에 대하여 지급하는 배당 등 투자소득의 수지차를 말한다.
- **경상이전수지** : 거주자와 비거주자 사이에 무상으로 주고받는 거래의 수지차이를 말한다. 해외교포가 국내로 보내는 개인송금, 해외 자선단체의 기부금이나 구호물자, 국제기구 출연금 등이 포함된다.

답 25. ④

의 국제 수지에 기초적 불균등이 있는 경우에는 재량적으로 대폭적인 평가변동을 하여야 한다는 단점이 있다.

변동환율제도(floating exchange rate system)

환율이 외환시장에서 외환의 수요와 공급에 의해 결정되도록 하는 제도로, 주요 선진국들은 이 제도를 채택하고 있다. 1978년 4월에 출범한 킹스턴 체제에서 IMF는 각국에 환율제도의 선택재량권을 부여함으로써 변동환율제를 사실상 인정했다. 구체적으로 킹스턴 체제는 가맹국이 자국이 채택할 환율제도를 IMF에 보고하도록 규정하고 세계경제가 안정적일 때는 회원 85% 이상의 찬성이 있을 경우 조정 가능한 고정환율제로 복귀할 수 있도록 했다. 우리나라는 1997년 12월부터 '자유변동환율제도'를 채택하여 시행하고 있다.

BOP(Bottom of Pyramid)

BOP란 '최하 소득계층'을 뜻하는 용어로 경제 피라미드에서 맨 밑바닥에 있는 최하위 소득계층은, 1인당 소비는 많지 않지만 전체 규모는 막대한 잠재력이 있다는 평가를 받고 있어 새로운 시장으로 주목을 받고 있다. 이 계층은 아시아, 아프리카, 중남미 등에 걸쳐 무려 40억 명에 달하는 큰 규모의 시장으로 글로벌 기업들은 이미 아프리카나 중동, 인도 등에서 저가 판매 전략을 앞세워 현지전략화에 힘쓰고 있다. BOP 시장은 중국, 인도 등의 정부에서 빈부격차 해소를 위해 막대한 예산을 투자하려는 계획을 발표하면서 더욱 늘어날 것으로 예상된다.

핫머니(hot money)

국제금융시장을 돌아다니는 유동성 단기자금을 말한다. 핫머니에는 각국의 단기금리 및 환율 차이로 단기 차익을 올리기 위한 투기를 목적으로 하는 것과 국내 정세의 불안이나 통화 불안을 피하기 위한 자본도피 목적으로 이루어지는 것이 있다. 핫머니는 자금 이동이 일시에 대량으로 이루어지며, 유동적인 형태를 취하는 특징 때문에 외환의 수급관계를 크게 동요시켜 국제금융시장의 안정을 저해한다. 유로달러(Eurodollars)는 전형적인 핫머니의 성격을 나타내며 거액의 투기자금으로서 국제금리 및 통화안정에 크게 영향을 주고 있다. 또한 국제금융시장뿐 아니라 투기적 이익을 노리고 국내시장을 이동하는 단기자금도 핫머니라 일컫는다.

환율

한 나라의 화폐와 타국 화폐와의 교환비율로 환시세, 외환시세라고도 한다. 화폐의 대외가치는 외환시세에 의해 측정되고 대내가치는 물가지수로 측정된다.

구분	환율하락	환율상승
국제수지	악화	하락
물가	개선	상승
경제성장률	하락	감소
외채상환부담	하락	증가

빅맥지수(Big Mac Index)

전 세계에 진출해있는 미국 패스트푸드 회사 맥도날드의 대표적 햄버거 상품인 빅맥(Big Mac)의 판매가격을 기준으로 하여 각국의 상대적 물가수준과 환율, 통화가치를 비교하는 지수를 말한다.

소프트론(Soft Loan)

대부조건이 까다롭지 않은 차관을 말하며, IBRD(세계은행)의 자매기구로 설립된 IDA(국제개발협회)의 차관방식이다. ADB(아시아개발은행)의 대부도 이에 속한다.

임팩트론(Impact Loan)

국내자금으로는 합리적인 조달이 이루어지지 않을 때 인플레의 충격을 피하면서 국가경제를 안정시키기 위한 것으로, 용도의 규제가 없는 외국차관이다.

확인문제 [한국지역난방공사]

26. 핫머니(hot money)의 특성이 아닌 것은 어느 것인가?
① 이동성 ② 대규모
③ 생산성 ④ 투기성

답 26. ③

Chapter 02 경제 · 경영 · 무역 · 산업

유로달러(Eurodollar)

미국 이외의 은행, 주로 유럽의 은행에 예치되어 있는 달러 자금을 말한다. 이 달러는 일반 예금과 달리 무국적이며, 어느 나라의 통제도 받지 않고 예입 및 대부가 모든 국경을 넘어 자유롭게 이루어진다. 이 때문에 유로달러는 유럽 각지의 금리차나 평가조정에 의한 환차익을 쫓아 부동하는 핫머니의 성격을 띠고 있다.

기축통화(Key Currency)

국제간의 결제나 금융거래의 기본이 되는 통화. 금본위제 이후의 금환본위제도 아래에서는 금의 부족을 보충하기 위하여 국제금융의 중심이 되고 있는 특정국의 통화를 금에 대신하는 환으로 사용하기도 하는데, 종래의 특정국은 영국뿐이었으나 제2차 세계대전 후에는 미국이 대표적 특정국이 되었다. 현재 기축통화로 취급되는 통화는 달러화, 유로화 등이다.

쿨머니(Cool Money)

투기적 단기자금인 핫머니에 대비되는 돈으로 가난 구제나 빈민층 교육 및 도시 빈민촌 환경개선 같은 공익적 사업을 사적 이윤으로 추구하는 기업 형태를 운영하는 미래지향적 자본이다. 사회적 가치와 재무적 성과를 함께 추구하는 투자, 경영, 기부 전략을 짜면서 수익을 창출한다.

금환본위제도(Gold Exchange Standard)

금본위제를 채용하고 있는 다른 나라의 통화를 태환준비로 보유함으로써 자국 통화의 안정을 도모하는 화폐제도. 이 제도를 채택하면 정부와 중앙은행은 금을 보유하지 않았더라도 다른 나라 통화와 금과의 연결에 의해 간접적이긴 하지만 자국 통화와 금의 연결을 보증 받게 된다.

4 산업

클라크의 산업구조

영국의 경제학자 클라크는 산업을 제1 · 2 · 3차 산업으로 분류하고, 제1차 → 제2차 → 제3차 산업순으로 발달한다는 이론을 각 나라의 경제통계를 통해 실증적으로 입증하였다.

① **제1차 산업** : 농업 · 목축업 · 수산업 · 임업 등의 원시산업

② **제2차 산업** : 광업 · 건설업 · 제조공업 등의 가공산업

③ **제3차 산업** : 상업 · 운수업 · 금융업 · 통신업 등의 서비스산업

제4차·제5차 산업

산업구조의 변화와 관련하여 3차 산업이 재구분된 형태이다. 제3차 산업을 상업 · 금융 · 보험 · 수송 등에 한정하고, 정보 · 의료 · 교육 등 지식집약형 산업을 제4차, 취미 · 오락 · 패션산업을 제5차 산업으로 분류한 것이다.

여러 형태의 산업

① **기간산업** : 한 나라 산업의 토대가 되는 기초산업을 말한다. 금속공업 · 동력공업 · 기계공업 · 중화학공업 · 교통기관산업 등으로 국민경제발전에 중추적 역할을 한다.

② **리스산업** : 기업에 필요한 기계설비를 장기간 빌려주고 그 대가로 사용료를 받는 산업으로, 시설임대산업이라고도 한다.

③ **실버산업** : 고령자를 대상으로 한 상품(서비스)을 제조 · 판매하거나 제공할 것을 목적으로 하는 영리사업으로, 유망산업으로 중시되고 있다. 실버산업이 유망산업으로 중요시되고 있는 이유로는 고령자 인구 급증, 공사연금제도 충실로 고령자의 경제력이 전체적으로 높아진 데 따른 구매력 상승, 자녀 수 감소와 직업을 가진 여성의 증가로 고령자의 유료서비스 이용 증가 등이 있다.

④ **정맥산업** : 산업쓰레기를 해체 · 재생 · 재가공하는 산업으로, 돼지의 배설물을 먹이로 재생하거나 농업폐기물로 플라스틱이나 세제 등을 만드는 재생산업이 이에 해당된다.

확인문제

27. 다음 중 제4차 산업은?
① 정보산업 ② 원양산업
③ 서비스업 ④ 전자산업

산업공동화

제조업의 해외 현지생산 등 해외 직접투자가 진전되면 해외에서의 고용은 늘어나지만 그만큼 국내에서의 생산이 줄어 고용 역시 줄어드는 상황이 된다. 이는 국내의 생산능력 저하로 이어지는데 이를 산업공동화라고 한다. 산업공동화에 대한 논의는 미국 내의 보호주의가 고조되는 가운데 등장했다. 기업이 국내 생산보다 원가가 비교적 싼 해외로부터의 부품과 제품을 조달하고 있기 때문에 미국경제가 차지하는 제조업의 비율이 급속히 저하되고 있다는 주장이다. 반면 서비스산업의 비중 증대는 경제 발전에 따른 필연적인 현상이라고 공동화를 부인하는 견해도 있다.

마이스 산업(MICE)

회의(Meeting), 여행관광(Incentive), 컨벤션(Convention), 전시(Exhibition)의 머릿글자를 딴 것으로 국가적 차원의 종합 서비스 산업으로 발전시키기 위해 폭넓게 정의한 전시와 컨벤션 산업을 말한다. 마이스 산업(MICE)을 육성하고 있는 대표적인 나라는 싱가포르이다. 마이스 산업은 대표적인 고(高)부가가치 관광상품으로 큰 고용효과와 경제발전, 국가 이미지 제고에 미치는 파급효과가 크다. 마이스 산업 관련 방문객이 소비하는 관광비용도 일반 관광객보다 월등히 높아 경기 침체기에 실업과 비정규직 문제 해결에 도움이 된다. 우리나라도 2009년 1월 신성장동력 산업 17개 부문 중 하나로 마이스 산업을 선정, 대전광역시를 전시 · 컨벤션과 관광 등을 융합한 복합도시로 추진하고 있다.

답 27. ①

5S서비스

금융, 호텔, 병원, 수송 등 종래의 전통적인 서비스업 외에 새로 개발된 5가지 서비스산업을 말한다.

① **서브스티튜트(Substitute)서비스** : 기업, 개인의 업무를 대행하는 서비스를 말한다.

② **소프트웨어(Software)서비스** : 컴퓨터 시스템의 사용, 유지관리, 프로그램 등의 서비스를 말한다.

③ **시큐리티(Security)서비스** : 개인, 기업의 안전, 생명, 재산 보호에 대한 서비스를 말한다.

④ **소셜(Social)서비스** : 복지사업 등에 의한 사회보장 확립을 위한 서비스를 말한다.

⑤ **스페셜(Special)서비스** : 변호사, 의료, 사설학원 등에 의한 특수 서비스를 말한다.

ISO 9000시리즈

제품의 생산 및 유통과정 전반에 걸쳐 국제규격을 제정한 소비자 중심의 품질보증제도를 말한다. 1976년 영국의 품질인증기관인 BSI의 발의로 1987년 ISO가 국제규격으로 채택했으며, 5개 규격으로 구성되어 있다.

① 9001 : 제품의 디자인 및 개발과 생산, 서비스 등을 내용으로 하는 가장 광범한 적용범위를 가진 규격이다.

② 9002 : 디자인 개발 또는 서비스에 대해 공급자의 책임이 없는 경우에 적용되는 규격이다.

③ 9003 : 디자인 · 설치 등이 문제가 되지 않는 극히 단순한 제품의 경우에 적용되는 규격이다.

④ 9004 : 품질관리시스템을 개발하고 실행하기 위한 일반지침이다.

⑤ 9000 : 위 4개 규격의 안내서이다.

산업재산권

기술의 발달 · 장려를 위해 공업에 관한 지능적 작업 또는 방법에 부여하는 권리로, 특허권 · 실용신안권 · 의장권 · 상표권 등 4개의 무형재산이 포함된다.

① **특허권** : 공업상의 물품 및 그 제조방법에 관하여 최초로 발명한 사람에게 주어지는 권리를 말한다(존속기간 20년).

확인문제 [한국환경공단]

28. 새로 개발된 5가지의 서비스산업(5S)에 해당하지 않는 것은?
① 변호사, 의사, 사설학원에 의한 특수 서비스
② 맞벌이 부부를 위한 쇼핑 서비스
③ 컴퓨터 시스템 사용, 유지관리, 프로그램 등의 소프트웨어 서비스
④ 기업, 개인의 안전, 생명, 재산보호에 대한 보안 서비스
⑤ 복지사업 등 사회보장 확립을 위한 사회적 서비스

에어로트로폴리스(Aerotropolis)

공항을 뜻하는 'Airport'와 대도시를 말하는 'Metropolis'의 합성어로, '공항이 중심이 되고 이를 중심으로 주변 인프라가 형성되는 '공항 중심으로 성장하는 도시'를 뜻하며 두바이(Dubai)나 암스테르담(Amsterdam) 등이 대표적이다. 도시성장의 매개가 되는 교통수단이 자동차에서 비행기로 바뀌면서 '항공 네트워크'를 갖춘 도시가 국내뿐 아니라 글로벌 수요를 끌어들이며 미래 도시로 성장할 수 있다는 개념이다. 우리나라에서는 인천 송도 국제도시가 세계 7대 에어로트로폴리스에 선정되었다.

6T 산업

미래 유망산업으로 우리나라에서 앞으로 주력할 차세대 산업이다. 정보통신기술(IT ; Information Technology), 생명공학기술(BT ; Bio Technology), 나노기술(NT ; Nano Technology), 환경공학기술(ET ; Environment Technology), 우주항공기술(ST ; Space Technology), 문화콘텐츠기술(CT ; Culture Technology) 산업들을 말한다.

답 28. ②

② **실용신안권** : 공업상의 물품에 있어 그 형상·구조 또는 조합에 대한 실용성이 있는 신규 고안을 한 사람에게 주어지는 권리를 말한다(존속기간 10년).

③ **디자인권** : 공업상의 물품에 응용하게 되는 형상·모양·색채 또는 결합에 관하여 신규 의장을 고안한 사람에게 주어지는 권리를 말한다(존속기간 20년).

④ **상표권** : 자기의 상품을 표시하기 위하여 등록을 하고 전용하는 권리를 말한다(존속기간 10년).

● 집적단지(Cluster)

연관이 있는 산업의 기업과 기관들이 한곳에 모여 시너지 효과를 일으키도록 조성된 곳을 의미한다. 기업과 연구기관, 벤처기업 등이 근접성을 활용해 네트워크로 연결되어 정보와 지식의 공유, 비용절감의 효과를 보게 된다. 대표적으로 미국의 반도체와 컴퓨터산업의 메카 실리콘밸리, 일본 아이치현의 자동차연구단지, 우리나라의 대덕연구단지 등이 있다.

● 숙련기술장려법

산업에 필요한 숙련기술의 습득을 장려하고 숙련기술의 향상을 촉진하는 동시에 숙련기술자에 대한 사회적 인식을 높임으로써 숙련기술자의 경제적·사회적 지위를 향상시키고 산업경쟁력을 높이는 것을 목적으로 제정된 법률이다. 이 법에 따라 산업 현장에서 최고 수준의 숙련기술을 보유한 기술자로서 산업 현장에 장기간 종사함으로써 숙련기술 발전 및 숙련기술자의 지위 향상에 크게 공헌한 사람을 '대한민국 명장'으로 선정한다.

● 품질인증마크

제품의 품질을 향상시키고 소비자에게 좋은 품질의 제품을 제공할 목적으로 정부나 공신력 있는 기관이 제품 품질을 일정한 기준으로 검사하여 그 우수성을 인정해 주는 제도이다. 현재 우리나라에서 통용되는 품질인증마크는 다음과 같다.

① **KC마크** : 중복 인증에 따른 기업의 경제적 부담을 줄이고 소비자들은 하나의 인증마크만을 확인해 좋은 제품을 고를 수 있도록 2009년 도입된 국가통합인증마크이다. 총 13개의 법정의무인증마크가 하나로 통합되었다.

특허괴물(Patent Troll)

특허권을 뜻하는 'Patent'와 괴물을 뜻하는 'Troll'을 합성한 용어로, 상품의 제조와 판매를 통해 수익을 창출하는 것이 아니라 보유한 특허들을 바탕으로 다른 제조업체들을 공격해 '사용료(Loyalty)'를 받아내는 특허전문관리회사(NPE : Non Practicing Entities)를 의미한다. 특히 사용료는 어마어마한 이윤을 창출하기 때문에 세계 유수의 기업들이 펀드를 조성하여 특허괴물을 만들었으며 특허권을 침해한 기업에 소송을 제기하여 막대한 이익을 창출하고 있다. 대표적인 특허괴물 회사로는 디지튜드 이노베이션(Digitude Innovation), 램버스(Rambus) 등이 있다.

국가물산업클러스터

대구국가산업단지에 위치한 국내 최초로 물산업 기술, 제품 개발 단계부터 실증 시험, 성능 확인, 해외 진출까지 체계적으로 지원하는 물산업 직접단지이다. 국비 2410억 원을 투입해 2019년 6월에 완공되었고 산·학·연·관이 협력하는 직접단지를 조성하여 물산업 핵심기술 개발, 인증검증을 통한 사업화로 물산업을 구축하는 데 목적을 두고 있으며 롯데케미칼 공장이 위치해 가동중이다.

명장의 조건

- 기계, 재료, 건축, 농림 등 업종별로 고용노동부장관이 정하여 고시하는 직종에서 15년 이상 종사한 사람
- 지정된 직종에서 최고의 숙련기술을 보유하였다고 인정되는 사람
- 숙련기술의 발전이나 숙련기술자의 지위 향상에 크게 기여하였다고 인정되는 사람

② **KS마크** : 우리나라 산업 제품의 품질 개선이나 판매 · 사용 등에 관한 기술적인 사항을 통일하고 단순화하기 위해 정해진 규격으로, 산업표준심의회에서 심사하여 합격된 제품에는 KS표시를 부여한다.

③ **전마크** : 전기를 사용하는 제품 중 전기용품안전관리법에 따라 감전 · 화재 등 사고가 일어날 가능성에 대해 안전시험을 통과한 제품에 부여한다.

④ **Q마크** : 제조업체가 원해서 임의로 부착하는 마크이다. 해당 분야의 민간시험소에 신청하여 품질기준에 합격해야 한다. 각종 품질인증마크 중 유일하게 환불보상제가 보장되어 제품이 불량이거나 제품에 하자가 발생하면 현품으로 바꿔주거나 100% 현금으로 보상받을 수 있다.

⑤ **열마크** : 열을 사용하는 기자재의 열효율과 안전도 등을 검사하여 에너지관리공단이 부여하는 합격증으로, 열사용기구는 이 표시가 없으면 제조 · 판매할 수 없다.

⑥ **GD(Good Design)마크** : 산업디자인진흥법에 의거하여 상품의 외관, 기능, 재료, 경제성 등을 종합적으로 심사하고 디자인의 우수성이 인정된 상품에 부여하는 마크이다.

⑦ **GP(Good Package)마크** : 포장이 뛰어난 상품에 부여하는 마크이다.

⑧ **EMI(Electro Magnetic Interference)마크** : 가전제품에서 발생하는 유해전자파를 억제하는 장치가 부착되었다는 표시이다.

⑨ **환경마크** : 재활용품을 원료로 사용하였거나 폐기할 때 환경을 해치지 않는 상품에 환경부가 부여하는 마크이다.

⑩ **태극마크** : 한국귀금속 감정센터가 일정 품질 이상의 귀금속이라고 평가하여 우수한 공장에 주는 마크이다.

⑪ **LOHAS마크** : 생산과정에서 건강과 환경을 고려한 제품에 한국표준협회에서 부여하는 마크이다.

⑫ **HACCP마크** : 식품의 원료 관리 및 제조 · 가공 · 조리 · 유통의 전 과정에 걸쳐 유해요소를 차단하도록 중점 관리하고 이를 제대로 시행하고 있는 제품에 부여하는 마크이다.

확인문제 [한국환경공단]

29. 제조업체가 부착을 원할 경우 해당분야 민간시험소에 신청해서 얻은 임의 표시사항으로 각종 마크 중 유일하게 환불보상제가 보장되는 인증마크는?

① A/S마크 ② KT마크
③ Q마크 ④ 열마크
⑤ 전마크

IR52 장영실상

신기술 제품을 개발 · 상품화해서 산업기술 혁신에 앞장선 국내업체와 연구소의 기술개발 담당자에게 수여하는 상이다. IR은 산업연구(industrial research)의 약자이고 52는 1년에 52주 동안 매주 시상한다는 뜻이다. 한국산업기술진흥협회와 매일경제신문사가 공동주관하고 교육부가 후원하여 1991년부터 시행되고 있는 국내 최고의 산업기술상이다.

K-OHSAS 18001 인증

한국인정원(KAB)이 국내 기업의 안전보건경영시스템 도입을 촉진하고 작업장의 안전보건경영의 효율성을 제고하고자 'OHSAS 18000'을 바탕으로 만든 인증제도이다. OHSAS 18001은 조직 구성원의 안전과 보건을 확보하고 산업 재해를 예방하기 위해 조직활동에 내재되어 있는 위험요인을 파악하며 이를 지속적으로 관리하기 위한 요구사항을 정한 규격으로, 세계 유수의 표준화 및 인증기관들의 합의에 의해 1999년에 제정된 표준이다.

NEP(NEW Excellent Product)

국내에서 최초 개발된 신기술 또는 이를 대체할 수 있는 기술을 적용하여 개발된 신제품을 대상으로 한 인증제도이다. 정부 5개 부처에서 운영하던 신제품 인증제도를 통합 · 정비하여 2006년부터 새롭게 시행하고 있다.

답 29. ③

01 한국과 인도가 2009년 8월에 맺은 협정으로 상품교역, 서비스교역, 투자, 경제협력 등 경제관계 전반을 강화하기 위한 것은?

① FRB ② CEPA
③ AFTA ④ NATFA
⑤ EEA

해 CEPA(Comprehensive Economic Partnership Agreement)란 '포괄적 경제동반자협정'으로 상품교역, 서비스교역, 투자, 경제협력 등 경제관계 전반을 포괄하는 내용을 강조하기 위해 특정국가 간에 체결하는 협정으로 실질적으로는 FTA와 성격, 체결절차 등이 모두 동일하나 시장개방에 적극적이지 않은 인도의 사회와 경제적 상황을 고려하여 FTA라는 용어 대신 CEPA를 사용하게 되었다.

02 출입국할 경우 반드시 거쳐야 하는 3대 절차를 의미하는 것은?

① BBR ② CIQ
③ GYT ④ KD
⑤ L/C

해 CIQ는 세관(Customs), 출입국관리(Immigration), 검역(Quarantine)의 영문 첫 글자를 딴 것으로 출입국심사를 할 경우 반드시 거쳐야 하는 3대 수속이다.

[한국환경공단]

03 소득불평등지표의 하나로 저소득층과 고소득층 간의 소득분배를 나타내는 것은?

① 로렌츠곡선 ② 지니계수
③ 앳킨슨지수 ④ 파레토계수
⑤ 10분위 분배율

해 10분위 분배율이란 최하위 40% 계층의 소득이 최상위 20% 계층 소득에 대해 차지하는 비율을 말한다.

04 장기침체에 대한 대책의 하나로 극단적으로 이자율을 낮추어 제로금리정책을 시행했다. 그러나 투자 및 소비의 활성화 등 의도했던 수요확대효과가 전혀 나타나고 있지 않다. 다음 경제이론 중 이러한 상황과 밀접하게 연관되어 있는 것은?

① 화폐환상 ② 유동성 함정
③ 구축효과 ④ J커브 효과

해 유동성 함정이란 돈을 풀고 금리를 내려도 투자와 소비가 늘지 않아 경기활성화가 이루어지지 않는 상황을 말한다.

[한국환경공단]

05 어떤 주부가 효용이 10, 8, 6, 4, 2인 다섯 개의 사과를 10,000원에 구입하였다. 이때 효용 1이 1,000원에 해당한다면 소비자잉여는 얼마나 되는가?

① 10,000 ② 20,000
③ 30,000 ④ 40,000
⑤ 50,000

해 소비자잉여란 소비자가 재화를 구입하기 위해 최대한 지불하려고 하는 가격과 실제로 지불한 가격의 차액을 말한다.
(10 + 8 + 6 + 4 + 2) × 1,000 − 10,000
= 30,000 − 10,000
= 20,000

[한국환경공단]

06 현재의 경기상태를 나타내는 지표를 동행지수라고 한다. 동행지수의 지표가 아닌 것은?

① 소매판매액지수 ② 비농림어업취업자수
③ 코스피지수 ④ 내수출하지수
⑤ 광공업생산지수

해 코스피지수는 장래의 경기를 예측하는 선행지수이다.

01 ② 02 ② 03 ⑤ 04 ② 05 ② 06 ③ 

[부산교통공사]

07 **수입이 월 150만원인 가계에서 이 중 50만 원을 저축하고 20만 원을 식비로 지출하였다면 이 가계의 엥겔계수는?**

① 20% ② 30%
③ 40% ④ 50%
⑤ 60%

해 20 ÷ (150 − 50) = 20(%)

[국가정보원]

08 **다음 중 거시경제지표에 해당되지 않는 것은?**

① 국민소득 ② 환율
③ 매출액 ④ 이자율

해 거시경제지표란 국민소득, 물가상승률, 실업률, 환율, 통화증가율, 이자율 등 국가차원의 경제상황을 판단할 수 있는 기준을 말한다.

09 **다음의 통화관리정책 중 한국은행의 통화안정증권과 가장 관련이 큰 것은?**

① 재할인율 정책
② 지불준비율 정책
③ 공개시장조작 정책
④ 선별적 규제 정책

해 선진국의 경우 시중의 유동성을 간접적으로 조절하기 위한 공개시장조작의 대상증권으로서 국채 및 정부보증채 등을 일반적으로 사용하고 있으나, 우리나라의 경우에는 국공채 발행 및 유통시장이 발달되어 있지 않기 때문에 공개시장조작과 유사한 기능을 발휘할 수 있도록 하기 위하여 한국은행이 특별유통증권인 통화안정증권을 발행할 수 있다.

10 **다음 설명 가운데 케인스주의에 해당하지 않는 항목을 고르시오.**

① 정부의 시장개입 기능을 활성화한다.
② 수요관리를 통하여 임금 생활자의 구매력을 높인다.
③ 경기조절식 경제정책을 추진한다.
④ 적자재정정책에 반대한다.

해 수요가 국민소득을 결정한다는 전제 아래 정부가 적극적으로 경제에 개입하여 경기가 침체될 때에는 적자재정정책을 통해 수요를 증가시키고 경기가 과열될 때에는 흑자재정정책을 통해 수요를 감소시킬 것을 주장하였다.

[국민연금공단]

11 **소득을 Y, 소비를 C, 저축을 S라 할 때 Y = S + C이다. 여기서 소비성향은?**

① $\frac{Y}{C}$ ② $\frac{C}{Y}$
③ $\frac{\Delta C}{\Delta Y}$ ④ $\frac{\Delta Y}{\Delta C}$

해 소비성향 = $\frac{\text{소비(C)}}{\text{소득(Y)}}$ = 1 − 저축성향

12 **수요의 변화를 초래하는 요인이 아닌 것은?**

① 가격의 변화 ② 기호의 변화
③ 소득의 증가 ④ 인구의 증가

해 수요의 변화란 가격 이외의 요인으로 인해 수요곡선 자체가 이동하는 것을 말하며 소득, 인구, 다른 재화의 가격, 기호, 선호도, 이자율, 세금 등의 변화로 인해 일어난다.

13 가격차별화가 실시되는 시장에서 나타나는 현상이 아닌 것은?

① 두 시장의 수요탄력성의 차이
② 두 시장에 판매되는 재화의 질적 차이
③ 두 시장이 상호 분리될 수 있는 진입 여건
④ 두 시장 간의 상호 재판매가 불가능한 조건

해 가격차별화란 동일한 재화에 대하여 지리적 · 시간적으로 서로 다른 시장에서 각기 다른 가격을 붙여 판매하는 방식으로 재화의 질적 차이와는 관계가 없다. 전화요금 야간할인제도, 영화관의 조조할인, 국내시장과 해외시장 간의 판매가격차별화 등이 가격차별화의 예에 해당한다.

14 넉시(R. Nurkse)는 빈곤의 악순환을 지속시키는 가장 큰 원인을 무엇이라고 보았는가?

① 시장규모의 협소 ② 가격기능의 실패
③ 농업중시의 경제 ④ 과열적 투기

해 넉시는 저개발국의 경우 소득수준이 낮기 때문에 저축과 구매력이 떨어져 시장규모가 협소해지므로 투자부족 현상을 가져와 저생산을 하게 되며, 저생산은 다시 저소득으로 이어져 빈곤의 악순환이 계속된다고 하였다.

[국민체육진흥공단]

15 경기순환의 한 국면으로 호황이 중단되어 생산활동 저하, 실업률 상승 등이 생기는 현상은?

① 콜로니(Colony)
② 리세션(Recession)
③ 크라우딩아웃(Crowding Out)
④ 스탬피드현상(Stampede Phenomenon)

해 리세션이란 경기후퇴, 즉 경기순환의 한 국면으로 호황이 중단되어 생산활동 저하 · 실업률 상승 등이 나타나는 현상이다. 이러한 상태가 더욱 진행되면 불황이 된다.

16 다음 중 본원통화는?

① 현금통화량 + 요구불예금 + 저축성예금
② 현금통화량 + 요구불예금
③ 금융기관의 지급준비금 + 민간화폐 보유고
④ 은행보유시예금 + 민간은행금고

해 본원통화란 민간이 보유하는 현금통화(화폐민간보유액)와 금융기관의 지급준비금의 합계를 말한다.

17 선진국의 신보호주의로 인한 무역 마찰을 줄이기 위한 대책으로 옳지 않은 것은?

① 신속한 수입 개방 정책으로 국내 산업의 경쟁력을 기른다.
② 소재 및 부품산업을 육성하여 대외 경쟁력을 강화한다.
③ 연구개발투자를 확대하여 우리 상품의 품질을 높인다.
④ 특정 국가에 편중된 무역구조를 개선하여 수출입 시장을 다변화한다.

해 점진적인 수입 개방 정책으로 국내 산업의 경쟁력을 길러야 한다.

18 필립스 곡선은 경제변수 간의 관계를 설명하고 있다. 어떠한 경제변수들인가?

① 실업과 인플레이션율
② 실업과 총생산변화율
③ 실업과 소득변화율
④ 인플레이션과 총생산변화율

해 필립스 곡선이란 물가상승률(임금상승률)과 실업률의 관계에 있어서 실업률이 높으면 물가상승률이 낮고, 실업률이 낮으면 물가상승률이 높다고 하는 상반관계를 나타내는 곡선이다.

07 ① 08 ③ 09 ③ 10 ④ 11 ② 12 ① 13 ② 14 ① 15 ② 16 ③ 17 ① 18 ① 답

19 **엥겔의 계수는 (　　)으로 나타낼 수 있다. (　　) 안에 들어갈 내용으로 알맞은 것은?**

① 음식비의 가격탄력성
② 수요의 소득탄력성
③ 음식비의 소득탄력성
④ 수요의 가격탄력성

해 엥겔계수는 총생계비 중에서 식비가 차지하는 비율을 말하는데, 엥겔계수는 1인당 국민소득과 함께 생활수준을 표시하는 데 사용된다.

20 **일국의 조세제도가 소비세 중심의 간접세로 이루어질 경우 국민경제에 어떤 영향을 끼치는가?**

① 저소득층의 부담을 가중시킨다.
② 저축을 감소시킨다.
③ 인플레이션을 조장시킨다.
④ 투자를 유발시킨다.

해 간접세란 부가가치세, 특별소비세, 주세 등 담세자와 납세자가 다른 조세로 조세징수가 편하고 저항성이 적은 반면, 저소득층의 과세부담을 증가시킨다.

21 **지대란 토지의 임대료를 일컫는데, 이 개념을 확대한 것으로 경제적 지대라는 개념이 있다. 다음 중 경제적 지대추구행위(Rent Seeking Activity)와 가장 관련이 적은 것은 어느 것인가?**

① 상수도 공급을 국가가 독점하는 경우
② 의사협회가 의대 정원의 확대에 반대하는 경우
③ 독과점 기업들이 담합해서 생산량을 제한하는 행위
④ 수입제한 품목의 수입권을 얻기 위해 로비하는 행위

해 지대추구행위란 독점적 지위를 얻기 위해 경제주체가 투입하는 자원의 비용을 말하는데, 어느 이익집단들은 그들의 경제력과 정보력을 동원하여 입법과 행정에 영향력을 행사하고 그들의 이익을 도모함으로써 조직화되지 못한 일반 국민에게 비용을 유발시키게 된다. ①은 사기업에 맡길 경우 자연독점으로 인하여 효율적인 자원배분이 이루어지지 않기 때문에 공공부문이 개입하여 공익사업으로 수행하고 있는 것으로, 지대추구행위에 해당하지 않는다.

[한국마사회]

22 **다음 중 기펜재는?**

① 쇠고기와 돼지고기
② 가격이 상승해 있는 주식
③ 쌀과 보리
④ 펜과 잉크

해 ①, ③은 대체재, ④는 보완재이다.

[한국전력공사]

23 **경제생활에서 '무엇을, 어떻게, 누구를 위하여 생산할 것인가?'라는 기본 문제들이 발생하는 가장 근원적인 이유는?**

① 경제체제의 다양성
② 국민생활 수준의 차이
③ 자원의 희소성
④ 재화에 대한 기호의 차이

해 인간의 욕구를 충족시키는 수단인 자원의 희소성이 근본적인 경제 문제를 낳는다.

[한국전력공사]

24 무차별곡선과 가격선이 접하는 점은 무엇을 의미하는가?

① 이윤의 극대화를 기할 수 있는 점
② 생산의 균형을 기할 수 있는 점
③ 생산량 극대의 점
④ 효용의 극대화를 확보할 수 있는 점

해 무차별곡선과 가격선이 접하는 점, 즉 두 재화의 상대가격비와 무차별곡선의 기울기인 한계대체율이 일치하는 점에서 소비자 효용이 극대화하는데, 이 접점을 소비자균형점이라고 한다. 소비자균형점에서 가격선과 무차별곡선의 기울기는 같다.

[서울특별시도시철도공사]

25 OECD에 대한 설명 중 맞는 것은?

① 문화 및 경제협력을 위한 국제기구이다.
② 주요 선진국이 회원국으로 가입해 있고 다수의 전문위원회가 설치되어 있다.
③ UN 정부 간 기구로서 본부는 파리에 있다.
④ 우리나라는 1996년 10월 협정안에 서명함으로써 정식 회원국이 되었다.

해 OECD(경제협력개발기구)는 1960년 경제발전과 세계무역 촉진을 위하여 발족한 국제기구이다. 정책 방향은 고도의 경제성장과 완전고용을 추진하여 생활수준의 향상을 도모하고, 다각적이고 무차별한 무역경제 체제를 마련하기 위해 노력하며, 저개발 지역에의 개발원조를 촉진한다. 초기에는 선진국만을 회원으로 가입시켰으나 1990년대 이후 한국, 터키, 그리스, 멕시코 등 비선진국까지 회원국으로 가입하여 2014년 현재 회원국은 34개국이다. 우리나라는 1996년 12월 29번째 회원국으로 가입했으며, 본부는 프랑스 파리에 있다.

[한국전력공사]

26 다음 중 원칙적으로 수입을 자유화하고 예외적으로 수입을 제한하여 금지하는 품목만을 규정하는 제도는?

① 네거티브 시스템(negative system)
② 포지티브 시스템(positive system)
③ 바터 시스템(barter system)
④ 쿼터 시스템(quota system)

해 네거티브 시스템(negative system)이란 수출입 자유화가 원칙적으로 인정된 무역제도 하에서 예외적으로 특수한 품목의 수출입을 제한 또는 금지하는 방식을 취하는 제도이다.

[국가정보원]

27 미국통상법 301조와 관련이 없는 것은?

① 미국 상품에 대한 무역 상대국의 불공정 무역 감시
② 미국 상품업계의 제소에 의하여 발동
③ 미국 국무부의 직권에 의하여 조사절차 시작
④ 불공정 무역국에 대한 관세, 조치 등의 보복조치

해 미국통상법 301조란 '무역 상대국 정부의 불공정 무역 관행에 대한 보복조치를 규정한 미국의 법규(1974)'를 말한다. 슈퍼 301조라고 하며 '업계의 제소에 기초'하여서 미 무역대표부(USTR)가 조사를 실시, 상대국의 부당하고 불합리한 무역으로 인해 미국의 권리가 침해되었다고 판단했을 경우, 수입제한이나 관세 인상 등의 보복수단의 행사를 대통령에게 권고할 수 있다.

19 ③ 20 ① 21 ① 22 ② 23 ③ 24 ④ 25 ② 26 ① 27 ③ 답

28 **아래의 항목 중 지역경제통합과 직접 관련이 없는 기구는?**

① EFTA ② NAFTA
③ Mercosur ④ APEC

해 ④ APEC(아시아 · 태평양경제협력각료회의) : 아시아, 태평양 지역의 경제협력 증대를 위한 협의기구로 역내의 배타적 이익보다는 EU(European Union, 유럽연합)나 NAFTA(North America Free Trade Agreement, 북미자유무역협정) 등의 배타적 움직임을 견제하면서 자유로운 국제교역질서를 형성해 나간다.
① EFTA(유럽자유무역연합)
② NAFTA(북미자유무역협정)
③ MERCOSUR(남미공동시장)

29 **상품수지를 바르게 설명한 것은?**

① 재화의 수출액과 수입액의 차이
② 경상수지라고도 한다.
③ 보이지 않는 무역이라고도 한다.
④ 일정 기간 동안의 수출입의 대금지급과 수취의 수지관계

해 상품수지는 국제수지에 있어 경상수지를 구성하는 한 항목이다. 용역이 아닌 재화의 수출입 차이로, 눈에 보이는 무역이라고도 한다.

30 **두 나라 사이의 무역을 상품별, 금액 또는 수량적으로 균형화시킬 수 있는 제도, 즉 자기 나라의 수출액을 한도로 상대국으로부터의 수입을 허가하는 것으로, 남북한 간에도 이루어진 형태는?**

① 구상무역제(Barter System)
② 수입허가제(Import Licence System)
③ 할당제(Quota System)
④ 링크제(Link system)

해 ② 수입허가제는 수입에 있어 국가의 허가를 필요로 하는 제도이다.
③ 할당제는 정부가 국내 산업을 보호하기 위하여 수출국별로 일정한 상품의 수량을 할당하고 그 범위 안에서 수입하게 하는 제도이다.
④ 링크제는 통제 경제에서 물건을 판 금액만큼 사들이게 하는 제도이다.

31 **'주식회사의 외부감사에 관한 법률'에 따라 감사사무가 완료된 후 감사자료를 정리하여 감사결과를 작성할 때 사용되지 않는 의견은?**

① 적정의견 ② 한정의견
③ 부적정의견 ④ 수렴의견
⑤ 의견거절

해 감사결과를 작성할 때 수렴의견이라는 용어는 사용하지 않는다.

[서울특별시도시철도공사]

32 **6시그마에 대한 설명 중 옳지 않은 것은?**

① 품질의 경영혁신운동이다.
② 1987년에 창시되었다.
③ GE의 잭 웰치 전 회장이 6시그마를 통해 경영의 합리화에 성공, 관심을 끌었다.
④ 1백만 번에 6회 에러가 나는 수준을 6시그마로 규정하고 있다.

해 1백만 번 중에 3, 4회 에러가 나는 수준을 6시그마로 규정하고 있다.

[한국전력공사]

33 주목받고 있는 21세기 새로운 경영기법으로 바르지 못한 것은?

① benchmarking

② downsizing

③ golden parachute

④ re-engineering

해 golden parachute(황금 낙하산)는 적대적 M&A의 방어 전략 중 하나이다.

34 매수비용을 높게 만들거나 기대이익을 줄이는 수단 등의 적대적 M&A 방어전략에 대한 내용으로 적절하지 못한 것은?

① 포이즌 필(poison pill)

② 임금을 대폭 올려 기업의 비용이 크게 늘어나게 만든다.

③ 최소시장접근(MMA) 방식에 따른다.

④ 장기적으로 기업가치를 떨어뜨리는 결과를 가져올 수 있다.

⑤ 기존 경영진의 신분, 권리 등을 보장하도록 요구하는 것도 한 방법이다.

해 MMA(최소시장접근)는 수입 금지되었던 상품의 시장을 개방할 때 일정기간 동안 최소한의 개방폭을 규정한 것을 말한다. 쌀 등 농산물의 시장개방을 하면서 국내시장의 충격완화를 위해 전면적으로 개방하지 않더라도 최소한 이 정도는 수입해야 한다는 개방 정도의 하향폭을 말한다.

35 다음 재화의 종류의 설명 중 틀린 것은?

① 결합재-두 재화 중 하나의 수요가 증가하면 다른 하나의 수요도 증가하여, 하나의 가격이 오르면 두 재화의 수요가 동시에 감소한다.

② 대체재-하나의 가격이 상승하면 그에 따라 다른 하나의 수요가 증가한다.

③ 독립재-쌀과 시계, 옷과 안경처럼 두 재화를 별도로 사용하거나 함께 소비할 때, 효용의 크기에 전혀 변화가 없다.

④ 기펜재-가격이 하락할 때 오히려 수요량이 감소한다.

해 보완재에 대한 설명이다.
결합재는 서로 불가분의 관계에 있는 재화로서 소고기와 소가죽 등을 말한다.

[한국전력공사]

36 Seed Money를 제대로 설명한 것은?

① 부실기업을 정리할 때 덧붙여 해주는 신규대출

② 소액투자자들로부터 자금을 모아 부동산이나 부동산 관련 대출에 투자하여 발생한 수익

③ 주식투자 대상국이 아닌 제3국에서 조성되는 주식투자용 기금

④ 금융기관이나 증권회사 상호 간에 거래되는 단기의 자금 대차(貸借)

해 ② 리츠(REITs)에 대한 설명이다.
③ 역외펀드(Off-shore Fund)에 대한 설명이다.
④ 콜머니에 대한 설명이다.

답 28 ④ 29 ① 30 ① 31 ④ 32 ④ 33 ③ 34 ③ 35 ① 36 ①

37 **다음 중 틀린 것은?**

① QC(Quality Control)운동 : 품질관리운동
② 이노베이션(Innovation) : 기술혁신, 기술혁명
③ 시너지 효과(Synergy Effect) : 기업분산으로 얻은 경영상의 효과
④ 무결점(ZD)운동 : 작업의 결함을 없애자는 운동

해 시너지 효과란 기업합병으로 얻을 수 있는 경영상의 효과를 말한다.

38 **다음 용어의 설명 중 잘못된 것은?**

① CI : 기업의 이미지를 통합하여 기업의 철학을 대내외적으로 표출하는 경영전략
② 리엔지니어링 : 경영과정과 지원시스템을 근본적으로 재설계하는 기법
③ IR : 기업의 경영관리에 필요한 정보를 체계적으로 수집해 관리하는 방법
④ 벤치마킹 : 우수한 성과를 내고 있는 같은 분야의 회사를 모델로 삼아 비법을 배우고 자기 혁신을 꾀하는 방법

해 IR(Investor Relationship)은 회사의 경영상태 및 장래성 등을 소개해 자기 회사에 투자하도록 권유하는 기업활동을 말한다.

39 **무한책임사원과 유한책임사원으로 조직되어 있는 회사는?**

① 주식회사 ② 합자회사
③ 합명회사 ④ 다국적 기업

해 합자회사란 유한책임사원과 무한책임사원으로 구성되며, 사업의 경영은 무한책임사원이 하고 유한책임사원은 자본을 제공하여 사업에서 생기는 이익의 분배에 참여하는 회사를 말한다.

[국가정보원]

40 **현대경영에서 TQM은 무엇을 가리키는가?**

① 최고경영진 확보 ② 전사적 품질경영
③ 태프트 경영기법 ④ 최대양산체제

해 TQM(Total Quality Management)은 전사적 품질경영으로 번역되며, 제품이나 서비스의 품질뿐만 아니라 경영과 업무, 직장환경, 조직구성원의 자질까지도 품질개념에 넣어 관리해야 한다는 내용이다.

[한국환경공단]

41 **BIS 기준은 은행이 거래기업의 도산 등으로 부실채권이 갑자기 늘어나 경영위험에 빠져들게 될 경우 이를 대처해 나가기 위한 것이다. 이 기준은?**

① 최소한 6%의 자기자본은 가지고 있어야 한다.
② 최소한 7%의 자기자본은 가지고 있어야 한다.
③ 최소한 8%의 자기자본은 가지고 있어야 한다.
④ 최소한 9%의 자기자본은 가지고 있어야 한다.
⑤ 최소한 10%의 자기자본은 가지고 있어야 한다.

해 BIS 자기자본비율은 은행의 위험자산대비 자기자본비율을 말하며 국제결제은행이 일반은행에 권하는 자기자본비율은 8% 이상으로, 그 이하로 떨어지면 해외에서의 차입과 유가증권발행이 불가능해지는 등 부실은행으로 취급된다.

42 공업소유권에 해당하지 않는 것은?

① 특허권 ② 상호권
③ 상표권 ④ 실용신안권

해 공업소유권에는 특허권, 실용신안권, 의장권, 상표권 등 4개의 무형재산이 포함된다.

[인천교통공사]

43 본원적 예금이 1,000만 원이고, 지급준비율이 20%일 때 신용창조 가능액은?

① 2,000만 원 ② 3,000만 원
③ 4,000만 원 ④ 6,000만 원
⑤ 1억 원

해 신용창조가능액

$$\frac{1{,}000(1-0.2)}{0.2}=4{,}000$$

[한국마사회]

44 100ppm 운동이란?

① 제품 100만 개 중 불량품 수를 100개 이하로 줄이자는 품질혁신운동이다.
② 제품 10만 개 중 불량품 수를 100개 이하로 줄이자는 품질혁신운동이다.
③ 제품 100만 개 중에 불량품 수를 10개 이하로 줄이자는 품질혁신운동이다.
④ 미국 기업들이 대대적으로 벌이고 있는 품질혁신운동이다.

해 100ppm 운동은 불량률을 100ppm, 즉 제품 100만 개 중 100개(0.01%) 이하로 낮추자는 목표를 정해놓고 그 목표를 달성하기 위하여 조직구성원 전원이 참여하는 품질개선운동이다. 1970년 일본 마츠시다 TV사업부가 불량품을 줄이기 위해 ppm을 불량률 단위로 처음 도입하였으며, 이후 여러 기업이 품질관리에서 퍼센트 대신 ppm을 사용하여 불량률을 관리하고 있다.

45 금융, 호텔, 병원, 수송 등 종래의 전통적인 서비스업 외에 새로 개발된 5가지 서비스산업 중 포함되지 않는 것은?

① 소셜 서비스
② 센스 서비스
③ 소프트웨어 서비스
④ 서브스티뷰트 서비스

해 5S 서비스는 서브스티튜스 서비스, 소프트웨어 서비스, 시큐리티 서비스, 소셜 서비스, 스페셜 서비스를 말한다.

46 신용장(L/C)의 뜻을 바르게 설명한 것은?

① 보험 중개인(Insurance Broker)이 보험 계약자에게 계약 존재의 증명으로 교부하는 것
② 운송계약에 따라 주선인이 그때그때마다 발행하는 여러 형식의 화물 수령증
③ 상품대금의 지급보증을 위하여 수입상의 거래은행이 발행하는 서류
④ 국내에서 생산된 물품을 외화 획득용 원료 또는 물품으로 구매하는 경우에 외국환은행의 장이 내국신용장에 준하여 발급하는 증서

해 ① 보험 인수장(Cover Note)에 관한 설명이다.
② 운송주선인의 화물 수령증(FCR ; Forwarder's Cargo Receipt)에 관한 설명이다.
④ 구매승인서에 관한 설명이다.

답 37 ③ 38 ③ 39 ② 40 ② 41 ③ 42 ② 43 ③ 44 ① 45 ② 46 ③

47 다음 조세 중 성격이 다른 하나는?

① 교육세
② 교통 · 에너지 · 환경세
③ 등록면허세
④ 지역자원시설세

해 등록면허세는 보통세이고, 나머지는 모두 목적세이다.

[한국전력공사]

48 한국무역 주식회사의 2006년도 경영정보와 법인세율이 다음과 같을 때 1주당 순이익(EPS)은 얼마인가?

- 자본금 : 1,000억 원
- 1주당 액면 금액 : 5,000원
- 법인세전이익 : 20억 원
- 법인세율 : 40%

① 100원 ② 80원
③ 60원 ④ 40원

해
- 발행주식수 = 자본금÷액면금액 = 1,000억 원÷5,000원 = 2천만 주
- 당기순이익 = 법인세전이익-법인세 = 20억 원-8억 원 = 12억 원
- EPS = 당기순이익÷발행주식수 = 12억 원÷2천만 주 = 60원

[한국전력공사]

49 주가상승과 관련된 용어로 관련이 적은 것은?

① 1월효과 ② 더블위칭데이
③ 서머랠리 ④ 골든크로스

해 더블위칭데이(double witching day)는 선물과 옵션의 만기일이 겹치는 날이다.
① 1월의 주가상승이 다른 달에 비해 높게 나타나는 현상을 말한다.
③ 매년 초여름인 6월 말부터 7월까지 한 차례 주가가 크게 상승하는 경향을 이르는 말이다.
④ 단기 이동평균선이 중장기 이동평균선을 아래서 위로 뚫고 올라가는 현상으로, 강세시장의 전환신호로 해석되어 매수신호로 받아들여진다.

[한국환경공단]

50 일반투자자들에게 주식을 발행해 자금을 마련한 뒤 이 자금을 펀드 매니저가 주식 · 채권 등 유가증권에 투자하는 방식은?

① Mutual Fund ② Vulture Fund
③ Spot Fund ④ Hedge Fund

해 ② 저평가된 부동산을 싼 가격으로 매입하기 위해 운용되는 투자기금으로, 상대적으로 위험이 높지만 잠재적으로 큰 이익을 제공하는 펀드이다.
③ 주식시장에서 인기주로 떠오를 가능성이 있는 특정한 테마군의 주식들을 소규모로 묶어 단기간의 고수익을 노릴 수 있도록 고안된 주식형 수익증권이다.
④ 국제 증권 및 외환시장에 투자해 단기 이익을 올리는 민간 투자기금이다.

47 ③ 48 ③ 49 ② 50 ① 답

다음 질문에 답하시오. (기업체 직무적성검사 대비 문제)

01 선진국과 후진국이 교섭할 때, 저소득자와 후진국 국민들이 고소득자와 선진국 국민들의 생활양식에 영향을 받아 소비성향이 높아지는 현상은? [SH공사]

02 애덤 스미스는 인간에게 유용한 물의 가격은 낮은 데 비하여, 전혀 존재하지 않더라도 인간이 살아가는 데 유용성이 그리 크지 않은 다이아몬드의 가격은 매우 높게 형성되는 사실을 지적하였는데, 이를 무엇이라고 하는가?

03 어느 한 사람의 효용을 감소시키지 않고서는 다른 사람의 효용을 증가시킬 수 없는 상태를 무엇이라 하는가?

04 우리나라가 사상 처음으로 FTA를 맺은 국가는?

05 어떤 재화의 가격을 내렸는데도 그 재화를 소비하는 대신 그 재화보다 우등한 재화를 소비함으로써 오히려 그 재화의 수요가 감소하게 되는 현상을 무엇이라고 하는가?

06 정부나 공공기관이 기업에 거의 반강제적으로 떠넘겨 조세에 준하는 성격을 지닌 각종 성금이나 기부금을 지칭하는 말은?

07 세율과 조세수입과의 관계를 나타내는 곡선은?

08 긴축재정정책으로 경기 침체하에서도 물가가 계속 앙등하는 현상은?

09 생산활동을 통해 획득한 소득의 실질 구매력을 반영하는 소득지표는?

Answer

01 전시효과

02 가치의 역설 (가격의 역설)

03 파레토최적

04 칠레

05 기펜의 역설

06 준조세

07 레퍼곡선

08 스태그플레이션

09 GNI

Answer

10 정상적인 수준보다 떨어져 있는 물가수준을 끌어올리기 위한 정부의 통화량 확대정책으로, 통제 인플레이션이라고도 하는 것은?

10 리플레이션

11 신용평가기관으로부터 투자부적격자 판정을 받거나 신용평가를 받지 못한 경우, 즉 중간 이하의 신용평가등급을 받은 채권을 총칭하는 말은?

11 정크본드

12 기업자들이 자기회사의 영업실적을 부풀려 결산한 것을 무엇이라 하는가?

12 분식결산(분식회계)

13 증권거래소에서 자사의 주식이 매매되고 주식의 소유가 공개되어 있는 법안을 가리키는 말은?

13 상장회사

14 실체가 없이 서류형태로만 존재하는 회사로서 CRV가 여기에 해당한다. 이를 무엇이라 하는가?

14 페이퍼 컴퍼니 (paper company)

15 전반적인 금융정책을 세우고 금융기관을 감독하기 위한 한국은행의 최고의사결정기관은?

15 금융통화위원회

16 동종 또는 유사기업이 독립성을 유지하면서 상호경쟁을 방지하기 위한 수평적 기업결합 형태는?

16 카르텔

17 금융기관이 거액의 금융자산가들을 대상으로 종합적이고 체계적인 자산서비스를 제공하는 것은?

17 프라이빗 뱅킹 (Private Banking)

CHAPTER 03

환경 · 기후 · 사회 · 노동

1. 환경
2. 기후
3. 사회
4. 노동

- 객관식 문제
- 단답형 문제

CHAPTER 03

환경 · 기후 · 사회 · 노동

1 환경

환경권

생존권적 기본권의 하나로, 환경 침해를 거부할 수 있는 배타적 권리이므로 우선 환경오염 배제를 청구할 수 있고 그 위험이 예상될 경우 예방청구권을 행사할 수 있다. 우리 헌법은 제35조에서 '모든 국민은 건강하고 쾌적한 환경에서 생활할 권리를 가지며, 국가와 국민은 환경보전을 위하여 노력하여야 한다. 환경권의 내용과 행사에 관하여는 법률로 정한다.'라고 규정하고 있다.

세계자연보전연맹(IUCN ; International Union for Conservation of Nature)

생물다양성 보전과 보호지역 관리, 기후변화, 지속가능한 발전 등 지구환경보전에 대한 실질적인 정책 수립과 실행을 위한 국제협력사업을 수행하는 세계기구로 우리나라는 현재 국가기관인 환경부를 포함하여, 정부기관인 국립공원관리공단, 문화재청, 산림청, 제주특별자치도, 비정부기구인 한국자연환경보전협회, 한국야생동물보호협회, 한국습지학회, 대자연, 자연보호중앙연맹이 회원으로 가입되어 총 10개 기관이 활동하고 있다. 세계자연보전연맹(IUCN)의 전체적인 활동 방향과 내용은 4년마다 열리는 세계자연보전총회(WCC)에서 결정하도록 되어 있다.

세계자연기금(WWF ; World Wide Fund for Nature)

자연 보호를 위해 설립된 국제 비정부 기구이자 세계 최대의 환경단체로 90여 개국에서 500만 명의 회원이 활동하고 있다. 1961년 스위스에서 세계야생생물기금이란 이름으로 시작됐으며 1986년 현재의 명칭으로 바뀌었지만 미국과 캐나다에서는 여전히 세계야생생물기금으로 활동하고 있다. 야생동물과 자연 그대로 남은 원시적 환경을 보호하는 활동을 주로 하지만 최근에는 지구 온난화와 환경오염, 생물종 다양성에 대한 문제도 적극적으로 다루고 매년 활동에 대한 보고서를 내고 있다.

국제연합 인간환경선언

1972년 6월 스톡홀름의 국제연합(UN) 인간환경회의에서 채택된 '국제연합 인간환경선언'에서 '인간은 품위 있고 행복한 생활을 가능하게 하는 환경 속에서 자유 · 평등과 충족할 만한 수준의 생활을 향유할 기본적 권리를 가진다.'고 명시하여 환경권이 인간의 기본적 권리임을 선언했다. 환경권에 적용되는 조건에는 공기 · 물 · 토양 · 일조 등 자연적 환경은 물론, 인간이 사회구성원으로서의 생활에 필요한 상 · 하수도, 학교, 공원, 도로 등 물리적 인공환경이 포함된다.

세계자연보전총회(WCC ; World Conservation Congress)

세계자연보전연맹(IUCN)이 4년마다 개최하는 환경회의로, 우리나라는 2008년 람사르(Ramsar)총회에서 세계자연보전총회 유치 의사를 표명하고 IUCN 사무국에 총회 유치 희망국으로 신청하여 2012년 제주도에서 세계자연보전총회를 개최하였다. 세계자연보전총회(WCC)는 약 180여 개국 1,100여 개 단체(정부와 NGO), 1만여 명의 전문가가 참가하는 세계 최대의 자연환경분야 회의로, 워크숍과 지식카페, 교육훈련, 토론, 포스터 발표 등이 이루어지는 세계보전포럼(World Conservation Forum)과 회기간 실행프로그램과 예산 승인, 임원선출 및 결의안과 권고안의 의결 등이 이루어지는 회원총회(Member's Assembly)로 구성된다.

플라스틱 프리 챌린지 (Plastic Free Challenge)

세계자연기금이 주관하는 지구를 지키기 위해 플라스틱 사용을 줄이자는 캠페인으로 일반인들이 SNS에 해시태그 운동으로 캠페인을 실천하는 것은 물론 각종 기업들도 참여하고 있다.

런던협약

1972년 경제협력개발기구(OECD)가 중심이 되어 핵폐기물 및 기타 물질의 투기에 의한 해양오염방지를 목적으로 채택한 국제협약으로 주요 내용은 국제원자력기구(IAEA)가 지정한 원자력발전소가 발전 후 핵연료 등 고준위 방사성 물질을 해양에 투기하는 것을 금지하며 기타 방사성 물질 투기의 경우에는 IAEA의 권고를 참작한다는 것이다. 우리나라는 1992년 가입하여 1994년부터 가입국으로서 효력이 발생하였다.

람사르협약

세계적으로 중요한 습지의 파괴를 억제하고 물새가 서식하는 습지대를 국제적으로 보호하기 위해 채택한 협약으로 1971년 2월 2일 이란의 람사르(Ramsar)에서 채택, 1975년 12월에 발효되었으며, 159개국의 지정 습지 1,867개(2009년 기준)가 가입되어 있다. 1997년 101번째로 협약에 가입한 우리나라는 가입 때 1곳 이상의 습지를 람사르 습지 목록에 등재해야 하는 의무규정에 따라 106ha 크기의 강원도 양구군 대암산 용늪과 창녕 우포늪을 람사르 습지로 지정하였으며, 이후 장도습지, 순천만 갯벌, 서천 갯벌, 송도 갯벌 등을 추가로 지정하였다.

리우회의

1992년 6월 3~14일까지 브라질 리우데자네이루에서 175개국의 정상들이 참석한 가운데 개최된 유엔환경개발회의는 27개항의 '리우선언'과 이의 실행을 위한 구체적 지침을 담은 의제 21(Agenda 21), 기후변화협약, 생물다양성협약, 산림원칙 등 5개 협약에 대해 조인했다. 이 회의는 정부대표가 중심이 된 유엔환경회의(UNCED ; Earth Summit)와 각국 민간단체가 중심이 된 지구환경회의(Global Forum'92)가 함께 개최되었다. 유엔환경회의는 리우선언 · 의제 21 · 기후변화협약 · 생물다양성협약 · 산림원칙 등을 채택하였고, 지구환경회의는 지구헌장 · 세계민간단체협약 등을 채택하였다.

로마클럽(The Club of Rome)

1968년 4월 서유럽의 정계 · 재계 · 학계의 지도급 인사가 이탈리아 로마에서 공해 · 자원난 · 인구문제 등 인류사회가 당면한 위기와 문제들을 연구 · 해결하기 위해 설립한 세계적인 민간연구단체이다. 특정 이데올로기

확인문제 [한국환경공단]

1. 폐기물의 해양 투기로 인한 오염을 방지하기 위하여 마련된 국제협약은?
① 람사르협약 ② 바젤협약
③ 몬트리올협약 ④ 런던협약
⑤ 로마협약

람사르총회

람사르협약 당사국총회는 당사국 간 논의를 통하여 지구 차원의 습지보전 상황을 평가하고 공동의 정책을 개발하는 중요한 국제환경회의로서, 3년마다 대륙별 순환원칙에 의해 개최된다. 제10차 람사르협약 당사국총회는 건강한 습지, 건강한 인간이라는 주제 아래 2008년 10월 28일부터 2008년 11월 4일까지 경상남도 창원에서 개최되었다.

생물다양성협약

지구 차원의 생물다양성의 심각한 파괴에 대한 우려와 그 보전을 위한 것으로, 1987년 유엔환경 계획 집행이사회의 협약 제정을 결정한 이래 다년간의 준비 과정을 거쳐 마련되었고 1992년 리우회의에서 158개국 대표의 서명으로 채택되었다. 1993년 12월 29일부터 발효되었으며, 우리나라는 154번째 회원국이다. 이 협약의 주요 내용은 멸종위기에 처해 있는 동식물의 보호, 생물다양성과 유전공학의 관련 이익 조정, 기술이전과 재정지원 등으로, 개도국은 지속적인 천연 자원의 이용을 실현하기 위해 필요한 자금과 기술을 선진국으로부터 받아들이고, 생명공학과 관련된 생물유전자원개발에 대한 지적재산권을 인정하는 내용을 담고 있다.

확인문제

2. 리우회의에서 조인한 협약이 아닌 것은?
① Agenda 21 ② 생물다양성협약
③ 바젤협약 ④ 기후변화협약

답 1. ④ 2. ③

에 치우치거나 특정 국가의 이해나 의견을 대표하지 않으며, 최근 심각한 문제로 대두된 천연자원의 고갈, 공해에 의한 환경오염, 개발도상국의 폭발적인 인구증가, 핵무기 개발에 따르는 인간사회의 파괴 등 인류에 접근하는 위기에 대하여 인류로서 가능한 해결책을 모색하는 것을 목적으로 삼고 있다.

● 바젤협약(Basel Convention)

1976년 이탈리아에서 농약을 생산하는 화학공장이 폭발하여 다이옥신으로 오염된 토양이 국경을 넘어 처분된 '세베소 사건'을 계기로 1989년 3월 22일 스위스의 바젤에서 '유해 폐기물 등의 월경 이동 및 그 처분 관리에 관한 바젤협약'을 116개 참가국 전원 일치로 채택하였다. 이후 1992년 5월 20개국이 비준서를 기탁, 가입함으로써 발효된 국제협약으로, 지구환경보호를 위해 유해폐기물의 국가 간 교역을 규제하기 위한 것이 목적이다. 협의 주요 내용은 '가입국과 가입국 간의 유해 폐기물 수출입 금지, 협약국 간의 유해물 교역은 가능하되 국가승인을 받을 것이며, 규제대상인 폐기물의 처리' 등에 관한 것이다. 우리나라도 1994년 3월에 가입하여, 관련 국내법인 '폐기물의 국가 간 이동 및 그 처리에 관한 법률'이 제정 · 시행되었다.

● 몬트리올의정서(Montreal Protocol)

1986년 캐나다의 몬트리올에서 오존층 파괴 원인물질로 알려진 염화불화탄소와 할론 규제를 주된 내용으로 하는 국제 간의 협약이 채택되었는데 이를 몬트리올의정서라고 한다. 프레온가스의 감축을 각국이 1986년 수준에서 1995년까지 50%로 감축하고 이후에도 단계적으로 감축해야 한다는 것이 주요 내용이다. 우리나라는 1992년에 가입하였다.

● 교토의정서(Kyoto Protocol)

교토의정서는 지구온난화 규제 및 방지의 국제협약인 기후변화협약의 구체적 이행방안으로 교토프로토콜이라고도 한다. 지구온난화를 초래하는 온실가스, 특히 석유 · 석탄 등의 화석연료에서 나오는 이산화탄소의 방출량을 줄이는 것을 목표로 하고, 에너지 효율 향상 및 재생에너지 사용 확대 등이 주요 내용이며 2005년 2월 공식 발효되었다. 당초 2012년 말로 시효가 만료될 예정이었으나 2020년으로 연장되었다.

녹색당(Green Party)

생태계의 평형을 지향하고 환경보호를 주장하는 세계 최초의 독일 환경 정당으로, 시민운동단체를 모체로 좌우익 환경보호주의자와 기성 정당에 대한 불만층이 기반이다. 핵이용 반대, 공해방지, 자연환경보호, 풍력 · 태양열 등의 대체에너지 개발, 교통시스템 개선, 교육제도 개혁 등을 주장하는 이 정당의 당원들은 대부분 교육수준이 높은 청년층이며, 지역환경문제 등에 관심을 가진 유권자들로부터 큰 호응을 얻었다.

유엔환경계획(UNEP)

1972년 6월 UN인간환경회의의 인간환경선언결의에 따라 제27차 총회 결의로 발족되었으며, 인간생활환경의 보호와 인간의 문화적 생활 영위를 위해 환경분야에서 국제적 협력촉진, 국제적 지식증진, 지구환경상태의 점검을 목적으로 한다. 유엔환경계획의 주요 활동은 1986년 4월 체르노빌 원전(原電) 사고 뒤 소련에 대한 정보공개 요구와 라인강 오염 때 국경을 넘는 오염에 대응하는 국제조약 체결을 제안하였고, 1987년 9월 '오존층을 파괴하는 물질에 대한 몬트리올의정서'를 채택하고 오존층 보호를 위한 국제협력체제를 확립하였다. 기구는 관리이사회 · 환경기금 · 환경사무국 · 조사관리위원회로 구성되고, 사무국은 케냐의 나이로비에 있다. 우리나라는 1972년 이후에 참가하였다.

HCFCs 조기 전폐

몬트리올의정서 채택 20주년을 맞이하여 2007년 9월 17일부터 5일간 캐나다 몬트리올에서 개최된 제19차 몬트리올 당사국총회에서 당사국들은 오존과 기후변화에 영향을 미치는 HCFCs(Hydro Chloro Fluoro Carbons)를 조기 전폐키로 합의했다. 의정서 규제조치에 따라 현행 10년을 앞당겨서 선진국은 2020년까지, 개발도상국은 2030년까지 전폐하여야 한다.

교토메커니즘(Kyoto Mechanism)

교토의정서에는 온실가스를 효과적이고 경제적으로 줄이기 위하여 공동이행제도(JI), 청정개발체제(CDM), 배출권거래제도(ET)와 같은 유연성체제를 도입하였는데, 이를 교토메커니즘이라고 한다.

● 그린피스(Green Peace)

프랑스의 핵실험에 항의하기 위해 1970년 캐나다에서 조직된 국제적인 자연보호단체이다. 이들은 핵실험 반대, 멸종위기의 고래와 바다표범 보호, 화학폐기물이나 방사능폐기물의 해양 투기 저지운동 등으로 환경을 오염시키는 기업이나 정부당국과 직접 맞서 환경에 대한 경각심을 높이는 데 목적이 있으며, 네덜란드 암스테르담에 본부가 있다. 유엔환경계획(UNEP), 바르셀로나협약, 유럽연맹, 멸종위기에 처한 야생생물종의 국제 교역에 관한 국제협약(CITES), 국제포경위원회(IWC), 런던(해양투기)협약, 자연과 천연자원 보호를 위한 국제연맹(IUCNNR), 유독물질의 투기와 처리에 관한 오슬로 및 파리협약, 남극조약 체제를 위한 회의 등 다수의 국제기관과 협약에 참여하고 있다.

● 5대 대절멸

5번의 대절멸 중 공룡을 지구에서 사라지게 만들었던 백악기 말의 5번째 대절멸이 가장 잘 알려져 있으나, 지구 역사상 가장 치명적인 대절멸은 고생대의 페름기 말에 있었던 3번째 대절멸이다.

① **1차 대절멸(4억 5천만 년 전 오르도비스기 말)** : 해양생물 57% 절멸
② **2차 대절멸(3억 6천만 년 전 데본기 말)** : 복족류 87%, 사사산호 절멸, 갑주어 절멸
③ **3차 대절멸(2억 3천만 년 전 페름기 말)** : 해양생물 90% 절멸, 육상생물 80% 절멸(삼엽충 등)
④ **4차 대절멸(2억 년 전 트라이아스기 말)** : 초기 양서류 및 파충류 절멸
⑤ **5차 대절멸(6,500만 년 전 백악기 말)** : 공룡, 암모나이트 등 절멸, 특히 육상생물의 70% 절멸

● 오존주의보

오존주의보는 오존 농도가 일정수준보다 높을 때 발령된다. 오존은 광화학스모그 물질 중 대표적인 것으로 오존 농도가 높다는 것은 광화학스모그에 관계되는 오염물질들의 오염도도 높다는 것을 의미한다. 오존의 경우 원인물질의 주요 배출원은 자동차와 주유소, 페인트 등의 용제사용시설이다. 오존은 혀나 코를 자극하는 냄새가 특징이며 농도가 높아지면 불쾌감, 기침, 두통, 피로감, 숨막히는 증상을 유발할 수 있고 호흡기 감염에 대한 감수성을 높여주기도 한다. 오존의 독성효과는 실험동물에서 관

유연성체제

선진국들이 온실가스 감축의무를 자국 내에서만 모두 이행하기에는 한계가 있다는 점을 인정하여, 배출권 거래나 공동사업을 통한 감축분의 이전 등을 통해 의무이행에 유연성을 부여하는 체제를 말한다. 전 세계적으로 온실가스 감축 비용을 줄이기 위한 것이다.

대산화사건(GOE)

24억 5,000만 년 전부터 시작된 지구의 대기에서 생물학적 유도를 통한 산소 분자가 급증한 사건. 대기 중 산소 생산이 증가하면서 지구의 대기 중 원소 비율일 균형을 잃었다가 산소를 소비하는 생물이 진화하며 산소 순환 과정의 균형을 되찾았다.

제6의 절멸

최근 우리는 6번째 대절멸의 위기를 맞이하고 있다는 분석이 나오고 있다. 제6절멸은 이전의 대절멸 사건과는 근본적으로 다른 점이 보이는데, 과거에는 절멸의 원인이 환경변화에 의한 자연현상이었지만 현재는 절멸의 99%가 인간활동이 직접 혹은 간접 원인이며 급격한 속도로 절멸이 진행되고 있는 것이다.

확인문제

3. '제6의 절멸'에 대한 설명으로 잘못된 것은?
① 인간활동이 거의 모든 절멸의 원인이 되고 있다.
② 이전의 사건들과 달리 범지구적으로 벌어지고 있다.
③ 이전의 사건들에 비해 특별히 생산자 계급의 식물이 사라지고 있어 더욱 심각하다.
④ 역대 최대의 규모가 될 가능성이 높다.

답 3. ③

찰된 폐기종이나 폐섬유화증 같은 기질적 변화와 장기노출될 때 조기노화현상, 폐암 등의 발생이 실험적으로 증명되어 있다.

● 오존홀(Ozon Hole)

성층권의 오존 농도가 평상시의 반 정도까지 급격히 감소되어 생긴 영역을 오존홀(오존구멍)이라 한다. 오존홀은 남 · 북극 외에 고 · 중위도 지역에서도 오존층의 파괴가 관측되어 큰 문제가 되고 있다. 남극에서는 9~10월 사이에 오존량이 평상시의 반 이하로 감소되는 경우도 있다. 지구를 자외선으로부터 지키는 역할을 하는 오존층에 구멍이 생기면 식물의 엽록소가 감소하고 광합성 작용이 억제되며, 사람 · 동물의 암 발병률이 높아진다. 오존홀은 겨울부터 봄까지 생기며, 북극보다는 온도가 낮은 남극 상공에서 생기기 쉬우나 최근 들어 오존층의 파괴는 지구 전체로 확산되어 가는 추세이기 때문에 깊은 관심과 대책이 시급한 실정이다.

● 온실효과(Greenhouse Effect)

대기 중의 수증기와 이산화탄소 등이 온실의 유리처럼 작용하여 지구표면의 온도를 높게 유지하는 효과를 말한다. 화석연료의 연소, 화전농업, 삼림의 벌채 등으로 인해 발생한 지구의 온실효과는 프레온, 메탄 등과 같은 여러 가지 가스의 농도가 증가하면 더욱 심해질 것이다. 이로 인한 지구의 온도상승은 극빙하와 산악빙하를 급속도로 용융시켜 새로운 형태의 강수와 가뭄을 초래하게 될 것이다.

● 스모그(Smog)

Smoke와 Fog의 합성어로, 매연과 안개의 공존에 의한 대기오염을 가리킨다. 인위적인 원인에 의한 스모그가 일정 지역에서 오랫동안 머무는 것은 약한 바람과 지면 부근에서 기온이 역전하는 기상 조건 때문이다. 이 두 가지 기상 조건은 그 지역이 이동성 고기압에 둘러싸였을 때 그 권내(圈內)에서 일어나는 일이 많으므로, 어느 정도 스모그의 발생을 예측할 수 있다.

● 오염측정단위

① ppm(parts per million) : 환경오염에서 대기오염도나 수질오염도 측정 같이 극히 작은 양을 표시할 때 사용된다.

오존주의보 발령

- **목적** : 오존오염도가 환경기준을 초과할 때 인체 및 생활환경에 미치는 영향을 최소화하기 위함이다.
- **오존 생성 과정** : 대기오염물질이 높은 온도에서 햇빛의 영향에 반응하여 만들어지고, 햇빛이 강하고 맑은 여름철 오후 2~5시경에 많이 발생하며, 바람이 불지 않을 때 더욱 높게 나타난다.
- **발령기준** : 오존농도 '0.12ppm/시 이상'일 때에는 주의보가, '0.3ppm/시 이상'일 때에는 경보가, '0.5ppm/시 이상'일 때에는 중대 경보가 발령된다.
- **발령 시 행동요령** : 어린이, 노약자, 호흡기 질환자는 실외활동을 자제하고, 자동차는 운행을 제한한다.

미세먼지

미세먼지는 10㎛ 이하의 가늘고 작은 먼지 입자이다. 초미세먼지는 미세먼지보다 입자 크기가 더 작은 것으로 지름 2.5㎛ 이하이다. 미세먼지에 장기간 노출되면 면역 기능이 저하되어 호흡기 질환 및 심혈관 질환, 피부질환 등에 노출될 수 있다. 황사가 자연현상인 반면 고농도 미세먼지는 화석연료 사용으로 인한 인위적인 현상으로 우리나라의 대기오염에 큰 영향을 끼치고 있다.

계절관리제

미세먼지가 며칠 간 계속될 때 일회성으로 실행하던 '비상저감조치'를 12월부터 3월까지 계속 시행하도록 확대하는 제도.

확인문제 [한국전력공사]

4. 지표 부근의 온도가 상승하는 현상으로 이산화탄소가 태양으로부터 오는 가시광선은 그대로 투과시키고 지표면에서 방출되는 적외선은 잘 흡수하기 때문에 발생되는 현상은?

① 적조현상 ② 스모그현상
③ 온실효과 ④ 개발공해현상

답 4. ③

② BOD(Biochemical Oxygen Demand) : 생화학적 산소요구량으로, 물이 어느 정도 오염되어 있는가를 나타내는 지표로서 수중의 유기물이 미생물에 의해 정화될 때 필요한 산소량을 나타낸 것이다. 단위는 ppm으로 나타내며 수치가 높을수록 물의 오염이 심하다는 것을 의미한다. 예를 들어 1ℓ의 물에 1mg의 산소가 필요할 때가 1ppm이다.

③ COD(Chemical Oxygen Demand) : 화학적 산소요구량으로, BOD와 더불어 주로 유기물질을 간접적으로 나타내는 지표로서 산화제를 이용하여 물속의 피산화물을 산화하는 데 요구되는 산소량을 ppm 단위로 표시한 값을 말한다.

④ DO(Dissolved Oxygen) : 용존산소량으로, 물의 오염상태를 나타내는 지표의 하나이다. 물에 녹아 있는 산소량을 의미하며, DO값은 온도가 오르면 감소하고 대기압이 오르면 증가한다. DO의 부족은 어패류의 사멸, 물의 오탁을 가져온다.

● 산성비

pH5.6 이하의 비로, 습성 대기오염이라고도 한다. 대기 정화작용을 하는 자연의 비는 pH5~6 정도의 약산성을 띠는데, 공장이나 자동차 배기가스에서 배출되는 아황산가스, 질소산화물, 일산화탄소 등이 대기 중의 습기와 작용하여 황산, 질산, 탄산 등으로 변한 후 공중에 떠 있다가 비가 내릴 때 빗물 속에 용해되면 pH2~4의 강한 산성비가 내린다. 피해 형태는 다양한데 특히 눈, 목, 피부를 자극한다.

● 수질오염 지표

① **화학적 지표** : pH, BOD, COD, 암모니아성질소, 아질산성질소, 질산성질소, 수은, 카드뮴, 6가크롬, 비소, PCB 등의 존재를 나타낸 것

② **물리적 지표** : 물의 온도, 색, 투명도, 투시도, 탁도, 미립자농도 등을 나타낸 것

③ **생물학적 지표** : 일반세균, 대장균, 장내세균, 바이러스 및 여러 가지 수생생물의 현존량 · 군집구성상태 등을 나타낸 것

④ **감각적 지표** : 악취, 맛 등 사람의 감각을 기준으로 한 것 등

먼지지붕

먼지는 보통 바람에 의해 흩어지지만, 도시의 열섬현상 때문에 흩어지지 않은 먼지가 하늘을 덮어 돔 형태를 이루는 것을 먼지지붕이라고 한다. 먼지지붕이 생기면 시외 지역보다 구름과 안개가 자주 생기며, 햇빛을 막고 스모그를 발생시켜 대기오염이 증가한다.

스모그의 유형

- **런던형 스모그** : 난방용 · 공장 · 발전소 등에서 사용하는 석탄 · 중유의 연소로 생기는 스모그로 세계 각 도시의 공통된 스모그의 전형이다. 주요 오염물질은 황산화물과 일산화탄소이고 겨울철에 많이 발생하며, 호흡기를 자극하여 폐질환을 일으킨다.
- **로스앤젤레스형 스모그** : 자동차의 배기가스 속에 함유된 올레핀계 탄화수소와 질소산화물의 혼합물에 태양광선이 작용해서 생기는 광화학반응산물에 의한 것이며, 광화학스모그라고도 한다. 로스앤젤레스형 스모그는 시정(視程)을 감소시키고, 눈 · 코 · 호흡기의 자극 증상을 일으키며, 식물성장의 장애요인이 된다. 우리나라의 스모그는 이 유형에 속한다.

확인문제 [한국전력공사]

5. 하천이 생활하수에 오염되면 BOD와 DO의 값은 어떻게 변하는가?
① BOD 감소, DO 증가
② BOD 증가, DO 감소
③ BOD와 DO가 모두 증가
④ BOD와 DO가 모두 감소

확인문제 [대구도시철도공사]

6. 수질오염 측정 시 사용되는 COD란 무엇을 나타내는 것인가?
① 생화학적 산소요구량
② 중금속 검출량
③ 용존 산소량
④ 화학적 산소요구량

답 5. ② 6. ④

생물지표

수질	BOD	용도	수생지표생물
1급수	1ppm 이하	가장 깨끗한 물로 냄새도 없고, 그냥 마실 수 있다.	송사리, 플라나리아, 옆새우류, 반달말, 규조류, 노조류, 밀물게, 뱀잠자리류, 산골플라나리아, 가재류, 고려측범잠자리, 쇠측범잠자리, 강도래류, 물날도래류, 어름치, 열목어 등
2급수	3ppm 이하	약품처리 후 음료수로 사용, 수돗물	장구벌레, 개구리밥, 선충류, 여울날도래류, 소금쟁이, 물장군, 라미, 쏘가리, 꼬리하루살이애벌레, 뱀잠자리애벌레, 피라미 등
3급수	6ppm 이하	음료수로 사용 불가, 공업용수로 사용, 황갈색의 탁한 물	거머리류, 물벼룩, 윤충, 붕어, 잉어, 복조류, 섬모류, 우렁이, 뱀장어, 미꾸라지, 조개류, 달팽이, 장구애비, 소금쟁이, 잠자리유충, 물장군 등
4급수	8ppm 이하	음료수로 사용 불가, 악취나는 썩은 물, 오랜 시간 접촉하면 피부병 유발	실지렁이, 나방애벌레, 피벌레, 거머리, 모기붙이유충, 흔들말, 종벌레, 물곰팡이, 붉은깔다구류, 꽃등에, 종벌레 등

개인 물 사용량 국가별 분류

국제인구행동단체(PAI)는 세계 각국의 연간 1인당 가용한 재생성 가능 수자원량을 산정하고 이에 따라 전 세계 국가를 '물기근(Water-scarcity), 물부족(Water-stressed), 물풍요(Relative Sufficency)' 국가로 분류하여 발표하고 있다. 우리나라는 연간 1인당 재생성 가능한 수량이 1,452m^3로 '물부족 국가'로 분류되어 있다. 연평균 강수량이 1,283mm로 세계 평균의 1.3배지만 인구밀도가 높아 1인당 강수량이 연간 2,705m^3로 세계 평균의 12%에 불과하다.

① **물기근 국가(매년 1,000m^3 미만)** : 만성적인 물 부족을 경험하며 그 결과 경제발전 및 국민복지 · 보건이 저해되는 나라

② **물부족 국가(매년 1,700m^3 미만)** : 주기적인 물 압박을 경험하는 나라

③ **물풍요 국가(매년 1,700m^3 이상)** : 지역적 또는 특수한 물 문제만을 경험하는 나라

부영양화

강과 바다, 그리고 호수 등의 수역에 질소, 인, 실리콘, 칼륨, 칼슘, 철이

확인문제 [한국환경공단]

7. 자연 발생되는 유황, 질소, 염소의 화합물은 산성비와 관계가 있다. 산성비의 pH 기준은?
① pH 5.6 이하의 강우
② pH 5.6 이상의 강우
③ pH 7.0 이상의 강우
④ pH 7.0 이하의 강우
⑤ pH 6.4 이하의 강우

확인문제 [한국전력공사]

8. 수질오염을 나타내는 지표가 아닌 것은?
① 화학적 지표 ② 감각적 지표
③ 생태학적 지표 ④ 물리적 지표

블루벨트(Blue Belt)

청정해역이라고도 하며, 수산자원 보호를 위해 설정해 놓은 수산자원보호지구이다. 각국에서는 에너지자원과 수산자원을 보호하기 위한 기준을 설정하고, 일정 지역을 정하여 보호하고 있다. 육지의 경우에는 그린벨트로, 도시 주변에 녹지대(綠地帶)를 설정하여 보호하는데, 이 개념을 바다에 적용한 것이 블루벨트이다. 그린벨트와 달리 블루벨트는 공식적인 명칭은 아니다.

브리니클(Brinicle)

고밀도 염수를 뜻하는 'Brine'과 고드름을 뜻하는 'Icicle'의 합성어로 해수(海水)에서 생성된 얼음 기둥을 의미한다. 브리니클(Brinicle)은 일반 해수보다 밀도가 높아 바다 밑으로 가라앉고 확장되며 생성되어, 빠른 속도로 바닥을 향해 자라게 된다. 온도가 매우 낮아서 주변 생물체들은 마치 급속 냉동하듯이 얼려버리기 때문에 '죽음의 고드름'이라고도 한다.

답 7.① 8.③

나 망간 같은 식물 영양의 증가를 일으키는 물질이 유입되어 용존산소량의 고갈과 어패류의 질식사 등을 유발하는 과정으로, 자연적인 현상이 아니라 주로 인간활동에 의해 일어나는 현상이다. 주로 육상생물의 생식과 죽음으로 생긴 잔해와 산물을 운반해 주는 유거수(流去水)에 의해 생태계로 유입된다. 때로는 꽃이나 많은 양의 조류(藻類), 미생물들이 수면 위에서 부영영화를 일으켜 물속에 사는 생물에게 필수적인 빛의 통과와 산소 흡수를 방해하게 된다. 반면 문화적 부영영화는 사람이 오물, 세제, 비료 등의 오염물질을 생태계에 유입시킴으로써 숙성과정을 촉진시킬 때 발생한다.

오염자부담원칙(PPP ; 3P, Polluter pays principle)

1972년 OECD 이사회가 가맹국에 권고한 것으로 환경자원의 합리적인 이용과 배분을 조장하는 동시에 국제무역이나 투자의 부작용을 방지하기 위해 오염방지에 필요한 비용을 오염자가 부담해야 한다는 원칙이다. 이는 오염의 책임을 추궁하자는 것이 아니라 국제무역의 관점에서 자원의 적정배분을 달성하려는 것이다. 요즘에는 한걸음 더 나아가 오염방지 비용뿐만 아니라 환경의 복원, 피해자의 구제, 오염회피 비용까지도 오염 원인자가 부담해야 한다는 견해가 대두하고 있다.

● 토양오염

① **의의** : 법적으로는 '사업활동, 기타 사람의 활동에 따라 토양이 오염되어 사람의 건강이나 환경에 피해를 주는 상태'를, 학술적으로는 '인간의 활동에 의해 만들어진 여러 가지 물질이 토양에 들어감으로써 그 성분이 변화되고 환경구성요소로서의 토양기능에 악영향을 미치는 상태'를 말한다.

② **토양오염도 검사** : 토양환경보전법에 의해 설치·신고된 석유류 제조 및 저장시설 등 '특정토양오염유발시설'에 대한 정기적인 토양오염 여부를 확인하여 토양오염 유발시설을 적정히 관리하기 위한 법정검사 제도이다.

③ **토양오염의 특성**

㉠ **간접적** : 토양 내부 생물들과 지하수 오염을 통해 인간에게 간접적인 피해를 준다.

㉡ **만성적** : 급성 피해보다 오랜 기간 누적되어 지속적인 피해를 준다.

㉢ **복원란성** : 일단 오염된 토양은 복원이 어려우며 복원을 위해 많은 시간과 비용이 소요된다.

적조현상

부영영화로 플랑크톤이 이상번식하여 바닷물이 붉게 변하는 현상을 말한다. 비가 계속 내려 바닷물의 농도가 낮아진 뒤 햇볕이 강하게 내리쬐일 때, 생활하수·공장폐수 등으로 바닷물이 부영영화 현상을 보일 때 발생한다. 부영영화로 증식한 플랑크톤은 어류의 아가미에 붙어 물고기를 질식시키기도 한다.

토양오염 원인물질

토양오염의 원인물질은 유기물, 무기염류, 중금속류, 합성화합물 등이다. 유기물은 토양 내에 존재하는 미생물에 의해서 분해되고 무기염류는 식물에 흡수·용탈·유실되어 감소하므로 토양에 남아 있는 것은 많지 않다. 그러나 카드뮴, 구리, 아연, 납, 비소 등의 중금속류는 분해되지 않고 인위적으로 제거하지 않는 한 거의 영구적으로 잔존하기 때문에 이로 인해 오염된 농경지에서 생산된 농산물은 사람에게 많은 피해를 줄 수 있다.

● POPs(Persistent Organic Pollutants, 잔류성유기오염물질)

POPs는 일반적으로 내분비계 장애물질이라고도 알려져 있으며, 주로 인간의 생산활동이나 폐기물의 처리과정에서 생성되는 인공적인 산물이다. 이 물질이 생태계나 인체에 일단 유입되면 매우 안정적으로 존재하면서 변이현상을 유발한다. 2001년 5월에 127개국에 의해 채택된 스톡홀름협약은 환경에 장기간 잔류하면서 인간 및 동물에 축적되어 기형, 암 등의 질병을 유발하는 잔류성유기오염물질(POPs)의 사용 · 생산을 금지시키거나 제한하는 내용을 담고 있다. 협약 당사국은 2025년까지 폴리염화비페닐(PCB)을 함유하고 있는 제품을 생산하지 못하며, 2028년까지 폐기물을 환경친화적인 방법으로 관리, 잔류성유기물의 사용을 계속해서 줄여나가고 가능한 경우 원천적으로 제거해야 한다.

● 미나마타병

1953년 이래 일본 구마모토현 미나마타시에서 발생한 공해병이다. 미나마타만 연안의 어패류를 먹은 어민들에게서 많이 발생하였는데, 중추 신경이 침범당해 손발이 저리는 정도에서 시작하여 유기 수은 중독 특유의 언어장애와 시야 협착이 나타나는 증세를 보이다가 발광하여 사망에 이르기도 했다. 1959년 구마모토대학 의학부 '미나마타병 연구반'이 '신일본질소 미나마타 공장의 배수 중에 포함되어 있는 메틸수은이 어패류의 체내에 들어가서, 그것을 많이 먹은 사람에게서 발병된다.'는 유기 수은 중독설을 발표하였고, 1963년에는 메틸수은 화합물의 생성 과정을 밝혔다.

● 이타이이타이병

일본 도야마현 신쓰가와 유역에서 발생한 공해병으로, 증세는 뼈가 굽거나 금이 가는 것이며, 때로는 기침만으로도 늑골이 골절되는 경우도 있다. 환자가 '이타이이타이(아프다 아프다)'라고 호소한 데서 이러한 병명이 붙었다. 이 병의 원인은 신쓰가와 상류에 있는 미쓰이금속광업소에서 유출된 카드뮴으로, 이것이 상수와 농지를 오염시켜 만성카드뮴 중독을 일으킨 것으로 밝혀졌다.

● 제2차 공해

공장 등 고정 발생원이나 자동차 등 이동 발생원에서 직접 배출된 유해물질에 의해 발생하는 일반적인 공해와 관련하여, 공해방지나 환경정화를 목적으로 사용한 처리장치나 약품, 첨가물 등에서 파생적으로 발생하는 2차적인 공해를 통칭 2차 공해라고 한다. 자동차 배기 중의 유해물질을 제거하기 위해 사용한 촉매에서 유해한 중금속이 배출되거나 고속도로의 소음 방지를 위해 설치한 차폐물에 배출가스가 쌓여 주변을 오염시키는 등의 경우가 이에 해당한다. 이밖에 청소공장의 소각로에서 발생하는 유독가스, 처분방법에 따라서는 하수도처리 시설에서 발생하는 진흙상태의

진폐증

오랫동안 폐에 분진이 쌓여 호흡기능에 장애를 가져오는 직업병의 하나로, 첫 증상은 주로 호흡곤란이며, 병이 진행하면서 호흡용량이 감소하여 호흡곤란이 심해지고 결국 호흡부전이 생겨 사망할 수 있다. 진폐증은 원인에 따라 다음과 같이 분류된다.

- **규폐증(Silicosis)** : 실리카(silicon dioxide or silica) 등에 의한 진폐증
- **석면폐증(Asbestosis)** : 석면(asbestos)에 의한 진폐증
- **탄광부진폐증(Coal Workers' pneumoconiosis)** : 탄분진(coal dust)에 의한 진폐증
- 기타 진폐증(기타 광물분진에 의한 진폐증)

스톡홀름협약에서 정한 규제 대상물질

다이옥신, DDT, 퓨란, 알드린, 클로르덴, 딜드린, 엔드린, 헵타클로르, 마이렉스, 톡사펜, 폴리염화비페닐(PCB), 헥사클로로벤젠 등이 있다.

확인문제 [한국전력공사]

9. 세계적으로 문제가 되고 있는 잔류성유기오염물질에 해당하지 않는 것은?
① 다이옥신 ② DDT
③ PCB ④ 트리할로메탄

답 9. ④

산업폐기물 또는 폐수처리 침전물 등도 넓은 의미에서 2차 공해라고 할 수 있다.

● 후쿠시마 원전사고

2011년 3월 11일 일본 동북부 지방을 관통한 대규모 지진과 그로 인한 쓰나미로 인해 후쿠시마 현에 위치해 있던 원자력발전소에서 방사능이 누출된 사고를 말한다. 이를 수습하는 과정에서 고장난 냉각장치를 대신해 뿌렸던 바닷물이 방사성물질을 머금은 오염수로 누출되면서 고방사성 액체가 문제로 대두되었고 이에 따른 오염수 처리문제가 시급해졌으며 결국 일본 정부는 저장 공간 확보를 위해 저농도 오염수를 바다로 방출했다. 이처럼 콘크리트외벽 폭발, 사용후 핵연료 저장시설 화재, 방사성물질 유출, 연료봉 노출에 의한 노심용융, 방사성 오염물질 바다 유입으로 인한 해양오염 등으로 상황이 계속 악화되었고 급기야 원전부지 내 토양에서는 핵무기 원료로 익숙한 플루토늄까지 검출되기도 했으며, 2011년 4월 12일 후쿠시마 토양에서는 골수암을 일으키는 스트론튬이 검출되기도 했다. 한편 이 방사능 물질은 편서풍을 타고 전 세계로 확산돼 미국, 유럽, 중국은 물론 우리나라에서도 검출되면서 그 심각성을 더했다.

확인문제 [한국토지주택공사]

10. 제2차 공해란?
① 공장 등에서 직접 배출되는 유해물질에 의해 발생하는 공해
② 자동차 등에서 직접 배출되는 유해물질에 의해 발생하는 공해
③ 소음방지를 위해 설치한 차폐물에 배출가스가 쌓여 주변을 오염시키는 경우에 발생하는 공해
④ 유해한 중금속 등이 배출되어 주변을 오염시킬 때 발생하는 공해

일본산 폐기물 전수 조사

후쿠시마 원전사고 이후 환경부는 그동안 일본산 폐기물에 대하여 분기별로 간이 방사성 검사를 해왔으나 한일 간 무역 갈등에 따라 8월 30일부터 일본에서 수입되는 폐기물 관리를 강화했고 9월 2일 처음으로 일본산 폐기물을 대상으로 전수 조사를 벌였다. 이처럼 일본산 폐기물 안전관리가 강화되면서 그동안 2일가량 걸리던 검사는 10일 정도로 늘어날 것으로 보인다.

답 10. ③

2 기후

● 기후변화협약(UNFCCC ; United Nations Framework Convention on Climate Change)

기후변화협약은 1992년 6월 리우에서 개최된 유엔환경개발회의에서 150여 개국의 서명으로 채택되었으며, 50개국 이상이 가입하여 발효조건이 충족됨에 따라 1994년 3월 21일 공식 발효되었고, 우리나라는 1993년 12월 기후변화협약의 중요성을 감안하여 47번째로 가입하였다. 지구온난화를 유발하는 온실가스의 배출을 억제하여 기후의 안정성을 확보하는 것을 목표로 하는 기후변화협약은 단순한 환경문제로 끝나는 것이 아니라 각국의 경제산업구조에 대한 수정을 요구한다. 우리나라의 경우 선진국들이 지구온난화 방지라는 대의를 토대로 사실상 개발도상국가들의 성장속도를 조절하거나 가전제품과 자동차 등의 수입에 온실가스 배출량 문제를 적용할 경우 받게 될 타격이 우려된다.

● 지중해성 기후

온대 기후 중에서 여름에 맑은 날이 많고 강수량이 적은 데 비하여, 겨울에 따뜻하고 강수량이 많은 날씨를 이루고 연 강수량이 대체로 적은 기후이다. 유럽 지중해 주변 지방에 넓게 발달되어 있기 때문에 '지중해성 기후'라고도 한다. 이 기후에 속하는 지역으로는 대륙 서해안 온대, 그중에서도 특히 미국 캘리포니아, 칠레 중부, 남아프리카 남단부 및 오스트레일리아 남서부 등을 들 수 있다. 주로 올리브 · 무화과나무 · 오렌지 등의 감귤류, 포도 등을 포함한 과수, 밀 · 보리 등의 지중해식 농업이 경영되어 왔다.

● 사바나 기후

열대우림 기후와 열대계절풍 기후 주변에서 나타나며 우기와 건기가 명확하게 구분되는 열대 기후의 하나이다. 기온의 연교차는 8℃ 이하로 적으며, 우기 직전에 최고 기온이 되고, 적도무풍대 및 아열대고기압대의 영향으로 연중 바람이 약하다. 적도를 사이에 둔 남 · 북회귀선 사이에 분포하며, 건기에는 지면이 딱딱해지고 나무는 낙엽이 지며 풀이 시들지만 우기에는 식물이 다시 활동을 시작한다. 주요 사바나 지역은 브라질 고원

기후 변화에 관한 정부 간 패널 (IPCC ; Intergovernmental Panel on Climate Change)

기후변화에 대해 위험성을 평가하고 세계적으로 대책을 만들기 위해 만들어진 정부 간 협의체를 의미한다. IPCC는 지구의 기후변동과 이에 따른 생태계 영향을 분석하고 검토하기 위해 1988년 유엔환경계획(UNEP)과 세계기상기구(WMO)가 공동 설립한 정부 간 협의체로 전 세계 과학자들이 기후변화의 추세와 원인, 영향 등을 조사하고 대응전략을 분석해 보고서를 작성한다.

외쿠메네, 아뇌쿠메네

독일의 지리학자 F. 라첼이 저서 《인류지리학(1891년)》에서 외쿠메네와 그 한계에 대하여 논한 이래 널리 사용되었다. 지구상의 인류 거주지역은 외쿠메네, 비거주지역은 아뇌쿠메네이다. 외쿠메네의 한계, 즉 아뇌쿠메네와의 경계에는 3가지가 있는데, 혹한지역과의 사이가 한랭전선, 건조지역과의 사이가 건조전선, 습열지역과의 사이가 습열전선이며, 고산의 경우 고거한계(高距限界)라고 한다. 인류의 거주지역 확대를 위해서 이러한 전선의 추진이 계획되고 있다.

확인문제 [한국전력공사]

11. 사바나 기후 지역이 아닌 것은?
① 브라질 고원
② 남아프리카 남단부
③ 오스트레일리아 북부
④ 야노스 평원

답 11. ②

(캄푸스가 무성), 오리노코 강 유역(야노스 평원), 중앙아메리카 서안, 오스트레일리아 북부, 인도차이나 반도, 데칸 고원(레구르 토양이 분포), 콩고 분지 등이다.

● 계절풍 기후

한국 · 중국 · 일본 · 동남아시아 등 계절풍이 현저하게 나타나는 지역의 기후로, 몬순 기후라고도 한다. 계절풍은 여름과 겨울에 대조적인 기후를 형성하는데, 대륙에서 건조한 바람이 해양을 향해서 부는 겨울은 건계(乾季)에 해당하고 습윤한 바람이 해양에서 대륙을 향해 부는 여름은 고온다습한 우계(雨季)가 되는 것이 일반적이다. 해상을 지나는 계절풍은 습윤해져서 강수를 보이는데 북서계절풍이 부는 한반도 서해안이나 북동계절풍에 면한 타이완 및 베트남의 동해안 등이 이에 해당된다.

● 해양성 기후

해양이나 해양 가운데에 있는 작은 섬 또는 해안지방에서 나타나는 특징적 기후로 해양기단의 영향을 받아 대륙성 기후와는 대조적이다. 기온의 연교차 및 일교차가 적고, 기온 변화가 내륙에 비해 시간적으로 늦게 나타난다. 대기는 맑고 고온다습하며 먼지가 적고 오존과 자외선이 풍부하다. 대륙성 기후 지역에 비하면 한서의 차이가 적어 생활하기 좋은 곳이 많다.

● 대륙성 기후

대륙 내부에서 특징적으로 나타나는 기후로, 기온의 일교차 · 연교차가 크고 연 강수량이 적다. 여름에는 기온이 상승하여 온대, 냉대라도 열대와 같이 더워지고 강수량도 이 시기에 많다. 대륙성 기후는 대륙의 크기, 해안에서의 거리와도 관련 있지만 그밖에 산맥의 위치나 주향이 바다의 영향을 어떻게 막고 있는가에 따라서도 달라진다. 우리나라도 중위도 상층의 서풍 기류의 큰 흐름 때문에 대륙의 영향이 커서 대륙성 기후를 나타내며 서울의 기온 연교차는 30℃ 내외이다.

● 스콜

기상 상황을 나타내는 용어로 2가지의 의미가 있다. 하나는 항해용어로 국지적인 악천후에 의한 구름을 동반하여 천둥이 치며 강한 바람에 거센

무역풍

아열대 지방의 해상에서 부는 바람으로 열대편동풍 · 항신풍(恒信風)이라고도 한다. 바람의 방향이 북반구에서는 북동쪽으로 쏠리기 때문에 '북동무역풍'이라 하고, 남반구에서는 남동쪽으로 쏠리기 때문에 '남동무역풍'이라 한다. 중위도고압대에서 적도저압대로 향해 부는 바람으로 1년 내내 부는 편동풍이다. 아열대 해상에서 불기 때문에 고온다습하며, 그 높이는 약 2km이다. 중위도고압대는 높이가 높은 고기압인데, 이 고압대와 적도저압대 사이의 편동풍은 8~10km의 높이에 이른다.

보라(Bora)

헝가리의 고원에서 겨울철에 퇴적된 한랭건조한 공기가 이탈리아를 통과하는 저기압에 의하여 아드리아 해(海)의 북안(北岸) 트리에스테와 피우메 지방에서 격심하게 부는 차고 건조한 북풍을 가리켰는데, 흑해 북안의 노보로시스크에도 뚜렷하게 일어난다. 주로 새벽에 공기의 눈사태처럼 매우 강하게 불어내려 온도도 급강하시키는 바람으로, 국지풍의 일종이다.

스텝

대륙 온대지방의 반건조 기후에서 발달한 초원지대로 습윤한 삼림지대와 사막과의 중간대이다. 식물은 키가 작은 화본과(禾本科)의 풀이 주로 자라는데 비가 많이 내리는 봄철에는 잘 자라 무성해지나, 여름철 건계에는 말라 죽는다. 즉, 건조한 계절에는 불모지로, 강우계절에는 푸른 들로 변한다.

비가 내리는 것이고, 다른 하나는 갑자기 풍속이 증가하여 강하게 부는 바람으로 풍속이 적어도 8m/s에서 최고 11m/s 이상까지 1분 이상 지속되는 것이다. 구름과 비를 동반하는 것을 블랙스콜, 구름이 없어서 바다면이 하얗게 보이는 것을 화이트스콜이라고 한다. 스콜라인은 원래 한랭전선 등에 동반하여 길게 뻗은 악천후 영역을 가리켰지만, 지금은 저기압의 온난지역에 나타나는 줄 모양의 대류현상을 의미하며 불안정선이라고도 한다.

● 태풍

여름철 필리핀 인근 적도 해역에서 강한 태양열로 인해 열에너지를 많이 포함한 수증기가 증발하고 그 상승기류로 인해 발생하는 열대성 저기압으로, 최대풍속이 17m/s 이상인 것을 말한다. 해상의 고온다습한 공기는 상승기류가 되어 상공으로 올라가고 이때 수증기가 응결하여 거대한 적란운이 형성되며, 큰 비가 내린다. 또 수증기가 응결하여 구름방울이 될 때 방출되는 에너지는 큰 폭풍을 만들어내고 소용돌이를 유지한다.

● 태풍의 일생

태풍은 발생해서 소멸될 때까지 약 1주일에서 1개월 정도의 수명을 가지며, 다음의 4단계로 구분할 수 있다.

① **형성기** : 저위도 지방에서 약한 저기압선 순환으로 발생하여 태풍강도에 달할 때까지의 기간이다.

② **성장기** : 태풍이 된 후 한층 더 발달하여 중심기압이 최저가 되고 가장 강해질 때까지의 기간이다. 원형의 등압선을 가지며, 영향을 미치는 구역도 비교적 좁다. 따라서 미성숙기라고도 한다.

③ **최성기** : 등압선은 점차 주위로 넓어지고 폭풍을 동반하는 반지름은 최대가 된다. 따라서 확장기라고도 한다.

④ **쇠약기** : 온대저기압으로 탈바꿈하거나 소멸되는 기간이다.

▶ 태풍의 오른쪽 반원을 '위험반원', 왼쪽 반원을 '가항반원(안전반원)'이라고 한다.

● 엘니뇨

스페인어로 '신의 아들', '아기예수'라는 뜻으로, 남아메리카 서해안을 따라 흐르는 페루 한류(寒流)에 난데없는 이상난류(異狀暖流)가 흘러들어서 일어나는 해류의 이변현상을 말한다. 일단 엘니뇨가 발생하면 수개월간

토네이도

- **개념** : 대기의 소용돌이 현상으로, 거대한 적란운의 아래층이 깔때기 모양(역삼각형)으로 지상에 드리워지며 집이나 가축 등을 말아올리는 바람기둥이다. 지름 100~500m, 최대풍속 100m/s, 이동속도 40~70km/h로 강력한 뇌우를 동반한다.
- **발생장소** : 북아메리카와 오스트레일리아에서 많이 발생하고, 미국에서는 로키산맥 동쪽에서 애팔래치아산맥까지 가장 심하게 일어난다.
- **발생일시** : 정확히 예보하기는 어렵지만 기상레이더가 관측한 자료에 의하면 4~6월에 가장 심하며 15~18시 사이에 많이 일어난다고 한다.

태풍의 종류

- **태풍(Typhoon)** : 북태평양 서부에서 발생
- **허리케인(Hurricane)** : 북대서양, 카리브해, 멕시코만, 북태평양 동부에서 발생
- **사이클론(Cyclone)** : 인도양, 아라비아해, 벵골만에서 발생

확인문제

12. 태풍의 일생 중 등압선이 넓어지고 폭풍을 동반하는 반지름이 최대가 되는 때는 언제인가?

① 형성기 ② 성장기
③ 최성기 ④ 쇠약기

태풍의 눈

태풍의 중심에서 비교적 조용한 기상현상이 나타나는 부분이다. 눈의 형태는 대부분 원형 또는 타원형이고, 강한 태풍에서는 오각형이나 육각형도 보인다. 반지름은 작게는 10km에서부터 크게는 수십 km에 이르고, 눈 가운데는 하강기류가 있으며 공기는 건조하고 온도는 높아서 권운이나 권층운이 보인다. 태풍의 중심에 가까울수록 풍속이 커지므로 중심에서 5~20km가량 되는 곳에서는 기압경도력과 원심력이 평형을 이루어 바람은 등압선에 평행하게 분다.

 12. ③

계속되면서 지구 곳곳에 폭우와 폭서, 가뭄과 홍수 등 재앙을 몰고 다닌다. 1976년부터 기승을 부리기 시작하였으며 통상 3~5년 주기로 나타났었으나 최근 들어 2년의 주기를 보이고 있다. 기상학자들의 연구에도 불구하고 그 원인은 아직 밝혀지지 않고 있으며 단지 우주이동설, 해류 변화 등 몇몇 가설이 있을 뿐이다. 현재 가장 설득력을 얻고 있는 것은 지구온난화가 엘니뇨를 강화시켰다는 분석이다.

● 라니냐

해수면 온도가 주변보다 낮은 상태로 일정기간 지속되는 현상을 말한다. 라니냐는 엘니뇨 현상이 시작되기 전이나 끝난 뒤에 찾아오는 경향이 있으며, 기온 하강을 야기하여 해당 지역마다 반대의 기온 현상을 일으킨다. 예를 들어 극심한 가뭄 피해를 입었던 지역에는 폭우가 쏟아지고 물난리를 겪은 지역에는 가뭄이 찾아오는 식이다.

● 우리나라에 영향을 주는 기단

① 양쯔강 기단 : 봄, 가을의 기후에 영향을 주며, 온난건조하다.

② 시베리아 기단 : 북서계절풍으로 한랭건조하고, 한파로 인한 혹한을 동반하기도 한다. 이 기단의 공기는 해상을 지날 때 수증기를 얻은 후 산맥을 타고 상승하여 많은 눈을 내리게 할 때도 있다.

③ 오호츠크해 기단 : 늦은 봄에서 이른 여름에 발생하며, 한랭다습하다. 이 기단이 장기간 머물고 있으면 장마가 늦어진다.

④ 북태평양 기단 : 여름에 영향을 주는 고온다습한 기단으로 한여름에 소나기와 번개를 동반한다.

⑤ 적도기단 : 해양성 적도 기단으로 덥고 습하다. 태풍이 발생할 무렵인 7~8월에 태풍과 함께 온다.

확인문제 [대구도시철도공사]

13. 엘니뇨 현상이란?
① 남미 페루만의 태평양 해면온도가 비정상적으로 낮아지는 현상을 말한다.
② 남미 페루만의 태평양 해면온도가 비정상적으로 상승하는 현상을 말한다.
③ 남미 페루만의 태평양 해면온도가 정상적으로 상승하는 현상을 말한다.
④ 적도부근 표면 해수의 온도가 갑자기 낮아지는 현상을 말한다.

푄 현상

푄 현상은 습윤한 바람이 산맥을 넘을 때 고온건조해지는 현상을 말한다. 우리나라의 푄 현상은 북서계절풍이 탁월한 겨울철에는 태백산맥 동사면으로 나타나고, 오호츠크 해 기단의 영향을 받는 늦봄부터 초여름까지는 영서지방에 나타나는데, 영서지방에서 푄 현상에 의해 나타나는 고온건조한 바람을 높새바람이라고 한다. 봄에 높새가 불면 여름과 같은 이상 고온 현상이 나타나고 산불이 나기 쉬우며, 초여름에 불면 농작물이 말라 버리기도 한다.

빈산소수괴(貧酸素水塊)

해수 중에 녹아있는 산소 농도가 통상 3㎎/L 이하인 '산소부족 물덩어리'를 의미한다. 여름철 물 흐름이 원활하지 못한 내만에 육상으로부터 과도한 유기물이 유입되어 수온약층(태양에 가열된 표층수와 저층의 차가운 물이 만나 온도차가 발생하면서 물이 순환하지 못하는 수온층)이 강하게 형성될 경우 저층의 용존산소를 고갈시켜 생성되며, 가두리 양식장처럼 이동하지 못하는 지역에서 대량 폐사 등의 피해를 입히는 문제를 발생시킨다. 우리나라에서는 매년 장마 이후, 육상으로부터 영양물질이 다량 유입되고, 본격적인 무더위로 인해 표층수온이 높아지며, 영양물질이 빠른 속도로 분해되어 부영양화가 시작되면 어김없이 발생하여 많은 피해를 주고 있다.

답 13. ②

3 사회

● 거시적 관점·미시적 관점

거시적	기능론	우리 사회의 모든 부분이 사회 전체를 유지하는 데 필요한 기능을 분담하고 있다는 입장이다.
	갈등론	사회는 서로 다른 이해관계를 갖는 집단들로 분리되어 있으며, 이들 구성원들 간의 대립과 갈등 · 변화를 중시하여, 이것이 사회 발전의 원동력이라 보는 입장이다.
미시적	상징적 상호작용론	개개인의 일상생활 속에서의 상호작용을 통해 사회 문화 현상을 이해하는 관점으로 사회구조나 제도, 문화, 규범 등의 요소와는 독립적으로 개별적인 행위에만 초점을 맞추어서 사회를 이해하는 입장이다.

● 사회계층구조

사회계층구조는 이동 가능성과 조건에 따른 계층 간 이동이 차단된 '폐쇄적 계층구조'와 성취지위를 기준으로 자유로운 사회이동이 가능한 '개방적 계층구조'로 구분한다. 또 계층구성원의 비율에 따라 하류층의 비율이 높은 '피라미드형 계층구조'와 상 · 하류층 비율은 적고 중류층의 비율이 높은 '다이아몬드형 계층구조'로 구분한다. 바람직한 계층구조가 되기 위해서는 사회 내 불평등을 최소화하여 개방적 계층구조와 다이아몬드형 계층구조로 옮아가야 한다.

● 문화지체

물질문화와 정신문화의 변동속도가 다르기 때문에 나타나는 불일치를 일컫는 말로 미국의 사회학자 W. F. 오그번이 《사회변동론》에서 주장한 이론이다. 보통 물질문화는 변화속도가 빠르지만 가치관, 신앙 같은 정신문화는 상대적으로 느리게 변화한다. 오그번에 의하면, 어떤 일정한 문화의 각 부분 사이에 나타나는 이러한 현상은 직선적 · 누적적으로 진보하며 빈번 · 신속하게 변화하는 물질문화와, 이러한 급격한 변화나 적응능력이 없는 비물질문화 사이에 특히 현저하고, 그 경우에 항상 이상적(異常的) · 병리적인 사회적 부적응을 일으킨다고 한다.

● 주변인

문화를 달리하는 복수의 집단(또는 사회)에 속하며, 이질적인 2가지 이상

확인문제

14. 사회는 구성원들 간의 대립과 갈등을 원동력 삼아 발전한다고 보는 관점은?
① 기능론적 관점 ② 갈등론적 관점
③ 해석학적 관점 ④ 미시적 관점

양극화(Polarization)

소득, 자산 등 경제적 불평등이 심화되어 중산층의 지위를 유지하거나 하위 계급이 중산층으로 계급 지위를 상승시킬 수 없게 되며, 빈곤층이 증가하게 되는 사회현상. 일반적으로 경제적 양극화와 사회적 양극화로 나뉘는데 이 둘은 서로 밀접한 관계가 있으며 경제적 양극화가 이루어지면 빈곤과 불평등이 점차 심화하면서 사회적 양극화로 이어진다. 이러한 양극화는 계급 지위의 세습화를 야기할 뿐만 아니라, 대다수의 소비 욕구와 구매력을 저하시켜 경제발전에도 악영향을 주게 된다.

문화전파

발명, 발견, 공존, 문화접변과 함께 문화변동의 요인 중 하나이다. 문화전파는 문화요소가 다른 사회로 전해져서 그 사회의 문화 과정에 통합 · 정착하는 현상으로 직접전파, 간접전파, 자극전파로 나뉜다.

문화접변

문화접변은 두 개의 문화체계가 장기간에 걸쳐서 전면적인 접촉을 하는 과정에서 일어나는 문화변동인데, 그 결과 문화융합이나 문화동화가 일어난다. 문화융합은 문화요소가 다른 사회에 전파될 때 저항이나 선택적 수용, 재해석과 절충을 통해 두 문화 중 어디에도 속하지 않는 새로운 문화가 만들어지는 것을 의미하고, 문화동화는 두 문화가 접하면서 한 문화가 다른 문화에 완전히 흡수되어 그 문화 고유의 성격을 잃어버리는 것을 의미한다.

답 14. ②

의 문화와 집단생활의 영향을 동시에 받지만 그 어느 쪽에도 완전하게 소속될 수 없는 사람을 말한다. 사회학에서 주로 쓰는 용어이며 각 집단, 각 문화의 경계에 위치하고 있는 사람이라는 뜻으로 경계인 · 한계인이라고도 한다.

확인문제

15. 생활방식 · 사고방식 · 언어 · 문화 등이 서로 다른 두 개의 집단에 동시에 속해 있는 사람을 무엇이라 하는가?
① 반항인 ② 이방인
③ 중간인 ④ 주변인

● 일탈행위론

사회적으로 정해진 규범에서 벗어난 행위 또는 상황을 일탈행위로 규정하면, 이러한 일탈행위가 사회문제로 된다는 이론이다. 일탈행위로 인한 사회문제를 해결하는 방안으로 기능론적 관점에서는 개인에 대한 교육과 사회통제를 강화하여 일탈행위를 줄여나가야 한다고 주장하는 반면, 갈등론적 관점에서 일탈행위는 그 자체로 문제해결이 될 수 없고 오히려 일탈행위를 규정하고 제재하는 권력 자체를 민주화해야 한다고 주장한다. 일탈행위를 설명하는 이론에는 아노미 이론, 차별적 교제 이론, 낙인이론이 있다.

차별적 교제 이론

일탈행위를 자주 하는 집단과 어울리면서 일탈행위의 행동규범을 자연스럽게 습득하고, 그들 집단에 대한 소속감과 동질감을 느끼면서 일탈행위를 하게 된다는 이론이다.

낙인이론

일탈자로 한 번 낙인이 찍힌 후에는 일탈행위에서 더욱 벗어나지 못하게 된다는 이론이다.

● 아노미(Anomie)

프랑스의 사회학자 에밀 뒤르켐의 자살 연구에서 유래한 것으로, 사회구성원의 행동을 규제하는 공동의 가치관이나 도덕기준이 상실된 혼돈상태, 그리고 그로 인해 목적의식이나 이상이 상실된 사회와 개인에게 나타나는 불안정 상태를 말한다.

확인문제 [한국환경공단]

16. 급격한 사회변동의 과정에서 종래의 규범이 흔들리고 아직 새로운 규범의 체계가 확립되지 않아 혼란한 상태 또는 규범이 없는 상태가 나타나는 것을 무엇이라고 하는가?
① 도넛현상 ② 스프롤현상
③ 아노미현상 ④ J턴현상

● 리세스 오블리제(Richesse Oblige)

사회지도층의 도덕적 의무와 솔선수범의 정신인 노블레스 오블리제 처럼, 부에도 이러한 책임이 뒤따라야 한다는 것을 의미한다. 2011년 우리나라에서 발생한 저축은행 부실사태나 미국 월가의 반월가 시위(Occupy Wall Street)처럼 금융권의 탐욕과 부패에 대한 자성의 목소리를 촉구하는 것으로, 금융의 바람직한 역할 정립과 지속적인 발전을 위해 금융권이 리세스 오블리주를 가져야 한다는 원칙이다. 리세스 오블리주는 자본주의 제도에서 정당한 성과와 보수를 반대하지는 않지만, 금융권이 과도한 탐욕과 도덕적 해이를 버려야 그 책무를 다할 수 있다고 주장한다.

노블레스 오블리제(nobless oblige)

높은 신분에 따르는 사회지도층의 의무를 뜻한다. 유래는 초기 로마시대에 왕과 귀족들이 보여준 투철한 도덕의식과 솔선수범하는 공공정신에서 비롯되었는데, 근대와 현대에 이르러서도 이러한 도덕의식은 계층 간 대립을 해결할 수 있는 최고의 수단으로 여겨져 왔다. 특히 전쟁과 같은 총체적 국난을 맞이하여 국민을 통합하고 역량을 극대화하기 위해서는 무엇보다 기득권층이 솔선수범하는 자세가 필요하다.

● 소속집단

어떤 개인이 일정한 집단에 소속되어 있다는 사실을 다른 사람들에 의하

답 15. ④ 16. ③

여 인정받고 있을 때의 그 집단. 각 집단은 나름대로의 규범을 구성원에게 지키도록 요구하고 각 개인은 집단에의 소속을 다른 사람에게 인정받음으로써 사회적으로 인정받고 싶은 욕망이 채워지는 것이며, 그 규범을 지켜서 자기의 여러 욕구가 실현되는 것을 배웠으므로, 소속집단의 규범을 지키고 자기 행동의 지침으로 삼게 되는 것이다.

● 준거집단(Reference Group)

한 개인이 자신의 신념 · 태도 · 가치 및 행동방향을 결정하는 데 준거기준으로 삼고 있는 사회집단으로 사회심리학적으로 개인이 스스로가 동일화하고 있는 특정한 집단규범에 따라 행동하고 판단하는 개인의 집단을 뜻한다. 1942년 미국의 사회심리학자 H.H.하이먼의 논문 〈지위의 심리학〉에서 처음 사용되었고 소속집단과 중복되는 경우도 있으나 반드시 그 집단의 성원은 아닐 수도 있으며 또 그렇게 되기를 원하지 않을 수도 있다. 적극적 준거집단은 준거집단과 같은 의미이며 소극적 준거집단은 거부나 반대의 준거기준으로 삼는 집단을 말한다.

● 애빌린의 역설(Abilene Paradox)

한 집단 내 구성원들 모두가 자신이 원하지 않는 방향으로 결정이 나는 데 동의하는 역설적인 상황을 말한다. 구성원들은 집단의 의견에 반대하는 것이 잘못이라고 생각하기 때문에 자신의 의사와 다른 결정에도 마지못해 동의하게 되는데, 알고 보면 모두가 같은 생각으로 원하지 않는 결정을 내린 것이다.

● 토크니즘(Tokenism)

실제로는 사회적 차별을 개선하고자 하는 의지가 없으면서 사회적 소수집단의 일부만을 대표로 뽑아 구색을 갖추는 정책적 조치 또는 관행을 뜻하는 말로 주로 조직의 포용성과 공평성을 외부에 보여주기 위해 명목상 시행된다. 성적, 인종적, 종교적, 민족적으로 소수를 차지하는 집단의 일원을 적은 수만 조직에 편입시킴으로써 겉으로는 사회적 차별을 개선하기 위해 노력하는 조직으로 보이게끔 하는 것이다. 이렇게 편입된 소수는 사회적 소수자 전체를 상징하고 있다는 부담감을 안게 되고 지속적으로 활동에 참여하거나 성과를 내야 한다는 극도의 정신적인 피로감을 느끼게 되며, 다수이자 주류 집단은 계속해서 권력을 유지한다.

고독한 군중(The Lonely Crowd)

미국의 사회학자 데이비드 리스먼이 1950년에 출간한 동명의 저서에 등장하는 용어로 이전까지 사회적 전통, 가정이 맡아오던 가치관과 정체성의 확립을 현대에 들어서는 주변의 또래집단이 대신하게 되면서 고도 산업사회에서 탄생한 '외부지향형' 인간들이 타인들의 생각과 관심에 대해 예민하게 반응하고 그 집단에서 격리되지 않으려고 노력하지만 겉으로 드러난 사교성과는 달리 내면적으로는 고립감과 불안으로 언제나 번민하는 사람들의 사회적 성격을 말한다.

가스라이팅(Gas-Lighting)

타인의 심리나 상황을 교묘하게 조작해 그 사람이 현실감과 판단력을 잃게 만들고, 이로써 타인에 대한 통제능력을 행사하는 것을 말한다. 가스라이팅은 〈가스등(Gas Light)〉이라는 연극에서 비롯된 정신적 학대를 일컫는 심리학 용어로, 이 연극에서 남편은 집안의 가스등을 일부러 어둡게 만들고는 부인이 집안이 어두워졌다고 말하면 그렇지 않다는 식으로 아내를 탓한다. 이에 아내는 점차 자신의 현실인지능력을 의심하면서 판단력이 흐려지고, 남편에게 의존하게 된다.

PC운동

모든 종류의 편견이 섞인 표현을 쓰지 말자는 정치적 · 사회적 운동으로, PC운동의 Political Correctness는 흔히 '정치적 올바름'으로 번역된다. 문화상대주의와 다문화주의를 사상적 배경으로 삼아 인종, 성, 성적 지향, 종교, 직업 등에 대한 차별이 느껴질 수 있는 언어를 사용하지 않고 더불어 차별적으로 행동하지 않는 것을 골자로 한다. PC운동은 1980년대 미국의 대학을 중심으로 전개되어 매스미디어와 대중문화에 큰 영향을 미쳤을 뿐 아니라, 세계 각국의 언어 생활에도 많은 영향력을 발휘했다.

● 국민연금제도

1988년부터 시작된 국민연금제도는 가입자인 국민이 노령, 폐질 또는 사망으로 소득능력을 상실 또는 축소시킨 경우 본인이나 그 유족에게 일정액의 급부를 행하여 안정된 생활을 할 수 있도록 국가가 운영하는 장기적인 소득보장제도로, 의료보험제도와 함께 우리나라 사회보장제도의 양대 지주라 할 수 있다. 국민연금법에 의하면 국내에 거주하는 18세 이상 60세 미만의 국민은 국민연금 가입대상이며 연금의 종류는 노령연금, 장애연금, 유족연금, 반환일시금, 사망일시금 등 5가지이다.

● 고용보험제도

실직근로자에게 실업급여를 지급하는 전통적 의미의 실업보험 사업 외에 적극적인 취업알선을 통한 재취업의 촉진과 근로자의 고용안정을 위한 고용안정사업, 근로자의 직업능력개발사업 등을 상호 연계하여 실시하는 사회보험제도이다. 따라서 실업보험이 단순하게 실직자의 생계를 지원하는 사후적 · 소극적인 사회보장제도에 그치는 반면, 고용보험은 실직자에 대한 생계지원은 물론 재취업을 촉진하고 더 나아가 실업의 예방 및 고용안정, 노동시장의 구조개편, 직업능력개발을 강화하기 위한 사전적 · 적극적 차원의 종합적인 노동시장정책 수단이라고 할 수 있다.

● 베버리지 보고서(Berveridge Report)

영국의 경제학자이자 사회보장제도 · 완전고용제도의 주창자인 윌리엄 헨리 베버리지가 정부의 위촉을 받아 사회보장에 관한 문제를 조사 · 연구한 보고서이다. 사회보장이나 사회사업이 당면하는 '궁핍 · 질병 · 불결 · 무지 · 태만'의 5대 사회악을 지적하고 사회보장제도상의 6원칙을 제시했다. 이른바 '요람에서 무덤까지' 국민들의 사회생활을 보장한다는 '복지국가' 이념의 대표적인 문헌이다.

● 국제라이온스클럽협회

국제라이온스클럽협회(International Association of Lions Clubs)는 1917년 6월 7일 미국 시카고에서 M. 존스와 각지의 대표자 20여 명으로 창설된 사회봉사단체로 세계의 유력한 실업가와 직업인을 회원으로 한다. 시카고에 국제본부를 둔 이 클럽은 인도주의적인 봉사와 세계평화를 위한 활동에 자발적으로 참여하여 국가 · 민족 · 사회 발전을 위해 노

개인연금제도

국민연금, 공무원연금, 기업의 퇴직금제도 등 공적 연금제도의 미비점을 보완하여 실질적인 노후생활을 보장할 수 있도록 하기 위해 1994년 6월 20일부터 실시되었다. 이 제도의 실시로 국민의 장기저축에 대한 관심을 제고하고 장기 금융시장의 발전을 도모할 수 있는 계기를 마련할 수 있게 되었다.

확인문제 [한국환경공단]

17. 사회보험의 일종으로 국가로부터 일정한 보험료를 받고 이를 재원으로 여러 정형화된 보험금을 지급하는 제도는?

① 국민연금제도
② 고용보험제도
③ 개인연금제도
④ 사회복지제도

고용보험제도의 기본구조

고용보험제도	고용안정사업	실업의 예방, 재취업촉진 및 노동시장 취약계층의 고용촉진
	직업능력개발사업	근로자의 생애 직업능력개발체제 지원
	실업급여	실직자의 생계지원 및 재취업촉진

확인문제 [한국환경공단]

18. 베버리지(W. Beveridge)의 5대 사회악과 거리가 먼 것은?

① 욕심 ② 빈곤
③ 질병 ④ 무지
⑤ 실업

답 17. ① 18. ①

Chapter 03 환경 · 기후 · 사회 · 노동

력할 것을 강령으로 삼고 유엔의 식량농업기구(FAO), 국제아동구호기금(UNICEF) 및 여러 전문기구와 함께 봉사활동을 해오고 있다. 국제라이온스협회 309지구인 우리나라도 시력 · 청력보존 및 맹 · 농아자 복지, 환경 · 보건교육, 마약퇴치, 청소년 선도사업 등의 봉사사업을 하고 있다.

● 스프롤(sprawl)현상

도시가 급격히 팽창함에 따라 도시 주변이 무질서 · 무계획적으로 확산되는 현상을 말한다. 도시계획과 무관하게 땅값이 싼 지역을 찾아 교외로 주택이 침식해 들어가는 이 현상은, 토지이용과 도시시설 정비상 많은 문제를 야기시킨다.

● 고령화 사회

65세 이상 인구가 총인구를 차지하는 비율이 7% 이상인 사회를 고령화사회(Aging Society), 65세 이상 인구가 총인구에서 차지하는 비율이 14% 이상인 사회를 고령사회(Aged Society)라고 하고, 65세 이상 인구가 총인구에서 차지하는 비율이 20% 이상인 사회를 후기고령사회(Post-aged Society) 혹은 초고령화 사회라고 한다.

① **고령화의 원인** : 급격한 출산율 저하와 의학기술 발달로 인한 평균수명 연장

② **진행과정** : 우리나라는 UN이 규정한 노령인구 비율에 진입 속도를 산정해 본 결과, 오는 2022년에는 14.3%를 기록해 고령사회에 진입하고, 2030년에는 19.3%에 달해 초고령화 사회의 진입이 예상되고 있다.

③ **문제점** : 노동인구의 감소, 노동인구의 비노동 인구에 대한 과도한 부양책임, 부족한 노인복지로 인한 노인 소외 등

● 지역 이기주의

① **님비현상(NIMBY ; Not In My Back Yard)** : 쓰레기 소각장, 장애인 시설, 노숙자 시설, 공항, 화장터, 교도소와 같이 주민들이 혐오하는 특정한 시설이나 땅값이 떨어질 우려가 있는 시설이 자신의 거주지역에 들어서는 것을 반대하는 사회적인 현상을 말한다.

② **핌피현상(PIMFY ; Please In My Front Yard)** : 금전적 이익이 기대되는 지역개발이나 수익성 있는 사업을 서로 자기 지역에 유치하려는 현상을 말한다.

로터리클럽(Rotary Club)

사회봉사와 세계평화를 표방하는 실업가 및 전문 직업인들의 민간봉사단체로 1905년 미국 시카고의 변호사 폴 P. 해리스가 설립하였다. 국제로터리는 전반적인 지역 봉사사업 이외에도 기금을 마련해 대학원생들이 외국으로 유학가서 공부하거나 연구할 수 있도록 연구비와 장학금을 지원하는 등 의욕적인 국제적 프로그램이 마련되어 있다. 국제로터리는 150여 개국의 회원을 확보하고 있으며 본부는 미국 일리노이주 에번스턴에 있다.

확인문제 [한국토지주택공사]

19. 도시의 급격한 팽창에 따라 도시의 교외(校外)지역이 무질서하게 주택화하는 현상은?

① 스프롤현상 ② 님비현상
③ 공동화현상 ④ 도넛현상
⑤ 스모그현상

도넛현상

대도시의 거주지역 및 업무의 일부가 외곽지역으로 집중되고 도심에는 공공기관 · 상업기관만 남아 도심이 도넛 모양으로 텅 비어버리는 현상을 말한다. 대도시 집중현상이 어느 한계를 넘으면 발생하는 교통혼잡 · 공해 · 땅값 폭등이 원인이 되어 이러한 현상이 유발된다.

U턴현상, J턴현상

지방에서 대도시로 취직한 노동자가 다시 출신지로 역류하는 현상을 'U턴현상'이라 하고, 그 출신지가 아니라 가까운 지방도시 등 대도시와 출신지 사이의 지역으로 취직하는 것을 'J턴현상'이라 한다. J턴현상은 출신지에서의 고용 기회가 적은 경우 나타나기 쉽다.

답 19. ①

③ 바나나현상(BANANA ; Build Absolutely Nothing Anywhere Near Anybody) : '어디에든 아무것도 짓지 말라'는 의미로 유해시설 설치 자체를 반대하는 이기주의의 한 현상이다.

● 사이코패스(Psychopath)

1920년대 독일의 쿠르트 슈나이더(Kurt Schneider)가 처음 소개한 용어로, '반사회성 인격장애증'을 앓고 있는 사람을 가리킨다. 생물학적으로 감정조절의 역할을 담당하는 뇌속의 신경세포 다발인 '편도체'가 정상인보다 작게 쪼그라들어 있고 합리적인 의사를 결정하는 '전전두엽 피질'도 정상인에 비해 상대적으로 작다는 특징이 있다. 따라서 감정을 조절하거나 의사를 올바로 표현하지 못한다. 지나친 성적 충동이나 광적인 신념, 지나친 자기 과시, 폭발적인 잔인한 성격 등을 나타내며 다른 사람의 고통에 무감각하고 양심의 가책을 느끼지 않는다. 이러한 증상은 평소에는 내부에 잠재되어 있다가 범행을 통해서만 밖으로 드러나기 때문에 주변 사람들이 쉽게 알아차리지 못한다.

● 성범죄자 취업제한 제도

우리나라에서는 2006년 6월 30일에 도입된 제도로, 아동과 청소년이 주로 생활하는 관련 교육기관 등 청소년들이 주로 활동하는 공간에 성범죄자의 취업을 금지하여 범죄를 사전에 예방하는 조치로 시행되었다. 아동 · 청소년의 성보호에 관한 법률에 규정되어 있고 성범죄자는 유치원과 학교, 청소년보호센터와 청소년재활센터, 청소년쉼터, 어린이집 등에 취업이 제한되며, 아동 · 청소년 관련 교육기관 등의 장은 그 기관에 취업 중이거나 사실상 노무를 제공 중인 자의 성범죄 경력을 확인해야 한다. 이 경우 본인의 동의를 받아 관계 기관의 장에게 성범죄 경력 조회를 요청해야 한다.

● 핵티비즘(Hecktivism)

컴퓨터 해킹(Hacking)과 정치행동주의(Activism)의 합성어로, 정치 · 사회적 목적을 이루기 위해 해킹을 시도하거나 목표물인 서버 컴퓨터를 무력화하고, 이런 기술을 만드는 주의를 뜻한다. 이는 정치적 노선을 달리하는 네티즌들이 특정 정부의 인터넷 웹 사이트를 침범해 정치구호를 내걸거나 컴퓨터 서버를 무력화하는 것으로, 자기만족 차원에서 허술한 컴

확인문제 [한국환경공단]

20. 백화점, 지하철역과 같은 수익 시설을 자기 지역에 유치하려고 하는 현상은?

① 님비현상 ② 님투현상
③ 핌피현상 ④ 바나나현상

소시오패스(Sociopath)

소시오패스란 자신의 욕망과 성공을 위해 나쁜 행동을 저질러도 양심의 가책을 느끼지 않는 사람을 말한다. 소시오패스와 싸이코패스의 가장 큰 차이는 잘못된 행동이라는 개념 자체가 없는 사이코패스와 달리 소시오패스는 잘못된 행동이라는 것을 알면서도 반사회적인 행위를 한다는 것이다. 그렇기 때문에 소시오패스는 사이코패스보다 사회적인 해악이 더 큰 문제를 일으킨다. 대표적인 소시오패스로는 히틀러(Adolf Hitler)와 무솔리니(Benito Mussolini) 등이 거론된다.

다중선택사회

근대화 이론의 선구자이자 스위스 갈렌대학 교수인 피터 그로스는 과거의 사회가 전통과 의무를 중시한 '다중의무사회'였다면 현대사회는 '다중선택사회'라 한다. 즉, 개인은 시시각각 무엇인가를 선택해야 하는 중압감에 시달리고, 선택의 과잉은 사회 스스로를 파괴할 가능성이 있다. 따라서 이를 극복하기 위해서는 서로의 차이를 인정해야 하고, 나와 다른 것을 선택하는 사람과 사회를 인정해야 한다고 한다.

다문화사회

저명한 언론인 출신 정치학자 클라우스 레게비는 다문화주의를 주장한다. 다문화주의는 대부분의 산업국가들이 '원주민'과 '이주민'으로 구성된 사회루 변화되어간다는 말이다. 이에 레게비는 돈을 벌기 위해 이주노동자들이 몰려오고 각종 정치 · 사회적 요인들에 의해 자기 나라를 떠나는 사람들의 숫자가 늘어나고 있으므로 정치 지도자들은 자국 내에 있는 각기 다른 유형의 사람들을 적대적으로 합병하지 않고 평화적으로 통합하는 방법을 찾아야 한다고 말한다.

답 20. ③

퓨터 보안장치를 뚫던 기존의 해커와는 달리 인터넷과 같은 가상공간을 진보혁명의 수단으로 여긴다는 것이 특징이다.

● 트위터(Twitter) 혁명

140자 이내의 단문으로 소통하는 소셜 네트워크인 트위터가 현대 사회 변화에 중요한 역할을 담당하는 것을 의미한다. 대표적으로 중동에 불어닥친 민주화 운동인 '아랍의 봄' 역시 트위터를 통해 확산되었으며 이미 우리의 일상과 비즈니스, 정치 전반에 트위터가 사용되고 있다. 트위터는 간단한 글을 손쉽게 쓸 수 있는 단문 전용 사이트이기 때문에 이동 통신 기기를 이용한 글 등록도 편리하고 파급 효과도 뛰어나 트위터를 통해 적극적으로 기업을 홍보하고 고객을 관리하는 기업도 늘고 있다.

● 지식 정보화 사회

미국의 미래학자인 앨빈 토플러는, 그의 대표적 저서 《미래쇼크》에서 변화의 '과정'에 중심을 두고 변화가 인간과 조직체에 어떠한 영향을 미치는가에 대해, 《제3물결》에서는 변화의 '방향'에 중심을 두고 오늘날의 변화가 우리를 어디로 데려가는가에 대해 이야기하고 있다. 그리고 《권력이동》에서는 변화의 '통제'에 대해, 즉 앞으로의 변화를 누가 어떻게 통제할 것인가에 대해 쓰고 있다. 특히, 《제3물결》에서 토플러는 사회의 성패를 좌우하는 요인은 예전처럼 교통수단이 아니라 통신기술이고, 재화와 서비스를 이동하는 새로운 방식을 끊임없이 개발하고 있는 세계에서 그것에 앞서가는 조직은 살아남을 것이라고 예견했다.

젠더(Gender)

1995년 9월 5일 북경 제4차 여성대회 GO(정부기구)회의에서 성(性)에 대한 표기를 'sex'에서 'gender'로 변경했다. 우리말로 젠더와 섹스는 '성'이라는 같은 뜻이지만, 영어로 '젠더'는 사회적인 의미의 성을, '섹스'는 생물학적인 의미의 성을 뜻한다. 따라서 유럽연합(EU)과 미국 등 다수 국가가 주장하는 젠더는 남녀차별적인 단어인 섹스보다 대등한 남녀 간의 관계를 내포하며, 평등에 있어서도 모든 사회적인 동등함을 실현시켜야 한다는 의미가 함축되어 있다.

클릭티비즘(Clicktivism)

클릭(click)과 행동주의(activism)의 합성어로 인터넷에서 펼쳐지는 정치적 운동이나 사회운동 등에 온라인 청원 등을 통해서 소극적으로 참여하는 행동을 뜻한다. SNS나 온라인을 통해 광범위한 시민운동을 일으킬 수 있다는 긍정적인 기능이 있지만 시간이나 노력을 별로 들이지 않고서도 사회 문제의 개선에 참여했다는 자기만족적 행동이라는 비판을 받기도 하며 이러한 게으른 정치 참여는 사회 개선에 도움이 되지 않는다고 주장하는 이들도 있다.

유나메일러(Una Mailor)

유나메일러란 말은 과학기술 문명의 허구성을 폭로한다는 명목 아래 수차례에 걸쳐 폭탄테러를 감행한 유나버머(Unabomber)를 본떠 미국의 언론이 만들어낸 말이다. 유나메일러는 인터넷을 이용하는 특정인이나 특정기관에 엄청난 양의 전자우편을 보내는데 이를 편지폭탄(E-mail bomb)이라고 한다. 편지폭탄을 보내어 컴퓨터 시스템을 파괴하는 유나메일러의 이러한 행위는 인터넷 인구가 증가함에 따라 인터넷을 위협하는 강력한 수단 중 하나이다.

애드호크라시(Adhocracy)

앨빈 토플러의 저서 《미래쇼크》에 나온 말로, 종래의 관료조직을 대체할 미래조직을 뜻한다. 이는 삶의 안식처를 정하지 않은 채 편익에 따라 모여졌다 흩어지는 우연적 인간관계를 말하는 것이다.

4 노동

● 노동3권

① **단결권** : 근로자들이 자주적으로 노동조합을 설립할 수 있는 권리를 말한다.

② **단체교섭권** : 근로자가 근로조건을 유지 · 개선하기 위하여 조합원이 단결하여 사용자와 교섭할 수 있는 권리를 말한다.

③ **단체행동권** : 근로자가 사용자에 대하여 근로조건에 관한 자기 측의 주장을 관철하기 위해 단결권을 배경으로 각종 쟁의행위를 할 수 있는 권리를 말한다.

● 근로기준법

근로기준법은 헌법에 의한 근로조건의 기준을 정함으로써 근로자의 기본적 생활을 보장, 향상시키며 균형 있는 국민경제의 발전 도모를 목적으로 한다. 이 법에서 정하는 근로조건은 최저기준이므로 근로관계 당사자는 이 기준을 이유로 근로조건을 저하시킬 수 없다.

● 자연실업률(Natural Rate of Unemployment)

자연실업률은 기업들의 구인자 수와 노동자들의 구직자 수가 일치하는 실업률이자, 현재 진행되는 인플레이션을 가속시키지도 않고 감속시키지도 않는 실업률이다. 재정적인 총수요 관리정책과는 관계없이 생산물시장의 구조적 특성, 탐색비용, 노동의 이동 가능성, 최저임금제 등에 의해 결정된다. 정부가 인위적으로 자연실업률보다 낮은 실업률을 이루고자 하는 재정정책은 소기의 성과를 거두지 못하고 인플레이션만 가속시킨다는 것이 자연실업률 이론이다.

● 구조적 실업(Structual Unemployment)

경제전반에 걸친 총수요의 부족에서 발생하는 경기적 실업과 달리, 어떤 특수부문의 노동에 대한 수요가 부족하여 발생하는 실업을 말한다. 이 실업은 산업구조의 고도화와 급격한 기술혁신으로 낮은 기술 수준의 기능인력에 대한 수요가 줄어들어 직장을 잃는 경우가 대부분이다. 따라서 여기서 문제가 되는 것은 노동에 대한 총체적인 수요의 크기가 아니라 수요

노동조합 및 노동관계조정법

노동조합 및 노동관계조정법은 헌법에 의한 근로자의 단결권 · 단체교섭권 및 단체행동권을 보장하여 근로조건의 유지 · 개선과 근로자의 경제적 · 사회적 지위의 향상을 도모하고, 노동관계를 공정하게 조정하여 노동쟁의를 예방 · 해결함으로써 산업평화의 유지와 국민경제의 발전에 이바지함을 목적으로 하는 법이다.

이케아 세대

뛰어난 교육 수준과 스펙을 가지고 있으면서도 낮은 임금과 단기간 고용으로 고용 불안에 시달리는 젊은 세대를 스웨덴 가구 브랜드인 이케아의 특징에 빗댄 용어이다. 이케아 세대는 적은 소득과 불안정한 고용으로, 당장 필요한 소비재 구입 비용 외에는 미래를 준비하기 위한 여력을 갖고 있지 않다.

실업률

경제활동을 할 수 있는 국민 중에서 일자리가 없는 사람들이 차지하는 비중을 말한다. 구체적으로는 경제활동인구에 대한 실업자 수의 비율이다.

$$\text{실업률} = \frac{\text{실업인구}}{\text{노동가능인구}} \times 100$$

잠재적 실업

현재 취업 중에 있으나, 임금과 소득수준, 노동시간과 노동일수, 작업환경 등 노동조건에 불만족하여 다른 직업을 얻으려고 하는 상태로 가장 실업 혹은 위장 실업이라고도 한다. 이런 잠재적 실업은 실업상태가 숨겨져 있어 눈에 띄지 않으므로 통계에서 실업자로 계상(計上)되지 않는다.

의 구조이다. 경제 전체로 보아 노동에 대한 수요가 충분할 때에도 어떤 부문에서는 노동에 대한 수요와 공급의 불균형에 빠질 수 있다. 자본주의 경제구조의 모순에서 오는 만성적인 실업 형태로 1930년대를 휩쓸었던 대공황이 대표적인 예이다.

● 마찰적 실업

노동시장이 불안정하여 노동자가 일시적으로 노동에서 이탈할 때에 생기는 실업으로, 판단착오나 계속적 수요를 위해서 특수자원 간의 균형이 일시적으로 파괴된다든가 생각지 않았던 변화에 대하여 적응이 늦다든가, 노동의 이동성이 불가능할 때에 발생한다. 경기적 실업이나 구조적 실업과 구별되는 개념으로 계절적 실업과 같이 정상적인 경제상태에서도 발생하고, 호황의 절정기에도 전 노동인구의 2~3%의 마찰적 실업이 존재한다. 근로자가 한 직장으로부터 다른 직장으로 옮기는 도중에 일어나는 실업이나 대규모 사업체가 부도났을 경우 이 회사의 근로자들이 새로운 일자리를 찾을 때까지 생기는 한시적 실업이 대표적인 예이다.

● 비자발적 실업

노동자가 현행 실질임금 수준하에서 근로의사가 있는데도 불구하고, 생산물에 대한 유효수요 부족으로 기업이 고용하려고 하지 않아 발생하는 실업으로 일시적인 구매력 부족에 의한 불경기로 일어나는 경기적 실업, 만성적 구매력 부족인 유효수요 부족으로 일어나는 화폐적 실업, 기계화에 의한 노동절약으로 일어나는 기술적 실업 또는 생산성 실업, 개발도상국과 같이 생산설비 부족으로 직장이 없어 실업이 되는 실물적 실업 등이 있다.

● 유니언 숍(Union Shop)

클로즈드 숍과 오픈 숍의 중간 형태로, 고용주는 노동조합의 조합원 이외의 노동자까지도 자유로 고용할 수 있으나, 일단 고용된 노동자는 일정기간 내에 조합원이 되어야 하는 제도이다. 따라서 유니온 숍 협정이 있는 경우에 고용된 근로자가 일정기간 내에 조합에 가입하지 않거나, 또는 가입한 조합으로부터 제명되거나 탈퇴한 때에 사용자는 그 근로자의 해고의무를 지게 된다. 우리 노동조합 및 노동관계조정법은 노동조합이 당해 사업장에 종사하는 근로자의 반수 이상을 대표하고 있는 때에는 근로

실망실업

일자리를 얻기 어려워 구직활동을 아예 포기한 경우이다. 즉, 경기침체로 취업 가능성이 낮거나 조건이 맞지 않아 일시적으로 구직활동을 포기하고 노동시장에서 퇴장한 노동력인 셈이다. 이들은 일정기간이 지나면 구직활동에 나서지만, 실업자로 현재화할 가능성이 높다. 실망실업자는 정상적인 경기순환 시에는 인력수급의 완충역할을 하기도 한다.

실업급여

정부에서 실직 근로자를 지원하기 위해 1995년에 도입한 고용보험정책 중 하나로 구직급여와 취직촉진수당, 연장급여, 상병급여 등으로 나뉜다.

- **구직급여** : 수급자격을 갖춘 실직자의 생계유지와 재취업을 돕기 위해 일정액을 지원하는 제도로, 실업급여 또는 기본급여라고 한다. 구직급여는 고용보험에 가입한 사업장에서 실직 전 18개월 중 180일 이상 근무하다가 회사의 폐업, 도산, 인원감축 등 본인의 뜻과 달리 퇴직한 경우에 받을 수 있다. 퇴직 당시의 연령과 보험가입기간에 따라 90~240일 동안 실직 전 평균임금의 50%가 지급된다.
- **취직촉진수당** : 실업의 장기화를 막고 더욱 적극적인 구직활동을 촉진하기 위해 마련된 것으로, 구직급여 소정 급여일수의 2분의 1을 남기고 새 직장에 재취업한 경우 일정액을 일시금으로 지급하는 것이다. 이에는 조기재취업수당, 직업능력개발수당, 광역구직활동비, 이주비 등이 있다.
- **연장급여** : 훈련연장급여, 개별연장급여, 특별연장급여 등이 있다.
- **상병급여** : 실업신고를 한 이후 질병·부상·출산으로 취업이 불가능하여 실업의 인정을 받지 못한 경우에 지급한다. 7일 이상의 질병·부상으로 취업할 수 없을 때 증명서를 첨부하여 청구하며, 출산의 경우에는 출산일로부터 45일간 지급한다.

자가 노동조합의 조합원이 될 것을 고용조건으로 하는 단체협약의 체결을 부당노동행위에 해당되지 않는 것으로 하여 유니온 숍 조항을 인정하고 있다. 다만, 사용자가 유니온 숍 조항을 근거로 근로자가 당해 노동조합에서 제명된 경우, 그에게 신분상의 불이익처분을 할 수 없도록 규정함으로써 조직 강제조항으로서의 성격을 완화하였다.

● 노사협의회

근로자 측과 사용자 측 대표가 노사 간 이해와 협조를 구하기 위해 설치한 협의기구를 말한다. 이 협의회는 근로조건, 단체협약의 체결 및 실시, 노사분규의 예방, 생산성 향상, 근로자의 고충처리 등에 관한 사항을 협의한다. 이 협의회는 30명 이상을 고용하는 근로조건에 대한 결정권이 있는 사업장, 하나의 사업에 지역을 달리하는 상근근로자가 30명 이상 고용된 사업장은 주된 사무소에 노사협의회를 설치하도록 되어 있다.

● 무노동 무임금

근로의 대상인 임금은 근로자가 사용자에게 근로를 제공하지 않으면 받을 수 없다. 비록 쟁의행위가 헌법에 보장된 권리의 행사일지라도 그 권리는 정당한 쟁의행위인 경우 권리의 행사로서 채무불이행책임이나 불법행위책임을 지지 않고 징계처분이나 해고, 기타의 불이익대우를 받지 않는다는 데 의의가 있을 뿐, 근로제공이 없는 임금청구권까지 보장한 것은 아니다. 따라서 쟁의행위로 인해 근로자가 근로를 제공하지 않은 경우 사용자는 임금을 지급하지 않아도 되는데, 이를 '무노동 무임금의 원칙(no work no pay)'이라고 한다.

● 부당노동행위

사용자는 다음에 해당하는 부당노동행위를 할 수 없다.

① 근로자가 노동조합에 가입 또는 가입하려고 하였거나, 노동조합을 조직하려고 하였거나, 기타 노동조합의 업무를 위해 정당한 행위를 한 것을 이유로 그 근로자를 해고하거나 불이익을 주는 행위

② 근로자가 어느 노동조합에 가입하지 아니할 것 또는 탈퇴할 것을 고용조건으로 하거나 특정한 노동조합의 조합원이 될 것을 고용조건으로 하는 행위(황견계약)

▶ 다만, 노동조합이 당해 사업장에 종사하는 근로자의 3분의 2 이상을 대표하고 있을

오픈 숍(Open Shop)

고용관계에 있어서 고용주가 노동조합의 가입조합원뿐만 아니라 조합원 이외의 노동자까지도 자유롭게 고용할 수 있는 제도이다. 클로즈드 숍 제도는 조합원을 강제로 압박하는 수단이 되기 쉽지만, 오픈 숍 제도는 고용주에 의한 조합 약화 수단으로서의 역할도 한다.

클로즈드 숍(Closed Shop)

회사와 노동조합의 단체협약으로 종업원의 채용 · 해고를 노동조합의 통제하에 위탁하고, 회사는 노동조합 이외에서는 종업원을 채용하지 않고 반드시 조합원 중에서 채용하여야 하는 제도이다. 기업의 근로자 전원의 가입이 강제되는 클로즈드 숍은 노동조합의 권리와 단결을 지키는 데 필요한 제도이다.

동일노동 동일임금의 원칙

동질(同質) · 동량(同量)의 노동에 대해 같은 임금이 지급되어야 한다는 임금 평등 결정의 원칙을 말한다. 우리나라는 이 원칙을 1989년 3월 남녀고용평등법 개정 때 삽입, 동일노동 동일임금제가 명문화되었다.

취업최저연령

근로기준법에서는 15세 미만인 자는 근로자로 사용하지 못하도록 하고 있으나, 고용노동부장관이 발급한 취직인허증을 소지한 경우에는 예외로 하고 있다. 그리고 미성년자의 경우 임금은 독자적으로 청구할 수 있다.

근로계약

근로자가 사용자에게 근로를 제공하고 사용자는 이에 대하여 임금을 지급함을 목적으로 체결된 근로계약이 근로기준법에서 정한 기준에 미치지 못한 때에는 그 부분에 한해 무효로 한다. 그리고 근로계약은 기간의 정함이 없는 것과 일정한 사업 완료에 필요한 기간을 정한 것을 제외하고는 그 기간은 1년을 초과하지 못한다.

때에는 근로자가 그 노동조합의 조합원이 될 것을 고용조건으로 하는 단체협약의 체결은 예외로 하며, 이 경우 사용자는 근로자가 당해 노동조합에서 제명된 것을 이유로 신분상 불이익한 행위를 할 수 없다.

③ 노동조합의 대표자 또는 노동조합으로부터 위임을 받은 자와의 단체협약 체결, 기타의 단체교섭을 정당한 이유 없이 거부하거나 게을리하는 행위

④ 근로자가 노동조합을 조직 또는 운영하는 것을 지배하거나 이에 개입하는 행위와 노동조합의 전임자에게 급여를 지원하거나 노동조합의 운영비를 원조하는 행위

▶ 다만, 근로자가 근로시간 중에 사용자와 협의 또는 교섭하는 것을 사용자가 허용함은 무방하며, 또한 근로자의 후생자금 또는 경제상의 불행 기타 재액의 방지와 구제 등을 위한 기금의 기부와 최소 규모의 노동조합사무소 제공은 예외로 한다

⑤ 근로자가 정당한 단체행위에 참가한 것을 이유로 하거나 노동위원회에 대하여 사용자가 부당노동행위의 규정에 위반한 것을 신고하거나 그에 관한 증언을 하거나 기타 행정관청에 증거를 제출한 것을 이유로 그 근로자를 해고하거나 그 근로자에게 불이익을 주는 행위

● 최저임금제

최저임금은 근로자의 생계비와 유사(類似) 근로자의 임금 및 노동 생산성을 고려해 사업 종류별로 구분하고 최저임금위원회 심의를 거쳐 고용노동부장관이 정하도록 규정하고 있다. 특히, 사용자는 최저임금의 적용을 받는 근로자에게 최저임금액 이상의 임금을 지급해야 하며, 사용자가 최저임금법에 정한 최저임금을 이유로 종전의 임금수준을 저하시킬 수 없도록 규정하고 최저임금의 적용을 받는 근로자와 사용자 사이에 최저임금액에 미달하는 임금을 정한 근로계약은 그 부분에 한하여 무효가 됨을 규정하여 명시하고 있다.

● 조정

노동위원회는 관계 당사자의 일방이 노동쟁의의 조정을 신청한 때에는 지체 없이 조정을 개시하여야 하며 관계 당사자 쌍방은 이에 성실히 임하여야 한다. 조정은 조정의 신청이 있은 날부터 일반사업에 있어서는 10일, 공익사업에 있어서는 15일 이내에 종료하여야 하나 관계 당사자 간의 합의로 일반사업에 있어서는 10일, 공익사업에 있어서는 15일 이내에서 연장할 수 있다.

황견계약(Yellow Dog Contract)

노동조합에 가입하지 않고 쟁의행위에도 참가하지 않으며 또는 조합으로부터 탈퇴한다는 등의 조건으로 노동자가 개별적으로 사용자와 맺는 고용계약을 말한다. 'Yellow Dog Contract'는 비열한 계약을 뜻하는데, 이것이 일본에서 그대로 법제화되고 번역됨으로써 황견계약으로 와전되었다.

통상임금

정기적, 일률적, 고정적으로 근로자에게 소정근로 또는 총근로와 관련하여 지급하기로 정해진 시간급 · 일급 · 주급 · 월급 또는 도급금액을 말한다. 해고예고수당, 시간 외 · 야간 · 휴일근로 시의 가산수당, 연차유급휴가수당, 퇴직금의 산출기초가 되며 상여금 및 각종 수당의 경우 1988년 예규로 정한 통상임금 산정지침에 따라 통상임금에 포함되지 않았으나, 이후 법원이 차츰 통상임금 범위를 확대해 오고 있다.

최저임금 영향률

임금근로자 중 최저임금 변화에 직접적인 영향을 받는 근로자 비율의 추정치를 말하며 최저임금위원회는 매년 최저임금 인상의 파급력을 평가하기 위해 최저임금 영향률을 추정해 발표하고 있다. 예를 들어 2019년 최저임금 영향률은 2017년 8월 기준 시간당 임금총액에 2018년 임금상승률 예측치(3.8%)를 결합해 2018년 전체 임금근로자의 시간당 임금과 근로자 수 분포를 추정한 후, 2019년 최저임금액(시간당 8350원)에 맞춰 2019년 임금인상이 필요한 근로자 수의 비율을 추정한 것이다. 2018년 7월 10일 최저임금위원회가 발간한 '2019년 최저임금 심의를 위한 임금실태 등 분석' 보고서에 따르면 2019년 기준 최저임금 영향률은 25%로, 이는 임금근로자 4명 중 1명의 2018년도 임금이 2019년도 최저임금에 못 미치는 수준이라는 뜻이고 최저임금 영향률이 높아지면 최저임금 인상이 고용에 미치는 영향도 자연히 커지게 된다.

긴급조정

고용노동부장관은 쟁의행위가 공익사업에 관한 것이거나, 그 규모가 크거나, 그 성질이 특별한 것으로서 현저히 국민경제를 해하거나 국민의 일상생활을 위태롭게 할 위험이 현존하는 때에는 긴급조정의 결정을 할 수 있다. 이 경우 고용노동부장관은 미리 중앙노동위원회 위원장의 의견을 들어야 한다. 긴급조정의 결정이 공표되면 관계 당사자는 즉시 쟁의행위를 중지하여야 하며, 공표일부터 30일이 경과하지 아니하면 쟁의행위를 재개할 수 없다.

▶ 고용노동부장관은 긴급조정을 결정한 때에는 지체 없이 그 이유를 붙여 이를 공표함과 동시에 중앙노동위원회와 관계 당사자에게 각각 통고하여야 한다.

사회적 대화

경제주체들이 한데 모여 경제, 사회, 복지 등 다양한 쟁점을 논의한 뒤 포괄적인 합의를 도출하는 과정을 뜻한다. 보통 노사정 대화와 같은 의미로 사용되는데 여기서 노사정은 노동계와 경영계, 정부를 축약한 말이다.

노동쟁의의 종류

① 노동자 입장

㉠ **스트라이크(Strike, 동맹파업)** : 노동자들이 자기들의 요구를 관철시키기 위하여 작업을 전면 포기하는 것을 말한다. 사용자에게 손해를 입혀 사용자로 하여금 노동자의 요구를 받아들이도록 하는 방법으로 쟁의 중 가장 철저한 수단이다.

㉡ **보이콧(Boycott, 불매운동)** : 쟁의 중 그 기업의 제품을 조직적 · 집단적으로 구매하지 않도록 배척하는 것을 말한다. 노동조합에 의한 쟁의의 한 방법이다.

㉢ **사보타주(Sabotage, 태업)** : 직장을 이탈하지 않는 대신 불완전 노동으로 사용자를 괴롭히는 노동쟁의 방식을 말한다. 즉, 불완전 제품을 만든다든지, 원료 · 재료를 필요 이상으로 소비한다든지, 노동시간을 충분히 사용하지 않고 헛되이 보낸다든지 하여 사용자에게 손해를 주어 자기들의 요구를 관철시키려는 쟁의수단이다.

㉣ **피케팅(Picketing)** : 동맹파업의 보조수단으로 배반자나 파업을 파괴하는 자를 막기 위해 직장 입구 등에 파수꾼을 두고서 작업을 저지, 공중에게 호소하는 방법이다.

중재

노동쟁의 조정방법의 하나로 노동위원회는 다음의 경우 중재(仲裁)를 한다.

- 관계 당사자의 쌍방이 함께 중재를 신청한 때
- 관계 당사자의 일방이 단체협약에 의하여 중재를 신청한 때
- 필수공익사업에 있어서 노동위원회 위원장이 특별조정위원회의 권고에 의하여 중재에 회부한다는 결정을 한 때

확인문제 [한국전력공사]

21. 직장을 이탈하지 않는 대신 원료, 재료를 필요 이상으로 소모함으로써 사용자를 괴롭히는 노동쟁의 방식은 무엇인가?

① 사보타주 ② 스트라이크
③ 보이콧 ④ 피케팅

스트라이크

- **제너럴 스트라이크(General Strike, 총파업)** : 독점산업분야 또는 전 산업의 노동자가 전국적 규모로 일제히 돌입하는 스트라이크로, 줄여서 제네스트라고도 한다. 노동조합 전국연합체가 어떠한 입법조치나 사회정책시정을 요구 또는 반대하기 위하여 하는 투쟁방식이다.
- **헝거 스트라이크(Hunger Strike)** : 항의나 요구의 관철을 위하여 단식 시위하는 것을 말한다. 노동자의 대중행동을 격려하기 위한 특별한 경우에 취하는 극단적 투쟁수단이다.
- **와일드 캣 스트라이크(Wild Cat Strike)** : 살쾡이 파업이라고도 하며 흔히 사업장 단위로 기층 근로대중에 의해 자연발생적으로 터져 나오는 것으로, 노동조합 지도부가 주관하지 않는 비공식 파업이다.
- **동정파업(Sympathetic Strike)** : 노동자가 직접 고용관계에 있는 사용자와의 사이에는 분쟁이 없는데도 다른 사업장의 노동쟁의를 지원할 목적으로 자기들의 사용자에 대해 벌이는 파업이다.

답 21. ①

② 사용자(사업주) 입장

노사 협상에서 사용자가 자신의 입장을 관철하기 위하여 일정기간 동안 직장 문을 닫아버리는 직장폐쇄는 사용자가 취할 수 있는 유일한 쟁의행위이고 현재 우리나라에서 유일하게 인정되고 있는 사용자의 합법적 권한이다. 직장폐쇄 기간 중에는 노동자들의 작업장 출입이 금지되며 임금 또한 받지 못한다. 그러나 사용자가 휴업수당을 지급하지 않으려고 직장폐쇄를 하는 경우에는 합법성이 인정되지 않으며, 쟁의가 있을 때만 가능하다.

퇴직연금제

2005년 12월부터 시행된 퇴직연금제도는 기업 임직원의 노후소득을 보장하기 위해 재직 중에 퇴직급여를 별도의 금융기관에 적립하고 근로자가 퇴직할 때 일시금 또는 연금형태로 지급하는 기업복지제도이다. 2012년 7월부터 개인형 퇴직연금(IRP) 가입이 의무화되었다.

① **확정급여형 퇴직연금** : 근로자가 지급받을 급여의 수준이 사전에 결정되어 있는 퇴직연금

② **확정기여형 퇴직연금** : 급여의 지급을 위하여 사용자가 부담하여야 할 부담금의 수준이 사전에 결정되어 있는 퇴직연금

③ **개인퇴직계좌(IRA)** : 퇴직급여계좌의 일시금을 수령한 자 등이 그 수령액을 적립 · 운영하기 위하여 퇴직연금사업자에게 설정한 저축계정

④ **개인퇴직연금(IRP)** : 전 근로자를 대상으로 하며 퇴직 시 의무로 가입해야 하는 퇴직연금으로, 2017년 이후에는 근로자뿐 아니라 자영업자까지 대상 확대 예정

탄력근로제

유연근무제의 일종으로 업무가 많을 때는 특정 근로일의 근무시간을 연장시키는 대신 업무가 적을 때는 다른 근로일의 근무시간을 단축시켜 일정기간의 주당 평균 근로시간을 52시간(법정 근로시간 40시간+연장근로 12시간)으로 맞추는 제도이다. 현행 근로기준법에 따르면 1주 최대 52시간(법정근로 40시간, 연장근로 12시간)이 기본이며, 단위기간은 2주 이내 혹은 3개월 이내로 정한다. 다만 2주 이내는 '취업규칙' 개정을 통해, 3개월은 노동조합 등 '근로자 대표와의 서면 합의'가 이루어져야 한다. 또한 탄력근로제를 2주 이내로 적용 시 1주 최장 근로시간은 48시간을 넘

총액임금제

근로자가 연간 지급받는 각종 수당 · 상여금 등을 모두 합해 12개월로 나눈 액수를 기준으로 하여 노사가 임금인상률을 결정하는 것을 말한다. 총액임금에는 기본금, 고정상여금, 직무수당, 가족수당 등과 같이 지급금액이 확정되어 있는 수당이 모두 포함되며, 시간외 수당이나 야간 · 휴일근무수당, 휴일근로수당 등과 경영성과에 따라 지급되는 성과급적 상여금, 식사 · 피복 등의 현물급여, 일 · 숙직비 등은 총액임금에서 제외된다. 총액임금제에서 임금인상은 기본적으로 단체교섭을 통해 결정된다. 총액임금제는 각종 명목의 수당 신설로 인한 임금의 편법 인상을 막고 고임금 업종의 임금인상을 강력히 억제하려는 것으로 독과점기업 · 국공영기업 · 언론사 등 300여 개 업체를 중점관리 대상으로 하고 있다. 그러나 총액임금제가 정부의 임금통제책일 뿐만 아니라 헌법에 보장된 평등권, 자율적인 단체교섭권을 침해하고 있다는 이유로 해당 노조의 반발을 사고 있다.

자율좌석제

기업 사무실에서 개인별 좌석을 지정하지 않고, 직원들이 각자 원하는 자리에서 업무를 볼 수 있도록 하는 공유좌석제를 말한다. 보수적인 분위기에서는 혁신이 나올 수 없다는 실리콘밸리의 문제의식에서 탄생된 것으로, '핫데스킹(Hot Desking)'으로도 불린다. 자율좌석제는 동료들 간 협업과 평등을 고취한다는 취지로 시행되고 있다. 국내의 경우 대기업을 중심으로 2018년부터 확산되고 있는 추세로, 업무스케줄이나 출근시간에 맞춰 업무공간을 선택할 수 있도록 하고 있다. 예컨대 업무공간을 창가석, 모니터석, 스탠딩석 등으로 다양하게 구비해 직원들이 일정, 업무와 관련한 동선이나 집중도를 고려해 좌석을 선택하게 된다.

지 못하며(연장 · 휴일근로시간 제외) 3개월 이내로 적용 시는 특정한 주의 근로시간은 52시간을, 특정일의 근로시간은 12시간을 초과할 수 없다(연장 · 휴일근로시간 제외).

유연근무제(Flextime)

선택근무제라고도 하며 전형적인 근무 일정인 주5일 오전 9시에서 오후 6시까지 근무하는 것이 아니라, 정해진 근로 시간인 하루 8시간은 일하되 자신의 근무시간을 스스로 선택할 수 있는 제도이다. 이때 선택한 시간대는 어느 정도 일정한 시간대를 유지하여 예측성이 있어야 하며 유연근무제가 가능한 회사에서 회사는 근로자들에게 특정 시간 동안에는 회사에 있을 것을 요구할 수 있는데 이를 핵심시간이라 한다. 근로자들은 핵심시간을 포함하기만 한다면 출퇴근 시간을 자유롭게 정할 수 있으며 근무시간뿐만 아니라 근무 장소도 변경할 수 있는 고려 대상이 될 수 있다.

재량근로제

업무 수행 방법을 노동자의 재량에 맡길 필요가 있는 업무의 경우 사용자가 노동자대표와 서면 합의한 시간을 노동시간으로 보는 제도이며 실제 노동시간과 간주되는 노동시간이 다르기 때문에 법정노동시간을 초과한 노동도 가능하다. 연구처럼 높은 창의성과 전문성이 필요하고 근로자가 자율적으로 업무 수행 방법을 결정할 수 있는 업무에만 적용되며 지금까지는 연구업무, 신문기사 취재업무 등 12개에만 허용되었으나 고용부가 7월 31일 금융투자분석과 투자자산운용을 추가하면서 모두 14개 업무에서 허용된다.

정리해고제

사용자가 불황이나 심각한 경영위기로 인해 근로자의 감원이나 해고 등 인원정리가 불가피할 경우의 해고를 말한다. 정리해고를 하기 위해서는 긴박한 경영상의 필요가 있어야 하며 이때 긴박한 경영상의 필요란 계속되는 경영악화 방지, 생산성 향상을 위한 구조조정과 기술혁신, 사업의 일부폐지 및 기업인수합병(M&A) 등의 경우를 말한다. 이 경우 사용자는 해고하고자 하는 날의 50일 전까지 노조(또는 근로자 과반수의 대표자)에 통보하고 성실하게 협의하여야 한다.

워라밸(Work-Life Balance)

'일과 삶의 균형(Work-life balance)'이라는 표현은 1970년대 후반 영국에서 개인의 업무와 사생활 간의 균형을 묘사하는 단어로 처음 등장했다. 우리나라에서는 각 단어의 앞 글자를 딴 '워라밸'이 주로 사용된다. 워라밸은 연봉에 상관없이 높은 업무 강도에 시달리거나, 퇴근 후 SNS로 하는 업무 지시, 잦은 야근 등으로 개인적인 삶이 없어진 현대사회에서 직장이나 직업을 선택할 때 고려하는 중요한 요소 중 하나로 떠오르고 있다.

직장 내 괴롭힘 금지법

사용자나 근로자가 직장에서의 지위 또는 관계 우위를 이용해 다른 근로자에게 신체적 · 정신적 고통을 주는 등의 행위 등을 하지 못하도록 하는 법으로, 2019년 7월 16일부터 시행됐다. 실제로 2017년 국가인권위원회의 조사 결과 직장생활 경험이 있는 만 20~64세 남녀 1500명 중 74%가 직장 내 괴롭힘 피해 경험이 있다고 답하는 등 '직장 내 괴롭힘'은 심각한 상황이다. 고용노동부는 2019년 1월 15일 '직장 내 괴롭힘 금지', '해고예고 적용제외사유 정비' 등을 명시한 근로기준법 개정안을 공포했고 이 중 '해고예고 적용제외사유 정비'는 공포 즉시 시행됐으며, 이에 직장 내 괴롭힘 금지와 관련, 각 사업장들은 7월 16일 이전까지 직장 내 괴롭힘 예방 · 대응방안 마련 등을 위해 취업규칙을 개정했다.

객관식 문제

01 물속에 있는 유기물질이 소독제로 사용되는 염소와 반응해 생성되는 발암물질은?

① 트리할로메탄 ② 파라티온
③ 말라티온 ④ 프탈레이트
⑤ 페놀

해 트리할로메탄(THM ; Trihalomethanes)은 상수원수의 소독과정에서 존재하는 유기물질이 살균, 소독제로 사용되는 염소와 반응하여 생성되는 물질로 발암성이 있다고 알려져 있으며 휘발성이 강하기 때문에 음용수로 쓰기 전에 끓이거나 음용 전 수 시간 방치하여야 한다.

02 개인 또는 단체가 일상생활에서 직접 또는 간접적으로 발생시키는 온실 기체의 총량을 의미하는 것으로 '탄소이력'이라고도 불리는 이것은?

① 탄소발자국 ② 오염총량제
③ 생물경보 ④ 블루벨트

해 탄소발자국(Carbon Footprint)은 영국 의회과학기술국(POST)이 2006년에 탄소의 배출을 줄여 지구를 살리자는 취지에서 만든 용어이다. 탄소발자국에는 상품을 생산하기까지 배출한 이산화탄소의 양이 표시되어 지구 온난화의 심각성을 일깨워주는 효과가 있다.

03 최근 해양오염의 문제로 주목되는 '쓰레기 섬'에 대한 내용으로 틀린 것은?

① 인간이 버린 쓰레기들이 서로 뒤엉켜 하나의 거대한 섬처럼 보이기 때문에 쓰레기 섬으로 불린다.
② 프랑스 국토보다도 더 큰 것도 있다.
③ 일본 동북부 지역을 휩쓴 지진과 쓰나미로 인해 무너져 내린 주택 잔해와 쓰레기가 해류를 타고 이동하고 있어 큰 문제로 지적된다.
④ 쓰레기섬은 북태평양에서만 발견되어 다른 인도양과 대서양은 안전한 편이다.
⑤ 태평양 대쓰레기장(Great Pacific Garbage Patch)이라고도 한다.

해 쓰레기섬은 북태평양뿐만 아니라 대서양, 인도양 등 전 세계 바다에 다섯 개나 되는 것으로 알려져 충격을 주고 있다. 한편 쓰레기섬은 북태평양을 시계 방향으로 크게 맴도는 북태평양 환류를 타면서 무리 지어 다니는 물고기처럼 쓰레기들이 한데 뭉쳐 만들어진 것으로 해양생태계에 적지 않은 문제를 발생시키고 있다.

04 2011년 세계 7대 자연경관으로 선정된 곳이 아닌 곳은?

① 제주도
② 아마존
③ 이과수 폭포
④ 그랜드 캐니언
⑤ 푸에르토 프린세사 지하강

해 미국의 그랜드 캐니언(Grand Canyon)은 후보지 중 하나로 2011년 선정된 세계 7대 자연경관으로 지정되지 못했다. 세계 7대 자연경관은 스위스의 비영리재단인 뉴세븐원더스 재단(New7Wonders)에서 진행한다. 세계에서 가장 아름다운 자연경관 7곳을 전 세계인의 인기투표를 통해 선정하는 사업으로, 우리나라의 제주도가 2011년 선정되면서 많은 경제적 파급 효과를 기대하고 있다.

2011년 선정된 세계 7대 자연경관

1. 제주도 – 대한민국
2. 아마존 – 브라질
3. 하롱베이 – 베트남
4. 이과수 폭포 – 아르헨티나/브라질
5. 코모도 – 인도네시아
6. 푸에르토 프린세사 지하강 – 필리핀
7. 테이블 산 – 남아프리카공화국

05 레이첼 카슨(Rachel Carson)이 쓴 《침묵의 봄(Silent Spring)》을 통해 유해성이 알려지게 되었으며 살충제로 주로 쓰였던 이 물질은?

① DDT ② ABS
③ Pb ④ NO

해 DDT는 백색결정 분말로 이루어진 물질로, 모기 · 파리 · 이 등의 위생해충 또는 농작물 해충방제용으로 널리 사용되었지만 독성이 강하고 생체 내부의 축적성이 있다는 사실이 드러나면서 현재는 금지물질로 분류되어 있다.

06 1940년대에 발생한 사건으로 미국 후커케미컬사의 유해폐기물 매립으로 일어난 사상 최악의 환경 재난은?

① 그린피스 ② 러브캐널
③ 엘리뇨 ④ 라니냐

해 러브캐널사건(Love Canal Accident)에 대한 내용으로 미국의 후커케미컬 회사가 나이아가라 폭포 부근의 러브운하(Love Canal) 작업이 중단된 웅덩이를 매입하여 이곳에 공장에서 버리는 유독성 화학물질을 매립하였는데, 그 후 이 지역 위에 학교와 마을이 들어서면서 주민들에게 각종 암과 질병, 기형아 출산 등이 발생한 사건이다.

07 다음 (   ) 안에 들어갈 알맞은 용어는?

> 기후온난화로 인한 해수면 상승, 홍수, 가뭄으로 몇몇 지역은 정들었던 땅을 떠나 거주지를 옮겨야 하는 (   )이 수년 내에 수천만 명에 도달할 것이며 실제로 해수면이 상승할 경우 대피할 만한 고지대가 없는 작은 섬나라들이 위험에 처할 것이다.

① 크레바스 ② 그린피스
③ 그리드 ④ 기후난민

해 기후난민(Climate Refugees)에 대한 내용이다. '기후난민'이라는 용어는 1980년대 환경파괴에 대한 관심이 높아지면서 처음 사용되었다. 기후온난화가 진행되면 해수면이 상승하여 섬나라나 해수면과 인접한 지역의 거주민들은 다른 곳으로 이동해야 하는 상황에 처하게 된다.

[한국토지주택공사]

08 태풍에 관한 설명 중 틀린 것은?

① 태풍위원회 14개 회원국에서 제출한 이름을 사용한다.
② '무지개'는 북한이 제출한 이름이다.
③ 태풍 진행 오른쪽 반원은 위험반원으로 바람이 세게 불고, 왼쪽 반원은 가항반원으로 바람이 약하다.
④ 전국적으로 일정 한도 이상의 피해가 발생하면 안전행정부장관은 특별재해지역으로 선포할 수 있다.
⑤ 남위 5°와 북위 5° 사이의 적도부근에서는 발생하지 않는다.

해 태풍, 홍수, 폭풍, 해일, 호우, 가뭄, 폭설, 지진 기타 이에 준하는 자연현상으로 인해 생활기반 상실 등 극심한 피해를 입었을 경우, 이를 효과적으로 수습하고 복구하기 위해 특별한 조치가 필요하다고 인정되는 지역에 대해 '대통령'이 선포한다. 자연재해를 입었을 때 선포한다는 점에서 인위적인 재난을 수습하기 위해 선포하는 특별재난지역과는 다르다.

01 ① 02 ① 03 ④ 04 ④ 05 ① 06 ② 07 ④ 08 ④ 답

[한국환경공단]

09 환경과 관련된 국제협약에 관한 설명이다. 잘못된 것은?

① 바젤협약 – 지구환경보호의 일환으로 유해폐기물의 국가 간 교역을 규제하는 내용의 국제협약

② 람사르협약 – 물새의 서식 습지대를 보호하기 위한 협약

③ 런던협약 – 폐기물의 해양투기로 인한 해양오염을 방지하기 위해 마련된 국제 협약

④ 몬트리올의정서 – 지구오존층을 보호하기 위해 CFCs, 할론 등 오존층 파괴물질의 사용을 규정한 국제환경협약

⑤ 생물다양성협약 – 멸종 위기에 처한 야생 동·식물의 국제무역에 관한 협약

해 생물다양성협약이란 생물종의 보전에 기여하는 국제협약이다. 멸종 위기에 처한 야생 동식물의 국제무역에 관한 협약은 워싱턴협약(CITES ; Convention on International Trade in Endangered Species of wild fauna and flora)이다.

[한국환경공단]

10 황갈색의 탁한 물로 바닥이 잘 보이지 않고 바닥에 해감이 깔려 있는 하천의 수질 등급은?

① 1급수 ② 2급수
③ 3급수 ④ 4급수
⑤ 5급수

해 3급수는 음료수로는 사용할 수 없으나 공업용수로는 사용 가능하다.

11 다음 설명 중 맞는 것은?

① BOD란 생화학적 산소요구량을 나타내는 지표로 이 수치가 높을수록 수질이 좋다.

② ABS세제는 합성세제의 주류로 가정하수 중에 함유되어 수질오염의 주원인이 되고 있는 독성물질이다.

③ 새집증후군은 새집에서만 발생하는 공해병으로 우리나라에서는 그에 대한 기준이 마련되어 있다.

④ 자연 및 환경보존과 이에 대한 국민의 경각심을 일깨워주기 위해 미국의 한 환경단체에서 제정한 상은 골든 라즈베리상이다.

해 ① BOD의 수치가 높을수록 수질이 나쁘다.
③ 새집증후군은 새집에서 주로 발생하긴 하지만 지은 지 5년이 넘은 건물에서도 생길 수 있으며, 우리나라에는 아직 이에 대한 기준이 마련된 바가 없다.
④ 골드먼 환경상에 관한 내용이다.

[부산교통공사]

12 엘니뇨 현상에 대한 설명 중 부적절한 것은?

① 스페인어로 '신의 아들', '아기 예수'라는 뜻이다.

② 세계의 기상이변을 몰고 오는 원인으로 받아들여지고 있다.

③ 엘니뇨 현상은 매년 발생한다.

④ 해수온도가 10℃ 내외로 상승하는 경우도 있다.

⑤ 페루 근해를 비롯한 적도 부근의 태평양 해수온도가 오르면서 시작된다.

해 엘니뇨는 통상 3~5년 주기로 나타났었으나, 최근 2년 주기를 보이고 있다.

[한국환경공단]

13 환경권에 대한 설명 중 맞지 않는 것은?

① 인간다운 쾌적한 환경 속에서 생존할 권리이다.
② 환경에 대한 침해를 배제할 수 있는 배타적인 권리이다.
③ 건축법, 국토의 계획 및 이용에 관한 법률에는 환경권의 이념이 제외된다.
④ 실체법은 환경정책기본법을 비롯하여 해양오염방지법, 대기환경보전법, 수질환경보전법 등이 있다.

해 ③의 법률들은 환경보전을 우선시하도록 제도화되어 있다.

[한국전력공사, SH공사]

14 다음 중에서 환경보존과 관련이 없는 것은?

① 그린피스(Green Peace)
② 녹색당(Green Party)
③ 로마클럽(Rome Club)
④ 뉴 프론티어(New Frontier)

해 1961년 케네디 대통령이 취임식에서 국가의 당면 문제들을 해결하기 위해서 건국 초의 개척정신과 같은 국민들의 희생정신이 요구된다며, 미국인으로서의 자부심을 호소하는 뉴 프론티어(신개척자 정신) 정책을 주창하였다.

[한국전력공사, 한국토지주택공사]

15 1972년 성장의 한계라는 보고서를 발표하여 천연자원의 고갈, 환경오염 등을 경고하였던 단체는?

① 엠네스티 ② G7
③ 로마클럽 ④ 파리회의

해 ①의 엠네스티는 '국제인권위원회', ②의 G7은 '서방 7개 선진공업국의 연례 경제정상회담', ④의 파리회의는 '1856년 크리미아 전쟁의 강화회의'를 말한다.

16 환경영향평가제란?

① 환경보존운동의 효과를 평가하는 것
② 환경보존법, 해상오염방지법, 공해방지법 등을 총칭하는 것
③ 공해지역 주변에 특별감시반을 설치하여 환경보전에 만전을 기하는 것
④ 건설이나 개발이 주변환경과 인간에게 미치는 영향을 미리 측정하여 대책을 세우는 것

해 환경·교통·재해 등에 관한 환경영향평가제도는 환경오염 사전예방수단의 하나로, 사업자가 개발사업의 계획을 수립·시행함에 있어, 사업의 경제성·기술성뿐만 아니라 그 사업이 환경에 미치는 영향을 예측·분석하여 환경에 대한 영향을 저감시킬 수 있는 여러 가지 대안을 비교·검토 후, 환경보전의 관점에서 경제적, 기술적 상황을 감안한 최선의 안을 사업의 시행과정에 반영하도록 하는 일종의 의사결정절차이다.

17 다음 중 잘못된 환경지식은?

① 오존주의보는 오존층 파괴 위험성 때문에 발령한다.
② PM10은 지름 10㎛ 이하의 미세먼지이다.
③ 산성비는 pH5.6 이하의 강우를 말한다.
④ 생화학적 산소요구량(BOD)이 높으면 오염된 수질이다.
⑤ 우리나라는 물부족 국가이다.

해 오존주의보는 오존농도가 시간당 0.12ppm 이상일 때, 오존경보는 시간당 3ppm 이상일 때 오존오염도가 생활환경에 미치는 영향을 최소화하기 위해 발령한다.

답 09 ⑤ 10 ③ 11 ② 12 ③ 13 ③ 14 ④ 15 ③ 16 ④ 17 ①

[한국환경공단]

18 지구온난화와 가장 관련이 없는 국제단체는?

① Green Peace ② IPCC
③ UNEP ④ WMO
⑤ CBOT

해 ⑤ CBOT : 미국 일리노이주(州) 시카고에 있는 상품거래소
① Green Peace : 세계적 환경운동 관련단체(비정부기구)
② IPCC(Intergovernmental Panel on Climate Change) : 기후 변화와 관련된 전 지구적 위험을 평가하고 국제적 대책을 마련하기 위해 세계기상기구(WMO)와 유엔환경계획(UNEP)이 공동으로 설립한 유엔 산하 국제 협의체
③ UNEP : 유엔환경개발계획
④ WMO : 세계기상기구

19 잔류성유기오염물질에 관한 설명으로 잘못된 것은?

① 일반적으로 내분기계 장애물질이라고 알려져 있다.
② 인간의 생산활동이나 폐기물 처리과정에서 생성되는 인공적인 산물이다.
③ 바젤협약은 POPs의 사용 · 생산을 금지시키거나 제한하는 내용을 담고 있다.
④ 규제대상 물질로는 딜도린, 엔드린, 헵타클로르, 마이렉스 등이 있다.
⑤ POPs 물질은 생태계에나 인체에 일단 유입되면 매우 안정적으로 존재하면서 변이현상을 유발한다.

해 잔류성유기오염물질의 사용 및 생산을 금지시키거나 제한하는 내용을 담은 것은 스톡홀름협약이다.

[한국환경공단]

20 산성비의 가장 큰 원인은?

① 대기 중에 탄산가스나 아황산가스 등의 증가
② 질소산화물, 탄산수소 등의 대기오염물질
③ 공해방지나 환경정화를 목적으로 사용한 처리장치나 약품 · 첨가물
④ 황산화물이나 질소산화물 등의 대기오염물질

해 산성비는 pH5.6 이하의 강한 산성을 띠는 비로, pH는 1~14의 값을 가지며, pH<7이면 산성, pH = 7이면 중성, pH>7이면 염기성이다. 석유 등이 연소할 때나 자동차가 달릴 때 발생하는 질소산화물, 황산화물 등이 가장 큰 원인으로 알려져 있다.

[한국전력공사]

21 다음 설명 중 바르지 않은 것은?

① 공해와 관련하여 대기오염, 수질오염의 정도를 표시하는 단위는 ppm이다.
② 적조현상이란 부영양화로 인해 플랑크톤이 이상번식하여 바닷물이 붉게 변하는 현상이다.
③ BOD란 물의 오염상태를 나타내는 지표의 하나로 화학적 산소요구량을 말한다.
④ 데시벨(dB)은 소음공해 측정의 기준단위이다.

해 ③은 COD에 관한 설명이다. BOD는 물의 오염정도를 나타내는 하나의 지표로 생화학적 산소요구량을 말한다.

[서울특별시도시철도공사]

22 수질오탁의 정도를 나타내는 생물지표(Biological Indicator)에서 '몹시 더러운 물'에 해당하는 생물은?

① 밀물게, 뱀잠자리류
② 잠자리, 명주우렁이류
③ 거머리류, 물벌레
④ 실지렁이

해 ①은 1급수(깨끗한 물)에, ②는 2급수(비교적 깨끗한 물)에, ③은 3급수(황갈색의 탁한 물)에 그리고 ④는 4급수(악취나는 썩은 물)에 산다.

[한국환경공단]

23 토양오염에 대한 설명으로 적절치 못한 것은?

① 토양오염은 생물 존재의 기반을 파괴하는 것이다.
② 오염된 토양은 물이나 공기처럼 유동성이 거의 없다.
③ 토양 내에 오염물질이 묻히게 되면 쉽게 드러나지 않는다.
④ 토양은 일단 오염되면 장기간 지속된다.
⑤ 한 번 오염된 토양은 그 특성상 자정작용이 어렵다.

해 토양오염은 수질오염이나 대기오염과 달리 토양수나 토양공기를 거치지 않고는 거의 움직일 수 없다. 그 결과 오염물질이 토양 내에 묻혀 한 번 오염된 토양은 그 특성상 자정작용이 어렵고 정화에 많은 시간과 비용이 수반된다.

[한국마사회]

24 다음 용어에 대한 설명이 틀린 것은?

① 외쿠메네 – 비거주지역
② 경도풍(傾度風) – 등압선에 평행되게 부는 바람
③ 시상화석 – 지층의 퇴적 당시의 환경상황을 나타내는 화석
④ 엘니뇨 현상 – 남미 페루 태평양 연안의 해면온도가 비정상적으로 상승하는 현상

해 외쿠메네는 인류가 거주할 수 있는 곳이고, 아뇌쿠메네는 비거주지역이다.

[한국전력공사]

25 일반적으로 연안 해역에서 발생하는 적조현상에 대한 설명 중 틀린 것은?

① 적조현상이란 식물성 플랑크톤의 이상 증식으로 해수가 변색되는 것을 말한다.
② 적조를 일으키는 주원인은 유독성 금속이다.
③ 적조는 정체해역에서 잘 일어나는 현상이다.
④ 적조현상이 발생하면 물속의 산소가 부족하게 되어 어패류가 폐사하게 된다.

해 적조현상의 원인은 공장폐수나 도시 생활폐수에 의한 부영양화, 물의 정체, 일사량의 증대, 수온 상승 등이다.

[한국전력공사]

26 우리나라의 기후는 대륙성 기후로 여름에는 고온다습하고 무덥다. 이러한 기후에 영향을 미치는 기단은?

① 오호츠크해 기단 ② 양쯔강 기단
③ 북태평양 기단 ④ 적도 기단

해 우리나라 여름철에 영향을 주는 기단은 북태평양 기단이다.

답 18 ⑤ 19 ③ 20 ④ 21 ③ 22 ④ 23 ② 24 ① 25 ② 26 ③

[한국석유공사]

27 **유엔인간환경회의에서 규정한 환경파괴의 주요 원인이 아닌 것은?**

① 인간의 편리추구
② 소비구조의 변화
③ 생태계의 보정작용
④ 무분별한 경제개발

해 생태계 보정작용은 자연계 스스로 환경오염물질을 정화하는 자정능력을 말하는데, 이 자정능력에는 한계가 있어 이를 초과하는 공해가 발생하면 생태계가 파괴된다.

28 **아동 · 청소년에 대한 강간, 강제추행 등 성폭력범죄자가 성폭력범죄를 다시 범할 위험성이 있다고 인정될 경우 부착하는 '전자발찌'에 대한 설명으로 틀린 것은?**

① 검사가 전자발찌 부착명령을 청구할 수 있다.
② 법원은 30년의 범위 내에서 부착명령을 선고할 수 있다.
③ 전자발찌란 전자파를 발신하고 추적하는 원리를 이용하여 위치를 확인하거나 이동경로를 탐지하는 기계이다.
④ 전자발찌를 착용 이후 성범죄가 감소하여 도입이 성공적이라는 평가를 받는다.

해 성폭력 전과자와 유괴범 등에 채우는 전자발찌가 재범률을 크게 낮추었다는 통계가 발표되면서 효과적이라는 의견도 있지만 전자발찌를 찬 채 또 다시 성범죄를 일으키는 범죄가 빈번히 발생하면서 과연 전자발찌가 효과적인지에 대한 의문이 제기되고 있다.

29 **경제적 효율을 추구하는 산업사회에서 잃어버린 인간성을 회복할 목적으로 보람되고 인간다운 노동생활을 지향하기 위해 벌이는 운동은?**

① QWL ② QWB
③ QWR ④ QWG

해 QWL(Quality of Working Life)은 노동에서 보람과 근로생활의 질 향상을 의미한다. 즉, 산업사회가 추구하는 경제적인 목적과 더불어 근로생활의 질을 추구하는 인간성을 고려하여 만족시키는 세계적인 운동으로 우리나라에서도 산업통상자원부가 근로자 삶의 질 향상을 위해 반월과 시화 공업단지, 남동, 구미, 익산 등 4개 노후 산업 단지 내 복지시설을 개선하는 'QWL 밸리 산업단지' 조성사업을 시행 중이다.

30 **청소년의 인터넷게임 중독을 예방하고 건강한 성장을 지원하기 위해서 16세 미만 청소년에게 오전 0시부터 6시까지 심야에 6시간 동안 일부 인터넷게임의 제공을 제한하는 제도는?**

① 녹다운 제도 ② 신데렐라 제도
③ 셧다운 제도 ④ 게젤 샤프트
⑤ 하인리히법

해 여성가족부에서 2011년 11월 20일부터 16세 미만 청소년을 대상으로 인터넷게임을 제한하는 '셧다운 제도'를 도입하여 시행 중이다. 이 제도는 PC 온라인게임과 웹게임에 적용되며, 스마트폰과 태블릿PC에서 할 수 있는 게임의 경우 셧다운제 적용을 2년간 유예하였으나, 2013년 새롭게 고시안을 발표하면서 2015년까지 또 한 번 유예되었다.

31 **회복 가능성이 희박한 병을 앓는 고령의 노인들이 고통스런 치료를 받는 대신 인간적 존엄을 유지하며 품위 있게 죽음을 맞을 수 있도록 돕는 운동은?**

① 슬로 메디신 ② 신디스
③ 해피메이커 ④ CPR

해 슬로 메디신(Slow Medicine) 운동은 희귀병이나 불치의 병으로 고통받는 노인들이 기계에 의존해 생존을 계속하는 대신 편안하게 죽음을 맞을 수 있도록 하는 것을 말한다.

32 대부분의 회사에서는 3개월 단위로 업무수행 평가와 인사평가 등이 반복되는데, 이로 인하여 직장인들이 겪는 우울증과 무기력증을 나타내는 말은?

① VDT증후군 ② 369증후군
③ 바우처증후군 ④ 타임래그
⑤ 와그너증후군

해 369증후군에 대한 내용이다. 369증후군이란 3개월 단위로 이직이나 전직을 심각하게 고려하는 현상으로 직장인들이 우울증과 스트레스 때문에 입사 후 3·6·9 개월 단위로 이직을 심각하게 고려하는 것에서 유래되었다.

[한국전력공사]

33 사회학적 개념으로서의 문화지체(cultural lag)란 무엇을 의미하는가?

① 물질문화와 비물질문화의 변화 속도가 다를 때 나타나는 현상
② 한 사회의 문화적 가치를 힘의 바탕으로 다른 사회에 강제로 부과하고자 하는 현상
③ 사회구성원의 행위를 규제하는 공통된 가치나 도덕적 규범이 상실된 혼돈 상태
④ 한 사회집단이 어떤 이질적인 사회와 거의 전면적인 접촉 단계에 들어갈 때에 상호 간의 광범위한 문화변동

해 문화지체는 문화적 정체성의 혼란과 함께 문화변동이 가져오는 부정적 측면이다.

[한국전력공사]

34 뒤르켐은 아노미 상태가 어떤 상태에서 발생한다고 하였는가?

① 심리적 불안 상태가 계속될 때
② 사회가 급격히 변동하고 있을 때
③ 사회성원들 간의 갈등이 존재할 때
④ 사회화 과정이 잘 이루어지지 못했을 때

해 사회학자 E. 뒤르켐은 그의 저서 《사회분업론》에서 분업의 이상(異常)을, 《자살론》에서는 근대사회의 특유한 자살형을 기술하는 데 '아노미' 개념을 사용하였다.

[한국전력공사]

35 미국에 이민 간 한국인이 미국 사회에 적응하지 못할 뿐만 아니라 그렇다고 해서 한국인으로서 동질감도 지니지 못할 때 그를 일컬어 우리는 무엇이라고 부르는가?

① 위기인 ② 주변인
③ 저변인 ④ 일탈인

해 이질적인 두 가지 이상의 문화와 집단생활의 영향을 동시에 받지만, 그 어느 곳에도 완전하게 소속될 수 없는 주변인은 새로운 나라에 막 이주한 이민자, 농촌에서 대도시로 방금 전입한 사람, 편견과 배척의 표적이 되고 있는 소수민족 출신자, 혼혈아, 개종자 등에서 생기기 쉽다.

36 각종 환경오염 시설물 등을 자기가 사는 지역권 내에 절대 설치해서는 안 된다는 지역 이기주의의 현상으로 바르게 묶인 것은?

① 님비 – 핌비 ② 핌비 – 임피
③ 님비 – 임피 ④ 핌비 – 바나나
⑤ 님비 – 바나나

해 님비(NIMMBY)현상과 바나나(BANANA)현상은 동의어로, 쓰레기 매립지나 핵폐기물 처리장 등 각종 환경오염 시설물을 자기가 사는 지역권 내에 절대 설치해서는 안 된다는 이기주의 현상이다. 핌피(PIMFY)현상 역시 지역 이기주의 현상의 한 종류로 오염 시설물이라도 수익성 있는 사업은 유치하겠다는 것이며 님비의 반대 현상이다. 임피(IMFY)현상은 특정 지역의 거주민들, 지방자치단체가 자기 지역에 이득이 되거나 발전에 도움이 되는 시설물들을 유치하거나 특정 시설물에 대한 관리 및 통제권을 차지하기 위해 벌이는 적극적인 활동 및 일련의 현상을 말한다.

27 ③ 28 ④ 29 ① 30 ③ 31 ① 32 ② 33 ① 34 ② 35 ② 36 ⑤ 답

[한국전력공사]

37 여론의 형성과정에서 개인이 다른 사람들의 의견은 자신의 의견과 다르다고 오판하여 자신의 의견을 억제하고 다른 사람들의 의견을 추종하는 현상을 무엇이라 하는가?

① 다원적 무지 ② 침묵의 나선
③ 제3자 효과 ④ 정태적 합의

해 다원적 무지는 1920년대에 알포트(F. Allport) 등의 심리학자들이 사회가 급격히 보수화하는 변동현상을 설명하기 위해 사용한 사회심리학적 개념으로, 어떤 문제에 대해 소수의 의견을 다수의 의견으로 잘못 인식하거나 다수의 의견을 소수의 의견으로 잘못 파악하는 현상을 말한다.

[한국전력공사]

38 현대사회의 특성에 대한 기술 중 잘못된 것은?

① 1차적 인간관계의 비중 감소, 2차적 인간관계의 중시
② 대량 생산과 대량 소비
③ 대중에 의해 생산된 창의적 · 개성적인 대중문화의 형성
④ 사회의 민주화 · 평등화 현상

해 현대사회의 특징 중의 하나인 대중문화는 방대한 수에 달하는 대중을 대상으로 생산 · 소비되는 문화이다. 삶의 패턴이 표준화된 대중사회에서 대중매체의 발달과 사람들 간의 상호교류가 증가함에 따라 대중문화는 급속히 발달하게 된다. 대중문화는 삶의 활력소 역할을 하는 긍정적인 면이 있는 반면, 지나치게 상업적이고 선정적인 성격의 문화가 주류를 이룰 경우 대중의 삶의 질을 저하시키고, 문화의 질을 낮추는 부작용을 낳을 수도 있다.

[한국전력공사]

39 8시간 노동제가 국제적으로 정식 선포된 것은?

① 와그너법 ② 국제노동헌장
③ 제1인터내셔널 ④ 태프트-하틀리법

해 국제노동헌장이라 부르는 베르사유조약 제13편의 제387조서 제427조에서 '8시간 노동제'가 국제적으로 정식 선포되었다.

[한국전력공사]

40 도덕재무장운동(MRA)에 들지 않는 것은?

① 절대 순결 ② 절대 정직
③ 절대 협동 ④ 절대 애정

해 미국의 F. 부크만이 제창한 MRA(Moral Re-Armament)는 1921년 그가 옥스퍼드 대학교수로 있을 당시 학생 중심으로 전개하여 급속도로 전 세계에 퍼진 세계평화운동이다. 절대의 정직 · 순결 · 무사 · 사랑을 신조로, 국적 · 인종 · 종교 · 직업의 차별 없이 세계의 영원한 평화에 그 목표를 두고 노력하는 윤리적 평화운동이다.

[한국토지주택공사]

41 노동3권에 대한 설명 중 틀린 것은?

① 단결권, 단체교섭권, 단체행동권을 말한다.
② 근로조건의 향상을 위해서 행사할 수 있다.
③ 근로기준법은 근로조건의 상한을 규정하고 있다.
④ 사회권에 속한다.

해 근로기준법은 최저노동조건을 정한 것으로 기준에 미치지 못하는 조건을 정한 근로계약은 그 부분만 효력이 없게 된다.

[대구도시철도공사]

42 다음 중 근로자의 경영참가제도가 아닌 것은?

① 종업원지주제도 ② 경영협의회제도
③ 근로자책임제도 ④ 이윤분배제도

해 근로자의 경영참가제도에는 ①, ②, ④ 외에 '공모주제도, 노사공동의사결정제도' 등이 있다.

[SH공사]

43 고용기회에 대한 완전한 정보를 입수하지 못해서 생긴 실업은?

① 구조적 실업 ② 경기적 실업
③ 마찰적 실업 ④ 잠재적 실업

해 마찰적 실업은 노동이라는 생산자원이 가장 효율적으로 배분되기 위해서 직업탐색이 행해지고 있는 상황으로서 실업자가 직장탐색에 투자하고 있는 과정으로 볼 수 있다.

44 완전고용에 관한 설명으로 가장 적당한 것은?

① 모든 기업자가 최대한 많은 고용인을 사용할 수 있는 상태를 말한다.
② 국민의 경제생활이 안정되어 높은 문화수준에 있는 상태를 말한다.
③ 전 국민이 직업을 가지고 있고, 실직상태에 있는 사람이 없는 상태를 말한다.
④ 노동력과 노동을 하려는 의사를 가진 사람들이 모두 직업을 가지고 있는 상태를 말한다.

해 완전고용은 한 국가에 있어서 일할 능력과 의사를 가진 노동인구가 합당한 임금률로 전부 고용된 상태, 즉 노동력의 공급과 수요가 일치되는 국민경제 상태를 말한다. 과거에는 실업률(경제활동인구 중 실업자의 비율)이 6% 선이면 완전고용으로 보았지만 최근에는 그 비율이 3~4% 선으로 낮아졌다.

[인천교통공사]

45 실업을 줄일 수 있는 방법 중 틀린 것은?

① 공공사업을 통한 고용기회 창출
② 사회보장제도의 확충으로 최저생계 유지
③ 인력 개발 및 직업 기술 교육
④ 농촌 가내 공업 육성
⑤ 취업 정보의 효율적 제공

해 사회보장제도의 확충으로 최저생계가 유지될 경우 실업률이 높아질 수 있다.

[한국석유공사]

46 노동자가 행할 수 없는 쟁의는?

① Lock Out ② Sabotage
③ Strike ④ Boycott

해 노사 협상에서 사용자가 자신의 입장을 관철하기 위해 일정기간 동안 직장 문을 닫아버리는 직장폐쇄(Lock Out)는 노동자의 파업에 맞서는 사용자의 가장 강력한 쟁의행위이다. 우리나라에서 사용자에게 유일하게 인정되는 합법적 권한으로, 직장폐쇄기간 동안 노동자들의 작업장 출입은 금지되고 임금도 받지 못한다.

[한국전력공사]

47 노동분쟁 시 당사자가 구속력을 가지는 조정방법은?

① 알선 ② 중재
③ 긴급조정 ④ 조정

해 노동위원회에 중재가 회부되면 그날부터 15일간은 쟁의행위를 할 수 없고, 노동위원회의 중재재정 또는 재심결정은 중앙노동위원회의 재심신청 또는 행정소송의 제기에 의해 그 효력이 정지되지 않으며 단체협약과 동일한 효력을 갖는다. 한편 노동조합 및 노동관계조정법에 규정된 노동쟁의의 조정에는 '조정, 중재, 공익사업 등의 조정에 관한 특칙, 긴급조정'이 있고, 알선은 폐지되었다.

답 37 ① 38 ③ 39 ② 40 ③ 41 ③ 42 ③ 43 ③ 44 ④ 45 ② 46 ① 47 ②

CHAPTER 03 단답형 문제

다음 질문에 답하시오. (기업체 직무적성검사 대비 문제)

Answer

01 우리나라가 중요한 습지의 파괴를 억제하고 물새가 서식하는 습지대를 보호하기 위해 채택한 협약은?

01 람사르협약

02 페루 등 동태평양 연안에서 크리스마스 무렵부터 다음 해 봄에 걸쳐 해수면 온도가 정상보다 높아지는 현상을 엘니뇨라 한다. 이와는 반대로 동태평양 연안의 해수면 온도가 낮아지는 것을 무엇이라고 하는가?

02 라니냐

03 오존층을 파괴해 인류에게 환경재앙을 가져오는 것으로 밝혀져 세계 각국이 생산과 사용을 규제하려는 물질은 냉매로 쓰이는 프레온가스와 소화기에 쓰이는 가스는?

03 할론(HALON)

04 세계민간환경보호 운동을 주도하는 '그린피스, 제3세계 네트워크, 이 땅의 친구들, 세계자연보호기금'을 무엇이라 하는가?

04 빅4(Big Four)

05 도시에서 한 지역의 온도가 다른 곳에 비해 높은 현상은?

05 열섬현상

06 시민운동단체를 모체로 해서 독일에서 맹활약 중인 정당으로서 환경보호를 강력히 주장하는 정당은?

06 녹색당

07 동물성 플랑크톤이 갑자기 1cm^2당 10만 개 이상 번식해 해수가 적색, 황색 혹은 갈색으로 변하는 현상은?

07 적조현상

08 호수 · 내해 등 폐쇄적 수역의 질소 · 인 등이 높아져 수질이 빈영양 상태에서 부영양 상태로 변화하는 현상은?

08 부영양화

09 공해를 유발한 사람이 보상을 부담하는 원칙을 무엇이라 하는가?

09 오염자부담원칙(PPP)

10 우리나라는 한려수도 일대와 서해안 일부가 지정되어 있는데, 수자원 오염의 위험으로부터 보호하기 위해 설정한 오염제한구역은 무엇인가?

11 사회지도층의 높은 신분에 따른 의무란 뜻으로 계층 간 대립을 해결할 수 있는 수단인 것은?

12 현재의 직장에 만족하지 못하여 다른 직업을 얻으려고 하는 상태로 위장실업이라고도 하는 것은?

13 창의적인 사고와 뛰어난 컴퓨터 실력으로 무장한 21세기형 고급 두뇌 노동자를 가리키는 말은?

14 동맹파업의 보조수단의 배반자를 막기 위해 직장 입구 등에 파수꾼을 두는 쟁의수단은?

15 일탈자로 한 번 인식된 후에는 일탈행위로부터 더욱 벗어나지 못하게 된다는 일탈행위이론은?

16 전직알선 프로그램으로 해소 근로자가 재취업하거나 창업할 수 있도록 돕는 종합 컨설팅 서비스는?

17 국민연금, 공무원연금 외의 4대 연금은?

Answer

10 블루벨트(Blue Belt)

11 노블리스 오블리제 (Nobless Oblige)

12 잠재적 실업

13 실리콘칼라 (Silicon Collar)

14 피케팅

15 낙인이론

16 아웃 플레이스먼트 (Out Placement)

17 군인연금, 사학연금

CHAPTER **04**

과학 · 컴퓨터 · 정보통신 · 매스컴

1. 과학
2. 컴퓨터
3. 정보통신
4. 매스컴

- 객관식 문제
- 단답형 문제

CHAPTER 04

과학 · 컴퓨터 · 정보통신 · 매스컴

1 과학

멘델의 유전법칙

멘델은 '식물 잡종에 관한 연구(1865년)'에서 완두를 재료로 한 교배실험을 통해 일반적인 유전법칙을 입증할 수 있는 통계학적 규칙을 발표했다.

① **우열의 법칙** : 대립 형질은 1쌍의 대립 유전자에 의해 지배되고 이들 유전자에는 우성과 열성의 관계가 있다.

② **분리의 법칙** : 생식 세포를 형성할 때 한 쌍의 대립 유전자가 각각의 생식 세포로 나뉘어져 다음 세대로 전달된다.

③ **독립의 법칙** : 두 쌍 이상의 대립 형질이 유전될 때 각 형질은 간섭 없이 독립적으로 유전된다.

반성유전(伴性遺傳, Sex-linked Inheritance)

성염색체에 있는 유전자에 의해 일어나는 유전현상 중 하나로 X염색체에 있는 유전자 때문에 일어난다. 반성유전은 열성유전일 경우 일어나는 것으로 잘 알려져 있으며, 적록색맹이 사람에게서 일어나는 반성유전의 대표적인 예이다. 혈액 응고 인자가 없어서 피가 한 번 나기 시작하면 멈추지 않는 혈우병도 반성유전에 속한다.

RNA(Ribo Nucleic Acid)

RNA와 DNA의 가장 큰 차이는 뉴클레오타이드를 구성하는 5탄당의 종류가 다르다는 것이다. 5탄당이 리보오스(ribose)인 것은 RNA이고, 디옥시리보오스(deoxyribose)인 것은 DNA이다. RNA를 구성하는 염기는 A, G, C, U이고 DNA를 구성하는 염기는 A, G, C, T이다.

DNA(Deoxyribo Nucleic Acid, 디옥시리보핵산)

핵산의 일종으로 유전정보를 지니고 있는 물질이다. 핵산은 뉴클레오타이드라는 단위물질이 길게 연결된 상태의 고분자이며, 뉴클레오타이드는 5탄당, 염기, 인산기의 세 부분으로 이루어져 있다. DNA의 분자구조는 뉴클레오티드의 기다란 사슬 두 가닥이 새끼줄처럼 꼬여 있는 2중 나선 구조이며, 1953년 미국의 왓슨(J. Watson)과 영국의 크릭(Crick)에 의해 밝혀졌다.

확인문제 [서울메트로]

1. 멘델의 유전법칙에 해당되지 않는 것은?
① 분리의 법칙 ② 도태의 법칙
③ 독립의 법칙 ④ 우열의 법칙

미토콘드리아(Mitochondria)

진핵 세포 속에 있으며, 내부 호흡에 관여하는 막대기 또는 알갱이 모양의 작은 물질인 미토콘드리아는 ADP와 무기 인산으로부터 ATP를 합성하는 산화적 인산화를 수행하는 것으로 알려져 있다. DNA · RNA를 함유하여 세포질의 유전에 관여하고 있으며, 세포 속에서 분열하여 증식을 하게 된다.

핵산(核酸, Nucleic Acid)

생물을 구성하는 세포 속에 함유되어 있으며, 생명현상의 기본이 되는 물질이다. 세포가 분열할 때에는 먼저 중심이 되는 기관인 핵이 두 개로 나뉘며 이 핵내의 물질이 산성을 띠는 물질을 '핵산'이라고 한다. 핵산에는 리보핵산(RNA)과 디옥시리보핵산(DNA) 두 종류가 있다.

확인문제

2. 사람의 유전자와 가장 관계가 깊은 것은?
① ATP ② DNA
③ RNA ④ ADP

유전자가위(Geno Scissors)

인간 및 동식물 세포의 유전체를 교정하는 데 사용되는 유전자 교정 기술로 유전체에서 특정 염기 서열을 인식한 후 해당 부위의 DNA를 정교하게 잘라내는 시스템.

답 1. ② 2. ②

● 게놈(Genome)

'유전자(gene)'와 '염색체(chromosome)'의 합성어로, 게놈은 생물이 살아가기 위해서 필요한 최소한의 유전자군을 가지고 있는 염색체 세트를 말한다. 즉, 알이나 정자에 포함되어 있는 단상성(n)의 염색체, 또는 거기에 포함되는 유전 정보 전체가 게놈이다. 인간의 게놈은 10만 개의 유전자와 이를 구성하는 30억 개의 염기쌍으로 이루어져 있다. 인간의 각 세포의 핵에는 46개의 염색체가 존재하며 유전정보는 바로 이 염색체에 담겨 있다. 인체의 60~100조의 세포 속에는 각각 46개의 염색체를 갖고 있다. 23개는 정자를 통해서, 23개는 난자를 통해서 물려받는다. 이 23쌍의 염색체는 DNA로 이루어져 있고, 모든 생명활동의 정보가 들어 있다. 이 23개의 염색체 세트를 '게놈'이라 하고 'n'으로 표시한다.

● DNA 칩

1994년 미국 애피메트릭스사의 스티브 포더 박사가 개발한 것으로, 사람의 유전자 정보를 담아 유전자 이상에 의해 발생하는 난치병을 치료하는 데 쓰이는 차세대 유전자 정보 집적체이다. 특정 질병을 일으키는 유전자를 파악한 후 이를 이용한 DNA 칩을 만들어 검사 대상자의 혈액이나 조직에서 추출한 DNA 샘플을 한꺼번에 반응시켜 질병을 진단하는 데 사용되고 있다.

● 마스터 유전자(Master Gene)

기관이나 피부 등을 만들어내고 세포에 치료 재생능력을 부여하는 유전자로, 만능세포라고도 한다. 배아줄기세포는 수정란이 2주일 동안 자궁 속에서 세포분열한 뒤 만들어진 세포로 신경, 근육 등 신체의 모든 기관으로 자랄 수 있어 난치병을 치료할 수 있는 꿈의 세포로 불리며, 마스터 유전자는 이 배아줄기세포가 신체의 특정 세포로 변하도록 명령한다.

● 제대혈

출산 때 탯줄에서 나오는 탯줄혈액을 말하는 것으로, 백혈구와 적혈구 · 혈소판 등을 만드는 조혈모세포를 다량 함유하고 있으며, 연골과 뼈 · 근육 · 신경 등을 만드는 간엽줄기세포도 갖고 있어 의료가치가 매우 높다. 특히 골수를 구할 수 없는 백혈병 환자를 위한 새로운 혈액암 치료법으로 자리잡았으며 심근경색증과 퇴행성관절염, 알츠하이머병 등의 치료에도 이용될 것으로 기대된다.

뉴런(Neuron)

뉴런은 신경계의 단위로서 우리 몸의 감각기(피부)와 반응기(근육) 사이에서 자극과 정보의 전달에 가장 알맞도록 특수하게 분화된 신경세포이다. 뉴런은 감각뉴런, 운동뉴런, 연합뉴런의 3종류가 있다. 인간의 몸은 이 세 가지 뉴런의 기능에 의존하여 환경의 변화와 문제를 감지한 후 뇌의 지식과 해석을 통해 명령을 내리고 행동을 취함으로써 생명을 유지하고 노동을 할 수 있다.

포스트 게놈(Post Genome)

1990년 미국, 영국 등 6개국 공동 연구팀이 인간 게놈 프로젝트(HGP : Human Genome Project)에 착수하여, 2003년 4월 12일 인간게놈지도가 완성된 이후의 게놈시대 및 게놈 관련 연구를 포괄적으로 이르는 용어이다. 즉, 이후 발생한 문제에 대한 인류의 과제, 완성 후 도래할 사회의 모습 및 현상 등 게놈지도 완성 후의 시대를 통틀어 이르는 개념이다.

배아복제

배아는 수정 순간부터 14일까지의 생명체를 말한다. 배아는 하나의 세포에서 출발해 수백 개로 분열한 세포덩어리로, 이 덩어리 속에는 인체의 여러 가지 장기나 조직으로 분화할 수 있는 줄기세포가 아주 많다. 이 줄기세포를 원하는 방향으로 배양하면 치료용 조직이나 장기를 얻을 수 있는 것이다.

세포 융합(細胞融合, Cell Fusion)

바이오테크놀로지의 핵심기술 중 하나로서, 종류가 서로 다른 두 세포를 하나로 합쳐서 새로운 잡종 세포를 만드는 것을 세포 융합이라고 한다. 일반적으로 두 종류의 생물이 지니고 있는 우수한 형질을 함께 가지는 새로운 품종을 만드는 데에 사용되는 방법이며, 임상진단과 암치료에서 식물의 품종개량에 이르기까지 폭넓게 응용되고 있다.

인슐린(insulin)

인슐린은 췌장 속에 흩어져 자리 잡고 있는 내분비선 조직인 랑게르한스섬의 β세포로부터 분비되는 호르몬이다. 간, 근육, 지방조직 등에 작용하여 주로 보급영양계의 체내 동화·축적을 촉진하고 글루카곤, 생장호르몬, 코르티졸, 아드레날린 등의 이화(異化) 촉진과 길항작용(拮抗作用)으로 대사를 조절하며, 결과적으로 혈당량을 저하시킨다.

폰티악열병

더러워진 에어컨 필터에 기생하는 레지오넬라균이 냉방 시스템을 통해서 건물 전체에 퍼져 나가 발생하는 급성 호흡기 감염 질환이다. 이 병에 걸리게 되면, 정상인의 경우 2~5일 정도 열이 나고 머리가 아프며, 근육통과 피로감 등 감기 증세를 느끼다가 다시 정상으로 돌아오게 된다.

크로이츠펠트 야콥병(CJD : Creutzfeldt-Jakob Disease)

매우 희귀한 퇴행성 신경성 질환으로 프리온(Prion)이라는 뇌의 변형된 단백질과 관련이 있는 치명적인 뇌장애 질환이다. 독일의 신경학자 한스 게르하르트 크로이츠펠트(Hans Gerhard Creutzfeldt)가 처음 발견하여 명명하였다. 초기 첫 증상은 느린 사고력과 주의·판단 장애, 기억상실 등의 가벼운 증상을 보이지만 이후 빠른 진행속도를 보이는 치매증상과 수의근의 수축과 이완이 급속하고도 불수의로 반복하는 발작성 간대성근 경련증을 동반한다. 현재 크로이츠펠트 야콥병(CJD)은 치료가 불가능하며 이 병에 걸린 사람들 중 약 90%가 진단 후 1년 안에 사망한다. 크로이츠펠트 야콥병(CJD)은 iCJD, sCJD, gCJD, vCJD로 구분된다.

LPG(Liquefied Petroleum Gas, 액화석유가스)

휘발성 탄화수소인 프로펜, 프로판, 부텐, 부탄 등으로 이루어진 액체 혼합물인 LPG는 흡착에 의해 습식 천연가스로부터 얻는다. 이 얻어진 물질은 끓는점이 낮기 때문에 더 증류하여 가벼운 성분을 없앤 후에 황화수소, 이산화탄소, 물을 제거하는 처리를 해야 한다. LPG는 가정이나 화학 공장에서 연료로 가장 많이 쓰이며, 엔진 연료로도 사용된다.

LNG(Liquefied Natural Gas, 액화천연가스)

LNG는 가스 형태일 때보다 1/600가량의 부피만을 차지하므로 저장과 운반이 쉽다. 끓는점인 −162℃ 이하로 냉각하여 만들며, 대기압이나 이

AMPK 유전자

세포의 에너지가 부족해지면 활성이 증가해, 에너지를 유지하고 영양분 대사 조절에 중추적 역할을 하는 인산화 요소를 말한다. 이런 기능 때문에 그동안 당뇨병, 비만 등의 치료물질로 주목받았으나 이밖에 항암효과도 있다는 사실이 국내 연구진에 의해 최초로 규명되었다.

확인문제 [한국토지주택공사]

3. 간에 작용하여 포도당을 글리코겐으로 변하게 하고, 체내의 포도당 소비를 촉진시킴으로써 혈당량을 줄게 하는 호르몬은?

① 인터페론　② 구아닌
③ 인슐린　④ 아데닌

확인문제 [서울메트로]

4. 최근 고층 건물들이 많이 건설됨에 따라 사무실 근무자들이 주로 에어컨이 설치된 밀폐된 공간에서 일하는데, 이때 에어컨으로부터 나오는 공기입자 속에 섞여 있는 레지오넬라 뉴모필라라는 박테리아에 의해 감염되는 질환은?

① 라임병　② 비브리오패혈증
③ 폰티악열병　④ 렙토스피라병

아프리카돼지열병 (ASF ; African Swine Fever)

고병원성 바이러스에 전염될 경우 치사율이 거의 100%에 이르는 바이러스성 출혈 돼지전염병으로, '돼지 흑사병'으로도 불린다. 아프리카 지역에서 주로 발생하였기 때문에 아프리카돼지열병이라는 이름이 붙여졌다. 우리나라에서는 이 질병을 가축전염병예방법상 제1종 법정전염병으로 지정하여 관리하고 있다. 이 병에 걸린 돼지는 고열, 식욕부진, 기립불능, 구토, 피부 출혈 증상 등을 보이다가 보통 10일 이내에 폐사한다. 이 질병이 발생하면 세계동물보건기구(OIE)에 발생 사실을 즉시 보고해야 하며, 돼지와 관련된 국제교역도 즉시 중단된다.

답 3. ③ 4. ③

보다 약간 높은 압력에서 이중벽으로 만든 저온용기 안에 저장하는데 온도만 올려주면 가스 형태로 전환될 수 있다. LNG는 천연가스와 화학조성이 같기 때문에 특히 많은 양을 쓸 때는 LPG보다 훨씬 실용적이다.

나프타(Naphtha)

조제 가솔린이라고도 하며, 원유를 증류할 때 35~220℃의 끓는점 범위에서 유출(溜出)되는 탄화수소의 혼합체이다.

가시광선(可視光線, Visible Rays)

전자기파 중에서 사람의 눈에 보이는 범위의 파장을 가지고 있는 것을 말한다. 파장의 범위는 단색광인 경우 700~610nm는 빨강, 610~590nm는 주황, 590~570nm는 노랑, 570~500nm는 초록, 500~450nm는 파랑, 450~400nm는 보라로 보인다. 빨강보다 파장이 긴 것을 적외선, 보라보다 파장이 짧은 것을 자외선이라고 한다.

반물질(反物質, antimatter)

전자에 대한 양전자, 양성자에 대한 반양성자 등 소립자에는 그것에 대응하는 반입자가 있다. 반입자로만 이루어진 물질을 반물질이라고 한다.

소립자(素粒子)

현재 물질의 기본 단위라고 생각하는 입자로, 원자보다 크기가 작은 양성자, 전자, 뉴트리노, 쿼크, 렙톤 등을 말한다.

렙톤(lepton)

경입자라고도 하며, 내부 구조가 없고 공간에서 크기를 차지하지 않는 기본적인 입자이다. 강한 상호작용을 하지 않고 전자기적 상호작용, 중력 상호작용, 약한 상호작용에만 영향을 받는다. 렙톤의 종류로는 전자와 전자 뉴트리노, 뮤온과 뮤온 뉴트리노, 타우와 타우 뉴트리노가 있다.

뉴트리노(neutrino, 중성미자)

전기적으로 중성이며 정지질량은 $1eV/c^2$ 미만이고 스핀 양자수가 1/2인 기본 입자이다. 렙톤이라는 입자들의 무리에 속하며, 전자 뉴트리노, 뮤온 뉴트리노, 타우 뉴트리노의 3종류가 있다.

확인문제 [한국가스공사]

5. (　　) 안에 들어갈 것이 차례대로 묶인 것은?

> 천연가스를 그 주성분인 메탄의 끓는점 이하로 냉각하여 액화시킨 것을 (　　)라 하고, 프로판이나 부탄 등 탄화수소를 주성분으로 하는 가스를 액화한 것을 (　　)라고 한다.

① LNG, SNG　② LPG, LNG
③ ENG, SNG　④ SNG, LPG
⑤ LNG, LPG

확인문제 [인천교통공사]

6. 도시가스로 쓰이는 LNG의 특징으로 볼 수 없는 것은?

① 가정으로의 운반이 편리하다.
② 단위 질량당 발생하는 열량이 크다.
③ 연소될 때 대기오염 물질이 적게 나온다.
④ 주성분은 공기보다 무거워 확산이 잘 안 된다.
⑤ 작은 불꽃으로도 폭발 위험성이 있다.

확인문제 [서울메트로]

7. 다음 가시광선 중 파장이 가장 짧은 것은?

① 적색　② 녹색
③ 황색　④ 청색

확인문제 [서울메트로]

8. 반입자로만 이루어진 물질은 무엇인가?

① 반물질　② 소립자
③ 중성미자　④ 파이 중간자

하드론(Hadron)

소립자를 중입자 · 중간자 · 경입자 · 광자(光子)로 분류할 때, 광자는 전자기적 상호작용 외에는 가지지 않으며, 경입자는 약한 상호작용과 전자기적 상호작용 외에는 가지지 않으므로, 중입자와 중간자를 총칭하여 강입자 또는 하드론이라 한다.

답 5. ⑤　6. ④　7. ④　8. ①

파이중간자(pion)

원자핵을 구성하는 핵자(양자, 중성자) 사이에는 핵력(核力)이라 불리는 강한 힘이 작용하여 핵자를 결합시키고 있다. 이 핵력은 핵자가 파이중간자를 서로 주고받는 것으로 설명될 수 있다. 1935년 핵력을 설명하기 위하여 유카와 히데키(湯川秀俊)가 β붕괴를 매개하는 입자로 그 존재를 예언하였고, 1947년 C. F. 파월이 우주선 속에서 발견하였다. 파이온이라고도 하며 원어명은 π-meson이다.

쿼크(quark)

1964년 M. 겔만과 G. 츠바이히가 제시한 물질의 기본적인 구성입자로 추측되는 원자 구성 입자의 하나이다. 양성자와 중성자가 원자핵을 이루는 것과 같이 양성자와 중성자 그 자체도 쿼크로 이루어져 있다고 생각한다. 현재 쿼크에는 업, 다운, 스트레인지, 참, 보텀, 톱의 6종이 있다.

핵력(核力, nuclear force)

원자핵의 구성요소인 핵자, 즉 양성자와 중성자 사이에 있어서 양성자와 중성자, 중성자와 중성자 또는 양성자와 양성자 사이에 작용하는 특수한 힘을 말한다.

확인문제 [한국전력공사]

9. 핵력이란?
① 원폭이나 수폭의 폭발력이다.
② 중성자가 원자핵에 충돌하는 힘이다.
③ 화학에너지를 열에너지로 바꾸는 힘이다.
④ 원자핵의 구성입자인 양성자와 중성자를 결합시키고 있는 힘이다.

방사성원소(放射性元素, Radioactive Element)

방사능을 가진 원소들을 일컫는 것으로 원자핵이 방사선을 방출하고 붕괴하면서 안정한 원소로 변한다. 방사성원소는 천연방사성원소와 핵반응에 의해 인공적으로 만들어지는 인공방사성원소로 나뉘어지나, 좁은 뜻에서 천연방사성원소만을 가리키기도 한다.

확인문제 [한국전력공사]

10. 다음 중 방사성원소가 아닌 것은?
① 우라늄　② 라듐
③ 토륨　④ 헬륨

엔트로피(Entropy)

1850년에 독일의 물리학자 루돌프 클라우지우스에 의해서 처음 제안되었으며 열역학 제2법칙의 형태로 표현된다. 물질이 열역학적 변화를 일으킬 때 변화된 온도로 열량을 나눈 값이며, 쓸 수 없는 에너지를 말한다. 일은 질서로부터 얻어지기 때문에 엔트로피의 양은 그 계의 무질서나 무작위의 정도를 나타내는 것이기도 하다.

엔탈피(Enthalpy)

주어진 체계의 상태를 나타내는 열역학적 양의 하나로 열함량 또는 열함수라고도 하며, 기호는 'H'이다. 물질계의 내부에너지가 U, 압력이 p, 부피가 V일 때, 그 상태에서의 엔탈피(H) = U + pV 로 표시된다.

열역학 제2법칙(the Second Law of Thermodynamics)

열역학 제1법칙은 에너지가 보존된다는 것을 의미할 뿐이며 열(에너지)의 이동 방향에 대하여 아무런 제한을 가하지 않는다. 그러므로 자연계에는 에너지 보존 법칙과 다른 자연 현상의 비가역 진행 방향을 결정하는 어떤 법칙이 있다고 생각되며, 이러한 방향성을 정해주는 일반적인 표현을 열역학 제2법칙이라 한다.

확인문제 [서울메트로]

11. 열역학에서 취급하는 양 가운데 H로 표기되며 열함량을 나타내는 것은 무엇인가?
① 엔트로피　② 엔탈피
③ 칼로리　④ 산성도

답 9. ④　10. ④　11. ②

● 옴의 법칙(Ohm's Law)

1826년 G. S. 옴에 의해 발견된 법칙으로, 도체에 흐르는 전류(I)는 도체에 걸린 전위차(전압, V)에 비례하고 도체의 저항(R)에 반비례한다는 물리법칙이다. 즉, 전압(V), 저항(R), 전류(I) 사이에는 'V=RI'의 관계가 성립한다.

● 뉴턴의 운동의 법칙

① **관성의 법칙** : 물체에 아무런 힘이 작용하지 않으면 정지해 있는 물체는 계속 정지해 있으려 하고, 움직이는 물체는 계속 움직이려 하는 성질이다.

② **가속도의 법칙** : 물체에 힘이 작용하면 물체는 힘의 방향으로 가속도가 생긴다. 이때 가속도는 물체에 작용한 힘에 비례하고 물체의 질량에 반비례한다.

③ **작용과 반작용의 법칙** : 두 물체가 서로에게 힘을 미치고 있을 때, 한쪽 물체가 받는 힘과 다른 쪽 물체가 받는 힘은 크기가 같고 방향이 반대임을 나타내는 법칙이다.

● 플라스마(plasma)

고온에서 음전하를 가진 전자와 양전하를 띤 이온으로 분리된 기체상태로서 전하분리도가 상당히 높으면서도 전체적으로는 음과 양의 전하수가 같아서 중성을 띠는 기체를 말한다.

● 카오스 이론(Chaos Theory)

그리스어로 '혼돈'을 뜻하는 'khaos'에서 유래한 것으로, 매우 불안정한 현상을 가리킨다. 즉, 우주가 생성되는 과정 중 최초의 단계로 천지의 구별과 질서가 없는 엉망진창의 상태를 말한다. 카오스의 연구목적은 무질서하고 예측 불가능한 현상 속에 숨어 있는 정연한 질서를 끄집어 내어 새로운 사고방식이나 이해방법을 제시하는 것이다.

● 블랙홀(black hole)

중력이 너무 커서 빛조차 빠져나갈 수 없는 가설적인 천체를 말한다. 태양 질량의 3배가 넘는 무거운 별들만이 진화의 마지막 단계에서 블랙홀이 되고, 그보다 질량이 작은 별들은 압축이 작아 백색왜성이나 중성자별

확인문제 [서울특별시도시철도공사]

12. 찬물과 따뜻한 물을 섞으면 미지근한 물이 된다. 그러나 미지근한 물이 저절로 찬물과 따뜻한 물로 나누어지지는 않는다. 이 현상을 설명할 수 있는 법칙은?
① 줄의 법칙
② 열역학 제2법칙
③ 에너지 보존의 법칙
④ 보일-샤를의 법칙

확인문제 [한국전력공사]

13. 'R = V/I'는 어느 법칙인가? (R=저항, V=전압, I=전류)
① 옴의 법칙 ② 암페어의 법칙
③ 전압의 법칙 ④ 뉴턴의 법칙

확인문제 [서울특별시도시철도공사]

14. 지하철 전동차가 빨리 달리다 갑자기 멈추었을 때 그 안의 사람이 쓰러지는 것은?
① 관성 ② 만유인력
③ 중력 ④ 작용, 반작용

확인문제

15. 고체, 액체, 기체에 이은 제4의 물질상태로서 고온에서 음전하를 가진 전자와 양전하를 띤 이온으로 분리된 기체상태를 말하는 것은?
① 에테르(Ether)
② 카오스(Chaos)
③ 엔트로피(Entropy)
④ 플라스마(Plasma)

플라스마 이론

소수 과학자들의 지지를 받고 있는 이 우주의 기원 이론은 우주가 주로 서로 반대로 하전된 입자들로 이루어져 전기적으로 중성인 '구름' 같은 플라스마로 이루어져 있다는 사실에 바탕을 두고 있다.

답 12. ② 13. ① 14. ① 15. ④

이 된다. 주위 물질에 미치는 중력효과에 의해서만 발견할 수 있는 블랙홀은 보통별 근처에서 발견될 가능성이 가장 높다. 블랙홀은 아인슈타인의 일반상대성이론에 근거를 둔 것으로, 블랙홀의 생성에 대해서는 태양보다 훨씬 무거운 별이 진화의 마지막 단계에서 강력한 수축으로 생긴다는 것과 약 200억 년 전 우주가 대폭발(Big Bang)로 창조될 때 물질이 크고 작은 덩어리로 뭉쳐서 블랙홀이 무수히 생겨났다는 설이 있다.

허블의 법칙(Hubble's Law)

허블은 외부은하들이 우리은하로부터 멀어지는 것으로 보이며 우리은하에서 멀리 떨어져 있는 은하일수록 더 빨리 멀어진다는 것을 발견하였다. 이것은 그동안 정지상태일 것이라 생각했던 우주가 팽창하고 있음을 알려준 것으로 우주팽창설의 이론적 근거가 되고 있다. 더욱 놀라운 사실은 우주는 은하의 거리와 속도의 비가 현재 허블상수라고 하는 일정한 값을 갖고 팽창하고 있다는 것이다.

케플러의 법칙(Kepler's Laws)

독일의 천문학자인 케플러가 티코 브라헤의 행성관측 결과로부터 경험적으로 얻은 행성운동에 관한 세 가지 법칙이다. 이 법칙은 인공위성의 공전운동에도 적용된다.

① **제1법칙(타원 궤도의 법칙)** : 행성은 태양을 하나의 초점으로 하는 타원 궤도상을 운동한다.

② **제2법칙(면적 · 속도 일정의 법칙)** : 행성과 태양을 잇는 선분이 단위 시간에 스치고 지나가는 면적은 행성의 위치에 관계없이 항상 일정하다.

③ **제3법칙(조화의 법칙)** : 행성의 공전 주기의 제곱은 타원 궤도의 긴 반지름의 세제곱에 비례한다.

도플러 효과(Doppler Effect)

음파(音波) · 광파(光波)와 같은 파동의 겉보기 진동수 변화인데, 이것은 파원(派源)과 관측자가 서로 상대적인 운동을 할 때 발생하며 파원과 관측자가 서로 접근하면 진동수가 증가하고, 서로 멀어지면 감소한다. 허블은 이것을 바탕으로 성운(星雲)의 거리와 후퇴 속도에 대한 관계를 발견하여 팽창 우주를 관측적으로 나타내었다.

나비효과(Butterfly Effect)

나비의 날갯짓처럼 작은 변화가 폭풍우처럼 큰 변화를 유발시키는 현상을 말한다. 나비효과는 1963년 미국의 기상학자인 에드워드 로렌츠가 컴퓨터로 기상을 모의실험하던 중 초기 조건의 값의 미세한 차이가 엄청나게 증폭되어 판이한 결과가 나타난 것을 발견하면서 알려졌다. 이 원리는 카오스 이론으로 발전하여 여러 학문 연구에 쓰이고 있다.

확인문제 [한국전력공사]

16. 다음 중 나비효과와 관계있는 것은?

① 카오스 이론 ② 퍼지 이론
③ 가이아 이론 ④ 빅뱅 이론

확인문제 [한국전력공사]

17. 블랙홀(Black Hole) 이론을 주장한 물리학자는?

① 아인슈타인 ② 사강
③ 호킹 ④ 플랭클린

확인문제 [서울특별시도시철도공사]

18. 별빛 적색편이 현상은 우주 팽창을 의미하는데 이와 관계있는 것은?

① 도플러 현상
② 플레밍 법칙
③ 아보가드로 법칙
④ 아르키메데스 원리

답 16. ① 17. ③ 18. ①

표준시(Standard Time)

국제적으로 통용되는 시간개념으로 태양의 특정 자오선 통과에 기초한 평균태양시를 말한다. 현재의 표준시 체계는 영국 그리니치를 통과하는 주(主) 자오선에서부터 각각 15°씩 떨어져 있는 24개의 표준 경도 자오선을 이용하고 있다. 나라마다 그 지방의 경도에 따라 자오선이 지나는 시각으로 표준시를 정하는 기준으로 삼고 있는데, 현재 우리나라는 일본의 표준시인 동경 135°를 표준시로 삼고 있다.

스마트 그리드(Smart Grid)

기존의 전력망에 정보기술(IT)을 접목하고 전력 공급자와 소비자가 양방향으로 실시간 정보를 교환함으로써 에너지 효율을 최적화하는 차세대 지능형 전력망 기술을 의미한다. 스마트 그리드는 태양광이나 풍력과 같은 전력 생산이 불규칙한 신재생에너지 보급의 확대를 위한 기반조성과 CO_2의 감축을 위해 국가정책 사업으로 지정되었다. 이 시스템을 통해 상황에 따라 적절하게 기기를 제어할 수 있어 전력 소비량의 시각화를 통해 불필요한 전력사용을 통제할 수 있다. 따라서 온난화가 가속화되고 있는 현 시대에 전력 사용 증가를 막기 위한 수단으로 대두되고 있다.

스마트 더스트(Smart Dust)

'똑똑한 먼지'라는 뜻의 초소형 센서로, 온도 · 빛 · 진동 · 성분 등을 감지하고 분석할 수 있는 첨단기술 집약체이다. 이 작은 센서들을 바탕으로 먼지 크기의 매우 작은 센서들이 주위에 먼지처럼 흩어져 주위의 온도, 습도, 상황, 원하는 것을 모니터링하여 이를 사용자에게 전달하게 된다. 인간에게 불가항력적이었던 지진해일, 홍수 등 자연재해에 대해 어느 정도 대비할 수 있게 만들어 줄 수 있어 그 지역에 거주하는 사람들을 쉽게 대피시킬 수 있다.

스마트 워크(Smart Work)

사무실에서 벗어나 언제 어디서나 일할 수 있는 것을 의미한다. 언제든지 휴대 단말기로 각종 콘텐츠를 자유자재로 이용할 수 있는 네트워크 환경인 유비쿼터스 시대가 도래하면서 나타나게 된 현상으로 자택에서 본사 정보통신망에 접속하여 일을 하거나, 스마트폰으로 현장에서 업무를 수행할 수도 있고, 영상회의 시스템 등을 통해 원격근무를 할 수 있게 된다.

확인문제 [한국전력공사, SH공사, 서울특별시도시철도공사]

19. 우리나라의 표준시를 바르게 나타낸 것은?
① 동경 135도 – 세계 표준시보다 9시간 빠르다.
② 동경 125도 – 세계 표준시보다 9시간 늦다.
③ 동경 125도 – 세계 표준시보다 6시간 빠르다.
④ 동경 125도 – 세계 표준시보다 6시간 늦다.

확인문제 [서울특별시도시철도공사]

20. 천체의 방위각 시각을 측정하는 데 기준이 되는 자오선은?
① 경도 90° ② 경도 120°
③ 경도 150° ④ 경도 180°

스마트 그리드에 따른 미래의 변화

- 발전 → 송전 → 배전 → 소비에 이르는 단방향 구조에서 다양한 주체들이 공급되는 복합적 네트워크 구조로 전환
- 전력 인프라와 정보통신 인프라가 융합된 고효율의 차세대 전력망
- 전력망이 전력 공급을 의한 인프라를 넘어 가전과 자동차, 건설 등 비즈니스의 플랫폼 역할로 대체

답 19. ① 20. ④

스마트 워크가 본격화될 경우 출퇴근시 일어나는 일시적인 교통 혼잡을 줄일 수 있고 차량의 운행이 감소되어 탄소배출량 감소로 교통비용이 감소될 것으로 내다보고 있다.

● IPTV(Internet Protocol Television)

초고속인터넷을 이용하여 정보 서비스, 동영상 콘텐츠 및 방송 등을 텔레비전 수상기로 제공하는 서비스를 말한다. 기존의 인터넷 TV와 다른 점이라면 컴퓨터 모니터 대신 텔레비전 수상기를 이용하고, 마우스 대신 리모콘을 사용한다는 점이다. 따라서 컴퓨터에 익숙하지 않은 사람이라도 리모콘을 이용하여 간단하게 인터넷 검색은 물론 영화 감상, 홈쇼핑, 홈뱅킹, 온라인 게임, MP3 등 인터넷이 제공하는 다양한 콘텐츠 및 부가서비스를 제공받을 수 있다. 일반 공중파 방송이나 케이블 방송 또는 위성방송과는 달리 시청자가 자신이 편리한 시간에 자신이 보고 싶은 프로그램만 볼 수 있는 양방향 매체라는 점이 가장 큰 장점이다.

● OTT(Over the Top)

인터넷을 통해 방송 프로그램 · 영화 등 각종 온라인 미디어 콘텐츠를 제공하는 서비스를 말한다. 초기에는 셋톱박스 기반의 인터넷 동영상 서비스를 의미했지만 최근엔 PC나 스마트폰 등을 통해 제공되는 드라마, 예능, 영화 등의 서비스를 아우르는 의미로 사용하고 있으며 일일이 내려받는 게 아닌 스트리밍 방식으로 이용한다. 2000년대 중반부터 구글, 넷플릭스, 애플, 왓챠플레이 등이 이 서비스를 시작했으며 2019년 기준 넷플릭스가 1위를 차지하고 있고 이에 맞서 디즈니, AT&T 등이 잇달아 OTT 서비스를 본격 시작할 예정이다. 우리나라는 2019년 9월 SK텔레콤의 옥수수와 지상파 3사의 푹(POOQ)을 통합한 OTT 웨이브(WAVVE)가 출시됐다.

● 증강현실(AR : Augmented Reality)

현실 세계에 추가적인 정보를 사용자에게 보여줌으로써 증강된 현실을 만들어 내는 기법으로 현실 세계 위에 구현된다는 점에서 모든 정보가 가상인 가상현실(Virtual Reality)과 구분된다. 증강현실(AR)은 현실 세계와 가상의 디지털 정보가 겹쳐지면서 하나의 영상으로 보여지는데 현재 내비게이션, 버스 정류장 위치 및 상가 정보 제공, 게임 캐릭터 서비스 등

IVHS(Intelligent Vehicle Highway System, 지능화 교통시스템)

도로에 전자 통신망, 비디오 감시시설, 원거리 교통제어 시설 등을 설치하고, 이를 이용하여 차량의 원활한 소통을 도모하며, 궁극적으로 교통사고의 감소와 차량의 신속한 통행으로 생산성을 향상하는 시스템이다.

PVR(Personal Video Recoder)

마그네틱 테이프에 영상신호를 저장하는 VCR과는 달리 하드디스크에 정보를 기록하여 재생하는 신개념의 개인용 비디오 녹화기이다. 컴퓨터 하드디스크의 기능을 이용해 여러 개의 프로그램을 동시에 녹화할 수 있어 방송국의 편성표에 구애됨이 없이 자신의 필요에 맞춰 프로그램을 시청할 수 있다는 점에서 시청자의 권한을 크게 강화하는 기술로 평가되고 있다.

국내외 OTT 서비스 기업

구분	서비스기업
국내	웨이브, U+모바일TV, 올레TV, 티빙, 곰TV 등
국외	넷플릭스, 왓챠플레이, 유튜브, 디즈니 플러스, 애플 TV플러스

VOD(Video On Demand)

전화선, 케이블, 광섬유 등의 통신망을 이용하여 사용자가 원하는 영상 · 음성 · 정보 등의 프로그램을 원하는 시간에 전송하고 제공하는 맞춤형 쌍방향 서비스로, 우리나라에서도 정부 주도하에 추진되었으며 다양한 콘텐츠 제공이 인기를 끌며 이후 빠르게 상용화되었다. 이에 따라 IPTV, 스마트TV 등은 인터넷망을 통해서 실시간으로 다채널 VOD 스트리밍 서비스를 제공하였다.

에 이용되고 있으며 최근에는 관광, 잡지광고, 교육, 디자인, 건축, 제품 프로모션 등 다양한 분야로 응용범위를 넓혀가고 있다.

● 바이오에너지(bioenergy)

바이오매스(biomass) 에너지라고도 한다. 지구상의 생물권에는 동식물의 유체(바이오매스)를 미생물이 분해하여 무기물로 환원시키는 물질순환 사이클이 있는데, 인간이 미생물을 대신하여 이것을 에너지나 유기원료로 이용하는 것이다. 바이오매스를 에너지원으로 이용하는 방법으로는 직접연소 · 메탄발효 · 알코올발효 등이 있다. 에너지원으로서 바이오매스의 장점은 에너지를 저장할 수 있다는 것과 재생이 가능하다는 것, 물과 온도조건만 맞으면 지구상 어느 곳에서나 얻을 수 있고 최소의 자본으로 이용기술의 개발이 가능하며 환경보전적으로 안전하다는 점 등이다.

● 마이크로일렉트로닉스(microelectronics)

마이크로일렉트로닉스는 반도체 기술로서 미세하고 집적화된 구조이지만 성능이 더욱 우수한 전자기술을 의미한다. 즉, 초소형 패키지에서 집적회로나 기타 특수 제조기법을 이용하여 전자회로와 장치들을 구성하고 이용하는 기술이라고 할 수 있다. 현재 일반적으로 통용되고 있는 마이크로일렉트로닉스의 정의는 '반도체 및 반도체 기술을 직접적으로 응용한 기술'이다.

● 그리드 패리티(Grid Parity)

태양열 에너지로 전기를 생산하는 가격과 화석연료를 사용하는 기존 화력발전 가격이 동일해지는 균형점을 의미한다. 현재는 태양열이나 풍력, 지열 에너지를 이용하는 신재생에너지의 발전단가가 화석연료보다 비싸지만, 화석연료의 고갈과 지구 온난화를 극복하려는 세계적인 노력으로 신재생에너지 육성과 기술 발전에 의해 신재생에너지의 비용이 낮아지게 되면 언젠가는 등가(parity)를 이루게 될 것이기 때문에 각 국가에서는 그리드 패리티에 도달하기 위해 각축을 벌이고 있다.

● 수소에너지(Hydrogen Energy)

수소는 연소하기 쉬운 기체로 공기나 산소와 접촉하면 쉽게 불이 붙는다.

바이오트론(biotron)

인공환경 속에서 동식물을 기르는 시설로, 1947년 미국 캘리포니아주의 에어하드 연구소에서 최초로 설치했다. 온도와 습도가 자동조절되고 채광과 통풍을 마음대로 조절할 수 있는 것이 특징이다.

확인문제

21. 빛과 온도를 자유로이 조절하여 인공적으로 사계절을 재현할 수 있으며, 동식물의 생육과정을 관찰 · 연구하는 데 목적을 두고 설치한 인공 기상실은?

① 마그네트론 ② 클라이스트론
③ 인터페론 ④ 바이오트론

바이오세라믹스(bioceramics)

생체의 일부분을 대체할 목적으로 만들어진 것으로 생체용 세라믹스라고도 한다. 연조직보다는 뼈나 경질 조직을 대체하는 데 더 효과적이며, 금속 보철의 표면 개질, 치과용 재료, 중이소골의 성형, 뼈 보강재 등에 사용되고 있다.

확인문제

22. 바이오에너지(bioenergy)와 관계 있는 것은?

① 농작물 ② 석유
③ 알콜 ④ 석탄

바이오칩(biochip)

생물의 효소, 단백질, 항체, DNA, 미생물, 동식물 세포 및 기관, 그리고 신경세포 등과 같은 생체 유기물과 반도체 같은 무기물을 조합하여 기존의 반도체 칩 형태로 만든 혼성 소자(hybrid device)이다.

답 21. ④ 22. ①

따라서 수소를 적절한 조건으로 통제하면서 연소시키면 일반 도시가스처럼 에너지원으로 이용할 수 있다. 수소는 연소할 때 극소량의 질소산화물만이 발생될 뿐 다른 공해물질이 전혀 생기지 않는 청정에너지라는 점에서 석유 · 석탄의 대체에너지원으로 지목되고 있으나, 코스트가 높아 항공 로켓용 연료 등 특수 분야 이외에는 그 이용이 늦어지고 있다.

● 마이어스 칵테일(Myer's Cocktail) 요법

1970년대에 미국의 내과의사 존 마이어스(John Myers)가 비타민과 미네랄을 정맥주사요법으로 사용, 질병치료에 적용하면서 등장하였다. 적용 대상은 암을 비롯해 심혈관질환, 면역질환, 알레르기 등이며, 비타민과 미네랄의 특성상 건강한 사람에게도 항산화 효과를 통한 노화방지와 체력증진에 도움을 주는 것으로 알려졌다. 보통 경구로 투여하는 비타민이나 미네랄보다 세포에서의 활성도가 높아 즉각적인 효과를 볼 수 있어 다양하게 이용된다.

● GMO(Genetically Modified Organisms)

한 생물체의 유용한 유전자(DNA)를 빼낸 다음 그 유전자를 갖고 있지 않은 생물체에 삽입하여 유용한 성질이 나타나게끔 하는 유전자재조합 기술을 통해 만들어진 것으로 '유전자재조합생물체'라고 한다. 유전자재조합기술은 품종개량 기술의 하나로, 현대 유전공학의 힘을 이용하여 우연에 의존하던 품종 개량을 의도적으로 이끌어낸 것이다. 단시간 내에 의도적인 개량이 가능하고, 변화를 신속하게 관찰할 수 있는 장점이 있어 각광받는 기술이다. 유전자재조합기술을 이용할 경우 비타민 · 영양분이 강화되고 병충해나 질병에 내성을 가진 생물을 만들 수 있어 농가 수확 증대 및 기근으로 고통받는 빈곤국가의 빈곤퇴치에 도움을 줄 수 있다. 우리나라에서 GMO를 식품으로 사용하기 위해서는 유전자재조합식품으로서의 안전성을 식품의약품안전처로부터 승인을 받아야 한다.

● 인터페론(interferon)

생체세포에 바이러스가 침투했을 때 세포 스스로 만들어내는 당(糖)단백질의 일종으로, 바이러스의 증식을 억제하는 힘이 있다. 간염이나 인플루엔자에 효과가 있을 뿐만 아니라 암을 억제하는 제암효과도 있는 것으로 알려짐에 따라 새로운 치료약으로 주목되고 있다.

태양광발전

태양광발전은 깨끗하고 무한한 태양에너지를 전기에너지로 변환시키는 기술이다. 반도체 PN접합으로 구성된 태양전지에 태양광이 조사되면 광에너지에 의한 전자 · 정공 쌍이 생겨나고, 전자와 양공이 이동하여 n층과 p층을 가로질러 전류가 흐르게 되는 광기전력 효과에 의해 기전력이 발생하여 전류가 흐르게 되는 원리이다. 태양전지는 가격이 비싸 태양광 발전 시스템 건설에는 많은 초기 투자가 요구되므로 상용 전력에 비하여 발전 단가가 높으며, 일사량에 따라 발전량 편차가 심하므로 안정된 전력 공급을 위한 추가적인 건설비 보완이 필요하다는 단점이 있다.

폴리실리콘(Polysilicon)

반도체와 태양광 발전기에 사용되는 핵심 소재로 최근 태양광 산업의 성장성이 입증되면서 관심이 집중되는 차세대 첨단 소재이다. 태양전지에서 빛에너지를 전기에너지로 전환시키는 역할을 하는 작은 실리콘 결정체로, 주로 순도가 높은 이산화규소(SiO_2) 광산과 전기가 풍부한 곳에서 주로 생산하며 러시아, 중국, 브라질, 미주 지역 등에 광산이 다량 분포되어 있다.

그래핀(Graphene)

흑연의 탄소원자 배열과 같은 모양이지만 두께는 원자 하나 정도에 불과한 2차원의 탄소 나노 구조체를 말한다. 보통 흑연에서 한 겹의 원자층을 벗겨낸 것으로 전자가 빠르게 이동할 수 있어 전도성이 매우 좋은데다 강도 등 물리적 성질도 뛰어나 신소재로 주목받고 있다. 2004년 영국의 물리학자인 안드레 가임(Andre Geim)이 처음 발견한 것으로 첨단기술인 초고속 반도체와 투명전극, 태양전지 등에 적용하는 연구가 활발히 진행되고 있다.

극한기술(極限技術)

극한적인 환경을 발생시키고 응용하는 기술을 말하는데, 초저온, 초고온, 초고압, 고진공, 초청정, 초정밀, 초고속, 초고전압, 무중력 등이 이에 속한다. 5대 극한기술은 초정밀, 초청정, 초고압, 초고온, 고진공이다.

멤리스터(Memristor)

Memory와 Resistor의 합성어로 전류의 양과 방향 등 기존의 경험을 모두 기억하는 특별한 소자를 가리킨다. 멤리스터는 얼마나 많은 양의 전류가 멤리스터를 통과했는지를 기억할 수 있을 뿐만 아니라 전류가 흐르지 않는 상태에서도 전자상태를 저장할 수 있다는 점에서 플래시 메모리를 대신할 차세대 기억소자로 회로 등에 이용할 수 있는 것으로 평가받는다.

초전도체(超傳導體)

어떤 물체의 온도가 절대온도(0K, −273.16℃)에 이르면 전기저항이 0이 되어 전류가 무한히 흐르도록 하는 물질을 가리킨다. 초전도 현상이 일어난 초전도체는 영구자석 위를 중심으로 일정거리를 두고 공중에 뜨는 성질을 갖는다. 초전도체는 MHD(자기유체)발전, 리니어 모터카(linear motor car), MRI(자기공명이미징), 전력저장, 조셉슨 소자, 초전도 자석의 재료 등에 쓰인다.

핵융합(核融合, Nuclear Fusion)

수소, 중수소(D), 3중수소(T), 헬륨(He) 등 가벼운 원자핵이 원자핵 반응의 결과, 보다 무거운 원자핵이 되는 현상으로 원자핵 융합이라고도 하며 원자핵 분열과 같이 막대한 에너지가 반응에 따라 방출된다. 태양 내부에서 일어나는 원자핵 반응과 같은 것으로, 수소폭탄도 이 반응을 이용한 것이다. 전기에 의한 불을 '제2의 불', 핵분열을 이용해 얻어지는 원자력을 '제3의 불'이라고 하는데, 이보다 더 진보된 핵융합에 의한 에너지는 '제4의 불'이라고 한다.

강입자 가속기(LHC ; Large Hadron Collider)

유럽입자물리연구소(CERN) 소속의 실험장치로, 제네바 외곽 스위스와 프랑스 국경지대에 있는 강입자 가속기(LHC)는 지하 100m에 27㎞ 길이의 터널 형태로 건설된 시설이며, 전 세계 85개국에서 1만 명이 넘는 물

확인문제

23. 바이러스에 감염된 일종의 당단백질로 바이러스의 증식을 억제하는 생체 방어물질을 무엇이라 하는가?
① 인터페론
② 의사유전자
③ 클론
④ 모노크로널 항체
⑤ 바이오센서

확인문제 [한국환경공단]

24. 5대 극한기술에 해당하지 않는 것은?
① 고진공 ② 초청정
③ 초고속 ④ 초고압

메카트로닉스(Mechatronics)

자동차 · 항공기, 기계와 생산가공, 시험 및 계측을 비롯한 대부분의 기계와 공정들이 전기나 기계적 본질과 어우러진 복합체로, 기계공학 · 전기공학 · 전자공학을 복합적으로 적용하는 새로운 개념의 공학이다.

답 23. ① 24. ③

리학자들이 모여 25년간 약 60억 유로를 투입하여 건설한 실험장치이다. 강입자 가속기는 두 개의 입자 빔을 빛의 속도까지 가속하여 충돌시킴으로써 미니 블랙홀을 생성하는 원리로, 139억 년 전 우주 탄생의 순간인 '빅뱅'을 재현할 수 있어 우주 탄생의 비밀과 '힉스(Higgs) 입자'와 같은 물리학과 다른 과학 분야의 이론 증명에 이용된다.

● 메타물질(Metamaterial)

원자와 분자 등 자연적으로 존재하는 입자로 구성된 물질과 달리, 금속이나 전기장 속에서 분극이 되어 전기가 통하지 않는 물질인 유전체 등 인공적 요소로 이루어져 자연계에 존재하지 않는 물리적 성질을 띠도록 고안된 물질이다. 음의 굴절률을 가지고 있기 때문에 빛을 받으면 물체가 없는 것처럼 보이는 은폐(Clocking) 현상을 나타낸다. 2011년 8월경에 미국 캘리포니아주 버클리 대학의 연구팀이 메타물질을 바탕으로 이산화규소(SiO_2)로 만들어진 표면 위를 다시 질화규소로 덮은 뒤 7천 개의 특수 구멍을 뚫어 제작한 '투명망토'를 선보이기도 했다.

● 힉스 입자(Higgs boson)

우주의 생성과 진화의 원리를 이해하는 데 단초를 제공할 물질로 영국의 물리학자 힉스(Higgs)가 주장한 것으로 '신(神)의 입자'라고도 한다. 힉스는 우주의 구성 원리를 밝힌 '표준 모형(Standard Model)' 이론에서 마지막으로 증명해야 하는 물질로 이 힉스 입자를 기술하였고, 2013년 10월 유럽입자물리연구소의 실험을 통해 그 존재가 확인되었다.

● 형상기억합금(形狀記憶合金, Shape Memory Alloy)

일정한 온도에서 형상을 기억시키면 형상기억온도보다 낮은 온도에서 변형을 시킬 경우, 형상회복온도까지 가열을 하면 다시 원래의 형태로 돌아가는 특성을 가진 합금이다. 종류로는 니켈-티탄 합금, 동-아연 합금, 니켈-알루미늄 합금 등이 있다.

● 불화수소(Hydrogen Fluoride)

반도체 제조공정에서 회로의 패턴 중 필요한 부분만 남기고 불필요한 부분은 깎아내는 에칭 공정과 불순물 제거 과정에서 사용되는 부식성 기체이다. 국내에서는 환경규제로 생산이 쉽지 않아 대부분 일본에서 생산하

조셉슨 소자(Josephson device)

조셉슨 소자는 1962년에 브라이언 조셉슨에 의해 발견되었으며, 매우 얇은 부도체 막에 의해 가로 막혀져 있는 초전도체로, 집적회로(IC)를 대신하는 슈퍼 컴퓨터용 초고속 회로소자로서 연구 · 개발이 추진되고 있는 새로운 기능의 소자이다. 초LSI와 비교하여 연산속도, 소비전력 등의 점에서 뛰어나다.

아모르퍼스 반도체 (Amorphous Semiconductor)

아모르퍼스란 결정을 이루지 않은 무질서 · 불규칙한 원자 배열 상태, 즉 비결정질 상태를 의미한다. 아모르퍼스 반도체는 아모르퍼스 상태의 반도체로, 결정형 반도체에 비해 성능은 떨어지지만 대량생산으로 대폭적인 생산비 인하가 가능하다.

확인문제 [한국환경공단]

25. 초전도(superconductivity)에 관한 설명 중 맞는 것은?
① 금속의 열전도율이 100%에 달하는 현상
② 금속의 완전 반자성을 띠는 현상
③ 금속의 자성이 극히 강해지는 현상
④ 금속의 전기저항이 0으로 떨어지는 현상

확인문제 [한국방송광고진흥공사]

26. 수소폭탄 제조에 이용되는 반응은?
① 핵융합 반응 ② 핵분열 반응
③ 수소 결합 ④ 핵자기 반응

답 25. ④ 26. ①

고 있으며 장기간 보관할 경우 물질 특성이 바뀌기 때문에 필요한 양만큼 만 수입한다. 고순도의 불화수소는 에칭가스라고도 부르며 이를 사용하면 생산량 대비 결함이 없는 제품 비율이 높아지고 품질의 신뢰도도 높아진다.

은나노(Silver Nanoparticle)

은을 나노미터 크기로 미세화한 입자로 제품에 코팅하거나 혼합하는 방식으로 활용한다. 미생물 성장을 억제하고 물에 산화되지 않아 항균, 탈취, 공기청정 필터, 태양전지, 디스플레이 등에 쓰인다.

머큐리계획

미국 최초의 유인우주비행계획(1961~1963년)의 하나이다. 우주를 비행할 때의 인간 능력에 관한 연구, 인공위성의 지구궤도 비행, 우주비행사의 안전회수 등 3단계로 나누었고, 4회 비행의 성공으로 종료되었다.

확인문제 [한국전력공사]

27. 1인승 유인우주선을 발사하여 지구궤도를 선회한 뒤 무사히 귀환시키는 계획은?

① 제미니계획 ② 머큐리계획
③ 오즈마계획 ④ 서베이어계획

스푸트니크 1호

구소련이 쏘아 올린 세계 최초의 인공위성으로 '동반자'라는 뜻이다. 1957년 10월 4일 발사되어 이듬해 1월 4일 소멸된 스푸트니크 1호는 가까운 지점은 228㎞, 먼 지점은 947㎞의 궤도를 주기 96.2분 주기로 돌았고, 무게는 83.6㎏이었다. 금속구에 4개의 안테나가 달린 모양이었으며, 내부에는 측정기와 2대의 송신기 등을 갖추고 있었다.

확인문제 [국민체육진흥공단]

28. 인류 최초의 인공위성은?

① 서베이어 1호 ② 스푸트니크 1호
③ 루나 11호 ④ 보스토크 1호

우주정거장

지구 주위의 궤도를 선회하면서 승무원들이 한 번에 몇 주 또는 몇 개월 동안 거주할 곳을 제공한다. 즉, 과학적인 조사활동을 벌이는 승무원들이 체류기간 동안 건강하게 살기 위해 필요로 하는 모든 것을 제공한다. 거대한 태양 전지판은 전력을 만들고 특수한 벽체와 차폐물이 온도를 쾌적하게 유지하며 또한 전자기파나 우주에 떠도는 파편들로부터 승무원들을 보호한다. 또한 도킹 포트가 있어서 지구에서 온 우주선이 화물 등을 보급할 수가 있다.

확인문제 [한국토지주택공사]

29. 우주정거장에 관한 내용이 아닌 것은?

① 미국은 이미 우주정거장을 갖고 있다.
② 우주정거장에는 주거시설 · 왕복우주선 도킹시설 등이 갖춰진다.
③ 우주의 무중력과 진공을 이용, 의약품원료 · 초경금속 등을 개발한다.
④ 초대형 유인우주선, 특히 우주공간의 중간기지 역할을 하는 것을 말한다.

답 27. ② 28. ② 29. ①

② 컴퓨터

● 컴퓨터의 발전 과정

① **마크-Ⅰ** : 1944년 에이컨이 개발한 최초의 전기 기계식 자동 계산기이다.

② **에니악(ENIAC)** : 1946년 모클리와 에커트가 개발한 것으로, 진공관을 사용한 전자식 컴퓨터이다.

③ **에드삭(EDSAC)** : 1949년 윌키스가 개발하였고, 세계 최초로 폰 노이만이 제창한 프로그램 내장방식을 채택한 전자식 컴퓨터이다.

④ **에드박(EDVAC)** : 1950년 폰 노이만이 개발하였고, 프로그램을 기억장치에 기억시키는 프로그램 내장방식의 컴퓨터이다.

⑤ **유니박(UNIVAC)** : 1951년 모클리와 에커트가 개발한 최초의 상업용 컴퓨터이다.

● 컴퓨터의 세대별 구분

세대별구분	제1세대	제2세대	제3세대	제4세대	제5세대
회로 소자	진공관	트랜지스터	집적회로(IC)	대규모 집적회로(LSI)	최대규모 집적회로(VLSI)
처리 속도	1ms(10^{-3})	1μs(10^{-6})	1ns(10^{-9})	1ps(10^{-12})	1fs(10^{-15})
기억 장치	수은 지연 회로, 자기 드럼, 자기테이프	자기 코어, 자기 드럼, 자기 테이프, 자기 디스크	반도체 기억 소자	LSI	VLSI
특징	부피가 크고, 속도가 느리며, 신뢰성이 낮음	운영체제, 고급 언어 개발, 전력 감소, 신뢰성 향상	경영 정보 시스템 도입, 주변 장치의 고속화	운영체제 발달, 소형화와 고속화, 기억용량의 증가	초미니화, 초대형화, 인공지능

● 비트(bit ; binary digit)

컴퓨터의 기억장치는 모든 신호를 2진수로 고쳐서 기억한다. 비트는 2진수에서의 숫자 0, 1과 같이 신호를 나타내는 최소의 단위이다.

확인문제

30. 다음 중 가장 먼저 개발된 컴퓨터 기종은 무엇인가?
① ENIAC ② EDSAC
③ EDVAC ④ UNIVAC

컴퓨터의 기억용량과 처리시간단위

기억용량단위		처리시간단위	
KB (킬로바이트)	1024 Byte	ms (밀리초)	10^{-3}sec
MB (메가바이트)	1024KB	μs (마이크로초)	10^{-6}sec
GB (기가바이트)	1024MB	ns (나노초)	10^{-9}sec
TB (테라바이트)	1024GB	ps (피코초)	10^{-12}sec
PB (페타바이트)	1024TB	fs (펨토초)	10^{-15}sec

바이트(byte)

8비트 길이를 가지는 정보의 기본 단위를 바이트라고 한다. 바이트는 256종류의 정보를 나타낼 수 있어 숫자, 영문자, 특수문자 등을 모두 표현할 수 있다. 한 글자를 표현하는 데 영어, 숫자, 특수문자의 경우 1바이트, 한글이나 한자 등은 2바이트가 소요된다.

확인문제 [서울특별시도시철도공사]

31. 컴퓨터 내부에서 번지는 주기억장치에서 어떤 단위로 부여되는가?
① byte ② bit
③ word ④ record

답 30. ① 31. ①

제5세대 컴퓨터

이제까지의 컴퓨터와는 달리 인공지능을 갖춘 컴퓨터로서 여러 가지 일을 동시에 처리할 수 있는 병렬식 컴퓨터이다. 제5세대 컴퓨터는 지금까지의 컴퓨터와 비교하여 혁신적인 구조와 처리 능력을 가지며, 스스로 생각하고 논리적으로 추리해서 판단하는 기능까지 갖게 될 것이다.

확인문제 [한국전력공사]

32. 제5세대 컴퓨터에 해당하는 것은?
① 진공관 ② LSI
③ VLSI ④ 인공지능(AI)

비노이만형 컴퓨터(Non Von Neumann-type Computer)

현재의 컴퓨터 기본 원리인 노이만형의 약점을 극복하기 위하여 최근 제창되고 있는 새 컴퓨터형이다. 프로그램의 명령, 데이터를 주기억장치에서 연산장치로 순차처리하는 노이만형과는 달리, 복수의 명령을 동시에 병렬적으로 처리할 수 있으며, 인간과 같은 자연언어 인식, 연상, 추리, 학습이 가능하고 인간과 대화할 수 있다.

노이만형 컴퓨터

1946년 헝가리 수학자이자 물리학자인 폰 노이만이 고안한 컴퓨터 개념이다. 프로그램 내장방식 혹은 프로그램 저장방식으로 불리고 있으며, 폰 노이만의 업적을 고려해 현대의 컴퓨터를 '노이만형 컴퓨터'라고 하기도 한다.

웹 2.0

웹 2.0이란 사용자가 주체가 되는 인터넷 환경을 일컫는 말로, 누구나 손쉽게 데이터를 생산하고 인터넷에서 공유할 수 있는 사용자 참여 중심의 인터넷 환경이다. 웹 2.0은 정보에 쉽게 접근할 수 있도록 태그와 트랙백, RSS 등의 기술을 통해 필요한 정보를 신속하게 얻을 수 있다. 또한 웹 2.0 시대의 사용자들은 질 높은 콘텐츠를 생산해내는 '집단 지성'들의 참여와 공유를 통해 전문가 집단보다도 상황의 변화에 더 빠르고 유연하게 대처하며 우수한 정보와 서비스를 만들어낸다.

웹 3.0

컴퓨터가 정보자원의 뜻을 이해하고 논리적 추론까지 함으로써 이용자의 패턴을 추론하고 사용자에게 적합한 서비스를 제공할 수 있는 지능형 기술 시대를 의미한다. 웹 3.0에서는 유저들 자신이 지금 무엇을 하는지 잊을 정도로 컴퓨터가 '알아서 하는' 것이 가능해진다. 웹 3.0에서는 사람이 아닌 기계나 사물들에 의해 수집, 축적한 지식을 바탕으로 더 많은 지식을 창출하고 세상의 모든 사물들이 인터넷에 연결되는 플랫폼을 기반으로 하여 매우 다양한 서비스들이 실현되는 유비쿼터스적인 형태를 띠게 된다.

클라우드 컴퓨팅(Cloud Computing)

웹을 이용한 가상화 기술을 기반으로 클라우드 센터로부터 유 · 무선 네트워크를 통해 자료들을 공급받아 사용하는 서비스를 말한다. 정보를 컴퓨터나 스마트폰 자체가 아닌 별도의 서버에 저장해 두었다가 필요할 때만 원격으로 연결하여 꺼내 쓰는 것이다. 즉, 개인의 기기에 담긴 무형의 정보를 대규모 서버에 업로드했다가 빗방울이 떨어지듯 조금씩 가져오는 것이다. 클라우드 컴퓨팅은 개인과 기업의 비밀 자료가 외부로 누출될 위험이 높아 서비스 관리자의 체계적인 관리와 보안이 필요하다.

클라우드 파놉티콘 (Cloud Panopticon)

기업이 인터넷에서 클라우드(Cloud) 내 콘텐츠를 일일이 모니터링하는 것을 의미한다. '파놉티콘(Panopticon)'이란 소수의 감시자가 자신을 드러내지 않고 모든 수용자를 감시할 수 있는 감옥 형태의 건축양식을 말한다. 즉, 최소한의 감시로 최대의 효과를 누리기 위해, 진행되는 모든 것을 한눈에 파악할 수 있는 능력이 파놉티콘의 본질인 것이다. 파놉티콘은 클라우드에 저장된 정보를 수익 창출로 이어주는 역할을 하기 때문에 현재 많은 기업들이 클라우드 파놉티콘을 구축하고 있다.

디지털 디바이드(Digital Divide)

컴퓨터를 통해 정보를 손쉽게 획득할 수 있는 사람과 그렇지 못한 사람

답 32. ④

간의 격차에 의해 재화가 분배되는 사회의 양분화 현상을 말하는 것이다. 1990년대 미국에서 처음 사용된 이 말은 디지털 경제로의 이행과정에서 정보격차가 심화될 것이라는 우려에서 대두되었으며, 지식정보를 공유하지 못한 다수의 노동자 계층이 중산층에서 탈락함으로써 빈부격차가 심화, 사회가 극단적으로 양분되는 사태가 일어날 수도 있다는 이론이다.

● 디지털 노마드(Digital Normad)

라틴어로 유목민을 뜻하는 '노마드'와 '디지털'의 합성어로, 이들은 첨단 기계인 스마트폰, 태블릿PC 등의 장비를 활용해 언제 언디서나 인터넷을 통해 외부정보를 획득하고, 활동하는 경향을 보인다. 인터넷과 첨단 IT기기의 광범위한 보급으로 장소와 시간에 구애 없이 인터넷을 이용할 수 있게 되면서 가속화되었다.

● 플래시 메모리(Flash Memory)

전원이 꺼져도 저장된 내용이 지워지지 않는 비휘발성 메모리로 바이오스를 저장하는 데 사용되는 메모리이다. 구조에 따라 낸드(nand)형과 노어(Nor)형으로 나뉘는데, 낸드형은 구조가 비교적 간단해서 메모리 용량을 늘리는 데 적합하며 가격도 노어형에 비해 저렴하다.

● OS(Operating System, 운영체제)

컴퓨터의 작동을 제어하고 프로그램의 처리를 지시 · 조정하는 소프트웨어이다. 운영체제는 일련의 작업 순서를 정하고 중앙처리장치, 주기억장치, 주변장치 등의 하드웨어 시스템에 이를 할당하는 복잡한 명령체계로서 프로그램 실행은 물론 파일 접근, 응용 프로그램 구동, 모니터 및 메모리 저장장치 제어, 글자판 명령해석과 같은 임무를 중앙처리장치에 지시하고, 병렬처리가 가능한 컴퓨터들에서는 프로그램을 어떻게 분할할 것인지를 관리함으로써 한 번에 여러 개의 프로세서에서 실행될 수 있도록 한다. 유닉스, 리눅스, 윈도98, 윈도비스타, DEC의 VMS, IBM의 OS/2, AIX 그리고 OS/390 등이 모두 운영체제이다.

● 그래픽 사용자 인터페이스(GUI : Graphical User Interface)

컴퓨터 입력 명령어를 DOS처럼 키보드로 문자를 쳐서 입력하는 것이 아니라 화면에 그려진 여러 메뉴 및 아이콘을 마우스로 선택하여 실행시

롬(ROM ; Read-Only Memory)

롬은 컴퓨터에 장착되어 있는 메모리로서, 여기에 저장되어 있는 데이터는 읽을 수만 있고 그 값을 변경할 수는 없는 것이 일반적이다. 롬은 정전이 되더라도 프로그램이 지워지지 않는 불휘발성 · 비소거성 메모리이다.

램(RAM ; Random Access Memory)

컴퓨터 기억장치 중 기억된 정보 · 데이터를 언제든지 즉시 판독 또는 기록할 수 있는 기억장치를 말한다. 연산결과를 일시적으로 저장하거나 다음 연산에 사용하는 등 사정에 따라 편리하게 사용할 수 있는 범용 메모리로서, 램의 성능은 컴퓨터의 능력을 결정하는 데 중요한 역할을 한다.

확인문제

33. 전원이 꺼지면 지워지는 휘발성 메모리는?
① ROM ② 자기코어
③ 자기드럼 ④ RAM

유닉스(UNIX)

유닉스는 1969년에 벨연구소에서 인터랙티브 시분할 시스템으로서 만든 것이 시초인 운영체제이다. 켄 톰슨과 데니스 리치가 유닉스의 창시자로 알려져 있다. 유닉스 시스템은 커널의 일부분을 제외하고는 고급언어인 C언어로 만들어져 있으며, 그 소스들은 공개되어 있어 사용자의 요구사항에 적절한 새로운 운영체제를 개발하는 배경이 되고 있다. 그래서 유닉스를 오픈시스템이라고 하기도 한다.

리눅스(Linux)

워크스테이션에서 주로 사용되는 유닉스와 유사한 운영체제로, 핀란드 헬싱키대학 리누스 토발스(Linus Tovals)에 의해 개발되었으며 1991년 11월 버전 0.10이 공개되면서 보급이 확대되기 시작했다. 중대형급 이상에서 사용되는 유닉스와는 달리 PC에서도 활용할 수 있고 유닉스와 거의 비슷한 기능을 제공한다는 장점을 갖고 있다.

33. ④

키는 방식으로 명령어를 잘 몰라도 손쉽게 프로그램을 이용할 수 있다. GUI 방식은 미국 제록스사의 스타워크스테이션이 처음 도입하였고 1984년 애플사의 매킨토시 컴퓨터가 등장하면서 급속히 보급되었다. GUI의 요소들은 윈도, 풀다운 메뉴, 단추, 스크롤바, 아이콘, 위저드, 마우스 등이다.

● 데이터 처리의 유형

① **일괄 처리 시스템(Batch Processing System)** : 일정량 또는 일정 기간 동안의 자료를 모아 일괄적으로 자료를 처리하는 방식이다.

② **대화식 처리 시스템** : 한 대의 전자계산기로 여러 개의 작업을 동시에 처리하는 다중 프로그래밍 방식을 사용한다.

㉠ **실시간 처리(real time processing)** : 컴퓨터에 어떤 자료를 입력시켰을 때, 정해진 빠른 시간 내에 응답을 주어 사용자가 실제로 원하는 시간 내에 문제를 해결할 수 있도록 해 주는 자료 처리 방식이다.

㉡ **시분할 처리(TSS ; time-sharing processing)** : CPU의 사용 시간을 일정한 간격으로 분할하고 각각 별도의 프로그램을 할당하여 실행하는 방식으로 다수의 사용자가 단말장치를 사용하여 대화 형식으로 대형 컴퓨터에 접근, 공동 이용할 수 있도록 하며 사용자가 마치 대형 컴퓨터를 혼자 이용하는 것처럼 보여지는 방식이다.

㉢ **온라인 처리(on-line processing)** : 주 컴퓨터와 주변장치들이 모두 연결되어 자동적으로 자료를 이송·처리하는 방식으로 주 컴퓨터와 주변 장치들 간에 자료를 주고받을 수 있도록 연결되었느냐 아니냐에 따라 온라인·오프라인으로 구별한다.

● 노드(Node)

네트워크 망에 연결되어 있는 각각의 컴퓨터 또는 컴퓨터 네트워크에 접속하여 어드레싱(addressing)이 가능한 장치를 말하며, 연결점, 재분배점, 데이터 전송을 위한 끝점이라고도 한다. 모든 노드는 DLC(Data Link Control) 또는 MAC(Media Access Control)이라고 하는 특정한 어드레스를 가지고 있다.

● 미들웨어(middleware)

애플리케이션들을 연결하여 이들이 서로 데이터를 교환할 수 있게 해 주

중앙처리장치 (CPU ; Central Processing Unit)

컴퓨터의 두뇌에 해당하는 핵심 부분으로 연산장치에서는 산술연산 또는 논리연산을 담당하고, 제어장치는 프로그램의 각 명령어를 해독, 명령을 실행하는 데 필요한 신호를 각 기구·장치로 보내 컴퓨터의 주기억장치에 기억된 내용을 꺼내어 해독·실행한다. 또 레지스터는 주기억장치로부터 입력된 데이터나 어드레스를 일시 기억·저장하여 제어부로 전달하는 장소로 사용된다.

확인문제 [한국환경공단]

34. 자료를 전송할 수 있는 단말장치와 통신회선을 구비한 데이터 통신에 의하여 자료의 수집 또는 발생과 동시에 즉시 처리하는 방식은?
① 온라인 처리방식
② 시분할 처리방식
③ 실시간 처리방식
④ 오프라인 처리방식
⑤ 일괄 처리방식

확인문제 [한국전력공사, 대구도시철도공사]

35. 데이터 통신에서 아날로그 신호를 디지털 신호로, 디지털 신호를 아날로그 신호로 변환하는 변복조기는?
① 터미널 ② 모뎀
③ 컴퓨터 ④ 제어장치

블록체인(Blockchain)

네트워크에 참여하는 모든 사용자가 관리 대상이 되는 모든 데이터를 분산하여 저장하는 데이터 분산처리기술을 말하며 거래 정보가 담긴 원장을 거래 주체나 특정 기관에서 보유하는 것이 아닌 네트워크 참여자 모두가 나누어 가지는 기술이라는 점에서 '분산원장기술(DLC ; Distributed Ledger Technology)' 또는 '공공거래장부'라고도 한다. 블록체인은 거래 내용이 담긴 블록(Block)을 사슬처럼 연결(chain)한 것이라 하여 붙여진 명칭이다.

답 
34. ① 35. ②

는 소프트웨어로, 애플리케이션들을 직접 연결하는 방식에 비해 몇 가지 이점이 있다. 애플리케이션들을 직접 연결할 경우, 일반적으로 관련된 애플리케이션 모두에 코드를 추가해 각 애플리케이션이 서로 대화하도록 지시해야만 한다. 반면 미들웨어는 번역기라는 독립적인 제3자의 역할을 함으로써 애플리케이션 모두에 코드를 추가하는 작업을 할 필요가 없다. 미들웨어에는 인터넷 통신 프로토콜인 TCP/IP에서부터 개방형 데이터베이스 연결(ODBC)과 같은 데이터베이스 액세스 미들웨어, DCOM, 코바 등 분산기술로 개념상 구분할 수 있다.

● 그레이웨어(Greyware)

정상 소프트웨어와 바이러스 소프트웨어의 중간에 해당하는 일종의 악성 소프트웨어로, 애드웨어, 스파이웨어, 트랙웨어, 기타 악성 코드나 악성 공유웨어 등을 말한다. 제작사 입장에서는 사용자에게 유용한 소프트웨어라고 주장하기도 하지만 사용자 입장에서는 악성이면서 유용한 소프트웨어일 수 있다.

● 퍼지 컴퓨터(Fuzzy Computer)

현재 컴퓨터의 주류는 디지털 컴퓨터인데, 모든 정보를 두 값으로 나누어 처리하며 전혀 모호한 데가 없는 것이 특징이다. 그러나 인간은 이와 달리 직감이나 경험에 바탕을 둔 애매한 행동을 취한다. 퍼지 컴퓨터는 이러한 인간의 행동이나 동작을 컴퓨터에 적용시킨 것이다. 인간의 두뇌가 하는 작용과 비슷한 구조를 가지게 될 퍼지 컴퓨터는 컴퓨터 세계에 새로운 분야와 방향을 개척하는 것으로 주목받고 있다.

● 프로그래밍 언어의 종류

① 기계어(Machine Language) : 컴퓨터에 사용되는 초기단계의 언어로, 0과 1의 2진수를 사용하여 명령어와 데이터를 표현한다. 컴퓨터가 기계어 프로그램을 직접 이해할 수 있기 때문에 수행 속도가 빠르고 능률적이지만 언어가 기종마다 다르며, 프로그램을 작성하고 이해하기가 어렵다. 따라서 하드웨어에 대한 설계를 잘 알아야 프로그램 작성이 가능하다.

② 어셈블리어(Assembly Language) : 기계어의 다음 단계 언어로 기호언어라 하며, 숫자들로 표현된 기계에 어떤 의미 있고 기억하기 쉬운 기

펌웨어(firmware)

시스템의 효율을 올리기 위해 롬에 저장되어 있는 기본적인 프로그램이다. 마이크로 프로그램의 집단으로 소프트웨어의 특성을 지니나 ROM에 고정되어 있기 때문에 하드웨어의 특성도 지니고 있다. 펌웨어는 소프트웨어를 하드웨어화시킨 것으로서 소프트웨어와 하드웨어의 중간에 속한다.

베이퍼웨어(Vaporware, 증발품)

판매 계획 또는 배포 계획은 발표되었으나 실제로 고객에게 판매되거나 배포되지 않고 있는 소프트웨어로, 새로운 소프트웨어의 판매나 배포 계획을 발표해 놓고 실제로 그 제품을 내놓지 못하거나 지연시키고 있는 것을 풍자하여 일컫는 말이다. 일부 업체들은 먼 미래에 개발될 제품을 미리 발표하여 이를 마케팅 수단으로 이용하기도 한다.

셰어웨어(Shareware)

소프트웨어의 가격을 지불하기 전에 미리 사용자들이 소프트웨어를 일정 기간 동안 무료로 사용해본 후 사용자가 계속 사용할 의향이 있으면 비용을 지불하는 것으로 저작권은 원저작자에게 남아 있으며, 셰어웨어를 사용하다가 대금을 지불하면 정식사용자로 등록된다.

프리웨어(Freeware)

원저작자가 누구나 무료로 사용하는 것을 허가한 공개 소프트웨어이다. 유닉스 운영체제용의 X 윈도즈, emacs 에디터, GNU C 컴파일러 등은 모두 공개 소프트웨어들이다.

퍼지 이론

진위, 즉 참과 거짓을 명확하게 구분하기 힘든 개념을 다루는 시스템을 연구하는 것이다. 퍼지란 원래 '애매모호한', '경계가 명확하지 않은'이라는 뜻이다. 퍼지 이론은 불확실함의 양상을 수학적으로 다루는 이론이며, 미국의 L. A. 자데가 제안한 퍼지집합의 개념이 기초가 되었다. 퍼지 이론의 응용은 주로 지식공학이나 프로세스 제어 등의 분야에서 시도되고 있다.

호를 정의하여 명령어와 데이터를 표현한다. 기계어보다 배우기 쉽고 사용하기도 편리하지만, 기계어처럼 컴퓨터 상호 간에 호환성이 없기 때문에 기종이 다르면 언어를 다시 습득해야 한다는 단점이 있다.

③ 포트란(FORTRAN ; FORmula TRANslator) : 복잡한 계산이나 여러 가지 수식의 처리에 적합한 과학기술 계산용 언어로서 최초로 개발된 컴파일러 언어이자 코볼과 더불어 가장 널리 사용되는 고급언어 중의 하나이다.

④ 코볼(COBOL ; COmmon Business Oriented Language) : 영어와 비슷한 형태를 취하며 다른 기종 간에도 공통적으로 사용할 수 있다. 이 언어는 은행이나 기업체 등 일반 사무처리 업무에 적합한 상업용 언어로서 다양하고 입출력이 많은 자료의 처리에 용이하다.

⑤ 베이직(BASIC ; Beginner's All-Purpose Symbolic Instruction Code) : 프로그램의 작성과 수정이 쉬운 교육용 · 대화형 언어로서 8비트 퍼스널 컴퓨터에서도 사용되었던 언어이다.

⑥ PL/1(Program Language One) : 1960년대 중반에 IBM에서 다목적 프로그래밍 언어로 설계한 것이다. 이 언어의 대표적인 응용 분야는 수치계산 분야, 상업응용 분야 및 시스템 프로그램 분야이다.

⑦ 알골(ALGOL ; ALGOrithmic Language) : 블록구조와 다양한 제어구조들을 포함하고 있으며 컴퓨터의 처리순서, 즉 알고리즘을 기술하기 편리하게 설계한 과학 계산용 언어로서 이후에 개발된 PASCAL과 같은 언어에 많은 영향을 주었다.

⑧ 파스칼(PASCAL) : 구조적 프로그래밍 개념과 하향식(Top-Down) 설계를 용이하게 하기 위하여 설계되었으며, 문법이 간결하고 사용이 편리하여 교육용 · 사무용 등 범용 언어로서 널리 사용되고 있는 언어이다.

⑨ C : 파스칼 구조와 비슷하고, 하드웨어 기능을 충분히 활용할 수 있도록 설계되었고 실행 속도가 빠르다. 현재 널리 사용하고 있는 UNIX 운영체제의 대부분이 C로 작성되었으며, DBASEⅢ와 더불어 행정전산망의 주된 언어로 사용되었다.

⑩ C++ : C언어를 개선시켜 만든 언어인 C++는 실시간, 범용 언어로 사무업무와 과학기술 분야에서 사용되지만, 객체지향 접근법을 사용한다는 데서 C언어와 차이가 있다.

⑪ JSP : 자바(Java)를 이용하여 동적인 웹페이지를 만드는 기술로 'Java

프로토콜(protocol, 통신규약)

컴퓨터끼리 또는 컴퓨터와 단말기 사이에 상호통신을 할 때 데이터를 에러 없이 원활하고 신뢰성 있게 주고받기 위해 필요한 약속을 규정하는 것으로서 통신규약이라고도 한다. 프로토콜은 통신에 관한 갖가지 제어정보의 수수에 관해 정보의 표현형식이나 수수의 타이밍 등을 엄밀히 규정하며 그 규약은 일반적으로 호출의 확립과 연결, 메시지 블로킹과 그 형식, 컴퓨터 또는 단말기 간의 문자동기, 인터럽트와 단절, 의미변경, 에러 메시지의 재전송, 회선반전절차 등에 관해 규정되어 있다. 대표적인 표준 프로토콜은 TCP/IP이다.

TCP/IP(Transmission Control Protocol/Internet Protocol)

인터넷에 접속하는 모든 프로토콜로, TCP/IP는 원래 유닉스 시스템에만 가능했으나 현재는 모든 운영체제에서 이용 가능하다.

확인문제

36. 서로 다른 컴퓨터 사이에서 데이터를 교환하는 데 사용하는 일련의 통신규약은 무엇인가?

① gateway ② bandwidth
③ emulation ④ protocol

HTTP (Hypertext Transfer Protocol)

웹서버와 클라이언트가 상호 통신하기 위하여 사용되는 프로토콜을 지칭하는 말이다. 모든 웹서버와 클라이언트는 하이퍼미디어 도큐멘트를 주고받기 위해서 HTTP를 이용해야 한다.

 36. ④

Server Page'의 약자이다.

⑫ ASP : 고가의 하드웨어나 소프트웨어를 도입하지 않고, 네트워크 인프라로 다양한 정보를 사용할 수 있는 어플리케이션 임대 서비스이다.

● IP(Internet Protocol)

인터넷상의 한 컴퓨터에서 다른 컴퓨터로 데이터를 보내는 데 사용되는 TCP/IP의 가장 기본적인 프로토콜이다. 가장 광범위하게 사용되는 IP 버전은 흔히 IPv4라고 표기되는 버전 4이며 최근에는 버전 6인 IPv6도 사용되기 시작했다.

● 방화벽(firewall)

어떤 기업체의 내부 네트워크와 인터넷을 연결하는 사이에서 전송되는 정보를 수용 · 거부 · 수정하는 능력을 가진 라우터 및 소프트웨어로 이루어진 일종의 보안방법을 말한다. 네트워크 내부의 호스트들을 인터넷에 연결하기 위해서는 일단 방화벽에 설정된 기계에 로그인하도록 설정되어 있으며, 방화벽을 거치지 않고 도착한 모든 패킷은 전부 차단된다. 방화벽 시스템은 다른 컴퓨터와의 연결방법이 불편하기는 하지만, 사용자의 각종 정보가 허가받지 않은 사용자에게 임의로 유출되지 않는다는 장점이 있다.

● 프록시 서버(Proxy Server)

컴퓨터 시스템에 방화벽을 설치할 경우 외부와 연결하여 통신을 하도록 만들어 놓은 서버이다. 일단 사용자가 외부에 접속하여 이용한 정보는 프록시 서버에 저장되며, 이후 다시 정보를 요청하면 저장된 정보를 바로 제공해 준다.

● WWW(World Wide Web, 월드와이드웹)

인터넷상에 존재하는 정보들에 하이퍼텍스트(hypertext)를 구축해 이용자가 쉽게 접근할 수 있도록 해 주는 것으로, 전 세계의 하이퍼텍스트가 연결된 모습이 마치 거미가 집을 지은 것처럼 보인다고 하여 월드 와이드 웹이라고 이름이 붙여졌다. 웹 서버에 있는 하이퍼텍스트를 볼 수 있게 해주는 응용 소프트웨어가 브라우저이며, 웹 브라우저로는 인터넷 익스플로러, 파이어폭스, 크롬, 사파리, 오페라 등이 있다.

자바(Java)

자바는 C언어나 베이직언어 같은 하나의 프로그래밍 언어로, 소프트웨어를 개발할 수 있는 개발 언어이다. 자바가 웹과 인터넷에서 각광받는 이유는 네트워크 환경에 가장 효율적인 언어이기 때문이다. 이제까지의 다른 언어들은 대부분 하나의 시스템에 종속된 것이었는 데 비해 자바는 시스템에 종속되지 않고 네트워크를 손쉽게 이동할 수 있는 특성이 있는 언어이다. 자바는 그 기초적인 문법을 가지고 다양한 범위로 쓰일 수 있는데 크게는 J2SE, J2EE, J2ME로 나뉘어진다. J2SE는 일반적인 PC 프로그램 작성 플랫폼이고, J2EE는 기업환경 플랫폼, J2ME는 휴대 전화나 텔레비전에 들어가는 플랫폼이다.

확인문제

37. 다음 중 UNIX Operating System과 가장 관계가 있는 언어는?

① C　② ASSEMBLY
③ BASIC　④ LISP

IPv6 (Internet Protocol Version 6)

128비트의 어드레스 구조를 가진 차세대 TCP/IP 표준을 말한다. 인터넷 가입자가 폭발적으로 증가함에 따라 기존 IPv4 기반의 TCP/IP가 적절하게 대응할 수 없었던 반면, IPv6는 바로 이 같은 IPv4의 한계를 극복한 차세대 IP라 할 수 있다. 더욱 중요한 것은 IPv6의 모든 규격이 각종 인터넷 표준을 정의하는 IETF(Internet Engineering Task Force)의 권고안대로 설계되어 업계 표준 IP로서 대우를 받고 있다는 점이다.

확인문제

38. 국내 인터넷 이용자 3,000만 명 시대를 맞아 인터넷 주소의 고갈 상태를 방지하기 위한 인터넷 주소체계로, 사실상 무한대의 주소자원을 제공하는 128비트의 새 주소체계는?

① IPv2　② IPv4
③ IPv6　④ IPv8

답 37. ① 38. ③

WAIS(Wide-Area Information Servers / Service)

광역정보서비스 방법의 하나로 인터넷상에 흩어져 있는 정보들의 각 목록별 데이터베이스를 만들어 빠르게 찾을 수 있게 해 놓은 서비스를 말한다. WAIS는 간단한 언어입력으로 관련된 정보를 빨리 찾기 위해 사용하는 것으로 사용자가 원하는 정보를 입력하면 각지에 퍼져 있는 정보 서버를 추적하여 이에 관련된 정보를 찾아주는 분산정보서비스를 제공한다.

DNS(Domain Name System)

숫자로 구성되어 있는 IP주소를 사용자가 쉽게 알 수 있는 문자로 변환해 주는 서비스 구조이다. 일반적으로 쓰이고 있는 최상위 도메인은 다음과 같다.

• com, co : 일반 기업	• edu : 교육기관	• gov : 정부기관
• net : 네트워크 관련 단체	• org : 비영리단체	• au : 호주
• ca : 캐나다	• jp : 일본	• kr : 한국
• tw : 대만	• uk : 영국	

플러그 앤드 플레이(PnP ; Plug-and-Play)

컴퓨터 시스템에서 하드웨어 장치를 별도로 설정하지 않고도 입출력 포트에 꽂기만 하면 바로 사용할 수 있는 기능을 말한다. 마이크로소프트사가 제창한 개념으로 윈도 95/98에서 실현되었다.

공인인증서

일종의 전자 인감증명서로 사이버상에서 자신의 신원을 증명할 수 있도록 공인된 인증기관을 통해 발급한 전자 인증서를 말한다. 공인인증서는 전자서명법에 의한 법적 효력을 가지며 금융거래나 전자민원, 전자세금서 등 각종 전자거래에서 그 신뢰성을 보장하는 수단으로 사용된다. 2015년 3월부터 핀테크의 활성화를 목적으로 공인인증서의 의무 사용을 폐지하기로 하였다.

카피레프트(copyleft)

유닉스의 리처드 스톨만이라는 프로그래머로부터 유래된 이 말은 소프트웨어를 배포할 때 복사와 수정의 권리를 함께 주는 것을 말한다. 카피라

WAP(Wireless Application Pro-tocol, 무선 응용 통신규약)

WAP는 이동식 송수화기와 인터넷 통신 또는 다른 컴퓨터와의 응용을 위해 실시되는 국제 기준이다. WAP에 기반을 둔 기술은 인터넷을 통한 새로운 서비스나 움직이는 은행과 같은 상호 교환적인 업무와 실시간 이동 업무를 가능하게 한다.

아키(Archie)

인터넷에는 수많은 FTP 사이트들이 존재하며 하루에도 엄청난 숫자의 파일들이 FTP 사이트에 수록되거나 삭제되기 때문에 FTP 사이트 내의 파일 현황을 파악하기는 매우 어렵다. 이렇게 무질서한 FTP를 일목요연하게 정리하여 쉽게 검색할 수 있게 해 주는 것이 아키이다.

확인문제 [한국환경공단]

39. 주제어와 논리조합을 이용하여 원하는 정보를 찾는 서비스는?

① Telnet ② Usenet
③ Mosaic ④ Gopher
⑤ Archie

유니코드(Unicode)

세계 각국의 언어를 통일된 방법으로 표현할 수 있게 제안된 국제 문자부호체계(UCS ; Universal Code System)를 말한다. 영어는 1문자당 7비트, 비영어는 8비트, 한글이나 한자·일본어는 16비트의 값을 지니는데, 데이터의 교환을 원활하게 하기 위하여 문자 1개에 부여되는 값을 16비트로 통일하였다.

답 39. ⑤

이트(copyright)가 소유권을 인정하며 재산권을 보장하는 사용자 중심이라면, 카피레프트는 이용자의 권리에 중심을 둔 입장이다. 지적 재산권과 저작권의 적용을 반대하는 카피레프트는 정보의 공유라는 철학을 내세우며 정보의 상품화 및 독점에 반대한다.

● 사이버스쿼팅(cybersquatting)

유명한 명칭, 성명, 상호, 상표 등의 표장을 온라인에서 선점하고 수요자를 오인, 혼동시키거나 이를 타인에게 고가에 양도하여 부정한 이익을 얻고자 하는 부정경쟁의 목적으로 도메인네임을 선점하는 행동을 말한다.

● 쿠키(cookie)

웹사이트가 사용자의 하드디스크에 집어넣는 특별한 텍스트 파일로, 후에 그 사용자에 관하여 무엇인가를 기억할 수 있도록 하기 위한 것이다. 인터넷 사용자가 웹사이트에 접속한 후 이 사이트 내에서 어떤 정보를 읽어들이고 어떤 정보를 남겼는지 기록하는 것이 핵심 기능이며 대개 자신이 사용하는 브라우저 디렉토리의 하부에 저장된다. 일반적으로 배너광고를 회전시키기 위해 사용되기도 하지만, 사용자가 쓰고 있는 브라우저의 형식 또는 그 웹사이트에 이미 제공했던 다른 정보에 기초를 두어 서버에서 보낼 웹 페이지들을 사용자에게 맞추는 데에도 사용된다.

● VDT 증후군(Video Display Terminal Syndrome)

VDT는 각종 정보기기에 장착된 디스플레이 장치를 말하며, VDT 증후군이란 컴퓨터 모니터 등 VDT를 보면서 장시간 작업을 하고 난 후 나타나는 다수의 안증상과 근골격계 증상, 피부증상, 정신신경계 증상 등을 통칭한다. 오랜 시간 같은 자세로 컴퓨터 화면을 보면서 키보드를 치는 VDT작업은 빠른 사고와 판단, 집중을 요한다. 이 같은 특성 때문에 컴퓨터 작업에 몰두할 때는 눈이 피로해지거나 침침해지며 또는 아프거나 시력이 떨어지는 등의 증세와 머리가 아프거나 무거워지는 증세, 그리고 구토와 불안감 등 전신에 걸친 증세가 나타난다. 이를 방지하기 위해 작업자는 정기적인 시력 · 안위(眼位) · 안내압(眼內壓) 측정 등의 검진을 받아야 함은 물론, 일정시간의 작업 후에는 일정시간의 휴식을 취해야 한다.

확인문제 [한국환경공단]

40. 하드웨어가 추가로 장착될 때 해당 하드웨어가 어떤 종류인지 스스로 인식할 수 있는 장치를 무엇이라고 하는가?
① 플러그 앤드 플레이(plug and play)
② 플러그인(plug-in)
③ 펌웨어(firmware)
④ 미들웨어(middleware)
⑤ 셰어웨어(shareware)

확인문제 [한국환경공단]

41. C씨는 인터넷을 통하여 금융거래를 하기 위해 거래 은행 홈페이지에 접속하여 금융결제원이 공인인증서를 발급받았다. C씨가 발급받은 공인인증서는?
① NCASign ② Yessign
③ VeriSign ④ SignKorea
⑤ TrandDesign

웹 호스팅(web hosting)

웹 서버를 임대하여 사용하는 것을 말한다. 직접 웹 서버를 설치하고 전용선을 연결하면 큰 비용과 인력이 소요되기 때문에 전문회사의 웹 서버를 일정 부분 임대해 사용하는 것이며, 홈페이지 내용이나 메일은 텔넷이나 FTP를 이용해 관리한다. 도메인 주소만 확보되면 사용자에게 보여지는 것에 큰 차이가 없고, 전문가가 모든 관리를 해 주기 때문에 가격과 효율면에서 큰 장점이 있다.

확인문제 [한국전력공사]

42. 인터넷에서 입력정보 중 꼭 필요한 정보만을 기록하였다가 다음에 편리하게 찾아갈 수 있도록 고안된 데이터의 묶음으로, 인터넷 쇼핑몰에서 상품주문을 하거나 홈뱅킹을 하는 데 필요한 개인신상정보 등을 임시적으로 기록하는 파일을 의미하는 것은?
① cache ② plug-in
③ streaming ④ cookie

답 40. ① 41. ② 42. ④

스트리밍(streaming)

인터넷상에서 음성이나 영상, 애니메이션 등을 실시간으로 재생하는 기법으로, 오디오와 비디오 등 멀티디미어 콘텐츠를 인터넷 웹에 구현하는 인터넷 솔루션을 말한다. 스트리밍은 멀티미디어 데이터를 인터넷을 통해 PC로 전송해 주며 방대한 동영상 자료를 인터넷으로 보낼 경우 요구되었던 시간을 최소한으로 줄일 수 있게 한다. 스트리밍 기술을 활용하면 인터넷을 통한 실시간 방송뿐 아니라 나아가 주문형 비디오(VOD) 서비스까지 가능하기 때문에 인터넷 방송 프로그램 등에 꼭 필요한 표현 기술이 되었다.

악성코드(malicious code)

악의적인 목적을 위해 작성된 실행 가능한 코드의 통칭으로 자기 복제 능력과 감염 대상 유무에 따라 바이러스, 웜, 트로이목마 등으로 분류된다. 악성코드와 혼동되는 것으로 유해가능 프로그램(potentially unwanted program)과 스파이웨어(spyware)가 있다.

분산서비스거부(DDoS : Distributed Denial of Service attack)

해커가 감염시킨 대량의 좀비 컴퓨터를 이용해 특정 시스템으로 다량의 패킷을 무차별적으로 보내 시스템을 과다 트래픽으로 마비시키는 사이버 공격을 말한다. 공격자는 다양한 방법으로 일반 사용자 PC(숙주 컴퓨터)에 봇(Bot)을 감염시키고, 악의로 컴퓨터를 조종하여 표적 시스템의 데이터베이스를 삭제하여 서버 마비 등 사이버 공격을 하는 것이 특징이다.

확인문제 [한국환경공단]

43. 음악파일이나 동영상 파일과 같은 크기의 큰 자료를 다운로드 받으면서 재생할 수 있도록 해 주는 기술은?

① MPEG 기술
② streaming 기술
③ quicktime 기술
④ realtime 기술
⑤ repeater 기술

웨바홀리즘(webaholism)

인터넷 중독, 사이버 중독, 컴퓨터 중독, 인터넷 증후군, 인터넷 중독장애, 웹홀릭(Webaholic) 등이라고도 한다. 인터넷 중독의 기본 개념은 가상공간의 활동에 집착 · 의존하여 기분의 변화, 내성, 금단 증상, PC 사용으로 인한 주변 사람들과의 갈등 등을 경험하게 되는 현상을 말한다.

정보보호 5대 실천수칙

- 자동 보안패치 설정하기
- 백신 프로그램 또는 개인 방화벽 등 보안 프로그램 설치하기
- 컴퓨터의 로그인 패스워드는 최소 8자리 이상의 영문과 숫자로 만들고 3개월마다 변경하기
- 신뢰할 수 있는 웹사이트에서 제공하는 ActiveX 프로그램 설치하기
- 공인인증서 USB 저장 등 금융 정보 안전하게 관리하기

답 43. ②

3 정보통신

● 앱이코노미(App Economy)

스마트폰 보급이 일반화되면서 사용자들의 다양한 요구를 앱 스토어라는 개방형 장터를 통해 충족할 수 있게 되었다. 사용자들은 앱 스토어에서 원하는 앱(Application)을 구입할 수 있고 개발자들은 보다 혁신적인 앱(App) 개발에 뛰어들면서 앱 이코노미가 등장하게 되었다. PC와 달리 스마트폰에서는 정보검색과 음악감상, e-Mail 확인, 게임, 금융거래, 소셜네트워크서비스(SNS) 등의 프로그램이 앱을 통해 구현되기 때문에 모바일 앱(Mobile App)이 새로운 경제 구도를 만들고 있다.

● 위성 위치확인 시스템(GPS ; Global Positioning System)

여러 대의 인공위성을 이용해서 선박이나 항공기, 자동차 등의 정확한 위치를 측정하거나 순항미사일의 궤적을 유도하기 위해 만들어진 시스템이다. 이는 원래 미국 국방부가 군사적인 목적으로 개발한 것으로 22,000㎞ 상공에 24개의 위성을 쏘아 올려 지상의 어떤 지점에서든 최소 4개의 위성이 24시간 관측 가능하도록 배치해두었다. 이 시스템은 지상에서 간단한 장비만 가지고도 정확한 위치를 연속적으로 측정할 수 있고, 컴퓨터와 연결하면 다양한 서비스가 가능하다는 장점이 있다.

● 데이터 마이닝(Data Mining)

대용량의 데이터로부터 숨겨져 있는 의미 있는 지식을 찾아내는 과정을 의미한다. 과거 정보기술과 인터넷이 보편화되기 전에는 사용되는 데이터의 양이 많지 않았기 때문에 데이터 마이닝의 효용은 높지 않았으나 웹 2.0시대에 돌입하여 누구나 웹에 접속, 데이터를 생산할 수 있게 되면서 데이터 마이닝의 중요성이 대두되었다. 또한 정보를 저장하는 데 들어가는 비용 역시 데이터 마이닝 분야를 발전시키는 원동력이 되었다고 볼 수 있다.

● 네트워크 토폴로지

① **스타형** : 네트워크의 각 컴퓨터에서 나온 케이블 세그먼트가 허브라는 중앙 구성요소에 연결된다. 허브를 거친 컴퓨터는 네트워크의 모든 컴

퍼블리즌(Publizen)

공개를 뜻하는 'Publicity'와 시민을 의미하는 'Citizen'을 합성한 용어로 인터넷 등을 통해 자신의 개인적인 삶과 생각을 알리고 전파하기를 좋아하는 사람들을 가리킨다. 남녀노소 구별이 없지만 인터넷 사용 인구의 특성상 거의 젊은 세대가 이에 해당한다.

GIS(Geographic Information System, 지리정보시스템)

지리적 정보를 수집 · 조작 · 분석하는 컴퓨터 기반의 데이터 처리를 하는 도구이다. 즉, 지리공간 데이터를 수집 · 저장 · 분석 · 가공하여 도로 · 교통 · 전신 전화 · 가스 · 상하수도 · 수자원 · 산림자원 · 지질 토양 등의 지형 관련 분야에 활용할 수 있는 지리정보시스템이다.

SIS(Strategic Information System, 전략정보시스템)

기업경영에 활용되는 전략적 정보를 비축한 컴퓨터 시스템을 말한다. 종래의 컴퓨터는 주로 생력화 또는 사무합리화를 목적으로 도입되고 있었으나, 그와 같은 활용목적에서 진일보하여 컴퓨터에 입력 · 비축한 정보를 경영에 활용해가자는 취지의 컴퓨터시스템이 전략정보시스템이다.

웹 마이닝(Web Mining)

데이터 마이닝 기법을 이용하여 웹(Web)으로부터 자동으로 정보를 발견하고 추출하는 기법을 의미한다. 웹 마이닝은 주로 기업이 고객의 취향을 이해하고 특정 웹사이트의 효능을 평가하여 마케팅의 질적 향상을 도모하기 위해 사용된다.

퓨터로 신호가 전송된다.

② **트리형** : 하위에 물리적 링크가 연결되는 클라이언트가 위치하게 되며, 또다시 그 클라이언트의 하위로 또 다른 클라이언트가 물리적 링크로 연결되는 구조이다.

③ **그물(mesh)형** : 각 컴퓨터가 별도의 케이블을 통해 모든 다른 컴퓨터로 연결된다. 이 연결은 네트워크를 통해 중복 경로를 제공하므로 한 케이블이 고장 나면 또 다른 케이블이 트래픽을 전달하여 네트워크가 계속 작동한다.

④ **버스형** : 네트워크의 모든 컴퓨터들이 연속된 케이블 또는 세그먼트에 접속되어 직선으로 연결된 구조이다.

⑤ **링형** : 하나의 호스트에 두 개의 링크로 양 옆에 있는 다른 호스트에 연결이 되어 둥그런 모양으로 연결이 되어 있는 형태이다.

● 전력선 통신망(PLC ; Power Line Communication Network)

집안에 있는 전기콘센트에 통신기기를 연결하여 인터넷을 할 수 있도록 하는 것이다. 가정에서 사용하는 전력선은 약 60Hz의 교류 주파수만을 사용한다. 여기에 수십 MHz 이상의 고주파 신호를 함께 실어보내고 종단에선 주파수가 다른 두 신호를 분리해 주는 필터를 사용해 통신 주파수만을 걸러 인터넷이 가능하도록 하는 것이 전력선 통신기술(PLC)의 핵심이다. 따라서 일반 가전기기 동작에는 전혀 영향을 미치지 않는다. 전력선 통신기술 개발의 활성화는 정보가전, 원격검침, 초고속 인터넷 통신 분야 등에서 기존의 인프라를 다양하게 활용할 수 있다는 것을 의미한다.

● VoIP(Voice over Internet Protocol)

컴퓨터 네트워크상에서 음성 데이터를 인터넷 프로토콜 데이터 패킷으로 변화하여 일반 전화망에서의 전화 통화와 같이 음성 통화를 가능하게 해주는 일련의 통신 서비스 기술이다. 일반 전화는 전화회선 교환방식을 이용하여 일정회선을 독점 사용하므로 회선당 비용이 높아 시외나 국제전화 요금이 비싸다. 그러나 VoIP는 패킷 전송 방식을 사용하므로 기존의 회사 전용망이나 국가 기간망 등을 이용하여 음성 데이터를 패킷이라는 작은 단위로 나누어 전송하므로 회선의 독점을 막고 기존의 회선을 사용하므로 보다 저렴하게 음성 통화를 할 수 있다.

확인문제 [KT]

44. 다음 중 중심에 중심국이 있고 그 주위에 단말기가 열결되어 있는 가장 기본적인 정보통신망은?

① 성형(Star) ② 트리형(Tree)
③ 링형(Ring) ④ 매쉬형(Mesh)

확인문제 [한국전력공사]

45. 기존 전력선을 통신망으로 이용해 음성 · 데이터 등을 전송하는 첨단 기술로서 원격검침, 홈네트워킹 등에 다양하게 사용될 수 있는 기술은?

① ISS(Infra Ttructure Sharing)
② HFC(Hybrid Fiber Coaxial)
③ PLC(Power LIne Communication)
④ VDI(Voice & Date Integration)

초고속정보통신망 (Information Highway)

공공기관, 대학연구소, 기업은 물론 전국의 가정까지 첨단 광케이블망으로 연결함으로써, 문자 · 음성 · 영상 등 다양한 대량의 정보를 초고속으로 주고받는 최첨단 통신시스템을 말한다. 초고속정보통신망의 핵심은 광통신을 주축으로 영상과 음성, 데이터를 자유자재로 전송 · 처리하는데 있는데 일반 사진은 물론 비디오와 오디오 정보도 실시간으로 전송할 수 있으며, 상대방과 마주보면서 대화할 수 있는 영상 통화나 서로 다른 지역의 사람들이 컴퓨터 앞에 앉아 실시간으로 회의를 진행할 수 있는 화상 회의도 가능하다.

답 44. ① 45. ③

● 사물지능통신(M2M ; Machine to Machine)

사물에 센서와 통신 기술을 적용하여 사람 대 사물, 사물 대 사물 간 정보를 수집하고 가공한 다음 처리하는 미래 방송통신 융합 서비스를 의미한다. 여기에 이용되는 센서는 각각 유용한 정보를 수집하며 수집된 정보는 한곳에 모아져 사물지능통신망을 통해 원격으로 전송되고 정보를 필요로 하는 곳에서 언제 어디서나 편리하게 받아 볼 수 있다.

● 스턱스넷(Stuxnet)

발전소와 공항, 철도 등 사회 기간시설을 파괴할 목적으로 제작된 악성코드를 말한다. 스턱스넷은 원자력 발전소나 송유관 등 주요 산업 기반시설에 쓰이는 원격 통합감시제어 시스템에 침투하여 차단 시설을 마음대로 작동시키는 초정밀 악성코드로 북한, 알카에다 등 국제사회에서 위험군으로 분류된 국가나 조직들이 스턱스넷 같은 신종 사이버 무기를 공격수단으로 활용할 가능성이 높아져 국제사회의 골칫거리가 되었다. 실제로 스턱스넷이 2009년 말까지 이란의 핵 프로그램에 침투해 원심분리기 1,000여 개를 망가뜨린 사례가 보고되기도 했다.

● 테더링(Tethering)

블루투스나 USB 케이블을 인터넷 접속이 가능한 기기에 이용하여 다른 기기에도 인터넷에 접속할 수 있게 해주는 기술을 말한다. '테더링'의 사전적 의미는 '능력의 한계나 범위'로, 즉 범위 안에서 인터넷을 가능하게 하는 것으로 해석할 수 있다. 테더링을 이용할 경우 스마트폰이 일종의 무선 공유기나 랜의 역할을 하며 노트북 등에서 와이파이를 이용하여 인터넷에 접속할 수 있다.

● 보트넷(Botnet)

애드웨어나 스파이웨어와 같은 악성코드를 감염시키는 악성코드 봇(Bot)에 감염되어 해커가 자유자재로 제어할 수 있는 좀비 PC들로 구성된 네트워크를 말한다. 보트넷은 피싱메일을 비롯한 스팸메일 발송이나 특정 사이트에 수없이 접속패킷을 발생시켜 마비시키는 디도스 공격에 활용되거나 이용자들의 컴퓨팅을 몰래 모니터함으로써 신용카드번호와 같은 금융정보를 빼내는 범죄행위에 이용한다.

비디오텍스(Videotex)

컴퓨터에 축적된 각종의 정보를 전화나 CATV선을 통해 일반 가정이나 기업에 설치되어 있는 텔레비전 화면이나 PC 등의 단말기로 보내는 화상 통신 시스템이다. 예를 들어 전화로 정보센터를 호출하면 교육 · 학습 · 일기예보 · 스포츠 · 물가 · 뉴스 등 필요한 생활정보를 가정용 컴퓨터 모니터나 텔레비전 수상기에 글이나 그림으로 비춰주는 시스템이다.

확인문제 [한국전력공사]

46. 뉴스, 일기예보, 백화점 상품목록, 분류된 광고 서비스 등의 정보검색을 가능케 하는 시스템은?
① EDI(Electronic Data Interchange)
② EMMS(Electronic Mail Message System)
③ Videotex
④ Firm Banking

듀큐(Duqu)

스턱스넷이 산업시설에 직접적인 피해를 가하는 악성코드라면 듀큐는 산업시설의 제어시스템을 만드는 업체에 직접 침투해 설계도면 등 핵심 정보를 빼내려는 목적을 갖고 있는 스파이 기능의 악성코드이다.

다크웹(Dark Web)

일반적인 검색 엔진이나 브라우저를 사용해서는 찾거나 방문할 수 없는 특정 부류의 웹사이트를 말하며 익명이 보장되고 검열도 기할 수 있기 때문에 경쟁사의 고객정보 영업비밀 등 불법적인 정보 거래 등이 이루어진다. 보통 토르(TOR, The Onion Router)와 같은 특수한 웹브라우저를 사용해야만 접근할 수 있으며 용어는 지난 2013년 미국 FBI가 온라인 마약 거래 웹사이트 '실크로드'를 적발해 폐쇄하면서 알려졌다.

답  46. ③

● 스푸핑(Spoofing)

외부 침입자가 특정 인터넷 주소로 사용자의 방문을 유도한 뒤 사전에 지정한 코드가 작동되도록 만들어 사용자 권한을 획득하거나 개인 정보를 빼내는 수법을 말한다. 바이러스 메일을 유포한 뒤 사용자가 메일을 열면 바이러스가 자동 실행되어 사용자 비밀번호 등 개인정보가 유출된다.

● 피싱(Phishing)

금융기관 등의 웹사이트 메일로 위장하여 개인의 인증정보나 신용카드번호, 계좌정보 등을 빼내 이를 불법적으로 이용하는 사기수법이다. 이메일을 금융기관의 창구 주소로 보내는 것이 대표적인 수법이다.

● 파밍(Pharming)

남의 도메인을 훔쳐가거나 도메인 네임서버(DNS) 혹은 프록시 서버 주소를 조작해 사용자들이 진짜 사이트 주소(URL)을 입력해도 가짜 사이트로 연결되도록 하는 방식의 인터넷 사기를 말한다.

● 스미싱(SMiShing)

SMS와 Phishing을 합성한 용어로, 휴대 전화에 문자 메시지를 발송해 악성코드가 존재하는 사이트에 접속하도록 유도하여 악성코드를 휴대 전화에 설치한 뒤 정보를 유출하는 사기 수법이다.

토렌트(Torrent)

파일을 잘게 분산해 저장 · 공유하여 다운을 받을 수 있도록 한 P2P(Peer To Peer) 방식의 파일 공유를 의미한다. 토렌트 사이트는 영화, 텔레비전 프로그램, 음악, 게임과 같은 저작물 내려받기(Downlaod)를 가능하게 해주는 씨앗파일(Seed File) 공유를 주목적으로 운영되기 때문에 저작권이 문제가 된다.

비싱(Vishing)

무작위로 전화를 걸어 금융정보를 유출하는 피싱 사기 수법을 의미한다. 피싱에서 발전된 수법으로 중국과 같은 제3국에서 인터넷 전화를 이용하여 자동 녹음된 메시지를 보내 은행 계좌에 문제가 있어 비밀번호를 입력해야 한다는 등의 수법을 사용한다.

다크 패턴(Dark Pattern)

사람을 속이기 위해 디자인(설계)된 사용자 인터페이스(UI)를 뜻하는 말로, 인터넷 사이트나 애플리케이션에서 사용자들을 은밀히 유도해 물건을 구매하거나 현금 결제, 서비스에 가입하게 하는 것을 말한다.

스캠(Scam)

기업 이메일 정보를 해킹한 다음 거래처로 둔갑해서 무역 거래 대금을 가로채는 범죄 수법을 말하며 주로 피해 대상 기업에 악성코드를 감염시킨 뒤 업체가 지불결제 방식을 바꾸도록 유도한 다음 이메일을 해킹해 거래 업체 간에 주고받는 내용을 지켜보다가 송금과 관련된 내용이 있을 때 끼어들어 주요 거래처가 메일을 보낸 것처럼 바뀐 계좌 정보를 보내 거래 대금을 갈취하는 방식이다.

4 매스컴

● 매스미디어(Mass Media)

특정 수용자를 대상으로 하지 않고 불특정의 모든 대상에게 대량의 정보를 전달하는 매체이다. 즉, 신문 · 잡지 · 영화 · 라디오 · 텔레비전 등으로 어떤 사실이나 사상 등의 의미와 내용을 대중에게 전달해서 널리 효과를 미치는 문화수단을 말한다.

● 맥루한의 미디어 결정론

마셜 맥루한(M. McLuhan)은 1965년 그의 저서 《미디어의 이해》에서 '미디어는 메시지이다(Media is message).'라고 강조하였다. 즉, 미디어가 전달하는 것은 그 내용과 전혀 다른, 곧 미디어 그 자체의 특질(형태)이라는 것이다. 커뮤니케이션 과정에서 다른 모든 요소(메시지)에 영향을 미치는 미디어의 중요성을 강조하면서 메시지와 채널의 결합으로 생기는 결과적 영향을 '마사지(massage)'라고 표현하기도 했다.

● 핫·쿨미디어(hot·cool media)

마셜 맥루한이 모든 미디어를 그것이 전달하는 정보의 정밀도와 수용자의 참여도에 따라 구분한 이론이다. 신문과 영화, 라디오처럼 한 가지 감각에만 집중하게 하는 매체는 핫미디어이지만 텔레비전, 전화, 만화 등은 여러 감각의 활용을 이끌어내는 쿨미디어이다. 즉, 쿨미디어는 핫미디어보다 정보의 정밀도가 낮아서 수용자의 높은 참여, 즉 더 많은 상상력이 요구되는 포괄적인 성격의 매체이다.

● 언론의 4이론

① **권위주의 이론** : 매스미디어의 기능은 정치권력구조에 의해서 결정되며 수행되는 정부의 정책을 지지하고 발전시키는 것이라고 주장하는 이론이다.

② **자유주의 이론** : 17, 18세기에 유럽에서 태동하여 미국에서 꽃피운 이론이다. 언론은 정부로부터 아무 제약 없이 자유로운 사상의 시장으로서의 역할을 해야 한다는 것이다.

③ **소비에트 공산주의 이론** : 자본가 계급이 언론을 소유하는 한 언론의

확인문제

47. 매스미디어(Mass Media)가 아닌 것은?
① 신문 ② 엽서
③ 방송 ④ 출판

매스커뮤니케이션 (Mass Communication)

비조직적인 일반대중을 대상으로 매스미디어를 통해 대량으로 정보를 전달하는 커뮤니케이션 과정이다. 즉, 신문 · 잡지 · 서적 · 라디오 · 텔레비전 · 영화 등의 대중매체를 통하여 많은 사람들에게 영향을 주는 활동이며, '매스컴'이라고 약칭되어 쓰인다.

확인문제

48. 미디어는 인간의 모든 감각에 호소하며 인간을 심리적으로 마사지(massage)한다는 내용의 '미디어는 마사지다'라는 독특한 이론을 펼친 미디어 학자는?
① 시드니 헤드 ② 존 왈쉬
③ 마셜 맥루한 ④ 수잔 이스트만

확인문제

49. 마셜 맥루한이 말한 hot, cool media에서 hot media에 해당하는 것은?
① 만화 ② 라디오
③ 텔레비전 ④ 전화

확인문제

50. 언론의 4이론에 속하지 않는 것은?
① 권위주의 이론
② 자유주의 이론
③ 사회적 책임 이론
④ 언론의 비판 이론

답 47. ② 48. ③ 49. ② 50. ④

자유는 발전할 수 없기 때문에 사회주의 국가에서는 언론을 국유화하거나 당의 엄격한 통제 아래 두어야 한다는 것이다.

④ **사회책임주의 이론** : 언론은 정부로부터 자유로우면서도 국민에 대해서는 책임을 져야 한다는 것으로 자유주의 언론관에 대한 반성에서 나온 이론이다. 이 이론은 1947년 자유롭고 책임 있는 언론에 대한 허친스 위원회의 보고서에서 처음 제시되었다.

저널리즘의 유형

저널리즘은 매스커뮤니케이션을 이용하여 공적인 사실이나 사건에 관한 정보를 보도하고 논평하는 활동을 말한다.

① **뉴 저널리즘(new journalism)** : 사건을 객관적으로 보도하는 전통적인 방법을 비판하여 생긴 것으로, 취재대상을 밀착취재하고 문학적 표현을 써서 보도하는 르포르타주의 일종이다.

② **팩 저널리즘(pack journalism)** : 한 사건에 대한 다양한 측면에서 취재가 이루어지지 않고 취재 방법이나 시각 등이 획일적인 저널리즘을 가리킨다.

③ **포토 저널리즘(photo journalism)** : 취재대상을 사진기술로서 표현 · 보도하는 저널리즘을 가리킨다.

④ **옐로 저널리즘(yellow journalism)** : 대중의 원시적 본능을 자극하고 호기심에 호소하며 흥미 본위의 보도를 하는 선정주의적 경향을 띠는 저널리즘으로, 그러한 신문을 가리켜 옐로 페이퍼라고 한다.

⑤ **블랙 저널리즘(black journalism)** : 공개되지 않은 이면적 사실을 폭로하는 저널리즘을 가리킨다.

⑥ **경마 저널리즘(horse race journalism)** : 선거 보도 형태의 하나로서 후보자의 득표 상황만을 집중 보도하는 것으로, 선거에서 누가 이기느냐의 관점에서만 바라보는 시각이다. 선거의 이슈가 무엇이고, 유권자가 이번 선거를 어떤 성격의 선거로 바라보는가 하는 점은 소홀히 취급되고, 오로지 누가 이기느냐에만 중점을 두고 선거를 바라보는 보도 태도이다.

⑦ **그래프 저널리즘(graph journalism)** : 사진이나 미술작품 또는 책에 실린 그림 등을 주제로 한 신문 · 잡지 등의 출판형태이다.

⑧ **제록스 저널리즘(xerox journalism)** : 극비 문서를 복사기로 몰래 복사해서 발표하는 저널리즘을 말한다. 문서를 근거로 한 폭로기사 일변도의

언론중재위원회

언론매체의 사실적 주장에 의하여 피해를 입은 자들의 반론보도 및 정정보도 청구에 관한 사건을 접수하고 중재하기 위해 정기간행물의 등록 등에 관한 법률 제17조에 따라 설립되었으며 주요 업무는 다음과 같다.

- 정기간행물이나 방송의 보도에 의해 피해를 입은 개인, 단체 등으로부터 중재신청을 접수하여 해당 신문이나 잡지, 방송을 통해 반론보도나 추후보도, 정정보도가 나갈 수 있도록 중재한다. 합의가 이루어지지 않을 경우 언론중재위원회 직권으로 중재결정을 내릴 수 있으며, 중재에 적합하지 않은 사유가 있는 경우 중재부는 중재불성립 결정을 내릴 수 있다.
- 언론보도로 인해 피해를 입은 국민들의 피해회복을 위한 상담을 한다.
- 정기간행물의 내용을 심의하여 시정을 권고한다.
- 불공정 선거기사를 심의한다.

확인문제 [한국전력공사]

51. 제도적 · 자의적 제한 및 안이한 취재 · 편집 경향으로 인해 취재방법이나 취재시간 등이 획일적이고 개성이 없는 저널리즘은 다음 중 어느 것인가?
① 팩 저널리즘
② 옐로 저널리즘
③ 제록스 저널리즘
④ 포토 저널리즘

센세이셔널리즘(sensationalism)

대중의 원시적 본능을 자극하고 호기심에 호소하여 흥미 본위로 하는 보도경향을 말한다. 특종의식과 같은 저널리스트의 심리도 센세이셔널리즘과 결부되어 있다. 매스미디어의 상업주의에서 나온 센세이셔널리즘은 대중획득을 위해서는 매우 유효한 수단이다. 즉, 판매경쟁이 센세이셔널리즘을 낳는다고 할 수 있다.

51. ①

안일한 취재방법과 언론 경향을 꼬집는 말이다.

액세스권(Right of Access)

신문, 방송 등의 매스미디어가 거대화되고 정보가 일방적으로 흐를 우려가 있는 현대사회에서 일반 시민이 매스미디어에 접근하여 비판이나 반론을 제기할 수 있는 권리이다. 액세스권을 실현시키는 방법으로는 반론권, 의견 광고, 매스미디어에 대한 비판 등이 있다.

반론권(反論權)

정기간행물이나 방송 등에서 공표된 기사에 의해 피해를 입은 사람이 발행인이나 편집자에게 피해를 입었다는 사실을 주장하여 그 사람이 피해를 입었다는 주장을 정기간행물이나 방송에 게재해 줄 것을 요구할 수 있는 권리를 말한다.

알권리

국민이 정치적 · 사회적 문제에 관한 정보를 자유롭게 알 수 있는 권리, 자신을 둘러싸고 있는 현실에 대한 정보에 접근할 수 있는 권리이다. 개인을 둘러싼 사회적 환경의 영향력이 점차 커짐에 따라, 또 기술과 정보의 발달에 따른 지구 생활권화에 따라 개인들은 자신을 둘러싼 현실에 대한 정보를 구하고 찾을 권리가 생기게 되는 것이다.

언론 옴부즈맨

옴부즈맨(Ombudsman)이라는 용어는 본래 스웨덴에서 '중재인'이라는 행정상의 개념으로 시작되었다. 이것이 언론분야에 수용되어, 언론활동을 감시하고 수용자의 불만과 의견을 접수하여 그 결과를 언론활동에 반영함으로써 수용자의 권익을 보호하는 장치라는 의미를 갖게 되었다.

미디어 효과이론

① **탄환이론(Bullet Theory)** : '강효과 이론' 또는 '피하주사이론'이라고도 하며, 총알이 목표물을 명중시킨다면 총을 쏜 사람이 의도한 대로 효과가 나는 것처럼 대중매체가 수용자에게 메시지를 주입하면 효과가 직접적이고 강력하게 나타난다는 것이다.

② **의존효과이론(Dependancy Theory)** : 언론매체의 효과는 수용자가 언론

제4부(第四府)

입법부, 사법부, 행정부에 이어 언론을 '제4부'라고 하는데, 이는 언론 관계자들이 적극적인 책임 의식을 갖고 여론을 충실히 반영할 때 비로소 들을 수 있는 말이다.

확인문제

52. 독자가 언론중재위원회에 반론을 청구할 경우 그 반론의 내용은 무엇인가?
① 보도 내용의 정정
② 보도 내용에 대한 반박
③ 보도 내용의 정정과 반박
④ 보도 내용이 끼친 피해에 대한 보상

엠바고(Embargo)

일정 시점까지의 보도금지를 뜻하는 매스미디어 용어이다. 취재대상이 기자들을 상대로 보도 자제를 요청하거나 기자실에서 기자들 간의 합의에 따라 일정 시점까지 보도를 자제하는 행위를 의미하기도 한다.

오프 더 레코드(Off the Record)

보도자제가 아닌 보도금지를 묵시적으로 인정하는 경우로, 인터뷰 대상자가 뉴스거리로 삼지 않을 것을 전제로 제공하는 정보를 말한다.

퍼블릭 액세스(Public Access)

방송에 대한 시민의 직접참여를 뜻한다. 시민이 기획, 촬영한 영상물을 가감 없이 방송하는 것을 원칙으로 한다. 우리나라에서는 RTV가 처음이지만 세계 여러 나라에서 시민미디어 운동의 일환으로 퍼블릭 액세스 방송국이 운영되고 있다.

확인문제 [한국마사회]

53. 신문사 안에서 ombudsman이 하는 역할은?
① lay out을 한다.
② 독자의 입장에서 기사를 비판한다.
③ 취재된 내용을 기사화한다.
④ 광고주를 상대한다.

답 52. ① 53. ②

매체를 신뢰하여 의존정도가 높을 때, 사회의 갈등 폭이 클 때, 언론매체가 정보기능을 성공적으로 수행할 때 커지며 사회구조를 변화시켜 언론매체의 효과는 커진다는 것이다.

③ **침묵의 나선이론(The Spiral of Science)** : 독일의 노엘레 노이만(Noelle Neumann)이 1974년 제시한 이론으로, 이 이론은 여론을 획일화의 압력으로 이해한다. 즉, 사람은 자신이 소수여론에 속해 있으면 그 문제에 관해서 침묵하려는 경향이 있고 사람들이 침묵하면 할수록 타인들은 특별한 관점이 나타나지 않는다고 느끼게 되고, 사람들은 더욱 침묵하게 되어 언론매체의 입장은 점점 더 다수의 의견으로 여겨지게 되어 침묵의 나선효과는 가속화된다는 것이다.

④ **이용과 충족이론** : 카츠(Katz)가 내세운 이론으로 매스미디어를 통한 인간들의 상호 작용은 그들이 미디어의 내용을 어떻게 이용하며 또한 미디어의 내용으로부터 어떠한 충족을 얻고 있는가에 대한 고찰에 의해서 더 정확하게 설명될 수 있다는 것이다.

⑤ **문화적 규범이론** : 언론매체는 수용자에게 현실세계에 대한 정보를 전달해 줌으로써 직접적이자 강력한 영향력을 미치고 있다는 이론으로, 이 이론은 언론매체 중 특히 텔레비전이 수용자에게 현실세계에 대한 특정 이미지를 개발하는 힘을 가지고 있다는 점을 강조한다.

⑥ **제한효과이론** : 매스미디어의 효과는 강력하지도, 직접적이지도 않으며 수용자 개인들의 심리적 차이와 사회계층적 영향 및 사회적 관계 등에 의해 제한을 받아서 단지 선별적이고 한정적으로 나타나게 될 뿐이라는 이론이다.

● 종합편성채널

뉴스를 비롯하여 드라마·교양·오락·스포츠 등 모든 장르를 편성하여 방송할 수 있는 채널로 모든 장르를 편성한다는 점에서는 지상파와 동일하나 케이블TV나 위성TV를 통해서만 송출하기 때문에 여기에 가입한 가구만 시청할 수 있다. 또 24시간 종일 방송을 할 수 있고, 중간광고도 허용된다.

● 가상 스튜디오(Virtual Studio)

컴퓨터 그래픽으로 만들어낸 가상의 세트와 실제 세트를 합성하여 만든 공간에서 영상 화면을 제작할 수 있는 스튜디오를 의미한다. 크로마키 합

프레스 캠페인(Press Campaign)

매스컴이 어떤 특정한 문제를 적극적으로 채택하여 여론을 환기시키는 일로, 매스미디어에서 특정한 문제를 가지고 여론화시키는 것을 말한다. 대부분의 경우 프레스 캠페인은 사회적·도덕적 규범에 관한 사실들을 다루는 것이 일반적이다.

세계 4대 통신사

- 로이터(Reuter) : 영국의 국제통신사이다. 창시자 로이터가 1849년 독일의 아헨에서 경제통신을 시작한 것이 발단이 되어 1851년 런던으로 옮겨서 로이터통신사를 개설하였다.
- AP(Associated Press of America) : 신문사, 방송국 회원사에 의해 공동관리되는 비영리조합조직의 미국 연합통신사이다. 1846년 뉴욕의 6개 신문사가 당시 상업신문 기자였던 데이비드 헤일의 제안에 따라 결성되었다.
- AFP(Agence France Press) : 제2차 세계대전 중 활동하던 아바스(Havas) 통신사의 후신으로, 서유럽적 입장에서 논평과 보도를 하는 프랑스의 국영통신사이다. 전 세계에 100여 개의 지국을 두고 있다.
- UPI(United Press International) : 미국의 2대 국제통신사 가운데 하나로, 1958년에 UP가 INS(International News Service) 통신사를 병합하여 발족시킨 국제합동통신사이다. 국내는 물론 전 세계에 통신을 공급하고 있다.

확인문제 [KT, 한국전력]

54. 영국의 대표적인 통신사는?

① UPI ② AP
③ AFP ④ Reuter

확인문제

55. 수용자들이 매스미디어의 메시지를 선택적으로 노출·지각·기억한다고 설명한 이론은?

① 제한효과 ② 피파주효과
③ 항상효과 ④ 계발효과

답 54. ④ 55. ①

성기술을 이용하여 제작자가 원하는 세트를 그래픽으로 만들 수 있기 때문에 아주 적은 비용과 시간만으로도 세트를 자유자재로 변경할 수 있다. 국내에서는 선거방송이나 일기예보에 주로 많이 활용되고 있으며, 실제 출연자는 블루 스크린 앞에서 전후 · 좌우 이동하며 시청자에게는 마치 실제 세트에서 방송을 하는 것처럼 진행하게 된다.

크로마키잉(chroma-keying)

입력 A의 프레임 중에서 특정 색의 화면에 대해서만 입력 B의 해당 프레임이 교체되는 기능이다. 즉, 배경 바꿔치기 기능으로서, 일기예보 시간이나 만화 등에 많이 이용한다. 이때 입력 A의 배경색으로는 대부분 청색을 사용한다.

● 발롱 데세(Ballon D'essai)

기상상태를 관측하기 위해 띄우는 관측기구에서 비롯된 말로, 반향이 불확실한 주장에 관해 시험적으로 하나의 의견이나 정보를 저널리즘에 흘려 세론의 동향을 탐색하기 위해 이용하는 여론관측 수단이라는 의미로 쓰인다. 정보화시대의 진전과 함께 정치가 등이 이용하며 부정적인 결과가 나오면 이미 한 말을 뒤집는 경우도 있다.

● 스테이션 브레이크(Station Break)

한 프로그램이 끝나고 다음 프로그램으로 넘어가는 시간을 말한다. 한때는 이 시간에 자국(自局)의 국명 또는 국내광고(局內廣告) 등을 하였으나 점차 막간의 짧은 광고 등을 방송하게 되었다. 스테이션 브레이크는 앞 프로그램의 길이에 따라 결정되며 이 시간에 광고주 입장에서나 방송국 쪽에서 자유롭게 활용할 수 있다.

● 플러시(Flush)

통신사가 빅뉴스를 빠른 시간에 계약된 방송국, 신문사 등에 보내는 것을 말한다. 이 플러시에 의해 신문사는 호외를 발행하며, 방송국은 프로그램을 중단하고 속보를 내보낸다.

● 스탠바이(stand-by) 프로그램

스포츠 실황 중계 등이 날씨 등의 이유로 중계방송이 불가능할 때가 있는데, 이에 대비하여 미리 방송 준비를 해두는 프로그램을 말하며, '레인코트 프로그램(Raincoat program)'이라고도 한다.

● 클리킹 현상

리모콘에 의한 텔레비전 시청형태를 말한다. 보고 있던 프로그램이 재미가 없어서 채널을 바꾸는 'soft clicking', 언제 보아도 재미가 없는 프로

확인문제 [KT, 한국전력공사]

56. 텔레비전 일기예보 방송에서 리포터가 구름이 이동하는 기상도 안에 들어가 움직이면서 설명하기 위해 어떤 색으로 칠해진 배경이 필요한가?
① 파란색(Blue) ② 빨간색(Red)
③ 초록색(Green) ④ 흰색(White)

확인문제 [한국토지주택공사]

57. 여론의 향방을 탐지하기 위하여 정보를 언론에 흘리는 것을 무엇이라 하는가?
① 미디어 헤게모니 ② 발롱 데세
③ 온 디맨드 ④ 커스컴
⑤ 피드백

확인문제 [한국토지주택공사]

58. 방송의 프로와 프로 사이에 30초 정도의 짧은 시간에 방송국의 콜 사인이나 국명(局名), 광고 등을 방송하는 것을 무엇이라 하는가?
① 스탠드 바이(stand by)
② 스테이션 브레이크(station break)
③ 스쿠프(scoop)
④ 엠바고(embargo)

확인문제 [한국토지주택공사]

59. 통신사가 빅뉴스를 계약된 신문사나 방송사에 속보로 서비스하는 것을 가리키는 말은 무엇인가?
① spot news
② flush
③ hot news
④ commercial program

답 56. ① 57. ② 58. ② 59. ②

그램에 제재를 가하는 'hard clicking', 여러 재미있는 프로그램을 놓치지 않으려고 이리저리 채널을 바꾸는 'lovely clicking', 이리저리 돌리다 선택을 한 다음 채널을 바꾸는 'rational clicking' 등이 있다.

타블로이드판(Tabloid Size)

보통 신문의 크기를 블랭킷판(Blanket Sheet)이라 하는데 블랭킷판의 1/2 크기인 신문 · 잡지의 판형을 타블로이드판이라 한다. 업계신문이나 학교신문, 신문형식의 사보나 기관지 등에 많이 사용되는 판형이며, 무가지로 제공되는 신문들도 대부분 타블로이드판이다.

퓰리처상(Pulitzer Prize)

저명한 저널리스트였던 퓰리처의 유언에 따라 1917년 제정된 것으로 문학, 보도, 음악 분야에서 뛰어난 작품에 수여되는 상이다. 뉴스 · 보도사진 등 14개 부문, 문학 6개 부문, 음악 1개 부문에서 일반 대중에게 공헌한 미국인의 작품업적에 대해 시상한다. 컬럼비아대학교 언론대학원에 있는 퓰리처상 선정위원회가 매년 4월에 수상자를 발표하고 5월에 컬럼비아대학교에서 시상식이 열린다.

국제기자연맹(國際記者聯盟, International Federation of Journalists)

1952년 5월 5일 벨기에의 브뤼셀에서 14개국 언론단체가 모여 창립한 단체로, 순수한 일선 기자들만으로 구성된 국제조직이다. 단체의 목적은 언론의 자유와 언론인들의 권익을 옹호하고 직업상의 윤리규정을 확보하는 데 있다. 총회는 2년마다 회원국을 돌며 개최되며, 신문노조의 기능을 가진 단체이어야 가입할 수 있다. 우리나라는 1964년에 관훈클럽이 준회원으로 가입하였고, 1966년 5월 베를린에서 열린 제8차 세계대회 때 한국기자협회가 정회원으로 가입하였다. 또 2001년 제24차 총회가 대한민국에서 개최 되었다.

신문의 날

1896년 4월 7일에 《독립신문》이 창간된 날을 기념하여 언론인들이 제정한 날이다. 1957년 4월 7일 창립된 한국신문편집인협회는 이날부터 일주일 동안을 신문주간으로 정하였다.

확인문제 [한국환경공단]

60. 시청자가 보고 있던 프로그램이 재미가 없어서 채널을 바꾸는 현상은?
① Soft Clicking
② Hard Clicking
③ Rational Clicking
④ Amoureux Clicking
⑤ Change Clicking

확인문제

61. 1917년에 제정된 것으로 문학, 보도, 음악 분야에서 뛰어난 작품에 수여되는 상으로 뉴스 · 보도사진 등 14개 부문, 문학 6개 부문, 음악 1개 부문에 시상하는 상은?
① 퓰리처상 ② 그래미상
③ 오스카상 ④ 아카데미상

페이 퍼 뷰(Pay per View)

가입자가 본 만큼 요금을 내는 유료 채널을 말한다. 이러한 유료 채널은 프로그램에 따라 시청료를 내지 않는 사람의 시청을 제한할 수 있는 방식으로 운영된다.

밀라인 레이트(Milline Rate)

신문광고의 매체가치를 발행부수와 비용의 양면에서 경제적으로 평가할 때 이용되는 신문광고요금의 이론적 비교단위로, 발행부수 100만 부당 광고지면 1행의 경우 광고요율을 표시한 것이다. 잡지광고의 밀라인 레이트는 발행부수 1,000만 부에 대한 흑백 1페이지 광고요금을 말한다.

확인문제 [한국환경공단]

62. 신문의 날인 4월 7일은 어느 신문의 창간 일자를 기념하여 제정되었는가?
① 독립신문 ② 황성신문
③ 한성순보 ④ 대한매일신보

답 60. ① 61. ① 62. ①

3B의 법칙

3B는 미인(Beauty), 아기(Baby), 동물(Beast)을 말한다. 이들 요소는 광고의 주목률을 쉽게 높일 수 있는 것들이므로 광고 메시지를 제작할 때 이 세 가지를 고려해야 한다는 것이 3B의 법칙이다.

AE제도(Account Executive System)

AE는 광고기획자를 말하며, 광고주와의 커뮤니케이션을 담당하는 한편, 광고주를 위한 광고계획을 수립하고, 광고대행사 내에서는 광고주를 대신하여 광고주의 활동을 지휘한다. AE제도는 광고대행사가 광고 계획의 수립, 문안 · 도안 작성, 제작기술의 표현, 제작업무의 작성 등과 함께 광고효과의 측정까지 책임을 지고 대행하는 제도이다.

AIDMA의 원칙

광고의 일반적인 원칙을 나타내는 것으로 AIDMA는 관심(Attention), 흥미(Interest), 욕구(Desire), 기억(Memory), 구매행동(Action) 등 다섯 단어의 머리글자이다. 광고는 소비자들의 관심과 흥미를 촉발시키고 욕구를 불러일으켜야 하며 강렬한 기억을 남겨 구매할 수 있도록 해야 한다는 것이다.

다그마 이론(DAGMAR Theory)

다그마(DAGMAR)는 'Defining Advertising Goals for Measured Advertising Results'의 머리글자로, 광고목표를 구체적으로 설정하면 광고효과 측정이 가능하다는 이론이다. 광고목표는 특정 오디언스를 통해 특정 기간 동안 달성하여야 할 과업이며, 이러한 광고목표를 계량화가 가능한 수치로 정한다면 광고효과를 계량화할 수 있다는 이론이다.

빙산 이론

Dodge 이론이라고도 하며, 미국의 shewood dodge의 광고는 그 기업, 상품에 대해 친밀성이 있을 때 효과가 크다는 이론이다. 이론에 따르면 빙산은 보통 해면 밑에 80%가 숨어 있는데, 이 부분이 소위 기업과 상품의 친밀성을 의미한다는 것이다. 친밀성은 이미지, 높은 상기, 기억의 3가지로 이루어지는데, 해면 위의 얼음에 도달해서 효과가 크게 되는 것은 광고가 이 해면 밑의 3요소와 동조할 때이다.

4P의 법칙

마케팅에서 4P의 법칙은 제품(Product), 촉진(Promotion), 장소(Place), 가격(Price)이다.

5I 룰

광고 카피를 작성할 때의 기본 법칙으로 아이디어(Idea), 충격(Impact), 흥미(Interest), 정보(Information), 충동(Impulsion)의 5가지 머리글자를 딴 것이다.

확인문제

63. 다음 중 AE제도를 설명한 것은?
① 방송국에서 스폰서 없이 자주적으로 프로그램을 만드는 것
② 라디오, 텔레비전 등 전파매체에 의한 광고제도
③ 광고주의 광고를 대행업체가 맡아서 하는 제도
④ 신문, 잡지 등 인쇄매체에 의한 광고제도

ABC제도 (Audit Bureau of Circulations)

신문이나 잡지의 부수를 정확하고 객관적으로 조사해서 공개하는 제도이다. 신문의 경우 신문사가 발행부수와 유료부수를 보고하면 한국ABC협회가 이를 확인해 발표한다. ABC제도를 통해서 공개되는 자료는 객관적인 광고요금 기준을 책정할 수 있어 무분별한 물량경쟁을 막고 건전한 시장경쟁을 유도할 수 있다.

제4매체

신문광고, 잡지광고, DM광고 등 인쇄물 광고와는 다른 판매촉진적인 인쇄물 또는 문헌류로, 여기에는 카탈로그, 기관지, POP 광고용 인쇄물, 연차보고서 소책자, 상품 또는 서비스 설명서 등이 포함된다.

답 63. ③

● 인포테인먼트(Infortainment)

'Information'과 'Entertainment'의 합성어로 오락적인 요소가 가미된 정보를 의미한다. 경직된 분위기의 정보제공에서 탈피하여 친근하게 정보를 전달하기 위한 방법으로 방송 프로그램, 마케팅, 교육, IT, 산업 분야 등 다방면에서 이용된다.

● 인포데믹스(Infordemics)

정보(Information)와 전염병(Epidemics)의 합성어로, 정보의 확산으로 발생하는 각종 문제와 부작용인 정보전염병을 의미한다. 웹 2.0시대로 접어들면서 사용자 참여와 공유가 더욱 활발해짐에 따라 잘못된 정보나 행동에 관한 루머들이 인터넷, 휴대 전화 등과 같은 IT기기나 미디어를 통해 빠르게 확산되고 근거 없는 공포나 악소문을 증폭시켜 사회, 정치, 경제, 안보 등에 위기를 초래하고 있다.

● 아젠다 세팅(Agenda Setting)

매스미디어가 의식적 내지 무의식적으로 현재 이슈에 대한 대중들의 생각과 토론을 설정하는 방식을 가리킨다. 즉, 대다수 국민들은 언론에서 부각시키는 사건을 중요하게 생각하는데, 이를 이용하여 언론에서 부각시킬 이슈들을 자의적으로 설정하고 반복 보도함으로써 보다 중요한 이슈가 있음에도 언론에서 자주 보도된 사건을 대중에게 중요한 이슈로 세뇌시키고 착각하게 만든다. 그렇게 되면 실제로는 중요하지만 언론에서 부각하지 않는 이슈는 대중들의 기억에서 사라지게 되어 정부와 언론에 의한 획일적인 통제가 이루어진다.

에듀테인먼트(Edutainment)

'Education'과 'Entertainment'의 합성어로 교육과 오락적 요소가 가미된 프로그램을 의미한다. 교육에 게임을 가미하면 사용자가 흥미를 느끼고 적극적으로 참여하게 되어 학습의 효과가 증대된다.

미디어 파사드(Media Facade)

디지털 미디어를 활용해 건물 외벽에 동적인 그래픽이나 영상으로 다양한 메시지를 전달하는 광고 방식을 말한다. 즉, 도심 속에 대형 건물들을 시각적 아름다움과 정보를 전달하는 매개물(Media)로 활용하려는 것으로 건물 외벽을 대형 스크린처럼 꾸미는 것이다. 이는 기업 이미지 제고와 브랜드 가치 상승이라는 마케팅 효과를 얻기 위해 도입된 기법으로, 뉴욕의 타임스퀘어에 세워진 화려한 전광판 광고물들이 관광객들의 사진 배경이 되어 하나의 명물로 인식되는 것이 대표적인 예이다.

오버추어 광고 (Overture Advertising)

'스폰서 링크(Sponsor Link)'라는 이름으로 노출되는 것으로 인터넷 사용자들이 원하는 제품이나 서비스를 얻기 위해 포털 사이트의 검색창에 직접 검색어를 입력하여 검색결과를 조회하고 그 검색결과를 클릭함으로써 오버추어 광고에 등록된 광고주의 사이트를 방문하게 되는 광고기법이다. 광고가 수행된 경우에만 지불이 되는 P4P(Pay For Perfor-mance)방식으로 실제 클릭이 된 경우에만 돈을 지불한다.

객관식 문제

01 **계속되는 고유가와 에너지 및 환경에 대한 규제 강화로 인해 다양한 형태의 대체 에너지원에 대한 관심이 높아지는 가운데 대두된 바이오 기술로 동 · 식물이나 미생물 등의 생물체가 만들어내는 유기물인 바이오매스(곡물, 목재, 볏짚, 사탕수수, 동물의 분뇨, 미생물의 균체 등)를 활용하여 바이오에탄올, 바이오디젤 등과 같은 연료와 바이오플라스틱 등의 각종 화학제품을 생산하는 기술은?**

① 오일 리파이너리(Oil Refinery)
② 바이오 리파이너리(Bio Refinery)
③ 매스 리파이너리(Mass Refinery)
④ 케미컬 파이너리(Chemical Refinery)

해 바이오 리파이너리(Bio Refinery)란 석유로부터 산업원료물질과 에너지를 뽑아내던 기존 석유정제방식(Refinery)에서 벗어나 석유고갈에 대비하고 기후변화와 환경오염을 크게 줄일 수 있도록 재생 가능한 바이오매스(Biomass), 즉, 옥수수나 쌀 볏짚, 나무, 해조류 등에서 에너지와 산업 원료물질을 생산하는 기술을 말한다. 바이오 리파이너리는 재생 가능한 바이오매스 자원을 활용함으로써 자원이 풍부하며 산업적 파급효과가 크다는 점 외에도 천연원료를 사용하는 환경 친화적인 생산시스템으로 대기오염 물질의 방출이 적어 환경오염의 저감 효과가 있다는 장점이 있다.

02 **우리나라에서 차세대 성장동력으로 '신약과 첨단의료기기'를 전략적으로 육성하기 위해 국내 의료산업의 첨단화의 중심기지화로 선정한 지역은?**

① 대구, 오송 ② 광주, 강릉
③ 이천, 여주 ④ 문경, 장흥
⑤ 천안, 대구

해 첨단의료복합단지란 차세대 성장동력 창출을 위한 국내 의료산업을 글로벌 R&D 허브로 육성하기 위해 종합적으로 지원하는 첨단의료산업 클러스터이다. 국내에서는 충북 오송생명과학단지, 대구 · 경북 신서혁신도시 두 곳을 지정하여 첨단 의료산업분야에서 아시아 최고의 역량을 갖춘 글로벌 의료R&D 메카로 육성하고 있다.

03 **다음 보기 중에서 연결이 올바르게 된 것은?**

> ㉠ 사람이 방사선을 쬐였을 때의 영향정도를 나타내는 단위
> ㉡ 방사성 물질이 방사선을 방출하는 능력을 측정하기 위한 국제단위

	㉠	㉡
①	시버트(Sievert)	베크렐(Becquerel)
②	그레이(Gray)	베크렐(Becquerel)
③	시버트(Sievert)	그레이(Gray)
④	베크렐(Becquerel)	시버트(Sievert)

해 ㉠ 시버트(Sv)는 사람이 방사선을 쬐였을 때의 영향정도를 나타내는 단위로, 방사선 피폭 측정 및 생물학적 영향을 연구한 스웨덴의 유명한 의학 및 물리학자인 랄프 막시밀리안 시버트(Ralph Maximilian Sievert)의 이름에서 유래되었다.
㉡ 베크렐(Bq)은 방사성 물질이 방사선을 방출하는 능력을 측정하기 위한 국제단위로, 베크렐선을 발견한 프랑스의 물리학자 앙투안 앙리 베크렐(Antoine Henri Becquerel)의 이름에서 유래되었다.

04 **지구기후 변화로 인한 전력사용량이 점차 많아지게 되면서 전력관리에 대한 관심이 높아진 가운데 전력난을 극복하기 위한 지능형 전력망인 스마트 그리드(Smart Grid)의 핵심장치로 '에너지 저장 시스템'을 가리키는 것은?**

① EBI ② ESS
③ ECC ④ EBG

해 전력저장시스템(ESS ; Energy Storage System)은 풍력과 태양광 등 신재생 에너지에 사용되는 필수장치로, 전력과 에너지를 필요한 때, 장소에 공급하기 위해 그리드에 전기를 저장해 두는 기술이자, 전력의 품질과 효율을 높이는 스마트 그리드 시스템이다. 즉, 신재생 에너지인 풍력, 태양광 발전 시 불안정한 발전 에너지를 저장했다가 필요한 시점에 안정적으로 전력계통에 다시 공급해 주는 필수 장치로, 이를 통해 바람이나 태양광에 의존하는 불안정한 전력공급으로 인해 갑작스럽게 단전이 되는 등 전력 계통의 심각한 문제를 해결할 수 있다.

05 유전자 조작(또는 유전자 재조합)을 통해 새로운 형질을 지닌 작물로 상업화한 최초의 농산물은?

① 감자　　② 벼
③ 토마토　　④ 면화

해 최초의 유전자조작식품(GMO ; Genetically Modified Organism)은 1994년 미국 캘진사에서 개발한 일명 '프레브 세이브(FLAVR SAVR)'라는 무르지 않는 토마토이다.

[한국토지주택공사]
06 뉴턴의 법칙에 관한 설명으로 틀린 것은?

① 버스를 타고 가다 급정거해서 앞으로 넘어지는 현상은 관성의 법칙이다.
② 관성의 법칙은 물체에 힘을 가하지 않으면 물체는 그대로 정지해 있고, 움직이던 물체는 일정 속도로 계속 움직이는 현상이다.
③ 제2법칙은 가속도의 크기는 질량에 비례하고 방향에 비례한다는 것이다.
④ 가속도는 힘에 비례하고 질량에 반비례한다.
⑤ 로켓의 추진은 작용 · 반작용의 법칙이다.

해 뉴턴의 운동의 제2법칙은 운동의 법칙(law of motion)으로, 물체의 가속도의 크기는 그것이 받는 힘의 크기에 비례하고 질량에 반비례한다는 것이다.

[한국전력공사]
07 다음 중 바이오에너지(bioenergy)에 대한 설명으로 적합하지 않은 것은?

① 녹색에너지라고도 한다.
② 기존의 에너지를 합성하여 얻어낸 에너지를 말한다.
③ 바이오가스와 알콜연료로 구분된다.
④ 바이오매스(biomass)라고도 한다.

해 바이오에너지는 동식물 등의 생물체(바이오매스)로부터 생성 · 배출되는 유기물에서 얻어지는 에너지이다.

08 게놈(genome)에 대한 설명으로 정확한 것을 고르시오.

① 인류집단 전체에 존재하는 유전자의 총합
② 한 개체군(예로 한국인 집단)에 존재하는 유전자의 총합
③ 한 개인의 몸 안에 존재하는 유전자의 총합
④ 한 염색체 안에 존재하는 유전자의 총합

해 게놈은 DNA를 담고 있는 그릇의 개념으로, 유전 정보 전체를 의미한다. DNA는 아데닌(adenine), 구아닌(guanine), 시토신(cytosine), 티민(thymine)의 4가지 염기의 조합으로 구성되어 있으며, 이 염기의 배열 순서에 따라 인종 · 성격 · 체질 등이 결정된다.

[한국가스공사]
09 (　　)에 알맞은 말을 바르게 배열한 것은?

> LNG란 Liquefied Natural Gas의 약자로 지하의 가스전에서 채굴한 천연가스를 (　　)의 초저온으로 냉각하여 액화시킨 것으로, 그 부피는 (　　)로 줄어든다.

① −273℃, 1/600　　② −273℃, 1/400
③ −162℃, 1/600　　④ −162℃, 1/400

해 가스 형태일 때보다 1/600가량의 부피만을 차지하는 LNG는 −162℃ 이하로 냉각하여 만든다.

Chapter 04 과학 · 컴퓨터 · 정보통신 · 매스컴

답 01 ②　02 ①　03 ①　04 ②　05 ③　06 ③　07 ②　08 ④　09 ③

[한국전력공사]

10 태양광 발전에 대한 설명으로 옳지 않은 것은?

① 태양의 빛에너지로부터 전기를 얻는 시스템을 말한다.

② 실용화의 어려움으로 인해 우리나라에서는 아직 실용화되지 못했다.

③ 태양광 발전의 소재로는 실리콘이 널리 쓰인다.

④ 태양광 발전은 태양전지를 이용하는데 소규모의 태양전지는 이미 실용화되어 사용되고 있다.

해 국내의 경우 1995년 세계 최고 수준의 상업용 태양전지인 변환효율 19%의 BCSC 단결정 실리콘 태양전지가 개발되었다. 에너지 산업표준에서 볼 때 아직은 미미한 수준이지만 2020년까지 연간 25%씩 성장한다고 보았을 때 2020년에 태양에너지 용량은 10만 6000MW에 달하게 될 것이다.

11 다음 중 원자로에 쓰이는 핵연료가 아닌 것은?

① 우라늄(U) ② 플루토늄(Pu)
③ 탄탈(Ta) ④ 토륨(Th)

해 원자로에 사용하는 에너지원인 핵연료는 일반적으로 우라늄(U) · 플루토늄(Pu) · 토륨(Th) 가운데 하나 또는 그 조합이다.

12 생물의 유전현상에서 중심 역할을 하는 DNA에 대한 다음 설명 중 사실과 다른 것은?

① 지난 1953년 영국의 왓슨과 크릭에 의해 밝혀졌고 이들은 그 이후 노벨상을 수상했다.

② 2중 나선형의 분자구조를 하고 있다.

③ 주로 세포질에 존재한다.

④ 염기와 당류, 인산으로 구성된 고분자 화합물이다.

해 DNA는 주로 핵 속에 들어 있다.

[서울특별시도시철도공사]

13 초전도체란 무엇인가?

① 극저온의 일정온도까지 냉각시키면 전기저항이 0이 되는 물체이다.

② 전자기 전장을 이용하여 레일 위를 떠서 달리는 물체이다.

③ 전기, 전자의 흐름을 완벽하게 차단하는 뉴세라믹의 일종이다.

④ 지구 대기권 밖에서의 위성행속전송을 말한다.

해 초전도체는 각 물질 고유의 전이온도에서 전기저항이 0이 되어 전력을 소비하지 않고도 대전류를 흘려주거나 강한 자기장을 발생시키는 물체이다.

14 운동의 제3법칙(작용 · 반작용의 법칙)과 관련 있는 사실은?

① 버스가 출발할 때 사람은 뒤로 넘어지려고 한다.

② 대팻날을 뽑을 때 대패를 두들긴다.

③ 인공위성의 운동

④ 로켓의 발사

해 ①과 ②는 뉴턴의 운동의 법칙 중 관성의 법칙에 관한 예이고, ③은 가속도의 법칙에 관한 예이다.

15 생물이 외부로부터 물질을 섭취하여 신체의 구성물질로 바꾸고 신체에서 생긴 노폐물을 몸 밖으로 배출하는 작용은?

① 동화작용 ② 이화작용
③ 원형질유통 ④ 물질대사

해 물질대사는 생물이 생명을 유지하기 위해 물질을 외계로부터 섭취하여 필요한 구성물질로 바꾸고, 이때 생긴 노폐물을 체외로 배출하는 과정에서 나타나는 화학변화를 총칭하는 것으로, 신진대사라고도 한다.

[한국전력공사]

16 **옴의 법칙(Ohm's Law)은?**

① 전류의 세기는 전기저항에 비례

② 전류의 세기는 전기저항에 반비례

③ 전기저항은 도선의 길이에 비례

④ 전기저항은 도선의 길이에 반비례

해 옴의 법칙은 도체에 흐르는 전류는 도체에 걸린 전위차(전압)에 비례하고 도체의 저항에 반비례한다는 물리법칙이다.

[한국전력공사]

17 **자장 안에서 전류가 흐르고 있는 도체가 받는 힘의 방향은 어느 법칙에 의하여 결정되는가?**

① 플레밍의 왼손 법칙

② 플레밍의 오른손 법칙

③ 맥스웰의 왼손 법칙

④ 앙페르의 왼손 법칙

해 플레밍의 왼손 법칙은 전류가 흐르고 있는 도선에 대해 자기장이 미치는 힘의 작용 방향을 정하는 법칙이고 오른손 법칙은 자기장 속을 움직이는 도체 내에 흐르는 유도전류의 방향과 자기장의 방향, 도체의 운동 방향과의 관계를 나타내는 법칙이다.

[포스코]

18 **다음 중 극한기술에 대한 설명으로 틀린 것은?**

① 극저온, 초고온, 고진공, 초고압 등을 말한다.

② 아직까지는 항공, 우주 분야에만 쓰이고 있다.

③ 핵융합, 초전도체, 우주에서의 신소재 개발 등에 폭넓게 이용되고 있다.

④ 온도, 압력, 중력 등의 물리적 환경을 극한상태로 변화시켜 새로운 현상과 신물질을 창출해내는 기술이다.

해 극한기술은 여러 가지 첨단 기술의 개발에 있어서 필수적으로 선행되어야 할 경우가 많으며, 핵융합(초고온), 반도체(초청정), 신물질 창출(초고온 · 초고압 · 고진공 등) 등에 응용된다.

19 **다음 중 연결이 틀린 것은?**

① 1세대 통신망 – FDMA

② 2세대 통신망 – CDMA

③ 3세대 통신망 – WCDMA

④ 3.5세대 통신망 – TMDA

⑤ 4세대 통신망 – LTE

해 ④ 3.5세대 통신망은 HSDPA로, CDMA에 영상 통화 기능이 추가된 것이다.

① 1세대 통신망인 FDMA(Frequency Division Multiple Access)는 아날로그 방식으로 단순히 음성전달만 할 수 있었다.

② 2세대 통신망인 CDMA(Code Division Multiple Access)는 디지털 방식으로 전환되어 음성과 문자를 전달할 수 있게 되었다.

③ 3세대 통신망인 WCDMA(Wideband Code Division Multiple Access)는 데이터의 전달이 가능해 졌다.

⑤ 4세대 통신망인 LTE(Long Term Evolution)는 HSDPA보다 무려 12배 이상 무선데이터 전송 속도가 빨라졌다.

[부산교통공사]

20 **정보유통 혁명을 가져온 인터넷에 이어 제조업체의 생산 · 유통 · 거래 등 모든 과정을 컴퓨터망으로 연결, 자동화 · 정보화 환경을 구축하고자 하는 첨단 컴퓨터 시스템은?**

① CAD ② CDMA

③ CALS ④ CIM

⑤ CNC

해 CALS(Commerce At Light Speed)는 제품의 기획과 설계에서부터 부품조달, 생산, 사후관리, 폐기까지 상품의 모든 라이프사이클 과정에서 발생하는 각종 정보를 디지털화하여 메이커와 협력업체 등 관련기업들과 공유, 경영에 활용하는 기업 간 정보시스템이다.

10 ② 11 ③ 12 ③ 13 ① 14 ④ 15 ④ 16 ② 17 ① 18 ② 19 ④ 20 ③ 답

21 **컴퓨터의 소프트웨어는 상용화 과정을 거치는 동안 여러 버전으로 일반인들에게 공개되거나, 사용할 수 있는 기회를 준다. 이런 버전에는 각기 명칭이 있는데, 다음 중 그 설명이 잘못된 것은?**

① 베타버전 – 정식으로 프로그램을 공개하기 전에 테스트를 목적으로 한정된 집단, 또는 일반에 공개하는 버전이다.

② 셰어웨어 – 일정기간 동안 사용해 보고 계속 사용하고 싶은 경우에만 정식 등록을 통해 구입할 수 있는 방식으로 일부 기능 또는 사용 가능 기간에 제한을 둔다.

③ 프리웨어 – 무료로 사용할 수 있는 소프트웨어로 프로그램을 임의로 수정할 수 있다.

④ 트라이얼 – 셰어웨어와 같은 개념으로 일부 기능만을 사용할 수 있도록 만들어둔 버전이다.

해 프리웨어는 제작자가 프로그램에 아무 조건도 달지 않고, 일반에게 완전한 형태의 프로그램을 공개하는 것을 의미하지만, 여전히 판권은 제작자에게 남아 있으므로 상업적인 의도로 사용하거나 임의 수정은 할 수 없다.

22 **인터넷 사이트를 방문하는 사람들의 컴퓨터로부터 사용자 정보를 얻어내기 위해 사용되는 인터넷의 '숨은 눈'을 지칭하는 것은?**

① 자바　　② 쿠키

③ 캐시　　④ 프락시

해 인터넷 사용자가 웹사이트에 접속한 후 이 사이트 내에서 어떤 정보를 읽어 들이고, 어떤 정보를 남겼는지 기록하는 것이 쿠키의 핵심기능이다.

23 **다음 설명 중 맞는 것은?**

① 컴퓨터 바이러스 중 대표적인 것은 트로이목마와 웜바이러스이다.

② 금융기관을 사칭하여 메일을 보내 개인의 신상정보를 빼내는 수법을 파밍이라 한다.

③ 크래커는 해커와 달리 해박한 지식이나 기술을 가지고 있는 능숙한 프로그래머를 말한다.

④ 바이러스는 보통 웹페이지를 검색할 때, P2P 서비스를 이용할 때, 전자우편의 첨부파일 또는 메신저 파일을 열 때 침투한다.

해 ① 웜, 트로이목마는 악성코드의 한 종류로 컴퓨터 바이러스와 구별된다.
② 피싱에 관한 설명이다.
③ 크래커는 소프트웨어 저작권 침해자를 이르는 말이다.

24 **퍼지 컴퓨터(Fuzzy Computer)의 특징으로 옳지 못한 것은?**

① 규칙(Rule) 안의 모순이나 외부로부터의 장해에 강하다.

② 추론속도가 초당 20만 회 이상이다.

③ '크다', '작다' 등의 불확실한 데이터는 처리가 불가능하다.

④ 일상생활에서 사용하고 있는 언어를 사용하여 프로그램을 짤 수 있다.

해 퍼지 컴퓨터는 인간의 직감이나 경험에 바탕을 둔 애매한 행동까지 컴퓨터에 적용시킨 것이다.

25 다음 인터넷과 관련된 사실들에 대한 서술 중 틀린 것을 고르시오.

① World Wide Web은 상호작용성의 측면에서 전화보다는 방송에 가깝다.

② 전 세계 인터넷의 이름과 주소를 관리하는 기구는 순수민간기구인 ICANN이다.

③ flamming은 인터넷에 접속이 과열되는 현상을 가리킨다.

④ 미국의 통신품위법은 통신상의 음란물을 규제하기 위한 법률이다.

해 1998년 설립된 비영리공익법인 ICANN은 미 상무성으로부터 인터넷과 관련된 기술적인 문제를 처리하는 것을 기본임무로 위임받은 국제 인터넷주소 관리기구이다.

26 다음 설명 중 틀린 것을 고르시오.

① 자바 애플릿은 브라우저상에서 작동하며, 그 PC의 하드디스크에 자료를 쓸 수 없다.

② 리눅스와 그누텔라는 공개 소스 배포 방식에 의해 개발되었다.

③ 블루투스(Bluetooth)란 10m 정도의 근거리 무선통신을 지원하는 인터페이스 규격이다.

④ 비밀키를 수신자의 공개키로 암호화하여 수신자만 비밀키를 알아낼 수 있도록 한 것을 전자인증서라 한다.

해 미국 AOL의 자회사인 널소프트(Nullsoft)가 개발한 파일 공유 프로그램인 그누텔라는 P2P 방식으로 네트워크를 구축하여 중앙의 서버나 관리자가 없어도 이용자들끼리 거대 네트워크를 구성할 수 있다.

27 산업계에서 고도의 정보통신 시스템에 대한 과도한 관심으로 인하여 실태나 장래의 전망에 대한 불분명한 것이 있음에도 불구하고, 인생의 경쟁에서 뒤처질 것에 대한 초조감으로 병적 증세를 보이는 증후군은?

① ISN 증후군 ② LID 증후군

③ VDT 증후군 ④ 리셋증후군

해 ISN 증후군은 고도 정보통신 시스템에 대한 과도한 관심에서 장래 경쟁에 실패할 것이라고 지나치게 우려하는 증세를 보이는 것을 말한다.

28 컴퓨터에서 각종 정보를 전달하는 경로는?

① Byte ② BUS

③ CPU ④ Terminal

해 BUS는 컴퓨터 시스템을 구성하는 CPU와 비디오 카드, 각종 입출력 장치, 주변 기기 사이에 주고받는 정보가 전달되는 정보의 통로 또는 전송로이다.

29 다음 설명 중 틀린 것은?

① 1byte는 8bit이다.

② Rom이란 읽기, 쓰기를 할 수 있는 기억장치를 말한다.

③ 프로그램 내의 오류를 수정하는 작업을 디버깅이라 한다.

④ 프로그램 언어에는 COBOL, PASCAL, FORTRAN 등이 있다.

해 ROM은 읽을 수는 있지만 쓰기가 불가능한 기억장치이다.

21 ③ 22 ② 23 ④ 24 ③ 25 ② 26 ② 27 ① 28 ② 29 ② 답

30 컴퓨터의 구성요소 중에서 프로그램이 지시한 명령을 해독하는 장치는?

① 연산장치 ② 제어장치
③ 입력장치 ④ 주기억장치

해 제어장치는 컴퓨터에서 적절한 순서로 명령을 꺼내고, 각 명령을 해석하여 그 해석에 따라서 산술논리 연산장치나 기타의 부분으로 적절한 신호를 주는 부분이다.

31 게이트어레이(Gate Array)란?

① 컴퓨터 전화번호 시스템
② 음을 전신신호로 바꾸는 장치
③ 초정밀을 요하는 주문형 논리회로
④ 디지털 전송기술을 이용한 통신망

해 게이트어레이는 일종의 반주문형 논리집적회로로 표준 논리 IC에 비하여 집적도가 높고, 완전 주문품에 비해 개발기간이 짧아 개발비가 저렴하다는 이점이 있다.

[SH공사]
32 PL/1에 대한 설명으로 맞는 것은?

① 과학기술 계산용 언어로서 복잡한 계산이나 수식 등을 처리하는 대표적 언어이다.
② 사무처리 계산용 언어로서 처리할 데이터가 많을 경우 편리하게 사용할 수 있다.
③ 알고리즘과 데이터가 체계적인 구조로 이루어지고, 문장들을 순서적으로 제어하는 특징을 가진 언어로 과학기술 계산에 적합한 언어이다.
④ 포트란에서 과학용의 특성을, 코볼에서 사무용의 특성을 합하여 다양한 응용을 위해 개발한 언어이다.

해 ①은 포트란, ②는 코볼, ③은 알골에 관한 설명이다.

33 컴퓨터의 단위시간당 처리능력을 뜻하는 것은?

① Time ② Real Time
③ Throughput ④ Turn Around

해 스루풋(Throughput)은 주어진 시간 동안에 컴퓨터가 할 수 있는 일의 양을 말한다. 스루풋은 많은 프로그램들을 동시에 실행시키는 대형 컴퓨터들의 유효성을 비교하기 위한 척도가 되어 왔다.

34 경영정보처리기술의 발전과정으로 옳은 것은?

① MIS – SIS – DSS – EDPS
② EDPS – DSS – MIS – SIS
③ MIS – DSS – SIS – EDPS
④ EDPS – MIS – DSS – SIS

해 경영정보시스템은 EDPS(전자정보처리시스템)→MIS(경영정보시스템)→DSS(의사결정지원시스템)→SIS(전략정보시스템)의 순서로 발전해왔다.

[한국전력공사]
35 데이터를 정보(information)와 구별하는 중요한 이유는 무엇인가?

① 시기 ② 양
③ 자원(resource) ④ 유용성

해 데이터는 컴퓨터에 입력하는 기호 · 숫자 · 문자를 말하며 그 자체는 단순한 사실에 불과하지만, 컴퓨터에 의해서 일정한 프로그램에 따라 처리되어 특정한 목적에 소용되는 자원으로서의 기능을 한다.

[한국전력공사]

36 일정 기간 동안 모아진 변동자료를 필요한 시점에서 일괄처리하는 자료처리방식은?

① Operating System
② Transaction Processing
③ Batch Processing
④ Real-time Processing

해 Batch Processing은 일괄처리시스템이라고도 한다. Real-time Processing은 컴퓨터에 어떤 자료를 입력시켰을 때, 정해진 빠른 시간 내에 응답을 주어 사용자가 실제로 원하는 시간 내에 문제를 해결할 수 있도록 해주는 방식이다.

[한국마사회]

37 디스크에서 저장되는 파일을 효율적으로 관리하기 위하여 각각의 성격과 종류에 따라 파일을 구분하도록 만든 임의적인 구역을 무엇이라 하는가?

① 데이터베이스　② 디렉토리
③ 섹터　④ 데이터

해 컴퓨터 파일 시스템에서의 디렉토리는 서로 연관이 있는 파일들을 하나의 그룹으로 만들어서 저장할 수 있도록 구분된 공간을 의미하는데, 관련이 없는 다른 파일은 다른 디렉토리에 저장됨으로써 섞이지 않게 된다.

[한국마사회]

38 서로 관계가 바르지 못한 것은?

① CAD – 컴퓨터 제작 시스템
② LSI – 대규모 집적회로
③ VAN – 부가가치통신망
④ BAS – 빌딩자동화 시스템

해 CAD는 컴퓨터를 이용하여 설계하는 것을 말한다.

[서울특별시도시철도공사, 서울메트로]

39 다음 중 컴퓨터가 무제한의 램의 용량을 가지고 있는 것처럼 처리하는 것을 가능하게 만들어 주는 운영체제의 한 요소는?

① 시분할(Time-Sharing)
② 가상기억장치(Virtual Memory)
③ 다중작업(Multitasking)
④ 다중프로세싱(Multiprocessing)

해 가상기억장치(Virtual Memory)는 사용자가 현재 가지고 있는 메모리보다 많은 양의 메모리를 필요로 할 경우 하드디스크의 일부를 메모리처럼 활용하는 기술이다.

[한국전력공사]

40 다음의 전자상거래 주체에 따른 분류 중 기업과 기업을 거래당사자로 하는 전자상거래 방식을 나타내는 것은?

① B2C　② B2B
③ C2C　④ B2G

해 B2C(business To Customers)는 기업과 소비자 간 거래, B2B(Business To Business)는 기업과 기업 간 거래, B2G(Business to Government)는 기업과 정부 간 거래를 의미한다.

[한국전력공사]

41 고속으로 처리되는 중앙처리장치(CPU)와 상대적으로 저속인 주기억장치 사이에서 명령의 처리속도가 CPU의 속도와 비슷하도록 일시적으로 자료나 정보를 저장하는 고속기억장치를 무엇이라 하는가?

① ROM　② DRAM
③ Mask ROM　④ Cache Memory

해 PC의 전반적인 성능과 속도를 높이기 위해서 캐시메모리라고 하는 메모리 구조를 채택하여 고속의 연산을 가능하게 하였다. 캐시메모리는 버퍼와 같은 형태로서 16KB 또는 64KB 단위로 CPU와 주 메모리인 DRAM 사이에 고속의 SRAM을 추가시킨 구조이다.

답 30 ② 31 ③ 32 ④ 33 ③ 34 ④ 35 ③ 36 ③ 37 ② 38 ① 39 ② 40 ② 41 ④

[한국전력공사]

42 컴퓨터의 운영체제는 크게 제어프로그램과 처리프로그램으로 나눌 수 있다. 다음 중 제어프로그램과 가장 거리가 먼 것은?

① 감시 프로그램(Supervisor Program)
② 언어번역 프로그램(Language Translator Program)
③ 작업관리 프로그램(Job Management Program)
④ 데이터관리 프로그램(Data Management Program)

해 ②는 처리프로그램이다.

[한국환경공단]

43 프로그램을 실행하기 위하여 프로그램을 보조기억장치로부터 컴퓨터의 주기억장치에 올려놓는 기능을 가진 시스템 소프트웨어는?

① emulator　　② preprocessor
③ linker　　④ loader
⑤ spooling

해 로더(loader)는 디스크나 테이프에 저장된 목적 프로그램을 읽어서 주기억장치에 올린 다음 수행시키는 프로그램이다. 목적 프로그램을 재배치하고 주기억장치 내에 프로그램 공간을 확보하며 실제 프로그램을 디스크나 테이프에서 읽고 여러 목적 프로그램이나 라이브러리 루틴과의 링크 작업 등을 한다.

[한국환경공단]

44 컴퓨터 시스템의 변화에 대한 연결 중 잘못된 것은?

① 제1세대 – 진공관
② 제2세대 – 트랜지스터
③ 제3세대 – 다이오드
④ 제4세대 – 고밀도 집적회로
⑤ 제5세대 – 초고밀도 집적회로

해 제3세대 컴퓨터의 논리회로 소자는 집적회로(IC)이다.

[한국환경공단]

45 메일 프로그램을 이용하여 메일을 사용 가능하도록 하는 것으로 메일을 보내는 통신규약은?

① TCP/IP　　② HTTP
③ SMTP　　④ FTP
⑤ POP3

해 SMTP(Simple Mail Transfer Protocol)는 인터넷에서 전자우편을 전송할 때 이용되는 표준 프로토콜이다.

[한국산업인력공단]

46 객관적으로 사실만을 취재하는 뉴스는?

① 스폿 뉴스　　② 르포르타주
③ 엠바고　　④ 액세스권

해 르포르타주는 사건이나 인물 등을 탐방하여 보고 형식으로 제작하는 것으로 보고자의 주관을 섞지 않고 객관적으로 서술한 문장이 특징이다.

47 다음 중 잘못 설명한 것은?

① 알권리 : 국민이 필요한 정보를 알기 위해 국가기관 등에 적극적으로 정보의 공개를 요구할 수 있는 권리
② 액세스권 : 일반 시민이 매스미디어를 이용해 자유롭게 비판이나 반론 등 자신의 주장을 전달할 수 있는 매체 접근권
③ 정보공개제도 : 알권리를 법제화한 것으로 국민이 필요한 경우 국가기관에 정보공개를 요구할 수 있는 요건과 절차 등을 규정한 법
④ 반론권 : 국가기관의 일방적인 발표 때문에 피해를 당한 국민과 기업이 언론기관에 반론의 게재나 방송을 요구할 수 있는 권리

해 반론권은 신문이나 방송 등의 매스미디어에 의해 명예를 훼손당한 자가 그 미디어에 대한 반박문이나 정정문을 게재하거나 방송하도록 요구할 수 있는 권리이다.

48 **옐로 저널리즘에 대한 설명으로 옳은 것은?**

① 흥미 본위의 보도를 하는 선정주의적 경향을 띤다.
② 공개되지 않는 이면적 사실을 폭로하는 저널리즘을 가리킨다.
③ 극비 문서를 복사기로 몰래 복사해서 발표되는 저널리즘을 말한다.
④ 한 사건에 대한 다양한 측면에서 취재가 이루어지지 않고 취재방법이나 시각 등이 획일적인 저널리즘을 가리킨다.

해 ②는 블랙 저널리즘(Black Journalism), ③은 제록스 저널리즘(Xerox Journalism), ④는 팩 저널리즘(Pack Journalism)에 대한 설명이다.

49 **매스컴과 정치는 점차 밀접한 연관관계를 맺어 가고 있는 것이 현대사회의 흐름이다. 이와 관련하여 사실과 가장 다르게 표현된 것은?**

① 텔레비전, 라디오, 신문 등 매스컴의 막강한 영향력을 흔히 제4의 권력으로 비유하기도 한다.
② 미국과 유럽의 방송 및 신문 매체사들은 자본주의 원리에 의거, 상업적 조직의 형태로 유지 · 발전되어 왔다.
③ 매스미디어는 현대정치의 중요한 무기가 되었으며, 미국의 깅리치 전 하원의장도 매스컴을 적절히 이용한 대표적인 정치가로 손꼽힌다.
④ 정당만으로 여러 집단의 요구를 충족시키기는 역부족이어서 매스미디어를 통해 집단의 이익이 분출하는 시대를 맞고 있다.

해 유럽의 방송들은 공영방송으로 발전되어 왔다.

50 **다음 중 잘못된 것을 고르시오.**

① 플러시(Flush) : 통신사가 빅뉴스를 빠른 시간에 계약된 방송국, 신문사 등에 보내는 것을 말한다.
② 블록(Block)지 : 일정한 지역에만 배포되는 지방신문
③ 밀라인 레이트(Milline Rate) : 백만 부 인쇄에 소요되는 인쇄비
④ 에드버토리얼(Advertorial) : 신문, 잡지 광고에서 언뜻 보기에 편집기사처럼 만들어진 논설형식, 사설형식의 광고

해 밀라인 레이트는 발행부수 100만 부당 광고지면 1행의 경우 광고요율을 표시한 것이다. 우리나라에서는 1행을 1cm 1단으로 하고 있다.

51 **방송용어에 대한 설명 중 틀린 것은?**

① 크로마 키잉(Chroma Keying) : 색의 농담을 조절해서 밤 화면을 낮처럼 보이게 하는 기법이다.
② 컬러바(Color Bar) : 카메라의 신호발생 장치에서 전기적으로 만들어지며 방송 전 시험용 신호로 쓴다.
③ IPS(Inches Per Second) : 오디오나 비디오의 테이프 속도를 재는 단위이다.
④ 슈퍼임포즈(Superimpose) : 한 카메라로 잡은 화면에 다른 화면을 겹치게 하는 방식으로 뉴스 자막이 대표적이다.

해 크로마 키잉은 색을 이용하여 이미지에서 특정 부분을 추출하는 기술이다.

42 ② 43 ④ 44 ③ 45 ③ 46 ② 47 ④ 48 ① 49 ② 50 ③ 51 ① 답

52 **다음 중 캐나다의 미디어 학자인 마셜 맥루한(M. McLuhan)과 관련이 가장 적은 것을 고르시오.**

① 미디어는 메시지이다(Media is message).
② 지구촌(global village)
③ 문화제국주의(cultural imperialism)
④ 쿨 미디어(cool media)와 핫 미디어(hot media)

해 ③ 문화제국주의는 허버트 쉴러, 해머링크, 마텔라르 등의 학자에 의해 연구되었다.
② '지구촌'은 1964년 마셜 맥루한 교수가 처음 사용한 말로, 통신기술과 전자매체의 발달로 인해 세계가 하나의 거대한 공동체로 만들어지는 것을 비유한 말이다.

[교통안전공단]

53 **매체 접근권(right of access)은 다음 중 어떤 권리를 말하는가?**

① 정보 청구권
② 국민의 알권리
③ 경영 참여의 권리
④ 미디어에 지면이나 시간을 요구하는 권리

해 정보 엑세스권은 '알권리'와 같은 뜻으로 쓰인다.

54 **신문 · 방송에 관련된 다음 용어 중 설명이 잘못된 것을 고르시오.**

① 커스컴(CUSCOM) : 특정 소수의 사람들을 상대로 전달되는 통신 체계
② 엠바고(embargo) : 기자회견이나 인터뷰의 경우 발언자의 이야기를 정보로서 참고할 뿐 기사화해서는 안 된다는 조건을 붙여 하는 발표
③ 전파월경(spill-over) : 방송위성의 전파가 대상지역을 넘어서 주변국까지 수신이 가능하게 되는 현상
④ 블랭킷 에어리어(blanket area) : 난시청 지역

해 ②는 오프 더 레코드(Off the Record)에 관한 설명이며, 엠바고는 일정 시점까지의 보도금지를 뜻하는 용어이다.

55 **지상파 디지털 방송을 가장 먼저 실시한 나라는 어디인가?**

① 미국 ② 프랑스
③ 영국 ④ 일본

해 영국의 BBC는 1998년 9월 세계 최초로 지상파 디지털 TV방송을 개시하였다.

56 **다음의 진술 중 틀린 항목을 고르시오.**

① 우리나라의 기자단 제도는 일본의 선례를 모방한 것으로, 기자들이 거대한 관료조직에 공동 대응할 수 있는 장점이 있는 반면 정보통제의 메커니즘으로 이용되는 문제점을 안고 있다.
② '경마 저널리즘'이란 용어는 기자들이 마치 경마를 하듯이 몰려다니며 지나친 속보 경쟁에 몰두하는 취재 형태를 말한다.
③ 서양의 언론 발달사를 보면 신문의 객관주의가 다양한 종류의 독자를 만족시키고 보도로 인한 갈등을 피함으로써 시장 확대를 꾀하고자 했던 상업적 대중신문의 전략이 있었다.
④ 한 사회에서 무엇이 중요하고 중요하지 않은지를 언론이 결정한다면 그것은 언론의 '의제설정' 기능 때문에 가능하다.

해 경마 저널리즘은 후보자의 득표 상황만을 집중 보도하는 것으로, 선거에서 누가 이기느냐의 관점에서만 바라보는 것이다.

[한국가스공사]

57 다음 중 조셉 퓰리처와 함께 Yellow Journalism을 낳은 언론인은?

① R. 맥스웰　② W. R. 허스트
③ D. 웰레스　④ E. W. 스크립스

해 옐로 저널리즘은 1889년 J. 퓰리처가 《뉴욕 월드》 일요판에 황색의 옷을 입은 소년 '옐로 키드(yellow kid)' 만화를 게재하였는데, 이를 흉내낸 W. R.허스트의 《모닝 저널》과의 사이에 선정주의의 치열한 경쟁을 전개함으로써 생긴 말이다.

58 '공영방송제도'의 설명과 제일 무관한 것은?

① 사회적 통제
② 권력으로부터 독립된다.
③ 자본과 광고로부터 자유롭다.
④ 시청료가 없다.

해 공영방송은 방송의 목적을 영리에 두지 않고, 시청료 등을 주 재원으로 하여 오직 공공의 복지를 위해서 행하는 방송을 말한다.

[한국전력공사]

59 다음은 매스미디어의 (㉮)을 강조하고 있는 노엘레 노이만의 (㉯)에 관한 글이다. ( ) 에 알맞은 것은?

> 사람들은 본능적으로 주위 사람들에게 소외당하는 것을 두려워하기 때문에 매스미디어가 어떠한 의견을 제시할 때 그것을 지배적인 의견으로 받아들이게 되고, 설령 의견이 다르더라도 그 의견을 제시하지 못하고 입을 다물게 된다.

	㉮	㉯
①	오피니언 리더로서 기능	선형모델
②	의제설정 기능	침묵의 나선모델
③	정보전달 기능	쌍방향 전달모델
④	게이트 키핑 기능	계단모델

해 독일의 노엘레 노이만(Noelle Neumann)이 1974년 제시한 '침묵의 나선(The Spiral of Silence)'이론은 여론을 '획일화의 압력'으로 이해한다. 인간은 주위 환경으로부터 고립되는 것을 두려워하기에 끊임없이 주변을 관찰하고 어떤 의견과 행동 양식이 우세한가를 판단, 그에 따라 의견을 갖고 행동하려는 경향이 있다는 것이다.

60 'Product Placement'에 관한 설명으로 바르게 풀이한 것을 고르시오.

① 특정 회사 상품을 소도구로 등장시키는 영화 속의 광고
② 상품 광고를 본뜬 영화의 판촉 방식
③ 셔츠, 인형, 장난감 등 영화와 관련된 상품의 개발
④ 시네 콤플렉스 같은 곳에 영화와 관련된 도서, 포스터, CD 등의 판매 코너 설치

해 PPL 광고는 특정한 상품을 영화나 드라마 속의 소도구로 이용해 일종의 광고효과를 노리는 것을 말한다.

[대구도시철도공사]

61 기업의 이미지 광고를 뜻하는 것은?

① CIO　② CEO
③ CI　④ CRO

해 ① CIO : Chief Information Officer, 최고정보관리책임자
② CEO : Chief Executive Officer, 최고경영자
④ CRO : Chief Resource Officer, 회사 내 외주업체관리 최고책임자

Chapter 04 과학 · 컴퓨터 · 정보통신 · 매스컴

답 52 ③ 53 ② 54 ② 55 ③ 56 ② 57 ② 58 ④ 59 ② 60 ① 61 ③

[국가정보원]

62 **언론중재위원회가 수행하고 있지 않은 것은?**

① 언론피해 신청자의 반론보도청구를 중재
② 언론피해 신청자의 손해배상청구를 중재
③ 언론피해 신청자의 정정보도청구를 중재
④ 언론피해 신청자의 구제청구에 대한 직권 중재

해 언론중재위원회는 반론보도나 추후보도, 정정보도가 나갈 수 있도록 중재하며, 합의가 이루어지지 않을 경우 직권으로 중재결정을 내린다.

[한국환경공단]

63 **긴 해설이나 장황한 논평 없이 최신 뉴스를 집중적으로 싣는 신문을 가리키는 용어는?**

① instant news ② disco news
③ soft news ④ fast news
⑤ hard news

해 fast news는 핫뉴스를 해설이나 논평 없이 싣는 신문으로, 그래픽과 사진을 많이 이용하는 것이 특징이다.

64 **다음 중 연결이 틀린 것은?**

① 블랙 저널리즘 – 개인이나 집단의 약점을 이용해 이를 발표하겠다고 위협하는 행위
② 경마 저널리즘 – 흥미에만 초점이 맞춰진 취재 행위
③ 옐로 저널리즘 – 일반인의 본능을 자극하여 흥미 위주로 보도하는 행위
④ 제록스 저널리즘 – 상황을 파악하지 못한 상태에서 가지고 온 자료에 따라 기사를 작성하는 행위

해 제록스 저널리즘(Xerox Journalism)이란 극비 문서의 폭로를 자랑으로 내세우는 저널리즘이다.

65 **광고를 본 사람의 궁금증을 유발하기 위해 회사명과 상품명을 밝히지 않고 약간의 단서만 제시함으로써 끊임없이 소비자의 궁금증을 유발시키는 광고 기법은?**

① 스팟 광고 ② 콘텐츠팩 광고
③ 티저 광고 ④ 키치 광고

해 티저 광고(Teaser AD)란 회사명과 상품명을 밝히지 않고 약간의 단서만 제시함으로써 끊임없이 소비자의 궁금증을 유발하고, 그 내용을 서서히 드러내어 밝히거나 일정 시점에 가서 한 순간에 베일을 벗기는 방법을 취하는 광고이다.

66 **신문광고나 잡지광고에서 언뜻 보기에 편집기사처럼 만들어진 논설 · 사설 형식의 광고는?**

① 커미셔너 ② 애드버토리얼
③ 칼럼리스트 ④ 타블로이드

해 애드버토리얼(Advertorial)이란 광고(adver-tisement)와 논설(editorial)의 합성어로 기사광고를 의미한다. 특히 잡지와 신문 등에서 성형외과와 같은 병원에서 홍보를 하는 경우 흔히 사용한다.

67 **다음 중 통신사에 대한 설명 중 틀린 것은?**

① 서방의 BIG 4인 4대 통신사에는 AP, AFP, UPI, Reuter 등이 있다.
② AP는 1845년 뉴욕의 6개 신문사가 만든 미국의 최대 통신사이다.
③ 독일은 ROSTA, 이탈리아는 ANSA, 중국은 신화사가 대표적인 통신사이다.
④ 4대 통신사 가운데 AFP만 국고보조를 받으며 반관 · 반민영 형태로 운영된다.

해 ROSTA는 러시아 혁명시기의 통신사이다.

62 ② 63 ④ 64 ④ 65 ③ 66 ② 67 ③ 답

CHAPTER 04 단답형 문제

다음 질문에 답하시오. (기업체 직무적성검사 대비 문제)

01 생체 세포에 바이러스가 침투했을 때 세포 자신이 만들어내는 당단백질의 일종으로 바이러스의 증식을 억제하는 힘을 가진 물질은?

02 기계공학과 전자공학의 합성어로, 기계의 전자화를 일컫는 말은 무엇인가?

03 물질을 구성하는 가장 기본적인 소립자를 무엇이라 하는가? [서울메트로, 서울특별시도시철도공사]

04 어떤 물질이 일정 온도 이하에서 전기저항이 0이 되는 현상은? [한국전력공사]

05 매우 무질서하고 불규칙적으로 보이는 현상 속에 내재된 일정 규칙이나 법칙을 밝혀내는 이론은? [서울특별시도시철도공사]

06 1957년에 발사된 세계 최초의 인공위성은? [국민체육진흥공단]

07 2006년 8월 발사 후 11월 상용서비스 개시에 들어간 우리나라 최초의 군사 · 통신 복합위성은?

08 2008년 카자흐스탄의 바이코누르 우주기지에서 이소연 씨가 우주비행에 나설 때 탑승한 우주선은?

Answer

01 인터페론

02 메카트로닉스(Mechatronics)

03 쿼크(quark)

04 초전도 현상

05 카오스 이론

06 스푸트니크 1호

07 무궁화 위성 5호

08 소유즈 우주선

Answer

09 인터넷상에서 음성이나 영상, 애니메이션 등을 실시간으로 재생하는 기법은?

09 스트리밍(Streaming)

10 밤 12시가 되면 온라인 게임 화면에 경고문이 뜨면서 성인 인증을 받지 않은 계정의 접속이 차단되는 것은?

10 셧다운 제도

11 라틴어로 '언제, 어디서나'라는 뜻으로, 네트워크가 연결된 상태를 말하는 것은?

11 유비쿼터스(Ubiquitous)

12 컴퓨터 등에 내장되어 있는 디스플레이를 장시간 보면서 작업하는 사람에게 일어나는 증후군으로 두통, 불안감, 안질환 등의 증상을 동반하는 것은?

12 VDT 증후군

13 네트워크 망에 연결된 각각의 컴퓨터 또는 컴퓨터 네트워크에 접속되어 있는 어드레싱이 가능한 장치는?

13 노드(Node)

14 재산적 가치를 얻거나 경쟁사의 영업을 방해할 목적으로 도메인을 선점하는 행위는?

14 사이버스쿼팅(CyberSquatting)

15 정보통신기기는 물론 가전제품까지 물리적인 케이블 접속 없이 무선으로 연결해 주는 근거리 무선네트워킹 기술규격은?

15 블루투스(Bluetooth)

16 컴퓨터를 전혀 모르거나 숙달된 사람들이 컴퓨터로 인해 받는 스트레스를 뜻하는 말은?

16 테크노 스트레스

Answer

17 인터넷을 통해 서비스되는 뉴스로 선진국 언론들이 독자의 요구에 따라 편집한 정보를 전달하는 것을 무엇이라고 하는가?

17 NOD (News on Demand)

18 신문, 잡지, 방송 등의 언론이 불공정한 보도나 논평을 했을 경우, 피해를 받은 사람이 해당 언론사에 대응할 수 있는 권리는?

18 반론권

19 사실과 진실은 다르다는 명제 아래 사건 자체보다는 그 사건의 이면을 적극적으로 파헤치는 언론보도 방식은?

19 블랙 저널리즘 (Black Journalism)

20 민간방송에서 방송에 소요되는 비용을 스폰서가 부담하는 프로그램을 무엇이라고 하는가?

20 커머셜 프로그램

21 각 프로그램 사이에 방송국의 자사 광고 및 프로그램을 안내하는 시간대는?

21 스테이션 브레이크 (Station Break)

22 대중매체가 수용자에게 메시지를 주입하면 효과가 직접적으로 강력하게 나타난다는 미디어 효과이론은?

22 탄환이론 (Bullet Theory)

23 신문 · 잡지 등의 발행과 판매부수 등을 조사해 인증하는 발행부수 공사제도를 무엇이라 하는가?

23 ABC제도

24 신문 · 잡지 · 라디오 · 텔레비전 등의 보도기관에서 경쟁사보다 앞서 독점 보도하는 특종기사는?

24 스쿠프(Scoop)

25 매스미디어가 거대화되면서 정보가 일방적으로 흐를 우려가 있는 현대사회에서 일반 시민이 매스미디어에 접근하여 비판 반론을 제기할 수 있는 권리는?

25 액세스권

YTN

CHAPTER 05

역사 · 교육 · 철학

CHAPTER 05

역사 · 교육 · 철학

1 역사

● 구석기시대

약 70만 년 전부터 시작되었으며 석기를 다듬는 수법에 따라 전기, 중기, 후기의 세 시기로 나누어진다.

전기 구석기	연천 전곡리, 제천 점말동굴, 창원 두루봉유적지, 용곡 동굴유적, 상원군 검은모루동굴
중 · 후기 구석기	공주 석장리, 웅기 굴포리

● 신석기시대

기원전 8,000년경부터 시작되었으며 이때부터 토기를 만들어 사용하기 시작하였다.

토기	원시 무늬없는토기, 덧띠무늬토기, 빗살무늬토기
유물	조개무지(웅기, 동삼동), 주거지 – 움집(웅기, 서울 암사동), 분묘(토묘)
사회	씨족 중심의 평등사회(공동생산, 공동분배), 족외혼
경제	어로 · 수렵 → 농경 · 직조, 경제적 독립체
신앙	자연숭배, 태양신, 시조신, 애니미즘, 토테미즘

● 청동기시대

기원전 10세기경부터 시작되었다.

특징	무늬없는토기, 비파형 및 세형 동검, 아연 합금, 북방계, 스키토 시베리언 계통의 동물양식
사회	계급발생, 선민사상(고인돌), 선돌, 사유재산, 부족사회, 민족의 주류 형성
농경	농기구 발달, 벼농사, 각종 작물 재배, 농기구는 석기

확인문제 [한국전력공사]

1. 유적과 유물로 추측컨대 고조선은 어느 시대의 문화를 기반으로 성립되었다고 보는가?
① 구석기시대 ② 신석기시대
③ 청동기시대 ④ 철기시대

단군신화의 기록

- **삼국유사** : 고려 충렬왕 때 승려 일연이 지은 것으로, 종래의 기록과 구전되어 온 내용을 토대로 쓴 최초의 문헌이다.
- **제왕운기** : 고려 충렬왕 때 이승휴가 지은 것으로 건국 내용을 수록하였다.
- **세종실록지리지** : 조선 단종 때 춘추관에서 편찬한 것으로, 평양 부분을 소개하는 가운데 단군의 건국 기록을 기술하였다.
- **응제시주** : 조선 세조 때 권람이 지은 것으로, 건국 내용을 수록하였다.
- **동국여지승람** : 조선 성종 때 노사신, 강희맹 등이 편찬한 것으로 건국 내용이 서술되어 있다.

8조 금법

《한서지리지》에 전해지고 있는 고조선 사회의 관습법이다. 8조 금법을 통해 고조선 사회는 사유재산제도가 확립되어 있었고, 노예제도를 바탕으로 한 계급사회였으며, 가부장권이 확립된 사회였던 것을 알 수 있다. 8조 중에서 3조만 전해지고 있다.
- 사람을 죽인 자는 사형에 처한다.
- 남을 해친 자는 곡물로 배상을 한다.
- 남의 물건을 훔친 자는 노비로 삼고, 속죄하려면 50만 전을 내야 한다.

답 1. ③

중국의 고구려사 왜곡

핵심쟁점	중국의 왜곡	우리의 반박
종족문제	고구려 종족은 중국의 소수민족의 하나이고, 고구려는 중국의 지방정권이다.	• 우리 민족은 한족문화권과는 구별되는 동방문화권을 이룩한 별개의 민족이다. • 중국 정사에서도 고구려 건국 주체세력을 한민족 구성 종족인 예맥족으로 기술했다.
건국과 영역	• '한사군–고구려–발해'의 계보를 주장한다. • 고구려는 중국 영토 내에서 건국됐고, 활동범위가 중국의 영토를 벗어나지 못했다.	• 고조선은 고대중국과 결전하며 민족자결을 지킨 고대국가이다. • 고구려의 성장으로 한군현이 축출되었을 뿐 아니라 군현과의 전쟁을 통해 성장했다.
조공문제	• 고구려는 중국에 조공을 바치던 속국이다. • 고구려는 중국의 역대 왕조와 군신관계를 유지했다.	• 조공은 형식외교에 불과하다. • 광개토대왕비에 나타난 천하관은 고구려의 독자성을 보여준다. • 백제, 신라, 왜도 조공관계였음에도 고구려만 중국 지방정권이라고 주장하는 것은 논리적 모순이다.
수·당과의 전쟁	수·당과의 전쟁은 중국 국내의 통일전쟁이다.	고구려의 수·당전쟁은 대외전쟁이다.
계승문제	• 고구려 유민은 중국에 귀속되었다. • 고구려의 고씨와 고려의 왕씨는 혈연적으로 다르며 시간적으로 250년이나 차이가 난다.	• 신라의 일통삼한(一統三韓) 의식이나, 발해의 고구려 의식을 주목한다. • 고려는 국호에서부터 고구려 계승의식을 표방하였다. • 《삼국사기》와 《삼국유사》 같은 우리 역사서는 물론이거니와 중국 역사서인 《오대사》, 《송사》, 《명사》 등에서도 '고조선 → 고구려·백제·신라 → 고려'로 이어지는 우리 민족사를 고증하고 있다. 뿐만 아니라 중국의 《삼국지》 위지 동이전과 《후한서》에서 고구려, 부여, 동옥저, 조선 등을 '東夷(동쪽의 오랑캐)', 즉 중국과는 다른 민족, 다른 나라로 설명하고 있다.

부족국가의 비교

구분	부여	고구려
정치·사회	5부족 연맹체(왕, 마가, 우가, 저가, 구가), 제가(사출도 다스림), 하호	5부족 중심, 왕·족장·가신
제천행사	영고(12월)	동맹(10월)
풍속 등	순장, 1책 12법, 일부다처, 형사취수 동맹(10월)	예서제(데릴사위제), 후장, 1책 12법

구분	옥저	동예	삼한
정치·사회	부락자치, 삼로(거수)	부락자치, 삼로(거수)	78개 나라, 군장과 제주
제천행사	–	무천(10월)	계절제(10월), 수릿날(5월)
풍속 등	예부제(민며느리 풍속), 골장제(가족공동묘제)	족외혼율, 책화, 점성술	귀틀집, 소도(제정분리), 수리시설, 옹관묘, 암각화

동북공정(東北工程)

'동북변강역사여현상계열연구공정(東北邊疆歷史與現狀系列研究工程)'의 약자이며 중국 동북지방의 역사·지리·민족문제 등을 연구하는 국가적 연구 프로젝트라는 뜻으로, 2002년 2월 28일 중국 사회과학원 주축으로 시작된 국책 학술사업이다. 중국은 이 프로젝트를 통해 고구려를 중국의 소수민족이 세운 지방정권으로, 발해를 당나라의 지방정권으로 규정하는 등 한국 고대사를 크게 왜곡하고 있을 뿐 아니라, 압록강과 두만강 일대가 모두 중국의 영토이며 한강 유역까지 원래 중국 영토라는 주장을 펴고 있다. 동북공정의 목적은 우리나라가 통일되었을 때의 만주지역에 대한 영토 분쟁을 차단하고, 과도기 한반도 개입 여지를 확보해 두려는 것으로 볼 수 있다.

광개토대왕(고구려, 391~412년)

영락대왕 또는 호태왕이라고도 한다. 18세에 즉위하여 22년간의 재위기간 동안 밖으로 국세를 크게 신장하였다. 백제를 침공하여 백제 왕의 항복을 받아냈고 후연을 격퇴하여 요하와 만주를 영유하였으며, 금관가야와 연합한 왜군이 신라를 침공하자 군사를 보내 격퇴시켰다(400년). 고구려 최대의 영토를 확장하였고, 최초로 연호를 사용하였다.

통일신라 조직 개관

백제(660년), 고구려(668년)가 망한 뒤 신라는 당나라군을 축출하고 삼국통일(676년)을 이룩하였다.

① **왕권의 강화** : 시중의 세력 강화, 진골 출신이 왕위를 계승, 보덕국 폐지

② **중앙조직의 강화** : 신문왕 때 예작부를 두어 6전 조직을 갖추고, 집사성 등 14개 관청으로 정비

③ **지방행정조직** : 9주 5소경제, 상수리제도

④ **군사조직**

㉠ **중앙** : 9서당, 시위부

㉡ **지방** : 10정, 5주서

⑤ **경제생활**

㉠ **자원관리** : 민정문서를 통해 자원 조사, 노동력 징발

㉡ **토지제도** : 식읍 · 녹읍(귀족) → 관료전(관리), 정전(백성) → 녹읍 부활(경덕왕 16년)

㉢ **해외무역** : 대당 · 대일 무역, 신라인의 해외 거주

독서삼품과(讀書三品科)

788년(원성왕 4년)에 설치된 신라시대의 관리등용방법이다. 이 제도는 관리선발뿐 아니라, 국학의 졸업시험과 같은 성격을 가졌으므로 신라 하대에 들어서 유명무실해진 국학의 기능을 강화하고자 하였다. 독서삼품과는 새로운 사회윤리와 정치사상으로서의 유교를 수학한 학문적 능력에 기준을 두어 관리를 선발하는 데 목적을 두었는데, 이는 골품제도가 아닌 학문에 기준을 둔 관리가 일부에서나마 탄생했다는 것을 의미한다. 독서삼품과로 등용된 관리층은 6두품이 중심이 되었으나 당나라에 유학하는 학생 수가 증가함에 따라 쇠퇴해갔다.

광개토대왕비

장수왕이 부왕의 업적을 기념하고자 414년에 세운 비석으로, 시호는 국강상광개토경평안호태왕비(國岡上廣開土境平安好太王碑)이다. 현재 총 1,755자 정도 중에서 150여 자는 판독이 불가능하며, 고구려의 영토 확장과 신라를 도와 왜구를 격퇴한 광개토대왕의 업적이 주된 내용이다.

진대법

고국천왕이 실시한 것으로, 흉년이나 춘궁기에 국가가 농민에게 양곡을 대여해주고 수확기에 갚게 한 구휼제도이다. 매년 3~7월에 관가의 곡식을 가구 수에 따라 차등을 두어 대여하였다가 10월에 환납하는 방식으로 시행하였다.

확인문제

2. 고구려의 진대법에 대한 설명으로 틀린 것은?

① 고국천왕 때 실시하였다.
② 춘대추납의 빈민구제책이다.
③ 양민들의 노비화를 막으려는 목적으로 실시하였다.
④ 지방자치 분권제도의 일면이라 할 수 있다.

골품제도

연맹체에서 고대국가로 발전하는 과정에서 신라가 지방 족장세력을 통합 · 편제하는 방법으로 등장한 것으로, 성골(聖骨) · 진골(眞骨) 등 2개의 골과 6개의 두품을 포함하여 모두 8개의 신분계급으로 구성되었다. 성골은 진덕여왕을 끝으로 소멸되고, 이후 신라 멸망 때까지 진골이 왕위를 이었다. 한편 두품은 개인의 신분뿐만 아니라 그 친족의 등급도 표시하는 것이었으며 두품 여하에 따라 그들의 사회활동 · 정치활동 및 사생활에 제약이 따랐다.

확인문제 [한국석유공사]

3. 신라의 독서삼품과와 관련이 있는 것은?

① 과거제도 ② 과거예비시험
③ 관리등용제도 ④ 입학검정고시

답 2. ④ 3. ③

발해 조직 개관

고구려 멸망 후 대조영은 그 일족을 이끌고 지린성 돈화현 동모산에 와서 고구려인과 말갈인을 합하여 발해를 건국하였다(698년). 선왕 때는 문화의 극성기를 이루어 '해동성국(海東盛國)'이라는 칭호를 들었으나 왕위계승 싸움으로 쇠약해져 거란에 의해 멸망하였다(926년).

① **중앙관제** : 3성 6부제

② **지방** : 5경(상경, 중경, 동경, 서경, 남경) 15부 62주

③ **군사제도** : 국민개병제, 8위(대장군, 장군이 통솔)

④ **문화** : 수도 중심의 귀족문화, 유교문화(빈공과 실시), 불교문화(지배계급인 고구려 유민은 불교, 피지배계급인 말갈족은 무속신앙 신봉)

⑤ **대외관계**

㉠ **당** : 적대적 → 친선도모

㉡ **왜** : 사신 왕래

㉢ **통일신라** : 적대적

고려 전기 조직 개관

고려는 호족세력을 통합하여 중앙집권체제를 완성하고, 사회 · 문화적 혁신으로 민족의식이 강화되었다. 918년에 고려를 세운 왕건은 936년에 후삼국을 통일 하였다.

① **정치사상** : 유교 정치 이념 채택(최승로의 시무28조)

② **중앙행정** : 2성 6부제, 어사대, 중추원, 3사, 도병마사, 식목도감

③ **지방행정** : 5도 양계, 경기와 3경

④ **군사조직** : 병농일치의 원칙, 중앙군은 2군 6위, 지방군은 주현군, 특수군은 광군 · 별무반 · 삼별초 · 연호군

⑤ **과거제 실시** : 문관과거(제술과, 명경과), 잡과, 승과

⑥ **토지제도** : 토지국유원칙(관리는 수조권만 갖고 농민은 경작권을 가짐)

⑦ **조세제도** : 조(태조 때는 현물의 1/10, 성종 이후 공전은 수확량의 1/4을 국가에, 사전은 1/2을 전주에 바쳤다.), 공물(모시, 베, 명주, 모피, 지물 등), 역(16~60세의 평민 남자의 병역이나 부역), 잡세(산세, 염세, 선세, 상세 등)

발해사의 의의

고구려가 망한 이후에도 만주지역을 우리 민족의 활동무대로 유지했으며, 고구려 문화를 계승하여 고구려의 기상과 역사를 이어갔다. 또한 만주에 대한 지배권을 확보하고 있었다. 그러다 발해가 거란에 멸망하자 고구려 계통의 상류층들은 고려에 흡수되어 민족의 재통일이 이루어졌다. 후에 우리의 만주 수복운동은 계속되었는데, 고려 초의 북진정책, 공민왕의 요동정벌, 조선 초의 요동수복운동이 그 예이다.

확인문제

4. 고구려 유민의 부흥 운동 과정에서 건국된 발해의 피지배층은?

① 고구려인 ② 말갈인
③ 여진족 ④ 거란족

음서제도

고려 시대에는 5품 이상 관리의 자손은 과거를 보지 않고도 관직에 나갈 수 있는 길이 열려 있었는데, 이는 세습적인 원리에 기반을 두고 있는 음서제도 때문이었다. 이 제도는 차츰 문벌귀족 세력을 강화하는 구실을 하였으며 이는 고려사회의 귀족제도의 한 모습을 나타낸다.

노비안검법

고려 광종 7년(956) 왕권강화를 위한 제도적 장치로 과거제도, 백관의 공복제정 등과 함께 노비안검법을 실시하였다. 노비안검법은 후삼국 통일 때 포로가 되거나 호족들에 의해 노비가 된 양민들을 본래의 신분으로 회복시키는 정책이다. 이는 겉으로는 단순한 신분복권책에 지나지 않았지만, 실제로는 호족세력을 누르고 왕권을 강화하기 위한 것이 주목적이었다.

답 4. ②

고려시대 난(亂)

이자겸의 난	1126년	고려 중기 권신 이자겸이 일으킨 난으로 도참사상을 내세워 척준경과 함께, 인종을 제거하려 했으나 실패하였다.
묘청의 난	1135년	서경천도 문제를 중심으로 반발한 난으로 귀족사회 내부의 족벌과 지역의 대립, 풍수설에 결부된 전통사상과 보수적 유교정치사상의 충돌, 금에 대한 외교책이 대립되면서 발발하였으나 1년 만에 난이 평정되었다.
무신의 난	1170년	무신들에 의해 일어난 정변으로 정중부의 난을 말한다. 무신과 문신의 차별대우로 인해 갈등이 폭발하면서 최신, 김훈 등이 반란을 일으키고 정치상 실권을 장악하였으나, 1년 만에 실패하였다.
만적의 난	1198년	최충헌의 사노비인 만적이 일으킨 난으로 무신집권시기에 신분해방을 목표로 일어난 천민반란의 가장 대표적 난이다.

삼별초

원래 개경의 도적을 지키기 위해 야별초를 두었는데(최씨 사병), 후에 좌·우별초로 구분되고 신의군이 생겼다. 최씨 정권의 군사적 배경이기도 하나 항몽전에 앞장서기도 했다.

조선 전기 조직 개관

위화도회군으로 기반을 다진 이성계는 혁명파와 함께 전제개혁을 단행하고 도평의사사에서 왕으로 추대되어 조선 왕조를 개창하였다.

① 중앙관제 : 의정부, 6조, 3사, 승정원, 의금부, 한성부

② 지방관제 : 8도로 정비, 모든 군·현에 수령 파견, 수령 밑 향리의 권한 축소, 유향소·경재소 설치

③ 군역제도 : 양인개병, 병농일치

④ 군사조직

㉠ 중앙 : 5위 도총부, 5위

㉡ 지방 : 병영, 수영, 세조 이후 군현을 진관체제로 편성

⑤ 교육기관 : 중앙에는 성균관과 4부학당, 지방에는 향교를 두었다.

⑥ 과거제도 : 문관 과거(소과, 대과), 무관 과거(초시, 복시, 전시), 잡과(의과, 음양과, 율과, 역과)

조선 전기의 사서(史書)

① 조선왕조실록 : 편년체 사서로 태조 때부터 철종 때까지의 실록이 기

최씨 무신정권

최충헌이 아우 최충수와 함께 이의민을 타도하고 이후 60년간 정권을 이어나갔다. 먼저 최충헌은 사병을 강화하고 독재정치의 최고기구로 '교정도감'을 설치하였으며 정적을 감시하면서 전제정치를 단행하였고, 도방과 삼별초는 정권을 유지하는 군사배경으로 삼았다. 최충헌의 아들 최우는 자기집에 정방을 두고 스스로 관리를 임명하며 정치를 좌우했으며, 서방을 두어 문신을 우대했고, 사원을 억제하면서 조계종을 후원하였다.

고려시대 주요 사서(史書)

- 김부식의 《삼국사기》 : 인종 때 유교주의적 입장에서 서술된 기전체로 현존 최고의 역사서이다.
- 일연의 《삼국유사》 : 충렬왕 때 지은 사서로 자주성을 고양한 불교적 기사가 많다.
- 이승휴의 《제왕운기》 : 충렬왕 때 중국사와 한국사를 비교하여 서술하였다.
- 각훈의 《해동고승전》 : 고종 때 유명한 승려를 소개한 불교적 역사서이다.

확인문제 [한국전력공사]

5. 다음 중 고려시대 말기 몽고의 침입에 대해 항쟁을 했던 삼별초(三別抄)에 속하지 않는 것은?

① 신의군(神義軍) ② 별기군(別技軍)
③ 우별초(右別抄) ④ 좌별초(左別抄)

경국대전

《경국대전(經國大典)》은 세조 6년에 최항, 노사신에게 편찬에 착수하게 한 뒤 예종을 거쳐 성종 때 육전 모두가 완성·반포되어 시행을 보게 되었는데, 이것이 조선 왕조 500년간 통치의 기본 법전이 되었다.

답 5. ②

록되었으며, 국보 제151호로 지정되어 있다. 조선시대의 역사 · 정치 · 경제 등 다방면에 걸친 역사적 사실을 알 수 있어 매우 중요하며, 1997년 유네스코 세계기록 유산에 지정되었다.

② **고려사(1451년)** : 김종서 · 정인지가 편찬, 기전체, 군주입장에서 고려왕조의 정사를 서술하였다.

③ **고려사절요(1452년)** : 김종서 · 남수문이 편찬, 고려왕조의 편년체 사서로 고려사와 함께 고려시대를 연구하는 데 중요한 자료이다.

④ **동국통감(1485년)** : 서거정이 편찬, 단군부터 고려 말까지 편년체로 서술하였다. 유교적 · 자주적 역사, 삼국 균적론 등의 내용을 담고 있다. 현재 국립중앙도서관 · 규장각 등에 소장되어 있다.

⑤ **동국사략(16세기 초반)** : 박상이 편찬, 단군에서 신라 말까지를 다룬 우리나라 최초의 통사이다.

● 계유정난

1453년 10월 10일, 수양대군(세조)이 왕위를 찬탈하기 위하여 일으킨 사건이다. 수양대군은 김종서를 비롯한 정적들의 이름이 작성된 '살생부'에 따라 모두 살해하고 정권을 차지했다. 정난에 성공한 수양대군은 친동생 안평대군을 강화도로 유배 보냈다가, 다시 교동으로 보내 죽였다. 그리고 스스로 여러 중직을 겸하여 병권과 정권을 독차지하고 거사에 직 · 간접적으로 가담한 정인지, 한명회 등 자신을 포함한 43명을 정난공신에 책봉했다.

● 4대 사화

① **무오사화(연산군 4년, 1498년)** : 김일손이 김종직의 조의제문을 사초에 실어 훈구파의 반감을 산 것을 발단으로 사림파가 화를 입었다.

② **갑자사화(연산군 10년, 1504년)** : 궁중파인 임사홍 등이 연산군의 생모인 윤씨 폐출 사건을 들추어 왕을 충동, 훈구파와 잔여 사림파를 제거하였다.

③ **기묘사화(중종 14년, 1519년)** : 신진사류인 조광조 일파의 급진적 개혁정치 추진에 대한 반정공신의 반발과 모략이 발단이 되어 신진사류들이 화를 입었다.

④ **을사사화(명종 즉위년, 1545년)** : 왕실의 외척인 대윤과 소윤이 정권다툼을 벌이다 대윤과 신진사류가 화를 입었다.

직지심체요절

직지심체요절은 1372년(공민왕 21년) 경한(景閑)이 부처와 조사(祖師)의 게송(偈頌) · 법어(法語) 등에서 선(禪)의 요체를 깨닫는 데 필요한 내용을 뽑아 엮은 책으로 2001년 유네스코 세계기록유산으로 등록되었다. 그리고 청주 흥덕사에서 1377년 7월에 금속활자로 인쇄된 《백운화상초록불조직지심체요절》은 프랑스 국립도서관에 그 실물이 소장되어 있는데, 이것은 현재까지 지구상에 남아 있는 것 중 가장 오래된 금속활자본이다.

호패법

태종 2년(1402)에 실시한 일종의 신분증 제도로 16세 이상의 남자에게 신분에 구애 없이 누구나 호패를 지참하게 하였다. 민정(民丁)의 수를 파악하고 직업 · 계급을 명시하여 신분을 증명하기 위한 것으로, 가장 중요한 목적은 군역 · 요역의 기준을 밝혀 유민을 방지하고 호적편성에 누락되거나 허위로 조작하는 사례를 방지하는 데 있었다. 승려에게만 발급하는 신분증으로는 도첩이 있었다.

확인문제 [한국전력공사]

6. 도첩제의 설명 중 맞는 것은?
① 오늘날의 주민등록과 같은 제도
② 승려의 수를 제한하기 위한 제도
③ 유능한 승려를 등용하기 위한 제도
④ 토지 분배를 적절하게 하기 위해 만든 제도

확인문제

7. 조선시대 세종을 이은 문종이 일찍 죽고, 단종이 즉위하자 수양대군이 단종 및 그를 보좌하던 김종서 · 황보인 등을 살해하고 왕위를 빼앗은 사건은?
① 계사의 난　② 만적의 난
③ 묘청의 난　④ 계유정난

답 6. ② 7. ④

붕당정치

선조 8년(1575) 인사 권한을 가진 이조전랑 자리를 두고 동인과 서인으로 분당되었다가, 선조 25년 세자책봉을 둘러싼 정철의 논죄를 계기로 동인의 강경론은 북인, 온건론은 남인으로 다시 분당되었다. 그 후 광해군 때 정권을 잡은 북인은 다시 대북과 소북으로 나뉘었다. 인조반정으로 대북파를 몰아내고 집권한 서인은 효종의 북벌론을 계기로 군사적 기반을 강화하였고, 숙종은 남인과 서인을 번갈아 등용하였으나 서인도 다시 노·소론으로 분열되었다.

실학

17, 18세기에 학술 분야에서 나타난 새로운 학풍이다. 양란을 겪으면서 사림의 한계가 드러나자, 선각적인 유학자들이 정신문화와 물질문화를 균형 있게 발전시켜 부국강병과 민생안정을 이룩하여 사회를 통합하고, 밖으로는 급변하는 국제정세에 대처할 수 있도록 국가 역량을 강화하려는 운동을 전개하면서 나타난 실증적인 학풍이다.

① **이용후생학파(중상파)** : 청나라 문화와 청나라를 통해 들어온 서양문화의 영향을 받아 북학파라고도 한다. 중상파는 농업뿐 아니라 상공업의 진흥과 기술혁신 등 물질문화 발달에 관심을 쏟았다. 중상학파는 집권층 출신으로 상공업 진흥을 주장했고, 신분제를 비판했다는 공통점이 있다. 대표적인 학자는 유수원, 홍대용, 박지원, 박제가 등이다.

② **경세치용학파(중농파)** : 농민생활의 안정을 토대로 토지제도, 조세제도, 정치제도, 교육제도, 관리선발제도, 군사제도 등의 폐단을 시정하려 한 학파이다. 토지개혁과 자영농 창설, 부병제 실시를 주장했으며, 대표적인 학자는 유형원, 이익, 정약용이다.

삼정 문란

조선 후기, 국가 재정의 근간이 된 전정, 군정, 환곡을 삼정이라 하는데, 군포에 있어서는 인징, 족징, 백골징포, 황구첨정 등이 성행하고, 환곡에 있어서는 부정행위가 두드러져 문란의 정도가 삼정 중에 가장 심하였다.

대원군의 집정

19세기 중엽은 안으로는 부패와 무능한 양반사회에 반대하는 농민세력이 성장해가고 있었고, 밖으로는 서구열강의 침략에 대한 위기 의식이 자

사육신과 생육신

수양대군이 단종을 몰아내고 왕위에 오르자 이에 반대하며 단종의 복위를 추진하다 수양대군에게 발각되어 처형된 6명의 충신인 성삼문, 박팽년, 하위지, 이개, 유응부, 유성원을 사육신이라 한다. 생육신은 수양대군이 왕위에 오르자 벼슬을 버리고 단종에 대한 절개를 지킨 6명의 충신 이맹전, 조려, 원호, 김시습, 성담수, 남효온을 말한다.

탕평책

붕단 간의 대립을 완화하고 왕권의 안정과 강화를 위한 탕평책은 왕들마다 대처하는 방법이 달랐다. 또 탕평책 자체가 정국의 안정을 위한 것이었지, 당시 모순인 피지배층들의 문제를 해결한 것은 아니었기 때문에 사회적 모순을 극복하기에는 한계가 있었다.

대동법

광해군 즉위년에 이원익, 한백겸의 주장으로 경기도에서 수미법을 시행하고 현물로 바치던 공물을 1결당 16미의 쌀로 받게 한 것을 시작으로, 숙종 때 함경도와 평안도를 제외한 전국에서 대동법이 시행되었다. 이후 대동법은 호를 단위로 하지 않고 토지 결수를 단위로 1결마다 12두씩 쌀로 받아들여 원칙적으로 공납이 전세화되었으며, 선혜청에서 관리하였다. 그 결과 상업과 수공업은 발전하고 국가수입은 늘고 민생은 안정되었다. 그러나 대동법 실시 이후에도 별공과 진상은 그대로 남아 현물 징수가 완전히 없어지지는 않았다.

확인문제

8. 대동법과 관련이 없는 것은?
① 선혜청에서 관할하였다.
② 상업과 수공업을 발전시켰다.
③ 대동법 실시 이후에도 별공, 진상이 존속되었다.
④ 전국적으로 동시에 실시되었다.

답 8. ④

리 잡고 있었다. 이러한 때 집권한 흥선대원군은 전제왕권을 재확립함으로써 조선이 처한 위기를 극복하려 했으나, 실효를 거두기는 어려웠다. 1863년 어린 고종의 섭정에 올라 1873년 하야할 때까지 청국을 제외한 구미 열강의 통상요구를 모두 거절하고 쇄국정책을 고수하였다.

● 운요호 사건(1875년)

운요호는 1875년 9월 20일 강화도 남동쪽 난지도 부근에 정박하고 담수(淡水)를 구한다는 이유로 수십 명이 선박에서 내려 연안을 탐측하면서 초지진 포대로 침입하였다. 이에 조선 수비병은 일본 선박에 포격을 가하였고, 일본은 즉시 초지진에 보복적인 포격을 강행하여 큰 손해를 입혔다. 일본은 이 사건을 계기로 조선의 사과와 통상을 강요해 조선 · 일본 양국 간에 강화도조약이 체결되었고, 근대 자본주의 국가에 대한 문호개방이 이루어지게 되었다.

● 강화도조약(1876년)

최초의 근대적 조약인 동시에 일본과 열강의 조선 침략을 낳게 한 불평등 조약이다. 일본은 부산 외에 인천, 원산의 개항을 요구하였는데, 이는 한반도에 그들의 정치적(인천), 군사적(원산) 거점을 마련하기 위한 의도를 드러낸 것이다. 또 국내 거주 일본인의 불법행위에 대해 조선의 사법권이 미칠 수 없게 한 치외법권, 해안 측량권 등은 조선의 자주권에 대한 절대적인 침해였다.

● 제물포조약(1882년)

일본 측에서는 하나후사 공사를 보내어 군함을 끌고 가게 하고 임오군란의 책임을 추궁하며 배상금을 요구하였다. 이에 조선군은 김홍집을 보내어 제물포조약을 체결하게 하였다. 조약은 6개조로 '배상금을 지불할 것, 공사관의 보호를 위해 일본 군대의 주둔을 승인할 것, 일본에 사절을 보내 사과할 것' 등의 내용이었다. 이 중 군대 주둔권을 허용한 것이 가장 주목되며, 사죄단 파견 시 박영효는 일본에서 처음으로 태극기를 게양하였다.

● 임오군란(1882년)

구식군대의 차별대우와 반일 감정이 겹쳐 일어난 것으로, 군인들이 포도

확인문제 [한국전력공사]

9. 조선시대 국가재정의 기본 원천이 된 삼정이 아닌 것은?
① 전정 ② 군정
③ 세정 ④ 환곡

당백전

흥선대원군이 1866년(고종 3)에 발행한 화폐로, 조선 후기 이래 심화되는 재정적자 위기를 타개하려는 것이 발행의 목적이었다. 경복궁 중건사업과 군비확장을 위해, 명목가치가 실질가치에 20배에 달하는 악화(惡貨)를 발행하여 그 차액을 남기려 했다. 그러나 당백전의 발생은 재정난을 타결하지 못하고 오히려 물가양등과 체제위기를 가져왔다.

확인문제 [한국전력공사]

10. 대원군이 경복궁 중건 비용을 마련하기 위해 발행한 화폐는?
① 당오전 ② 당백전
③ 원납전 ④ 상평통보

백과사전류

서명	저자	주요내용
지봉유설	이수광(광해군)	제 분야에 걸친 백과사전류
성호사설	이익(영조)	천지 · 만물 등 5개 분야에 걸친 설명
오주연문장전산고	이규경(헌종)	각종 사물에 관한 변증서
동국문헌비고	홍봉한(영조)	우리나라의 지리 · 정치 · 경제 · 문화를 체계적으로 정리한 한국학 백과사전

확인문제 [한국전력공사]

11. 실학자가 저술한 다음 4권의 책 가운데 백과사전의 성격이 아닌 것은?
① 지봉유설
② 연려실기술
③ 오주연문장전산고
④ 성호사설

답 9. ③ 10. ② 11. ②

Chapter 05 역사 · 교육 · 철학

청과 일본 공사관을 습격했다. 이에 대원군이 일시 재집권하였으나 내정 간섭을 노리던 청에게 구실을 주어 우창칭 등이 거느린 군대가 진주하여 대원군을 압송해갔다. 그 결과 민씨 일파가 다시 집권하고 정권유지를 위해 친청정책을 실시하였다. 이때부터 청은 조선의 내정에 적극 간섭하여 묄렌도르프와 마젠창 문관을 추천했고 상민수륙통상장정을 체결했다.

● 갑신정변(1884년)

고종 21년에 개화당의 김옥균 · 박영효 등이 중심이 되어 사대당(事大黨)인 민씨 일파를 몰아내고 개화된 정부를 수립하기 위하여 일본의 힘을 빌려 우정국 낙성식에서 일으킨 정변이다. 신정부는 청나라의 간섭으로 3일 만에 무너지고, 김옥균 · 박영효 등은 일본으로 망명하였으며, 이 사건을 계기로 한성조약이 체결되었다.

● 동학농민운동(1894년)

동학교도와 농민들이 합세하여 일으킨 대규모 농민운동으로, 갑오농민운동 혹은 갑오농민전쟁이라고도 한다. 외부적으로는 청일 · 구미 열강 등 외세의 강압이 조선의 주변에 더욱 거세게 밀어닥쳐 왔고, 내부적으로도 각종 민란이 발생하는 상황에서 동학농민운동은 국가의 보위와 농민구제의 성격을 지니면서 폭넓게 전개되었다. 애초에는 동학 교조 최제우의 신원운동을 통해 정치운동화하였다가, 점차 사회적 분위기를 타고 민란과 결합하게 되었다.

● 갑오개혁(1894년)

일본은 동학농민운동을 빌미로 조선의 내정개혁을 강요하면서 청국과의 전쟁을 서둘렀다. 3차에 걸친 개혁의 내용은 정부조직이나 관료제도는 물론, 관리선발제도, 중앙과 지방 행정조직의 개혁, 사회신분제도의 철폐, 왕실재정과 정부재정의 분리, 신식화폐 장정, 태양력의 채용, 소학교령, 단발령, 종두법의 채용 등이었다. 자주적으로 이루어야 할 개혁이 외세의 강압에 의해 기형적으로 추진되었으나, 근대화의 출발점이라는 데서 역사적 의의가 크다.

● 청·일전쟁(1894~1895년)

동학농민운동 진압을 계기로 조선에 출병한 청 · 일 양군이 풍도 근처에

한성조약

1884년(고종 21)의 갑신정변 뒤처리를 위해 1884년 11월 24일(양력 1885년 1월 9일) 서울에서 조선과 일본 사이에 체결된 전 5조의 조약.

탁지아문

조선 말기 근대적 개혁에 따라 새롭게 이름 붙여진 정부 부처로, 구제도 아래서의 호조가 맡았던 업무를 포함하여 재정, 조세, 국채, 화폐 등 국가의 재무를 총괄하였으나 설치 9개월 만에 칙령 54호로 탁지부관제를 별도 공표하여 탁지부로 개칭하였다.

군국기무처

갑오개혁의 중추적 역할을 한 기관으로, 정치 · 군사에 관한 일체의 사무를 관장하였다. 동학농민운동이 일어난 후 조선 침략의 기회를 노리고 있던 일본은 1894년 내정개혁안 5개조를 제시하고 이를 시한부로 시행할 것을 촉구하였다. 고종은 이를 거부하고 교정청을 설치하여 자주적인 내정개혁을 시도하였다. 이에 일본공사는 일본군대를 동원하여 경복궁을 포위하고 고종을 협박하였으므로, 마침내 내정개혁을 의결하는 기관으로 군국기무처를 설치하였다.

확인문제 [한국전력공사]

12. 조선 고종 31년(1894) 일본의 강압으로 김홍집을 수반으로 하는 혁신내각이 실시한 정치, 경제, 사회, 문화 전반에 걸친 근대적 개혁은?
① 갑오개혁 ② 갑신정변
③ 임오군란 ④ 동학운동

답 12. ①

서 충돌하여 육전과 해전 모두 일본이 승리하는 결과를 가져왔다. 이에 일본은 시모노세키조약을 체결하여 조선에서 청의 세력을 몰아내고 청으로부터 요동반도와 타이완을 할양받아 배상금 2억 냥까지 받았다. 이렇게 일본이 한반도뿐만 아니라 중국 대륙에까지 세력을 뻗자 열강의 아시아 정책에 변화가 일어나게 되었다.

● 아관파천(1896년)

청·일전쟁에서 승리한 일본이 조선에 군사적 압력과 정치적 간섭을 강화하자, 고종은 친일세력을 물리치고자 1896년 2월 돌연 러시아 공사관으로 이어(移御)하는 아관파천을 단행하였다. 그러나 친러정부가 집정하면서 열강에게 많은 이권이 넘어가는 등 국가의 권익과 위신이 추락하고 국권의 침해가 심하자 독립협회를 비롯한 국민들은 국왕의 환궁과 자주선양을 요구하였다. 이에 고종은 1897년 2월 환궁하였으며, 10월 대한제국의 수립을 선포하고 황제위에 올라 연호를 광무(光武)라 하였다.

● 독립협회(1896년)

1896년 고문관 자격으로 귀국한 서재필을 중심으로 윤치호, 이상재, 남궁억, 양기탁, 이승만 등 서구의 근대사상과 개혁사상을 깨우친 인사들에 의해 결성되었다. 이들은 개화사상을 고취하기 위해 독립문, 독립관을 세우고 독립신문을 간행했으며, 자주호국선언을 하면서 정치활동을 펴나갔다. 정부도 독립협회를 통한 구국자강책을 받아들여 실현하려 했으나 급진적인 개혁요구가 보수층의 반발을 불러왔다. 보수파는 황국협회를 조직하고 보부상을 동원하여 독립협회본부와 만민공동회를 습격, 유혈사태를 일으켰다. 이에 정부는 사회혼란을 이유로 독립협회 해산령을 내렸다.

● 을사조약(1905년)

1905년 11월 17일 일본이 대한제국을 강압하여 체결한 조약으로 제2차 한일협약이라고도 한다. 모두 5개 조항으로 이루어져 을사오조약, 일본에 의해 강제로 맺은 조약이라 해서 을사늑약(乙巳勒約)이라고도 한다. 한국의 식민화를 위해 외교권을 빼앗고 통감부와 이사청을 두어 내정을 장악하는 데 목적이 있었으며, 이 조약의 체결로 대한제국은 명목상으로는 보호국이나 사실상 일본 제국주의의 식민지가 되었다.

시모노세키조약

청·일전쟁의 전후처리를 위해 1895년 4월 17일 청국과 일본이 일본 시모노세키에서 체결한 강화조약으로 그 내용은 다음과 같다.

① 청국은 조선국이 완전한 자주독립국임을 인정한다.
② 청국은 랴오둥반도와 타이완 및 펑후섬 등을 일본에 할양한다.
③ 청국은 일본에 배상금 2억 냥을 지불한다.
④ 청국의 사스·충칭·쑤저우·항저우의 개항과 일본 선박의 양쯔강 및 그 부속 하천의 자유통항 용인, 그리고 일본인의 거주·영업·무역의 자유를 승인할 것 등이다. 이로써 일본은 한반도를 자신들의 세력권에 넣어 대륙진출의 기반을 확고히 다졌다.

확인문제

13. 대한이라는 국호는 어느 때부터 사용되기 시작했는가?
① 갑오개혁 이후
② 갑신정변 이후
③ 융희황제 이후
④ 고종의 환궁 이후

독립협회의 사상

- **자주국권 사상** : 열강의 침략 아래 민족적 위기를 극복할 수 있는 길은 자기 힘으로 자주 국권을 지키는 길이라 주장하였다.
- **자강개혁 사상** : 민권 신장, 국민 참정권, 의회 설치를 주장하였다.
- **자유민권 사상** : 입헌군주제로 개혁하고자 했으며 신교육·산업개발을 중시하였다.

확인문제

14. 독립협회의 사상이 아닌 것은?
① 자강개혁 ② 자유민권
③ 보국안민 ④ 자주국권

답 13. ④ 14. ③

● 헤이그 밀사사건(1907년)

광무 11년 고종 황제가 헤이그에서 열린 만국평화회의에 이상설, 이위종, 이준을 비밀리에 보내어 을사조약의 불법성과 일본의 무력적 침략의 부당성을 주장하려던 사건이다. 고종은 이상설과 이준에게 회의에 참석할 신임장과 러시아 황제에게 보내는 친서를 가지고 가서 만국회의에 나가 우리나라의 실상을 세계에 알리도록 하였으나, 일본의 방해로 회의 참석은 끝내 이루어지지 못했고 이에 이준은 울분을 참지 못해 현지에서 자결하였다. 이 사건을 빌미로 일본은 고종을 강제 폐위시켰으며, 한 · 일 신협약을 강요하고 구한국 군대를 해산시켰다.

● 3·1운동(1919년)

윌슨의 민족자결주의, 신한청년단의 김규식 파리강화회의 파견, 고종 독살설, 2 · 8독립선언에 자극받아 고종 인산일의 서울 운집을 계기로 3 · 1운동이 시작되었다. 손병희, 이승훈, 한용운, 최린 등 민족대표 33인이 최남선이 기초한 독립선언서를 낭독하고 만세시위를 전개하여 범국민적인 시위로 번져갔지만 일본의 무차별 총격에 수많은 사람이 살상되고, 결국 실패로 끝나고 말았다.

● 6·10 만세운동(1926년)

순종의 인산일을 계기로 일어난 만세시위운동으로 3 · 1운동의 후속적 항일운동이었으나, 사전에 누설되어 실패하였으며 사회주의 계열의 배후 작용도 있었다.

● 대한민국 임시정부

3 · 1운동 직후 조국의 광복을 위해 중국 상하이(上海)에서 조직된 임시정부이다. 대한민국 임시정부는 입법기관인 임시의정원, 행정기관인 국무원, 사법기관인 법원으로 구성된, 한국 최초의 삼권 분립에 입각한 민주공화정체의 정부였다. 임시정부의 지도이념인 자유주의 이념과 삼균주의(三均主義) 이념은 1948년 대한민국 헌법에 반영되어 광복 한국의 기초 이념이 되었다.

● 5·18 민주화운동

1980년 5월 18일에서 27일까지 전남 및 광주 시민들이 계엄령 철폐와 전

확인문제 [대구도시철도공사]

15. 헤이그 특사 파견의 원인이 된 사건은?
① 을사조약 체결
② 한 · 일 의정서 체결
③ 한 · 일 신협약 체결
④ 조선총독부의 헌병 경찰 통치

국채보상운동

일제가 우리나라를 침략할 목적으로 제공한 차관 1천 3백만 원을 국민의 의연금으로 상환하여 재정적인 독립을 이룩하려는 운동이었다. 이 운동은 1907년 대구에서 김광제, 서상돈 등이 모금운동의 일환으로 금연기성회를 조직하고 금연 · 금주 운동을 전개하여 전국적으로 확산되어 거액을 모았다. 그러나 일제가 모금운동에 앞장 선 언론기관을 탄압함으로써 실패로 끝나고 말았다.

신민회(1970년)

안창호, 박은식, 신채호 등 수백 명의 민족운동가들이 참여한 비밀결사로, 민족주의 교육 실시, 근대의식 고취, 민족산업 육성, 민족문화 계발 선양을 목표로 민족운동의 기반을 다졌다. 국내에서의 애국활동이 제약을 받자 국외의 독립운동기지 설정에 앞장서 항일 독립운동의 거점을 마련하고자 하였다.

확인문제

16. 기미독립선언문의 작성자는?
① 이광수　② 손병희
③ 최남선　④ 한용운

신간회(1927년)

'민족 유일당 민족협동전선'이라는 표어 아래 민족주의를 표방하고 민족주의 진영과 사회주의 진영이 제휴하여 창립한 민족운동단체이다. 조선민족의 정치적 · 경제적 해방과 조선 독립을 목적으로 활동했으며, 각 지회를 설치하고 근검 절약운동 전개, 청년운동 지원 등을 하였다.

답 15. ① 16. ③

두환 퇴진 등을 요구하며 벌인 민주화운동이다. 이 사건을 계기로 한국의 사회운동은 1970년대의 지식인 중심의 운동에서 민중운동으로의 변화를 가져왔고, 국민들의 대미인식 변화와 함께 사회운동의 목표로 민족해방 · 사회주의 등이 본격적으로 거론되는 기점이 되었다. 발발 당시에는 불순분자와 폭도들에 의한 난동으로 규정되었다가, 1988년 6공화국 출범 직후 국회에서 '광주민주화운동'으로 정식 규정되었고, 1988년 11월 사건 규명을 위한 국회청문회가 개최되었다. 1995년 '5 · 18특별법'이 제정되었으며, 1997년에 국가기념일로 지정되었다.

● 세계 4대 문명

B.C. 4,000~B.C. 3,000년경 큰 강 유역을 중심으로 고대문명이 발상하였다. 강을 중심으로 발달한 이유는 교통이 편리하고, 홍수 범람으로 인해 농토가 비옥하고, 치수와 관개사업의 필요로 인해 강력한 도시국가가 요구되었기 때문이다.

① **이집트 문명** : 나일 강 하류에서 발생한 문명으로 폐쇄적인 지리적 위치로 인해 정치 · 문화적 색채가 단조롭고, 외부의 침입이 없었기 때문에 2,000년 동안 고유 문화를 간직할 수 있었다. 한편 나일 강의 규칙적인 범람은 미리 농사시기를 조절할 수 있게 했고 이 덕분에 이집트에서는 태양력, 기하학, 건축술, 천문학이 발달하였다.

② **메소포타미아 문명** : 지리적 요건 때문에 외부와의 교섭이 빈번하여 정치 · 문화적 색채가 복잡하였다. 티그리스 강, 유프라테스 강 유역은 이민족의 침입이 잦았고, 국가의 흥망과 민족의 교체가 극심하였기 때문에 이 지역의 문화는 개방적 · 능동적이었다.

③ **인더스 문명** : B.C. 3,000년 중엽부터 약 1,000년 동안 인더스 강 유역에서 청동기를 바탕으로 번영한 고대문명이다. 정교한 청동기와 칠무늬 토기를 만들었으며, 저울을 사용하였고, 상형문자를 새긴 인장이 출토되었다.

④ **중국 문명** : 황허강 유역의 신석기 문화는 양사오 문화와 그로부터 발생한 룽산 문화 두 가지로 크게 구별된다. '양사오 문화'는 B.C. 4,000~B.C. 2,000년 경으로 추정되고, 황허강 상류의 허난성에서 칠무늬 토기를 만들어 썼다. '룽산 문화'는 B.C. 2,500~B.C. 1,500년 경이라고 추정되며, 황허강 하류와 동아시아 전체에 걸쳐 검은 간토기가 사용되었다.

4 · 19혁명

이승만과 자유당의 12년에 걸친 장기집권을 종식시킨 학생과 시민의 반정부 항쟁으로 1960년 4월 19일에 절정을 이루어 4 · 19혁명이라 부른다. 1960년 3월 15일 제4대 정부통령 부정선거에 항거한 마산 사건을 시작으로 고문으로 참혹하게 죽은 김주열 군의 사체 발견, 4월 18일 고대생 피습사건 등 연달은 정부의 탄압에 분노한 시민들과 학생들은 다음 날인 1960년 4월 19일 총궐기하였다. 이승만 독재정권은 이를 무력으로 탄압하고 비상계엄령을 선포하였으나, 시민군중은 무력에도 굽히지 않고 완강하게 투쟁을 계속하였다. 1960년 4월 26일에 이승만은 대통령직에서 하야하였다.

카스트제

소수의 아리아인들이 원주민 사회를 지배하기 위해 제정일치와 인종적 구별을 기초로 만든 엄격한 신분제도이다. 카스트제는 제1계급인으로 제사를 담당하는 '브라만(사제)', 제2계급으로 정치 · 군사적 업무에 종사하는 '크샤트리아(무사 · 귀족)', 제3계급으로 농업 · 목축 · 상업에 종사하는 '바이샤(평민)', 제4계급으로 각종 천한 일을 하는 '수드라(노예)'로 나뉜다. 이 계급은 태어날 때부터 결정되고, 직업은 세습된다. 그리고 다른 카스트와의 혼인은 금지되며, 동일 카스트 구성원들끼리 공동생활을 한다.

확인문제

17. 카스트(caste)란?
① 회교의 기도의식
② 인도 사회의 신분계급
③ 마호메트가 승천한 지명
④ 호주인이 불지른 회교사원

답 17. ②

춘추전국시대(B.C. 770~B.C. 221년)

중국 주(周)의 동천에서부터 진(秦)의 통일까지의 전쟁과 분열의 시대를 말한다. 춘추(春秋)는 공자가 엮은 노(魯)나라의 역사서인 《춘추(春秋)》에서 유래되었고, 전국(戰國)은 한(漢)나라 유향(劉向)이 쓴 《전국책(戰國策)》에서 유래되었다고 한다. 춘추전국시대에는 전쟁이 계속되어 매우 혼란스러웠지만, 사회 · 경제 · 사상적으로는 큰 발전이 있었으며 철제 농기구와 우경의 보급으로 생산력이 급증하였다.

진(B.C. 221~B.C. 206년)

시황제는 전국시대의 혼란을 수습하고 중국 최초의 통일국가를 이룩했다. 북방민족으로부터 기마전법과 철제무기 사용법을 배워 군대를 강성하게 했고, 법가사상가인 상앙의 개혁으로 부국강병이 이루어졌기 때문에 통일을 이룰 수 있었다.

한(B.C. 206~A.D. 220년)

유방이 창건한 한은 중국 역사상 두 번째 통일국가로 후세 모든 중국 국가의 원형으로 여겨진다. 400년 이상 중국을 지배했던 한은 왕망의 찬탈 이전에 서부의 도시인 장안(長安)에 도읍을 두고 있던 시기를 '전한(前漢) 또는 서한(西漢 : B.C. 206~B.C. 25년)', 왕망의 신왕조 이후에 동쪽의 낙양(洛陽)으로 도읍을 옮긴 시기 이후를 '후한(後漢) 또는 동한(東漢 : B.C. 25~A.D. 220년)'으로 구분하기도 한다.

헬레니즘 문화의 특징

개인주의적이면서 세계 시민주의적 성격을 띤다.

① **철학** : '스토아 학파'와 '에피쿠로스 학파'가 두드러진다.

② **자연과학의 발달** : 부력의 원리를 발견한 '아르키메데스', 태양 중심설을 주장한 '아리스타르코스', 지구의 자오선을 측정한 '에라스토테네스'가 유명하다.

③ **미술** : 조화와 균형, 절제의 미를 중시하던 그리스인들과는 달리 현실적인 아름다움을 중시했다. 특히 헬레니즘 미술은 인도의 간다라 미술에 영향을 주고 중국을 거쳐 우리나라까지 전파되었다.

에게 문명

에게 해 지역을 중심으로 번영한 청동기 문명. 크레타 문명과 미케네 문명을 '에게 문명'이라 부른다. B.C. 2,000년경 크레타인들이 해상무역을 통해 축적한 부와 왕권을 바탕으로 크레타 문명을 만들어냈다. 이 문명은 그리스 본토에서 미케네인들에 의해 붕괴되고, 미케네의 전사적 성격이 합쳐진 미케네 문명을 꽃피우게 된다.

확인문제 [인천교통공사]

18. 세계 최초의 해양문명으로 그리스 문화의 선구이며 오리엔트 문명을 그리스에 전달하는 교량역할을 한 문명은?
① 에게 문명
② 인도 문명
③ 중국 문명
④ 이집트 문명
⑤ 메소포타미아 문명

은 왕조

은허를 중심으로 발전한 중국 최초의 왕조인 은(殷)나라는 제정일치의 신권정치를 하였다. 그리고 청동기를 사용하여 무기와 제사도구를 제작하였으나 농기구는 여전히 석기와 나무로 만들었다. 순장하는 풍습이 있었고, 갑골문자와 태음력을 사용하였다.

확인문제

19. 춘추전국시대에 대한 다음 설명 중 바르지 못한 것은?
① 포전, 도전 등 청동제 화폐가 유통되었다.
② 청동기 농기구의 사용과 우경이 시작되었다.
③ 씨족 결합이 무너지고 5인 평균가족의 독립이 가능하였다.
④ 가문의 배경이 없어도 본인의 능력으로 활약할 수 있었다.

답 18. ① 19. ②

● 로마제국

B.C. 7세기경에 이탈리아 반도 테베 강 어귀에 라틴 사람들이 세운 도시 국가에서 시작하여 왕정기, 공화정기, 제1 · 2차 삼두정치를 거쳐 B.C. 27년에 옥타비아누스가 제정시대를 이루었다. 그러나 395년 로마제국은 동서로 분열되어 서로마제국은 476년에 멸망하고 비잔틴제국(동로마제국)은 1453년까지 존속하였다.

● 로마 공화정

6세기까지 이주민 에트루리아 출신 왕의 지배를 받던 로마는 귀족들이 힘을 합쳐 왕을 몰아낸 후 공화정을 실시했다. 공화정 초기에는 귀족들이 원로원(세나투스)을 사실상 지배했고, 원로원 의원 중에 선출된 두 명의 집정관이 나라를 지배했다. 그러다 이민족과의 전쟁 때문에 상공업의 발달로 재산을 모은 평민들의 협력이 필요했던 귀족들은 B.C. 494년에 호민관을 선출하고, 평의회를 만들도록 허락했다. 이때 선출된 호민관은 원로원의 부당한 입법과 행정조치를 거부할 수 있는 권한이 있었다.

● 마야 문명

멕시코 남부 및 과테말라 · 벨리즈를 중심으로 온두라스 · 엘살바도르 일부를 포함한 약 32만 4,000㎢의 지역에서 번영했던 마야족의 문화이다. 마야 문명은 두 시기의 문화로 나누어지는데, 하나는 250년경에 나타났던 '차콜 문화'이고 다른 하나는 600년경에 시작되어 900년경에 사라진 '테페우 문화'이다.

● 십자군 원정

1095년 클레르몽 공의회에서 십자군 전쟁을 결의한 후 약 200년에 걸쳐 유럽인들이 이슬람교도들을 상대로 벌인 7차에 걸친 전쟁이 일어난다(1095~1270년). 유럽의 제후가 참가한 1차 원정은 예루살렘을 탈환하고, 예루살렘 왕국을 세우는 데 성공하나 곧 다시 빼앗기고 만다. 이후 예루살렘 재탈환을 위해 다시 조직된 원정대는 본래의 목적보다 각자의 이익 추구에 몰두하는 추태를 보이면서 전쟁에서 실패한다. 그 결과 교황과 봉건영주의 세력은 약화되고 왕권은 강화되어 중앙집권국가로 발전하게 되었으며, 지중해 중심의 동방무역 발달로 이탈리아의 도시들이 번영하게 되었다.

확인문제 [인천교통공사]

20. 헬레니즘 문화에 대한 설명으로 틀린 것은?
① 문화 중심지는 알렉산드리아였다.
② 국제어가 유행하고, 자연과학이 눈부시게 발달하였다.
③ 개인의 행복과 정신적인 안정을 찾으려는 경향이 강했다.
④ 그리스 문화와 인도 문화의 융합으로 이루어진 세계문화였다.

사라센문화

이슬람 · 비잔틴문화를 바탕으로 지중해 연안과 인도 · 중국의 문화를 종합하여 절충한 문화이다. 특히 사라센제국의 아랍인이 이룩한 아라비아문화로, 수학 · 화학 · 천문학 · 지리학 등이 발달했으며, 《아라비안나이트》는 사라센문화의 대표적 문학이다. 동서 문화의 중계를 맡아 중국의 제지술 · 나침반 · 화약 · 인쇄술을 유럽에, 사라센 과학의 지도 작성법 · 간의를 중국에 전했으며, 고대와 르네상스 시대와의 중간기에 큰 역할을 하였다.

확인문제 [인천교통공사]

21. 로마 제정은 누구에 의하여 실시되었다고 할 수 있는가?
① 케사르
② 옥타비아누스
③ 네로
④ 콘스탄티누스

콘스탄티누스 대제

4세기 초에 부패한 로마의 유력자들이 정치에 악영향을 주는 것을 피하기 위해 수도를 콘스탄티노플로 옮겼으며, 313년에 크리스트교를 공인하는 밀라노 칙령을 내리고 로마제국의 부흥에 힘썼다. 크리스트교는 밀라노 칙령으로 공인된 이후 테오도시우스 황제 때에 로마의 국교가 됨으로써 그리스 · 로마 문화와 함께 서양 문명의 근간이 되었다.

답 20. ④ 21. ②

● 백년전쟁(1338~1453년)

프랑스 내의 영국령 문제, 플랑드르 지방에 대한 주도권 싸움, 프랑스 왕위계승 문제로 벌어진 전쟁이다. 영국이 프랑스를 침입하여 초반에는 영국이 우세하였으나 잔 다르크가 전세를 역전시켜 결국 프랑스의 승리로 끝났다.

● 장미전쟁(1455~1485년)

랭커스터가와 요크가가 영국의 왕위계승을 둘러싸고 벌인 전쟁으로, 랭커스터가는 붉은 장미, 요크가는 흰 장미를 가문의 문장으로 삼았기 때문에 장미전쟁이라는 이름이 붙었다. 랭커스터가 출신 헨리 튜터(헨리 7세)가 요크가의 엘리자베스와 결혼하면서 전쟁이 마무리되고 튜터 왕조가 시작되었으며, 전쟁을 하는 동안 귀족들의 세력이 약화되어 영국도 중앙집권국가로 발전할 수 있었다.

● 루터의 종교개혁

교황이 면죄부를 판매하자 루터는 비텐베르크 교회에서 95개 조의 반박문을 내걸고 인간은 오직 신의 은총과 믿음으로 구원되는 것이며, 교황이라 하더라도 성경에 나와 있지 않은 이유로 인간의 죄를 용서해 줄 수 없다고 주장했다. 교황과 독일 황제는 보름스국회(1521년)에서 루터를 설득하다가 실패하자 파문시켰다. 이에 루터의 지지자들과 독일 사이에 종교전쟁이 발생했고 이 전쟁에서 루터 쪽 사람들이 승리하여 1555년 아우크스부르크 회의가 이루어졌으며, 그 결과 루터파라는 새로운 교회가 인정되었다.

● 30년전쟁(1618~1648년)

독일을 무대로 크리스트교와 가톨릭교 간에 벌어진 최대의 종교전쟁이다. 신교 제후국 보헤미아의 왕이 죽자 구교국인 오스트리아의 페르디난트가 왕위에 올라 가톨릭 절대 신앙을 강요하려 하자 보헤미아와 오스트리아의 프로테스탄트 귀족들이 반란을 일으켰다. 이에 신교와 구교로 나뉘어 있던 유럽의 국가들이 전쟁에 가담하면서 이 전쟁은 종교전쟁에서 국제적인 전쟁으로 발전하게 된다. 결국 이 전쟁은 1648년 베스트팔렌조약을 맺으면서 신교의 최종 승리로 끝나게 된다.

확인문제

22. 크리스트교를 공인한 로마의 황제는?
① 레오 3세
② 하인리히 4세
③ 콘스탄티누스 1세
④ 이노센스 3세

확인문제

23. 고대 멕시코 및 과테말라를 중심으로 번성한 문명은?
① 인더스 문명 ② 마야 문명
③ 황허 문명 ④ 에게 문명

봉건사회

로마의 은대지제와 게르만의 종사제에 기원을 둔 봉건제는, 정치적으로는 토지를 매개로 한 쌍무적 계약관계인 주종제와 경제적으로는 자유가 없는 소작농에 대해 토지를 소유한 영주가 광범위한 경찰권과 사법권 및 과세권을 비롯한 여러 가지 권한을 행사하는 장원제이다. 또한 토지 소유와 인간 관계에 바탕을 둔 권리와 의무에 관한 사회제도이다.

확인문제 [한국석유공사]

24. 중세 십자군 원정이 유럽에 끼친 영향과 거리가 먼 것은?
① 교역이 추진되어 상업이 발달하였다.
② 봉건영주, 기사 세력이 약화되어 봉건제도가 붕괴되기 시작하였다.
③ 로마 교황의 주창으로 추진된 원정이었으므로 교황권이 강화되었다.
④ 유럽 사람들의 견문이 넓어지고, 문화 발전에 새로운 변화가 나타났다.
⑤ 십자군 원정 초기에는 교황의 권위가 높아졌으나 후기부터는 권위가 떨어지게 되었다.

답 22. ③ 23. ② 24. ③

산업혁명

1760년대에 농업과 수공업 위주의 경제에서 공업과 기계를 사용하는 제조업 위주의 경제로 변화하는 과정을 산업혁명이라 한다. 산업혁명은 면방직 공업을 시작으로 영국에서 제일 먼저 시작되어 19세기에 접어들면서 영국을 벗어난 유럽 각국과 미국으로 퍼져나갔다. 이 산업혁명을 거치면서 자본주의 경제체제가 확립되었으나 노동문제가 발생하였고 오언, 푸리에 같은 초기 사회주의자들은 사회주의 사상에 바탕을 둔 노동운동을 전개했다.

미국독립혁명

영국의 중상주의 정책 강화로 식민지에 세금을 늘리기 위한 인지세(1765년)와 차조례(1773년) 법안이 통과하자, 이에 불만을 품은 식민지 사람들이 보스턴 차 사건을 일으켰다. 이에 영국 정부가 보스턴 항구를 폐쇄하자 식민지 대표들이 필라델피아에서 대륙회의를 열고 이에 항의하였으며 항의가 받아들여지지 않자 독립군을 조직(1776년)하고 영국군과 충돌한 전쟁이다. 전쟁 초에는 영국이 우세하였으나 유럽 각국이 독립군을 지원하자 전세가 역전되어 요크타운 전투에서 독립군이 승리하고, '파리조약(1783년)'을 맺어 독립을 인정받는다. 그리고 서쪽은 미시시피 강, 남쪽은 동 · 서 플로리다, 북쪽은 오대호까지가 미국의 영토로 확정되었다.

프랑스혁명

1789~1794년 프랑스를 뒤흔들었던 대혁명이다. 재정문제 해결을 위해 루이 16세는 삼부회를 소집하였다. 그러나 회의운영방식을 신분제 투표와 머릿수 투표 중 어느 것을 택할 것인지를 놓고 제1 · 2신분과 제3신분이 다투다 테니스코트의 서약 후 국민의회가 결성되었다(1789년 6월). 그러나 국왕과 귀족들이 국민의회를 강제로 해산하려 하자, 1789년 시민들이 바스티유 감옥을 습격함으로써 혁명이 시작되었다. 혁명 당시 국민의회는 인권선언문을 발표하며 천부인권의 권리로서 자유와 평등, 국민주권, 언론 · 출판 · 신앙의 자유와 사유재산 불가침원칙을 확인했다. 1791년 신헌법이 공포되었고, 다음 해에 왕정이 폐지되었으며 국민공회는 공화제를 성립하였다.

확인문제

25. 장미전쟁은?
① 영국의 제후들 간의 전쟁이다.
② 영국과 프랑스 간의 전쟁이다.
③ 독일과 프랑스 간의 전쟁이다.
④ 프랑스의 제후들 간의 전쟁이다.

확인문제

26. 종교개혁에 대한 설명으로 잘못된 것은?
① 칼뱅은 《기독교강요》를 저술하여 신교의 체계를 세웠다.
② 마르틴 루터는 1517년 면죄부 판매를 비난하는 95개조 반박문을 발표하였다.
③ 1555년 보름스(Worms) 종교회의에서 루터파를 선택할 자유가 인정되었다.
④ 루터의 종교개혁과 거의 같은 시기에 스위스의 취리히에서도 츠빙글리가 면죄부의 판매에 반대하여 종교개혁을 일으켰다.

베스트팔렌조약

유럽사상 최초의 국제회의로, 베스트팔렌 오스나브뤼크에서 조인되었다. 이 조약으로 칼뱅파의 종교적 권리와 종교 선택의 권리가 인정되었고, 영토에 관한 조항은 스웨덴 · 프랑스 및 이들의 동맹세력에게 모두 유리하게 결정되었다. 또 독일은 분권적 경향이 더욱 강화되었고, 스웨덴이 엘베 · 오데르 강 하구를 장악함으로써 상업 · 무역상 활동에 제약을 받았다.

확인문제 [한국마사회]

27. 30년전쟁으로 체결된 조약은?
① 난징조약 ② 네르친스크조약
③ 베르사유조약 ④ 베스트팔렌조약

답 25. ① 26. ③ 27. ④

Chapter 05 역사 · 교육 · 철학

아편전쟁(1840~1842년)

편무역으로 인한 중국 차(茶)의 수요가 늘어 영국의 은이 중국으로 다량 유출되자 영국은 삼각무역을 통해 중국에 아편을 수출하였다. 그러자 사정이 역전되어 청은 아편중독의 폐해와 함께 많은 양의 은이 영국으로 유출되고 사회·경제적으로 피폐해졌다. 이에 중국이 아편 금지와 영국 상인의 무역을 금지시키는 조치를 내리자 영국은 자유무역 보장을 요구하며 군대를 파견했다. 강행된 전쟁에서 패한 청나라는 서양과 최초의 불평등조약인 '난징조약(1842년)'을 체결하였다.

태평천국운동(1851~1864년)

홍수전을 중심으로 한 농민들이 1851년 광시성에 봉기하여 '멸만흥한(滅滿興漢)'을 내세우며 난징을 점령하고 태평천국이라는 나라를 세웠다. 토지균등분배, 신분제도 철폐, 남녀평등을 주장한 태평천국운동은 혁명 이념의 퇴색·지도층의 내분과 분열로, 결국 한인관료가 조직한 의용군과 외국용병(상승군)에게 패한다. 이 운동은 실패했지만 근대민족운동의 선구였으며, 후에 쑨원이나 공산당의 혁명 이념에 큰 영향을 주었다.

애로호 사건(제2의 아편전쟁)

정박 중이던 영국 상선 애로호에 청국 관리가 들어가 범행 용의자인 중국 선원을 체포했는데 영국은 자국의 국기 모욕을 이유로, 프랑스는 선교사 살해사건을 이유로 광저우를 공격했다. 궁지에 몰린 청은 영·프 연합군에 굴복하고, 1853년 톈진조약을 체결하였다. 그러나 패배를 인정하기 싫었던 청은 1859년 톈진에서 영·프 공사를 태운 함대를 공격하였고 이에 영·프 연합군이 다시 쳐들어 왔으며 베이징을 점령하여 청을 완전히 굴복시킨 후, 1860년에 베이징조약을 체결하였다.

양무운동(1862~1895년)

아편전쟁을 통해 서양의 군사력을 경험한 리홍장, 증국번 등의 한인 관료가 주체가 되어 중국의 전통과 제도를 바탕으로 서구의 기술을 받아들여 군대를 강화하고 근대적 공업을 육성하여 부국강병을 이루고자 한 운동이다. 중체서용(中體西用)을 바탕으로 '강병, 부국, 육영'을 내세우며 추진하였으나 근대적 개혁으로서의 한계와 청·일전쟁의 패배로 실패했다.

명예혁명(1688년)

제임스 2세가 심사법과 인신보호법을 없애는 등 전제정치를 하자 이에 반대한 의회가 그를 추방하고 새로 추대한 윌리엄 3세에게 의회의 권리를 명시한 권리장전을 승인하게 한 사건으로, 피 한 방울 흘리지 않고 의회 중심의 입헌군주제가 성립되었다고 하여 이를 '명예혁명'이라 한다.

확인문제 [서울특별시도시철도공사]

28. 영국 명예혁명의 결과로 나타난 것은?

① 대헌장　② 권리청원
③ 권리장전　④ 인신보호령

확인문제

29. 프랑스혁명의 3대 정신은?

① 자유, 평등, 사랑
② 자유, 평등, 박애
③ 자유, 사랑, 신뢰
④ 자유, 평등, 존중

난징조약의 내용

- 홍콩을 영국에 할양
- 광저우·샤먼·상하이 등 개항
- 2천 1백만 원의 배상금 지불
- 공행과 조공 의례 폐지

확인문제

30. 홍콩이 영국으로 넘어간 계기가 된 사건은?

① 천진조약　② 애로호사건
③ 백화운동　④ 아편전쟁

변법자강운동

무술변법(戊戌變法)이라고도 한다. 청일전쟁 패전과 그에 따른 제국주의 열강에 의한 중국 분할로, 젊은 독서인층은 망국의 위기감을 절감하였다. 그들은 패전의 경험에서, 유럽의 무기·기술만을 도입하려는 양무운동(洋務運動)의 한계를 깨닫고, 전통적인 정치체제·교육제도 개혁으로서 부국강병을 실현해야만 중국이 근대세계 속에서 살아남을 수 있음을 주장하였다.

답 28. ③ 29. ② 30. ④

● 메이지유신(1868년)

일본이 막부체제에서 왕정복고를 통한 천황 중심의 중앙집권체제, 입헌군주제를 성취한 후 추진한 위로부터의 근대화 운동이다. 1854년 미 · 일 화친조약에 이어 1858년에는 미국을 비롯한 영국, 러시아, 네덜란드, 프랑스와 조약을 체결하였는데 이는 막부가 칙허 없이 독단적으로 처리한 것이었다. 이에 도쿠가와 막부에 대한 불신과 회의가 생기면서 존왕양이론(尊王洋夷論)이 등장하게 되었고 메이지 정부를 수립하고 정치, 경제, 사회 전반에 걸친 개혁을 실시하였다. 일본은 메이지유신으로 근대화에 성공하고 제국주의 체제를 성립하였다.

● 제1차 세계대전(1914~1918년)

영국 · 프랑스 · 러시아 등의 연합국과 독일 · 오스트리아 등의 동맹국 사이에 벌어진 세계 규모의 전쟁이다. 범게르만주의와 범슬라브주의의 대립과 제국주의의 팽창욕이 그 배경이고, 사라예보 사건이 직접적 원인이 되어 발발한 세계적인 제국주의 영토 재분할 전쟁이다. 중립을 지키고 있던 미국이 연합국에 가담하자 전세가 유리해진 연합국이 승리했다. 이로 인해 1918년 11월 독일이 항복하고 1919년 베르사유조약으로 강화가 이루어졌다.

● 제2차 세계대전(1939~1945년)

영국 · 미국 · 프랑스 · 중국 등의 연합국과 일본 · 독일 · 이탈리아 등의 군국주의 국가 사이에 일어난 세계 규모의 전쟁이다. 먼저 독일이 1939년 오스트리아를 합병하고 체코슬로바키아의 수데텐 반환을 요구하자, 연합군은 뮌헨회담을 열어 독일이 더 이상의 요구를 하지 않는다는 조건으로 이 요구를 들어주었다. 그러나 독일이 소련과 불가침조약을 맺고 폴란드를 침공, 영국과 프랑스에 선전포고를 하면서 제2차 세계대전이 시작되었다. 유럽을 장악한 독일은 소련과의 조약을 파기하고 소련을 침공했고, 이탈리아는 에티오피아를 침공했으며, 일본은 중 · 일전쟁을 시작으로 동남아시아를 침략하고 진주만을 기습공격하여 태평양전쟁을 일으켰다. 그러나 미국이 태평양전쟁에서 승세를 잡은 후 연합군의 대반격이 이루어졌다. 연합군은 먼저 이탈리아의 항복을 받고, 노르망디 상륙 작전으로 독일의 항복을 받은 다음, 원자폭탄을 투하하여 일본의 항복을 받아내고 전쟁에서 승리했다.

베이징 조약

1860년 10월 영국 · 프랑스 · 러시아 등 3국과 개별적으로 체결한 3개 조약이다. 청 · 영, 청 · 프랑스 간의 조약은 1856년 애로호사건 이후의 제2차 아편전쟁을 마치게 한 것으로, 1858년 텐진조약을 보충 · 수정한 것이다. 여기서 청국은 외교사절의 베이징 주재권을 확인하고, 배상금 800만 냥 지불, 청국 이민의 해외도항, 텐진 개항 등을 인정하였다. 또 영국에 대하여는 주룽의 할양, 프랑스에 대하여는 몰수한 가톨릭 재산 반환을 인정하였다.

확인문제

31. 양무운동이란?
① 외국 세력을 배척하려는 운동
② 영국과 결탁하여 일으킨 난동
③ 태평천국의 운동을 옹호하는 운동
④ 근대적 개혁사업에 착수하려는 운동

확인문제

32. 일본의 메이지유신 초기 정한론을 주장한 자는?
① 도요토미 히데요시
② 이토 히로부미
③ 도조 히데키
④ 사이고 다카모리

3B · 3C정책

3B정책은 1890년부터 제1차 세계대전까지 추진된 독일의 제국주의적 근동정책으로, 발칸에서 소아시아를 거쳐 페르시아만에 이르는 지역을 경제적 · 군사적으로 이용하려 한 것이다. 그리고 3C정책은 영국의 제국주의적 정책으로, 독일의 3B정책과 충돌하여 제1차 세계대전의 중요한 원인의 하나가 되었다.

확인문제

33. 제1차 세계대전과 관계없는 것은?
① 신성동맹
② 연합군과 동맹군의 싸움
③ 오스트리아 황태자 부처 암살
④ 범슬라브주의와 범게르만주의의 대립

답 31. ④ 32. ④ 33. ①

Chapter 05 역사 · 교육 · 철학

● 모스크바 3상회의

3국(미국, 영국, 소련)의 외상이사회는 1945년 12월 16일에서 25일까지 모스크바에서 회의를 열고, 27일 회의결과를 발표하였다. 이를 '모스크바 협정'이라고 하며, 그 내용은 다음과 같다.

① 한국에 미 · 소공동위원회를 설치하고 일정기간의 신탁통치에 관하여 협의한다.

② 대일정책(對日政策)의 최고결의기관으로 11개국으로 된 극동위원회를 설치한다.

③ 중국의 내정에 간섭하지 아니하고 통일을 촉진한다.

④ 헝가리 · 이탈리아 · 루마니아 · 불가리아 · 핀란드 등 구추축국(舊樞軸國)과의 강화조약을 준비한다.

⑤ 루마니아 정부에 자유주의적 정당의 대표를 참가시키고, 조속히 자유선거를 실시한다.

⑥ 불가리아 정부에 민주적 인사를 참가시킨다.

⑦ 원자력의 국제관리를 위한 원자력관리위원회를 국제연합 안에 설치한다.

베르사유조약

1919년 6월 28일 연합국과 독일 사이에 조인한 제1차 세계대전의 종결 강화조약이다. 표면적으로 윌슨의 14개 원칙을 기본으로 삼았지만, 현실적으로는 전승국의 이해관계에 따른 것이었다.

대서양헌장

1941년 8월 14일에 발표된, 영국 · 미국 2개국의 세계정치에 대한 원칙의 공동선언이다. 내용은 '영토 불확대, 국민의 합의 없는 영토 변경 불승인, 국민의 정체(政體) 선택 권리존중과, 빼앗긴 주권회복, 통상과 원료의 균등한 개방, 각국 간의 경제협력, 나치스 폭정타도, 공포와 결핍으로부터의 해방, 해양항행의 자유, 무력사용 포기와 영구적인 일반적 안전보장체제 확립'이다.

카이로 회담

1943년 11월에 미국, 영국, 중국의 대표가 전후 일본의 영토와 처리문제를 논의한 회담으로, 이때 한국의 독립이 결의되었다.

포츠담선언(1945년 7월)

연합국이 일본의 무조건 항복을 권고하는 요구를 발표했으나 일본이 이를 거부하자 미국이 일본 본토에 원자폭탄을 투하하였고, 결국 1945년 8월 일본이 항복함으로써 제2차 세계대전이 끝나게 되었다. 이 회담에서 한국의 독립을 재확인하였다.

2 교육

● 고려시대 교육

성종 11년에 설립된 국자감은 고려시대 최고학부의 국립교육기관으로 문무일치교육을 실시하였다. 일종의 종합대학 성격으로 육학과 잡과로 나뉘었는데, 입학원칙이 엄격한 육학과는 달리 잡과는 서인의 입학이 허용되었다.

● 조선시대 교육

① **성균관** : 조선시대 최고 고등교육기관으로 인재양성과 고급관리 배출, 선현 · 성현에게 제사를 올리는 것을 교육목적으로 삼았다. 정원은 200명으로 생원과 진사만이 입학 가능했다.
② **사부학당(四學)** : 중등교육을 담당하였으며, 문묘기능은 수행하지 않는 순수교육기관으로 성균관 예속 학교였다. 양반집 자제들과 민중자제 모두 입학이 가능했다.
③ **종학** : 왕실 종친의 자제들을 교육하였다.
④ **향교** : 지방의 중등관학기관이었으나 조선 중기 교육기능을 상실하고 문묘기능만을 수행하였다.
⑤ **서당** : 서민층의 사설교육기관이자 전국적으로 산재한 범계급적 초등교육기관이었다.
⑥ **서원** : 사립 중등교육기관으로 최초의 서원은 백운동서원(소수서원)이다.

● 근대교육

관학	동문학(통변학교), 육영공원, 소학교, 한성중학교, 한성사범학교, 실업학교
사학	원산학사, 홍화학교, 점진학교, 대성학교, 오산학교

● 관학(官學)

관학은 사학(私學)과 대응되는 말로, 국가에서 설립 · 운영하는 교육기관을 말한다. 고구려의 태학(太學), 신라의 국학(國學), 고려의 국자감(國子監), 조선의 성균관(成均館)과 그 외 향교(鄕校)나 동서학당(東西學堂) · 오부학당(五部學堂) 등도 여기에 속한다.

고구려시대 교육

- **태학** : 소수림왕 2년(372)에 설립된 우리나라 최초의 관학이자 고등교육기관으로 삼사오경(三史五經)을 가르쳤으며, 귀족자제만이 입학 가능했다.
- **경당** : 우리나라 최초의 사학이자 지방에 위치한 중등교육기관으로, 평민을 대상으로 한 문무일치교육을 실시하였다.

백제시대 교육

백제시대에는 학교를 설립했다는 기록이 남아 있지 않으나, 교육을 담당한 행정관청이나 기구 등을 통해 체계적인 교육이 실시되었음을 추정할 수 있다.

- **박사제도** : 교육의 책임을 맡은 관직
- **사도부** : 오늘날의 교육부
- **내법좌평** : 오늘날의 교육부 장관

신라시대 교육

- **화랑도(삼국통일 이전)** : 진흥왕 때 생성된 사설조직 단체로 무술, 이성과 정서도야, 심신단련 등을 가르쳤다.
- **국학(삼국통일 이후)** : 신라 최초의 관학으로 당나라 국자감을 모방하여 만든 교육기관이다. 유학과와 잡과로 나누어져 있었으며 유학과와 잡과는 교육과정이 서로 달랐으나 《논어》와 《효경》은 필수과목으로 수학했다.

확인문제

34. 우리나라 최초의 근대학교로 덕원 읍민의 요구로 설립된 문무일치 교육기관은?
① 통변학교 ② 육영공원
③ 원산학사 ④ 홍화학교

답 34. ③

교육계좌제

국민의 개인적 학습경험을 종합적으로 집중관리하는 것으로, 열린교육사회 · 평생학습사회를 구현하기 위한 제도이다. 이로 인해 인력관리를 통한 국가의 인적자본 축적 강화와 국민의 교육복지 수준 향상 등 여러 이점을 얻을 수 있다.

학점은행제

고교 졸업자가 정규대학에 다니지 않고 학위를 취득할 수 있는 제도이다. 학점은행제는 학교에서뿐만 아니라 학교 밖에서 이루어지는 다양한 형태의 학습 및 자격을 학점으로 인정받을 수 있도록 하고, 학점이 누적되어 일정 기준을 충족하면 학위취득을 가능하게 함으로써 궁극적인 열린교육사회, 평생학습사회를 구현하기 위한 제도이다.

대안학교

공교육제도의 문제점을 극복하고자 만들어진 학교이다. 교사가 일일이 신경을 쓰기 힘들 정도로 많은 학생 수, 주입식 교과 과정, 성적 지상주의 등 학교교육이 맞닥뜨린 현실을 넘어서려는 시도로 등장하였다.

① **등장** : 대안학교는 1960년대 후반 미국에서 일어난 자유학교(free school), 개방학교(open school), 벽 없는 학교 등 학교교육 개선 방안의 하나로 등장하였다. 의무교육을 위주로 한 학교교육을 근본적으로 부정하는 '탈학교론'과는 다르다.

② **등장배경** : 1957년 미국은 소련의 대륙간탄도미사일 개발과 인공위성발사에 충격을 받아 과학교육을 중심으로 교육 · 연구의 신속하고 전면적인 향상을 꾀했으나, 이 개혁정책으로 인해 초등 · 중등교육에서 교내폭력, 수업태도불량, 결석, 중퇴 등 교육황폐현상이 발생하여 1960년대에 들면서 심각한 사회문제로 대두되었다. 이에 따라 1960년대 후반부터 미국사회 소수민족에 대한 구제책으로 대안학교가 시작되었다.

③ **특징** : 소규모 학급을 통한 인간성 회복, 수업계획 등에 대한 학생의 적극적 참여, 능력주의 · 경쟁주의 원리의 약화, 시민들의 광범위한 지원

마이스터고

기존의 실업계 고등학교를 발전시킨 고등학교로서 일과 학습을 병행하여

이머전 교육(immersion education)

일반 교과목 내용을 외국어로 가르치는 이중언어교육 방법이다. 예를 들면 영어를 별도의 과목으로 두지 않고 수학, 사회, 과학 등 정규 과목을 영어로 가르침으로써 자연스럽게 영어를 익히도록 하는 것이다. 이 교육은 1963년 캐나다 퀘벡지역에서 처음 시작, 그동안 각종 연구 결과 교육적 효과가 입증되었다. 특히 미국에서 한국어, 중국어, 일본어 등이 이중언어 교육에 활용되고 있다.

리커런트 에듀케이션 (recurrent education)

순환교육으로, OECD가 중심이 되어 보급하고자 하는 생애교육구상의 일종이다. 종래의 교육이 학교에서 사회로의 방향으로 움직이고 있는 것에 대해, 한번 사회에 진출한 사람들을 다시 정규교육기관에 입학시키고 재학습의 기회를 주어 직업적 · 기술적으로 자질향상을 꾀하게 하는 교육이다. 학교교육과 사회교육의 관계를 순환적으로 체계화하는 것을 과제로 한다.

일리치와 라이머의 탈학교론

일리치는 학교교육의 폐지를 주장한 극단론자로서 문맹퇴치를 위한 학교교육은 갈등만을 초래한다고 보고 관료적이며 기계적인 세계관을 가르치는 학교를 비판하였다. 라이머는 《학교는 죽었다》라는 저서에서 학교사망론을 주장했는데 학교가 국가이념을 주입시키고 있으며 기회균등을 실현하는 듯 보이나 사실은 부유한 사람의 교육을 지원하고 있다며 비판하였다. 탈학교론의 핵심은 학교교육이 참된 교육의 기능을 수행하지 못하고 있어서 무의미하므로 유지되어야 할 이유가 없다는 것이다. 즉, 학교는 해체되어야 한다는 주장이다.

확인문제

35. '학교는 죽었다'라고 말하면서 탈학교론을 주장한 학자는?

① 듀이 ② 루소
③ 촘스키 ④ 라이머

답 35. ④

해당분야의 기술 장인을 육성하려는 고등학교를 부를 때 쓰는 말이다. 바이오, 반도체, 자동차, 전자, 기계, 로봇, 통신, 조선, 항공, 에너지, 철강, 해양 등 다양한 기술 분야를 다루며 전국각지에 있다. 마이스터고는 산학협력이나 이원적 직업교육훈련제도 등을 통하여 학생들의 경력개발 경로를 명확하게 설정하고, 졸업 후 소질과 적성에 따라 원하는 해당 분야의 중견기술자로 성장할 수 있는 교육체제를 갖추어야 할 필요가 있다.

● 자율형 사립고

기존의 자립형 사립고보다 학교의 자율성을 더 확대 · 발전시킨 것으로 학생의 학교선택권을 다양화하기 위해 고교 정부 규정을 벗어난 교육과정, 교원 인사, 학생 선발 등 학사 운영의 자율성을 최대한 보장한다. 또한 정부 지원 없이 등록금과 재단 전입금으로 운영되고 등록금은 일반고의 3배 수준까지 받을 수 있으며 자사고의 지정은 교육부 장관과 협의해 교육감이 결정한다. 자율형 사립고는 5년 단위로 평가해 재지정이나 취소 여부를 결정하게 되는데 문재인 대통령은 고교 서열화의 해소를 위한 자사고 폐지를 핵심 대선 공약으로 삼았다.

● 특성화고

특정 분야의 인재와 전문 직업인 양성을 위한 특성화 교육과정을 운영하는 고등학교로 기존 실업계 고등학교의 대안적인 학교모형으로 만화와 애니메이션, 요리, 영상 제작, 관광, 통역, 금은 보석 세공, 인터넷, 멀티미디어, 원예, 골프, 공예, 디자인, 도예, 승마 등 다양한 분야에서 재능과 소질이 있는 학생들에게 맞는 교육을 실시하는 학교이다. 이는 다시 직업교육 분야와 대안교육 분야로 나뉜다. 이 중 전자를 흔히 특성화고등학교로, 후자를 대안학교로 부르며 「초 · 중등교육법 시행령」 개정안에 따라 전문계 고등학교 등이 특성화 고등학교로 전환됨에 따라 특성화고등학교의 목적을 직업전문 인재 양성으로 규정하고 있다.

● 행동주의 학습이론

학습을 설명하는 행동주의 이론으로, 학습을 경험의 결과로 나타나며 관찰할 수 있는 행동의 변화라고 정의한다. 행동주의 학습이론에 내재되어 있는 근본 원리는 환경이 학습자에게 제시하는 모든 것을 의미하는 자극과, 자극으로 인한 행동을 의미하는 반응 간의 연합이라고 할 수 있다. 그

고교학점제

학생들이 진로에 따라 다양한 과목을 선택, 이수하고 누적학점이 기준에 도달할 경우 졸업을 인정받는 제도를 말하며 이는 정해진 시간표에 따라 동일한 과목을 공부하는 현 교육체계에서 탈피, 대학생처럼 자신의 흥미와 적성에 따라 시간표를 짤 수 있도록 선택권을 넓혀주기 위한 취지로 시행되는 것이다. 2020년 마이스터고에 우선 도입한 뒤 2022년에는 특성화고와 일반고 등에 학점제 제도를 부분 도입하고 2025년에는 전체 고교에 전면 시행된다.

블록타임제

기존의 45분 또는 50분으로 이루어지던 단위수업을 2~3시간 연속으로 운영하거나 교과내용, 수업방법에 따라 70~100분 등 여러 형태로' 수업시간을 탄력적으로 운영하는 방식으로 짧은 시간 탓에 학생 개개인의 특성을 고려하기 어렵고, 수업의 흐름을 끊어 수업 효율이 떨어지는 단점을 가진 전통적인 수업시간에 비해 수업의 흐름을 끊지 않고 연속적으로 진행할 수 있으며, 심층적인 수업으로 교육 질을 높일 수 있다. 또 기존의 짧은 수업에서 실시하기 어려웠던 탐구, 토론, 실험 활동 등을 편성할 수 있고, 교과교실제를 시행하는 학교라면 학생들의 이동시간을 줄일 수 있다. 다만 긴 시간 연속수업을 진행하는 만큼 학생들의 집중도가 떨어지고, 활동 중심의 수업이 많이 이루어져 입시과목 수업 시에는 효율이 떨어진다는 지적도 있다.

공정성

교육에서 '공정성'이란 평가 결과가 평가 대상이 속한 집단의 평가받는 특성 이외의 요인에 의해 다르지 않게 나오는 정도를 말하며 평가 대상에는 지역, 학교, 가정환경, 성별 등이 포함된다.

래서 자극과 반응의 연합을 학습으로 이해하는 행동주의 이론을 '연합이론'이라고도 한다. 대표적 이론으로는 파블로프의 '고전적 조건형성', 스키너의 '작동적 조건형성', 손다이크의 '시행착오설'이 있다.

고전적 조건형성

파블로프(Pavlov)의 고전적 조건화는 수동적 조건형성이론으로, 어떠한 자극이라도 무조건적 자극과 인접하기만 하면 연합이 형성되어(인접의 이론) 조건반응(행동)이 인출된다는 것이다. 고전적 조건화의 특징은 자극과 자극을 연합시키는 것으로, 무조건자극과 조건자극이 연합하면 조건자극에도 반응이 일어난다는 데 있다.

작동적 조건형성

연구동물들을 단계적으로 훈련시킨 경험을 통해 프로그램 학습원리들을 정립한 스키너(Skinner)는 이른바 교수기계(teaching machine)를 사용함으로써 그 원리들이 이루어지기를 기대했다. 그의 접근법에서 핵심적인 개념은 '강화 또는 보상'이다. 자기 나름의 속도를 정하고 교수기계를 이용하여 학습하는 학생은 자신이 익히려는 주제에 관한 질문에 정확히 대답하면 보상을 받고, 그럼으로써 강화가 이루어진다는 것이다.

장이론(field theory)

인간의 행동을 개인의 현재의 상황, 즉 장(場)과의 관계로 설명하려는 이론. 레빈(K. Lewin)과 그의 추종자들이 발전시킨 이론이다. 이 이론은 다음의 세 가지 원리에 관련된 사고를 반영하고 있다. ① 상황의 여러 가지 상이한 측면 사이에 이루어지는 상호의존성, ② 행동과 현재의 장의 조직과의 관계, ③ 장을 개인의 경험 속에서 추상적이고 체계적으로 해석하고 설명할 필요성 등을 포함하고 있다.

시행착오설

'학습이란 어떠한 자극 S(stimulus)으로 인해 생체에서 나타나는 특정 반응 R(response)의 결합으로 이루어진다.'는 손다이크(Thorndike)의 학습이론으로, 'S-R이론'이라고도 한다. 손다이크는 이 이론을 정립하기 위해서 쥐의 미로실험과 고양이 문제함 실험을 하였는데, 생활체는 시행착오적 반응을 반복하는 가운데 실패의 반응은 줄어들고 성공적 반응은 강

확인문제

36. 다음 중 행동주의 학습이론과 연관이 없는 것은?
① 연습의 법칙 ② 자극과 반응
③ 강화와 보상 ④ 동화와 조절

확인문제

37. 조건자극을 무조건자극과 결합하여 조건반응을 일으키게 하는 조건반응설을 주장한 학자는?
① 손다이크 ② 스키너
③ 파블로프 ④ 매슬로우
⑤ 프로이트

로젠탈 효과(Rosenthal Effect)

하버드대 심리학과 교수였던 로버트 로젠탈 교수가 발표한 이론으로 칭찬의 긍정적 효과를 설명하는 용어다. 그는 샌프란시스코의 한 초등학교에서 20%의 학생들을 무작위로 뽑아 그 명단을 교사에게 주면서 지능지수가 높은 학생들이라고 말했고 8개월 후 명단에 오른 학생들이 다른 학생들보다 평균 점수가 높았는데 교사의 격려가 큰 힘이 되었기 때문이다. '피그말리온 효과'와 일맥상통하는 용어다

답 36. ④ 37. ③

화되어 학습이 성립된다는 것이다. 연구를 통해, 손다이크는 '연습의 법칙, 효과의 법칙, 준비성의 법칙'이라는 3대 학습법칙을 제시했다.

인지주의 학습이론

베르트하이머(Wertheimer)에 의해 창안된 형태심리학과 이를 토대로 발달한 인지주의 심리학에 기초를 두고 쾰러(Kohler), 레빈(Lewin) 등이 주장한 학습이론으로, 형태주의 이론이라고도 한다. 인지주의 학습이론의 기본 가정은 인간이 감각으로 받아들이는 외부자극 요소들이 함유한 뜻을 추출하는 인지 혹은 사고과정을 통하여 사고 내용이 형성되고, 이들 사고 내용이 행동을 유발하는 원인이 된다는 것이다.

브레인스토밍(brainstorming)

광고회사의 A. F. 오즈번에 의해 창안된 것으로, 두뇌에 폭풍을 일으키는 것처럼 기발하고 창의적인 아이디어를 얻는 방법을 말한다. 여러 사람이 모여 어느 한 가지 문제에 대한 해결 방안을 생각할 때, 판단이나 비판을 일단 중단하고 자유로운 토론을 통하여 독창적인 아이디어를 이끌어내는 집단 사고개발법이다. 이 방법의 중점은 아이디어의 질보다는 많은 아이디어를 생산하는 것에 있다고 할 수 있다.

마인드맵(mind map)

'생각의 지도'라는 뜻으로, 자신의 생각을 지도 그리듯 이미지화해 사고력, 창의력, 기억력을 한 단계 높이는 두뇌 개발 기법이다. 간혹 어떤 문제에 대하여 창조적으로 사고하고 있을 때, 시간이 흐르거나 연속적인 사고의 연상이 진행되면서 그 내용의 일부는 잃어버리게 되고 재생하기가 어렵다. 마인드맵은 유기적으로 연결되는 일련의 생각을 훌륭하게 상기시켜준다.

IQ(Intelligence Quotient, 지능지수)

지능검사의 결과로 얻은 정신연령을 생활연령으로 나눈 다음 100을 곱한 수치로, 지능의 발달 정도를 나타내는 데 쓰인다. IQ 개념은 독일의 심리학자 빌헬름 슈테른이 처음으로 제안하였고 스탠퍼드-비네 검사에서 루이스 터먼이 채택했다.

손다이크의 3대 학습법칙

- **연습의 법칙** : 연습을 하면 결합이 강화되고 연습하지 않으면 결합이 약화된다는 법칙이다.
- **효과의 법칙** : 학습의 결과가 만족스런 상태에 도달하면 자극과 반응의 결합이 강화되고, 불만족을 주는 결과가 계속되면 자극과 반응의 결합이 약화된다는 법칙이다.
- **준비성의 법칙** : 학습이 일어나기 위해서는 학습자가 학습할 준비가 되어 있어야 하며, 그렇지 않은 학습자에 대해서는 자극과 반응을 연합시킬 수 없다는 법칙이다.

피아제의 인지발달이론

피아제(Piaget)에 의하면 아동은 능동적 존재로서 주변 환경과의 상호작용을 통해 적응해 가는데, 이 적응의 과정을 동화와 조절의 상호작용으로 보았으며 동화와 조절이 균형을 이룬 상태를 평형이라고 하였다. 또한 인지발달을 촉진시키는 주요 요인을 성숙, 사물과의 물리적 경험, 사회적 상호작용, 평형화의 4가지로 보았다.

확인문제

38. 피아제가 주장한 인지발달을 촉진시키는 주요 요인이 아닌 것은?
① 성숙
② 평형화
③ 사물과의 입체적 경험
④ 사회적 상호작용

답 38. ③

● EQ(Emotional Quotient, 감성지수)

자기의 감정을 다스리고 남의 감정을 이해하는 능력을 수치로 나타낸 것이다. 지능지수(IQ)에 대비되는 개념으로, '마음의 지능지수'라고도 한다. 미국의 행동심리학자인 대니얼 골먼이 창시하였으며, '인간의 총명함을 결정하는 것은 IQ가 아니라 EQ'라고 제창해 커다란 반향을 불러일으켰다. EQ란, 거짓 없는 자기의 느낌을 솔직하게 인정하고 마음으로부터 납득할 수 있는 판단을 내리는 능력, 불안이나 분노 등에 대한 충동을 조절할 수 있는 능력, 궁지에 몰렸을 때에도 자기 자신에게 힘을 북돋아주고 낙관적인 생각을 유지할 수 있는 능력, 남을 배려하고 공감할 수 있는 능력, 집단 속에서 조화와 협조를 중시하는 사회적 능력 등을 일컫는다.

● MQ(Moral Quotiont, 도덕성지수)

미국의 아동심리학자 로버트 콜스 교수가 정립한 개념으로, 양심에 어긋나지 않게 행동하는 것을 말한다. 그에 따르면 아이들이 도덕적으로 성장하는 데 밑거름이 되는 MQ는 규칙적인 암기나 추상적인 토론, 가정에서의 순응교육으로는 길러지지 않으며, 어린이들 스스로 다른 사람들과 어떻게 하면 잘 지낼 수 있는가를 보고 듣고 겪으면서 길러진다.

CQ(Charisma Quotient, 카리스마 지수)

지능지수(IQ), 감성지수(EQ)에 이어 인간의 능력을 재는 척도로 등장한 기준이다. 여기에서 말하는 카리스마란 타인에 대한 흡인력과 공동체 내의 신뢰감, 지도력 등을 포괄적으로 표현하는 말이다.

SQ(Spiritual Quotient, 영성지수)

의미와 가치의 문제를 다루고 해결하기 위한 창조적 지능을 표현하는 용어로, 영국의 옥스퍼드 부룩스대학교의 교수인 도너 조하와 정신과 의사 이언 마셜이 처음 사용하였다. SQ는 기존의 가치를 인식하는 데 그치지 않고 새로운 가치를 창의적으로 발견하는 지능이기 때문에 IQ나 EQ가 나쁘더라도 SQ가 좋으면 탁월한 리더십으로 새로운 가치를 창조해 나갈 수 있는데 종교인, 최고경영자(CEO) 등이 대표적인 예이다.

3 철학

공자의 인(仁) 사상

인(仁)은 선(善)의 근원이 되고 행(行)의 기본이 되는 것으로서 유교윤리의 최고 덕목이며, 공자(孔子)의 중심사상이다. 공자는 인의 개념보다 인의 실천을 강조하였는데, 인을 실천하는 것은 도덕적 의무인 동시에 누구나 할 수 있는 것이며, 인은 무차별적 사랑이 아니라 착한 사람을 사랑하고 악한 사람을 미워하는 '차별적 사랑'이라고 하였다.

① 인(仁) 사상 : 인(仁)은 인간의 본래적 도덕성, 타인을 사랑하는 어진 마음씨, 선행 지향의 차별적이고 분별적인 사랑을 의미한다. 인의 실천 덕목으로 서(恕, 용서의 논리)와 효제충신(孝悌忠信)의 실천을 강조했다.

② 예(禮) 사상 : 인은 인간의 내면적 규범이고, 예는 외면적인 사회규범이다. 극기복례(克己復禮)를 통해 사람마다 자신의 사욕을 극복해서 진정한 예를 회복할 것을 강조했다.

③ 정치 · 사회 사상

㉠ 정명론(正名論) : 지위에 상응한 책임과 의무

㉡ 덕치주의(德治主義) : 도덕과 예의로 백성 교화

㉢ 대동사회(大同社會) : 더불어 잘 사는 이상 사회

성선설(性善說)

인간의 본성은 선천적으로 선하다는 맹자의 인성론(人性論)이다. 인간은 누구나 남에게 차마 어쩌지 못하는 마음[不忍人之心(불인인지심)]을 가지고 있는데, 이를 사단(四端)이라고 하였다. 밖에서 영향을 받지 않아도 착한 마음씨인 사단이 인간의 마음속에 내재해 있다고 보고, 사단을 발전시켜 나가면 사덕(四德)에 도달하게 된다고 보았다.

성악설(性惡說)

인간의 본성은 태어날 때부터 악하다는 순자의 인성론이다. 순자는 인간이란 본래 악한 존재이기 때문에 배움을 통하여 선으로 가야 한다고 주장하였다. 선은 자연의 욕망을 억제한 결과 생기는 것이며, 이러한 욕망을 방치하면 사회가 혼란에 빠지기 때문에 예로써 바로잡아야 한다는 것이다.

유가

춘추시대 말기에 활약한 공자(孔子)에 의해 성립된 학파이다. 공자는 인(仁)의 완성과 예(禮)를 토대로 한 이상국가의 실현을 주장하였는데, 공자의 '인'은 맹자에 의해, '예'는 순자에 의해 더욱 구체화되었다.

도가

우주의 절대적 존재를 무(無)라고 하는 무위자연설을 주장한 사상으로, 대표적인 학자로 노자와 장자가 있다.

- **노자의 무위자연설(無爲自然說)** : 무위(無爲)란 일체의 인위적인 노력을 하지 않는다는 것이고, 자연(自然)이란 그러한 상태로 가만히 따른다는 것이다. 즉, 인위적인 행동을 버리고 무위자연의 이치에 따라 살아갈 때 사회적인 혼란에서 벗어날 수 있다고 주장한 노자의 사상이다.
- **장자의 제물론(齊物論)** : 장자는 일체의 차별을 뛰어넘어 만물이 하나라는 것을 깨달은 정신적 자유의 경지를 제물(齊物)이라 표현하고, '제물'에 이르는 수행방법으로 '좌망(坐忘 : 조용히 앉아서 일체의 것들을 잊어버림)'과 '심재(心齋 : 마음을 비워서 깨끗이 함)'를 제시하였다.

맹자

四端之心	四端之性
측은지심(惻隱之心) : 남을 불쌍히 여기는 마음	인(仁)
수오지심(羞惡之心) : 자기 잘못을 부끄러워하고 미워하는 마음	의(義)
사양지심(辭讓之心) : 사양하고 겸손해하는 마음	예(禮)
시비지심(是非之心) : 옳고 그름을 가려낼 줄 아는 마음	지(智)

● 성리학(性理學)

송 · 명대에 발달한 새로운 경향의 유학으로, 성명(性命)과 이기(二氣)의 관계를 논한 유교철학이다. 공자의 학설에 불교와 도교의 사상을 도입해 인성(人性)의 원리, 인심(人心), 천리(天理)와의 관계를 논한 학문으로, 주자에 이르러 집대성되었으며, 정주학 또는 주자학이라고도 한다.

● 양명학(陽明學)

명나라의 학자인 양명(陽明) 왕수인(王守仁)이 주장한 실천유교철학이다. 왕수인은 주자학이 점차 형식화되어 가자 실천을 중요시하는 지행합일설(知行合一說)을 주장하였는데, 이를 왕수인의 호를 따서 '양명학'이라고 한다. 심즉리(心卽理)로부터 출발하여 지행합일설에 도달하고 마지막으로 치양지설에 의하여 완성되는 양명학은 명나라 때 크게 유행하였고, 우리나라에도 전해졌으나 크게 성하지는 못하였다.

● 사단칠정론(四端七情論)

조선시대의 석학인 퇴계 이황과 고봉 기대승 사이에 전개된 사단과 칠정에 관한 이기론적(理氣論的) 해석을 둘러싼 논쟁을 말한다. 이황은 4단이란 이(理)에서 나오는 마음이고 칠정[七情 : 희(喜) · 노(怒) · 애(哀) · 구(懼) · 애(愛) · 오(惡) · 욕(慾)]이란 기(氣)에서 나오는 마음이라 하였다. 인간의 마음은 이와 기를 함께 지니고 있으며, 마음의 작용을 이의 발동으로 생기는 것과 기의 발동으로 생기는 것 두 가지로 구분하였다. 이에 반해 기대승은 이와 기는 관념적으로는 구분할 수 있으나 구체적인 마음의 작용에서는 구분할 수 없다고 주장, 이기공발설(理氣共發說)을 내세웠다. 이를 다시 이이가 뒷받침하여 '일원적 이기이원론(一元的 理氣二元論)'을 주장하면서 이황의 영남학파와 이이의 기호학파가 대립, 동인과 서인 사이에 당쟁이 벌어지게 되었다.

● 주리론(主理論)

조선시대 성리학의 양대 학파 가운데 하나이다. 이기이원론(理氣二元論)을 바탕으로 하는 성리학 가운데 우주 만물의 궁극적 실재를 이(理)로 보는 이황의 학설을 계승한 영남학파의 철학을 가리킨다. 즉, 이(理)와 기(氣)가 어디까지나 두 가지이지 한 가지가 아니며, 기는 결코 상존하지 않고 생멸하는 것이라고 보았다. 이언적이 처음 주장한 것을 이황이 집

호연지기(浩然之氣)

맹자가 말한 것으로 하늘과 땅 사이에 충만한 도덕적 에너지, 즉 이상적 기상(氣象)을 뜻한다. 《맹자(孟子)》 〈공손추편(公孫丑篇)〉에 나오는 것으로, 사람 몸에는 물적 생명요소인 기(氣)와 생명력 · 정신 · 심령을 의미하는 기(氣)가 있어 매우 크고 강하며 곧게 기름으로서 하늘과 땅 사이를 가득 채우게 될 것이라고 하였다. 또 기를 통일적 의지와 상호보충되는 도덕적 실천의 문제로 보고, 그것은 밖에서 오는 것이 아니라 정의와 도에 맞는 의(義)가 안에서 모여 생겨나는 것이라고 하였다.

확인문제 [한국환경공단]

39. '지(知)는 행(行)의 시초요, 행은 지의 완성'이라 하여 지행합일설(知行合一說)을 주장한 사람은?

① 노자 ② 공자
③ 주자 ④ 왕양명

삼강오륜(三綱五倫)

유교 도덕의 기본이 되는 3가지 강령과 사람이 항상 행해야 할 5가지 실천 덕목을 말한다. 중국 전한 때의 동중서가 공맹(孔孟)의 교리에 입각하여 삼강오상설(三綱五常說)을 논한 데서 유래된 윤리와 도덕을 이르는 말이다.

- **삼강(三綱)** : 군위신강(君爲臣綱), 부위자강(父爲子綱), 부위부강(夫爲婦綱)
- **오륜(五倫)** : 부자유친(父子有親), 군신유의(君臣有義), 부부유별(夫婦有別), 장유유서(長幼有序), 붕우유신(朋友有信)

법가

중국 전국시대에, 천하를 다스리는 데는 덕치(德治)보다 법치(法治)가 근본이라고 주장하며 예로부터 내려오는 귀족의 특권을 인정하는 형식을 없애고 권력을 군주에 집중시켜 부국강병을 꾀할 것을 주장한 학파이다. 대표적인 학자로 관자, 이사, 상앙, 한비자 등이 있다.

답 39. ④ 

대성하였고 이현일, 이재, 이상정, 유치명, 이진상, 이항로 등에게 계승되었다.

● 주기론(主氣論)

조선시대 성리학의 양대 학파 가운데 하나로, 이기이원론을 기본 이념으로 하는 성리학에서 우주 만물의 존재 근원을 기(氣)로 보는 이이의 학설을 계승한 기호학파의 철학을 가리킨다. 즉, 기(氣)만이 능동성을 가지고 발동할 수 있으므로 모든 현상은 기가 움직이는 데 따라 다르게 나타나며, 이(理)는 단순히 기(氣)를 주재하는 보편적 원리에 불과하다는 주장이다. 이념적 윤리보다 실천적 윤리를 중시하는 이 견해는 서경덕으로부터 비롯되어 이이에 의해 집대성되고 김장생, 정엽, 김집, 송시열, 송준길 등에게 계승되었다.

● 무실역행

민족 지도자 도산 안창호는 민족의 정신적 지표로서 무실(務實), 역행(力行), 충의(忠義), 용감(勇敢)의 4대 정신을 강조하였다. 이 4대 정신은 하나같이 성실사상을 그 바탕으로 하고 있다.

① **무실(務實)** : 참되기 운동, 거짓말 안 하기 운동이다.
② **충의(忠義)** : 사물이나 일을 대할 때에는 정성을 다하며, 사람을 대할 때에는 신의와 믿음으로 대하여야 한다.
③ **용감(勇敢)** : 옳음을 보고 나아가며, 불의를 보고 물러서지 않는 용기를 말한다.
④ **역행(力行)** : 행하기를 힘쓰자는 뜻으로, 실천의 중요성을 말한다.

● 인물성동이론(人物性同異論)

조선 후기 성리학자들 사이에서 논의된 인간과 동식물의 본성이 같은지 다른지에 대한 논쟁을 말한다. 권상하의 문하에서 인물성동이론에 관한 논의가 일어나게 되었는데, 이간과 한원진이 중심이 되었다. 이들의 논쟁을 출신 지역에 따라 호락논쟁(湖洛論爭)이라고도 한다.

● 이데아(Idea)

플라톤(Platon)은 참다운 세계는 현상의 세계가 아닌 오직 이성으로만 파악할 수 있는 이데아 세계라 하였고, 이것은 객관적으로 실재한다고 보았

이황(李滉)

16세기 조선시대의 학자이며 문신으로 도산서원을 창설했다. 주자의 학설을 발전시켜 우리나라 학계는 물론 일본 학계까지 큰 영향을 주었다. 그의 학문의 근본적 입장은 '진리는 이론에서 찾을 수 있는 것이 아니고 평범한 일상생활 속에 있다'는 것이다. 즉, 그는 지(知)와 행(行)의 일치를 주장하였으며, 그 기본이 되는 것이 성(誠)이요, 그에 대한 노력으로서 경(敬)이 있을 뿐이라고 하였다. 저서에 《성학십도》, 《퇴계전서》가 있고, 시조집으로 《도산십이곡》이 있다.

이이(李珥)

16세기 조선 중기의 뛰어난 철학자 · 정치가 · 교육자로, 이(理)와 기(氣)는 서로 떨어질 수 없는 미묘한 관계를 가졌으나, 서로 혼동할 수 없다는 새로운 철학체계를 수립하였다. 사림의 사상과 주장을 집대성했으며, 《성학집요》, 《동호문답》, 《격몽요결》, 《경연일기》 등 많은 저작들이 《율곡전서》에 수록되어 있다.

훈고학(訓古學)

진시황의 분서갱유 이후에 침체에 빠져 있던 중국 고전을 해석하기 위해 글자의 의미 · 형상 · 음운을 연구하던 학문을 말한다. 한대(漢代)에 이르러 학문으로 발전하였는데, 오경박사(五經博士)를 두어 유교경전의 훈고를 충실하게 담당하도록 하였다. 그 후 송(宋)대에 성리학이 유행하면서 쇠퇴하였으나, 청(淸)에 이르러는 서양 과학의 영향을 받으면서 실증적인 고증학(考證學)으로 발달하였다.

고증학(考證學)

중국 청나라 때에 고전을 정확한 고증으로 연구하려 한 고전 연구 방법, 또는 그러한 학풍을 말한다. 송 · 명 시대에 헛된 이론만을 일삼던 성리학의 학문 태도에 대한 반동으로 일어난 학풍으로, 청대 학풍의 일반적인 특색이기도 하였다. 그 학풍은 청나라 초기 황종희, 고염무 등에 의해 비롯되어 널리 보급되었고, 훈고(訓詁), 음운(音韻), 금석(金石) 등 여러 전문분야에 큰 업적을 남겼다.

다. 플라톤에게 최고의 이데아는 선(善)의 이데아이며, 결국 그는 선의 이데아를 실현하는 삶을 강조하였다.

● 소피스트(sophist)

서양철학의 출발인 자연철학이 아테네 철학으로 바뀌는 과도기에 인간의 관심을 자연으로부터 인간 자신에게로 전환시킨 철학으로 경험주의와 실용주의 철학의 선구가 되었다. 대표적인 소피스트는 '인간은 만물의 척도'라고 주장한 프로타고라스, 회의론과 불가지론을 주장한 고르기아스 등이다.

● 아리스토텔레스(Aristoteles)

① **형이상학적 일원론** : 감각되는 현실 속에 참다운 존재가 있다.
② **인간관** : 모든 인간 행위의 최종 목표이며 최고선(最高善)은 '행복'이다.
③ **윤리관** : 주지주의적 입장에 주의주의(主意主義)적 입장을 가미하였다.
④ **중용(中庸)의 덕** : 이성에 의한 충동과 감정을 억제함으로써 어느 한쪽으로 치우침이 없는 의지를 습관화한 '중용의 덕'을 강조하였다.
⑤ **국가 · 사회관** : '인간은 정치적 동물이다.'라고 말하며, 개인의 자아실현은 사회 · 국가에서의 도덕 생활을 통해 가능하다고 주장하였다.
⑥ **기타** : 목적론적 세계관, 논리학의 집대성, 삼단논법, 실체-형상(eidos)과 질료(hyle)

● 스토아학파(Stoicism)

인생의 궁극적인 최고선과 행복은 이성활동을 통해 모든 욕망을 끊어버리고 고통의 공포에 무관심해짐으로써 정념이 없는 마음의 상태, 즉 '아파테이아(Apatheia)'를 유지할 때 실현 가능하다고 주장하였다. 이 학파의 특징으로는 이성중시, 금욕주의, 극기주의, 만민평등, 박애사상 등을 꼽을 수 있다. 로마의 만민법, 근대 자연법사상, 범신론적 윤리설 등에 많은 영향을 주었으며 대표적인 사상가로는 이 학파를 창시한 제논, 세네카, 키케로 등이 있다.

● 경험론

근대 자연과학적 인식의 근거를 경험에서 구하는 철학적 학설이다. 현실 긍정적 성향이 강한 영국인들에게서 비롯된 철학적 태도로 로크, 베이컨

칸트(Kant)

영국 경험론의 장점인 경험과 대륙의 합리론의 장점인 이성을 비판적으로 종합함으로써 독일 관념론을 성립시켰다. 칸트는 합리론을 독단론이라고 부르고, 경험론은 맹목론이라 불러 양자를 비판함과 동시에, 지식 그 자체도 비판하였다.

데카르트(Descartes)

데카르트는 '진리를 확실하게 인식하기 위하여 인간에게 허용된 길은 명증적 직관과 필연적 연역 이외에는 없다'고 하여, 모든 명제를 자명한 공리로부터 연역해 내는 기하학적인 방법을 철학에 도입하였다. 이 방법을 통하여 데카르트는 중세 철학에서 탈피하였고, 근세 철학의 창시자가 되었다.

이 대표적인 사상가이다.

합리론

합리적 지성이 절대적 진리를 밝혀준다고 믿었던 프랑스인들을 중심으로 유럽에서 일어난 철학적 사조로, 진리 파악 능력을 이성의 사유로 보고 이성을 중시하는 세계관이다. 합리주의, 이성론, 이성주의라고도 한다.

우상론

영국의 경험론자 베이컨은 《우상론》에서 선입견 · 편견을 우상이라 하고, 종족의 우상, 동굴의 우상, 시장의 우상, 극장의 우상 등 4개로 나누었다. 참된 경험과 지식을 얻기 위해서는 우상을 버려야 한다고 주장했다.

① **종족의 우상** : 인간이기 때문에 생기는 편견으로, 세상의 사물을 인간의 관점으로 바라보는 오류를 의미한다.

② **동굴의 우상** : 동굴이란 개인의 타고난 성격, 환경 등에 의해 만들어진 편견을 의미하는데, 개인이 동굴 안에서 세상을 보면서 그것을 전체라고 여기는 오류를 의미한다.

③ **시장의 우상** : 사회생활에서 부정확하게 사용되는 언어가 만든 편견을 의미한다. 시장에서 소문이 나면 거짓도 사실처럼 느껴진다는 의미에서 시장의 우상이라고 한다.

④ **극장의 우상** : 권위나 전통을 무비판적으로 받아들이는 편견을 의미한다. 요즘에는 언론의 우상이라고도 할 수 있는데, 신문이나 텔레비전의 말은 무조건 믿는 것과 같은 오류를 의미한다.

분석철학

20세기 초 영국에서 시작된 사조로 과학과 일상적 언어의 여러 개념이나 명제를 분석하고, 그 의미를 밝히는 것을 목적으로 삼는 철학을 통틀어 이른다. 주로 기호나 언어의 분석을 통하여 인식의 참과 거짓 또는 그 의미를 비판하는 것을 목적으로 하며, 현대 영미(英美) 철학의 주류를 이루었다. 대표적 학자로는 프레게, 러셀, 비트겐슈타인 등이 있다.

실존철학

합리주의에 대한 비판 · 반항에서 싹텄으며, 현대의 극단적인 한계상황에서 생의 주체인 '나'는 무엇을 해야 하고 어떻게 살아야 하며 어떻게 행동

에피쿠로스 학파

스토아학파가 플라톤과 아리스토텔레스의 사상을 이어받아 인간 이성을 통한 엄격한 금욕주의적 태도를 중시한 데 반해, 에피쿠로스학파는 인간의 감각적 경험과 정신적 쾌락 등 현실 세계에서의 행복을 중시하면서 아타락시아(ataraxia, 평정심)를 추구하였다.

확인문제

40. 영국의 경험론 철학자 베이컨이 구분한 4개의 우상 가운데 개인적인 취미, 성격, 환경에서 오는 편견을 가리키는 것은?

① 종족의 우상 ② 동굴의 우상
③ 시장의 우상 ④ 극장의 우상

답 40. ②

해야 하느냐 하는 주체성의 철학, 자기회복의 철학이다. 대표적 철학자로 유신론적 실존주의자인 키에르케고르, 야스퍼스, 무신론적 실존주의자인 니체, 하이데거, 샤르트르가 있다.

● 구조주의(構造主義)

사회과학상의 한 유파로, 1960년대 들어 마르크스, 하이데거, 프로이트 등의 견해와 대립하며 프랑스에서 새로이 형성된 사상적 조류이다. 클로드 레비스트로스, 미셸 푸코, 리시안 세바크 등이 구조주의를 주창한 주요 멤버인데, 그들 사이에서도 통일된 의견을 발견하기 어려우나, 마르크스주의나 실존주의 등 이제까지의 사상적 · 사회과학적 업적을 근본적으로 재검토하여 현대과학의 종합화를 추구한다는 것이 공통점이다.

● 프래그머티즘(pragmatism, 실용주의)

미국에서 발달한 사상으로, 진리의 상대성 · 유용성을 강조하며, 실질과 실용을 중시하는 현실주의 철학이다. 소피스트, 경험론, 공리주의의 영향을 받았으며, 진리탐구는 과학적 방법에 의거해야 한다고 보면서 진리와 행동을 결부시키고, 세계를 미완성의 소재로 보면서 결정론적 세계관을 배격했다. 대표적인 철학자는 퍼스, 제임스, 듀이 등이다. 프래그머티즘의 집대성자인 듀이(Dewey)는 프래그머티즘을 '도구주의' 또는 '실험주의'로 발전시켰다.

● 프랑크푸르트학파

M. 호르크하이머가 지도하기 시작한 후의 '프랑크푸르트 사회연구소'에 참가한 여러 학자들과 제2차 세계대전 후에 재건된 동 연구소에서 배출된 제2세대의 연구자를 포함한 총칭이다. 아도르노, 마르쿠제, 벤야민, 프롬, 노이만 등을 비롯하여 제2세대 연구자인 하버마스, 슈미트 등이 포함된다. 그들은 정통파 마르크스주의의 교조주의(教條主義)에 반대하면서도, 어떤 의미에서는 마르크스의 동기(動機)를 계승, 그것을 프로이트의 정신분석학과 미국 사회학의 방법에 결합시켜 현대의 경험을 바탕으로 한 비판이론을 전개하였다.

● 해체주의(deconstruction, 디컨스트럭션)

종래의 로고스(logos) 중심주의적인 철학을 근원적으로 비판하는, 프랑

환원적 분석
(還元的分析 : Reductive)

일상 언어가 다의성과 애매성으로 인해 참된 의미를 알아낼 수 없으므로, 언어현상을 올바로 이해하기 위해서 인위적 언어가 필요하다고 보았다. 이상언어(ideal language)는 인공적으로 구성된 언어로 모든 애매성과 다의성이 배제되며, 언어적 표현의 표층적인 문법적 형식이 그것의 심층적인 논리적 구조와 일치하는 언어를 말한다.

생철학

헤겔의 이성주의와 계몽철학의 주지주의에 반하여 나타난 반이성주의 철학으로 생에 관한 철학, 생의 의의와 가치와 본질과 목적이 무엇인가를 파악하려는 철학이다. 생철학을 20세기 상황에서 새롭게 다룬 것이 실존철학이다. 대표적 학자로는 쇼펜하우어, 니체, 베르그송, 딜타이, 슈바이처, 짐멜 등이 있다.

실존주의 철학자

- **키에르케고르** : 신 앞에 선 단독자, 실존주의 선구자, 《죽음에 이르는 병》(= 절망)
- **니체** : 신(神)은 죽었다, 초인(超人) 사상, 《짜라투스트라는 이렇게 말했다.》, 《권력에의 의지》
- **야스퍼스** : 한계상황(죽음, 병, 고뇌), 파멸에 이르는 병(인간성 상실)
- **하이데거** : 죽음에 이르는 존재, 《시간과 존재》
- **샤르트르** : 실존은 본질에 앞선다.

니힐리즘(Nihillism, 허무주의)

절대적인 진리나 도덕, 가치 같은 것이 존재하지 않는다고 보는 입장이다. 투르게네프가 《아버지와 아들》에서 처음 이 말을 사용했고, 니체는 니힐리즘의 대두를 예언하고 그것을 극복해야 한다고 주장하였다.

스 철학자 J.데리다의 독자적인 중심 사고방식으로 탈구축(脫構築)이라고 번역되기도 한다. 그는 지금까지의 서유럽의 전통적 형이상학을 철저하게 비판하고 그 사상의 축(軸)이 되었던 것을 모두 상대화함으로써 새로운 사상을 구축하려 하였다. 먼저 비판의 대상이 되는 것은 미리 주어진 것으로서 존재하는 '전체성'이라는 사고방식이고, 그 다음이 그 배후에 있는 신(神)이라는 궁극의 존재를 지주로 하는 서구의 '전통적 형이상학'이다. 현재 '디컨스트럭션'은 프랑스에서보다도 미국의 문예비평에서 중요한 기본 용어가 되었는데, 이 경우에는 사상의 변환을 요구하는 급진적인 개념으로 쓰인다.

확인문제

41. 진리의 상대성과 유용성을 강조하며, 실질과 실용을 중시하는 현실주의 철학은?
① 마르크시즘
② 니힐리즘
③ 포스트모더니즘
④ 프래그머티즘

방법적 회의

모든 것을 의심해 보면서 조금이라도 의심이 되는 것은 버리고, 전혀 의심할 수 없는 확실한 것을 찾아내는 것이다. 데카르트는 합리론의 시조로서 방법적 회의로 진리에 임하는 연역적 방법을 주장, '나는 생각한다. 고로 나는 존재한다.'라는 유명한 명제를 남겼다.

연역법과 귀납법

- **연역법** : 보편원리를 바탕으로 순수한 사유에 의한 특수 명제를 이끌어내어 진실에 도달하는 방법이다.
- **귀납법** : 관찰과 실험을 통해 구체적 사실을 수집·정리하여 보편적 법칙을 유도해내는 학문 연구 방법이다.

답 41. ④

CHAPTER 05 객관식 문제

[한국전력공사]

01 다음 중 조선시대의 대동법의 영향으로 맞지 않는 것은?

① 대동법으로 국가의 재정수입이 증가되었다.
② 지주의 부담은 감소되고 농민의 부담은 증가되었다.
③ 대동법의 실시로 집산지인 삼랑진, 강경, 원산 등이 상업도시로 성장하였다.
④ 공인이 등장하고 상업이 발달하였다.

해 대동법의 결과 상업과 수공업은 발전하고 국가수입은 늘었으며 민생은 안정되었다.

02 국권이 위협받고 있던 시기의 의병 운동을 표로 정리하였다. (가)~(다)에 들어갈 사건을 바르게 연결한 것은?

시기	발생계기	시기
1895년	(가)	의병 운동의 시작
1905년	(나)	평민 의병장의 활약
1907년 이후	(다)	의병 전쟁으로 확산

	(가)	(나)	(다)
①	을미사변	을사조약	군대 해산
②	임오군란	을사조약	군대 해산
③	단발령	을미사변	을사조약
④	청 · 일 전쟁	갑오개혁	을미개혁
⑤	을사조약	군대 해산	강화도조약

해 을미사변(1895)은 고종이 아관파천을 결정하는 주요 원인이었고, 의병 봉기의 계기가 되었다. 을사조약(1905)의 체결은 한국 내에서의 반발을 불러일으켜 거국적인 항일운동이 전개되었다. 구한국 군대는 군대 해산(1907)에 반대하여 항쟁을 일으켰다.

[한국전력공사]

03 다음은 조선 후기에 나타난 근대지향적이고 실증적인 학문인 실학(實學)에 대한 설명이다. 틀린 것은?

① 실학이란 경세와 실용의 방면에 관심을 둠으로써 유학 본래적 학문의 기능을 회복하려고 한 학문이다.
② 실학은 경세치용학파와 이용후생학파로 나뉘었다.
③ 경세치용학파의 학자로는 유형원, 이익, 정약용 등이 있으며 구한말 애국 계몽사상가들에게 영향을 주었다.
④ 이용후생학파는 토지분배에 관심을 두었으며 빈부격차의 유발을 이유로 상공업 발달에는 부정적 입장을 가졌다.

해 이용후생학파(중상학파)는 상공업의 진흥을 주장하였다.

[대구도시철도공사]

04 갑신정변에 대한 설명으로 잘못된 것은?

① 입헌군주제로의 정치적 개혁을 시도하였다.
② 갑신정변의 결과 청의 내정간섭이 더욱 심해졌다.
③ 갑신정변의 결과 제물포조약이 체결되었다.
④ 문벌을 폐지하고 인민 평등권을 확립하여 봉건적 신분제도를 타파하려 하였다.

해 제물포조약(1882년)은 임오군란의 결과로 체결된 조약이다.

05 **다음과 같은 폐단을 바로잡기 위한 정책으로 옳은 것은?**

> 특산물을 바치는 공납의 폐단이 나날이 심해집니다. …… 각 고을에서 특산물을 바치려 할 때에 관리들이 여러 가지로 트집을 잡아 좋은 것도 불합격 처리하기 때문에 바칠 수가 없습니다. 그러고 나서, 관리들은 상인들에게 특산물을 관청에 대신 내게 하고, 그 고을 농민들에게는 물건 값을 턱없이 높게 쳐서 열 배의 이득을 취하니 이것은 백성들의 피땀을 짜내는 것입니다. –《선조실록》

① 균역법 ② 과전법
③ 대동법 ④ 호포제
⑤ 직전법

해 대동법(大同法)은 특산물을 바치는 공납의 폐단을 시정하기 위하여 세제를 개혁한 것이다.

[한국환경공단]

06 **고구려의 광개토대왕의 업적이 아닌 것은?**

① 연호사용 – 영락
② 후연을 거쳐 요동지방의 땅을 차지
③ 왜군 격파
④ 백제의 위례성 함락
⑤ 만주차지

해 ④는 장수왕의 업적이다.

07 **신라의 골품제도에 대해 바르게 설명한 것은?**

① 중앙집권국가로 발전하는 과정에서 각 지방의 족장세력을 통합 편제한 신분제도이다.
② 6두품의 경우 최고관등인 이벌찬까지 오를 수는 있으나 왕위에 오를 수 없어 득난이라고 불렸다.
③ 신분에 따라 복색과 가옥구조가 달랐으나 관계진출에는 제약이 없었다.
④ 진골귀족은 주로 학문과 종교분야에서 두드러진 활약을 했다.

해 ② 6등품은 6관등 아찬까지 오를 수 있었다.
③ 골품제도는 신분에 따라 사회생활(신분에 따라 복색과 가옥구조 등이 달랐고)과 정치활동(6두품은 6관등 아찬, 5두품은 10관등 대나마, 4두품은 12관등 대사까지만 승진 허용), 사생활에도 차이가 있었다.
④ 관직 진출의 한계 때문에 6두품이 주로 학문과 종교분야에서 활약하였다.

08 **발해에 대한 설명으로 옳은 것은?**

① 676년에 건국했다.
② 신라와 밀접한 관계를 유지했고 특히 문화 교류가 활발했다.
③ 926년 지도층의 내분을 틈탄 당나라의 침략으로 멸망했다.
④ 발해에 대한 본격적인 연구는 조선 후기 실학자들이 시작했다.

해 ① 발해는 699년에 고구려인 대조영이 건국했다.
② 신라와는 당의 견제책으로 늘 대립관계에 있었지만 일정한 교류가 있었다는 것이 오늘날의 정설이다.
③ 요를 세운 거란족의 침입으로 926년에 멸망했다.

01 ② 02 ① 03 ④ 04 ③ 05 ③ 06 ④ 07 ① 08 ④ 답

09 **고려와 조선의 정치에서 나타난 공통점으로 볼 수 없는 것은?**

① 과거를 통해 문무관리를 선발했다.
② 국가의 중대사는 합의를 거쳐 결정했다.
③ 고급관료의 자제는 과거를 통하지 않고 관직에 나갈 수 있었다.
④ 서경제도를 통해 고관과 국왕의 횡포를 견제했다.

해 고려시대에는 무과가 없었다.
② 고려는 도당(도병마사)의 합의제, 조선은 재상권과 합의제인 의정부에서 국가 중대사를 논했다.
③ 고려에는 음서제도, 조선에는 문음제도가 있었다.
④ 고려와 조선은 서경을 통해 고관과 국왕의 횡포를 견제했으므로 옳다.

[한국전력공사]
10 **고려시대 무인정권과 관계없는 사항은?**

① 삼별초 ② 교정도감
③ 도방 ④ 별무반

해 '신기군, 신보군, 항마군'으로 구성된 별무반은 숙종 때 윤관의 건의로 조직된 여진 토벌군이다.

[한국전력공사]
11 **지방세력 견제책의 변천과정을 바르게 연결한 것은?**

① 사심관제도 – 유향소 – 상수리제도
② 상수리제도 – 기인제도 – 경저리제도
③ 사심관제도 – 기인제도 – 향청
④ 상수리제도 – 유향소 – 향청

해 상수리제도는 신라시대, 기인제도와 사심관제도는 고려시대, 경저리제도는 조선시대의 지방세력 견제책이다.

[한국석유공사]
12 **조선 중종 14년에 유교적 개혁정치를 주도하던 조광조 세력이 축출당한 사화는?**

① 을사사화 ② 기묘사화
③ 갑자사화 ④ 무오사화

해 기묘사화는 1519년(중종 14년) 11월 남곤, 심정, 홍경주 등의 훈구재상에 의해서 조광조, 김정, 김식 등 신진사류가 화를 입은 사건이다.

13 **다음 중 조선시대의 당쟁에 관한 설명으로 옳지 않은 것은?**

① 본격적인 당쟁은 이조전랑 자리를 둘러싼 김효원과 심의겸의 대립으로 시작하였다.
② 크게 보면 왕권의 강화를 주장한 서인과 유림의 권한 강화를 도모한 남인의 대립이었다.
③ 당쟁의 하이라이트는 왕실의 복상(服喪) 문제를 둘러싼 예송(禮訟) 논쟁이다.
④ 영조는 강력한 탕평책을 실시했다.

해 서인은 상업 · 기술 발전에 호의적이고 노비속량 · 서얼허통에 비교적 적극적이었으며, 대신이 주도하는 정치를 지향한 반면, 남인은 상업 · 기술 발전에 소극적이고, 왕권강화, 정책비판 기능에 큰 비중을 두었으며, 수취체제 완화와 자영농민 육성에 치중하였다.

[한국전력공사]
14 **조선시대 실학에 관한 설명 중 틀린 것은?**

① 사림문화의 한계성을 인식하고 부국강병, 민생안정을 추구하였다.
② 실학자도 성리학자들이었으나 성리학 이외의 학문을 폭넓게 수용하였다.
③ 중농학파는 농업의 전문화 및 농업기술의 혁신을 주장하였다.
④ 실학사상은 국가정책에는 별로 반영되지 못하였다.

해 중농주의 실학자들은 농촌 문제를 해결하려면 농업 기술의 개발 등 농업 생산력을 높이는 방법도 중요하지만 근본적으로는 토지 소유의 편중을 해결할 수 있는 토지 제도 개혁이 선행되어야 한다고 보았던 반면, 중상학파는 농업뿐 아니라 상공업의 진흥과 기술 혁신 등 물질 문화의 발달에 관심을 가졌다.

[한국마사회]

15 **조선시대 실학서에 관한 것으로 잘못 연결된 것은?**

① 정치, 군사 – 반계수록
② 역사 – 연려실기술
③ 경제 – 경세유표
④ 의학 – 마과회통

해 《경세유표》는 정약용이 중앙정치제도의 폐해를 지적하고, 개혁의 의견을 기술한 책이다.

[한국전력공사]

16 **다음 중 갑오개혁에서 단행된 개혁의 내용이 아닌 것은?**

① 국호와 연호의 개정
② 조세의 금납화
③ 도량형의 통일
④ 신분제의 철폐

해 국호를 대한제국으로, 연호를 광무라 고치고 왕을 황제라 칭하여 자주국가임을 내외에 선포한 것은 광무개혁(1897년)에서였다.

17 **대한민국 임시정부에 관한 설명으로 옳지 않은 것은?**

① 3 · 1운동을 계기로 수립되었다.
② 국외의 임시정부를 통합하여 성립되었다.
③ 민주공화정체 정부조직을 갖추었다.
④ 민주주의에 입각한 근대적 헌법을 마련했다.

해 3 · 1운동 이후 수립된 여러 정부, 즉 상해 임시정부, 국내의 한성정부, 시베리아의 대한국민회의, 서 · 북간도의 군정부 등이 독립운동을 보다 강력하게 추진하기 위해 1919년 4월 13일 중국 상해에서 대한민국 임시정부를 수립하였다.

[한국전력공사]

18 **다음 설명 중 틀린 것은?**

① 중국 송나라 때 발명된 화약, 활판인쇄술, 나침반, 종이를 중국의 4대 발명이라 한다.
② 장미전쟁은 영국의 왕위계승권을 둘러싼 랭커스터가와 요크가의 대립으로 발생한 내란이다.
③ 세계 3대 법전이라 함은 함무라비 법전, 나폴레옹 법전, 로마 법전을 말한다.
④ 세계 일주를 처음 성공한 사람은 마젤란이다.

해 종이는 후한시대에 채륜이 발명한 것이다.

[서울특별시도시철도공사, 한국전력공사]

19 **다음 중 가장 먼저 일어난 것은?**

① 명예혁명
② 러시아혁명
③ 프랑스대혁명
④ 산업혁명

해 ① 1688년, ② 1917년, ③ 1787~1799년, ④ 1760년대

09 ① 10 ④ 11 ② 12 ② 13 ② 14 ③ 15 ③ 16 ① 17 ② 18 ① 19 ① 답

[한국전력공사]

20 **아래 보기 중 역사적 배경이 다른 하나는 무엇인가?**

㉠ 베르사유조약	㉡ 대서양헌장
㉢ 국제연합	㉣ 뉘른베르크 재판

① ㉠ ② ㉡
③ ㉢ ④ ㉣

해 ㉠은 제1차 세계대전, ㉡, ㉢, ㉣은 제2차 세계대전을 배경으로 한다.

[대구도시철도공사]

21 **다음 중 아편전쟁과 관련해 옳지 않은 것은?**

① 난징조약으로 중국의 5개항이 개항되었다.
② 중국에 대한 서구열강의 침탈이 본격화되었다.
③ 애로호 사건이 도화선이 되어 발발했다.
④ 양무운동의 계기가 되었다.

해 애로호 사건은 1856년에 일어난 것으로 제2차 아편전쟁이라고도 한다.

[한국마사회]

22 **다음을 읽고 알맞은 것을 고르시오.**

- 자연과학의 발달
- 세계적인 문화
- 동서문화 교류에 공헌

① 그리스 – 로마문화
② 사라센 – 비잔틴문화
③ 오리엔트 – 그리스문화
④ 헬레니즘 – 사라센문화

해 헬레니즘문화는 개인주의적이면서도 세계시민주의적인 성격을 띠고 있으며, 자연과학이 발달했고, 개인의 행복에 관심을 가진 스토아학파와 에피쿠로스학파의 철학이 두드러졌다. 사라센문화는 수학 · 화학 · 천문학 · 지리학과 함께 자연과학이 발달했고, 고대와 르네상스 시대의 중간기에 큰 역할을 하였다.

[서울메트로]

23 **백년전쟁의 내용이 아닌 것은?**

① 프랑스의 왕위계승과 양모공업과 연관
② 1435년 아라스에서 화의를 맺음
③ 영국과 프랑스와의 전쟁
④ 영국의 왕위쟁탈전

해 영국의 왕위쟁탈전은 장미전쟁의 원인이다.
①, ③ 백년전쟁은 프랑스 내의 영국령 문제와 프랑스 왕위계승 문제, 그리고 플랑드르 지방을 둔 주도권 싸움이 그 원인이었다.
② 부르고뉴파와 아르마냐크파가 다년간에 걸친 항쟁을 끝내고 아라스에서 화의를 맺음으로써 백년전쟁 종결을 위한 조건이 정비되었다.

[한국석유공사, 한국전력공사]

24 **십자군 원정이 유럽 사회에 미친 영향을 잘못 설명한 것은?**

① 동방에 대한 관심이 높아졌다.
② 교황권이 권위를 잃게 되었다.
③ 지중해 연안의 도시가 발달되었다.
④ 봉건 영주의 세력이 확대되었다.

해 십자군 원정의 실패로 교황의 권위는 떨어졌고, 전쟁에 참가했던 봉건 영주 또한 세력이 약해졌다. 반면 상대적으로 왕권이 강해지면서 중앙집권국가로 발전하였고, 이탈리아의 도시들이 지중해 무역으로 성장하게 되었다.

[KT]

25 **르네상스 시대의 휴머니스트는 주로 어떤 사람들이었는가?**

① 근대적 학문에 종사한 대학교수층
② 빈민구제를 부르짖는 인도주의자들
③ 스콜라 철학의 연구가들
④ 고전을 수집하고 연구한 학자들

해 르네상스 시대의 휴머니스트는 대학에서 인문학을 가르치던 학자들을 가리키던 말로, 이들은 고대 그리스와 로마의 고전을 연구하는 과정에서 인간의 가치와 자유로운 비판정신을 추구하는 휴머니즘(인문주의)을 탄생시켰다.

26 **영국과 아일랜드의 뿌리 깊은 분쟁은 1649년 영국의 아일랜드 정복에서 비롯되었다. 당시 아일랜드를 침략한 뒤 식민법을 만들어 수탈 통치를 한 사람은?**

① 찰스 1세 ② 크롬웰
③ 윈스탠리 디거즈 ④ 제임스 1세

해 청교도혁명을 이끈 크롬웰은 혁명 직후, 아일랜드를 침략하고 1652년 아일랜드 식민법을 제정해 토지에 대한 수탈을 감행했다. 이로 인해 아일랜드 경작지의 3분의 2가 영국인의 소유로 바뀌었고, 몰락한 아일랜드인은 영국인 지주 밑에서 일하는 소작인이 되거나 아메리카 대륙이나 영국으로 이주해 갔다.

[서울특별시도시철도공사]

27 **독일이 유럽에서 처음으로 통일된 민족국가로 등장한 시기로 옳은 것은?**

① 로마시대 이후
② 제1차 세계대전 이후
③ 1871년 비스마르크에 의해
④ 제2차 세계대전 이후

해 비스마르크는 프로이센의 총리로 1866년 남부 독일의 강국 오스트리아를 전쟁에서 이겨 북독일 연맹을 결성하였으며, 1870~1871년 독일 통일을 방해하던 프랑스도 전쟁에서 이기고 통일을 하였다.

[KT]

28 **영국 민주주의의 발달에 있어서 사건의 순서가 맞게 나열된 것은?**

① 마그나 카르타 – 청교도혁명 – 권리장전 – 차티스트 운동
② 권리장전 – 청교도혁명 – 마그나 카르타 – 차티스트 운동
③ 마그나 카르타 – 청교도혁명 – 차티스트 운동 – 권리장전
④ 청교도혁명 – 마그나 카르타 – 권리장전 – 차티스트 운동

해 마그나 카르타는 1215년, 청교도혁명은 1649년, 권리장전은 1689년, 19세기 중엽 영국의 노동자계급을 중심으로 전개되어 보통선거권을 요구한 차티스트 운동은 1839년이다.

29 **다음 중 설명이 잘못된 것은?**

① 백년전쟁 : 1339~1453년에 프랑스 왕위 계승문제와 영토문제를 둘러싸고 영국과 프랑스 사이에서 일어난 전쟁
② 장미전쟁 : 1445~1485년에 벌어진 프랑스의 왕위쟁탈전쟁
③ 30년전쟁 : 1618~1648년에 독일을 중심으로 유럽 여러 나라 사이에 벌어진 최대의 종교전쟁
④ 아편전쟁 : 1840~1842년에 걸쳐 아편무역을 둘러싸고 청국과 영국 사이에 발발한 전쟁

해 장미전쟁은 영국의 왕위쟁탈전쟁이다.

[KT]

30 **다음은 중국의 근대화 과정의 제 사건들이다. 시대순으로 나열한 것은?**

① 무술정변, 의화단운동, 양무운동, 신해혁명
② 신해혁명, 의화단운동, 양무운동, 무술정변
③ 무술정변, 양무운동, 의화단운동, 신해혁명
④ 양무운동, 무술정변, 의화단운동, 신해혁명

해 양무운동(1862~1895년) – 무술정변(1898년) – 의화단운동(1899~1901년) – 신해혁명(1911~1912년)

20 ① 21 ③ 22 ④ 23 ④ 24 ④ 25 ④ 26 ② 27 ③ 28 ① 29 ② 30 ④ 답

[서울특별시도시철도공사]

31 **중국 신해혁명의 직접적인 도화선이 된 사건은?**

① 의화단 사건에 대한 배상금 지급
② 사천성 민간 철로의 국유화 결정
③ 외자 도입의 증대와 매판자본의 횡포
④ 원세개의 반동 정치

해 1911년 5월 재정난에 빠진 청나라가 민영철도를 국유화하자 이에 반대하는 쓰촨폭동이 일어났고, 폭동진압을 위해 무창에 주둔하고 있던 군이 사천으로 출동하였다. 그 틈을 이용하여 신해혁명이 일어났다.

[한국마사회]

32 **다음 중 옳지 않은 것은?**

① 중국의 태평천국의 난은 상공업자 및 지식인층의 지지를 받았다.
② 중국 한인지주들이 태평천국의 난과 애로호 사건 등에 자극받아 봉건적 관료지배를 유지하기 위해 서양문물 등을 도입, 근대화를 꾀한 운동이 양무운동이다.
③ 에게 문명은 그리스 본토 및 소아시아의 서해안에서 일어난 세계 최초의 해양문명이다.
④ 1642~1660년에 걸쳐 크롬웰의 의회파가 왕당파와의 싸움에서 이겨 청교도혁명은 일단 성공했으나, 곧 왕정복고가 되었다.

해 태평천국의 난은 광둥 출신이었던 홍수전이 만든 상제회가 정부의 탄압을 받자 홍수전을 중심으로 한 농민들이 1851년 광시성에서 봉기하면서 시작되었다. 그러나 이 난은 한인지주층의 반대와 지도층의 내분과 부패로 실패했다.

33 **다음 설명 중 바르지 못한 것은?**

① 우리나라 최초의 관학은 태학이다.
② 백제시대에는 체계적인 교육이 실시되지 못했다.
③ 고려시대 국자감에서는 문무일치 교육을 실시하였다.
④ 신라의 교육기관인 국학에서는 논어와 효경을 필수과목으로 배웠다.

해 백제시대에는 학교를 설립했다는 기록은 남아 있지 않으나, 교육을 담당한 행정관청이나 기구 등을 통해 체계적인 교육이 실시되었음을 추정할 수 있다.

34 **안창호 선생이 주장한 4대 정신이 아닌 것은?**

① 무실(務實)　② 역행(力行)
③ 용감(勇敢)　④ 협동(協同)

해 도산 안창호는 민족의 정신적 지표로서 무실(務實), 역행(力行), 충의(忠義), 용감(勇敢)의 4대 정신을 강조하였다.

35 **학습이론과 관련된 다음의 서술 중 빈칸에 공통적으로 들어갈 용어는?**

> (　　)란 행동반응의 경향성을 증가시키는 자극이다. 파블로프식 고전적 조건형성에서는 (　　)가 반응을 유발하며, 스키너식 조작적 조건형성에서는 반응 다음에 (　　)가 주어진다.

① 강화(Reinforcement)
② 조건화(Conditioning)
③ 인지(Cognition)
④ 동기화(Motivation)

해 '강화'란 조건형성의 학습에서 자극과 반응의 결부를 촉진하는 수단, 또는 그 수단으로서 결부가 촉진되는 작용으로 보강(補强)이라고도 한다. 파블로프가 조건반사 실험에서 쓴 용어인데, 그 후 심리학에 도입되어 여러 가지 의미로 쓰이고 있다. 고전적 조건형성에서는 조건자극에 이어 무조건자극을 주는 것을 말하는데, 개에게 고기를 줄 때마다 벨소리를 들려 줌으로써 벨소리와 타액분비의 결부가 쉬워지게 하는 것이 그 예이다. 도구적 조건형성에서는 한 번 반응이 있은 뒤에 다시 그러한 반응을 일으키도록 자극을 주는 것으로, 상자 안에서 쥐가 바(bar)를 누르면 먹이를 주는 보상을 통해 바를 누르는 반응을 촉진하는 것이 그 예이다.

36 프로이트(S. Freud)의 정신분석이론에서는 인간을 다음 중 어떤 존재로 보고 있는가?

① 충동에 의하여 움직이는 비합리적 존재
② 이성에 의하여 움직이는 합리적 존재
③ 환경에 의하여 움직이는 기계적 존재
④ 신명에 의하여 움직이는 종교적 존재

해 프로이트의 정신분석학에서는 인간을 충동에 의하여 움직이는 비합리적이고, 결정론적인 존재로 가정하고 있다. 프로이트는 인간의 행동이란 기본적인 생물학적 충동과 본능을 만족시키려고 하는 욕망에 의하여 동기화되는 것으로 본다.

37 이솝우화에 나오는 여우가 나무에 포도가 너무 높이 달려 있어 따먹을 수 없자, "저 포도는 너무 시다. 그래서 나는 먹고 싶지도 않다."라고 말하는 것은 심리학적으로 어떤 행동기제에 속하는가?

① 합리화(Rationalization)
② 전위(Displacement)
③ 투사(Projection)
④ 동일시(Identification)

해 합리화란 자기 행동의 진짜 동기를 무의식 속에 감추고 다른 그럴 듯한 구실을 붙여서 납득하는 것이다. 《이솝우화》에 나오는 여우가 따려고 하였으나 아무리 해도 딸 수 없는 포도에 대하여 '저것은 신 포도이다'라고 믿어 버리는 경우이다.

38 프로이트가 제시한 성격 발단 단계 중, 오이디푸스 콤플렉스와 엘렉트라 콤플렉스가 나타나는 단계는?

① 구강기(Oral Stage)
② 항문기(Anal Stage)
③ 남근기(Phallic Stage)
④ 생식기(Genital Stage)

해 정신분석학상의 용어로, 성기기(性器期)라고도 한다. 대개 3~5세의 시기를 말하며 생식기가 성 만족의 근원이 된다.

39 정신 분석학자 프로이트(S. Freud)가 말한 인간의 세 가지 성격 요소 중에 현실원리를 따르게 하는 것은?

① 이드 ② 자아
③ 초자아 ④ 이드와 자아

해 프로이트는 인격이 '이드', '자아', '초자아'의 세 부분으로 구성되었다고 주장한다. 그 중 자아는 현실을 감지하고 고려하여 현실에 맞도록 조정하거나 의식의 거의 전체를 차지하는 정신작용의 집행기관으로, 현실원칙에 따라 움직인다고 하였다.

답 31 ② 32 ① 33 ② 34 ④ 35 ① 36 ① 37 ① 38 ③ 39 ②

40 **선조로부터 물려받아서 지니고 있는 선험적이고, 무의식적이며, 표상 불가능한 관념을 융(C. G. Jung)은 무엇이라고 불렀는가?**

① 리비도(libido) ② 아니무스(animus)
③ 원형(archetype) ④ 자아(ego)

해 ① 리비도(libido)는 정신분석학 용어로 성본능, 성충동을 뜻한다.
② 아니무스(animus)는 여성의 마음속에 있는 남성성을 뜻한다. 남성의 마음속에 있는 여성성은 '아니마(anima)'라고 한다.
④ 자아(ego)는 정신분석이론에서 '자기' 또는 '나'로서 경험되며 지각을 통해 외부세계와 접촉하는 인간성격의 일부분을 뜻한다.

[한국전력공사]

41 **공자의 인(仁) 사상과 거리가 먼 것은?**

① 자신의 처지에 비추어 남을 헤아리는 것
② 다른 사람을 사랑하는 것
③ 자기의 욕심을 버리고 예(禮)를 따르는 것
④ 모든 사람을 평등하게 대하는 것

해 공자의 인은 맹목적 · 무조건적인 사랑이 아니라, 선행을 좋아하고 악을 미워하는 사람이 행하는 참된 사랑이다. 즉, 기독교의 사랑이나 불교의 자비가 인간을 포함한 모든 사물을 조건 없이 사랑하는 것이라면, 공자의 인은 조건적 · 차별적 사랑이다.

[한국전력공사]

42 **다음 글에서 ( )에 들어갈 용어를 적절히 연결한 것은?**

> 공자가 이상적 인간상으로 제시한 군자는 인간의 내면적 도덕성인 ( )과(와) 외면적 도덕성인 ( )의 원리를 체득한 사람이다.

① 예(禮), 지(智) ② 인(仁), 의(義)
③ 의(義), 인(仁) ④ 인(仁), 예(禮)

해 공자는 이상적인 인간상으로 군자를 제시했는데, 군자란 인(仁)을 바탕으로 예(禮)를 실천하는 사람, 도덕적 자기 완성을 실천적으로 지향하는 사람을 말하며, 그렇지 못한 사람은 소인(小人)이라 하였다.

[한국전력공사]

43 **다음 중 현대의 대표적인 사조와 그 사상가를 잘못 연결한 것은?**

① 공리주의 – 밀(Mill)
② 생의 철학 – 하이데거(Heidegger)
③ 실존주의 – 야스퍼스(Jaspers)
④ 실증주의 – 콩트(Comte)

해 생의 철학의 대표적인 사상가는 쇼펜하우어, 니체, 딜타이, 짐멜, 베르그송 등이다. 하이데거는 실존주의 철학자이다.

[대구도시철도공사]

44 **프로타고라스와 소크라테스가 탐구하였던 공통 주제는 무엇이었는가?**

① 인간 ② 우주
③ 신 ④ 자연

해 소피스트와 소크라테스는 철학적 관심을 자연과 우주의 본질보다도 인간과 사회에 관련된 문제의 탐구에 두었다.

45 **다음은 실존주의 선구자로 불리는 키에르케고르의 주요 저서에서 인용한 글이다. (　　) 안에 들어갈 단어는?**

> 실존은 (　　)하는 존재이다. (　　)(이)란 자기 자신이 아니라는 점, 바로 그것이다. 결국 (　　)(이)란 자기 자신에 대한 (　　)이며, 궁극적으로는 죄인으로서의 자기 자신에 대한 (　　)이다.

① 회의　　② 참회
③ 절망　　④ 자각

해 죽음에 이르지 않는 병이 희망으로 이어지는 데 반해서, 죽음에 이르는 병은 절망임을 시사하고 있다. 절망은 정신의 병이며, 자기와 자기 자신과의 관계에 분열이 생긴 상태이다. 인간은 이러한 절망을 의식하지 않는 경우도 있으나, 그것은 오히려 구제할 길이 없는 절망이다.

[인천교통공사]

46 **'백 번 듣는 것이 한 번 보는 것만 못하다(百聞不如一見)'는 것을 강조한 실증철학의 시조는?**

① 콩트(Comte)　　② 피히테(Fichte)
③ 헤겔(Hegel)　　④ 베이컨(Bacon)

해 콩트는 프랑스의 철학자로서 사회학과 실증주의의 시조이다. 실증주의는 관찰이나 실험으로 검증할 수 있는 지식만을 인정하려는 입장을 말한다.

[국민연금공단]

47 **다음 설명이 가리키는 것은?**

> 1950년대 이후 주로 프랑스에서 비롯되어 1960년대 후반에 '시대의 사상'이라고 불렸으며, 대표적인 인물로는 소쉬르, 레비스트로스, 알튀세르 등이 있다.

① 현상학　　② 민속방법론
③ 구조주의　　④ 네오마르크시즘

해 1960년대에 들어와서 마르크스, 하이데거, 프로이트 등의 견해에 대립하여 프랑스에서 새로이 형성된 사상적 조류이다. 인류학자 · 사회학자인 레비스트로스, 철학자 푸코, 세바크, 알튀세르, 정신분석학자 라캉 등이 구조주의를 주창한 주요 멤버인데, 그들 사이에서도 통일된 의견을 발견하기가 어렵다. 공통점이 있다면 마르크스주의나 실존주의 등 이제까지의 사상적 · 사회과학적 업적을 근본적으로 재검토하여 현대과학의 종합화를 추구한다는 것이다.

48 **브레인스토밍(Brainstorming)의 원리에 맞지 않는 것은?**

① 다른 사람의 아이디어를 결합하여 사용한다.
② 가급적 많은 아이디어를 생성해야 한다.
③ 양보다 질을 중시하여 아이디어를 생성해야 한다.
④ 타인의 아이디어를 비판하지 않아야 한다.

해 브레인스토밍은 어떤 한 가지 주제에 관하여 관계되는 사람이 모여 집단의 효과를 살려 아이디어의 연쇄반응을 일으키게 함으로써 자유분방하게 아이디어를 내는 방법으로 아이디어의 질보다 양을 중시한다.

Chapter 05 역사 · 교육 · 철학

40 ③　41 ④　42 ④　43 ②　44 ①　45 ③　46 ①　47 ③　48 ③ 답

CHAPTER 05 단답형 문제

다음 질문에 답하시오. (기업체 직무적성검사 대비 문제)

Answer

01 고구려의 고국천왕이 을파소를 등용하여 실시한 일종의 빈민구제법으로, 춘궁기에 관곡을 빌려주었다가 추수기에 환납하는 제도는?

01 진대법

02 고려 무신정치 시대에 문무백관의 인사행정을 장악, 취급하던 기구는? [한국토지주택공사]

02 정방

03 조선시대 최고의 국립대학은? [서울특별시도시철도공사]

03 성균관

04 1914년 제1차 세계대전의 도화선이 되었던 사건은 무엇인가?

04 사라예보 사건

05 실력이 부족한 학생이 시험에 실패한 뒤 '문제 출제의 방향을 맞추지 못해 점수가 나쁘게 나왔다.'고 변명하면 이것은 어떤 방어기제를 사용하고 있는 것인가?

05 합리화

06 프로이트가 가정한 개념으로 성충동 에너지를 비롯한 인간 행동의 바탕이 되는 근원적인 욕구를 무엇이라 하는가?

06 리비도(Libido)

07 비공식적 교육과정으로 교사의 인격, 학급 분위기 등에 영향을 받는 바가 크며, 은연중에 학습되는 교육과정으로 비교육적인 내용까지도 학습되어지는 교육과정을 무엇이라 하는가?

07 잠재적 교육과정

08 대화의 논리적인 흐름을 통해 상대방의 무지를 깨닫게 하고, 스스로 오판(誤判)에서 벗어나 올바른 결론에 이르게 하는 소크라테스의 대화방법은?

08 산파술

09 근대 철학의 아버지라 불리는 데카르트가 '나는 생각한다. 고로 존재한다.'라는 유명한 명제를 제시한 철학서는 무엇인가?

09 방법서설

CHAPTER 06

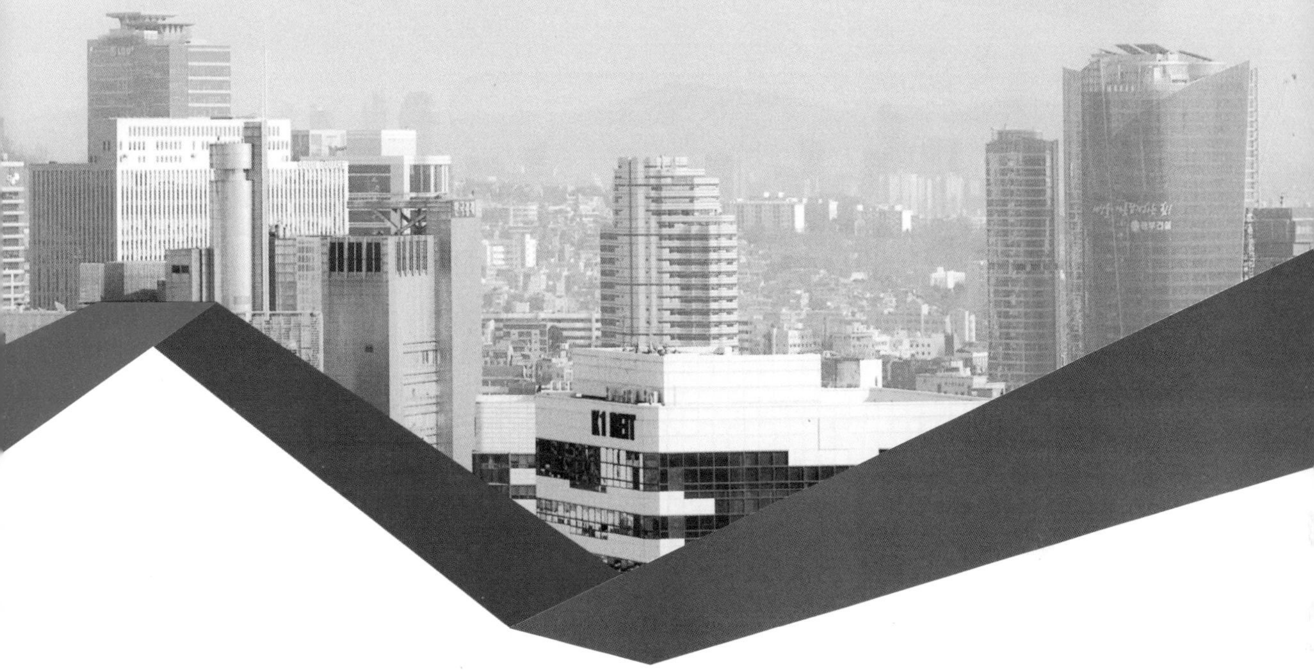

문화 · 예술 · 스포츠

CHAPTER 06

문화 · 예술 · 스포츠

1 문화·예술

● 세계문화유산

유네스코는 교육, 과학, 문화활동을 통하여 세계의 평화와 발전을 이루기 위해 노력하는 연합기구로, 유네스코 세계유산은 '세계 문화 및 자연유산 보호협약(세계유산협약)'에 따라 인류 전체를 위하여 보호할 현저한 보편적 가치가 있다고 인정되어 유네스코 세계유산목록(World Heritage List)에 등록된 문화재를 말한다. 유네스코 세계유산위원회에서 지정한 우리나라의 세계문화유산으로는 석굴암과 불국사, 해인사 장경판전, 종묘, 창덕궁, 수원 화성, 고창 · 화순 · 강화의 고인돌유적, 경주역사유적지구, 조선왕릉, 제주 화산섬과 용암동굴, 안동하회마을과 양동마을 등이 있다.

● 세계지적소유권기구(WIPO)

지적소유권에 대한 국제적 보호의 촉진과 협력을 위하여 설립된 국제기구이다. 저작권 문제를 위한 베른협약과 산업재산권 문제를 위한 파리협약을 관리하기 위해 1967년 스톡홀름에서 체결된 세계지적소유권기구 설립조약에 근거하여 설립되었다.

● 유형문화재

역사적 · 예술적으로 보존할 가치가 있는 문화재 가운데 일정한 형태를 지닌 것을 통틀어 이르는 말이다. 건축물, 서적, 고문서, 회화, 조각, 공예품 등 유형의 문화적 소산으로서 역사상 또는 예술상 가치가 큰 것과 이에 준하는 고고자료가 포함된다.

● 종묘제례악

종묘제례악은 종묘에서 제사를 드릴 때 의식을 장엄하게 치르기 위하여 연주하는 기악(樂)과 노래(歌) · 춤(舞)을 말한다. 우리나라 중요무형문화재 제1호이다.

세계기록유산

기록유산은 기록을 담은 정보와 그 기록을 전하는 매개물로 나뉘며, 소장문고 · 포스터 · 음악 · 오디오 · 비디오 등을 포함한 모든 종류의 것들이 해당된다. 유네스코의 기록문화유산으로 지정되어 있는 우리나라 유산은 훈민정음, 조선왕조실록, 직지심체요절, 승정원일기, 고려 대장경판 및 제경판, 조선왕조 의궤, 동의보감, 일성록, 5 · 18 민주화운동 기록물 등이다.

지적소유권(知的所有權)

발명 · 상표 · 의장(意匠) 등의 공업소유권과 문학 · 음악 · 미술 작품 등에 관한 저작권을 통틀어 말한다.

확인문제

1. 지적재산권에 해당하지 않는 것은?
① 상표권 ② 저작권
③ 특허권 ④ 교육권

무형문화재(無形文化財)

문화적 소산으로서 역사상 또는 예술상 가치가 높은 것 중 음악 · 무용 · 연극 · 공예기술 및 놀이 등 형태가 없는 것을 말한다. 우리나라에서는 무형문화재 가운데 보존 가치가 있다고 생각되는 기능 및 예능을 문화재보호법에 의하여 보호하고 있는데, 이때 그 대상은 기 · 예능을 보유한 자연인이다.

확인문제 [한국석유공사]

2. 우리나라의 무형문화재 제1호는?
① 남사당놀이 ② 강강술래
③ 판소리 ④ 종묘제례악

답 1. ④ 2. ④

사물놀이

농촌에서 공동으로 쓰이는 네 가지 악기, 즉 꽹과리, 징, 북, 장구를 치며 노는 민속놀이이다.

산대놀이

서울을 중심으로 한 경기도 일원 중부 지방에서 전승되어 온 탈놀이이다. 본산대라 불려오던 애오개, 녹번, 사직골 등지의 것은 놀이가 전하지 않고 현재 양주 별산대놀이, 송파 산대놀이 두 가지가 전해져 온다.

씻김굿

죽은 이의 넋을 깨끗이 씻어 저승으로 보내기 위한 굿으로 전라남도 지방에서 행해졌다. 진도 지방에서 행해지는 씻김굿은 조왕반, 안땅, 혼맞이, 초가망석, 쳐올리기, 손님굿, 재석굿, 고풀이, 영돈말이, 이슬털기, 넋풀이, 동갑풀이, 약풀이, 넋올리기, 손대잡이, 희설, 길닦음, 종천의 순서로 진행된다. 진도씻김굿은 1980년 중요무형문화재 제72호로 지정되었다.

필름 느와르(Film Noir)

'noir'는 영어의 'black'에 해당하는 말로, 그전에는 인정받지 못했던 어둡고 냉소적이며 비관적인 분위기를 물씬 풍기는 할리우드의 B급 영화에 프랑스 영화 비평가들이 작가주의라는 이름 아래 붙여준 용어이다.

누벨 바그(Nouvelle Vague)

'새로운 물결'이라는 뜻의 누벨 바그는 1958년에서 1960년 사이에 시작된 프랑스의 영화운동으로, 일군의 영화작가들의 작품을 저널리스트인 지로가 평한 데서 유래한 명칭이다. 이 운동은 이탈리아의 네오 리얼리즘과는 달리 미학적으로, 혹은 스타일이 일치하는 하나의 사조가 아니라 경제적 · 사회적 · 역사적 환경하에서 뭉친 재능 있는 영화작가들의 집합이다. 장 뤽 고다르, 프랑소와 트뤼포, 끌로드 샤브롤, 알랭 레네, 에릭 로메르, 자끄 리베뜨 등으로 대표되며 이들은 작은 규모의 예산, 다양한 영화적 표현, 새로운 가치 개념의 참신한 주제들, 영화의 질적인 선양, 영화의 상업적 성공 등을 보여주었다.

확인문제 [포스코]

3. 사물놀이에 관한 설명으로 맞는 것은?
① 농악이다.
② 정통음악이다.
③ 판소리가 바탕이 된다.
④ 타악기로 구성되어 있다.

양주 별산대놀이

서울 중심의 경기 지방에서 연희되어 온 산대 도감 계통극의 일분파인 중부형(中部形)으로 모두 8마당 과장(科場)으로 이루어진 우리나라의 대표적 민속 가면극이다. 사월 초파일, 오월 단오, 팔월 추석에 주로 연희되었는데, 크고 작은 명절 외에 기우제 같은 때에도 공연되었다. 양주 별산대놀이터는 양주목이 있던 양주 구읍(舊邑)의 사직골이었다.

확인문제 [한국석유공사]

4. 까이에 드 시네마의 평론가들이 필름 느와르라 명명한 장르의 기원은?
① 프랑스 예술영화
② 할리우드 B급 영화
③ 이태리 네오 리얼리즘
④ 독일 표현주의

시네마 베리떼(Cinema Verite)

1920년대 러시아의 '지가 베르도프'가 주도한 이 운동은 연출자의 의도된 장면, 관습적인 영화기술, 상황 설정 등 일체의 인위적인 장면을 거부하는, 즉 있는 그대로의 상황을 관찰하고 녹음해서 영화를 제작하는 양식이라고 할 수 있다. 이 이론은 이탈리아의 네오 리얼리즘과 프랑스의 누벨 바그가 탄생하는 발판이 되었다.

확인문제

5. 누벨 바그와 관련이 없는 인물은?
① 장 뤽 고다르
② 자끄 리베뜨
③ 알랭 레네
④ 로버트 플라이티

답 3. ④ 4. ② 5. ④

옴니버스 영화(Omnibus Film)

옴니버스는 '합승버스'라는 뜻으로, 옴니버스 영화는 몇 편의 독립된 에피소드로 이루어지며, 주제나 인물 등을 통해 각 에피소드가 연관성을 갖도록 연결시킨 한 편의 영화를 말한다.

베니스 국제영화제

1932년에 시작된 이 영화제는 이탈리아 베네치아에서 매년 8월 말에서 9월 초에 개최된다. 국제영화제로서는 가장 오랜 전통을 지니고 있으며, 칸 국제영화제, 베를린 국제영화제와 더불어 세계 3대 영화제에 속한다. 1987년 임권택 감독의 〈씨받이〉로 배우 강수연이 최우수 여우주연상을 수상했으며, 2002년 제59회 영화제에서는 이창동 감독이 〈오아시스〉로 감독상을, 문소리가 신인배우상을 각각 수상했다. 2004년 제61회 영화제에서 김기덕 감독이 영화 〈빈 집〉으로 감독상을 수상했으며, 2005년 제62회 영화제에서는 박찬욱 감독이 〈친절한 금자씨〉로 경쟁부문 젊은감독상 외 3개 부문에서 수상했다. 2012년 제69회 영화제에서는 김기덕 감독의 〈피에타〉가 황금사자상을 수상했다.

칸 국제영화제

1946년에 시작되었으며, 매년 5월 프랑스 남부의 휴양도시 칸에서 개최되는 국제영화제이다. 1984년 제37회 영화제에서 이두용 감독이 〈물레야 물레야〉로 특별부문상을 수상하였고, 제52회 영화제에서 송일곤 감독의 〈소풍〉은 한국 영화사상 최초로 심사위원상을 수상했다. 2002년 제55회 영화제에서 임권택 감독은 〈취화선〉으로 감독상을, 2004년 제57회 영화제에서는 박찬욱 감독의 〈올드보이〉가 심사위원대상을 수상했다. 배우 전도연은 2007년 제60회 영화제에서 〈밀양〉으로 여우주연상을 수상했고 2010년 제63회 영화제에서 홍상수 감독이 〈하하하〉로 주목할만한 시선 대상을, 이창동 감독이 〈시〉로 각본상을 수상했다.

베를린 국제영화제

세 영화제 중 가장 늦은 1951년에 동서 화합이라는 기치를 내걸고, 당시 분단되었던 독일의 통일을 기원하는 영화제로 시작되었다. 1961년에 강대진 감독의 〈마부〉가 은곰상을, 1994년에는 장선우 감독의 〈화엄경〉이 알프레드 바우어상을 수상하였다. 2004년 김기덕 감독이 영화 〈사마리

확인문제 [KT]

6. 서로 독립된 여러 가지 이야기를 일괄된 분위기를 나타내도록 한 편의 영화로 만든 것은?
① 멀티비전 ② 옴니버스
③ 다큐멘터리 ④ 모노드라마

황금사자상(Leone d'oro)

베니스 영화제에 출품된 최고의 작품에 수여하는 상으로, 영화제의 대상에 해당한다. 1934~43년에는 파시스트당의 당수였던 베니토 무솔리니의 영향으로 '무솔리니상'으로 불리기도 했지만, 1949년부터 황금사자상이라는 명칭을 쓰기 시작해 현재에까지 이르고 있으며 영화제를 상징하는 날개 달린 황금사자는 베니스의 수호성인인 '성 마르코(St. Mark · Marco)'를 상징한다. 베니스 영화제는 1969년 모든 상을 없앴다가 영화제가 침체되자 1974년부터 시상제도를 부활시켰고 2012년부터는 황금사자상 수상작은 다른 부문에서 수상을 할 수 없다는 규칙이 적용된 바 있다.

모스크바 국제영화제

세계 4대 영화제 중 하나로, 1959년 러시아연방 국가영화위원회와 영화인동맹에 의하여 개최되었다. 1989년 제16회에 〈아제 아제 바라아제〉로 강수연이 여우주연상을, 1993년 제18회에 이덕화가 〈살어리랏다〉로 남우주연상을, 2003년 제25회에는 장준환 감독이 〈지구를 지켜라!〉로 감독상을 수상했다.

황금종려상(Palme d'Or)

칸 영화제의 본선 경쟁 부문 초청작 가운데 최고 작품에 수여되는 상으로 명칭은 1975년 확정되었으며 황금종려상(Palme d'Or) 트로피는 칸에서 흔히 보는 종려나무의 잎을 본딴 것으로, 프랑스의 시인이자 영화감독인 장 콕토가 디자인한 것이다.

답 6. ②

아〉로 감독상을 수상했고, 2005년에는 임권택 감독이 아시아인으로서는 처음으로 세계 영화사에 위대한 업적을 남긴 영화인에게 주어지는 명예 황금곰상을 수상하였다. 2007년에는 박찬욱 감독의 〈싸이보그지만 괜찮아〉가 알프레드 바우어상을 수상하였다. 2014년 제64회 베를린 영화제에서는 디아오 이난 감독의 〈백일염화〉가 황금곰상을 수상하였다. 2015년에는 나영길 감독의 〈호산나〉가 단편부문 금곰상을 수상하였다.

● 토론토 국제영화제

캐나다 온타리오주 토론토에서 매년 9월에 열흘 동안 열리는 세계적인 영화제로 캐나다 영화를 중점적으로 소개하되, 좋은 작품이라면 상업영화, 독립영화, 예술영화 등 자본과 장르와 국적을 가리지 않고 상영한다는 방침을 현재까지도 지키고 있으며 매년 9월, 노동절 다음 목요일 저녁에 개막하여 열흘 동안 20여 개 극장에서 300~400개 영화를 상영한다. 오늘날 북아메리카에서 가장 영향력 있으며, 세계적으로도 칸 영화제 다음으로 인정받고 있다. 2019년 9월 봉준호 감독의 〈기생충〉은 이 영화제에서 3등상인 관객상–세컨드를 수상했다.

● BFI 런던영화제

영국 영화협회(British Film Institute, BFI)와 런던시 주관으로 매년 10월 경 개최되는 영국에서 가장 큰 규모의 영화제. 타 영화제에서 이미 호평을 받은 영화들을 초청하고 여기에 그 해의 우수한 작품을 추가하여 영화제를 진행한다. 8월 29일 개봉해 각종 국제 영화제에서 25관왕을 차지한 김보라 감독의 〈벌새〉가 63회 영화제에서 장편 데뷔작 경쟁 부문에 올랐고 윤가음 감동의 〈우리집〉, 강효진 감독의 〈내안의 그놈〉도 초청되었다.

● 로카르노 국제영화제

1946년 창설되어 매년 8월 스위스 로카르노에서 개최되는 국제영화제. 2편 이내의 영화를 만든 신인 감독을 대상으로 한 신인 영화제로 출범했으나 1990년부터는 기존 감독들의 작품도 출품이 가능해졌고 경쟁부문과 비경쟁부문으로 시상을 나누어 5개 부문에 걸쳐 시상한다. 1989년 제42회 영화제에서 배용균 감독의 〈달마가 동쪽으로 간 까닭은〉이 대상인 금표범상을 수상했고 2001년 제54회 영화제에서는 문승욱 감독의 〈나비〉

기생충

봉준호 감독의 2019년 5월 30일 개봉된 영화로 상영 53일째인 7월 21일 기준 국내 개봉 영화로는 26번째, 한국 영화로는 19번째로 1000만 관객을 돌파했다. 반지하와 고급 저택에 사는 두 가족이 우연히 얽히면서 벌어지는 사건을 배경으로 현대 사회의 계급 격차를 다룬 작품이며 2019년 5월 열린 제72회 칸 영화제에서 한국 영화 최초로 황금종려상을 수상했고 세계 203개국에 판매되어 한국 영화로는 최다 판매 기록을 세웠다.

확인문제

7. 칸 영화제에서 수상한 우리나라 영화가 아닌 것은?
① 취화선 ② 올드보이
③ 사마리아 ④ 밀양

아카데미상(Academy Awards)

일명 오스카상이라고도 하며, 1929년부터 개최되었다. 미국 영화예술과학 아카데미에서 매년 봄에 우수 영화와 영화인에게 수여하는 미국 최대의 영화상이다. 2012년 제84회 시상식에서는 미셀 하자나비시우스 감독의 〈아티스트〉가 작품상, 감독상 등을 수상하였다.

확인문제

8. 다음 중 아카데미 작품상 수상작이 아닌 것은?
① 크래쉬 ② 드림걸스
③ 시카고 ④ 반지의 제왕

토니상(Tony Awards)

'연극의 아카데미상'이라 불리는 이 상의 정식 명칭은 '앙투와네트 페리 상'으로, 브로드웨이에서 활약한 명 여배우 앙투와네트 페리를 기념하기 위해 만들어졌다. 1947년부터 매년 브로드웨이의 연극, 뮤지컬 작품 및 그 무대 만들기에 참가했던 출연진, 스태프를 대상으로 시상하는, 무대 예술계 최고의 권위 있는 상이다.

답 7. ③ 8. ②

에 출연한 김호정이 여우주연상인 '청동표범상'을 받았다.

키노드라마(Kino-drama)

연쇄 활동 사진극이라 하며, 제약된 연극 무대에서는 도저히 표현할 수 없는 정경과 장소의 극적 장면을 촬영해 두었다가 연극 중 무대 위의 스크린에 삽입하는 형식이다. 즉, 무대에서 연극이 진행되는 동안 필요한 장면에서 장내의 불이 꺼지는 것과 동시에 스크린이 내려지고 연극의 줄거리가 영화 장면으로 연결되어 전개된다.

서사극(敍事劇, Epic Theater)

독일의 극작가이며 연출가인 베르톨트 브레히트(B. Brecht)가 주장한 연극이론으로, 정통 연극이 카타르시스를 통해 정신을 정화시키고 스스로 승화된 상태를 경험할 수 있는 데 반해, 서사극은 냉철한 관찰을 통해 관객 스스로에게 판단력을 부여해야 한다는 이론이다. 서사성을 가미함으로써 연극에 놓여 있는 상황에 관객이 빠져들지 않도록 감정이입을 중단시키는 것이다. 따라서 서사극은 감정이입을 시키는 것이 아니라 의식을 깨우는 연극을 말하며, 그런 의미에서 비(非)아리스토텔레스 연극이론이라고도 한다.

부조리 연극(不條理演劇)

1950년대 프랑스를 중심으로 일어난 전위극(前衛劇)과 그 영향을 강하게 받은 연극을 말한다. 부조리 연극의 가장 큰 특색은 일관성 있는 이야기나 확실한 플롯으로 작품을 전개하지 않고 인정할 만한 성격 묘사도 없이 거의 기계적인 인물을 관객에게 보여준다는 것이다. 또한 무의미하면서도 앞뒤가 맞지 않는 대화로 이루어져 언어의 불합리성 · 허위성을 폭로, 풍자하는 데 주안점을 두고 있다. 부조리 연극의 전형으로 볼 수 있는 사무엘 베케트의 〈고도를 기다리며〉는 사실주의적인 배경과 논리적 추리, 일관성 있는 플롯을 배격하는 극적 형식으로 되어 있다.

바로크(baroque) 음악

1600년경에 시작되어 1750년 바흐의 죽음에 이르는 약 150년 동안의 음악으로, 17세기에서 18세기 중엽에 이르는 시대를 음악사에서는 바로크 시대라고 한다. 이 시대에는 르네상스 시대에 싹튼 인간중심적 세계관이

확인문제 [KT]

9. 다음 중 브로드웨이에 올려진 연극을 대상으로 시상하는 '연극의 아카데미상'이라 불리는 상은?

① 에미상　② 골든 글로브상
③ 토니상　④ 템플턴상

확인문제 [서울도시철도공사]

10. 다음 중 키노드라마(kino-drama)를 설명한 것으로 맞는 것은?

① 연극 상연 중 무대에서 실현하기 힘든 부분을 영화로 찍어 삽입한 형식의 연극을 말한다.
② 연극처럼 막, 장을 분명히 분리하여 구성해 놓은 영화 구성방식을 말한다.
③ 1920년대 소련 영화계의 픽션영화 경향으로, 다큐멘터리 지향의 영화로부터 차별화하기 위하여 사용한 말이다.
④ 현대 연극 중 영화의 표현기법(예를 들면 슬로모션 등)을 의도적으로 차용하고 있는 경향의 연극을 말한다.

전위극(前衛劇, Avant-garde Drama)

19세기 말 근대극운동에 자극을 받아 일어난 연극운동으로 반자연주의적 경향을 띤다. 1920년대에 그 세력이 절정에 이르렀으며 연출가 중심설, 사실주의에 대한 새로운 양식, 연극 고유의 예술 언어의 재발견 등을 주장하였다. 부조리 연극도 일종의 전위극에 속한다.

확인문제 [KT]

11. 인생과 노력은 본질적으로 비논리적인 것이며, 언어는 전달의 수단으로서는 부적합한 것이므로, 인간의 유일한 피난처는 웃음 속에 있다는 가정에 근거한 연극사조는?

① 부조리극　② 반(反)연극
③ 초현실주의　④ 다다이즘

답 9. ③ 10. ① 11. ①

팽배해져서 시민계급이 점차 성장하였고, 사상적인 면에서는 합리적인 관념철학이 배경이 되었다. 이 시대의 음악은 안정감 대신 약동감을 특징으로 하여 웅장하고 거대하면서도 다채로운 장식이 함께 가해진다. 대체로 17세기 전반에 걸쳐 이탈리아를 중심으로 단성음악 양식이, 18세기 독일을 중심으로 대위법적 다성음악 양식이 발달하였으며, 비발디, 헨델, 바흐 등의 거장이 활동하였다.

● 고전파 음악

바로크 시대와 낭만파 시대 사이에 성행한, 음악사상 바흐와 헨델의 시대를 지나 베토벤이 세상을 떠나기까지의 음악을 말한다. 대체로 18세기 중엽부터 19세기 초에 걸쳐서 오스트리아의 빈을 중심으로 화성적 단성 음악이 발달한 시기의 음악이다. 고전파 음악이라는 말은 본래 당시 작곡가들이 붙인 말이 아니라 후세에 이르러 낭만주의 음악에 대해 그 이전의 것을 지칭하기 위해서 사용된 말로 흔히 하이든, 모차르트, 베토벤의 3거두가 나타나 빈을 중심으로 획기적인 음악을 수립한 때의 음악을 말한다.

● 낭만파 음악

낭만주의는 19세기의 음악을 지배한 기본적인 지도 이념으로서, 특히 문예분야의 강한 영향을 받았다. 그 중요한 본질은 새로운 것을 희구하는 욕구, 개성의 존중, 자유의 태도, 또한 새로운 시대 정신에 대한 동경 등이다. 베토벤과 슈베르트는 고전주의와 낭만주의를 잇는 교량이었으며 그들의 기법은 기본적으로 고전주의 양식이었지만, 강렬한 개인적 감정과 표제적 요소는 19세기 낭만주의 작곡가들에게 중요한 본보기가 되었다. 또한 가곡(歌曲), 야상곡(夜想曲), 간주곡, 기상곡(奇想曲), 전주곡 및 마주르카 같은 새로운 음악형식이 등장함에 따라 음악의 극적인 표현력이 크게 향상되었다. 대표적인 작곡가로는 쇼팽, 슈베르트, 브람스, 바그너, 슈만 등이 있다.

● 국민악파

19세기 말경 러시아, 보헤미아 및 북유럽 등에서 나타난 민족주의 음악인데, 음악의 기법상으로는 낭만파 음악의 연장이라고 볼 수 있다. 그러나 거기에 표현된 민족적인 색채는 20세기에 이르러서는 독자적인 기법에 의해서 한층 더 명확한 민족주의 음악으로서 나타났다. 러시아에서는 글

확인문제 [KT]

12. 고전주의 음악가가 아닌 사람은?
① 브람스 ② 베토벤
③ 하이든 ④ 모차르트

베토벤의 주요 작품

- 교향곡 제3번 〈영웅〉
- 교향곡 제5번 〈운명〉
- 교향곡 제6번 〈전원〉
- 교향곡 제9번 〈합창〉
- 피아노 협주곡 제5번 〈황제〉
- 피아노 소나타 제8번 〈비창 소나타〉
- 피아노 소나타 제14번 〈월광 소나타〉
- 피아노 소나타 제17번 〈템페스트〉
- 피아노 소나타 제23번 〈열정 소나타〉

확인문제

13. 베토벤의 작품이 아닌 것은?
① 운명교향곡 ② 영웅교향곡
③ 전원교향곡 ④ 미완성교향곡

녹턴(Nocturne)

낭만적인 성격의 소품곡으로, 야상곡이라고 한다. 녹턴은 느린 템포로 연주되며 풍부한 선율과 펼침화음 반주로 이루어진다. 쇼팽의 작품들이 유명하다.

확인문제

14. 낭만파 음악의 작곡가가 아닌 사람은?
① 바흐 ② 쇼팽
③ 브람스 ④ 슈베르트

답 12. ① 13. ④ 14. ①

린카가 국민주의적인 음악의 선구자로 불리고 있으며 발라키레프, 큐이, 무소르크스키, 림스키 코르사코프, 보로딘 등이 국민악파의 대표적인 작곡가로 꼽힌다.

● 미뉴에트(minuet)

'작은'을 뜻하는 프랑스어의 형용사 'menu'가 어원으로, 작은 스텝의 춤을 뜻한다. 프랑스 민속춤 '브랑르 드 푸아투(branle de poitou)'에서 유래한 것으로 추정되는 궁정 미뉴에트는 작은 스텝을 밟으며, 점점 느려지고 격식을 차리게 되었고 화려해졌다. 륄리는 이를 오페라와 발레에 도입하였으며, 이것이 다른 나라에 보급되어 오케스트라나 클라비어 모음곡 속에서 기악과 함께 발달하였다.

● 소나타(sonata)

하나 이상의 악기를 위한 악곡 형식으로, '소리 내다'라는 뜻의 이탈리아어 '소나레(sonare)'에서 유래되었으며, '노래 부르다'라는 뜻의 '칸타타'와는 반대 개념이다. 이 말은 13세기에 처음 쓰기 시작했으며 기악곡이 상당량 작곡되기 시작한 16세기 말에 가서 널리 쓰이게 되었다.

● 칸타타(Cantata)

17세기 이탈리아의 작곡가 알렉산드로 그란디가 〈독창을 위한 칸타타와 아리아〉에서 최초로 이 용어를 사용했는데, 당시에는 기악곡이라는 뜻을 가진 소나타의 반대어를 의미했다. 17세기의 오페라에서 나온 여러 가지 요소인 모노디, 콘체르토 음악 등이 교회음악에 들어오면서 칸타타가 발생하였는데, 칸타타는 기악반주가 있는 여러 곡으로 구성된 성악곡의 형태를 갖는다.

● 교향곡(symphony)

관현악으로 연주하는 소나타를 말하며, 기본적으로는 4악장으로 이루어져 있다. 18세기 중엽의 하이든에서 모차르트, 베토벤을 절정으로 하여 슈만, 브람스, 말러 등의 낭만파 음악가는 물론, 현대의 시벨리우스, 오네게르, 쇼스타코비치도 많은 작품을 남겼다.

관현악(orchestra)

고대 그리스의 극장에서 무용수들과 기악 연주자들이 공연하는 무대 앞에 놓인 원형 부분을 가리키는 말인 그리스어 'orhkestra'에서 유래한 것으로 넓은 의미로는 서구 음악과 비서구 음악을 가리지 않고 여러 형태의 합주를 모두 말하지만, 좁은 의미에서는 현악기를 중심으로 목관악기와 타악기가 덧붙여진 전형적인 서구 기악 합주를 의미한다.

소나타 형식

한 악장은 제시부, 발전부, 재현부의 3부분으로 구성된다. 제시부에서는 일반적으로 둘 이상의 주제를 제시하며 발전부에서는 제시부의 제1주제 또는 양 주제가 선율적·리듬적 동기로 분해되고 전개된다. 재현부에서는 제시부에서의 주제들이 처음과 똑같은 순서로 되풀이되지만 으뜸조와 같은 조성으로 재현된다.

확인문제 [한국전력공사]

15. 제시부, 전개부, 재현부의 3형식으로 된 독주악기를 위한 곡은?
① 소나타 ② 교향곡
③ 협주곡 ④ 세레나데

확인문제

16. 합창, 중창, 독창 등으로 구성된 대규모의 성악곡은?
① 세레나데 ② 칸타타
③ 랩소디 ④ 콘체르토

답 15. ① 16. ②

● 오페라(opera)

오페라의 음악은 독창 · 합창 · 관현악 등으로 구성되며, 등장인물의 대사가 그대로 가사가 되어 극이 전개되어 나간다. 따라서 오페라는 연주를 포함하는 음악적 요소 외에 대본 · 가사 등의 문학적 요소, 장치 · 의상 · 조명 등의 미술적 요소, 무용적 요소, 연극적 요소 등을 포함한 종합예술적인 성격을 지닌다. 오페라에 사용되는 음악은 독창자가 부르는 아리아와 말하듯이 노래하는 레치타티보, 중창, 합창, 관현악 등으로 구성된다. 대표적인 작품으로는 〈아이다〉, 〈카르멘〉, 〈나비부인〉 등이 있다.

● 아리아(aria)

오페라, 오라토리오, 칸타타 등 대규모이고 극적인 작품 속의 독창가곡을 말한다. 음악용어로서 나타난 것은 16세기로, 원래는 유절적(有節的)인 형식을 가진 곡을 지칭하는 데 사용되었다. 아리아는 레치타티보와는 반대되는 개념으로, 레치타티보 부분에서 극적인 상황이 급속히 전개되어 일정한 정서를 억제할 수 없을 때 음악적인 배출구를 만들어주었다. 아리아가 흐르는 동안 극적인 활동은 일시적으로 정지되며, 음악적으로는 가장 충실한 가창 기술의 표현부분이다.

● 표제음악

곡의 내용을 암시하는 제목이나 설명문이 덧붙여져 청중을 일정한 방향으로 이끌어주며, 그 재제와 결부된 문학적 · 회화적 · 극적 관련 사항을 표현 내지 암시하려는 기악곡이다. 절대음악과 대립되는 개념이지만 양자의 경계는 유동적이며 상호 영향을 주고 있다. 표제음악은 낭만파 음악 시대에 프랑스의 베를리오즈나 헝가리의 리스트 등에 의하여 완성되었으며, 그 후 많은 작곡가가 표제음악을 만들었다. 리스트의 교향시 〈전주곡〉, 베를리오즈의 〈환상 교향곡〉, 보로딘의 교향시 〈중앙아시아의 초원에서〉 등은 표제음악의 대표적인 예이다. 또, 베토벤의 교향곡 제6번인 〈전원〉 같은 것도 표제음악에 가까운 절대음악이다.

● 아 카펠라(a cappella)

이탈리아어로 '교회 양식으로'라는 뜻의, 악기의 반주가 없는 합창곡으로 팔레스트리나의 음악이 대표적이다. 과거에는 1600년 이전의 음악을 모두 아 카펠라로 생각하였으나 정확하게는 종교곡뿐이며, 특히 1300년

세레나데(Serenade)

이탈리아어로 '저녁 음악'이라는 뜻으로, 음악에 나타난 최초의 예는 모차르트의 《돈 조반니》에 포함된 〈아, 창문 앞으로〉이다. 기악 세레나데는 1770년경에 주로 야외 연주에 적합한 춤곡 · 행진곡 등과 같은 밝은 성격의 모음곡으로 성격이 변했다.

확인문제

17. 종합예술로서 음악적 요소, 대사라는 문화적 요소, 연극적 요소, 무대 · 의상 등의 미술적 요소 등이 일체가 되어 펼쳐지는 가극은?

① 다큐멘터리 ② 오페라
③ 팬터마임 ④ 옴니버스 영화

확인문제

18. 오페라에서 주인공이 부르는 서정적인 가요는?

① 오라토리오 ② 칸타타
③ 아리아 ④ 세레나데

답 17. ② 18. ③

~1450년경의 세속곡은 기악 반주를 곁들인 것이 일반적이었다.

재즈(jazz)

유럽 음악의 화성구조와 아프리카 음악의 복잡한 리듬에 영향을 받은 아프리카계 흑인의 즉흥성이 강한 음악이다. 특징으로는 박자가 맞지 않는 리듬에서 생기는 스윙감(swing feeling), 즉흥연주(improvisation)에 나타난 자유로운 독창성과 활력, 연주자의 개성을 강하게 표출하는 사운드와 프레이징을 들 수 있는데, 이것이 유럽 음악 또는 클래식 음악과 근본적으로 다른 점이다.

블랙 뮤직(Black Music)

초기 블랙 뮤직은 전통 흑인음악, 즉 소울, 리듬 앤 블루스의 대체 용어로 시작했지만 1983년 마이클 잭슨의 등장으로 흑인 특유의 전통이 사라지고 흑과 백 모두가 즐기는 통합된 장르로 인식되었다. 이후 블랙 뮤직은 대중음악의 주요 장르로 인정받으며 전 세계인이 즐기는 음악 장르가 되었다.

블루스(blues)

19세기 후반에 흑인들 사이에서 형성된 가곡 및 그 형식을 말한다. 20세기에 들어와 재즈의 음악적 바탕이 되고, 재즈 표현상 중요한 정신적 요소가 됨과 동시에 미국 팝뮤직에 많은 영향을 끼쳤다. 1920년대에는 '블루스의 왕후'라 불린 베시 스미스를 비롯하여 흑인들 중에서 인기 있는 여성 가수가 배출되었다. 또 블루스는 재즈 및 그 연주의 소재가 됨과 동시에 재즈 연주, 표현상의 정신적 지주로서 지금도 모던재즈 연주자들에 의해 쓰이고 연주된다. 블루스의 명곡 〈세인트루이스 블루스〉를 비롯해서 많은 곡을 작곡한 W. C. 핸디는 '블루스의 아버지'로 불리고 있다.

뉴 에이지 음악(New Age Music)

1960년대 미국을 중심으로 서구문명에 대한 도전과 반동으로 일어났으며, 1964년 토니 스콧의 〈선을 명상하기 위한 음악〉을 통해 세상에 알려졌다. 1980년대에 들어서 록이나 헤비메탈 등의 시끄러운 음악에 염증을 낸, 이른바 철학적 사고를 가진 엘리트 층에서 세미클래식의 한 장르라는 인식으로 출발했다고 보기도 한다. 뉴 에이지 음악은 1980년대에 주로

스캣(scat)

뜻이 없는 음절에 붙인 선율을 열정적으로 부르는 재즈의 즉흥 가창법을 말한다. 노래를 하다가 자신의 목소리를 마치 악기처럼 구사해서 소리를 내며, 특별한 가사가 붙는다기보다 다른 악기, 예를 들어 트럼펫이나 색소폰의 솔로부분처럼 목소리로 '연주'를 하는 것이다. 타악기 리듬에 고정된 음절을 붙여 소리내는 서아프리카의 음악 관습을 그 원조로 삼고 있지만, 이 양식을 보다 널리 보급한 사람은 트럼펫 연주자 겸 가수였던 루이 암스트롱이다.

리듬 앤 블루스(Rhythm & Blues)

대부분의 미국 흑인 음악과 마찬가지로 리듬 앤 블루스의 다양한 양식들은 재즈 리듬을 바탕으로 음의 굴절, 특히 당김음의 처리와 반음 내려 연주하는 블루스 화음이 뒤섞여 유럽 음악의 영향이 한데 섞인 형태를 하고 있다. 리듬 앤 블루스의 뿌리는 미국 남부의 시골에서 유행하던 블루스 음악이다. 흑인들의 음악 양식인 블루스가 발전하여 재즈와 리듬 앤 블루스로 갈라진 것이다. 블루스가 유럽의 도시에서 유행하던 백인 음악과 만나 재즈로 발전했다면, 리듬 앤 블루스는 유럽의 시골에서 유행하던 음악과 만나 정착된 장르이다.

소울 뮤직

흑인 음악의 대표격인 소울 뮤직은 1960년대부터 리듬 앤 블루스가 도시화, 산업화됨에 따라 나타났다. 사랑과 인간 관계를 주로 노래했던 리듬 앤 블루스와는 달리 사회의 비리, 흑인의 투쟁 정신, 종족적 자긍심 등을 표현했으며, 강한 개인적 감정이나 메시지 전달을 중요시하여 리듬 앤 블루스보다 날카롭고 폭발적이며 흐느끼는 듯한 독특한 음색을 갖고 있다.

소개되었는데, 우리나라에서는 조지 윈스턴의 〈디셈버〉로 잘 알려졌다.

판소리

부채를 든 1명의 창자(唱者)가 고수의 북장단에 맞추어 창(소리) · 아니리(사설) · 발림(몸짓)을 섞어가며 이야기를 엮어가는 극적 음악이다. 본래는 〈춘향가〉, 〈심청가〉, 〈수궁가〉, 〈흥보가〉, 〈적벽가〉, 〈변강쇠타령〉, 〈배비장타령〉, 〈옹고집타령〉, 〈강릉매화타령〉, 〈무숙이타령〉, 〈장끼타령〉, 〈가짜신선타령〉 등 12마당이었으나, 현재는 〈춘향가〉, 〈심청가〉, 〈수궁가〉, 〈적벽가〉, 〈흥보가〉의 5마당만이 전한다. 판소리는 중요무형문화제 제5호로 지정되었으며, 2003년에는 인류무형문화유산으로 지정되었다.

추임새

고수(鼓手)가 창의 군데군데에서 소리의 끝부분에 창자의 흥을 돋우기 위하여 '좋다', '으이', '얼씨구' 등의 조흥사나 감탄사를 넣어 주는 것을 말한다. 이 탄성은 소리의 다음 구절을 유발하는 데에도 큰 구실을 하며 오페라에서의 관현악 반주 이상의 효과를 가져올 수 있다.

서도소리

서도소리는 황해도와 평안도 지역에서 불린 민요나 잡가 등을 말하며, 불리기 시작한 시기는 정확히 알 수 없다. 민요로는 〈수심가〉, 〈긴아리〉, 〈산염불〉, 〈몽금포타령〉, 〈긴난봉가〉 등이 대표적이며 잡가로는 〈관산융마〉, 〈초한가〉가 대표적이다.

남도소리

전라도 · 경상도 · 충청도 일부 지방의 민간에서 불리는 민속성악의 총칭이다. 판소리를 중심으로 단가 · 민요 · 잡가 중 선소리인 산타령과 노동요 등을 포함한다. 남도소리 중 판소리는 한국의 민속음악 가운데 가장 예술성이 높으며, 남도민요는 한국민요 중에서도 그 음악성이 가장 뛰어나다. 대표적인 것으로는 전라도의 〈농부가〉, 〈자진농부가〉, 〈육자배기〉, 〈진도아리랑〉, 〈강강술래〉, 〈새타령〉, 〈흥타령〉, 〈날개타령〉, 〈까투리타령〉, 〈둥가타령〉, 〈개구리타령〉 등과 경상도의 〈쾌지나칭칭나네〉, 〈성주풀이〉, 〈밀양아리랑〉, 〈옹헤야〉, 〈뱃노래〉 등이 있다.

판소리 유파

'제(制)'는 판소리의 유파(類派)를 일컫는 말이다. 제에는 동편제(東便制) · 서편제(西便制) · 중고제(中高制)가 있다. 동편제는 감정을 절제하는 창법을 구사하는 소리로 남원 · 순창 · 구례 · 곡성 · 고창 등지에서 전승되었으며, 현대 판소리에서는 〈흥보가〉 · 〈수궁가〉 · 〈적벽가〉에서 전승의 우위를 점하고 있다. 서편제는 소리와 장단에서 장식이 많은 기교적인 소리로 광주 · 담양 · 나주 · 보성 등지에서 전승되었으며, 현대 판소리에서는 〈춘향가〉 · 〈심청가〉에서 전승의 우위를 점하고 있다. 중고제는 경기도 남부, 충청도 지역에서 전승된 소리인데, 그 개념이 모호하다.

확인문제 [한국전력공사]

19. 판소리를 할 때 '좋지', '으이', '좋다'와 같이 소리꾼의 흥을 돋구는 말을 무엇이라고 하는가?

① 시나위 ② 추임새
③ 취타 ④ 얼씨구

확인문제

20. 다음 중 판소리의 지역적 특징의 분류로서 적합하지 않은 것은?

① 서편제 ② 동편제
③ 중고제 ④ 기호제

확인문제

21. 서도소리와 관련이 없는 지역은?

① 황해도 ② 평안도
③ 함경도 ④ 경기도

아악(雅樂)

우리나라 궁중의식에서 쓰던 연주음악인 아악은 협의로는 문묘제례악만을 가리키고, 광의로는 궁중 안의 의식에 쓰던 당악 · 향악 · 아악 등을 총칭한다.

답 19. ② 20. ④ 21. ④

● 삼현육각(三絃六角)

삼현육각은 피리 2, 대금 1, 해금 1, 장구 1, 북 1의 악기편성을 의미한다. 통일신라시대에는 가야금, 거문고, 향비파의 삼현(三絃)과 대금, 중금, 소금의 삼죽(三竹)을 합쳐 삼현삼죽(三絃三竹)이라 하여 현악기를 삼현으로, 관악기를 삼죽으로 각각 지칭했다. 지금에 와서는 현악기를 가리키는 삼현의 의미는 사라지고, 피리와 해금, 북 등이 추가 편성된 관악기 위주의 악기편성을 가리키는 말이 되었다.

● 상쇠

농악대의 우두머리인 꽹과리 주자로, 두레패, 걸립패, 남사당패 등의 모든 의식과 연희는 상쇠의 쇳가락에 따라 진행된다.

● 산조(散調)

기악 독주 음악의 한 갈래로 가야금산조, 거문고산조, 대금산조, 해금산조, 피리산조, 아쟁산조 등이 있다. 산조는 남도계면조 음악에 바탕을 둔 시나위와 판소리의 선율적 특성을 각 악기의 특성에 맞도록 재구성하여 연주된다. 장단은 가장 느린 진양조 장단으로 시작하고 중모리, 중중모리, 자진모리로 점차 빠르게 진행하여 가장 빠른 장단인 휘모리 등으로 끝나는 음악으로 듣는 이들의 감정을 점차 고조시켜 음악의 긴장감과 흥을 더해주며, 그 장단구성은 여러 유파와 악기에 따라 조금씩 다르다. 여러 가지 다양한 조(길)로 짜여져 있으며 우조, 평조, 계면조, 경제(경드름), 강산제, 설렁제 등 여러 가지 선법 또는 감정 표현법의 가락이 있다. 현재 거문고산조, 가야금산조, 대금산조가 각각 중요무형문화재로 지정되어 전승되고 있다.

● 시나위

굿에 뿌리를 둔 즉흥적인 기악 합주 음악으로, 본래는 경기 남부, 충청도, 전라도, 경상도 서남부 지역에서 굿을 할 때에 무악장단에 육자배기소리로 된 허튼가락을 얹어 연주하는 기악합주 음악이었다. 경기도, 전라도 모두 판소리 또는 계면조가락과 비슷한 것이 특징이며, 장단은 거의 살풀이장단으로 이루어진다.

대취타(大吹打)

취타란 불고(吹) 친다(打)는 뜻으로, 취악기와 타악기를 뜻한다. 대취타는 태평소, 호적, 나발, 소라 등의 관악기와 징, 북, 자바라, 장고 같은 타악기로 편성되며, 왕의 거둥이나 귀인의 행차, 군대행진 시 선전관청(宣傳官廳)과 영문(營門)에 소속된 취타수가 연주했던 행진곡풍 군례악이다.

확인문제 [인천교통공사]

22. 농악의 우두머리이며 꽹과리를 치는 사람은?

① 고수 ② 소리
③ 광대 ④ 상쇠

국악의 5음계

우리나라 전통음악의 음계와 조는 크게 평조와 계면조로 나눌 수 있으며, 여기에 이 평조와 계면조의 특징을 조금씩 벗어나는 각 지방의 민요의 음계와 조, 그리고 여타의 음악이나 향토민요의 음계와 조들에서 보이는 다양한 경우들을 첨가할 수 있다. 우리나라의 음악은 대부분 5음계로 구성되어 있다. 평조의 경우에는 황·태·중·임·남 5음계로 짜여진 선법이고, 계면조의 경우에는 황·협·중·임·무의 5음으로 짜여졌다.

국악의 빠르기

진양조 → 중모리 → 중중모리 → 자진모리 → 세마치 → 휘모리 순으로 박자가 빠르다.

확인문제 [한국마사회]

23. 다음 중 국악의 빠르기가 맞게 연결된 것은?

① 진양조 – 중모리 – 중중모리 – 자진모리 – 휘모리
② 진양조 – 중모리 – 중중모리 – 휘모리 – 자진모리
③ 중모리 – 진양조 – 자진모리 – 중중모리 – 휘모리
④ 중모리 – 중중모리 – 진양조 – 자진모리 – 휘모리

답 22. ④ 23. ①

● 바로크 미술(Baroque Art)

바로크는 포르투갈어로 '일그러진 진주'라는 뜻이며, 바로크 미술은 17세기의 미술 양식을 일컫는 말이다. 유럽, 특히 프랑스와 이탈리아 등에서 유행한 이 양식은 외면 장식에 분방한 공상적 미를 가미하였으며, 세부에 이르기까지 회화적 기교를 통해 표현 내용의 복잡성을 나타내었지만, 과장된 표현에 치우쳐 허세만 남게 되었다. 화가로는 루벤스, 렘브란트, 그레꼬 등이 있고, 이 양식의 대표적인 건축물에는 베르사유 궁전이 있다.

● 로코코 미술(Rococo Art)

18세기 초 파리에서 시작되어 곧 프랑스 전역과, 이후에는 독일까지 퍼진 실내장식 · 장식예술 · 회화 · 건축 · 조각 양식을 말한다. 바로크의 연장이나 변형으로 생각할 수도 있지만, 바로크가 지녔던 충만한 생동감이나 장중한 위압감 등이 로코코에서는 세련미나 화려한 유희적 정조로 바뀌었다.

● 르네상스 미술(Renaissance Art)

14~16세기 유럽 전역에서 일어난 혁신적인 미술 경향이다. 르네상스는 '재탄생'을 뜻하는 말로, 이 시대에는 인간 정신의 회복을 바탕으로 신앙 위주의 미술에서 인간 위주의 미술로 변화하고자 했다. 르네상스 미술은 초자연적인 중세 미술에 반대하여 인간과 자연의 현세적인 아름다움을 긍정하는 사실적인 미술로, 이탈리아의 피렌체와 베네치아에서 시작되어 16세기 전반에 전성기를 이루었다.

● 인상주의(印象主義, impressionism)

19세기 말과 20세기 초 주로 프랑스에서 전개된 예술운동으로, 빛과 색채의 순간적 효과를 이용해 가시적 세계를 정확하고 객관적으로 기록하려 한 점이 특징이다. 인상주의를 추구한 화가들을 인상파라고 하는데, 대표적 화가로는 모네, 마네, 피사로, 르누아르, 드가, 세잔, 고갱, 고흐 등을 들 수 있다.

● 야수파(野獸派, fauvisme)

20세기 초 프랑스에서 일어난 혁신적인 회화운동이다. 야수파는 전통적인 회화 개념을 부정하고 자연주의적인 묘사를 벗어나, 색채 그 자체의

확인문제 [한국전력공사]

24. 다음은 무엇을 설명한 것인가?

> 17~18세기경에 유럽에서 유행한 미술양식으로 '변형한 진주'라는 뜻의 포르투갈어이다. 건축으로는 베르사유 궁전이 대표적이다.

① 바로크 ② 로코코
③ 비잔틴 ④ 고딕

비잔틴 미술(Byzantine Art)

콘스탄티노플을 중심으로 4세기경부터 12세기경까지 동방 기독교 세계에 펼쳐진 중세 미술이다. 이 미술은 동서 문화가 절충된 기독교 미술로, 동방 미술과 서양 헬레니즘 미술이 혼합된 것이다. 로마 제국이 콘스탄티노플에 수도를 정한 후 미술의 중심은 점차 동방으로 옮겨져, 약 1천 년에 걸쳐서 서양과 동양 미술이 융합된 문화를 이루었다.

확인문제

25. 인상주의 화풍에 속하지 않는 사람은?

① 모네 ② 마티스
③ 피사로 ④ 르누아르

초현실주의(超現實主義, surrealism)

제1차 세계대전 직후인 다다이즘 시기부터 제2차 세계대전 발발 직전까지 약 20년간 프랑스를 중심으로 일어난 전위적인 문학 및 시각 예술운동으로, 1924년 앙드레 브르통의 '초현실주의 선언'에서 비롯되었다. 인간, 사회질서, 윤리, 예술까지 부정하는 허무적인 다다이즘의 개념을 프로이드의 정신 분석학과 헤겔의 변증법을 토대로 인간의 무의식 혹은 잠재의식에 의한 상상의 세계와 결부시켜 예술의 새로운 가능성을 시도했다.

답 24. ① 25. ②

표현을 강조하는 근대 미술의 일대 전환점을 마련했다. 마티스, 마르케, 블라맹크, 루오, 망갱, 뒤피, 드랭 등의 젊은 작가들을 중심으로 매너리즘에 빠진 이상주의에 반발하여 일어난 예술 사조이다.

● 입체파(立體派, cubism)

1907년부터 1914년 사이 파리에서 일어나 유럽 전역에 파급되어 20세기 미술의 전개에 커다란 영향을 미친 미술 혁신 운동으로, 파블로 피카소와 조르주 브라크에 의해 시작되었다. 입체파 예술은 자연의 모방이라는 종래의 이론에 반발하여 원근법, 단축법, 모델링, 명암법 등의 전통적 기법을 거부함으로써 화폭의 2차원적 평면성을 강조했다. 이들은 대상을 철저히 분해하여 여러 측면을 동시에 묘사함으로써 사실성에 대한 새로운 시각을 제시했다. 피카소는 1925년경까지, 브라크는 1930년경까지 입체파 작품을 제작했으며, 들로네, 피카비아, 브랑쿠시, 아르키펜코 등이 이 운동에 가담했다.

● 추상미술(抽象美術, Abstract Art)

눈에 보이는 현실의 사물을 묘사의 대상으로 하지 않는 미술을 가리킨다. 1910년 무렵 유럽 각지에서 거의 동시에 발생하여 활발히 전개되었다. 현대 미술에서는 인상주의에 반발하고, 색채 · 형태 등에서는 전통적인 회화 관념을 거부하면서 자연스럽게 탄생되었다. 물체의 선이나 면을 추상적으로 탐색하고 색채의 울림을 조형적으로 화면 속에 구성하는 경향이 있다. 추상미술은 몬드리안을 시조로 하는 기하학적 추상(차가운 추상)과 칸딘스키를 시조로 하는 서정적 추상(뜨거운 추상)의 두 가지로 나뉜다. 차가운 추상은 작품의 표현을 최소한의 기본적 형태와 색채로 한정시키는 기하학적 · 수학적 구도를 추구하며, 뜨거운 추상은 감정과 직관을 근거로 하는 주관적인 추상을 말한다.

● 아르 누보(Art Nouveau)

'새로운 미술'이라는 뜻인 아르 누보는 19세기 말에서 20세기 초에 걸쳐 영국에서 처음 발달하여 서유럽 전역 및 미국에까지 넓게 퍼졌던 장식적 양식을 말하며, 유연한 곡선과 곡면이 특징이다. 아르 누보의 탄생은 유럽의 전통적 예술에 반발하는 당시 미술계의 풍조를 배경으로 하고 있다. 19세기 후반에 유행처럼 번졌던 아카데믹하고 절충주의적인 '역사주의'에

앙데팡당(Independant)

아카데미에 반대하는 독립적이고 자주적인 예술가협회를 말한다. 앙데팡당전은 1884년 파리의 아카데미전에서 낙선한 작가들을 중심으로 반아카데미즘 화가들이 함께 모여 개최한 전시에서 비롯되었다. 이들은 엄격한 심사와 타성에 젖은 살롱전에 반대하여 심사가 없는 자유로운 전시를 표방하고 나섰다. 고흐, 세잔, 마티스 등이 모두 이 앙데팡당전 출신이다.

확인문제

26. 마티스(H. Matisse)는 어느 유파에 속하는 화가인가?
① 인상파 ② 입체파
③ 야수파 ④ 초현실파

확인문제

27. 화가 피카소는 어느 파에 속하는가?
① 인상파 ② 입체파
③ 낭만파 ④ 야수파

게르니카(Guernica)

피카소의 최대 걸작으로 꼽히는 〈게르니카〉는 1937년 4월 26일 스페인 바스크 지방의 작은 마을 게르니카를 독일 콘도르 비행단이 무차별 폭격한 사건에 대한 분노가 표현된 작품이다. 흑백으로 처리된 이 작품은 직접적이고 간결한 구도를 지니고 있다. 피카소가 1920~1930년대 개발했던 수많은 상징과 알레고리뿐 아니라 입체파 시대 이후 그가 개발한 시각언어의 강력한 표현력이 돋보이는 작품이다. 이 그림은 1981년 피카소의 귀국과 함께 마드리드 프라도 미술관에 소장되었다가 보관상의 이유로 1992년 소피아왕비 미술센터로 옮겨졌다.

확인문제

28. 추상미술에서 기하학적 추상을 대표하는 인물은?
① 몬드리안 ② 뭉크
③ 칸딘스키 ④ 체드빅

답 26. ③ 27. ② 28. ①

대한 반발로 나타나, 과거의 전통 양식들을 모방하거나 변형하는 수준에서 벗어난 하나의 새로운 양식을 창출하고자 한 것이다.

● 아르 데코(Art Deco)

1925년 파리에서 개최된 국제 현대장식 산업미술전에서 유래한 명칭이며, 채색이나 형태를 제한하여 보다 간결한 형태, 곡선에서 직선으로 향하는 경향, 기하학적 문양이 새로이 선보였다. 또한 투명성, 광채, 가소성이 중시되고 소재 자체의 아름다움이 추구되었다. 후기 아르 누보에서 바우하우스적 디자인이 확립되기까지의 중간적인 장식양식이다.

● 아방가르드(avant-garde, 전위 예술)

기성관념이나 유파(流派)를 부정하고 새로운 것을 이룩하려 했던 입체파, 표현주의, 다다이즘, 초현실주의 등 20세기 초에 일어난 혁신예술을 통틀어서 일컫는 말이다. 일반적 특징으로는 모호성 · 불확실성의 역설과 주체의 붕괴, 비인간화 등을 들 수 있으며, 이들 활동의 배후에는 기계문명의 발달, 무의식 세계의 규명, 원시예술의 발굴, 사회 의식의 확대 등 신시대적인 여러 가지 요인이 내포되어 있다.

● 키네틱 아트(Kinetic Art)

움직임을 중요시하거나 그것을 주요소로 하는 예술 작품을 말한다. 옵 아트가 시각적인 변화를 나타내는 것과는 달리, 작품 그 자체가 움직이거나 움직이는 부분이 조립된 조각의 형태를 취하고 있다. 이러한 경향은 미래주의와 다다이즘에서 파생된 것으로, 최초의 작품으로는 마르셀 뒤샹이 1913년에 자전거 바퀴를 써서 제작한 〈모빌〉이 있다.

● 팝 아트(Pop Art)

포퓰러 아트, 즉 대중적인 이미지를 사용한 미술로, 1950년대 후반부터 주로 영국과 미국에서 나타난 예술 현상이다. 추상표현주의의 엄숙성에 반대한 구상미술의 한 경향으로, 대중문화를 적극적으로 활용함으로써 순수예술과 대중예술이라는 이분법적 경계를 무너뜨리려는 시도를 하였다. 팝 아트는 대중매체나 상품광고, 쇼윈도, 교통표지판, 만화 주인공, 인기 스타 같은 일상적이고 대중적인 소재를 통해 현대 산업사회의 특징인 대중문화의 이미지를 미술 속에 적극적으로 수용하였다.

확인문제 [KT]

29. 다음은 무엇을 설명한 글인가?

> 새 예술이라는 뜻으로 신양식의 창조를 목표로 하여 유럽에서 번진 미술운동으로서 건축 · 공예 분야에서 활발히 추진되었다.

① 다다이즘 ② 아르 누보
③ 아방가르드 ④ 정크 아트

확인문제

30. 제1차 세계대전 때부터 유럽에서 일어난 예술운동이 아방가르드이다. 아방가르드에 속하지 않는 것은?

① 입체파 ② 다다이즘
③ 초현실주의 ④ 센세이셔널리즘

다다이즘(dadaism)

제1차 세계대전 때부터 전후에 걸쳐 주로 취리히와 뉴욕, 베를린, 쾰른, 파리 및 독일의 하노버 등지에서 활발하게 전개되었던 허무주의적 예술운동이다. 반미학적(反美學的) · 반도덕적인 태도를 특색으로 하는데, 대표적인 작가로는 마르셀 뒤샹이 있다.

센세이셔널리즘(sensationalism)

본능을 자극하고 호기심에 호소하여 대중의 인기를 끌어 이득을 얻으려는 보도 경향이다.

사이버네틱 아트(Cybernetic Art)

키네틱 아트의 일부이지만 작품 속의 장치로 움직일 뿐만 아니라 작품이 놓인 환경으로부터의 자극, 즉 사람의 소리 · 손동작 · 빛 · 바람 · 온도의 변화에 감응하여 움직이는 예술 작품을 말한다. 인공두뇌학으로부터 나온 용어로, 1960년대 후반부터 미국 · 프랑스에 등장했다.

답 29. ② 30. ④

오브제(objet)

본래 물건, 객체 등의 의미를 지닌 프랑스어이다. 오브제라는 말이 특수한 용어가 된 것은 다다이즘과 초현실주의가 나타난 이후부터이다. 초현실주의 이후 현대 예술용어로서의 오브제는 일상적으로 인정하고 있는 사물의 개념에서 벗어나 다른 존재 의미를 붙인 물체를 뜻한다. 즉, 예술과는 아무런 관계가 없는 물건이나 그 한 부분을 본래의 일상적인 용도에서 절연함으로써 보는 사람에게 잠재된 욕망이나 환상을 불러일으키는 상징적 기능의 물체를 말한다.

사신도(四神圖)

사방의 별자리를 상징적인 동물상으로 나타낸 것으로 동쪽에는 청룡을, 서쪽에는 백호를, 남쪽에는 주작을, 북쪽에는 뱀이 거북을 감고 있는 현무를 그렸다. 중국에서 전국시대(戰國時代) 말기에 천문오행사상(天文五行思想)을 배경으로 대두되었으며, 한대(漢代)와 남북조시대를 통해 풍수지리설과 신선사상 등의 조류와 결부되어 유행했다.

천산대렵도(天山大獵圖)

공민왕의 작품이라 전해지는 세밀한 채색화로서 수렵 장면을 묘사한 것이다. 본래는 옆으로 길다란 두루마리 그림이었던 것이 조각난 것으로 보이는데, 비슷한 그림 여러 폭이 〈천산대렵도〉 혹은 〈음산대렵도〉라는 이름으로 전해진다.

몽유도원도(夢遊桃源圖)

조선 초기 최대 화가인 안견이 그린 그림이다. 안평대군은 꿈속에서 노닐었던 도원의 풍경을 안견에게 그리게 하였는데, 안견이 단 3일만에 완성하였다고 한다. 이 그림은 당시의 일반적인 화풍과는 달리 왼쪽에서부터 오른쪽으로 이야기가 펼쳐지는 독특한 구성을 보여주는데, 왼쪽 아래에서 오른쪽 위로 대각선을 따라 현실 세계와 꿈속 세계를 절묘하게 대비하였다. 안평대군의 표제와 발문을 비롯해 신숙주, 정인지, 박팽년, 성삼문 등 당대 최고 문사들의 제찬을 포함하여 모두 23편의 자필 찬시가 곁들여 있다.

확인문제 [한국전력공사]

31. 1960년에 뉴욕과 런던에서 본격화된 유파로 뉴리얼리즘이라고도 불리고 만화, 포스터, 마릴린 먼로처럼 대중화된 소재를 이용하는 예술사조는?
① 네오다다　② 초현실주의
③ 팝 아트　④ 신표현주의

데포르마시옹(deformation)

자연형태의 사실적 묘사에서 벗어나 어느 특정 부분을 강조하거나 변형시켜 표현한 미술기법이다. 원시미술이나 유아의 그림 등에서도 볼 수 있으며, 주로 근대미술에서 순수조형에 근거한 강조표현을 말한다. 특히 표현주의에서 많이 사용된다.

확인문제 [한국전력공사]

32. 데포르마시옹(deformation)이란?
① 채색을 쓰지 않고 주로 선으로 그리는 화법
② 표현대상의 묘사에 있어 변형 · 왜곡하는 회화기법
③ 자연대상의 현실모습을 그대로 표현하는 회화기법
④ 어울리지 않는 장소를 장식하기 위한 색다른 의장

신품4현(神品四賢)

글씨로 유명한 네 사람, 즉 신라의 김생(金生), 고려의 유신(柳伸), 탄연(坦然), 최우(崔瑀)를 말한다. 이들이 쓴 글씨로 현재 남아 있는 것은 송광사(松廣寺)에 있는 유신의 〈보조국사비문(普照國師碑文)〉과 춘천에 있는 탄연의 〈문수원기(文殊院記)〉 등이다.

답 31. ③　32. ②

● MEME(밈)

유전자(DNA)를 통해서 다음 세대로 전달되는 것이 아니라 모방에 의해 다음 세대로 전달되는 '문화유전자'를 의미하는 것으로, 영국의 진화생물학자 리처드 도킨스(Richard Dawkins)의 저서 《이기적인 유전자》에서 나온 용어이다. 리처드 도킨스는 유전자(DNA)가 자가복제를 통해 생물학적 정보를 전달하듯이, 밈(MEME)은 모방을 거쳐 사람의 뇌에서 다른 사람의 뇌로 개인의 생각과 신념을 전달한다고 설명하였다. 즉, 언어나 의복, 관습, 예술 등의 경우에는 유전에 의해서 전달되는 것이 아니라 문화전달에 의해 전승된다는 것이다.

● 메세나(Mecenat)

기업들이 문화예술 활동에 대한 지원을 통해 사회공헌과 국가 경쟁력에 이바지하는 활동을 말한다. 고대 로마 제국에 문화예술인을 지원했던 재상 마에케나스(Gaius Clinius Maecenas)의 이름에서 유래되었으며, 그 당시 문예인들의 적극적인 문화예술의 창작활동을 도와 로마 문화의 번영에 큰 역할을 하였다. 현재는 예술과 문화, 과학과 스포츠에 대한 지원뿐 아니라 공익사업에 대한 지원까지 포함하며, 우리나라에는 1994년 설립된 한국메세나협회(Korea Business Council for the Arts)가 문화예술을 지원하는 사업을 시행하고 있다.

● 오마주(Hommage)

존경이라는 뜻으로, 영화에서 존경하는 감독 작품의 주요 장면이나 대사를 인용하는 것을 의미한다. 특정 장면을 그대로 삽입하거나 유사한 분위기를 차용하는 등의 방법으로 사용하며, 대표적인 오마주는 미국의 영화감독이자 배우인 쿠엔틴 타란티노(Quentin Tarantino)로 홍콩의 영화감독인 오우삼에 대한 존경의 표시로 본인의 작품인 〈저수지의 개들〉에서 오우삼 감독의 〈첩혈쌍웅〉의 권총 액션 장면을 각색하여 삽입하였다.

● 패스트 패션(Fast Fashion)

미국의 갭(GAP), 스페인의 자라(ZARA), 일본의 유니클로(UNICLO)처럼 유행에 맞춰 빠르게 디자인을 바꿔 내놓는 옷들을 가리킨다. 자신만의 개성 있는 패션을 추구하면서도 유행을 따르고자 하는 현대인들의 심리를 파악한 패스트 패션은 비교적 저렴한 가격과 빠른 상품 회전율로 승

진경산수화(眞景山水畵)

조선 후기 정선에 의해 형성된 화풍을 말한다. 정선의 실경산수는 단순한 사경이라기보다는 그가 직접 여행하면서 독자적이고 자율적인 화법으로 우리의 산천을 그렸다는 것과, 자기만의 독특한 화풍을 이룩하여 한국적인 화풍을 형성했다는 데 큰 의의가 있다.

확인문제 [부산교통공사]

33. 다음 중 진경산수화를 그린 사람은?
① 김정희 ② 안견
③ 정선 ④ 김홍도
⑤ 공민왕

퀴어시네마(Queer Cinema)

1990년대부터 등장한 하나의 영화 장르로 동성애를 다룬 영화를 지칭한다. 'Queer'는 본래 '기묘하다'는 뜻이지만 이성애자들이 동성애자를 조롱할 때 쓰이기도 하면서 '퀴어시네마(Queer Cinema)'라는 이름이 만들어졌다. 퀴어시네마에는 성적 소수자인 동성애자들의 권익을 보호하는 내용이나 모티브가 깔려 있다.

한국퀴어영화제

한국 사회 문화의 다양성을 높이고 성 소수자인 레즈비언(Lesbian)과 게이(Gay), 양성애자(Bisexual), 트랜스젠더(Transgender)들의 삶과 욕망을 조망하기 위하여 2000년에 만들어진 영화제이다. 서울 퀴어문화축제의 메인행사 중 하나인 무지개영화제로 시작해서 2007년 서울LGBT영화제로 명칭이 바뀌었고 2014년 한국퀴어영화제로 또 한번 명칭이 바뀌었다.

 33. ③

부를 거는 공격적 마케팅을 내세워 빠르게 시장을 점유하고 있다. 하지만 패스트 패션은 단시간에 신제품을 소량 생산해 쏟아낸 뒤 남은 것을 폐기 처분하기 때문에 환경을 저해한다는 단점이 있다.

● 다크 투어리즘(Dark Tourism)

역사적 비극의 현장을 방문하는 기념적인 여행을 의미한다. 대부분의 여행은 일상에서 탈피해 새로운 곳으로 떠나 휴식을 취하는 것을 목적으로 하지만 다크 투어리즘은 재난이 일어났거나 역사적으로 비극적 사건이 일어났던 곳을 직접 방문하여 교훈을 얻기 위한 여행이라고 할 수 있다. 세계적으로 나치의 잔학상을 보여주는 폴란드의 아우슈비츠 수용소, 9 · 11 테러가 발생했던 미국의 세계무역센터 자리인 그라운드 제로 추모공원, 캄보디아의 킬링필드 등이 있으며, 우리나라에도 일제의 잔학상을 재현한 서대문형무소역사관, 1948년 수만 명의 양민이 희생된 4 · 3사건의 실상을 알려주는 제주 4 · 3평화공원과 한국전쟁 당시 북한군 포로를 가두기 위해 설치된 거제포로수용소, 2003년 대구지하철 참사를 추모하는 대구시민안전테마파크 등이 있다.

캘리그래피(Calligraphy)

기계가 아닌 펜(Pen)으로 문자를 조형적으로 아름답게 묘사하는 기술을 의미한다. 즉, 글씨를 아름답게 표현하는 기술로 현재는 상업적인 성격이 강해 각종 서적이나 영화 포스터, 기업 홍보 등에 사용되고 있다. 캘리그래피를 사용할 경우 서체에서 사람의 정성을 느끼게 하며 따뜻하고 인위적이지 않은 느낌을 주기 때문에 아날로그적 감성에 대한 향수를 찾는 사람들이 주로 이용하기도 한다.

셀픽션(Selfiction)

자기계발을 뜻하는 'Self Help'와 소설을 뜻하는 'Fiction'의 합성어로 다소 진부한 내용일 수 있는 자기계발의 이론을 소설 형식을 빌어 독자가 쉽게 이해하도록 구성한 것을 말한다. '우화형 자기계발서'라고도 하며 소설의 재미와 자기계발서의 교훈을 동시에 얻을 수 있다는 장점이 있다.

버킷리스트(Bucket List)

죽기 전에 꼭 해야 할 일이나 달성하고 싶은 꿈을 의미하는 용어로, 교수형을 집행할 때 거꾸로 뒤집어 놓은 양동이(Bucket) 위에서 목줄을 매달고 집행인이 양동이를 발로 차 형을 집행한 것에서 유래된 숙어인 'Kick The Bucket'에서 유래되었다. 꼭 이루고 싶은 자신과의 약속을 정리한 실천 리스트로, 이는 삶의 의미와 행복을 발견할 수 있는 인생 나침반의 역할을 한다.

2 스포츠

국제올림픽위원회(IOC ; International Olympic Committee)

올림픽경기대회의 개최를 주도하는 국제기구로서 1894년 프랑스의 피에르 쿠베르탱의 제안으로 창설되었다. IOC 위원은 스포츠계 최고의 명예직이며, 대부분의 나라에 입국사증 없이 입국이 허용되는 등 국제적인 예우를 받는다. 2013년 9월 부에노스 아이레스에서 열린 IOC 총회에서 독일 출신의 토마스 바흐가 제9대 IOC 위원장으로 선출되었다. 2019년 기준 가입국은 206개국이며, 본부는 스위스 로잔에 있다.

올림픽경기대회(Olympic Games)

국제올림픽위원회(IOC ; International Olympic Committee)가 4년마다 개최하는 국제스포츠대회로, 본래 고대 그리스인들의 제우스 신에게 바치는 제전경기(祭典競技)의 하나인 올림피아제에서 비롯되었다. 올림픽경기는 프랑스의 피에르 쿠베르탱의 노력으로 1894년 6월 23일 파리의 소르본 대학에서 열린 국제스포츠대회에서 만장일치로 찬성을 얻어 시작되었다. 1896년 고대 올림픽의 발생지인 그리스의 아테네에서 제1회 대회가 시작되었으며, 1908년 제4회 런던대회부터 대회규모가 획기적으로 확대되었다. 각국이 처음으로 국기를 앞세우고 참가하였으며 경기규칙 제정, 본격적인 여자경기종목 채택, 마라톤 코스 확정 등 조직과 관리면에서 체계가 갖추어졌다. 올림픽은 1988년 제24회 서울 대회에 이르러 비로소 동 · 서 양 진영이 참가하는 세계 대축전이 되었다. 2012년 제30회 대회는 영국 런던에서 개최되었고, 2016년 제31회 대회는 브라질 리우데자네이루에서 개최될 예정이다. 동계대회는 하계대회와 별도로 4년에 한 번씩 겨울에 열리는데, 1924년 프랑스의 사모니에서 제1회 대회가 개최되었고 2018년 제23회 대회가 평창에서 개최되었다.

아시아경기대회(Asian Games)

제2차 세계대전 뒤 아시아 여러 나라의 우호와 평화촉진을 목적으로 생겨난 스포츠 대회로, 세계대전 전의 극동선수권대회와 서아시아경기대회가 모체이다. 국제올림픽위원회(IOC) 위원인 인도의 G. D. 손디가 제안하였다. 아시아올림픽평의회(OCA)가 대회를 주최하고 IOC의 협찬 아래

올림픽 표어

'더 빠르게, 더 높게, 더 힘차게'란 뜻의 라틴어 'Citius, Altius, Fortius'이다. 프랑스의 디동 신부가 제창한 것을 1926년 IOC가 정식으로 채택하였다.

오륜기

쿠베르탱이 고안해 1920년 제7회 앤트워프 대회부터 사용하기 시작했다. 5개의 원형 고리로 왼쪽부터 파랑 · 노랑 · 검정 · 초록 · 빨강의 순서로, 이 다섯 가지 색은 특정 대륙을 상징하는 것이 아니라 전 세계 국기에 들어간 색들 중 최소한 한 가지 색이 포함될 수 있도록 한 것이다.

확인문제

34. 국제올림픽위원회의 약칭은?

① WBA ② KOC
③ OOC ④ IOC

패럴림픽(Paralympic)

신체장애인들의 국제경기대회로, 패럴림픽(Paralympic)이라는 명칭은 '하반신마비(paraplegia)'와 '올림픽(olympic)'의 합성어이다. 올림픽이 열리는 해에 올림픽 폐막 후, 개최국에서 경기를 갖는다. 1948년 영국에서 L. 구트만이 창설한 척수장애인 체육대회가 기원이며 1952년부터 국제대회로 발전하였다. 장애인 올림픽이라고도 한다.

답 34. ④

올림픽 정신에 입각하여 올림픽경기 사이에 4년마다 대회가 열린다. 아시아경기대회 표어는 '영원한 전진(Ever Onward)'이고 불타는 태양을 대회 마크로 사용하고 있다. 제1회 대회는 1951년 인도의 뉴델리에서 개최되었고, 우리나라는 1986년 제10회 대회를 서울에서, 2002년 제14회 대회를 부산에서 개최하였다. 2010년 제16회 대회는 중국 광저우에서 개최되었으며 2014년 제17회 대회는 인천에서, 2018년 제18회 대회는 인도네시아 자카르타에서 개최되었다.

● 월드컵축구대회(FIFA World Cup)

국제축구연맹(FIFA) 주최로 4년마다 열리는 세계축구선수권대회로, 국적에 따라 프로 · 아마추어의 구별 없이 참가할 수 있으며, 단일 종목으로는 세계 최대의 스포츠 행사이자 세계 최고의 세계선수권대회이다. 1930년 우루과이의 몬테비데오에서 13개국이 참가한 가운데 제1회 대회가 개최되었고 제2차 세계대전으로 1938년 제3회 프랑스대회부터 12년간 중단되었다가, 제4회 대회가 1950년 브라질에서 개최되었다. 제1회 대회 때 줄 리메가 기증한 줄 리메컵은 대회 3회 우승(1958년, 1962년, 1970년)한 브라질이 영구보존하게 됨으로써, 제10회 독일 월드컵부터는 우승팀에게 FIFA컵을 수여하고 있다. 2002년 제17회 대회는 아시아에서 최초로 한국과 일본이 공동개최하였다. 2014년 제20회 월드컵 대회는 브라질에서 2018년 제21회 월드컵 대회는 러시아에서 개최되었다.

확인문제 [서울특별시도시철도공사]

35. 다음 중 월드컵에 대한 설명으로 적당하지 못한 것은?
① FIFA가 주관한다.
② 4년마다 열린다.
③ 아마추어 선수들만 참가한다.
④ 지역예선을 거친다.

각 국의 프로축구 리그 명칭

국가	명칭
이탈리아	세리에 A
영국	프리미어리그
독일	분데스리가
한국	K리그
스페인	프리메라리가
일본	J리그

● 컨페더레이션스컵(FIFA Confederations Cup)

대륙간컵대회 또는 컨페드컵이라고도 한다. FIFA가 주관하는 대륙별 챔피언 간 국제대회로, 1992년 처음 개최되었으며 이후 2년마다 개최되다가 2005년부터는 4년마다 개최되고 있다. 개최국팀과 월드컵 우승국팀 그리고 대륙별 축구대회인 코파아메리카축구대회 · 아시안컵축구대회 · 아프리카네이션컵 · 유럽축구선수권대회 · 북중미골드컵 · 오세아니아네이션컵의 우승국팀 등 8개국팀이 참가한다. 2009년 제8회 대회는 남아프리카 공화국에서 개최되었으며, 2013년 제9회 대회는 브라질에서 개최되었으며 2017년 제10회 대회는 러시아에서 개최되었다.

인터내셔널 챔피언스 컵(ICC ; International Champions Cup)

매년 7~8월에 열리는 클럽 대항 친선 축구 대회로 유럽 및 북아메리카 팀들이 참여했던 월드 풋볼 챌린지를 대체해 2013년 출범했다. 매년 시즌 개막을 앞두고 열리는 평가전 성격의 대회이나 유수의 명문 팀들이 참가해 축구팬들의 관심을 받고 있으며 추로 유럽과 북아메리카의 유명 클럽들이 참가해서 2019년 기준으로 미국(11경기), 아시아(4경기), 유럽(3경기) 투어로 나뉘어 열린다. 참가팀 수는 8~15팀으로 매년 다르며 2019년 기준 12팀이 참가한다.

● 더비(Derby)

연고지가 같은 팀이나 라이벌 팀 간에 하는 시합을 이르는 말로 잉글랜드

 35. ③

프리미어리그에서 런던을 함께 연고지로 하는 아스날과 첼시의 경기는 런던 더비가 되는 식이다.

● 리베로(libero)

이탈리아어로 '자유인'이라는 뜻이며 포지션에 구애받지 않고 위치가 자유로운 선수를 말한다. 축구에서 처음 사용되었으며 수비전담이지만 최종공격까지도 가담할 수 있는 선수를 말한다. 그러나 배구에서는 수비전문선수를 말하는데, 스파이크는 물론 블로킹도 할 수 없고 서브권조차 주어지지 않는다. 즉, 리시브나 토스만 할 수 있는 수비전담선수인 셈이다.

● 오프사이드(offside)

축구 경기에서 공격팀 선수가 상대편 진영에서 공보다 앞쪽에 있을 때, 자기와 골라인과의 중간에 상대팀 선수가 2명 이상 없으면 오프사이드의 위치에 있게 되며, 이때 후방의 자기편으로부터 패스를 받으면 반칙이 된다. 오프사이드 위치에서 플레이에 참가하거나 참가할 의사를 보였을 때 적용되는데, 이때 공격의사를 보이더라도 공을 건드리지 않으면 오프사이드 반칙에서 제외된다. 아이스하키나 미식축구에서도 오프사이드 반칙이 있다.

● 럭비(rugby)

고대 그리스 및 로마에서 처음 시작되었으며, 근대 럭비는 12세기경부터 청소년들 사이에 성행하던 영국의 풋볼에서 유래되었다. 15명 이내로 구성된 두 팀이 1명의 주심과 2명의 터치 저지에 의한 킥오프로 경기가 진행된다. 선수는 온사이드에 있는 한, 스크럼일 때와 태클이 있는 다음을 제외하고는 언제라도 공을 잡을 수 있으며, 가지고 뛰거나 패스하고 녹하고 킥할 수 있다. 더 많은 점수를 얻은 팀이 승리한다.

● 메이저리그(MLB : Major League Baseball)

내셔널리그와 아메리칸리그로 나누어져 있는 미국 프로야구의 리그를 말하며, 빅리그(Big League)라고도 한다. 30팀이 양 리그로 나뉘어서 경기를 펼치는데, 이 양 리그에는 동부지구, 중부지구, 서부지구의 총 6지구가 있다. 한 시즌은 162경기이고 플레이오프는 지구의 1위팀 6팀과 와일드카드(각 리그에서 2위 이하 팀 중 승률 1위인 팀) 2팀으로 해서 디비전

실버골(Silver Goal)

축구의 연장전에서 한 팀이 먼저 골을 넣더라도 15분 경기를 마쳐야 종료되는 경기 방식이다. 어느 팀이 연장 전반에 먼저 골을 넣더라도 정해진 전반 15분 동안은 경기를 해야 경기가 종료되며 전반 15분 동안에 골을 넣지 못하고 후반전을 치르더라도 정해진 15분 동안은 경기를 해야 한다.

미라클 카드제(Miracle Card制)

월드컵 출전 경력자 참가 제한 및 23세 미만의 선수들로만 구성되는 올림픽 축구에 대한 흥미와 재미가 지나치게 반감된다 하여, 1996년 애틀랜타 올림픽부터 도입된 제도로 3명에 한해 면제되는 것으로 일명 '와일드 카드'라고도 한다.

마이너리그(Minor League)

미국 프로야구 메이저리그에 진출할 선수들을 양성하는 2군 팀끼리 만들어진 리그로 트리플A – 더블A – 싱글A – 루키리그 4등급으로 나뉘어져 있다.

더블 헤더(Double Header)

'기관차가 2개 달린 열차'라는 뜻으로 두 팀이 같은 날, 같은 구장에서 연속해서 두 번 경기를 치르는 것을 말한다. 더블 헤더의 제1경기는 연장전이 없으며, 제2경기는 제1경기 종료 20분 후에 실시한다.

확인문제 [한국전력공사]

36. '더블 헤더'와 관계있는 운동종목은?

① 축구 ② 야구
③ 배구 ④ 테니스

답 36. ②

시리즈 – 리그 챔피언십 – 월드시리즈를 통해 우승팀을 가린다.

● 월드 시리즈(World Series)

미국 프로야구 아메리칸리그와 내셔널리그의 우승팀 간에 펼치는 메이저리그 챔피언 결정전으로 1903년 처음 시작되었으며, 1904년 보이콧과 1994년 선수 파업을 제외하고는 매년 개최되고 있다. 7전 4선승제로 챔피언을 가르며, 2014년 시즌까지 최대 우승팀은 27회 우승을 차지한 아메리칸리그의 뉴욕 양키스이다.

● 스토브 리그(Stove League)

야구에서 정규시즌이 끝난 후 시즌 오프 시기인 겨울이 되면, 각 구단들이 전력을 강화하기 위해 선수들을 트레이드하거나 혹은 방출하고 신인 선수들과 새로운 용병을 찾아내는 등 활발한 움직임을 보이는 것을 말한다. 실제로 야구경기를 하는 것은 아니지만, 겨울 난로(stove)가에서 거래 및 상담에 의해 선수들이 대거 이동하게 되므로 스토브 리그라고 불린다.

● 자책점(Earned Runs)

야구에서 투수가 책임져야 되는 상대팀에게 빼앗긴 점수를 말하는 것으로, 방어율 산출의 기본이 된다. 자책점은 수비수의 에러 등 다른 요인 없이 투수 혼자만의 실수(안타, 포볼, 와일드 피칭)로 인한 점수를 말한다.

● 방어율(ERA ; Earned Run Average)

야구에서 투수의 역량을 측정하는 지표로서 한 경기(9회)에 평균 얼마만큼의 자책점을 냈는가를 나타내는 수치이다. 투수가 기록한 자책점에 1게임 정규 이닝의 기준인 9회를 곱한 후 투구횟수로 나누어 보통 소수점 둘째 자리까지 나타내는데, 이 수치가 낮을수록 좋은 투수이다.

● 세이브(save)

야구에서, 동점이나 역전이 될 수 있는 상황에서 구원 등판한 투수가 끝까지 리드를 지켜 팀을 승리하게 하였지만 승리투수가 될 수 없을 때 세이브가 주어진다. 1976년부터 정규 룰에 규정되었으며, 세이브 수에 구원승리 수를 보탠 것을 세이브 포인트라 한다.

히트 앤드 런(Hit And Run)

야구 경기에서 타자와 주자가 사전에 합의하여 투수가 투구 동작에 들어감과 동시에 주자는 다음 베이스를 향해 달리고 타자는 들어오는 공이 스트라이크든 볼이든 무조건 치는 작전을 말한다. 기본적으로 주자 1루 상황에서 더블 플레이를 방지하고 안전하게 주자를 다음 베이스로 진루시키기 위한 작전이다.

노 히트 노 런(No Hit No Run)

투수가 완투한 경기에서 상대팀에게 한 개의 안타는 물론 한 점의 득점도 허용하지 않고 승리투수가 된 경우의 기록을 말한다.

스퀴즈 플레이(Squeeze Play)

'강제적인 작전에 의한 플레이'라는 뜻으로 야구경기에서 노 아웃이나 원 아웃에서 주자가 3루에 있는 경우 주자는 무조건 홈으로 뛰고 타자는 번트를 하여 득점시키고자 하는 작전에 의해 이루어지는 플레이를 말한다. '짜내기 작전'이라고도 한다.

핫 코너(Hot Corner)

1880년대 신시내티의 3루수가 한 경기에서 7개의 강한 타구를 처리한 것을 본 신문기자가 처음 사용한 용어로, 뜨거울 정도로 강한 타구나 불규칙한 난구가 많이 가는 코너, 즉 3루를 지칭한다.

확인문제 [한국전력공사]

37. 야구에에서 '핫 코너'란?

① 1루　② 2루
③ 3루　④ 4루

퍼펙트 게임(Perfect Game)

투수가 상대팀에게 안타, 4사구, 실책, 타격방해, 주루방해 등으로 단 1명의 타자도 출루시키지 않고 무득점으로 막아낸 경기를 말한다.

답 37. ③

● 콜드 게임(Called Game)

어떤 이유로든 주심이 종료를 선언한 경기를 말한다. 규정 이닝을 마친 상태에서 강우, 정전, 소요 등 부득이한 사유로 경기의 속행이 어려워 주심에 의해 종료선언된 경기로, 경기의 승패는 경기가 중단된 상태에서의 득점으로 결정한다. 프로야구는 5회가 기준이 되며, 1~4회 중에 경기가 중단되면 '노게임'이 된다. 아마추어 야구는 점수 차가 규정 이상 벌어질 경우에도 적용하는데, 5회 10점 이상, 7회 7점 이상 점수 차가 나면 콜드 게임이 선언된다.

● 위닝 샷(Winnig Shot)

득점이나 승리와 직결되는 결정적인 타구를 말한다. 야구에서는 투수가 타자를 아웃시키기 위한 세 번째의 스트라이크 볼을 의미한다. 테니스에서는 '결정타' 또는 '승리를 결정짓는 볼'이라는 뜻으로 쓰인다.

● NBA(National Basketball Association)

미국의 프로농구협회로 1949년 설립되었고, 현재 2개의 컨퍼런스(conference)가 6개의 디비전(division)으로 나뉘어 모두 30개 팀을 산하에 두고 있다. 매년 11월에 게임을 시작하여 시즌 중간이 되는 2월경에 올스타전을 하고 6월에 챔피언을 가리는데, 정규시즌 MVP와 결승전 MVP를 따로 뽑는다. 각 컨퍼런스 팀들은 각각 정규시즌을 보내고, 승률이 높은 순서대로 8개 팀을 뽑는다. 그리고 컨퍼런스별 상위 8개 팀은 플레이오프에 진출하여 각 컨퍼런스 챔피언을 토너먼트로 가리게 되며, 각 컨퍼런스의 패자가 그 시즌의 챔피언을 가리는 결승전에 진출한다. 각 컨퍼런스의 플레이오프전 1회전은 5전 3선승제로 하고, 2회전부터 결승전까지는 7전 4선승제로 한다.

● 식스맨(Sixth Man)

5명의 주전선수를 제외한 벤치 멤버 중 가장 기량이 뛰어나 언제든지 경기에 투입할 수 있는 선수로 대체 투입 1순위의 후보선수를 가리킨다. 주전선수의 체력이 떨어졌거나 경기의 흐름이 바뀔 때, 또는 부상당한 선수가 생겼을 때 기용된다. 위기에 제 실력을 발휘할 수 있는 대담한 성격과 슈팅력, 패스 등 기량을 고르게 갖춰야 하고 범실이 적어야 한다.

확인문제

38. 야구경기에서 상대팀에 한 번도 진루를 허용하지 않고 이긴 경기를 무엇이라 하는가?
① 콜드 게임
② 퍼펙트 게임
③ 몰수 게임
④ 서스펜디드 게임

서스펜디드 게임 (Suspended Game)

어떤 이유 때문에 심판이 경기의 일시중단을 선언한 뒤 다음 날에 남은 경기를 속행하는 것을 말하며, 콜드 게임에 속한다. 다만, 종료했을 때 득점이 같을 경우에 주심이 '타이 게임'을 선언해야 하고, 또 악천후 등으로 5회 이전에 경기를 진행할 수 없게 되었을 경우에는 '노게임'을 선언해야 한다.

확인문제

39. 타자를 아웃시키는 세 번째 스트라이크 볼을 이르는 말은?
① winnig shot ② slider
③ slugger ④ save

프리스로(Free Throw)

농구 경기에서 상대팀 선수의 반칙으로 인해 얻는 자유투이다. 필드골은 2점이지만, 자유투는 1점이다. 슛동작 중 반칙이 생길 경우 자유투가 2번 주어지고, 3득점 라인 밖의 경우는 3번 주어진다.

3점슛(Three Point Field Goal)

농구 경기에서 쓰리 포인트 라인(바스켓 중심부와 수식을 이루는 시점에서 반원을 엔드 라인까지 연장한 선으로 링에서 6.75m) 바깥쪽에서의 슛을 성공시킨 경우 3점슛이 된다. 신장에서 불리한 아시아 지역 국가들을 위해 1984년 LA 올림픽대회부터 국제적으로 시행되었다.

답 38. ② 39. ①

● 포인트 가드(Point Guard)

농구에서 포인트 가드는 실제 플레이의 총 지휘자로, 나머지 선수들의 움직임을 지휘하면서 어시스트를 하는 역할을 주로 담당한다. 모든 공격이 포인트 가드의 손끝에서 이루어지기 때문에, 경기흐름을 이끌어 가는 안목 · 침착성 등 다재다능한 감각을 필요로 하는 포지션이다.

● 일리걸 디펜스(Illegal Defense)

수비 위주의 플레이로 인하여 경기가 재미없어지는 것을 막고, 보다 역동적인 경기를 유도하기 위한 것으로 프로농구경기에서 수비법의 하나인 지역방어(존 디펜스)를 금지하는 규정이며, NBA에서 1947년부터 채택하였다. 더블팀 수비(공을 가지고 있는 공격수를 2명의 선수가 수비)는 일시적으로 가능하나 곧 자신의 위치로 돌아와야 한다. 공이 3초 제한구역 밖에 있을 때, 수비팀의 백코트에서 공격선수를 방어하는 수비수는 제한구역 안에 머무를 수 있지만, 다른 선수들은 제한구역 안에 2.9초 이상 머무를 수 없다. 볼이 제한구역 안으로 들어가거나 슈팅동작이 시작되면 일리걸 디펜스 제한도 없어진다. 규정을 어기면 위반한 선수에게 한 번은 경고, 두 번째부터는 테크니컬 파울을 부과하고 상대팀에 자유투 1개와 공격권을 준다. 아마추어 농구에서는 지역방어를 허용한다.

● 샐러리캡(Salary-Cap)

팀에 소속된 전체 선수의 연봉 총액 상한선에 대한 규정으로, NBA에서 처음 시작되었다. NBA가 침체되면서, 선수들의 몸값이 지나치게 상승하고 구단들이 적자로 운영되는 것을 방지하며, 돈 많은 구단이 돈을 앞세워 최고 수준의 선수를 독점함으로써 팀 간에 실력차가 너무 벌어지는 것을 방지하기 위한 것이다. 유명 선수들은 계약자유의 원칙을 규정한 기본권 침해라고 반대하고 있다.

● 아웃렛패스(Outlet-Pass)

넓은 시야와 강한 어깨, 정확한 볼 컨트롤을 필요로 하는 패스로 보기에는 쉽지만 어렵고 은근히 화려한 고급 패스 기술이다. 리바운드를 잡은 선수가 속공을 위해 코트 중앙부근에 있는 동료에게 재빨리 길게 패스하는 것으로, 한 손으로 롱 패스를 하는 것은 '베이스볼 패스'라고 한다.

확인문제 [서울특별시도시철도공사]

40. 농구 경기에서 3득점 라인은 링에서 몇 m 거리인가?

① 4.85m ② 5.25m
③ 6.75m ④ 7.25m

확인문제

41. 속공을 위해 중앙부근에 있는 동료에게 재빨리 길게 패스하는 기술은?

① 아웃렛패스 ② 프리스로
③ 뱅크숏 ④ 앨리웁

답 40. ③ 41. ①

테크니컬 파울(Technical Foul)

선수나 팀 관계자가 스포츠맨십이나 페어플레이정신에 어긋난 행동을 할 경우 부여하는 파울이다. 최대 2개까지 부과할 수 있으며 한 번의 행위만으로도 퇴장시킬 수 있고 두 번째 행위에는 무조건 퇴장이다. 선수가 퇴장당하거나 경기가 끝난 후에는 부과할 수 없다. 위반선수에게는 1개의 파울을 기록하고 팀 파울에 그 수를 포함시키며 상대팀에게 자유투를 준다.

바이얼레이션(Violation)

농구 경기에서 퍼스널 파울, 테크니컬 파울 이외의 반칙으로 워킹 · 더블드리블 · 센터 라인 등의 바이얼레이션이 있다. 바이얼레이션을 범하면 상대편에게 공을 넘겨주어야 한다. 사이드 라인 또는 엔드 라인에서 스로인이 주어진다.

서든 데스(Sudden Death)

운동경기에서 정규시간이나 기간 안에 승부를 가리지 못하고 연장전에 들어간 경우, 먼저 득점하는 팀이 승리를 하고 경기를 끝내는 방식으로, 선취골을 '골든골'이라고도 한다.

테니스 세계 4대 메이저 대회

국제테니스연맹(ITF ; International Tennis Federation)이 관장하는 그랜드슬램대회로, 호주오픈테니스선수권대회, 프랑스오픈테니스선수권대회(롤랑 카로스), 전영오픈테니스선수권대회(윔블던대회), US오픈테니스선수권대회를 말한다.

데이비스컵 대회(Davis Cup Match)

테니스 국가별 남자부의 세계 최강을 결정하는 국제대회이다. 1912년 국제테니스연맹이 결성되면서 정식으로 국제테니스선수권이라 명명하고 연맹이 주최하게 되었다. 데이비스컵 대회의 각 대전은 3일에 걸쳐 2단식, 1복식, 2단식 순서의 5세트 경기제로 운영된다. 본선과 예선으로 나누어 본선 16개국이 최종 데이비스컵을 놓고 우승을 가리는데, 본선 최하위 네 팀이 떨어지면 예선을 거쳐 우승한 팀이 다음해에 본선으로 진출할 수 있다. 데이비스컵은 본선을 치르는 최강국인 16개국이 속한 월드그

퍼스널 파울(Personal Foul)

홀딩, 푸싱, 차징, 트리핑, 해킹 등의 신체 접촉에 의하여 생기는 반칙으로 프리스로, 또는 스로인을 준다.

- **홀딩(holding)** : 상대 선수를 붙잡는 것
- **푸싱(pushing)** : 미는 것
- **차징(charging)** : 부딪히는 것
- **트리핑(tripping)** : 넘어뜨리는 것
- **해킹(hacking)** : 때리는 것

확인문제

42. 퍼스널 파울의 종류가 아닌 것은?
① 홀딩 ② 트리핑
③ 차징 ④ 스로인

러브 게임(Love Game)

테니스 경기에서는 스코어를 매길 때 1, 2, 3, 4라고 하지 않고 15, 30, 40, game이라고 하며, 0도 '제로(zero)'가 아니라 '러브(love)'라고 한다. 게임 스코어가 0–40에서 다음 포인트로 경기를 끝냈을 때 이 게임을 러브 게임이라 한다. 즉, 1점도 얻지 못한 게임을 말한다.

확인문제 [한국전력공사]

43. '러브 게임(Love Game)'이라는 용어를 사용하는 경기는?
① 골프 ② 체조
③ 테니스 ④ 배드민턴

확인문제 [한국전력공사]

44. 테니스대회의 '그랜드슬램(grand slam)'과 관련이 가장 적은 나라는 다음 중 어디인가?
① 미국 ② 러시아
③ 호주 ④ 프랑스

답 42. ④ 43. ③ 44. ②

룹이 있으며, 나머지 국가들이 유럽-아프리카 지역 A/B, 아메리카 지역, 아시아-오세아니아 지역 등 4개 지역으로 나뉘어 예선전을 치른다.

● 타이 브레이크(Tie Break)

테니스에서 게임이 듀스일 경우 12포인트 중 7포인트를 먼저 획득한 자가 승리하는 경기단축시스템이다. 상대방과 2게임 이상의 차로 이겨야 세트를 따는 종전의 규정 때문에 경기가 무한정 계속됨에 따라 선수들의 체력이 저하되고 관중들이 권태감을 느끼며, 텔레비전 중계가 지연되는 폐단을 없애기 위해 도입되었다. 세트 스코어 6대 6이나 8대 8일 때 먼저 1게임을 얻은 선수에게 세트의 승리를 준다. 단 데이비스컵대회나 페더레이션컵대회에는 적용되지 않는다.

● 골프 4대 메이저 대회

PGA(남자) 메이저 대회로는 마스터스 대회, 브리티시 오픈, PGA챔피언십, US 오픈이 있다. LPGA(여자) 메이저 대회는 나비스코 다이나 쇼, 브리티시 오픈, 맥도널드 LPGA 챔피언십, US 오픈, 에비앙 챔피언십이다.

● 서비스 에이스(Service Ace)

테니스 경기에서 상대편이 공을 받아넘길 수 없게, 강하고 정확한 서브로 득점하는 것을 말한다. 테니스에서는 주로 제1서브에서 직접 득점으로 연결되는 서비스 에이스를 노리거나 공세의 발판을 마련한다. 한 세트에 15점인 라켓볼에서는 보통 3~7점을 서비스 에이스로 득점한다.

● 매치 플레이(Match Play)

골프 경기에서 각 홀마다 승패를 겨루는 경기방법으로 1홀마다 타수가 작은 쪽이 그 홀의 승자가 되며, 타수가 같으면 무승부가 된다. 18홀 전체에서 승리한 홀이 많은 선수가 승자가 된다.

● 골프 코스

홀이 모여서 골프 코스를 이루는데, 홀은 18, 27, 36, 54, 72홀 등이 있고 보통 18홀을 기준 코스로 단거리홀 4, 중거리홀 10, 장거리홀 4로 구성되어 있다. 1번 홀에서 9번 홀까지를 아웃코스(out course), 10번 홀에서 18번 홀까지를 인코스(in course)라 하며, 대부분의 골프장은 각 코스마다

매치 포인트(Match Point)

배구, 테니스, 탁구, 배드민턴 등의 경기에서 승부를 결정짓는 마지막 한 포인트를 말한다. 배구의 경우 마지막 세트의 15점째를 말하며 14 : 14로 듀스가 되었을 때에는 상대를 2점 앞서는 두 번째 득점을 말한다. 챔피언십 결승전에서는 챔피언십 포인트라고 하기도 한다.

안니카 메이저 어워드(Annika Major Award)

LPGA 투어 당해 시즌 5개 메이저대회에서 가장 높은 성적을 거둔 선수에게 수여하는 상으로 2014년 LPGA 투어가 골프계의 여제 안니카 소렌스탐을 기리기 위해 제정했다. 5개 메이저대회(ANA 인스퍼레이션, LPGA 챔피언십, 브리티시여자오픈, US 여자오픈, 에비앙 챔피언십)의 1위~10위에게 차등 점수를 부여하고 합산이 가장 높은 선수에게 상을 수여하는데 1위는 60점, 2위는 24점, 3위는 18점이 부여되고 4~10위는 14점부터 2점씩 낮은 점수가 주어진다.

로저스 컵(Rogers Cup)

캐나다에서 열리는 테니스 대회로, 캐나다 마스터스(Canada Masters), 캐나다 오픈(Canadian Open)으로도 불리며 현재는 로저스 커뮤니케이션스 사로부터 타이틀 스폰서를 받아 로저스 컵이라고 불린다. 남자 대회의 경우 ATP투어 마스터스 1000 분류에 속하고, 여자 대회의 경우 WTA투어 프리미어 5 대회 분류에 속한다. 남자 대회는 1881년, 여자 대회는 1892년부터 개최되어 윔블던과 US 오픈과 함께 가장 역사가 깊은 테니스 대회 중 하나다. 아울러 US 오픈, 호주오픈과 마찬가지로 하드코트에서 열리는 것이 특징이다.

스트로크 플레이(Stroke Play)

골프에서 가장 보편적인 경기방법으로, 18홀 전체 타수를 계산하여 가장 적은 타수의 사람이 승자가 되는 방식이다.

클럽 하우스로 돌아오게끔 배치되어 있다. 18번 홀까지 도는 것을 1라운드라 한다.

● 타수 명칭

① 파(par) : 한 홀에서의 표준타수를 말한다. 18홀 전부의 파를 모두 더하면 그 코스의 표준타수가 나오는데, 표준적인 코스는 파 72이다.
② 보기(Bogey) : 1홀에서 기준 타수보다 1타 많은 타수로 홀인하는 것을 말한다. 기준 타수보다 2타 많은 타수로 홀인하면 더블보기, 3타 많은 타수로 홀인하면 트리플 보기라고 한다.
③ 버디(buddy) : 표준타수(파)보다 1개 적은 타수로 홀컵에 넣는 경우를 말한다.
④ 이글(eagle) : 파 4 이상의 홀에서 표준타수보다 두 타를 덜 치고 홀컵에 넣는 경우이다.
⑤ 알바트로스(albatross) : 더블 이글(Double Eagle)이라고도 하며, 이 경우는 파 4홀에서 단 한 번만에 또는 파 5홀에서 두 타만에 홀아웃하는 경우이다.
⑥ 홀인원(hole-in-one) : 1타로 홀컵에 볼을 넣은 경우를 말한다.

● 랠리 포인트 시스템(Rally Point System)

배구 경기의 랠리에서 이겼을 때마다 점수를 얻는 득점제이다. 리시브한 팀이 랠리로 이겼을 때 서브권만을 가져오는 것이 아니라, 단 한 차례의 공격과 범실로도 점수가 나도록 하는 방식이다. 즉, 서브를 하거나 리시브한 쪽이 랠리에서 이겼을 때마다 한 점을 얻고 서브권을 얻으며, 또한 랠리에서 지면 실점과 함께 서브권도 상대에게 넘어가므로 경기가 박진감 있게 진행된다. 배드민턴 경기에서도 2006년 5월 랠리 포인트 시스템으로 경기규정이 변경되었다.

● 세팍타크로(Sepaktakraw)

네트를 사이에 둔 두 팀이 볼을 땅에 떨어뜨리거나 팔 · 손 등을 이용하지 않고 발로 차 승패를 겨루는 스포츠 경기이다. 세팍타크로 경기는 동남아시아 고대 왕국에서 머리나 발로 누가 공을 많이 튀기느냐를 겨루던 것에서 유래되었다. 1891년경에는 한 개의 원 안에서 집단으로 공을 튀기는 경기였으나, 후에 두 개의 원을 만들어 누가 볼을 더 많이 주고

멀리건(mulligan)

골프에서 최초의 샷이 잘못되어 볼이 바로 앞에 떨어지거나 엉뚱한 방향으로 날아갈 때 벌타 없이 한 번 더 주어지는 티샷으로, 아마추어 경기에서 관행으로 멀리건을 주고받지만, 원칙적으로는 반칙이다.

확인문제 [한국전력공사]

45. 골프에서 파 5홀인 롱홀을 2타만에 끝냈을 때 부르는 스코어의 애칭은?
① 홀인원 ② 버디
③ 알바트로스 ④ 보기

스킨스 게임(Skins Game)

매 홀에 상금을 걸고 1위 선수가 그 상금을 독차지하는 프로골프 경기방법으로, 1위 선수가 둘 이상이면 다음 홀로 상금이 넘어간다. 매 홀마다 상금이 달라 상금이 큰 홀을 따낸 사람이 승수가 적더라도 우승자가 되는 경우가 있다.

비치 발리볼(Beach Volleyball)

양팀 각 2명의 선수들이 가로 16m, 세로 8m의 모래사장에서 벌어지는 배구 경기로 한 선수가 연속하여 2번 공을 칠 수 없다는 규칙이 있다. 메달경기는 12점 3세트로 하며, 마지막 세트는 랠리 포인트 시스템이 적용된다. 국제배구연맹(FIVB)에서 1985년에 정식종목으로 인정되어 1987년부터 세계선수권대회가 열렸고, 1996년 애틀랜타 올림픽부터 올림픽 정식종목으로 채택되었다.

시간차 공격

배구 경기에서 공격자가 세터의 토스 시 한 박자 늦게 공격하여 블로킹 타이밍을 놓치게 만들거나, 한 사람이 위장으로 점프하여 공격의 액션을 취해서 상대의 블로커를 상대하고 그 다음 공격자가 블로커 없이 단독으로 공격하는 형태를 말하기도 한다.

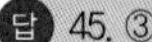

답 45. ③

받느냐를 겨루는 현대의 경기가 시작되었다. 1965년 태국과 말레이시아를 중심으로 경기규칙이 통일되었으며, 이에 의해 경기의 공식 명칭이 말레이시아어 'sepak(발로 차다)'과 태국어 'takraw(볼)'의 합성어인 'Sepaktakraw(발로 볼을 차다)'가 되었다.

배드 마크 시스템(Bad Mark System, 벌점제)

토너먼트식이 아닌 추첨으로 결정된 각 경기자의 번호순에 따라 경기를 진행하는 레슬링 특유의 경기 방법이다. 각 경기자의 기본 점수를 6점으로 하여 경기의 승패에 따라 일정한 기준으로 감점하고, 6점 이상이 되면 실격이 선언된다. 벌점의 구분은 기권은 4점, 무승부는 2~2.5점이며, 판정패는 3~3.5점으로 되어 있다. 페널티 포인트 시스템이라고도 한다.

파테르(parterre)

레슬링 경기에서 상대의 공격을 피하기만 하는 수비 위주의 경기를 하는 선수에게 패시브 판정을 내리는데 패시브에 대한 벌칙이 파테르이다. 파테르는 패시브 판정을 받은 선수가 매트에 양팔과 양무릎을 대고 자세를 취하면 상대 선수가 뒤에서 공격하는 것이다. 국제레슬링연맹은 2013년부터 파테르 없이 스탠딩으로만 2분씩 세트를 치르고, 소극적인 경기로 경고를 두 번 받더라도 파테르 대신 상대선수에게 유리한 곳을 잡을 권리를 주는 것으로 규정을 변경한다고 예고하였으나, 그레코로만형은 상대선수가 파테르 자세로 경기할지 선택할 수 있다.

펜싱(fencing)

검을 가지고 상대하는 2명의 경기자가 '찌르기' 또는 '베기' 등의 동작으로 승패를 겨루는 경기이다. 사용하는 검에 따라 플뢰레, 에페, 사브르 3종류가 있다.

① **플뢰레(fleuret)** : 에페와 함께 검 끝으로 찌르는 것만을 유효로 하며, 가드가 달린 유연한 검을 사용한다. 얼굴과 머리, 사지를 제외한 몸통 부분만이 공격의 유효면이다.

② **에페(epee)** : 플뢰레보다 큰 가드가 달린 단단한 검을 사용하며, 온몸이 모두 유효면인 것이 특징이다.

③ **사브르(sabre)** : 베기 또는 찌르기를 유효로 하는 경기이다. 손을 커버하는 가드가 달린 유연한 검을 사용하여 공격을 우선으로 하고, 방어

확인문제 [한국전력공사]

46. 네트를 사이에 두고, 발로만 볼을 차 승패를 겨루는 스포츠는?
① 세팍타크로　② 봅슬레이
③ 트라이애슬론　④ 크로스컨트리

근대 5종 경기 (Modern Pentathlon)

고대 5종 경기에 바탕을 두고 현대 사회에 필요한 강한 인내심과 감투정신 그리고 스피드와 지구력을 최대한 발휘할 수 있도록 고안된 복합 스포츠 종목이다. 승마(마술) · 펜싱 · 사격 · 수영 · 크로스컨트리(육상)의 5가지 종목을 이 순서에 따라 1일 1종목씩 5일간에 걸쳐 종합적으로 겨루는 경기이다. 올림픽대회의 창시자 쿠베르탱에 의해 창안되어, 1912년 스웨덴 스톡홀름의 제5회 올림픽대회부터 정식종목으로 실시되었다.

확인문제 [한국전력공사]

47. 근대 5종 경기 종목에 들지 않는 것은?
① 승마　② 펜싱
③ 카누　④ 사격

확인문제

48. 펜싱 경기 종목 중 찌르기, 베기를 모두 허용하는 것은?
① 사브르(sabre)
② 에페(epee)
③ 플뢰레(fleuret)
④ 쿠르베트(courbette)

답 46. ① 47. ③ 48. ①

자는 반격의 권리를 얻어 공격하게 된다. 유효면은 허리뼈부터 상반신으로 머리와 두 팔도 포함된다.

● 사이클(Cycle)

사이클은 근육의 힘만으로 추진하도록 만들어진 경기용 자전거를 사용하여 자력으로 스피드를 겨루는 경기이다. 1896년 근대 올림픽경기대회가 부활하면서부터 도로경기가 정식종목으로 채택되었고, 1900년 제2회 파리 올림픽부터 트랙종목에 채택되었다. 2008년 제29회 베이징 올림픽에서는 남녀 BMX(산악자전거) 종목이 신설되었다.

● 트라이애슬론(Triathlon)

철인 3종 경기라고도 하며, 인간 체력의 한계에 도전하는 경기이다. 1978년 하와이에 주둔하던 미국 해군 J. 콜린스 중령이 당시 하와이에서 성행하던 와이키키 바다수영(3.9㎞), 하와이 도로사이클(180.2㎞), 호놀룰루 국제마라톤(42.195㎞)의 3개 대회를 한 사람이 쉬지 않고 경기하도록 구성한 데서 유래하였다. 대회 제한시간인 17시간 이내에 완주하면 '철인'의 칭호를 받으며, 올림픽코스(수영 1.5㎞, 사이클 40㎞, 마라톤 10㎞)와 철인코스(수영 3.9㎞, 사이클 180.2㎞, 마라톤 42.195㎞)가 있다. 2000년 시드니 올림픽부터 정식종목으로 채택되었다.

● 게이트 볼(Gate Ball)

프랑스의 크로케를 본따서 고안된 구기종목으로, 각 5명으로 된 2개 팀이 각자의 볼을 T자형 스틱으로 쳐서 경기장 내 3곳의 게이트에 차례로 통과시킨 다음 골폴에 맞히는 게임이다. 30분 내에 몇 명이 코트의 중앙 골폴에 도달했는가 또는 게이트를 통과했는가에 따라 승패를 결정한다.

● 테크니컬 녹아웃(TKO ; Technical Knockout)

프로복싱에서 사용되는 판정의 하나로서 시합 중 세컨드에 의한 타올 투입이 있는 경우(세컨드 스톱), 경기 중 선수 간의 실력차가 현격하여 열세인 선수가 위험하다고 판단되는 경우(레퍼리 스톱), 선수의 부상 혹은 데미지에 의해 선수의 경기속행이 불가능하다고 판단되는 경우(닥터 스톱) 내려진다. 아마추어복싱에서는 레퍼리 스톱 콘테스트(Referee Stop Contest)라고 한다.

노르딕 스키(Nordic Ski)

스칸디나비아에서 발달하였으며, 노르딕 경기에는 크로스컨트리, 점프, 바이애슬론 및 노르딕 복합경기 등이 있다.

- **크로스컨트리 경기** : 스키의 마라톤이라고 할 수 있으며 표고차가 200m 이하인 눈 쌓인 들판을 달려 빠른 시간 내에 완주하여 순위를 결정한다.
- **점프 경기** : 경사면을 따라 시속 90km 내외로 활강하다가 공중도약 후 착지하는 경기이다.
- **바이애슬론(Biathlon)** : 크로스컨트리 스키 경기에 사격을 가미한 경기로서 군대 훈련이나 사냥에서 유래된 것이며 1960년 제8회 동계올림픽대회 때부터 정식종목으로 채택되었다.
- **콤바인(복합)** : 스키점프 점수와 15km 크로스컨트리 경기점수를 합산하여 순위를 결정한다.

데카슬론(Decathlon)

육상 경기 중의 남자 혼성 종목으로 10종 경기라 한다. 그리스어의 '10(deca)'과 '경쟁(athlon)'의 합성어로 1912년 제5회 스톡홀름 올림픽부터 정식종목으로 채택됐다. 10종목을 2일 동안 겨루어 각 종목의 성적을 채점표에 점수로 환산, 합계점이 많은 선수가 상위가 된다. 첫날에는 100m 경주 · 멀리뛰기 · 포환던지기 · 높이뛰기 · 400m 경주, 다음날에는 110m 장애물 경기 · 원반던지기 · 장대높이뛰기 · 창던지기 · 1,500m 경주의 순서로 실시한다.

CHAPTER 06 객관식 문제

01 **유네스코는 세계적으로 보존 가치가 있는 문화유산을 선정하여 보존 기술을 지원하고, 파손이 우려되는 등의 긴급한 상황이 발생하면 재정지원도 하고 있다. 다음 중 세계문화유산으로 지정된 전통문화재가 아닌 것은?**

① 수원 화성, 창덕궁, 종묘
② 석굴암, 불국사
③ 팔만대장경판 및 판고
④ 동대문, 남대문

해 우리나라 유산 중 유네스코 세계문화유산에 등록된 문화재는 석굴암과 불국사, 해인사 장경판전, 종묘, 창덕궁, 수원 화성, 고창 · 화순 · 강화의 고인돌유적, 경주역사유적지구, 조선왕릉, 제주 화산섬과 용암동굴, 안동하회마을과 양동마을이다.

[한국전력공사]
02 **판소리에 대한 설명 중 틀린 것은?**

① 중요 무형문화재 제5호로 지정되어 있으며, 2003년 유네스코 세계무형유산 걸작으로 선정되었다.
② 현존하는 다섯마당은 춘향가, 심청가, 흥부가, 수궁가, 적벽가이다.
③ 소리를 하다가 설명 또는 대화식으로 어떤 상황이나 장면 등을 그리는 말(口語)을 '발림'이라고 한다.
④ '추임새'란 광대가 노래 부를 때 흥을 돋구기 위해 고수 또는 청중이 가락의 알맞은 곳에 붙이는 '좋지', '얼씨구' 등의 탄성을 말한다.

해 ③은 '아니리'에 대한 설명이며, '발림'은 창자(唱者)가 소리의 가락이나 사설의 극적인 내용에 따라서 손 · 발 · 온몸을 움직여 소리나 이야기의 감정을 표현하는 몸짓을 말한다.

03 **다음 설명에 부합한 것은?**

- 삼남지방에서 형성되었으며 특히 전라도에서 발달한 우리나라 민속음악의 하나이다.
- 병창(竝唱)과 대를 이루며 장구를 반주로 삼아 가야금, 거문고, 피리, 대금, 저, 퉁소, 단소 등의 악기로 연주한다.
- 우조와 계면조가 있으며, 감미로운 가락과 처절한 애원조의 소리가 있다.

① 아악 ② 여민락
③ 대취타 ④ 산조

해 산조는 그 명칭에서 알 수 있듯이 허튼가락이란 의미로, 19세기 말엽에 만들어진 기악 독주곡이다.

04 **우리 농촌의 민속놀이인 사물놀이에 쓰이는 악기가 아닌 것은?**

① 꽹과리 ② 징
③ 북 ④ 피리

해 사물놀이에 쓰이는 네 가지 악기는 꽹과리, 징, 북, 장구이다.

05 **다음 전통음악의 종류 중 아악에 속하지 않는 것은?**

① 범패 ② 문묘제례악
③ 가곡 ④ 여민락

해 범패는 절에서 재(齋)를 지낼 때 부르는 노래이다.

06 우리 민족의 전통적인 연희 양식인 가면극은 각 지역마다 서로 다른 명칭으로 불리고 있다. 다음 중 옳게 연결된 항목은?

① 경기 지방 – 잡색놀이
② 해서 지방 – 산대놀이
③ 호남 지방 – 탈춤
④ 영남 지방 – 들놀이

해 우리나라 가면극은 황해도 지방에서는 탈춤, 중부 지방에서는 산대놀이, 경남 지방에서는 오광대, 영남 지방에서는 들놀이라고 한다.

[한국토지주택공사]

07 난청이 진행되어 청력을 잃은 베토벤이 연주가 끝난 후 청중의 열화와 같은 박수 소리를 듣지 못했다는 일화로 유명한 베토벤 최후의 교향곡은?

① 합창　② 운명
③ 비창　④ 전원
⑤ 영웅

해 ①은 1824년, ②·④는 1808년, ③은 1798~1799년, ⑤는 1804년에 작곡되었다. 〈합창교향곡〉은 악보로는 처음으로 유네스코 지정 세계문화유산으로 등록되었다.

08 다음 영화제 관련 설명 중 틀린 것은?

① 가장 오래된 영화제는 베니스 영화제이다.
② 로카르노 영화제는 신인감독 위주의 영화제이다.
③ 칸 영화제에서는 황금곰상, 은곰상 등이 수여된다.
④ 3대 국제영화제는 베를린, 칸, 베니스 영화제이다.
⑤ 임권택 감독은 칸 영화제에서 감독상을 수상했다.

해 황금곰상, 은곰상이 수여되는 영화제는 베를린 영화제이다.

09 음악사의 흐름을 연대순으로 올바르게 나열한 것은?

ㄱ. 고전파 음악	ㄴ. 낭만파 음악
ㄷ. 현대음악	ㄹ. 바로크 음악

① ㄹ–ㄱ–ㄴ–ㄷ
② ㄱ–ㄹ–ㄴ–ㄷ
③ ㄱ–ㄴ–ㄹ–ㄷ
④ ㄹ–ㄴ–ㄱ–ㄷ

해 바로크 음악(17세기~18세기 중엽) → 고전파 음악(18세기 중엽~19세기 초) → 낭만파 음악(19세기~20세기 초) → 현대음악(제2차 세계대전 이후)

10 야수파의 대표적인 화가는?

① Salvador Dali
② Paul Gauguin
③ Pablo Ruiz Picaso
④ Georges Rouault

해 ① 달리는 초현실주의, ② 고갱은 후기인상파, ③ 피카소는 입체파 화가이다.

Chapter 06 문화·예술·스포츠

01 ④　02 ③　03 ④　04 ④　05 ①　06 ④　07 ①　08 ③　09 ①　10 ④　답

11 다음 용어와 서술이 맞게 짝지어진 것은?

① 아르 누보 – 20세기 초 프랑스에서 출발한 신미술운동
② 비엔날레 – 4년마다 열리는 국제적인 미술전람회
③ 데포르마시옹 – 사실파 화가들이 처음으로 시도한 기법
④ 아방가르드 – 전통적인 기법이나 제재를 타파하고 새로운 것을 찾자는 초현실주의 예술운동

해 ① 19세기 말에서 20세기 초 영국에서 처음 발달
② 2년마다 열리는 국제적인 미술전람회
③ 사실적 묘사를 벗어나 대상을 변형시켜 표현

12 다음 내용이 잘못 짝지어져 있는 것은?

① 모네 – 인상파
② 들라크루아 – 후기인상파
③ 피카소 – 입체파
④ 달리 – 초현실주의

해 들라크루아는 프랑스의 가장 위대한 낭만주의 화가로 그의 색채 사용법은 인상파와 후기인상파 화가들에게 큰 영향을 주었다.

13 다음 중 20세기 초반 서양의 예술 아방가르드 운동을 촉발한 조류는?

① 다다이즘　② 모더니즘
③ 실존주의　④ 구조주의

해 모더니즘은 현대문학과 예술의 전위적이고 실험적인 경향을 가리키는 포괄적인 명칭으로 주로 미국과 영국의 비평계에서 쓰는 말이며, 독일과 프랑스에서는 같은 흐름에 대해 전위주의(아방가르드)라는 용어로 표현한다.

14 다음 설명 중 입체파(Cubism)와 관계없는 것은?

① '자연을 원축, 원통, 구(球)로 파악한다.'는 세잔느의 말이 입체파의 계시가 되었다.
② 대표작가는 피카소, 브라크, 레제 등이다.
③ 다양한 시점에서 바라본 형태가 공존하기도 한다.
④ 입체파 화가들의 폭발적인 색채 감각은 현대 추상운동을 이끌었다.

해 입체파에서 파생되었으며 특히 색채를 강조한 것은 오르피즘(Orphism)이다. 오르피즘의 중심 인물인 들로네의 화려하고 다이나믹한 색채 표현은 독일의 청기사 그룹 화가인 마르크와 마케, 파울 클레 등에게 영향을 주었으며, 20세기의 다른 색채추상 화가들에게 많은 영향을 미쳤다.

15 잔혹극에 대한 다음 설명 중 옳지 않은 것은?

① 잔혹극은 아르토가 처음 사용한 용어로, 폭력과 잔인성을 인간의 본질로 파악한다.
② 잔혹극은 관객을 극 속에 완전히 몰입시켜 등장인물의 고통을 체험하게 함으로써 관객의 내적 반향을 일으킨다.
③ 반아리스토텔레스적 연극이라는 것이 잔혹극과 브레히트의 서사극의 공통점이다.
④ 잔혹극 이론은 1928년에 발표된 〈연극과 그 분신〉에서 기술되었다.

해 브레히트의 서사극은 아르토와는 또 다른, 종래 서양의 연출과는 정반대되는 개념이다. 전통적인 연극의 감정 교류나 동화, 카타르시스를 거부하고 극에서의 이성과 판단을 앞세우며, 관객이 공연에 너무 몰입하면 이성적 판단이 어려워지므로 공연과 일정한 거리를 두어야 한다는 소외효과 이론이다.

16 **제1차 세계대전에 즈음하여 유럽에서 일어난 문학과 조형예술상의 반항운동으로 후일 초현실주의 운동의 전제가 되었던 미술사조는?**

① 야수파(Favism)
② 다다이즘(Dadaism)
③ 신고전주의(Neo-classicism)
④ 신인상파(Neo-impressionism)

해 다다이즘은 제1차 세계대전 중, 스위스에 망명 온 작가들이 일으킨 반문명 · 반합리주의 예술운동으로, 전쟁의 살육과 파괴에 대한 증오와 냉소를 기본 정신으로 하여 모든 문화적 가치, 전통적 가치, 이성에 대한 신뢰를 부정하며 예술 형식의 파괴와 부정을 주장했다.

17 **베토벤 교향곡의 번호와 그 이름이 잘못 이어진 것은?**

① 9번 – 합창 ② 6번 – 황제
③ 5번 – 운명 ④ 3번 – 영웅

해 베토벤 교향곡 6번은 〈전원〉이며, 〈황제〉는 피아노 협주곡 제5번이다.

[한국전력공사]

18 **음악의 빠르기 순서를 느린 것부터 빠른 순서로 바르게 배열한 것은?**

① Adagio → Andante → Allegro → Largo
② Largo → Adagio → Andante → Allegro
③ Allcgro → Largo → Adagio → Andante
④ Andante → Allegro → Largo → Adagio

해 빠르기 순서
Grave → Largo → Lento → Larghetto → Adagio → Andante → Moderato → Allegro → Vivace → Presto → Prestissimo

19 **Omnibus Flim이란?**

① 무성영화의 일종
② 두 개의 화상을 융합하여 입체감을 내는 영화
③ 몇 개의 독립된 이야기를 일관된 분위기로 만든 한 편의 영화
④ 빌딩 지하실 같은 곳에서 보는, 소수 관객을 위한 영화

해 옴니버스 영화는 몇 편의 독립된 에피소드가 주제나 인물을 통해 연관성을 가지도록 연결시켜 한 편의 영화로 만든 것으로, 에피소드 영화(episode film)라고도 한다.

[한국마사회]

20 **다음 설명 중 틀린 것은?**

① 샤콘느 – 4분의 3박자의 템포가 느린 스페인 민속 무곡
② 론도 – 프랑스에서 일어난 2박자 계통의 경쾌한 무곡
③ 미뉴에트 – 프랑스에서 시작된 4박자의 빠른 곡으로 고전파 시대에 귀족사회에서 즐긴 곡
④ 삼바 – 브라질의 대표적인 무용음악으로 4분의 2박자의 곡

해 미뉴에트는 3박자의 춤곡이다.

11 ④ 12 ② 13 ② 14 ④ 15 ③ 16 ② 17 ② 18 ② 19 ③ 20 ③ 답

21 세계 3대 교향곡에 해당하지 않는 것은?

① 베토벤의 〈운명교향곡〉
② 슈베르트의 〈미완성교향곡〉
③ 모차르트의 〈주피터교향곡〉
④ 차이코프스키의 〈비창교향곡〉

해 세계 3대 교향곡은 베토벤의 〈운명〉, 슈베르트의 〈미완성교향곡〉, 차이코프스키의 〈비창〉이 있다.

22 사무엘 베케트의 〈고도를 기다리며〉 등이 대표적이며, 확실한 플롯이 없고 기계적인 인물들이 무의미하고 앞뒤가 맞지 않는 대화를 하며 언어의 불합리성 · 허위성을 폭로, 풍자하는 연극은?

① 사이코드라마 ② 사티로스극
③ 모놀로그 ④ 부조리극

해 ① 사이코드라마 : 연극의 형태를 빌어 일상생활에서 경험하는 좌절이나 소망 등을 무대에서 즉흥적으로 표현하여 심리적 치료를 받는 행위이다.
② 사티로스극 : 잡신을 상징하는 의상이나 동물의 가면 등을 쓰고 농담과 재담을 주고받는 익살극이다.
③ 모놀로그 : 무대 위에서 한 인물이 자신의 감정이나 의사를 혼자 지껄이는 대사, 즉 독백을 말한다.

[서울메트로]

23 예술현상과 그 활동에 대해 바르게 연결한 것은?

① 조형예술 – 조각, 건축, 회화
② 음률예술 – 건축, 영화, 연극
③ 언어예술 – 영화, 시가, 회화
④ 종합예술 – 시가, 조각, 연극

해 조형예술은 회화, 판화, 조각, 건축, 공예 등의 총칭이며, 흔히 말하는 미술을 뜻한다.

[서울특별시도시철도공사]

24 '그랜드슬램(grand slam)'이라는 용어를 쓰지 않는 경기는?

① 테니스에서 프랑스 오픈, 호주 오픈, 윔블던, 전미오픈대회 단식경기에서 한 선수가 1년 동안 모두 우승하는 것
② 야구에서 만루홈런을 칠 경우
③ 축구에서 한 선수가 한 게임에 3골 이상을 넣은 경우
④ 골프에서 영미의 양 오픈과 전 미국 프로, 마스터스 대회에서 모두 우승한 선수에 사용

해 ③은 해트 트릭이다.

[국가정보원]

25 농구 경기에서 파울이 아닌 것은?

① 트리핑 ② 바이얼레이션
③ 차징 ④ 홀딩

해 파울에는 테크니컬 파울과 퍼스널 파울이 있으며 바이얼레이션은 그 이외의 반칙을 말한다. 퍼스널 파울에는 홀딩, 푸싱, 차징, 트리핑, 해킹이 있다.

26 복싱 체급을 가장 가벼운 순서로 바르게 배열한 것은?

① 라이트급 → 플라이급 → 페더급 → 미들급
② 페더급 → 라이트급 → 미들급 → 플라이급
③ 플라이급 → 페더급 → 라이트급 → 미들급
④ 미들급 → 라이트급 → 플라이급 → 페더급

해 프로 복싱 체급은 '라이트플라이급 → 플라이급 → 밴텀급 → 페더급 → 라이트급 → 라이트웰터급 → 웰터급 → 라이트미들급 → 미들급 → 라이트헤비급 → 헤비급 → 슈퍼헤비급' 순이다.

[KT&G]

27 오륜기 색깔의 순서는?

① 파랑 – 노랑 – 검정 – 초록 – 빨강
② 노랑 – 파랑 – 초록 – 검정 – 빨강
③ 빨강 – 초록 – 검정 – 노랑 – 파랑
④ 초록 – 빨강 – 노랑 – 검정 – 파랑

해 오륜기는 쿠베르탱이 고안해 1920년 제7회 앤트워프 대회 때부터 사용하였다. 왼쪽부터 파랑, 노랑, 검정, 초록, 빨강 순서의 원형 고리는 전 세계 국기에 들어간 색들 중 최소한 한 가지 색이 포함될 수 있도록 한 것이다.

[한국전력공사]

28 미국의 프로야구 리그가 아닌 것은?

① 내셔널리그 ② 아메리칸리그
③ 마이너리그 ④ 센트럴리그

해 퍼시픽리그와 센트럴리그는 일본 프로야구 명칭이다.

[한국토지주택공사]

29 '농구 경기에서 3점 라인은 링의 중심으로부터 (㉠)m, 축구 경기에서 페널티킥 거리는 골라인에서 (㉡)m이다.'에서 ㉠ + ㉡은?

① 15.7m ② 16.6m
③ 17.75m ④ 18.5m
⑤ 19.27m

해 농구 경기에서 3점 라인은 링에서 6.75m이고, 페널티킥 거리는 골라인에서 11m이다.

[대구도시철도공사]

30 유니버시아드대회에 대해 틀린 것은?

① 대학생만 참가한다.
② 2년마다 열린다.
③ 국제대학스포츠연맹이 주관한다.
④ 유니버시티(University)와 올림피아드(Olympiad)의 합성어이다.

해 유니버시아드 참가 자격은 대회가 열리는 해의 전 2년 이내 대학 졸업자까지이며, 대회가 열리는 해의 1월 1일에 만 17~28세 미만인 사람이다.

[부산교통공사]

31 다음 중 양궁에서 사용하는 용어는?

① 매치 ② 러브
③ 폴트 ④ 포핸드 스트로크
⑤ 에이밍

해 양궁에서 에이밍(aiming)은 화살을 당겨서 겨냥하는 것을 말한다.

32 신기록 대신에 최고기록이라는 용어를 쓰는 경기종목이 아닌 것은?

① 경보 ② 마라톤
③ 사이클 ④ 조정

해 신기록이라는 용어를 쓰지 않고 최고기록이라는 용어를 사용하는 경기종목은 마라톤, 사이클, 경보이다.

Chapter 06 문화·예술·스포츠

답 21 ③ 22 ④ 23 ① 24 ③ 25 ② 26 ③ 27 ① 28 ④ 29 ③ 30 ① 31 ⑤ 32 ④

33 다음 내용 중 틀린 것은?

① 농구에서 '트리플 더블'은 한 경기의 득점, 리바운드, 어시스트, 가로채기, 슛 블로킹 가운데 3부문에서 두 자릿수 이상을 동시에 기록한 것이다.

② 클레이사격의 국제경기는 사격이 정식종목으로 채택된 제2회 올림픽대회부터이다.

③ 배구와 축구에서 '리베로(Libero)'는 수비만 전담하는 선수로 공격에는 가담할 수 없다.

④ 태권도는 1998년 방콕 아시안게임과 2000년 시드니 올림픽에서 정식종목으로 채택되었다.

해 축구에서 리베로는 최종 수비수 역할을 맡으면서 공격에도 적극 가담하는 선수를 말한다.

34 'Greco Roman'이란 무엇인가?

① 아마추어 복싱 경기의 한 방법

② 아마추어 레슬링 경기의 한 방법

③ 스키 경기의 한 방법

④ 유도 체급별 경기의 규칙

해 그레코로만형이란 레슬링에서 상반신만 이용해서 공격과 방어를 할 수 있는 경기이다.

35 다음 중 경기와 선수 인원수의 연결이 틀린 것은?

① 비치발리볼 – 2명

② 게이트볼 – 6명

③ 럭비풋볼 – 15명 이내

④ 크리켓 – 11명

해 게이트볼은 한 팀을 5명의 선수로 구성하여, T자형 스틱으로 볼을 쳐서 경기장 내 3곳의 게이트를 차례로 통과시킨 다음 골폴에 맞히는 구기이다.

[인천국제공항공사]

36 23세 이하 축구 경기에서 3명의 프로선수를 넣을 수 있는 것을 뜻하는 말은?

① 리베로 ② 식스맨

③ 훌리건 ④ 미라클 카드

해 월드컵 출전 경력자 참가 제한 및 23세 미만의 선수들로만 구성되는 올림픽 축구에 대한 흥미와 재미가 지나치게 반감된다 하여 1996년 애틀랜타 올림픽부터 도입된 제도로, 3명에 한해 참가 제한이 면제되는 것으로 일명 '와일드 카드'라고도 한다.

37 다음 4대 메이저 골프대회 중 가장 오래된 대회는?

① 마스터스대회 ② 미국오픈대회

③ 영국오픈대회 ④ PGA챔피언십

해 ③ 영국(브리티시)오픈대회 : 1830년
① 마스터스대회 : 1930년
② 미국(US) 오픈대회 : 1895년
④ PGA챔피언십 : 1916년

38 테니스 경기 용어 중 틀린 것은?

① 갤러리 – 테니스를 관람하는 사람

② 굿샷 – 승리를 결정짓는 결정구

③ 백 핸드 – 라켓을 가지지 않은 쪽

④ 로브 – 상대방이 네트 가까이 왔을 때 상대방 머리 위로 높이 올려서 멀리 떨어지게 하는 수비 방법

해 갤러리는 골프 관람객을 가리킨다.

39 다음 스포츠 용어의 설명 중 올바른 것을 고르시오.

① 야구 용어 '올마이티 히트'는 한 선수가 한 경기에서 1점, 2점, 3점, 4점 홈런을 모두 친 경기를 말한다.
② '럭키 루저'는 테니스대회에서 기권한 본선 진출자 대신 출전권을 얻은 선수를 가리킨다.
③ 축구 경기에서 '서든 데스'란 연장 전반에 먼저 골을 넣은 팀이 연장 전반 동안 실점하지 않으면, 연장 후반전을 하지 않고 경기를 종료하는 방식을 말한다.
④ 골프에서 '더블 보기'란 각 홀의 기준 타수보다 2타수 많은 스코어로 홀인한 것을 말하며, '알바트로스'는 2타 적게 홀인한 것을 말한다.

해 ① '올마이티 히트'는 야구 경기에서 한 선수가 한 게임에서 1루타, 2루타, 3루타, 홈런을 순서에 관계없이 고루 다 친 것을 말한다. 사이클 히트라고도 한다.
③ 축구에서 '서든 데스'란 연장전에 들어간 어느 한 팀이 먼저 골을 넣으면 경기가 끝나는 것을 말한다. 골든 골이라고도 한다.
④ '알바트로스'는 파 5홀에서 3타 적게 홀인하는 것을 말한다. 2타 적게 홀인한 것은 '이글'이다.

40 세계 탁구선수권대회에서 여자 단체 우승팀에게 수여되는 컵의 이름은?

① 스웨들링 컵　② 데이비스 컵
③ 코르비용 컵　④ 페드 컵

해 세계 탁구선수권대회 남자 단체 우승팀에는 스웨들링 컵이, 여자 단체 우승팀에는 코르비용 컵이 주어진다.

[한국가스공사]

41 제로섬(Zerosum) 게임이 안 될 수 있는 스포츠 경기는?

① 육상　② 권투
③ 축구　④ 농구

해 제로섬 게임은 승자의 득점과 패자의 실점을 합한 총계가 제로가 되는 스포츠나 게임을 뜻한다. 즉, 참여자들이 다같이 동시에 이득을 보거나 손실을 볼 수가 없는, 승자와 패자가 정확하게 구분되는 것을 말한다.

42 프로야구 경기 규칙 중 틀린 것은?

① 무사 만루인 상황에서 병살타를 쳤으나 득점을 올린 경우 타자의 타점은 계산된다.
② 인필드 플라이(Infield Fly)는 2사 만루인 상황에서는 적용되지 않는다.
③ 연속 안타의 기록은 사사구, 타격방해, 희생 번트, 도루 방해 등에 의해서 중지되지 않는다.
④ 2사 만루인 상황에서 사사구(四死球)로 득점을 한다면 타자의 타점이 된다.

해 병살타를 친 경우 타자의 타점은 인정되지 않는다.

[한국전력공사]

43 다음 용어 중 야구와 관계없는 것은?

① 스크린 플레이(Screen Play)
② 핫 코너(Hot Corner)
③ 불펜(Bull Pen)
④ 컷 오프 플레이(Cut Off Play)

해 스크린 플레이는 농구, 핸드볼, 테니스에서 사용되는 용어이다.

33 ③　34 ②　35 ②　36 ④　37 ③　38 ①　39 ②　40 ③　41 ①　42 ①　43 ①　답

CHAPTER 06 단답형 문제

다음 질문에 답하시오. (기업체 직무적성검사 대비 문제)

01 판소리 다섯마당은 무엇인가?

02 중요 무형문화제 제1호는 무엇인가?

03 연극과 영화를 결합시켜 공연하는 극을 무엇이라고 하는가?

04 1958년경부터 프랑스 영화계에서 일어난 새로운 풍조로 이론 · 사상보다는 발상 · 표현방식에 새로운 바람을 몰고 온 것은 무엇인가?

05 아카데미즘에 반대하는 화가들이 프랑스에서 개최한 독립적인 자유출품제로서, 심사도 수상도 하지 않는 미술전람회를 무엇이라 하는가?

06 객석이 볼 수 없는 곳에서 무대에 등장한 배우가 대사나 동작을 잊었을 때 알려주는 역은 무엇인가?

Answer

01 춘향가, 심청가, 흥부가, 적벽가, 수궁가

02 종묘제례악

03 키노드라마 (Kino-Drama)

04 누벨 바그 (Nouvelle Vague)

05 앙데팡당 (independants)

06 프롬프터(Prompter)

Answer

07 프로야구에서 일정기간이 지나면 소속팀에서 자유로이 다른 팀으로 이적이 가능한 제도는?

07 FA(Free Agent)제도

08 올림픽에서 양궁의 사거리는?

08 70m

09 볼의 체공시간을 증가시키고, 낙하 후 쿠션효과를 가져오는 골프공 표면에 파인 분화구 형태의 홈은?

09 딤플(Dimple)

10 개인 파울이 많은 선수 또는 팀 파울이 많은 팀이 각각 퇴장당하거나 상대팀에 자유투를 허용할 위기에 처한 경우를 일컫는 농구용어는?

10 파울 트러블

11 영국의 L. 구트만이 창설한 신체장애인들의 국제경기대회는?

11 패럴림픽(Paralympic)

YTN

CHAPTER **07**

국문학 · 세계문학 · 한자

1. 국문학
2. 세계문학
3. 한자

- 객관식 문제
- 단답형 문제

CHAPTER 07

국문학 · 세계문학 · 한자

1 국문학

● 공무도하가(公無渡河歌)

원시 집단가요에서 개인적인 서사시가 발생하는 과정을 보여주는 작품으로 현전하는 우리나라 최고(最古)의 개인적 서정시이다. 고조선 때, 백수광부(白首狂夫)의 아내가 지었다는 4언 4구체의 노래로, 물에 빠져 죽은 남편의 죽음을 애도하는 내용이다. 그 원가는 전하지 않지만, 한역(漢譯)인 〈공후인〉이 《고금주(古今注)》에 설화와 함께 채록되어 있으며, 이것이 《해동역사(海東繹史)》에 옮겨 전해지고 있다.

● 황조가(黃鳥歌)

고구려 유리왕이 후실인 치희를 잃고 슬퍼하여 불렀다는 고대가요로 《삼국사기》에 한역(漢譯)되어 전한다. 집단적인 서사문학에서 개인적인 서정문학으로 옮아가는 단계의 노래로, 내용이 전하는 유일한 고구려 가요이며 국문학사상 사랑을 주제로 한 최초의 서정시이다.

● 정읍사(井邑詞)

한글로 기록되어 전하는 가요 중 가장 오래된 작품으로, 작자 미상이며 현존하는 유일한 백제가요이다. 아내가 행상 나간 남편의 무사함을 기원하는 내용으로, 조선시대에 궁중음악으로 쓰였다. 《악학궤범(樂學軌範)》에 채록되어 전한다.

● 향가(鄕歌)

① **의의** : 삼국시대 말엽에 발생하여 통일신라 때 성행하다가 통일신라 말에 쇠퇴하기 시작하였고 고려 초까지 민간에서 널리 불린 우리나라 고유의 정형시가이다.

② **기록** : 향찰과 이두로 기록되어 있다.

③ **별칭** : 사뇌가(詞腦歌), 사내악, 도솔가라고도 한다.

④ **내용** : 불교적이고 무속적이며 집단제의적 성격에 화랑정신을 밑바탕으로 한 안민이세(安民理世)의 높은 이념까지 내포하고 있다.

⑤ **현존하는 작품** : 《삼국유사》에 14수(서동요, 혜성가, 풍요, 원왕생가,

여수장우중문시(與隋將于仲文詩)

고구려 영양왕 때의 장수 을지문덕이 지은 한시로, 살수까지 추격해 온 적장 우중문을 조롱하여 지어 보냈다고 한다. 오언고시(五言古詩)로, 현존하는 가장 오래된 우리나라 한시이며, 《삼국사기》에 실려 전한다.

삼대목(三代目)

신라 진성여왕 때 각간 위홍과 대구화상이 왕명을 받아 편찬한 향가집으로, 현존하지는 않지만 문헌상에 기록된 최초의 가집이다. '삼대(三代)'에 대하여는 여러 가지 설이 있으나, 신라의 상대(上代) · 중대(中代) · 하대(下代)의 3대를 가리키고, '목(目)'은 집목(集目) 또는 요목(要目), 절목(節目)의 뜻으로서, '삼대의 집(集)'이라는 뜻으로 풀이된다.

이두 · 구결 · 향찰

- **이두(吏讀)** : 삼국시대부터 지명과 인명을 표기하기 위하여 한자의 음과 뜻을 빌려 우리말을 표기하는 데 쓰이던 일종의 표음문자이다. 신라 신문왕 때 설총이 정리하였다.
- **구결(口訣)** : 이두의 영향을 받아 만들어진 것으로, 한문을 읽을 때 구두점 자리에 국어의 격(格) 또는 활용어미를 적은 것이다. 토(吐)라고도 한다.
- **향찰(鄕札)** : 신라 때 한자의 새김(訓)과 음을 빌려 우리말을 적던 일종의 표음문자이다. 이두와 비슷하나 이두는 한문이 주가 되는 글에서 토로 쓰던 부분에 한한 것이고, 향찰은 우리말 전부를 적던 향가식 표기법이다.

모죽지랑가, 헌화가, 제망매가, 원가, 도솔가, 찬기파랑가, 도천수대비가, 안민가, 우적가, 처용가), 《균여전》에 11수(보현십원가), 합해서 총 25수의 작품이 현존한다.

● 삼국유사(三國遺事)

고려 충렬왕 11년 때 승려 일연이 지은 책으로, 국민생활과 사상의 이면을 그린 야사라 할 수 있다. 향찰로 표기된 14수의 신라 향가가 실려 있는데, 《균여전》에 수록된 11수와 함께 현재까지 전하는 향가의 전부를 수록하고 있어 한국 고대 문학사의 실증에 있어서도 절대적인 가치를 지닌다.

● 삼국사기(三國史記)

고려 인종 때 김부식이 지은 것으로, 신라 · 고구려 · 백제 삼국에 대한 현존하는 최고(最古)의 역사서이다. 유교사관에 의해 쓰인 사마천의 《사기》를 본뜬 기전체 형식의 사서로 본기(本紀), 연표(年表), 지(志), 열전(列傳)의 50권으로 되어 있다.

● 수이전(殊異傳)

고려 문종 때 박인량이 지은 설화집이다. 수록되었던 설화 가운데 10여 편이 《해동고승전》, 《삼국유사》, 《삼국사절요》, 《태평통재》 등에 실려 전해져 오고 있다.

● 경기체가(景幾體歌)

고려 중엽 이후에 발생한 장가(長歌)로 노래 말미에 반드시 '경(景) 긔 엇더 니잇고' 또는 '景幾何如'라는 후렴구가 붙기 때문에 경기체가라는 이름이 붙었다. 고려 중엽 이후부터 조선 초기에 걸쳐 주로 한학자들이 귀족들의 파한적이고 풍류적인 생활을 담은 귀족문학이다. 대표적인 작품으로는 고종 때 제유의 작품으로 알려진 〈한림별곡〉과 고려 말의 안축이 지은 〈관동별곡〉, 〈죽계별곡〉 등이 있다.

서동요(薯童謠)

신라 진평왕 때 백제 무왕이 진평왕 셋째 딸인 선화공주를 아내로 맞이하기 위해 지은 노래이다. 서동은 무왕을 부르는 아명으로, 서동(무왕)은 신라 진평왕의 셋째 공주가 예쁘다는 소식을 듣고 그녀를 모함하는 노래인 〈서동요〉를 지어 아이들에게 부르게 함으로써 진평왕의 오해를 사 궁에서 쫓겨난 선화공주를 자신의 아내로 맞이했다고 한다. 현재 전하는 가장 오래된 향가이며, 4구체 형식으로 되어 있다.

계원필경(桂苑筆耕)

신라 말기의 6두품 출신 학자인 최치원(崔致遠)이 당나라에 있을 때의 작품을 간추려 정강왕에게 바친 시문집이다. 최치원은 12세에 당나라에 들어가 18세에 과거를 급제할 만큼 실력이 뛰어났으나 골품제도의 폐쇄성과 신라 왕실에 대한 실망감에 좌절하여 전국을 유랑하다 해인사에서 여생을 마쳤다. 최치원은 〈추야우중(秋夜雨中)〉과 같은 한시를 지어 자신을 알아주지 않는 세상에 대한 고뇌와 자신의 개혁을 실현하지 못한 안타까움을 노래했다.

제왕운기(帝王韻紀)

고려 충렬왕 때에 이승휴가 지은 것으로, 역사적인 내용을 소재로 7언시와 5언시로 읊고, 주기(註記)를 붙인 책이다. 상권은 중국의 고대에서 금나라까지, 하권은 단군에서 시작하여 당시 충렬왕까지의 역사를 엮었다. 《삼국유사》와 더불어 단군에 관한 기록이 실린 가장 오래된 문헌인데, 내용상 두 책의 편찬자 신분의 차이에서 비롯한 사관(史觀)의 차이가 있어 단군신화 연구의 중요한 자료이다.

패관문학(稗官文學)

고려 때 문인들이 항간에 구전되는 이야기를 한문으로 기록한 것으로, 소설의 기원이 되었다. 채록자의 견해가 가미되어 수필적 성격을 갖고 있다. 작품으로는 이제현의 《역옹패설》, 박인량의 《수이전》, 이인로의 《파한집》, 최자의 《보한집》, 이규보의 《백운소설》 등이 있다.

● 고려가요(高麗歌謠)

고려시대에 평민들 사이에 널리 전해진 민요적 시가로 '여요(麗謠)' 또는 '장가(長歌)'라고도 한다. 구전되다가 조선시대에 훈민정음이 창제되면서 기록되고 정착되었다. 남녀 간의 사랑, 이별의 아쉬움, 삶의 고뇌 등이 주요 내용이며, 평민들의 정서가 진솔하게 표현되어 있다. 《악학궤범》, 《악장가사》, 《시용향악보》에 수록되어 전한다. 현존하는 작품으로는 〈동동〉, 〈처용가〉, 〈청산별곡〉, 〈가시리〉, 〈서경별곡〉, 〈정석가〉, 〈사모곡〉, 〈쌍화점〉, 〈만전춘〉, 〈이상곡〉 등이 있다.

● 악장(樂章)

조선 초기 궁중 음악으로 종묘의 제악 등에 쓰이던 주악의 가사를 말한다. 조선 건국을 정당화하고 새로운 왕조를 찬양하기 위해 창작되었으며, 〈용비어천가〉, 〈월인천강지곡〉 등이 대표적이다. 〈용비어천가〉는 새로운 왕조의 무한한 번영을 송축하는 내용으로, 훈민정음 창제 이후 한글의 효용성을 널리 알리고자 지어진 악장이다.

● 시조(時調)

고려 중엽 발생하여 지금까지 불리고 있는 정형시로, 시조라는 명칭은 '시절가조(時節歌調)'의 약칭이다. 기본 형식은 초장, 중장, 종장의 3장 6구, 45자 내외이고 3 · 4 · 4조 4음보의 기본 음수율에 종장의 첫 구는 3자이어야 한다. 고려시대의 시조는 귀족 계층에 의해 지어져 주로 단심이나 탄로의 내용이 중심을 이루었으나 조선시대에 들어와 유교적 이념을 노래한 시조가 주류를 이루었으며 강호가도의 세계를 노래하기도 하였다. 조선 후기에는 정형성을 탈피한 '사설시조'가 평민층을 중심으로 확산되었다.

● 가사(歌辭)

고려 말 출현하여 주로 신흥 사대부들에 의해 창작되었으며, 운문과 산문의 중간적 특징을 지니고 있다. 가사는 사대부들의 유교적인 관념과 삶을 표현하는 데 적합한 형태였기 때문에 초기에는 양반들에 의해 발전하였으며 조선 후기로 접어들면서 삶의 애환이나 교훈, 사회 풍자 등의 내용이 주를 이루었고, 평민들이 창작을 주도하였다. 대표적 작품으로 〈상춘곡〉, 〈성산별곡〉, 〈관동별곡〉, 〈사미인곡〉 등이 있다.

정과정(鄭瓜亭)

고려 의종 때 정서가 지은 10구체의 가요로, 동래로 귀양가 있으면서 임금을 그리워하는 마음과 자기의 억울한 심경을 담아 노래한 것이다. 〈삼진작〉이라고도 한다. 이는 조선시대의 《악학궤범》에 그 곡조가 〈삼진작〉이라는 이름으로 수록된 데서 연유하며, 후세 사람들이 정서의 호를 따서 〈정과정〉 또는 〈정과정곡〉이라고 일컫게 되었다. 〈도이장가〉와 더불어 향가계 여요이다.

용비어천가(龍飛御天歌)

조선 세종 때 권제, 정인지, 안지 등이 지은 것으로, 목조에서 익조, 도조, 환조, 태조, 태종에 이르는 6대의 행적을 중국 고사에 비유하여 건국의 정당성을 서사적으로 노래한 악장으로, 모두 125장으로 되어 있다. 훈민정음으로 적은 최초의 문헌으로 우리 국문학사상 서사시로서 가치가 크며, 중세국어와 문법연구에 귀중한 자료가 된다.

월인천강지곡(月印千江之曲)

1447년에 왕명에 따라 수양대군이 소헌왕후의 명복을 빌기 위해 《석보상절》을 지어 올린 것을 보고, 세종이 석가의 공덕을 찬송하여 지은 악장체의 찬불가이다. '달(月)'은 석가불을, '천 개나 되는 강(千江)'은 중생을 비유한 것으로, 이 노래는 석가모니의 교화가 모든 중생에게 미침을 칭송한 것이다. 이 노래는 악장이면서도 당시의 숭유억불 정책으로 인해 궁중 음악으로 불리지는 못하였다. 〈용비어천가〉와 함께 악장 문학의 쌍벽을 이루고 있으며, 15세기 국어 연구에 귀중한 자료가 되는 작품이다.

상춘곡(賞春曲)

조선 성종 때 정극인이 지은 것으로, 안빈낙도의 풍류적인 생활을 주제로 한 가사이다. 가사문학의 효시라 일컬어지며, 《불우헌집》에 실려 전한다.

● 사미인곡(思美人曲)

조선 중기 문신 정철이 지은 가사이다. 임금을 사모하는 정을 한 여인이 남편과 생이별하고 남편을 연모하는 마음에 비유하여 읊은 충신연주지사로, 작자가 50세 되던 해 탄핵을 받고 조정에서 물러나 고향인 창평에서 은거하고 있을 때의 작품으로 추정된다. 우리말 구사의 극치를 보여준 작품으로 〈관동별곡〉, 〈속미인곡〉과 더불어 가사문학의 절정을 이룬다. 김만중은 《서포만필》에서 정철의 가사를 한마디로 '동방의 이소(離騷)'라 하여 우리나라 시가의 최고라 했으며, 거듭 〈사미인곡〉, 〈속미인곡〉, 〈관동별곡〉을 가리켜 '좌해진문장 지차삼편(左海眞文章 之次三篇)', 즉 '우리나라의 참된 문장은 오직 이 세 편 뿐이다.'라고 하였다.

● 조선 3대 시가집

시가집	시기	편찬자	편찬방법
청구영언(靑丘永言)	영조4년(1728)	김천택	곡조별 분류 편찬
해동가요(海東歌謠)	영조39년(1763)	김수장	작가 중심으로 편찬
가곡원류(歌曲源流)	고종13년(1876)	박효관, 안민영	곡조에 따라 분류 편찬

● 언해(諺解)

한문으로 된 불경이나 경서, 문학작품을 한글로 풀어 쓴 작품을 의미한다. 한문으로 전해지던 작품들이 한글의 창제로 번역되면서 번역문학인 언해가 크게 유행하였는데 대표적으로 유교 사서를 번역한 사서 언해와 《내훈》 등이 있다. 이후 언해는 의학과 교화, 시가 등 다방면의 문헌으로 확대되었으며 한글의 보급에 크게 기여하였다.

● 금오신화(金鰲新話)

조선 세조 때 김시습이 한문으로 지은 전기체 소설로, 우리나라 최초의 소설이다. 〈만복사저포기(萬福寺樗蒲記)〉, 〈이생규장전(李生窺牆傳)〉, 〈취유부벽정기(醉遊浮碧亭記)〉, 〈용궁부연록(龍宮赴宴錄)〉, 〈남염부주지(南炎浮洲志)〉 등 5편이 수록되어 전하며, 명나라 구우의 《전등신화》의 영향을 받았다.

면앙정가(俛仰亭歌)

조선 중종 때 송순이 지은 가사이다. 향리인 담양에 면앙정을 짓고, 주변의 아름다운 경치와 그곳에서의 생활을 노래한 서경가사이다. 강호가도를 확립한 노래로, 정극인의 〈상춘곡〉의 계통을 잇고 정철의 〈성산별곡〉에 영향을 주었다.

동국정운(東國正韻)

조선 세종 때 신숙주, 성삼문 등이 편찬한 최초의 한자 음운서이다. 훈민정음 완성 후, 우리나라 한자음의 혼란을 바로잡기 위해 중국의 운서인 《홍무정운(洪武正韻)》 등을 참고하여 한자음을 새로운 체계에 따라 정리하였다. 글자마다 국어음을 먼저 표기한 다음 그 밑에 한자를 달았는데, 엄선한 이 23자모는 그대로 훈민정음의 초성체계와 일치한다. 조선 초기의 한자음과 훈민정음 연구에 절대적 가치가 있는 자료이다.

두시언해(杜詩諺解)

1443년 유윤겸, 유휴복, 조위 등이 왕명을 받들어 주해하였고, 성종 때 조위와 승려 의침 등이 한글로 번역하여 1481년에 간행한 우리나라 최초의 번역시집이다. 중국 당나라 두보의 시 전편을 52부로 분류하여 한글로 번역한 것으로, 원명은 《분류두공부시언해(分類杜工部詩諺解)》이다.

구운몽(九雲夢)

조선 숙종 때 서포 김만중이 지은 고전소설이다. 부귀영화와 공명은 모두 일장춘몽에 지나지 않는다는 주제로 유교적인 윤리관과 불교 및 도교 사상이 교묘히 융합되어 있는 소설로 국문학사상 높이 평가되고 있다. 이 작품은 몽자류 소설의 효시이며, 우리나라 소설 중 최초로 영문으로 번역, 외국에 소개되었다.

● 홍길동전(洪吉童傳)

한글 소설의 효시로, 허균이 중국 소설《수호지》의 영향을 받아 임진왜란 후의 사회제도의 결함, 특히 적서(嫡庶) 차별의 철폐와 부패 정치 개혁이라는 혁명사상을 작품화한 사회소설이다. 조선을 떠나 '율도국'이라는 이상국가를 건설한다는 점에서 현실 비판적인 성격을 농후하게 지닌다.

● 창가(唱歌)

개화기 전개 과정에서 나타난 시가 양식의 하나로, 우리 전통 율조에 바탕을 두면서 서구의 악곡에 맞추어 제작된 노래가사로 구성되었다. 즉, 서구의 곡조에 맞추어 지어진 가사형식으로, 애국 독립 정신의 고취와 신식 문물의 수용, 아동 · 청소년들의 진취적 기상 등을 노래하였다. 최남선이 지은 〈대한조선〉, 〈경부철도가〉 등이 대표적이다.

● 신체시(新體詩)

개화기의 새로운 시가 형태로, 고전시가나 개화 가사, 창가의 정형적 율격에서 벗어나 시문체(時文體 : 새 시대와 새 사회의 분위기를 수용한 문체)로 문명 개화를 노래했다. 정형률과 반복적 리듬을 지양하고 구어체를 사용했으며, 개화사상 · 신교육고취 · 남녀평등사상 · 자주독립 등 계몽적 내용이 주류를 이루었다. 근대시로 넘어가는 과도기적 형태라는 문학사적 의의가 있으며, 최남선의 〈해(海)에게서 소년에게〉가 그 첫 작품이다.

● 사실주의 문학

풍자적 · 사실적 성격을 띤 연암 박지원의《양반전》등 고전 소설에서도 연원을 찾을 수는 있으나, 본격적으로 싹트기 시작한 것은 일본을 통해 사실주의 · 자연주의 사상이 유입된 이후부터이다. 특히 3 · 1운동으로 실의와 좌절에 빠진 시대상황은 사실주의 문학을 탄생시키는 밑거름이 되었다.《창조(創造)》에는 김동인의 〈약한 자의 슬픔〉, 전영택의 〈천치? 천재?〉가 게재되어 처음으로 사실주의적 경향을 드러냈다.

허생전(許生傳)

조선 정조 때 박지원이 지은 한문소설이다. 허생이라는 선비가 가난에 못 이겨 하던 공부를 그만두고 장사를 하여 큰돈을 벌었다는 이야기로, 박지원의 실학 사상이 드러나 있다. 《열하일기》의 《옥갑야화(玉匣夜話)》에 실려 전한다. 원래는 제목이 없이 수록되었으나, 후대에 〈허생전〉이라는 제목이 임의로 붙여졌다.

개화가사

전통 가사 형태에 개화기 사상을 담은 가사로, 애국 계몽과 자주 독립, 부국 강병 등의 내용을 담고 있다. 기본 음수율인 3 · 4조, 4 · 4조의 형태를 취하고 있으며 반복구와 후렴구가 발달된 것이 특징이다. 대표적인 작품으로 〈애국가〉, 〈교훈가〉, 〈동심가〉 등이 있으며, 동학 교주인 최제우가 지은 〈용담유사〉를 시발점으로 보고 있다. 개화가사는 가사와 창가의 징검다리 역할을 하였다.

혈의 누

1906년 이인직이 《만세보》에 연재한 최초의 신소설이다. 청일전쟁을 기점으로 주인공 옥련의 10여 년간의 행적을 그린 작품으로, 신교육 사상 고취와 자유 연애를 내세웠다.

창조

우리나라 최초의 순수문예지로, 1919년 2월 김동인, 주요한, 전영택, 김환, 최승만 등이 창간하였다. 《창조》에 실린 주요 작품으로 김동인의 〈약한 자의 슬픔〉, 〈마음이 옅은 자여〉, 〈배따라기〉, 전영택의 〈천치? 천재?〉 등의 단편소설과 주요한의 〈불놀이〉 등의 자유시가 있다. 구어체를 많이 구사하여 문체면에서 큰 변화를 가져왔고, 새로운 문학사조였던 자연주의와 사실주의 문학을 개척하였으며, 자유시의 본격적인 발전 등에 크게 이바지하였다.

퇴폐주의 문학

3 · 1운동 실패 이후, 사회 전체의 절망적인 분위기 속에서 생긴 일종의 병적인 낭만주의 문학이라 할 수 있으며, 19세기 말 프랑스 작가들의 퇴폐성 문학의 영향을 받았다. 1920년에 창간된 《폐허》 동인들에게서 이러한 경향을 찾아볼 수 있다.

카프

조선프롤레타리아예술가동맹(Korea Artista Proleta Federatio), 통칭 카프(KAPF)는 1925년에 결성된 사회주의 문학단체로, 계급의식에 입각한 조직적인 프롤레타리아 문학과 계급혁명운동을 목적으로 삼았다.

자연주의 문학

사실주의 문학기법에 자연과학적인 방법이 더해진 것으로 사물의 진실을 드러내려 하는 문학을 말한다. 창조파 동인들에게서 싹텄고, 3 · 1운동 이후, 실망과 어둠의 시대를 거쳐 신경향파 문학이 일어날 때까지 세상을 풍미한 문학사조이다. 대표작으로는 염상섭의 《표본실의 청개구리》, 김동인의 《감자》 등이 있다.

시문학

1930년 창간된 시 동인지이다. 박용철, 김영랑 등이 중심이 되어 순수문학을 옹호하였으며, 시를 언어의 예술로 자각한 현대시의 시발점이 되었다. 김영랑은 토착적이고 섬세한 정서와 언어의 음악성을 강조하였고, 정지용은 감각적 이미지와 회화성을 중시하였다.

생명파

1936년에 간행된 시 동인지 《시인부락(詩人部落)》과, 유치환이 주재한 시 동인지 《생리(生理)》에 나타난 생명현상에 관한 시적관심이라는 공통점에서 붙여진 유파의 이름이다. 주요 작가로는 서정주, 오장환, 김동리, 유치환 등이 있으며, 주로 인간 생명의 고귀함을 노래하였다.

시문학파

시 전문지 《시문학(詩文學)》을 중심으로 순수시 운동을 주도하였던 시인들을 말한다. 카프(KAPF)에 반발하여 문학에서 정치색이나 사상을 배제한 순수 서정시를 지향하였다.

청록파

《문장》지의 추천을 받아 등단한 박목월, 조지훈, 박두진 세 명의 시인을 가리킨다. 1946년 이들의 공동 시집 《청록집(靑鹿集)》의 제목에 따라 이들을 '청록파'라고 부르게 되었다. 시 창작에서 시적 지향, 표현 기교, 율조를 달리하면서도 자연을 소재로 하고 자연의 본성을 통하여 인간적 염원과 가치를 성취하고자 하는 공통점을 지니고 있었다.

① **박목월** : 민요조의 가락에 애틋한 향토적 서정을 담은 작품들을 썼다.

② **조지훈** : 회고적 취향과 아담한 언어로 민족 정서를 전통적인 가락에 실어 저항적 요소가 있는 작품을 썼다.

③ **박두진** : 자연 속에서 원시적 건강성과 함께 강인한 의지로 민족 수난과 절망을 극복하여 새 역사가 부활하기를 꿈꾸는 그리스도교적인 신앙세계를 노래한 작품들을 썼다.

문장

1939년 이태준 주관으로 발행한 월간 순수문예지이다. 추천제를 두어 청록파 등 많은 시인을 발굴하였다. 또한 일제의 민족문화 말살정책의 와중에서도 〈한중록〉, 〈인현왕후전〉 등 민족 고전의 발굴 · 주석에 힘썼다.

2 세계문학

● 고전주의(Classicism)

17~18세기에 르네상스의 인문주의 전통을 이어받아 유럽 각국에 나타난 사조로, 아리스토텔레스의 《시학》에 대한 면밀한 주석과 함께 시작되었다. 고대 그리스 · 로마의 고전 작품들을 모범으로 삼고 거기에 들어있는 공통적인 특징들을 재현하려는 경향을 보이며 개인의 자유 분방한 재능 발휘보다는 조화, 균제(均齊), 전아(典雅) 등 형식적 조화와 완성의 미를 추구하였다. 대표작으로는 단테의 《신곡》, 괴테의 《파우스트》, 라신의 《소송광》, 몰리에르의 《수전노》, 셰익스피어의 《햄릿》, 벤 존슨의 《말 없는 여자》, 드라이든의 《경이의 해》 등이 있다.

피카레스크 소설 (Picaresque Novel)

16세기에서 17세기 초반까지 에스파냐에서 유행한 소설로 '악한소설'이라고도 한다. 〈라사리요 데 토르메스의 생애〉를 시초로 보고 있으며 악한 짓을 일삼는 사람을 뜻하는 '피카로(Picaro)'를 주인공으로 하여 다른 계층 사람들과 접하면서 사회의 부조리나 부패를 비판하는 형태를 취한다.

● 낭만주의(Romanticism)

고전주의의 몰개성적 성격에 반발하여 18세기 말부터 19세기 초에 독일, 프랑스에서 일어나 영국으로 전파된 문예사조를 말한다. 형식이나 질서의 구속을 거부하고, 합리적 사고 방식이나 이성보다 인간의 마음속에서 우러나오는 자유로운 공상의 세계를 동경하였으며, 개성 · 감정 · 정서를 중요시하였다. 대표작으로는 워즈워드의 〈수선화〉, 노발리스의 〈밤의 찬가〉, 뒤마의 《몽테크리스트 백작》, 바이런의 《차일드 하롤드의 순례》, 괴테의 《젊은 베르테르의 슬픔》, 발자크의 《농부》, 호든의 《주홍글씨》, 위고의 《레 미제라블》 등이 있다.

슈투름 운트 드랑 (Sturm und Drang)

18세기 후반 독일문학에서 일어난 혁신적이고 격렬한 정신운동을 말한다. 질풍노도의 시대라는 뜻으로, 자연과 자유에서 사랑을 추구하여 구사회의 관습과 권위에 대한 반항이 주를 이루었다. 합리주의와 계몽주의 반동으로 일어나 개성의 존중, 감정의 자유를 주장하며, 국민문학의 창조에 노력하였다. 대표작으로는 괴테의 《젊은 베르테르의 슬픔》, 실러의 《군도》가 있다.

젊은 베르테르의 슬픔 (Die Leiden des Jungen Werthers)

독일의 위대한 문호인 괴테(Johann Wolfgang von Goethe)가 지은 서간체 소설이다. 《젊은 베르테르의 슬픔》은 출간 즉시 엄청난 성공을 거두었고 이 작품을 읽는 것이 유행이 되어 사방으로 번져 나갔지만, 자살을 옹호하는 태도를 보이며 대중들이 모방자살을 하는, 이른바 '베르테르 효과'의 사례가 늘어나면서 격렬한 비난의 대상이 되었고 판매 금지 조치를 받기도 했다.

● 사실주의(Realism)

19세기에 낭만주의의 비현실적 성격에 반발하여 일어난 문예사조로, 사물을 있는 그대로 정확하게 관찰하고 객관적으로 묘사하려는 경향이다. 대표작으로는 모파상의 《비계덩어리》, 플로베르의 《보바리 부인》, 스탕달의 《적과 흑》, 발자크의 《인간 희극》, 투르게네프의 《첫사랑》, 디킨스의 《올리버 트위스트》, 도스토예프스키의 《죄와 벌》 · 《카라마조프가의 형제들》 등이 있다.

자연주의(Naturalism)

19세기 후반 프랑스를 중심으로 일어난 문예사조로, 인생의 현실을 있는 그대로 묘사해야 한다는 사실주의의 급진적인 경향으로 자연과학적 결정론에 바탕을 두고 있다. 해부학 · 생리학 등과 연관된 실험적 · 분석적 수법을 쓰며, 사회의 추악한 면의 폭로, 우상의 타파 등이 주 소재이다. 대표작으로는 에밀 졸라의 《목로 주점》, 모파상의 《진주 목걸이》, 입센의 《인형의 집》, 하디의 《테스》, 존 스타인백의 《분노의 포도》 등이 있다.

상징주의(Symbolism)

19세기 말에서 20세기 초에 걸쳐 프랑스 시단을 중심으로 일어난 문예사조로, 사물 · 정서 · 사상 등을 상징을 통해 암시적으로 표현하려는 경향이다. 사실주의에 반발하고 낭만주의를 계승한 것으로서, 낭만주의가 감각적 대상에서 쾌감을 느끼는 데 그친 반면, 상징주의는 감각의 대상이 암시하는 또 다른 세계를 찾아내고자 하였다(이상 추구). 대표작으로는 말라르메의 〈목신의 오후〉, 〈반수신의 오후〉, 베를레느의 〈화려한 향연〉, 랭보의 〈지옥의 계절〉, 게오르그의 〈동맹의 별〉, 다눈치오의 〈새로운 노래〉 등이 있다.

유미주의(Aestheticism)

19세기 후반에 나타난 문예사조로 미를 최고의 가치로 추구하였다. 탐미주의(耽美主義)라고도 하며, 넓은 의미의 낭만주의에 포함된다. 자연 배격, 인공 중시, 형식과 기교의 중시, 감각적인 것 중시, 개성의 신장 등을 목표로 하여 퇴폐주의적 · 악마주의적 경향을 띠게 되었다. 대표작으로는 포우의 《애너벨리》, 보들레르의 《악의 꽃》, 오스카 와일드의 《살로메》 등이 있다.

주지주의(Intellectualism)

엘리어트, 흄, 파운드 등을 중심으로 한 영미 시인들의 시 운동을 말한다. 그들은 시에서 중요한 것은 이미지, 즉 형상이라 생각하여 시의 음악성 및 운율보다는 시각적(회화적) 요소를 강조하였다. 대표작으로는 엘리어트의 〈황무지〉, 파운드의 〈지하철 정거장에서〉 등이 있다.

인형의 집(Et Dukkehjem)

노르웨이의 시인이며, 극작가인 입센(Ibsen)의 3막으로 된 사실적인 사회극으로 1879년에 초연되었다. 세 아이의 어머니이며 한 남자의 아내였던 노라가 어느 날 드러난 남편의 위선을 통해 자신의 삶이 남편에게 종속된 노리개에 지나지 않았음을 깨달으며 책임 있는 한 인간으로서 살기 위해 집을 나간다는 내용이다. 여성해방운동이라는 측면과 결혼생활의 파괴라는 반응이 엇갈렸던 작품으로, 주인공 노라는 '신여성'을 대표하는 인물이 되었다.

분노의 포도(The Grapes of Wrath)

미국의 소설가인 존 스타인벡(John Steinbeck)의 소설로 1939년 퓰리처상을 수상한 작품이다. 1930년대에 불어닥친 경제 불황과, 중서부와 서남부를 휩쓴 1932년의 모래바람으로 20만 농민들이 농토를 잃고 난민이 되는 등 미국 역사상 가장 어려웠던 시대를 배경으로, 한 노동자 가족의 비참한 삶의 역경을 사실적으로 묘사하였다. 작품에서는 극한 상황 속에서도 절망하지 않고 꿈을 찾아 나선 노동자의 비참한 생활과 소작인들이 겪는 고난에 찬 역정, 그리고 이러한 삶의 과정에서도 고난과 역경을 극복하려 애쓰는 농민들의 모습을 통해 역사 속에서의 인간의 삶을 잘 보여 주었다.

다다이즘(Dadaism)

'다다'는 아무 뜻이 없다는 말로, 인간에 대한 어떤 속박도 거부하고 전통적인 기존의 예술 · 철학 · 문학 · 세계관을 부정 · 공격하는 허무적이며 파괴적인 예술파 운동을 말한다. 20세기 초 스위스에서 프랑스 시인 차라(Tzara) 등을 중심으로 일어났다. 극단적 빈이성주의로서 제1차 세계대전의 거대한 파괴력에 직면한 유럽 지식인들의 정신적 불안과 공포를 그 배경으로 하며, 후에 초현실주의의 모태가 되었다.

● 초현실주의(Surrealism, 쉬르레알리즘)

제1차 세계대전 후 입체파 · 미래파 · 다다이즘 등에 뒤이어 일어난 전위 예술운동을 말한다. 앙드레 브르통, 아라공, 아포리네에르 등에 의해서 전개된 사조로, 문학작품에서 논리성을 배제하고 작품을 자동기술법에 의해서 자유롭게 제작하려는 경향을 띤다.

● 행동주의(行動主義)

제1차 세계대전 후, 다다이즘과 초현실주의에 내재한 허무주의(Nihilism)에 대한 비판과 재건의식으로 일어난 문예사조이다. 대표적 작가로는 앙드레 말로와 생텍쥐페리 등을 들 수 있는데, 이들의 공통점은 인간을 밖에서 포착한다는 것이다.

● 신심리주의(新心理主義)

제1차 세계대전 후 영국과 프랑스를 중심으로 '의식의 흐름'이나 '내적 독백' 같은 수법을 사용하여 인간 심층의 심리를 묘사한 문예사조로, 프로이트의 심리학과 베르그송의 철학 등에서 영향을 받았다. 대표작으로 제임스 조이스의 《율리시스》, 버지니아 울프의 《댈러웨이 부인》, 마르셀 프루스트의 《잃어버린 시간을 찾아서》 등이 있다.

● 실존주의(Existentialism)

20세기 전반기에 프랑스와 독일을 중심으로 합리주의와 실증주의에 대한 반동으로 시작되어, 부조리한 현실, 불안과 초조 속에서 고립된 인간이 극한 상황을 극복, 잃었던 자아 발견을 강조하는 실존주의 철학을 배경으로 전개된 문예사조이다. 대표작으로 사르트르의 《구토》, 카뮈의 《이방인》, 카프카의 《변신》 등이 있다.

● 햄릿(Hamlet)

영국의 극작가 셰익스피어의 5막 비극으로, 당시 유행한 복수비극의 형태를 취하면서 부왕의 원수를 갚아 국가질서의 회복을 꾀해야만 했던 지식인 햄릿 왕자의 고뇌를 주제로 하고 있다.

의식의 흐름

1910~1920년대에 걸친 영국문학에 대한 소설의 실험적 방법으로, 어느 한때 개인의 의식에 감각 · 상념 · 기억 · 연상 등이 계속적으로 흐르는 것을 가리키는 말이다. 의식의 흐름 수법이 사용된 대표작으로는 제임스 조이스의 《젊은 예술가의 초상》, 에두아르 자르댕의 《월계수는 베이었다》 등이 있다.

로스트 제너레이션(Lost Generation)

제1차 세계대전 후 정치와 사회를 등진 채 문학의 새로운 모습을 재발견하려고 노력한 미국의 전쟁세대를 가르키는 말이다. 대표적 작품은 헤밍웨이의 《태양은 다시 솟는다》이다.

성난 젊은이(Angry Young Man)

제2차 세계대전 후 영국의 젊은 작가들을 지칭하는 말이다. 이들은 사회주의에 영향을 받은 하층 중류 노동 계급 출신으로서 기성 세대의 정치 문화에 대한 반발과 혐오를 표출한다. 대표적 작품은 오스본의 희곡 《성난 얼굴로 돌아보라》이다.

이방인(異邦人)

알베르트 카뮈(Albert Camus)가 지은 소설로, 부조리한 세상에 대하여 완전히 무관심한 태도로 살다가, 살인죄를 범해서 사형을 선고받은 사나이가 세상에서 버림받고 죽음에 직면함으로써 비로소 삶의 의미와 행복을 깨닫는 이야기이다. 인간은 세계가 부조리하다는 사실을 깨달아야만 하고, 이를 깨닫기 위해 패배주의나 신에 의존하려는 생각에서 벗어나 자기 운명의 불합리함에 대해 끊임없이 반항함으로써 스스로의 가치를 만들어내야만 한다는 것을 표현했다.

확인문제 [한국전력공사]

1. 셰익스피어의 4대 비극 작품이 아닌 것은?
① 《햄릿》
② 《오셀로》
③ 《리어왕》
④ 《로미오와 줄리엣 》

답 1. ④

● 일리아스(Ilias)

호메로스의 작품으로 그리스 최대 · 최고의 서사시이다. 《일리아스》는 트로이의 별명 일리오스(Ilios)에서 유래한 것이며, '일리오스 이야기'라는 뜻이다. 10년간에 걸친 그리스군의 트로이 공격 중 마지막 해에 일어난 사건들을 노래한 이 작품은 고대 그리스인이 가장 애독한 것으로 《오디세이아》와 함께 헬레니즘 문화 발달에 큰 영향을 주었으며, 서양문학의 모체가 되었다.

● 신곡(神曲)

이탈리아의 시성 단테가 지은 서사시로, 인간의 영혼이 죄악의 세계로부터 정화되는 과정을 그렸다. 단테의 인생관, 종교관, 세계관이 잘 나타나 있다. 그의 방랑시대인 1304~1308년에 지옥편, 1308~1313년에 연옥편, 마지막 7년간에 천국편을 완성했다. 삼위일체의 3자를 인용하여 각 편을 33장으로 만들었는데, 지옥편의 서장 1장을 포함해 모두 100장으로 구성되어 있다.

● 데카메론(Decameron)

데카메론이란 그리스어에서 따온 '10일간의 이야기'라는 뜻으로 전부 100편이 수록된, 이탈리아의 소설가 보카치오의 단편소설집이다. 페스트를 피해 플로렌스 교외의 별장에 모인 열 사람이 매일 10편씩 10일 동안 계속한 이야기를 모은 것으로, 《아라비안나이트》와 같은 피카레스크식 구성의 소설이다. 보카치오는 이 작품으로 근대소설의 선구자로 불리게 되었다.

● 삼국지연의

중국의 사대기서(四大奇書) 중의 하나로, 나관중이 지은 장편 역사소설이다. 후한 말부터 위 · 촉 · 오 삼국의 정립시대(鼎立時代)를 거쳐서 진(晉)나라에 의한 천하통일에 이르는 역사를, 유비 · 관우 · 장비 등 세 인물의 무용(武勇)과 제갈공명의 지모(智謀)를 중심으로 하여, 정사(正史)인 진수(陳壽)의 《삼국지》를 기초로 한 70%의 사실에 30%의 허구를 섞어서 지은 소설이다.

누보 로망(Nouveau Roman)

1950년대부터 프랑스에서 발표되기 시작한 전위적(前衛的)인 소설들을 가리키는데, 구체적으로는 전통적인 소설의 기법과 관습을 파기하고 새로운 스타일을 창조하고자 했던 일군의 작가들의 소설을 가리킨다. 논자에 따라서는 앙티 로망(Anti-roman, 反소설)이라고도 한다. 대표 작가로는 로브그리예, 뷔토르, 사로트, 시몽, 베케트 등이 있다.

하드보일드 문학 (Hard Boiled literature)

비정 · 냉혹이라는 뜻으로, 제1차 세계대전 후의 미국의 젊은 작가들, 특히 헤밍웨이의 문학 경향을 말한다. 감상에 빠지지 않고, 냉정하고 객관적인 태도와 문체로서 주로 색다른 사건을 취급하는 문학의 한 형식이다. 대표적 작품은 헤밍웨이의 《무기여 잘 있거라》이다.

해빙기 문학

소련의 에렌부르크를 중심으로, 목적적 · 획일적 문학에 반발하여 일어난 작가들의 문학 활동을 말한다. 그들은 공산 독재에 항거하여 자유주의적 개성 존중의 작품 활동을 함으로써 당과 정부의 탄압을 받았다. 해빙기 문학의 대표작으로는 에렌부르크의 《해빙기》, 파스테르나크의 《의사 지바고》, 솔제니친의 《암병동》, 《이반 데니소비치의 하루》, 나리차의 《미처 못다 부른 노래》 등이 있다.

피카레스크식 구성

각각의 독립된 이야기들이 연속해서 전개되는 구성으로, 이야기 하나하나는 독립되어 있으면서도 전후맥락이 같은 구성을 말한다.

중국의 4대 기서

중국의 고대소설 중 현재까지 널리 읽혀지고 있는 4권의 소설로, 원나라 때 소설인 시내암의 《수호지》와 나관중의 《삼국지연의》, 명나라 때 소설인 오승은의 《서유기》와 왕세정의 《금병매》를 말한다.

● 설국(雪國)

일본의 소설가인 가와바타 야스나리의 장편소설이다. 서정적이고 낭만적인 형태로 눈이 많이 내리는 고장에서 일어난 인간의 사랑과 그 숙명적 비극성, 설국에서 펼쳐진 비극적인 사랑을 묘사한 작품으로, 1968년 노벨 문학상을 수상하였다.

● 이반 데니소비치의 하루(Odin Den' Ivana Denisovicha)

러시아의 작가인 솔제니친(Solzhenitsyn)이 1962년 발표한 작품이다. 주인공 이반(Ivana)의 눈을 통하여 바라본 많은 등장인물들의 성격을 선명하게 그리면서 이른바 수용소라는 이름의 소련 사회를 비유하였다. 스탈린(Stalin) 독재 시절 작가가 겪은 시베리아 수용소의 생활을 날카롭고 자세하게 묘사하면서 강제 노동 수용소의 비인간적 삶을 고발하여 1970년 노벨 문학상을 수상하였다.

● 정오(正午)의 문학

모순되는 두 기본항(살려는 육체의 요구, 절대를 추구하는 정신의 요구)의 어느 쪽으로도 쏠리지 않는 중용의 방법을 취하는 작가 카뮈의 사상이다. 이는 모순의 명석한 인식과 부조리에 대한 올바른 반항을 중추로 하고 있다.

● 풍자문학

정치적 현실과 세상 풍조, 기타 일반적으로 인간생활의 결함 · 악폐(惡弊) · 불합리 · 우열(愚劣) · 허위 등에 가해지는 기지 넘치는 비판적 발언, 또는 조소적(嘲笑的)인 발언을 하는 문학을 말한다. 본래 시의 한 형식이었으나, 산문 쪽으로 발달하면서 풍자소설 또는 풍자문학 등의 호칭이 생겼다. 풍자문학의 대표적 작가로는 라블레, 볼테르, 버나드 쇼, 조지 오웰 등이 있으며, 셰익스피어나 세르반테스 등의 작가들도 풍자적 수법을 많이 활용한 작가들이다.

노벨문학상

알프레드 노벨의 유언장에서 언급되었던 다섯 수상 부문 중 하나이다. 노벨은 노벨상은 그 전해에 인류에게 가장 큰 공헌을 한 사람들에게 주어져야 하며, 그중 한 분야는 문학 분야에서 이상적인 방향으로 가장 뛰어난 작품을 창조한 사람에게 주어져야 한다고 간단하게 진술했다. 그리고 문학상의 수상 결정을 스웨덴 아카데미에 위임하였다. 스웨덴 아카데미는 매년 10월 수상자를 결정해 상을 수여한다.

공쿠르상

1903년에 프랑스의 작가 에드몽 공쿠르의 유언에 따라 제정된 문학상이다. 프랑스 4대 문학상 중 하나인 공쿠르상은 프랑스의 가장 권위 있는 문학상으로 평가받고 있다. 바르뷔스의 《포화》, 프루스트의 《꽃 피는 아가씨들의 그늘 아래》, 생텍쥐페리의 《야간비행》, 말로의 《인간의 조건》, 보부아르의 《레 망다랭》 등이 대표적인 수상작이다. 프랑스의 4대 문학상은 공쿠르상, 르노도상, 페미나상, 앵테랄리에상이다.

맨부커상

부커사가 1968년에 제정한 맨부커상은 해마다 지난 1년간 영연방 국가에서 영어로 쓰여진 소설 중 가장 뛰어난 작품을 선정하여 수여하며, 영국 최고의 권위를 자랑하는 문학상이다. 시상은 매년 10월 행하며, 수상작에는 상금 5만 파운드가 주어진다.

확인문제

2. 다음 중 노벨문학상 수상작품이 아닌 것은?
① A. 카뮈, 《이방인》
② 괴테, 《파우스트》
③ J. 쿳시, 《추락》
④ S. 베케트, 《고도를 기다리며》

답 2. ②

3 한자

ㄱ

- 苛斂誅求(가렴주구) : 각종 세를 가혹하게 징수하는 것.
- 刻骨難忘(각골난망) : 입은 은혜에 대한 고마움이 뼈에 사무쳐 결코 잊혀지지 아니함.
- 刻舟求劍(각주구검) : 시대의 변천에 어둡고 융통성이 없는 사람을 말함.
- 艱難辛苦(간난신고) : 갖은 고초를 겪어 몹시 힘들고 괴로움.
- 肝膽相照(간담상조) : 서로의 마음을 터놓고 진실하게 사귐.
- 間於齊楚(간어제초) : 제나라와 초나라 사이에 끼임, 즉 약자가 강자들 사이에 끼여 괴로움을 받는다는 뜻.
- 看雲步月(간운보월) : 낮에는 구름을 바라보고 밤에는 달빛 아래 거닌다는 뜻, 즉 고향을 그리워하는 마음.
- 渴而穿井(갈이천정) : 목이 말라야 비로소 우물을 판다는 뜻.
- 甘言利說(감언이설) : 남의 비위에 맞도록 꾸미거나 또는 이로운 조건을 들어 그럴 듯하게 꾀는 말.
- 康衢煙月(강구연월) : 태평한 시대의 평화로운 풍경.
- 去頭截尾(거두절미) : 머리와 꼬리를 잘라 버림, 즉 사실의 줄거리만 말하고 앞뒤의 잔 사설은 빼어버림.
- 居安思危(거안사위) : 편안함에 있어 위태로움을 생각함.
- 去者日疎(거자일소) : 죽은 사람에 대해서는 날이 갈수록 점점 잊어버리게 된다는 뜻.
- 車載斗量(거재두량) : 물건을 수레에 싣고 말로 잰다는 뜻으로, 물건이나 인재 등이 아주 흔함을 비유한 말.
- 乾坤一擲(건곤일척) : 운명과 흥망을 걸고 단판걸이로 승부나 승패를 겨룸.
- 格物致知(격물치지) : 사물의 이치를 연구하여 지식을 확실히 함.
- 隔靴搔痒(격화소양) : 신 신고 발바닥 긁기, 즉 일을 하느라고 애를 쓰지만, 정통을 찌르지 못하여 안타까움을 이르는 말.
- 牽强附會(견강부회) : 억지로 끌어대기, 즉 가당치 않은 말을 억지로 끌어 붙여 조건이나 이치에 맞추려고 애씀을 비유.

잘못 읽기 쉬운 한자(ㄱ~ㄷ)

ㄱ

佳句 가구　苛斂 가렴　恪別 각별
角逐 각축　喀血 각혈　看做 간주
姦慝 간특　間歇 간헐　減殺 감쇄
甘蔗 감자　降旨 강지　腔血 강혈
概括 개괄　改悛 개전　坑木 갱목
更生 갱생　醵出 갹출　車馬 거마
揭示 게시　譴責 견책　更張 경장
更迭 경질　驚蟄 경칩　膏肓 고황
汨沒 골몰　刮目 괄목　乖離 괴리
攪亂 교란　敎唆 교사　交驩 교환
句讀 구두　拘碍 구애　句節 구절
救恤 구휼　詭辯 궤변　龜鑑 귀감
龜裂 균열　琴瑟 금슬　旗幟 기치
喫煙 끽연

ㄴ

懦弱 나약　內人 나인　懶怠 나태
拿捕 나포　烙印 낙인　捺印 날인
拉致 납치　狼藉 낭자　鹿皮 녹피
壟斷 농단　賂物 뇌물　漏泄 누설
訥言 눌언　凜凜 늠름

ㄷ

茶店 다점　團欒 단란　簞食 단사
曇天 담천　遝至 답지　撞着 당착
對峙 대치　宅內 댁내　陶冶 도야
跳躍 도약　瀆職 독직　獨擅 독천
冬眠 동면　遁走 둔주

확인문제

3. 다음 중 讀音이 틀린 것은?
① 烙印(날인)　② 刮目(괄목)
③ 謁見(알현)　④ 浚渫(준설)

확인문제

4. '苛斂誅求'와 관계 깊은 말은?
① 性格　② 友愛
③ 住宅　④ 稅金

답 3. ①　4. ④

- 見蚊拔劍(견문발검) : 모기를 보고 칼을 뺀다는 뜻으로, 보잘것없는 작은 일에 지나치게 큰 대책을 세움.
- 犬馬之勞(견마지로) : 개나 말 정도의 하찮은 힘이란 뜻으로, 임금이나 나라를 위하여 바치는 자기의 노력을 겸손하게 이르는 말.
- 耕當問奴(경당문노) : 농사 일은 머슴에게 물어야 한다는 뜻으로, 모든 일은 그 방면의 전문가에게 물음이 옳다는 뜻.
- 敬而遠之(경이원지) : 겉으로는 존경하는 체하면서 속으로는 멀리함.
- 鯨戰鰕死(경전하사) : 고래 싸움에 새우 등 터짐.
- 經天緯地(경천위지) : 온 천하를 경륜하여 다스림.
- 鷄口牛後(계구우후) : 소의 꼬리보다는 닭의 부리가 되라는 뜻.
- 鷄卵有骨(계란유골) : 달걀에도 뼈가 있다는 뜻으로, 운수가 나쁜 사람은 좋은 기회를 만나도 역시 일이 잘 안 됨을 이르는 말.
- 鷄鳴狗盜(계명구도) : 행세하는 사람이 배워서는 안 될, 천한 기능을 가진 사람.
- 股肱之臣(고굉지신) : 임금의 팔다리가 될 만한 신하.
- 孤軍奮鬪(고군분투) : 남의 도움 없이 힘에 겨운 일을 악착스럽게 함.
- 鼓腹擊壤(고복격양) : 배불리 먹고는 배를 두드리며 땅을 침. 곧 의식(衣食)이 풍족한 상황을 이르는 말.
- 孤城落日(고성낙일) : 남의 도움을 받지 못하는 외로운 처지.
- 姑息之計(고식지계) : 근본적인 해결책이 아닌 임시 변통의 계책.
- 苦肉之計(고육지계) : 적을 속이거나 어려운 사태에서 벗어나기 위해 제 몸을 괴롭히면서 짜내는 꾀라는 뜻.
- 孤掌難鳴(고장난명) : 손바닥 하나로는 울릴 수 없다는 뜻으로, 혼자서는 이루지 못함을 이르는 말.
- 苦盡甘來(고진감래) : 쓴 것이 다하면 단 것이 온다는 뜻으로, 고생 끝에 그 보람으로 즐거움이 있게 된다는 말.
- 曲學阿世(곡학아세) : 바른 길에서 벗어난 학문으로 세상에 아부함.
- 過猶不及(과유불급) : 지나침은 미치지 못함과 같음.
- 瓜田不納履(과전불납리) : 오이밭에 신을 들여 놓지 않음.
- 管鮑之交(관포지교) : 관중과 포숙의 사귐과 같은 친구 사이의 허물없는 교제.

잘못 읽기 쉬운 한자(ㅁ~ㅇ)

ㅁ

滿腔 만강　罵倒 매도　邁進 매진
盟誓 맹세　萌芽 맹아　明晳 명석
明澄 명징　木瓜 모과　牡丹 모란
牡牛 모우　木鐸 목탁　夢昧 몽매
杳然 묘연　毋論 무론　無聊 무료
拇印 무인　未洽 미흡

ㅂ

撲滅 박멸　樸殺 박살　剝奪 박탈
反駁 반박　頒布 반포　潑剌 발랄
拔萃 발췌　拔擢 발탁　幇助 방조
拜謁 배알　反田 번전　範疇 범주
兵站 병참　菩提 보리　報酬 보수
布施 보시　補塡 보전　敷衍 부연
復活 부활　分泌 분비　不朽 불후
沸騰 비등　否塞 비색　頻數 빈삭
憑藉 빙자

ㅅ

使嗾 사주　娑婆 사바　社稷 사직
奢侈 사치　索莫 삭막　索然 삭연
撒布 살포　三昧 삼매　相殺 상쇄
上梓 상재　省略 생략　逝去 서거
棲息 서식　閃光 섬광　葉氏 섭씨
星宿 성수　洗滌 세척　遡及 소급
騷擾 소요　蕭條 소조　贖罪 속죄
殺到 쇄도　衰頹 쇠퇴　戍樓 수루
睡眠 수면　竪說 수설　數爻 수효
示唆 시사　諡號 시호　辛辣 신랄
迅速 신속　呻吟 신음　十月 시월

ㅇ

軋轢 알력　斡旋 알선　謁見 알현
隘路 애로　冶金 야금　惹起 야기
掠奪 약탈　濾過 여과　役割 역할
軟弱 연약　厭惡 염오　領袖 영수
囹圄 영어　誤謬 오류　嗚咽 오열
惡寒 오한　渦中 와중　歪曲 왜곡
外艱 외간　邀擊 요격　要塞 요새
樂水 요수　窯業 요업　凹凸 요철
容喙 용훼　遊說 유세　吟味 음미
凝結 응결　義捐 의연　以降 이강
移徙 이사　食氏 이씨　弛緩 이완
已往 이왕　罹患 이환　溺死 익사
一括 일괄　一擲 일척　一切 일체
剩餘 잉여

- **刮目相對**(괄목상대) : 눈을 비비고 다시 보며 상대를 대한다는 뜻으로, 다른 사람의 학식이나 업적이 크게 진보한 것을 이르는 말.
- **矯角殺牛**(교각살우) : 뿔을 바로잡으려다가 소를 죽인다는 뜻으로, 조그마한 일을 하려다 큰일을 그르친다는 뜻.
- **巧言令色**(교언영색) : 남의 환심을 사려고 아첨하는 교묘한 말과 보기좋게 꾸미는 얼굴.
- **狡兎三窟**(교토삼굴) : 꾀 많은 토끼가 굴을 세 개나 가지고 있었기 때문에 죽음을 면할 수 있었다는 뜻으로, 교묘한 지혜로 위기를 피하거나 재난이 발생하기 전에 미리 준비를 해야 한다는 말.
- **膠柱鼓瑟**(교주고슬) : 고지식하여 융통성 없이 소견이 꽉 막힌 사람을 이르는 말.
- **教學相長**(교학상장) : 남을 가르치거나 남에게 배우는 것이나 모두 학업을 증진시킨다는 뜻.
- **口蜜腹劍**(구밀복검) : 입 속으로는 꿀을 담고 뱃속으로는 칼을 지녔다는 뜻으로, 입으로는 친절하나 속으로는 해칠 생각을 품었음을 비유하여 일컫는 말.
- **九牛一毛**(구우일모) : 아홉 마리 소의 터럭 중 한 개의 털이라는 뜻으로, 아주 많은 것 중에 극히 적은 것을 나타내는 말.
- **九折羊腸**(구절양장) : 수없이 굽이 꺾인 양의 창자. 즉, 꼬불꼬불한 험한 길이나 세상이 복잡하여 살아가기 어려움을 비유하는 말.
- **群鷄一鶴**(군계일학) : 닭의 무리 가운데서 한 마리의 학이라는 뜻. 여럿 가운데서 가장 뛰어난 사람을 비유하는 말.
- **勸上搖木**(권상요목) : 나무 위에 오르라고 권하고는 오르자마자 밑에서 나무를 흔들어 댐.
- **群雄割據**(군웅할거) : 여기저기에서 제각기 일어난 영웅들이 한 지방씩을 차지하고 제 마음대로 위세를 부리는 일.
- **窮鳥入懷**(궁조입회) : 쫓기는 새가 사람의 품으로 날아든다는 뜻으로, 사람이 궁할 때면 적한테도 의지한다는 말.
- **捲土重來**(권토중래) : 한 번 실패하였다가 세력을 회복하여 다시 쳐들어옴.

잘못 읽기 쉬운 한자 (ㅈ~ㅎ)

ㅈ

自矜 자긍　綽綽 작작　箴言 잠언
沮止 저지　傳播 전파　截斷 절단
正鵠 정곡　靜謐 정밀　造詣 조예
措置 조치　躊躇 주저　浚渫 준설
櫛比 즐비　憎惡 증오　眞摯 진지
桎梏 질곡　叱責 질책　斟酌 짐작
什物 집물

ㅊ

茶禮 차례　慙愧 참괴　斬新 참신
參差 참치　懺悔 참회　暢達 창달
漲溢 창일　刺殺 척살　闡明 천명
鐵槌 철퇴　尖端 첨단　貼付 첩부
諦念 체념　帖文 체문　忖度 촌탁
寵愛 총애　撮影 촬영　追悼 추도
醜態 추태　秋毫 추호　衷心 충심
熾烈 치열　沈沒 침몰　鍼術 침술
蟄居 칩거

ㅌ

拓本 탁본　度支 탁지　綻露 탄로
彈劾 탄핵　耽溺 탐닉　慟哭 통곡
洞察 통찰　推敲 퇴고　堆積 퇴적
偸安 투안

ㅍ

派遣 파견　破綻 파탄　跛行 파행
稗官 패관　覇權 패권　敗北 패배
膨脹 팽창　平坦 평탄　閉塞 폐색
曝白 포백　褒賞 포상　暴惡 포악
捕捉 포착　輻輳 폭주　漂渺 표묘
標識 표지　跛立 피립

ㅎ

割引 할인　陜川 합천　行列 항렬
肛門 항문　降伏 항복　降將 항장
偕老 해로　解弛 해이　諧謔 해학
享樂 향락　絢爛 현란　孑遺 혈유
嫌惡 혐오　荊棘 형극　好惡 호오
忽然 홀연　花瓣 화판　花卉 화훼
恍惚 황홀　劃數 획수　橫暴 횡포
嚆矢 효시　嗅覺 후각　麾下 휘하
恤兵 휼병　欣快 흔쾌　恰似 흡사
洽足 흡족　詰難 힐난

- 橘化爲枳(귤화위지) : 회남의 귤을 회북으로 옮기어 심으면 귤이 탱자가 된다는 뜻으로, 환경에 따라 사물의 성질이 달라진다는 말.
- 近墨者黑(근묵자흑) : 먹을 가까이 하면 검게 된다는 뜻으로, 악한 사람과 가까이 하면 악에 물들게 됨을 이르는 말.
- 金科玉條(금과옥조) : 금이나 옥과 같이 귀중한 법칙이나 규범.
- 錦衣夜行(금의야행) : 비단 옷 입고 밤길 걷기, 곧 생색이 나지 않는 쓸데없는 일을 자랑삼아 하는 것을 비유하는 말
- 金枝玉葉(금지옥엽) : 아주 귀한 집안의 소중한 자식.
- 起死回生(기사회생) : 중병으로 죽을 뻔하다가 되살아남.
- 杞憂(기우) : 기나라 사람이 하늘이 무너져 내리지 않을까 걱정했던 것처럼 쓸데없는 걱정을 하는 것.
- 騎虎之勢(기호지세) : 호랑이를 타고 달리는 사람이 도중에서 내릴 수 없는 것처럼 도중에서 그만두거나 물러설 수 없는 형세.

ㄴ

- 難兄難弟(난형난제) : 두 가지 것 사이의 우열이나 정도의 차이를 판단하기 어려움.
- 南柯一夢(남가일몽) : 덧없이 지나간 한때의 부귀나 행복을 일컫는 말.
- 南負女戴(남부여대) : 남자는 지고 여자는 이고 감. 곧 가난한 사람들이 떠돌아다니며 사는 것.
- 濫觴(남상) : 술잔에서 넘친다는 뜻으로 아무리 큰 물줄기라 하더라도 그 근원을 따지고 보면 자그마한 술잔에서 넘치는 물로부터 시작된다는 뜻.
- 男兒須讀五車書(남아수독오거서) : 당(唐)의 두보(杜甫)가 한 말로 남자라면 다섯 수레 정도의 책은 읽어야 한다는 뜻.
- 囊中之錐(낭중지추) : 주머니 속의 송곳이라는 뜻으로 재능이 뛰어난 사람은 숨어 있어도 남의 눈에 띄게 됨을 이르는 말.
- 老馬之智(노마지지) : 늙은 말의 지혜. 즉, 경험을 많이 쌓은 사람은 어떤 일에 대해서 정확한 판단을 내릴 수 있음.
- 論功行賞(논공행상) : 공이 있고 없고, 크고 작음을 의논하여 각각 알맞

동자이음어(同字異音語)

한자	훈음	단어
車	수레 거	車馬(거마)
	수레 차	車輛(차량)
見	볼 견	見聞(견문)
	나타날 현	謁見(알현)
降	내릴 강	降雨(강우)
	항복할 항	降伏(항복)
更	고칠 경	更迭(경질)
	다시 갱	更新(갱신)
龜	땅 이름 구	龜尾(구미)
	거북 귀	龜鑑(귀감)
	터질 균	龜裂(균열)
金	쇠 금	金銀(금은)
	성 김	金氏(김씨)
內	안 내	內外(내외)
	내시 나	內人(나인)
茶	차 다	茶房(다방)
	차 차	綠茶(녹차)
糖	엿 당	糖度(당도)
	사탕 탕	砂糖(사탕)
度	법도 도	法度(법도)
	헤아릴 탁	度支(탁지)
讀	읽을 독	讀書(독서)
	구절 두	句讀(구두)
洞	골 동	洞窟(동굴)
	꿰뚫을 통	洞察(통찰)
契	맺을 계	契約(계약)
	나라이름 글	契丹(거란)
廓	둘레 곽	外廓(외곽)
	클 확	廓大(확대)
復	다시 부	復興(부흥)
	회복할 복	回復(회복)
否	아닐 부	否定(부정)
	막힐 비	否運(비운)
北	북녘 북	南北(남북)
	달아날 배	敗北(패배)
分	나눌 분	分配(분배)
	푼 푼	分錢(푼전)
沸	용솟음칠 불	沸然(불연)
	끓을 비	沸騰(비등)

은 상을 주는 일.

- 弄假成眞(농가성진) : 장난삼아 한 것이 참으로 한 것같이 됨.
- 弄瓦之慶(농와지경) : '와(瓦)'는 계집 아이의 장난감인 '실패'를 나타내며, 딸을 낳은 기쁨을 이르는 말.
- 弄障之慶(농장지경) : '장(障)'은 사내 아이의 장난감인 '구슬'이라는 뜻으로, 아들을 낳은 기쁨을 이르는 말.
- 累卵之勢(누란지세) : 알을 쌓아놓은 듯한 위태로운 형세.

ㄷ

- 多岐亡羊(다기망양) : 여러 갈래의 길에서 양을 잃음. 학문의 길이 너무 다방면으로 갈리어 진리를 찾기 어려움을 이르는 말.
- 斷機之戒(단기지계) : 학문을 중도에서 그만두면 아무 쓸모없이 된다는 말.
- 簞食瓢飮(단사표음) : 도시락밥과 표주박의 물이란 뜻으로, 매우 가난하고 구차한 살림을 일컫는 말.
- 堂狗風月(당구풍월) : 서당 개 삼년에 풍월을 한다는 뜻.
- 螳螂拒轍(당랑거철) : 사마귀가 팔을 벌려 수레를 막는다는 뜻으로 자기 힘을 생각하지 않고 강적 앞에서 분수없이 날뛰는 것을 비유하는 말.
- 棟梁之材(동량지재) : 한 집안이나 한 나라의 기둥이 될 만한 훌륭한 인재.
- 得隴望蜀(득롱망촉) : 농나라를 얻고 또 촉나라를 탐낸다는 말로 인간의 욕심이 끝없음을 뜻함.
- 登高自卑(등고자비) : 높은 곳에 오르려면 낮은 곳에서부터 시작해야 한다는 말로, 일을 하는 데는 반드시 순서를 밟아야 한다는 말.
- 凍足放尿(동족방뇨) : 언 발에 오줌누기라는 뜻으로, 한때 도움이 될 뿐 곧 효력이 없어져 더 나쁘게 되는 일을 이르는 말.
- 燈下不明(등하불명) : 등잔 밑이 어두움.
- 燈火可親(등화가친) : 가을이 되어 서늘하면 밤에 등불을 가까이하여 글 읽기에 좋다는 말.

동자이음어(同字異音語)

한자	뜻·음	예
寺	절 사	寺刹(사찰)
	관청 시	官寺(관시)
殺	죽일 살	살생(殺生)
	감할 쇄	쇄도(殺到)
塞	변방 새	要塞(요새)
	막을 색	閉塞(폐색)
索	찾을 색	索出(색출)
	쓸쓸할 삭	索漠(삭막)
說	말씀 설	說明(설명)
	달랠 세	遊說(유세)
	기쁠 열	說樂(열락)
屬	붙을 속	屬國(속국)
	부탁할 촉	屬託(촉탁)
率	거느릴 솔	率先(솔선)
	비율 률	能率(능률)
丹	붉을 단	丹心(단심)
	붉을 란	牧丹(모란)
數	셀 수	數學(수학)
	자주 삭	頻數(빈삭)
	촘촘할 촉	數罟(촉고)
宿	잘 숙	宿泊(숙박)
	별 수	星宿(성수)
拾	주울 습	拾得(습득)
	열 십	三拾(삼십)
識	알 식	識者(식자)
	기록할 지	標識(표지)
惡	악할 악	善惡(선악)
	미워할 오	憎惡(증오)
	좋아할 요	樂山(요산)
樂	풍류 악	音樂(음악)
	즐길 락	娛樂(오락)
易	쉬울 이	容易(용이)
	바꿀 역	貿易(무역)
咽	목구멍 인	咽喉(인후)
	목멜 열	嗚咽(오열)
刺	찌를 자	刺客(자객)
	찌를 척	刺殺(척살)
	수라 라	水刺(수라)
狀	문서 장	上狀(상장)
	형상 상	狀況(상황)

ㅁ

- 磨斧爲針(마부위침) : 도끼를 갈면 바늘이 된다. 즉, 아무리 어렵고 험난한 일도 계속 정진하면 반드시 이룰 수가 있다는 말.
- 晩時之歎(만시지탄) : 기회를 잃고 때가 지났음을 한탄함.
- 亡羊補牢(망양보뢰) : 양(羊)을 잃은 후에 우리를 고침. '소 잃고 외양간 고친다.'
- 亡羊之歎(망양지탄) : 학문의 길이 다방면이어서 진리를 깨닫기가 어려움을 한탄함.
- 望雲之情(망운지정) : 자식이 타향에서 고향의 부모를 그리는 정.
- 麥秀之嘆(맥수지탄) : 나라를 잃음에 대한 탄식.
- 面從腹背(면종복배) : 면전에서는 따르나 뱃속으로는 배반함.
- 滅私奉公(멸사봉공) : 사를 버리고 공을 위해 희생함.
- 明鏡止水(명경지수) : 잡념이 없이 아주 맑고 깨끗한 마음.
- 明若觀火(명약관화) : 불을 보는 것처럼 환함.
- 命在頃刻(명재경각) : 목숨이 경각에 있음.
- 毛遂自薦(모수자천) : 모수가 자신을 추천함. 즉, 자기 자신을 스스로 천거함을 이르는 말.
- 矛盾(모순) : 창과 방패. 일의 앞뒤가 서로 안맞는 상태. 서로 대립하여 양립하지 못함.
- 目不識丁(목불식정) : 낫 놓고 기역자도 모름.
- 目不忍見(목불인견) : 차마 눈 뜨고 볼 수 없는 꼴불견.
- 刎頸之交(문경지교) : 대신 목을 내주어도 좋을 정도로 친한 친구의 사귐.
- 門外漢(문외한) : 어떤 일에 직접 관계가 없거나 전문이 아닌 사람.

ㅂ

- 博而不精(박이부정) : 여러 방면으로 널리 아나 정통하지는 못함.
- 反目嫉視(반목질시) : 눈을 흘기면서 밉게 봄.
- 斑衣之戲(반의지희) : 부모를 위로하려고 저고리를 입고 기어 보임.
- 反哺報恩(반포보은) : 자식이 부모가 길러 준 은혜를 갚음.
- 拔本塞源(발본색원) : 폐단의 근본을 뽑고 근원을 막아버림.

동자이음어(同字異音語)

한자	훈음	용례
著	지을 저	著者(저자)
	붙을 착	著色(착색)
炙	고기구울 자	膾炙(회자)
	고기구울 적	散炙(산적)
切	끊을 절	切斷(절단)
	모두 체	一切(일체)
屯	모일 둔	駐屯(주둔)
	어려울 준	屯險(준험)
木	나무 목	木材(목재)
	모과 모	木果(모과)
提	끌 제	提携(제휴)
	보리수 리	菩提(보리)
則	곧 즉	然則(연즉)
	법칙 칙	法則(법칙)
辰	별 진	壬辰(임진)
	때 신	生辰(생신)
拓	열 척	開拓(개척)
	베낄 탁	拓本(탁본)
推	밀 추	推戴(추대)
	밀 퇴	推敲(퇴고)
宅	집 택	宅地(택지)
	집안 댁	宅內(댁내)
便	편할 편	便利(편리)
	똥오줌 변	便所(변소)
幅	폭 폭	大幅(대폭)
	폭 복	幅巾(복건)
暴	사나울 폭	暴風(폭풍)
	사나울 포	暴惡(포악)
行	갈 행	行人(행인)
	항렬 항	行列(항렬)
畫	그림 화	畫家(화가)
	그을 획	畫數(획수)

- 發憤忘食(발분망식) : 분발하여 끼니를 잊고 노력함.
- 傍若無人(방약무인) : 곁에 사람이 없는 것 같다는 뜻. 거리낌 없이 함부로 행동함.
- 背水之陣(배수지진) : 강이나 바다를 등지고 친 진이란 말로, 목숨을 걸고 어떤 일에 대처하는 경우를 비유한 말.
- 百年河淸(백년하청) : 오래 기다려도 성공하기 어려움.
- 白面書生(백면서생) : 글만 읽고 세상 일에 경험이 없는 사람.
- 白眉(백미) : 마씨 오형제 중에서 가장 재주가 뛰어난 마량이 눈썹이 희었다는 데서 나온 말로, 여럿 가운데 가장 뛰어난 사람.
- 伯牙絶絃(백아절현) : 백아가 거문고 줄을 끊어 버렸다는 뜻으로, 서로 마음속 깊이 이해하는 벗의 죽음을 슬퍼함.
- 白衣從軍(백의종군) : 벼슬을 지니지 않은 사람이 전쟁터로 나감.
- 百折不屈(백절불굴) : 여러 번 꺾여도 굽히지 않음.
- 百尺竿頭(백척간두) : 백 척 높이의 장대 위에 올라섰다는 뜻으로, 몹시 위태로운 지경에 빠짐.
- 附和雷同(부화뇌동) : 주관이 없이 남의 의견에 덮어놓고 붙좇아 행동함.
- 粉骨碎身(분골쇄신) : 뼈는 가루가 되고 몸은 산산조각이 됨. 즉, 목숨을 걸고 힘을 다함.
- 憤氣沖天(분기충천) : 분한 기운이 하늘을 찌를 듯함.
- 不俱戴天(불구대천) : 하늘을 함께 이고 살아갈 수 없는 원수.
- 不問曲直(불문곡직) : 잘잘못을 묻지 않고 함부로 함.
- 鵬程萬里(붕정만리) : 붕새가 날아가는 하늘 길이 만 리로 트임. 즉, 전도가 극히 밝은 장래.

ㅅ

- 四顧無親(사고무친) : 의지할 데가 도무지 없음.
- 四面楚歌(사면초가) : 사방에서 초나라 노랫소리가 들려옴. 사면이 모두 적에게 포위되어 고립된 상태.
- 四分五裂(사분오열) : 여러 갈래로 찢어져 있음.
- 獅子吼(사자후) : 사자의 부르짖음이라는 뜻으로, 오늘날에는 주로

나이를 나타내는 한자어

10세	沖年(충년)
15세	志學(지학), 志于學(지우학)
20세	弱冠(약관)
30세	而立(이립)
40세	不惑(불혹)
50세	知天命(지천명)
60세	耳順(이순)
61세	還甲(환갑), 回甲(회갑), 還曆(환력), 華甲(화갑)
62세	進甲(진갑)
70세	從心(종심), 不踰矩(불유구), 古稀(고희)
77세	喜壽(희수)
80세	傘壽(산수)
81세	望九(망구), 望九旬(망구순)
88세	米壽(미수)
90세	卒壽(졸수), 九秩(구질)
99세	白壽(백수)
100세	上壽(상수)

天干(천간)과 地支(지지)

- 天干(천간) : 甲(갑) · 乙(을) · 丙(병) · 丁(정) · 戊(무) · 己(기) · 庚(경) · 辛(신) · 壬(임) · 癸(계)
- 地支(지지) : 子(자 ; 쥐) · 丑(축 ; 소) · 寅(인 ; 범) · 卯(묘 ; 토끼) · 辰(진 ; 용) · 巳(사 ; 뱀) · 午(오 ; 말) · 未(미 ; 양) · 申(신 ; 원숭이) · 酉(유 ; 닭) · 戌(술 ; 개) · 亥(해 ; 돼지)

열변이나 웅변을 토한다는 의미로 쓰임.

- 事必歸正(사필귀정) : 모든 일은 반드시 이치대로 돌아감을 이르는 말.
- 死後藥方文(사후약방문) : 죽은 뒤에야 약방문을 줌.
- 殺身成仁(살신성인) : 자신의 몸을 희생하여 인을 이룸.
- 三顧草廬(삼고초려) : 인재를 맞기 위해 참을성 있게 마음씀을 이르는 말.
- 三旬九食(삼순구식) : 서른 날에 아홉 끼니밖에 못 먹음.
- 三人成虎(삼인성호) : 근거 없는 말이라도 여러 사람이 말하면 곧이 듣는다는 뜻.
- 桑田碧海(상전벽해) : 뽕나무밭이 푸른 바다가 됨. 세상의 모든 일이 덧없이 변화함을 이르는 말.
- 塞翁之馬(새옹지마) : 변방에 사는 늙은이의 말이라는 뜻으로, 사람의 행과 불행은 예측할 수 없어서, 화가 복이 되기도 하고 이익이 손해가 되기도 한다는 말.
- 生者必滅(생자필멸) : 세상에 생명이 있는 것은 다 죽기 마련이라는 뜻.
- 先公後私(선공후사) : 공적인 것을 앞세우고 사적인 것은 뒤로 함.
- 首邱初心(수구초심) : 여우가 죽을 때에 머리를 제가 살던 굴 쪽으로 향한다는 뜻으로, 고향을 그리워하는 마음.
- 手不釋卷(수불석권) : 손에서 책을 놓을 사이 없이 열심히 공부함.
- 誰怨誰咎(수원수구) : 누구를 탓하거나 원망할 수 없다는 말.
- 脣亡齒寒(순망치한) : 입술이 없으면 이가 시림. 즉, 가까운 사람이 망하면 다른 사람도 영향을 받음.
- 尸位素餐(시위소찬) : 시동의 공짜밥이라는 뜻으로 하는 일 없이 국가의 녹을 축내는 정치인을 비유하는 말.
- 身言書判(신언서판) : 사람됨을 판단하는 네 가지 기준, 즉 신수, 말씨, 문필, 판단력을 일컬음.
- 心心相印(심심상인) : 마음에서 마음으로 전함. = 以心傳心(이심전심)

ㅇ

- 我田引水(아전인수) : 자기 논에 물대기. 자기에게 유리하도록 행동함.
- 眼下無人(안하무인) : 눈 아래 사람이 없음. 즉, 교만하여 사람을 업신여김.
- 暗中摸索(암중모색) : 물건을 어둠 속에서 더듬어 찾음, 즉 어림으로 추측함.

24절기

봄(春)	
立春(입춘)	2월 4일경
雨水(우수)	2월 19일경
驚蟄(경칩)	3월 5일경
春分(춘분)	3월 21일경
淸明(청명)	4월 5일경
穀雨(곡우)	4월 20일경

여름(夏)	
立夏(입하)	5월 6일경
小滿(소만)	5월 21일경
芒種(망종)	6월 6일경
夏至(하지)	6월 21일경
小暑(소서)	7월 7일경
大暑(대서)	7월 23일경

가을(秋)	
立秋(입추)	8월 8일경
處暑(처서)	8월 23일경
白露(백로)	9월 8일경
秋分(추분)	9월 23일경
寒露(한로)	10월 8일경
霜降(상강)	10월 23일경

겨울(冬)	
立冬(입동)	11월 7일경
小雪(소설)	11월 22일경
大雪(대설)	12월 7일경
冬至(동지)	12월 22일경
小寒(소한)	1월 6일경
大寒(대한)	1월 20일경

- 羊頭狗肉(양두구육) : 양의 머리를 걸어 놓고 개고기를 팔듯이 겉으로는 그럴듯하게 내세우나 속은 음흉한 딴 생각이 있음.
- 梁上君子(양상군자) : 들보 위에 있는 군자라는 뜻으로 도둑을 미화한 말.
- 養虎遺患(양호유환) : 범을 길러 근심을 남김. 스스로 화를 자초함.
- 魚魯不辨(어로불변) : '魚'자와 '魯'자를 분별하지 못함. 매우 무식함을 이르는 말. '낫 놓고 기역 자도 모른다.'
- 言語道斷(언어도단) : 너무 어이가 없어 할 말이 없음.
- 言則是也(언즉시야) : 말이 사리에 맞음.
- 如履薄氷(여리박빙) : 엷은 얼음을 밟는 듯 매우 위험한 일을 뜻함.
- 如反掌(여반장) : 손바닥을 뒤집듯 매우 쉬운 일.
- 炎凉世態(염량세태) : 권세가 있을 때는 붙좇고, 권세가 없어지면 푸대접하는 세상의 인심을 일컫는 말.
- 拈華微笑(염화미소) : 말이나 문자에 의하지 않고 마음에서 마음으로 전함. = 心心相印(심심상인)
- 五里霧中(오리무중) : 멀리 낀 안개 속에서 길을 찾기가 어려움. 일의 갈피를 잡기 어려움.
- 烏飛梨落(오비이락) : 까마귀 날자 배 떨어진다는 뜻으로, 아무 관계도 없는 일인데 우연히 때가 같음으로 인하여 무슨 관계가 있는 것처럼 의심을 받게 되는 것.
- 傲霜孤節(오상고절) : 서릿발 속에서도 굴하지 않고 외로이 지키는 절개. 국화를 말함.
- 吳越同舟(오월동주) : 서로 원수지간인 오나라 사람과 월나라 사람이 같은 배를 탐.
- 烏合之衆(오합지중) : 까마귀떼와 같이 조직도 훈련도 없이 모인 무리.
- 臥薪嘗膽(와신상담) : 원수를 갚으려고 괴롭고 어려운 일을 참고 견딤.
- 龍蛇飛騰(용사비등) : 용과 뱀이 나는 것과 같이 글씨가 힘참.
- 愚公移山(우공이산) : 꾸준하게 한 가지 일만 열심히 하면 마침내 큰 일을 이룰 수 있음.
- 遠禍召福(원화소복) : 화를 멀리하고 복을 불러들임.
- 韋編三絶(위편삼절) : 옛날에 공자가 주역을 즐겨 열심히 읽은 나머지 책을 맨 가죽 끈이 세 번이나 끊어졌다는 데서 유래한 말로, 책을 정독함을 일컬음.

呼稱(호칭)

• 자기의 가족

	살아계신 분	돌아가신 분
할아버지	祖父(조부), 王父(왕부)	先王父(선왕부)
할머니	祖母(조모), 王母(왕모)	先祖母(선조모), 先王母(선왕모)
아버지	家親(가친), 嚴親(엄친), 父主(부주), 父親(부친)	先親(선친), 先考(선고), 先人(선인)
어머니	慈親(자친), 家慈(가자)	先慈(선자), 先妣(선비)

• 남의 가족

	살아계신 분	돌아가신 분
할아버지	王尊長(왕존장), 尊祖父丈(존조부장)	先祖父丈(선조부장)
할머니	尊祖母(존조모), 尊王大夫人(존왕대부인)	先王大夫人(선왕대부인)
아버지	春府丈(춘부장), 春丈(춘장), 春堂(춘당), 令尊(영존)	先大人(선대인), 先考丈(선고장)
어머니	大夫人(대부인), 慈堂(자당), 萱堂(훤당), 北堂(북당)	先慈堂(선자당), 先大夫人(선대부인)

확인문제

5. 다음 중 친구의 어머니를 가리키는 호칭은?
① 慈親 ② 春堂
③ 家慈 ④ 慈堂

확인문제

6. '羊頭狗肉'과 가장 의미가 가까운 것은?
① 甘呑苦吐 ② 魚頭肉尾
③ 表裏不同 ④ 狗尾續貂

답 5. ④ 6. ③

- 類萬不同(유만부동) : 여러 가지가 많지만 서로 같지 않거나 분수에 넘침을 이름.
- 流芳百世(유방백세) : 꽃다운 이름이 후세에 오래 남음.
- 隱忍自重(은인자중) : 마음속에 감추어 참고 견디면서 신중하게 행동함.
- 陰德陽報(음덕양보) : 남 모르게 덕을 쌓은 사람은 반드시 뒤에 복을 받는다는 뜻.
- 泣斬馬謖(읍참마속) : 큰 목적을 위하여 아끼는 자를 버리는 것을 말함.
- 以卵投石(이란투석) : 달걀로 바위 치기. 즉, 무모한 일을 말함.
- 二律背反(이율배반) : 똑같은 근거를 가지고 정당하다고 주장되는 서로 모순되는 두 명제를 말함.
- 李下不整冠(이하부정관) : 오얏나무 아래에서는 갓을 고쳐 쓰지 않는다는 뜻으로, 남에게 의심받을 일은 하지 말라는 말.
- 耳懸鈴鼻懸鈴(이현령비현령) : 귀에 걸면 귀걸이, 코에 걸면 코걸이. 즉, 이렇게도 저렇게도 될 수 있음.
- 益者三友(익자삼우) : 사귀어 보탬이 되는 세 벗. 즉, 정직 · 신의 · 학식 있는 사람을 말함.
- 仁者無敵(인자무적) : 어진 사람에게는 적이 없음.
- 一蓮托生(일련탁생) : 다른 사람과 행동과 운명을 같이하는 일.
- 一網打盡(일망타진) : 한 번 그물을 쳐서 물고기를 모두 잡는다는 뜻으로, 어떤 무리를 한꺼번에 모조리 다 잡음.
- 一日三秋(일일삼추) : 하루가 삼 년처럼 느껴짐. 즉, 몹시 지루하거나 애태우며 기다림을 비유한 말.
- 一將功成萬骨枯(일장공성만골고) : 한 장수의 전공은 만 명의 군사가 싸움터에서 죽은 결과라는 뜻으로, 오직 공이 장수에게만 돌아가는 것을 개탄하는 말.
- 一場春夢(일장춘몽) : 한바탕의 봄꿈처럼 헛된 영화(榮華).
- 一朝一夕(일조일석) : 하루 아침이나 하루 저녁이란 뜻으로, 짧은 시간을 이르는 말.
- 一觸卽發(일촉즉발) : 조금만 닿아도 곧 폭발할 것 같은 모양. 막 일이 일어날 듯한 위험한 지경.
- 日就月將(일취월장) : 날로 달로 나아감. 곧 학문이 계속 발전해 감.
- 一敗塗地(일패도지) : 여지없이 패하여 일어날 수 없게 됨.

국가별 음역어

국가명	한자
독일	獨逸(독일)
프랑스	佛蘭西(불란서)
러시아	露西亞(노서아), 俄羅斯(아라사)
이탈리아	伊太利(이태리)
오스트리아	墺地利(오지리)
그리스	希臘(희랍)
스페인	西班牙(서반아)
네덜란드	和蘭(화란)
싱가포르	新嘉坡(신가파)
베트남	越南(월남)

四書三經 (사서삼경)

- **四書(사서)** : 《논어(論語)》, 《맹자(孟子)》, 《대학(大學)》, 《중용(中庸)》을 합해서 사서라고 한다. 《논어》는 공자의 제자들이 공자의 사후에 편찬한 공자의 언행록이며, 《맹자》는 맹자의 말을 모은 후세의 편찬물로, 맹자의 사상을 그대로 담은 것이다. 《대학》은 공자의 손자 자사(子思)가 《예기(禮記)》 49편 중에서 제42편으로 들어 있던 것을 별책으로 엮은 것이며, 《중용》은 유교의 고전으로 공자의 손자 자사의 저서라고 한다.
- **三經(삼경)** : 《시경(詩經)》, 《서경(書痙)》, 《주역(周易)》인 《역경(易經)》을 말한다. 오경(五經)이라 할 때는 《시경》, 《서경》, 《역경》 외에 《예기(禮記)》와 《춘추(春秋)》가 포함된다.

확인문제

7. 유학입문서인 사서오경(四書五經) 중 오경의 하나가 아닌 것은?
① 주역 ② 시경
③ 예기 ④ 중용

답 7. ④

- 一筆揮之(일필휘지) : 단숨에 글씨나 그림을 줄기차게 쓰거나 그림.
- 臨渴掘井(임갈굴정) : 목이 말라야 우물을 팜. 즉, 미리 준비해 두지 않고 있다가 일이 닥쳐서야 허둥지둥 서두름.

ㅈ

- 自家撞着(자가당착) : 자기가 한 말이나 행동의 앞뒤가 서로 맞지 아니함.
- 自强不息(자강불식) : 스스로 힘써 행하여 쉬지 않음.
- 自繩自縛(자승자박) : 자기의 줄로 자기를 묶는다는 말로, 자신의 언행으로 곤란한 지경에 처하게 됨.
- 自中之亂(자중지란) : 같은 패 안에서 일어나는 싸움.
- 赤手空拳(적수공권) : 맨손과 맨주먹, 즉 아무것도 가진 것이 없다는 뜻.
- 前代未聞(전대미문) : 이제까지 들어 본 적이 없는 일.
- 前人未踏(전인미답) : 이제까지 발을 들여놓거나 도달한 사람이 아무도 없음.
- 前程萬里(전정만리) : 앞길이 구만 리 같음.
- 切磋啄磨(절차탁마) : 옥돌을 쪼고 갈아서 빛을 냄. 즉, 학문이나 인격을 수련하고 연마함.
- 切齒腐心(절치부심) : 몹시 분하여 이를 갈면서 속을 썩임.
- 漸入佳境(점입가경) : 점점 더 재미있는 경지로 들어감.
- 頂門一鍼(정문일침) : 정수리에 놓는 침. 따끔한 충고.
- 朝令暮改(조령모개) : 법령을 자꾸 바꿔서 종잡을 수 없음을 비유하는 말.
- 早變夕改(조변석개) : 아침저녁으로 뜯어 고침.
- 朝三暮四(조삼모사) : 간교한 꾀로 남을 속여 농락함.
- 坐井觀天(좌정관천) : 우물에 앉아서 하늘을 봄. 견문이 좁음을 뜻함.
- 走馬加鞭(주마가편) : 달리는 말에 채찍을 더함. 자신의 위치에 만족하지 않고 계속 노력함.
- 走馬看山(주마간산) : 말을 타고 달리면서 산수를 본다는 뜻으로 바쁘게 대충 보며 지나감을 일컫는 말. '수박 겉핥기'.
- 酒池肉林(주지육림) : 술은 못을 이루고 고기는 숲을 이룬다는 뜻으로, 성대하게 차린 술잔치를 가리킴.

시험에 잘 나오는 短文(단문)

- 逐鹿者(축록자)는 不顧兎(불고토)라. –『淮南子(회남자)』
  사슴을 쫓는 사람은 토끼를 돌아보지 않는다. 즉, 큰 것을 도모하는 사람은 작은 일을 불고(不顧)하게 되는데, 잘못하면 큰 것과 작은 것을 모두 잃게 된다는 뜻이다.
- 德不孤(덕불고)라 必有隣(필유린)이니라. –『論語(논어)』
  덕은 외롭지 않고 반드시 이웃이 있다.
- 大學之道(대학지도)는 在明明德(재명명덕)하며 在親民(재친민)하며 在止於至善(재지어지선)이니라. –『大學(대학)』
  대학의 도는 밝은 덕을 밝히는 데 있으며, 백성을 새롭게 하는 데 있으며, 지극한 선에 머무르는 데 있다.
- 養心(양심)에 莫善於誠(막선어성)이라. –『荀子(순자)』
  마음을 기르는 것에 정성보다 더 좋은 것은 없다.
- 謂學不暇者(위학불가자)는 雖暇(수가)라도 亦不能學矣(역불능학의)니라. –『淮南子(회남자)』
  배움에 겨를이 없다고 이르는 자는 비록 겨를이 있더라도 또한 능히 배우지 않는다.
- 至樂(지락)은 莫如讀書(막여독서)요 至要(지요)는 莫如敎子(막여교자)니라. –『漢書(한서)』
  지극한 즐거움은 책을 읽는 것만 같음이 없고 지극히 중요한 것은 자식을 가르치는 것만 같음이 없다.
- 玉不琢(옥불탁)이면 不成器(불성기)하고 人不學(인불학)이면 不知道(부지도)니라. –『禮記(예기)』
  옥은 쪼지 아니하면 그릇이 못 되고, 사람은 배우지 아니하면 도를 알지 못한다.
- 責人之心(책인지심)으로 責己(책기)하고 恕己之心(서기지심)으로 恕人(서인)하라. –『明心寶鑑(명심보감)』
  남을 책하는 마음으로써 자기를 책하고, 자기를 용서하는 마음으로써 남을 용서하라.

- 衆寡不敵(중과부적) : 적은 수효로는 많은 수효를 대적하지 못한다는 뜻.
- 衆口難防(중구난방) : 여러 사람의 말을 막기가 어렵다는 뜻.
- 指鹿爲馬(지록위마) : 중국 진나라의 조고가 황제에게 사슴을 말이라고 속여 바친 일에서 유래한 고사로, 윗사람을 농락하여 권세를 마음대로 휘두르는 것을 뜻함.
- 支離滅裂(지리멸렬) : 갈갈이 흩어지고 찢기어 갈피를 잡을 수 없음.
- 盡人事待天命(진인사대천명) : 할 수 있는 노력을 다한 후 천명을 기다림.
- 進退兩難(진퇴양란) : 나아가기도 어렵고 물러나기도 어려움.
- 進退維谷(진퇴유곡) : 어쩔 수 없는 궁지에 빠진 상태.

ㅊ

- 滄海一粟(창해일속) : 넓은 바다에 좁쌀 하나. 아주 큰 규모 속에 있는 아주 작은 것.
- 千慮一得(천려일득) : 바보 같은 사람이라도 한 가지쯤은 좋은 생각이 있다는 뜻.
- 千慮一失(천려일실) : 신중하고 조심스럽게 한 일에도 때로는 실수가 있음.
- 泉石膏肓(천석고황) : 산수를 사랑하는 것이 정도에 지나쳐 마치 불치의 고질병과 같음.
- 天佑神助(천우신조) : 하늘이 돕고 신이 도움.
- 天衣無縫(천의무봉) : 천사의 옷은 기울 데가 없다는 말로, 문장이 훌륭하여 손댈 곳이 없음을 가리키는 말.
- 天人共怒(천인공노) : 하늘과 땅이 함께 분노한다는 뜻으로, 같은 무리의 불행을 슬퍼함.
- 千載一遇(천재일우) : 천 년에나 한 번 만날 수 있는 기회, 곧 좀처럼 얻기 어려운 기회.
- 鐵中錚錚(철중쟁쟁) : 평범한 사람들 중에 가장 뛰어난 사람.
- 徹天之寃(철천지원) : 하늘에 사무치도록 크나큰 원한.
- 青雲之志(청운지지) : 입신출세를 바라는 마음.
- 青出於藍(청출어람) : 제자가 스승보다 나은 것을 말함.
- 草綠同色(초록동색) : 서로 같은 처지나 같은 부류의 사람들끼리 함께 함을 이름. '가재는 게 편'

시험에 잘 나오는 短文(단문)

- 不能舍己從人(불능사기종인)은 學者之大病(학자지대병)이라.
  자기를 버리고 남을 따르지 못하는 것은 배우는 사람의 큰 병이다.
- 在上位(재상위)하여 不陵下(불능하)하며 在下位(재하위)하여 不援上(불원상)이니라. –『中庸(중용)』
  윗자리에 있어서는 아랫사람을 업신여기지 아니하며, 아랫자리에 있어서는 윗사람을 붙잡지 아니한다.
- 知者不惑(지자불혹)하고 仁者不憂(인자불우)하고 勇者不懼(용자불구)니라. –『論語(논어)』
  지혜가 있는 사람은 미혹하지 않으며 인자한 사람은 근심하지 않고 용감한 사람은 두려워하지 않는다.
- 學問(학문)은 如逆水行舟(여역수행주)하여 不進則退(부진즉퇴)니라. –『論語(논어)』
  학문은 물을 거슬러 올라가는 배와 같아서 나아가지 않으면 물러난다.
- 博學之(박학지)하며, 審問之(심문지)하며, 愼思之(신사지)하며, 明辨之(명변지)하며, 篤行之(독행지)니라. –『中庸(중용)』
  널리 배우며, 자세하게 물으며, 신중하게 생각하며, 명확하게 판단하며, 충실하게 행하라.
- 愛人者(애인자)는 人恒愛之(인항애지)하고, 敬人者(경인자)는 人恒敬之(인항경지)니라. –『孟子(맹자)』
  남을 사랑하는 사람은 남도 항상 그를 사랑하고, 남을 공경하는 사람은 남도 항상 그를 공경한다.
- 樹欲靜(수욕정)이나 風不止(풍부지)하고 子欲養(자욕양)이나 親不待(친부대)라. –『韓詩外傳(한시외전)』
  나무가 가만히 있고자 하나 바람이 그치지 아니하고, 자식이 부모를 봉양하고자 하나 부모는 기다리지 아니한다.

- 焦眉之急(초미지급) : 눈썹에 불이 붙은 것처럼 매우 다급한 일을 일컬음.
- 寸鐵殺人(촌철살인) : 짧은 경구로 급소를 찔러 듣는 사람을 감동시킴.
- 春秋筆法(춘추필법) : 오경의 하나인 춘추와 같이 비판의 태도가 썩 엄정함을 이르는 말.
- 忠言逆耳(충언역이) : 충고하는 말은 귀에 거슬린다라는 뜻.
- 醉生夢死(취생몽사) : 술에 취한 듯, 꿈을 꾸듯 한평생을 흐리멍텅하게 살아감.
- 置之度外(치지도외) : 내버려두고 상대하지 않음.
- 七顚八起(칠전팔기) : 일곱 번 넘어져도 여덟 번째 일어남.
- 七顚八倒(칠전팔도) : 일곱 번 넘어지고 여덟 번 거꾸러진다는 말로, 실패를 거듭하거나 몹시 고생함을 이르는 말.
- 七縱七擒(칠종칠금) : 마음대로 잡았다 놓아주었다 함을 일컫는 말.
- 針小棒大(침소봉대) : 바늘을 몽둥이라고 말하듯 과장해서 말하는 것.

ㅌ

- 他山之石(타산지석) : 다른 산에서 나는 하찮은 돌도 자기의 옥을 가는 데에 소용이 됨. 다른 사람의 하찮은 언행도 자기의 지덕을 연마하는 데에 도움이 된다는 말.
- 卓上空論(탁상공론) : 실현성이 없는 허황된 의논.
- 泰山北斗(태산북두) : 태산과 북두칠성처럼 남에게 존경받는 뛰어난 존재.
- 泰然自若(태연자약) : 마음에 무슨 충동을 받아도 태연하고 천연스러움.
- 兎死狗烹(토사구팽) : 사냥에서 토끼를 잡으면 사냥하던 개는 주인에게 잡혀 먹힘.
- 兎營三窟(토영삼굴) : 토끼 굴은 입구가 세 개라는 뜻으로, 자신의 안전을 위하여 미리 몇 가지 술책을 마련함.

ㅍ

- 破邪顯正(파사현정) : 그릇된 것을 버리고 올바르게 바로잡음.
- 弊袍破笠(폐포파립) : 해진 옷과 부서진 갓. 너절하고 구차한 차림새를 말함.

시험에 잘 나오는 短文(단문)

- 益者三友(익자삼우)요 損者三友(손자삼우)니 友直(우직)하며 友諒(우량)하며 友多聞(우다문)이면 益矣(익의)요 友便壁(우편벽)하며 友善柔(우선유)하며 友便寧(우편녕)이면 損矣(손의)니라. -「論語(논어)」
  사귀어서 자기에게 유익한 세 가지 유형의 벗은 정직한 벗, 신의 있는 벗, 견문이 풍부한 벗이고, 사귀어서 해로운 세 가지 유형의 벗은 아첨하는 벗, 착하기만 하고 줏대가 없는 벗, 말만 번지르르한 벗이다.
- 勿以善小而不爲(물이선소이불위)하고 勿以惡小而爲之(물이악소이위지)하라. -「明心寶鑑(명심보감)」
  선이 작다고 하여 이를 안 하지 말고, 악이 작다고 하여 이를 하지 말라.
- 物有本末(물유본말)하고 事有終始(사유종시)하니 知所先後(지소선후)면 則近道矣(즉근도의)니라 -「大學(대학)」
  사물에는 근본과 말단이 있고, 일에는 끝과 시작이 있으니 먼저 할 바와 나중에 할 바를 알면 곧 도에 가까운 것이다.
- 用於國卽以死報國(용어국즉이사보국)하고 不用卽耕於野足矣(불용즉경어야족의)니라. - 李舜臣(이순신)
  나라에 등용되면 죽음으로써 나라에 보답하고, 쓰이지 아니하면 초야에서 농사짓는 것으로 족하다.
- 當正身心(당정신심)하며 表裏如一(표리여일)하고 處幽如顯(처유여현)하며 處獨如衆(처독여중)하라. -「擊蒙要訣(격몽요결)」
  마땅히 몸과 마음을 바르게 하여 겉과 속이 한결같이 하여야 할 것이니, 깊숙한 곳에 있더라도 드러난 곳처럼 하고 홀로 있더라도 여럿이 있는 것처럼 하라.
- 心不在焉(심부재언)이면 視而不見(시이불견)하며 聽而不聞(청이불문)하며 食而不知其味(식이부지기미)하니라. -「大學(대학)」
  마음이 있지 않으면, 보아도 보이지 않으며 들어도 들리지 않으며 먹어도 그 맛을 알지 못한다.

- 風樹之嘆(풍수지탄) : 효도를 다하지 못하고 어버이를 여읜 자식의 슬픔을 비유한 말.
- 風餐露宿(풍찬노숙) : 바람과 이슬을 무릅쓰고 한데서 먹고 잠. 큰 뜻을 이루고자 고초를 겪음.
- 必有曲折(필유곡절) : 반드시 어떠한 까닭이 있음.

ㅎ

- 夏爐冬扇(하로동선) : 여름의 화로와 겨울의 부채라는 뜻으로 무용지물이라는 뜻.
- 下石上臺(하석상대) : 아랫돌을 빼서 윗돌을 괴. 임시변통으로 이리저리 둘러 맞춤.
- 邯鄲之夢(한단지몽) : 한단에서 여옹이 낮잠을 자면서 꾼 꿈에서 유래한 말로, 세상의 부귀영화가 헛됨을 의미함.
- 邯鄲之步(한단지보) : 본분을 잊고 남의 흉내를 내면 실패한다는 뜻.
- 汗牛充棟(한우충동) : 짐으로 실으면 소가 땀을 흘리고, 쌓으면 들보에 가득 찬다는 뜻으로 책이 매우 많음을 일컫는 말.
- 含憤蓄怨(함분축원) : 분하고 원통한 마음을 품음.
- 孑孑單身(혈혈단신) : 의지할 곳 없는 외로운 홀몸.
- 螢雪之功(형설지공) : 고생해서 공부한 공이 드러남.
- 狐假虎威(호가호위) : 여우가 호랑이의 위엄을 빌렸다는 뜻. 다른 사람의 권세를 빌어서 위세를 부림.
- 糊口之策(호구지책) : 겨우 먹고 살아가는 방책.
- 好事多魔(호사다마) : 좋은 일에는 방해가 되는 일이 많다는 뜻.
- 虎死留皮(호사유피) : 범이 죽으면 가죽을 남긴다는 뜻.
- 浩然之氣(호연지기) : 사물에서 해방된 자유로운 마음. 하늘과 땅 사이에 가득찬 넓고도 큰 원기.
- 胡蝶之夢(호접지몽) : 중국의 장자가 꿈에 나비가 되어 피아의 분별을 잊고 즐겁게 놀았다는 고사에서 나온 말.
- 惑世誣民(혹세무민) : 세상을 어지럽히고 백성을 속임.
- 昏定晨省(혼정신성) : 아침저녁으로 부모님의 안부를 물어서 살핌.
- 紅爐點雪(홍로점설) : 뜨거운 불길 위에 한 점 눈을 뿌리면 순식간에 녹

시험에 잘 나오는 短文(단문)

- 德者(덕자)는 本也(본야)요 財者(재자)는 末也(말야)니라. 外本內末(외본내말)이면 爭民施奪(쟁민시탈)이니라.
  –「大學(대학)」
  덕은 근본이요 재물은 말단이니, 근본을 밖으로(소홀히) 하고 말단을 안으로(중히) 여기면 백성들은 다투어 약탈하게 된다.
- 積善之家(적선지가)에 必有餘慶(필유여경)이요, 積不善之家(적불선지가)에 必有餘殃(필유여앙)이니라.
  –「周易(주역)」
  선행을 쌓은 집안은 반드시 경사스러운 일이 있게 될 것이고, 선하지 않은 행실을 쌓은 집안은 그 결과로서 반드시 재앙이 있게 될 것이다.
- 口舌者(구설자)는 禍患之門(화환지문)이요, 滅身之斧也(멸신지부야)니라. 利人之言(이인지언)은 煖如綿絮(난여면서)하고 傷人之語(상인지어)는 利如荊棘(이여형극)이라.
  –「明心寶鑑(명심보감)」
  입의 혀는 재앙과 근심의 문이요, 몸을 망치는 도끼이다. 사람을 이롭게 하는 말은 따뜻하기가 솜과 같고 사람을 해치는 말은 날카롭기가 가시와 같다.
- 施恩勿求報(시은물구보)하고 與人勿追悔(여인물추회)하라.
  –「明心寶鑑(명심보감)」
  은혜를 베풀었다면 보답을 구하지 말고, 남에게 준 것은 후회하지 말라.
- 臨財(임재)에 無苟得(무구득)하고 臨難(임난)에 無苟免(무구면)하라.
  –「禮記(예기)」
  재물에 임하여서는 구차하게 얻지 말고, 어려움에 임하여서는 구차하게 면하지 말라.
- 忍一時之忿(인일시지분)이면 免百日之憂(면백일지우)니라.
  –「明心寶鑑(명심보감)」
  한때의 분노를 참으면 백날의 근심을 면한다.

듯이 큰일에 작은 힘이 조금도 보탬이 되지 않음.

- 畵龍點睛(화룡점정) : 용을 그려 놓고 마지막으로 눈을 그려 넣음. 즉, 가장 긴요한 부분을 완성함.
- 畵蛇添足(화사첨족) : 뱀을 그리고 발을 그림. 쓸데없는 일을 함. = 蛇足(사족)
- 畵中之餠(화중지병) : 그림의 떡. 바라만 볼 뿐 닿지 않음을 비유한 말.
- 換骨奪胎(환골탈태) : 딴 사람이 된 듯 환히 트이고 아름다움.
- 膾炙人口(회자인구) : 널리 사람들에게 알려져 입에 오르내림.
- 會者定離(회자정리) : 만나면 반드시 헤어지게 마련임.
- 嚆矢(효시) : 우는 화살이라는 뜻으로 옛날에 전쟁을 할 경우에 가장 소리가 잘나는 화살을 쏘아서 개전(開戰)을 알렸다는 데서 유래한 말.
- 後生可畏(후생가외) : 후배를 선배보다 더 두려워하라는 뜻.
- 厚顔無恥(후안무치) : 뻔뻔스러워 부끄러워할 줄 모름.
- 興盡悲來(흥진비래) : 즐거운 일이 다하면 슬픔이 옴.

시험에 잘 나오는 短文(단문)

- 由(유)야, 誨女知之乎(회녀지지호)아 知之爲知之(지지위지지)요, 不知爲不知(부지위부지)가 是知也(시지야)니라. — 『論語(논어)』
  유야! 네게 안다는 것에 대하여 가르쳐 주랴. 아는 것을 안다 하고, 모르는 것을 모른다 하는 것이 바로 아는 것이다.
- 勿謂今日不學而有來日(물위금일불학이유래일)하며 勿謂今年不學而有來年(물위금년불학이유래년)하라. — 朱熹(주희)
  오늘 배우지 아니하고 내일이 있다고 이르지 말고, 금년에 배우지 않고 내년이 있다고 이르지 말라.

확인문제

8. 다음 중 '쓸데없는 것'이라는 뜻의 한자성어는 무엇인가?

① 朝三暮四 ② 蛇足
③ 目不識丁 ④ 緣木求魚

답 8. ②

Chapter 07 국문학 · 세계문학 · 한자

CHAPTER 07 객관식 문제

01 '미친한 아내가 장에 가서 돌아오지 않는 남편을 기다리는 순박한 정서의 표현'을 담고 있는 백제의 서정문학은?

① 구지가　② 공무도하가
③ 정읍사　④ 황조가

해 〈정읍사〉는 현존하는 유일한 백제가요이며, 한글로 기록되어 전하는 가요 중 가장 오래된 것이다. 내용은 정읍현에 사는 행상의 아내가 남편이 돌아오지 않자, 높은 산에 올라 먼 곳을 바라보며 남편이 혹시 밤길에 위해(危害)를 입지 않을까 하는 마음을 나타낸 노래이다.

02 고려시대 작품 중 그 설명이 잘못된 것은?

① 국순전 : 이곡의 작품으로 술을 의인화하여 술이 사람에게 미치는 영향을 표현
② 공방전 : 임춘의 작품으로 돈을 의인화하여 탐재를 경계하는 내용
③ 국선생전 : 이규보의 작품으로 술을 의인화하여 군자의 처신을 경계하는 내용
④ 저생전 : 이첨의 작품으로 종이를 의인화여 쓴 전기

해 〈국순전〉은 임춘이 쓴 가전체 문학으로 술을 의인화하여 술이 사람에게 미치는 영향을 그렸다. 《동문선》에 수록되어 있으며, 이규보의 〈국선생전〉에 영향을 주었다.

03 우리나라 최초의 한글 소설은?

① 가시리　② 홍길동전
③ 신도가　④ 금오신화

해 조선 광해군 때 허균이 지은 것으로, 봉건제도와 적서차별에 대한 비판의식이 드러나 있다.

04 혜경궁 홍씨가 사도세자의 죽음과 궁중생활을 회고한 책은?

① 한중록　② 혈의누
③ 계축일기　④ 임진록

해 《한중록》은 조선 정조의 생모이며 사도세자의 빈 혜경궁 홍씨의 자전적인 회고록으로, 《인현왕후전》과 함께 궁중문학의 쌍벽을 이룬다.

[한국전력공사]

05 《열하일기》의 저자가 쓴 책이 아닌 것은?

① 허생전　② 양반전
③ 호질　④ 서포만필

해 《열하일기》는 박지원이 쓴 중국 기행문집이다. 《서포만필》은 조선 숙종 때 김만중이 지은 수필 · 시화평론집으로, 제자백가(諸子百家)의 여러 학설 중에서 의문되는 대목을 번역 · 해명하고 신라 이후 조선시대에 이르는 명시(名詩)들을 비평하였다.

[국가정보원]

06 한글학회의 업적이 아닌 것은?

① 한글맞춤법 통일안 작성
② 외래어 표기법 통일안 작성
③ 우리말 큰 사전 편찬
④ 독립신문 한글판 지원

해 한글학회는 ①~③ 외에 기관지 《한글》을 간행하기도 하였다.

[국민체육진흥공단]

07 문예사조의 흐름을 순서대로 나열한 것은?

㉠ 자연주의	㉡ 낭만주의
㉢ 고전주의	㉣ 상징주의
㉤ 사실주의	㉥ 실존주의

① ㉢-㉡-㉤-㉠-㉣-㉥

② ㉢-㉡-㉠-㉤-㉣-㉥

③ ㉡-㉢-㉤-㉠-㉣-㉥

④ ㉡-㉢-㉠-㉤-㉥-㉣

해 고전주의(17C) → 낭만주의(18~19C 초) → 사실주의(19C) → 자연주의(19C 후반) → 상징주의(19C 말~20C 초) → 실존주의(20C 중엽)

[한국환경공단]

08 19세기의 문예사조가 아닌 것은?

① 사실주의 ② 낭만주의
③ 자연주의 ④ 상징주의
⑤ 유미주의

해 낭만주의는 18세기 말에 일어났던 문예사조이다.

[KT]

09 여성해방운동이라는 측면과 결혼 생활의 파괴라는 반응이 엇갈렸던 작품으로 주인공이 '신여성'을 대표하는 인물이 되었던 입센의 희곡 작품은?

① 욕망이라는 이름의 전차
② 고도를 기다리며
③ 유리 동물원
④ 인형의 집

해 입센은 노르웨이의 시인이며 극작가로서 '근대 연극의 아버지'로 칭송받고 있다. 〈인형의 집〉의 주인공 '노라'를 통해 여성해방을 세계에 호소하였다.

[한국전력공사]

10 탐미주의 작가의 범주에 들지 않는 사람은?

① 와일드 ② 앨런 포
③ 디킨스 ④ 보들레르

해 디킨스는 사실주의 작가이다.

[한국가스공사]

11 연극 평론가 에슬른이 처음 사용한 용어로, 1960년대 일상적 논리성의 폐기, 줄거리의 부재, 시적 이미지가 풍부한 대사를 특징으로 하는 연극운동은 무엇인가? 사무엘 베케트의 《고도를 기다리며》, 이오네스코의 《대머리 여가수》 등이 그 대표적인 작품이다.

① 서사극 ② 부조리극
③ 잔혹극 ④ 아지프로극

해 주제의 부조리성뿐만 아니라 극의 구성 자체가 부조리한 것이 특징이다. 전통적 극의 조리라고 할 수 있는 연속적 플롯, 희곡의 특색을 이루는 성격의 발현, 합리적 언어가 무시된다.

[국가정보원]

12 앙가주망 문학의 특징은?

① 인간의 감성을 중요시함
② 사물을 객관적으로 보는 것을 중요시함
③ 사회적 참여를 중요시함
④ 인간의 심리묘사를 중요시함

해 앙가주망이란 '자기구속', '사회참여'를 뜻하는 프랑스 실존주의 학파의 용어로 일반적으로 예술지상주의의 문학에 비해 사회적 · 정치적 입장을 명확히 내세우는 문학을 말한다.

13 다음 중 작가와 작품이 잘못 연결된 것은?

① 김동인 – 역마 ② 김유정 – 소나기
③ 이광수 – 무정 ④ 염상섭 – 만세전

해 운명에 대한 순응과 그에 따른 인간의 구원을 담은 〈역마〉는 김동리의 작품이다.

답 01 ③ 02 ① 03 ② 04 ① 05 ④ 06 ④ 07 ① 08 ② 09 ④ 10 ③ 11 ② 12 ③ 13 ①

14 2008년 5월에 타계한 박경리는 우리 문학사에 큰 획을 그은 작가이다. 다음 중 박경리의 작품이 아닌 것은?

① 김약국의 딸들　② 파시
③ 시장과 전장　④ 엄마의 말뚝

해 〈엄마의 말뚝〉은 박완서가 1980년대에 발표한 연작소설이다.

15 2014 노벨 문학상 수상자는?

① 말랄라 유사프자이
② 에릭 베치그
③ 파트릭 모디아노
④ 윌리엄 머너

해 ③ 2014 노벨 문학상 – 파트릭 모디아노
'어두운 상점들의 거리', '도라 브루더', '슬픈 빌라' 등을 발표한 프랑스 작가이다. 파트릭 모디아노는 프랑스 문학의 거장으로 불리며, 프랑스 내에서 가장 큰 문학상인 콩쿠르 상을 수상하는 등 프랑스인들에게 사랑을 받는 작가 중 한명이다.
① 2014 노벨 평화상 – 말랄라 유사프자이, 카일라쉬 사티아르티 공동수상
②, ④ 2014 노벨 화학상 – 에릭 베치그, 윌리엄 머너, 슈테판 헬 공동수상
미세 구조를 측정 · 관찰할 수 있는 기법을 발전시킨 공로로 수상하였다.

16 세계 문학사조와 그 대표작을 잘못 연결한 것은?

① 고전주의 – 단테, 《신곡》
② 사실주의 – 괴테, 《젊은 베르테르의 슬픔》
③ 낭만주의 – 워즈워드, 《수선화》
④ 자연주의 – 모파상, 《진주목걸이》

해 괴테의 《젊은 베르테르의 슬픔》은 낭만주의 경향을 지닌 작품이다.

17 다음 작품 중 장르가 같은 것끼리 묶인 것은?

① 면앙정가 – 사미인곡 – 상춘곡
② 청산별곡 – 서경별곡 – 한림별곡
③ 정석가 – 헌화가 – 안민가
④ 강촌 – 농암가 – 월인천강지곡

해 ①은 모두 가사 작품이다.
② 〈청산별곡〉과 〈서경별곡〉은 고려가요, 〈한림별곡〉은 경기체가이다.
③ 〈헌화가〉와 〈안민가〉는 향가, 〈정석가〉는 고려가요이다.
④ 〈강촌〉은 한시, 〈농암가〉는 시조, 〈월인천강지곡〉은 악장이다.

18 다음에서 설명하고 있는 작가는?

> • 풍요로운 현대사회 속에서의 소외와 자의식의 상실감을 표현
> • 대표작 : 노르웨이의 숲, 태엽감는 새, 해변의 카프카

① 움베르트 에코　② 무라카미 하루키
③ 도리스 레싱　④ 미셸 푸코

해 무라카미 하루키는 현대 젊은이들의 감성에 호소하는 도회적이고, 신선하며, 세련된 소설로 각광을 받고 있다. 1982년에는 《양을 둘러싼 모험》으로 노마문예상을, 1985년에는 《세계 종말과 하드보일드 원더랜드》로 다니자키 준이치로 상을 받았다.

19 '살구꽃'을 한자어로 옳게 표현한 것은?

① 도화(桃花)　② 이화(梨花)
③ 앵화(櫻花)　④ 행화(杏花)

해 ①은 복숭아꽃, ②는 배꽃, ③은 앵두나무의 꽃이다.

[한국전력공사]

20 다음 중 한자의 독음이 맞는 것은?

① 叱責 : 실책　② 布施 : 포시
③ 未洽 : 미합　④ 謁見 : 알현

해 ①은 질책, ②는 보시, ③은 미흡으로 읽는다.

[한국전력공사]

21 다음 중 한자의 독음이 틀린 것은?

① 頒布 : 분포　② 截斷 : 절단
③ 推敲 : 퇴고　④ 嗅覺 : 후각

해 ①은 반포로 읽는다.

[한국전력공사]

22 다음 중 (　　)에 들어갈 한자가 맞게 연결된 것은?

> ㉠ 百(　　)不如一見
> ㉡ (　　)曲曲
> ㉢ (　　)稅額

① ㉠ : 問　㉡ : 坊坊　㉢ : 賣入
② ㉠ : 聞　㉡ : 坊坊　㉢ : 買入
③ ㉠ : 問　㉡ : 方方　㉢ : 買入
④ ㉠ : 聞　㉡ : 方方　㉢ : 賣入

해 ㉠ 百聞不如一見　㉡ 坊坊曲曲　㉢ 買入稅額

23 다음 한자성어 중 그 의미가 다른 것은?

① 以心傳心　② 不立文字
③ 心心相印　④ 羽化登仙

해 ①, ②, ③ 모두 마음에서 마음으로 전한다는 뜻이며, ④는 몸에 날개가 돋아 하늘로 올라가 신선이 된다는 뜻이다.

[한국전력공사]

24 다음 숙어의 (　　) 안의 한자가 순서대로 바르게 묶인 것은?

> 虛張(　)勢　　外柔內(　)
> 明鏡(　)水　　明(　)觀火

① 盛, 綱, 止, 苦　② 聲, 剛, 止, 若
③ 聲, 綱, 之, 若　④ 盛, 剛, 之, 苦

해 虛張聲勢, 外柔內剛, 明鏡止水, 明若觀火

[부산교통공사]

25 '자기 주관 없이 남이 하는 대로 무턱대고 행동하는 것'을 지칭하는 한자성어는?

① 同病相憐　② 百年偕老
③ 附和雷同　④ 夫唱婦隨
⑤ 水魚之交

해 ① 동병상련 : 처지가 비슷한 사람끼리 서로 동정함.
② 백년해로 : 부부가 화락하게 일생을 늙음.
④ 부창부수 : 남편의 주장에 아내가 따름.
⑤ 수어지교 : 물과 물고기의 관계처럼 떨어질 수 없는 교분.

[한국전력공사]

26 韋編三絶(위편삼절)에서 '韋'의 뜻은?

① 위나라　② 묶다
③ 가죽　④ 부드러움

해 옛날에 공자가 주역을 즐겨 열심히 읽은 나머지 책을 맨 가죽 끈이 세 번이나 끊어졌다는 데서 유래한 말이다. '韋'는 '가죽'이라는 뜻이다.

답 14 ④　15 ③　16 ②　17 ①　18 ②　19 ④　20 ④　21 ①　22 ②　23 ④　24 ②　25 ③　26 ③

[한국전력공사]

27 나관중의 '삼국지연의'에서 유래된 고사가 아닌 것은?

① 고육지계(苦肉之計)
② 지록위마(指鹿爲馬)
③ 읍참마속(泣斬馬謖)
④ 계륵(鷄肋)

해 ②는 《사기》 〈진시황본기〉에 나오는 말이다.

[대구도시철도공사]

28 다음 중 나이의 연결이 틀린 것은?

① 지학(志學) – 15세
② 약관(弱冠) – 20세
③ 불혹(不惑) – 40세
④ 지천명(知天命) – 70세

해 ④는 50세를 말한다.

[부산교통공사]

29 돌아가신 어머니에 대한 호칭으로 틀린 것은?

① 北堂 ② 先妣
③ 先慈 ④ 亡母
⑤ 前妣

해 ①은 남의 살아계신 어머니를 높여 부르는 말이다.

[한국환경공단]

30 회사의 재무관리 부서에 근무하는 B씨는 기업이 금리, 환율, 주가 등의 경제변수 변동위험에 적절히 대응하기 위해서는 리스크관리가 중요하다는 점을 경영진에게 브리핑하도록 예정되어 있다. 다음 중 B씨가 경영진을 이해시키기 위해 브리핑에서 사용할 고사성어로 가장 적절한 것은?

① 계포일낙 ② 노마지지
③ 일장공성 만골고 ④ 교토삼굴
⑤ 다기망양

해 '교토삼굴(狡兎三窟)'은 꾀 많은 토끼가 굴을 세 개나 가지고 있었기 때문에 죽음을 면할 수 있었다는 뜻으로, 교묘한 지혜로 위기를 피하거나 재난이 발생하기 전에 미리 준비를 해야 한다는 말이다.

31 다음 한자성어의 뜻풀이가 잘못 짝지어진 것은?

① 兎死狗烹 – 소용가치가 없어지면 천대하고 없애 버림.
② 乾坤一擲 – 하늘과 땅은 서로 통함.
③ 囊中之錐 – 재능이 뛰어난 사람은 저절로 드러나게 됨.
④ 萬機親覽 – 임금이 온갖 정사(政事)를 직접 다스림.

해 乾坤一擲(건곤일척) : 승패와 흥망(興亡)을 걸고 마지막으로 결행하는 단판승부를 말한다.

32 밑줄 친 '而'와 그 쓰임이 다른 것은?

> 心不在焉이면 視<u>而</u>不見하며 聽而不聞하고 食而不知其味니라.

① 學而時習之 不亦說乎
② 人不知而不慍 不亦君子乎
③ 良藥苦於口而利於病
④ 子欲養而親不待

해 '마음이 있지 않으면, 보아도 보이지 않으며 들어도 들리지 않으며 먹어도 그 맛을 알지 못한다.'라는 글이다. ②, ③, ④는 역접을 나타내는 어조사로, ①은 순접의 어조사로 쓰였다.

33 '스모그(smog)'에 해당하는 한자는?

① 雲霧 ② 煙霧
③ 黃砂 ④ 燃比

해 ① 운무는 구름과 안개, ③은 황사, ④는 연비이다.

34 '知彼知己 百戰不殆'의 出典은?

① 壯子　② 孫子
③ 孔子　④ 論語

해 《손자(孫子)》 〈모공편(謀攻篇)〉에 나오는 말로, 상대를 알고 나를 알면 백 번 싸워도 위태롭지 않다는 뜻이다.

35 '不經一事 不長一智'의 바른 뜻은?

① 글을 읽지 않으면 지혜가 모자란다.
② 경험에 의해 지혜가 생긴다.
③ 일을 바르게 해야 지혜가 생긴다.
④ 일을 서두르지 않으면 안된다.

해 不經一事 不長一智(불경일사 부장일지) : 《명심보감》에 나오는 말로, 거듭되는 경험을 통해 지혜가 생긴다는 의미이다.

[한국전력공사]
36 다음 중 단어의 기본 의미를 잘못 설명한 것은?

① 天稟 – 선천적으로 타고난 기품
② 社稷 – 나라 또는 조정
③ 駑鈍 – 어리석고 둔함
④ 痛切 – 너무 슬퍼 기절함

해 痛切(통절) : 너무 절실함. 너무 고통스러움.

37 '積羽沈舟'와 뜻이 유사한 것은?

① 明鏡止水　② 十匙一飯
③ 田父之功　④ 實事求是

해 積羽沈舟(적우침주) : 아무리 가벼운 깃털이라도 많이 쌓이면 배를 가라앉힌다는 뜻으로, 작은 힘도 합하면 큰 힘이 된다는 말이다.

38 뜻이 비슷한 것끼리 연결되지 않은 것은?

① 張三李四 – 凡人　② 錦衣夜行 – 出世
③ 群鷄一鶴 – 白眉　④ 解衣推食 – 惠施

해 ② 금의야행 : 비단옷을 입고 밤길을 걷는다는 뜻으로, 아무 보람 없는 행동을 이른다.
④ 해의추식 : 옷을 벗어주고 음식을 밀어준다는 뜻으로, 남에게 은혜를 베푸는 것을 말한다.

39 다음 중 讀音이 틀린 것은?

① 嫌惡(혐오)　② 嗚咽(오열)
③ 隱匿(은익)　④ 內人(나인)

해 ③ 은익 → 은닉

[한국전력공사]
40 다음 중 '樂'의 음과 뜻이 다른 하나는?

① 樂器　② 樂山
③ 音樂　④ 聲樂

해 ①, ③, ④는 '음악 악'으로, ②는 '좋아할 요'로 쓰였다.

[한국전력공사]
41 계좌이체의 '이체'를 바르게 쓴 것은?

① 移替　② 貳切
③ 利僭　④ 異替

해 移替(이체) : 서로 갈리고 바뀜. 서로 바꿈. 바꾸거나 돌려씀.

답 27 ② 28 ④ 29 ① 30 ④ 31 ② 32 ① 33 ② 34 ② 35 ② 36 ④ 37 ② 38 ② 39 ③ 40 ② 41 ①

[한국전력공사]

42 '天地生物 令人享用 能使一物無棄 使可曰 善用財也'에서 밑줄 친 令人享用을 바르게 해석한 것은?

① 사람을 잘 쓰라고 명령함.
② 사람으로 하여금 누리고 쓰게 함.
③ 영리한 사람이 향유하여 씀.
④ 모든 사람이 항상 쓸 만함.

해 '天地生物 令人享用 能使一物無棄 使可曰 善用財也(천지생물 영인향용 능사일물무기 사가왈 선용재야)'는 정약용의 《목민심서(牧民心書)》에 나오는 말로, 풀이하면 "천지가 만물을 낳아서 사람으로 하여금 누리고 쓰게 하였으니, 한 물건이라도 버림이 없게 한다면 재물을 잘 쓴다고 말할 수 있을 것이다."라는 뜻이다.

43 '大學之道는 在㉠明明德하며 在親民하며 在㉡止於至善이니라.'에서 ㉠, ㉡의 문맥상 뜻풀이가 적합한 것은?

① ㉠ : 밝다 ㉡ : 그치다
② ㉠ : 밝히다 ㉡ : 머무르다
③ ㉠ : 밝히다 ㉡ : 그치다
④ ㉠ : 밝다 ㉡ : 머무르다

해 대학의 도는 명덕(明德)을 밝히는 데 있으며, 백성을 새롭게 하는 데 있으며, 최고의 선에 이르러 머무는 데 있느니라.

44 다음 글에서 밑줄 친 '之'가 가리키는 것은?

愛人者 人恒愛之, 敬人者 人恒敬之

① 愛人 ② 愛人者
③ 人者 ④ 敬人者

해 愛人者, 人恒愛之, 敬人者, 人恒敬之(애인자, 인항애지, 경인자, 인항경지) : 《맹자》에 나오는 말로, '남을 사랑하는 사람은 남도 항상 그(愛人者)를 사랑하고, 남을 공경하는 사람은 남도 항상 그(敬人者)를 공경한다'는 뜻이다.

45 다음 글의 풀이로 가장 적합한 것은?

過而不改, 是謂過矣

① 잘못을 고치지 않는 것이 곧 잘못이다.
② 잘못이 있으면 바로 사과해야 한다.
③ 사람은 누구나 잘못이 있는 법이다.
④ 잘못이 없는 것처럼 말해야 한다.

해 過而不改, 是謂過矣(과이불개 시위과의) : 《논어》의 〈위령공(衛靈公)〉편에 나오는 말로 "허물이 있으면서 고치지 않는 것, 그것이 바로 허물이다."라는 뜻이다.

46 다음 글의 ( ) 안에 들어갈 한자가 순서대로 이루어진 것은?

勿以惡( )而爲之 勿以善( )以不爲

① 小, 大 ② 小, 小
③ 大, 小 ④ 大, 大

해 勿以惡小而爲之 勿以善小以不爲(물이악소이위지 물이선소이불위) : 《명심보감》에 나오는 이 말은 악(惡)이 작다고 하여 해서는 안 되며, 선(善)이 작다고 하여 안 해서는 안 된다는 뜻이다.

47 다음 중 한자성어와 속담 연결이 잘못된 것은?

① 牽强附會(견강부회) – 거름 지고 장에 간다.
② 一石二鳥(일석이조) – 도랑 치고 가재 잡기
③ 登高自卑(등고자비) – 벼는 익을수록 고개를 숙인다.
④ 脣亡齒寒(순망치한) – 입술이 없으면 이가 시리다.

해 牽强附會(견강부회)는 가당치도 않은 말을 억지로 끌어다 대어 자기 주장의 조건에 맞도록 함을 비유하는 한자어로, 우리말 속담으로는 '제 논에 물대기'라고 표현할 수 있다.

[KT]
48 다음 한자 중 바르게 된 것은?

① 진격 – 進擊　② 오진 – 吳咽
③ 감정 – 監定　④ 존폐 – 尊幣

해 ② 오진(誤診), ③ 감정(鑑定), ④ 존폐(存廢)

49 '尸位素餐'의 뜻은?

① 높은 지위에 있으면서 검소하게 산다.
② 낮은 지위에 있으면서 사치스럽게 산다.
③ 변방에 있으면서 흰밥을 먹는다.
④ 직책은 다하지 못하면서 관록만 타먹는다.

해 尸位素餐(시위소찬) : 《한서(漢書)》의 〈주운전(朱雲傳)〉에 나오는 이 말은 시동의 공짜밥이란 뜻으로, 하는 일 없이 국가의 녹을 축내는 정치인을 비유한 말이다.

[한국전력공사]
50 '溫故知新'에서 '溫'과 뜻이 같은 한자는?

① 習　② 署
③ 熱　④ 知

해 溫故知新(온고지신) : 옛것을 익히고 그것을 미루어서 새것을 안다는 뜻이다.

51 '이론과 실제의 (　　)를 실감한다.'의 (　　) 안에 들어갈 적당한 말은?

① 膠着　② 乖離
③ 乖愎　④ 未明

해 ① 교착, ② 괴리, ③ 괴팍, ④ 미명

[KT]
52 다음 밑줄 친 한자의 음을 맞게 읽은 것은?

> 相殺 – 標識 – 醜態 – 刮目

① 쇄 – 식 – 귀 – 괄
② 설 – 지 – 추 – 활
③ 설 – 지 – 귀 – 활
④ 쇄 – 지 – 추 – 괄

해 상쇄 – 표지 – 추태 – 괄목

53 한자가 잘못 쓰여진 문장은?

① 훌륭한 사람이 되기를 期待한다.
② 전화로 問意를 하였다.
③ 가까운 郊外로 소풍을 갔다.
④ 그것은 未決인 상태로 있다.

해 ② 問意 → 問議

54 射殺의 殺과 같지 않은 음은?

① 刺殺　② 默殺
③ 沒殺　④ 相殺

해 射殺(사살)에서 殺은 '살'로 읽는다. ①은 척살, ②는 묵살, ③은 몰살, ④는 상쇄로 읽는다.

55 다음 중 한자음이 틀린 것은?

① 拓本(탁본), 開拓(개척)
② 辰時(진시), 生辰(생신)
③ 形狀(형상), 賞狀(상장)
④ 刺殺(척살), 水刺(수자)

해 ④ 수자 → 수라

42 ② 43 ② 44 ④ 45 ① 46 ② 47 ① 48 ① 49 ④ 50 ① 51 ② 52 ④ 53 ② 54 ④ 55 ④ 답

56 **'朔望'의 옳은 뜻은?**

① 초하루와 그믐 ② 한 달 보름동안
③ 보름부터 그믐까지 ④ 초하루와 보름

해 朔望(삭망)은 삭일과 망일, 곧 음력 초하루와 보름을 뜻한다.

57 **24절기 중 가을의 마지막 절기는?**

① 寒露 ② 霜降
③ 白露 ④ 秋分

해 가을의 절기에는 순서대로 '입추(立秋), 처서(處暑), 백로(白露), 추분(秋分), 한로(寒露), 상강(霜降)'이 있다.

[한국전력공사]

58 **나이가 적은 데서 많은 순으로 적은 것은?**

① 喜壽 – 米壽 – 白壽
② 米壽 – 白壽 – 喜壽
③ 白壽 – 喜壽 – 米壽
④ 白壽 – 米壽 – 喜壽

해 喜壽(희수) : 77세
米壽(미수) : 88세
白壽(백수) : 99세

59 **다음 중 '수박 겉핥기'에 맞는 숙어는?**

① 樂山樂水 ② 烏飛梨落
③ 甲男乙女 ④ 走馬看山

해 走馬看山(주마간산) : 달리는 말에서 산을 본다는 뜻으로, 대충 보고 지나감을 의미한다.

60 **'慕'는 어느 부수에서 찾아야 하는가?**

① 小 ② 日
③ 大 ④ 心

해 '慕'의 부수는 '㣺', 즉 心이다.

61 **九牛( )毛, ( )蓮托生, 兎營( )窟, ( )瀉千里 등의 한자숙어의 빈칸에는 모두 숫자가 들어간다. 전부 합하면 얼마인가?**

① 4 ② 5
③ 6 ④ 7

해 九牛一毛(구우일모), 一蓮托生(일련탁생), 兎營三窟(토영삼굴), 一瀉千里(일사천리)

62 **맹자의 君子三樂에 들지 않는 것은?**

① 입신출세하여 부모를 기쁘게 하는 것
② 부모가 생존하고 형제가 무고한 것
③ 하늘과 사람에게 부끄러울 것이 없는 것
④ 천하의 영재를 얻어 교육하는 것

해 君子三樂(군자삼락) : 양친이 다 살아 계시고 형제가 무고한 것이 첫 번째 즐거움이요, 우러러 하늘에 부끄럽지 않고 굽어보아도 사람들에게 부끄럽지 않은 것이 두 번째 즐거움이요, 천하의 영재를 얻어서 교육하는 것이 세 번째 즐거움이다(父母俱存 兄弟無故 一樂也, 仰不愧於天 俯不怍於人 二樂也, 得天下英才 而敎育之 三樂也).

56 ④ 57 ② 58 ① 59 ④ 60 ④ 61 ③ 62 ① 답

CHAPTER 07 단답형 문제

다음 질문에 답하시오. (기업체 직무적성검사 대비 문제)

01 미국에서 가장 권위 있는 문학상으로, 헝가리 태생인 미국의 신문왕 이름을 딴 상은 무엇인가?

02 19세기 말 프랑스 등에서 지성보다는 관능에 치중, 죄악과 퇴폐 속에서 미를 찾으려 했던 문학상의 경향은?

03 임금이 민간의 풍속이나 정사를 살피기 위하여 가담항설을 모아 기록하게 하던 벼슬아치를 무엇이라 하는가?

04 1895년 유길준이 쓴 것으로서 최초의 국한문 혼용체로 된 단행본은?

05 현재까지 유일하게 그 가사가 전해져 오고 있는 백제가요인 〈정읍사〉가 수록된 책은?

06 고려 때 문인들이 향간에 구전되는 이야기를 한문으로 기록하였고 소설의 기원이 되는 문학은 무엇인가?

07 제7의 문학은?

08 《데카메론》, 《유토피아》의 작가를 각각 쓰시오.

09 몰락하는 양반 사회에 대한 신랄한 풍자를 담고 있는 것으로 《열하일기》에 수록되어 있는 작품은 무엇인가?

10 최초의 문예 동인지로 사실주의 소설, 상징주의 시를 발표하고 주요한의 〈불놀이〉와 김동인의 〈약한 자의 슬픔〉을 게재했으며 언문일치를 완성한 동인지의 이름은?

Answer

01 퓰리처상

02 데카당스

03 패관(稗官)

04 서유견문

05 악학궤범

06 패관문학

07 시나리오

08 보카치오, 토마스 모어

09 호질

10 창조

[11~30] 다음에서 한자는 한글로, 한글은 한자로 쓰시오.

11	斬新	12	拔萃	13	날인
14	오류	15	佩物	16	綻露
17	사이비	18	煮沸	19	은행
20	平坦	21	부가가치	22	嗚咽
23	內訌	24	桎梏	25	면역결핍증
26	자금	27	성실	28	저축예금
29	醵出	30	갱생		

[31~34] ( ) 안에 한자를 써넣어 좌우가 반대되는 뜻을 갖는 낱말을 만드시오.

31	因( )	32	虛( )
33	送( )	34	動( )

[35~40] 다음 ( ) 안에 알맞은 한자를 넣어 한자성어를 완성하시오.

35	口( )乳臭	36	百年( )淸
37	十匙一( )	38	不問( )直
39	四顧( )親	40	見蚊拔( )

41 '雪上加霜'과 반대의 뜻을 가진 한자성어를 쓰시오.

42 五倫은 동양의 전통적 도덕 규범의 통칭으로 ( ), 君臣有義, 夫婦有別, ( ), 長幼有序를 말한다. ( ) 안에 알맞은 말을 한자로 쓰시오.

Answer

11 참신
12 발췌
13 捺印
14 誤謬
15 패물
16 탄로
17 似而非
18 자비
19 銀行
20 평탄
21 附加價値
22 오열
23 내홍
24 질곡
25 免疫缺乏症
26 資金
27 誠實
28 貯蓄預金
29 갹출
30 更生
31 果
32 實
33 迎
34 靜
35 尙
36 河
37 飯
38 曲
39 無
40 劍
41 錦上添花
42 父子有親, 朋友有信